Mon bébé

je l'attends, je l'élève

Mon bébé

je l'attends, je l'élève

MONTRÉAL

Rédactrice médicale Catherine Younger-Lewis, MD, MJ

Conseillers médicaux
M. Shirley Gross, MDCM, CCFP,
Sidney Kardash, MD, FRCPC, Mary Krywulak, DMD, MS,
Charmaine Roye, MDCM, FRCSC

L'AMC remercie de leur précieuse contribution Santé Canada (Sécurité des produits de consommation), la ville d'Ottawa (Santé publique) et les Ambulances Saint-Jean.

SÉLECTION DU READER'S DIGEST

Rédaction Agnès Saint-Laurent et Suzanne Bélanger

Consultation
Suzanne Dupras-Gyger, B. Sc. inf. et Linda Lecours, inf.
CLSC Saint-Louis-du-Parc, Montréal.

Préparation de la copie
Ruth Major Lapierre, Odette Grille Burgo,
Anne-Marie Théorêt et Marie-Ève Lord

Infographie Christian Campana

Site Internet de Sélection du Reader's Digest **www.selection.ca**

Mon bébé, je l'attends, je l'élève
est l'adaptation française de
The Complete Johnson & Johnson Book of Mother & Baby Care

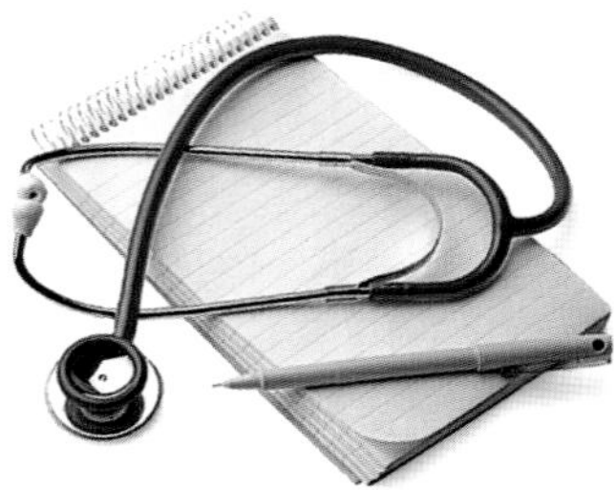

Mon bébé, je l'attends, je l'élève, publié conjointement par l'Association médicale canadienne (AMC) et Sélection du Reader's Digest, donne de l'information générale sur de très nombreux sujets reliés à la grossesse et aux soins des bébés. Ce livre ne remplace pas un diagnostic médical et il vous est recommandé de toujours consulter votre médecin en matière de santé. La mention, dans ce livre, d'une organisation, d'un produit ou d'un traitement alternatif ne garantit pas l'aval de l'AMC ou de l'éditeur ; pas plus que l'absence d'une telle mention implique le désavœu de l'AMC ou de l'éditeur. L'éditeur et l'AMC déclinent toute responsabilité découlant d'une erreur ou d'une omission dans ce livre ou de l'usage qui est fait des informations qu'il renferme.

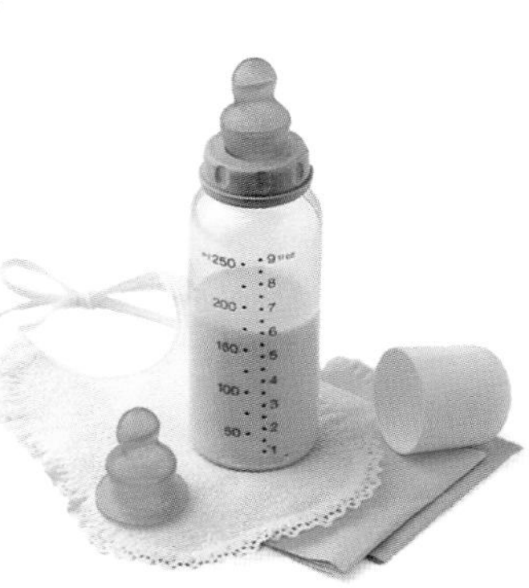

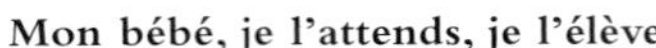

Première édition canadienne en couverture souple

ISBN 978-0-88850-873-7

Printed by Neografia, Slovakia

08 09 10 / 5 4 3 2 1

AVANT-PROPOS

L'arrivée d'un bébé ouvre un monde nouveau et excitant pour la mère, le père, les autres enfants de la famille et les futurs grands-parents. Cet événement pose aussi de nombreux défis. Il y a beaucoup à apprendre et l'imprévu est monnaie courante. Même si chaque mère a ses propres méthodes, il y a souvent une façon « plus facile » ou « meilleure » de faire les choses. Voilà l'objet de ***Mon bébé, je l'attends, je l'élève***.

La nouvelle version entièrement revue et augmentée contient des centaines d'illustrations magnifiques et un texte clair qui couvrent toute la période du début de la grossesse jusqu'à la petite enfance. On y trouve des conseils sensés et faciles à comprendre sur la nutrition, l'exercice, le soin de la mère et du bébé, ainsi que sur la façon de tirer le maximum des soins médicaux et obstétriques (y compris les bonnes questions à poser à votre médecin). Par ailleurs, le livre reflète les nouvelles réalités de la famille d'aujourd'hui et offre une information actualisée sur les tests prénataux, les vaccinations, l'allaitement, en insistant sur la prévention. Il indique également les ressources en ligne.

L'ouvrage ***Mon bébé, je l'attends, je l'élève*** est beaucoup plus qu'un document autodidactique ou un mode d'emploi. Des spécialistes dans différents domaines de la santé ont contribué à chaque chapitre et l'ont revu. L'ouvrage précise aux parents ce qu'ils ont besoin de savoir sur la façon dont les médecins pratiquent actuellement l'obstétrique et la pédiatrie, ce qu'il faut faire en cas d'urgence avant l'arrivée d'une aide médicale et quand appeler le médecin.

Mon bébé, je l'attends, je l'élève est un reflet du système de soins de santé et de la pratique de la médecine au Canada et au Québec. C'est un ajout heureux à la série de guides sur la santé que l'Association médicale canadienne publie à l'intention du grand public, comme ***Le Guide canadien des médicaments***.

Nous espérons que cet ouvrage vous aidera à toutes les étapes de votre grossesse, de l'accouchement et du soin de votre jeune enfant.

DANA W. HANSON, MD FRCPC, PRÉSIDENT
Association médicale canadienne

TABLE DES MATIÈRES

DE LA CONCEPTION À LA NAISSANCE

8–73

PUÉRICULTURE

74–177

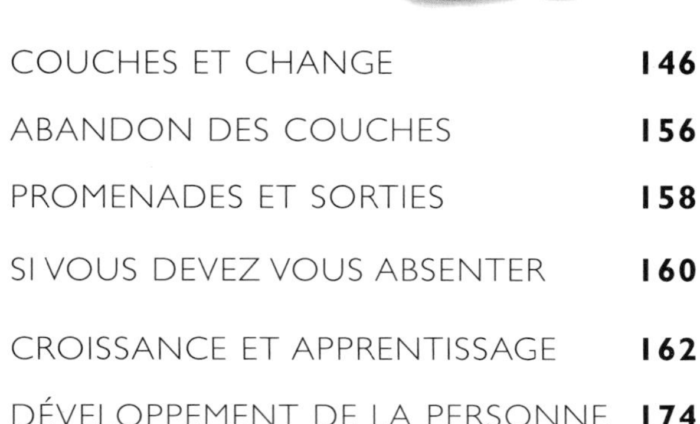

SANTÉ DE L'ENFANT

178–257

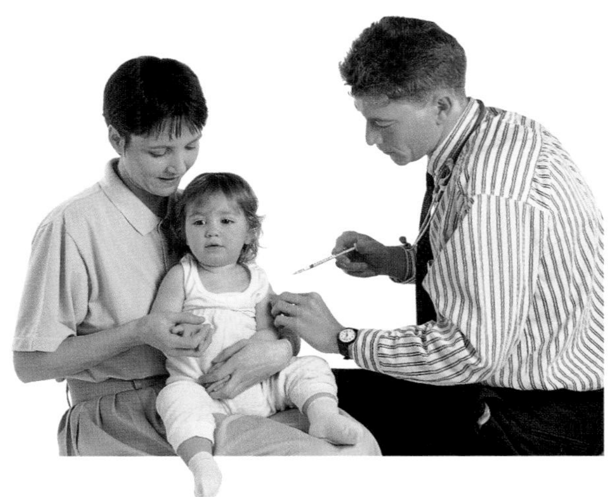

DE LA CONCEPTION À LA NAISSANCE

Guide illustré d'une grossesse heureuse, accompagné de conseils pratiques pour l'accouchement et la naissance

PRÉPARER SA GROSSESSE

Pour donner un bon départ à votre grossesse, il vaut mieux la prévoir. Vous pourrez ainsi prendre des mesures qui non seulement augmenteront vos chances de conception, mais offriront au bébé les meilleures garanties d'être en bonne santé et de ne souffrir d'aucune anomalie. L'idéal est de planifier la grossesse au moins 3 mois à l'avance avec le futur père, car c'est dans les premières semaines, alors que vous ignorez encore que vous êtes enceinte, que le développement de l'enfant est le plus facilement perturbé. En vous maintenant en bonne santé, en suivant un régime alimentaire correct, vous donnerez au bébé toutes les chances d'être bien nourri et protégé dans l'utérus. Vous devez aussi penser à d'autres risques qui pourraient affecter la santé du fœtus: une rubéole par exemple, si vous n'êtes pas immunisée, ou certains dangers liés à votre profession. Prévoir votre grossesse vous donne le temps de réfléchir et, si nécessaire, d'agir.

DIX QUESTIONS POUR UNE GROSSESSE

Posez-vous ces questions si vous projetez d'avoir un bébé ou si vous venez d'apprendre que vous êtes enceinte. Certaines ne vous concernent sans doute pas, mais interrogez-vous quand même. Questionnez aussi votre conjoint, car certaines l'intéressent. Si l'un de ces points vous inquiète, consultez un médecin.

Êtes-vous immunisée contre la rubéole?

La rubéole peut causer des malformations graves chez l'enfant si vous l'attrapez pendant la grossesse, surtout au début, alors que se développent les organes profonds du bébé. Demandez à votre médecin de vous prescrire un examen de sang pour confirmer votre immunité. Si le test est négatif, le médecin vous vaccinera. Vous devrez ensuite attendre 3 mois pour concevoir.

Y a-t-il dans votre famille ou celle du futur père une maladie héréditaire?

L'hémophilie et la mucoviscidose sont héréditaires. Si vous ou votre conjoint avez un proche parent porteur d'une maladie héréditaire, il est possible que vous la transmettiez à votre enfant. Parlez-en à votre médecin avant d'envisager une grossesse; il pourra vous adresser à une consultation de conseil génétique, où le danger sera évalué. Dans la plupart des cas, l'enfant ne courra un risque d'être porteur de la maladie que si les deux parents sont porteurs du gène responsable.

Souffrez-vous d'une maladie chronique?

Si vous souffrez d'une maladie chronique (diabète ou épilepsie, par exemple) il faut en parler à votre médecin avant d'envisager d'avoir un enfant. Le traitement que vous suivez devra peut-être subir quelques modifications, les médicaments pouvant affecter le bébé ou diminuer votre capacité de concevoir.

Prenez-vous, ou avez-vous pris, la «pilule»?

Il vaut mieux arrêter toute contraception hormonale bien avant d'envisager une grossesse, pour laisser votre organisme retrouver ses cycles naturels, et avoir eu trois fois de suite des règles normales.

Pendant cette période, utilisez un diaphragme, un spermicide (ovule, crème) ou encore un préservatif. Si vous concevez avant que la régularité des cycles menstruels ne soit rétablie, la date de l'accouchement sera plus difficile à préciser.

> **Q R «Quel est l'âge idéal pour avoir un enfant?»**
>
> La vingtaine est sans doute la période idéale, mais de plus en plus de femmes décident d'avoir un enfant plus tard, lorsqu'elles se sentent prêtes. L'éventualité de grossesse à risques augmente quand la femme a plus de 35 ans, mais diminue lorsqu'elle est en forme et en bonne santé. Si vous avez plus de 35 ans, les risques que votre bébé soit atteint du syndrome de Down sont plus élevés. Les femmes de moins de 18 ans courent plus de risques de donner naissance à un enfant mort-né ou de petit poids, risques minimisés par un suivi médical régulier.

Votre métier vous met-il en contact avec des agents à risques?

Toute profession, exercée par vous ou par votre conjoint, qui comporte un contact avec des produits chimiques, le plomb, les rayons X, peut affecter la fécondité ou entraîner un risque pour l'enfant.

Si vous êtes déjà enceinte, prenez des précautions. Votre médecin peut aussi vous conseiller de changer de poste de travail si celui-ci implique que vous souleviez des poids lourds, ou que vous ayez une station debout prolongée, par exemple. Informez-vous également sur les possibilités de retrait préventif pour la femme enceinte ou allaitante.

Par ailleurs, on pense aujourd'hui que les métiers impliquant une présence devant un écran lumineux ne comportent aucun danger pour le bébé.

Quel poids pesez-vous?

Vous devez vous trouver à votre poids idéal depuis au moins 6 mois au moment de la conception. Aussi, si vous pensez être trop grosse ou trop maigre, consultez votre médecin, qui vous prescrira un régime alimentaire. Sauf si vous avez un grave problème de poids, ne suivez jamais un régime amaigrissant pendant une grossesse.

Avez-vous une alimentation saine ?

Vos chances de concevoir et d'avoir un bébé en bonne santé seront accrues si vous suivez un régime varié, équilibré, riche en aliments frais.

Fumez-vous ? Buvez-vous ?

Vous devez absolument cesser de fumer et de consommer des boissons alcooliques dès que vous envisagez une grossesse, car le tabac et l'alcool affectent la fécondité, chez la femme aussi bien que chez l'homme, et ils ont tous deux un effet nocif sur le développement du bébé (voir p. 13).

Faites-vous de l'exercice ?

Pour vous maintenir en forme, faites de l'exercice : marchez ou nagez au moins 20 minutes tous les jours.

ACIDE FOLIQUE

Prenez un supplément d'acide folique (folate), une vitamine du complexe B, pendant au moins trois mois avant la conception et pendant les trois premiers mois de la grossesse. C'est l'un des rares nutriments qui prévient les anomalies du tube neural comme le spina-bifida ou l'anencéphalie. Le tube neural, qui formera la colonne vertébrale du bébé, se développe très tôt après la conception – probablement avant que vous ne réalisiez que vous êtes enceinte. Sans un apport suffisant en acide folique, il se peut que le tube neural ne fusionne pas complètement sur toute la longueur, ce qui expose la moelle épinière (spina-bifida). Quant aux enfants anencéphales, ils meurent peu après leur naissance parce que leur cerveau ne s'est pas formé – en tout ou en partie.

SOURCES D'ACIDE FOLIQUE

La recherche a montré qu'un apport accru en acide folique peut prévenir jusqu'à 70% des cas de spina-bifida.

Les bonnes sources naturelles d'acide folique incluent les épinards, les brocolis, les haricots secs, les choux de Bruxelles, le jus d'orange, le melon et le jaune d'œuf. Efforcez-vous de manger les légumes crus ou cuits légèrement à la vapeur. Des aliments sont aussi enrichis d'acide folique. Parmi eux, on trouve la farine blanche, les pâtes et la semoule de maïs enrichies.

Vous ne devez cependant pas vous limiter aux seules sources alimentaires. Vous devriez prendre un supplément d'acide folique aussitôt que vous décidez de cesser d'utiliser des contraceptifs. Pour réduire le risque de spina-bifida, il vous faut prendre chaque jour une multivitamine contenant 0,4 mg d'acide folique. On en trouve en vente libre dans les pharmacies. Si vous avez déjà eu un enfant atteint, les risques d'en avoir un autre sont plus importants. Votre médecin vous conseillera alors d'en prendre davantage chaque jour.

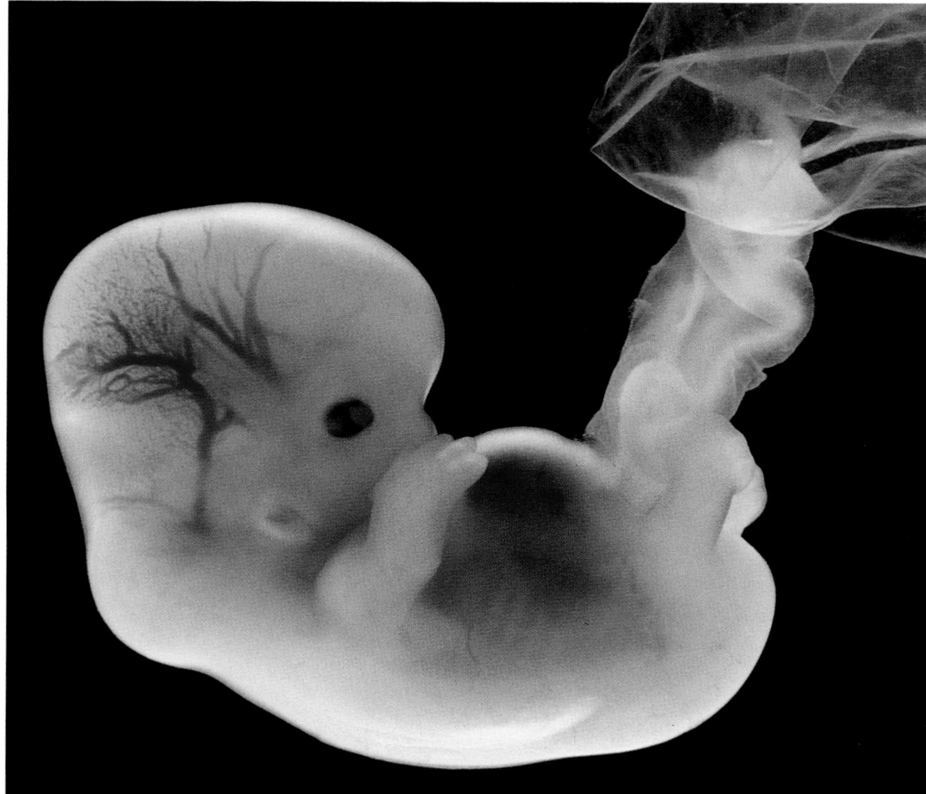

L'embryon en développement
Votre enfant aura de meilleures chances de se développer normalement si vous prenez un supplément d'acide folique avant sa conception et durant les 12 premières semaines de votre grossesse.

CALENDRIER DE LA GROSSESSE

Ce calendrier décrit mois par mois le déroulement d'une grossesse. Il expose les modifications qui vont sans doute vous affecter physiquement et moralement. Il suit le développement de l'enfant de la conception à la naissance. Pour chaque étape, vous trouverez des conseils, ainsi que des réponses rassurantes à vos interrogations ou à vos inquiétudes. Chaque mois, l'accent est mis sur un aspect de la grossesse, par exemple l'inscription à un cours de préparation à l'accouchement ou encore les examens médicaux. Puisque chaque grossesse est unique, ne soyez pas surprise si vous n'observez pas un des aspects décrits au moment prévu : le gain de poids, par exemple, peut différer du cas présenté. Le calendrier de grossesse tient compte du premier jour des dernières règles, si bien que, deux semaines après la conception, si l'on se fie au calendrier, vous en êtes à quatre semaines de grossesse.

ÊTRE ENCEINTE ET LE SAVOIR

Si vous envisagez de devenir enceinte, assurez-vous que votre mode de vie ne risque en rien de nuire au développement du bébé. Ses principaux organes se forment pendant les premiers mois, et c'est pendant cette période que sa santé peut être le plus facilement altérée. Si vous êtes enceinte, divers signes (lourdeur des seins, nausées, lassitude anormale pendant toute la journée) vont éveiller vos soupçons. La plupart de ces modifications sont provoquées par une élévation des taux hormonaux, car votre corps se prépare à nourrir le bébé. Ne vous inquiétez pas : ces désagréments vont s'atténuer ou disparaître environ vers la 12e semaine.

SIGNES PRÉCOCES DE LA GROSSESSE

La présence d'un ou de plusieurs de ces signes indique que vous êtes enceinte, mais vous pouvez n'en remarquer aucun, tout en sachant d'instinct que vous êtes enceinte, car vous vous sentez différente.

- ⋆ Absence de règles – mais si vos règles sont irrégulières d'habitude ou si vous êtes anxieuse, surmenée ou malade, ne vous fiez pas à ce signe. Même si vous êtes enceinte, vous pouvez observer un léger saignement à l'époque présumée des règles.
- ⋆ Seins gonflés, sensibles, qui picotent parfois.
- ⋆ Lassitude anormale, non seulement le soir, mais dans la journée.
- ⋆ Sensation de faiblesse, parfois étourdissements.
- ⋆ Augmentation des sécrétions vaginales.
- ⋆ Nausées, et parfois vomissements, à tout moment de la journée mais surtout le matin.
- ⋆ Dégoût de certaines choses (café, alcool, tabac…) et fringales d'autres.
- ⋆ Émotivité accrue due aux modifications hormonales.
- ⋆ Besoin fréquent d'uriner.

CONFIRMATION DE LA GROSSESSE

Faites confirmer votre état le plus tôt possible. L'analyse en laboratoire d'un échantillon d'urine ou de sang met en évidence la présence d'une hormone qui apparaît 15 jours environ après la conception. Vous pouvez aussi acheter en pharmacie des tests de grossesse à faire vous-même. Si vous n'avez pas eu vos règles deux fois de suite, un examen gynécologique peut confirmer l'avancement de votre grossesse.

TESTS DE GROSSESSE

Les boîtes contiennent une solution chimique à mélanger à quelques gouttes des premières urines du matin. Divers indicateurs – un changement de couleur, par exemple – vous signalent que vous êtes ou n'êtes pas enceinte. Ces tests sont très fiables si vous suivez attentivement les instructions.

CALCUL DE LA DATE DE L'ACCOUCHEMENT

Une grossesse dure en moyenne 280 jours ou 40 semaines. On calcule habituellement la date approximative de l'accouchement à partir du 1er jour des dernières menstruations. Cependant, la date la plus probable de la conception correspond à celle de l'ovulation qui, dans un cycle normal de 28 jours, se produit 14 jours environ avant la date des futures règles. L'âge conceptionnel correspond donc à 266 jours. Mais ce n'est qu'une indication : une durée de 38 à 42 semaines reste tout à fait dans la norme.

Une saine grossesse
Dès la conception, il importe d'éviter d'ingérer toute substance susceptible de nuire à votre bébé.

CE QU'IL FAUT ÉVITER

Pendant votre grossesse, évitez de fumer, de boire de l'alcool, de prendre d'autres médicaments que ceux prescrits par votre médecin, surtout au cours des 3 premiers mois, durant lesquels les organes du bébé se forment.

Tabac

En fumant, vous privez l'enfant d'oxygène. Les bébés des fumeuses sont plus souvent prématurés et ont un faible poids de naissance. Le tabac augmente les risques d'avortement (fausse couche), de naissance d'un enfant mort-né ou malformé, ainsi que le taux de morts post-natales. Plus vous fumez, plus les risques sont élevés. Si cesser totalement de fumer vous paraît impossible, réduisez votre consommation : ne fumez que des cigarettes à faible teneur en goudron, rationnez-vous, n'inhalez pas la fumée, jetez vos cigarettes à moitié fumées. Les médecins pensent que le fait que vous respiriez la fumée des cigarettes des autres pourrait aussi être un facteur dans la mort subite du nourrisson.

Alcool

Une forte consommation d'alcool pendant la grossesse peut affecter gravement un bébé. Comme on ignore où se situe précisément le niveau de consommation « sans risque », il vaut mieux ne pas boire du tout d'alcool.

Médicaments

De nombreux médicaments peuvent avoir sur le bébé des effets nocifs ou encore inconnus ; aussi, ne prenez que les médicaments prescrits par un médecin qui sait que vous êtes enceinte. N'ayez pas même recours à l'aspirine sans avis médical. Si vous suivez un traitement, pour une maladie de la thyroïde par exemple, il faudra peut-être ajuster le dosage de la médication.

Autres risques

Les excréments de chat, la viande crue ou mal cuite peuvent véhiculer un parasite appelé toxoplasme, qui risque d'affecter le fœtus. Ne mangez pas de viande insuffisamment cuite et lavez-vous les mains après avoir manipulé de la viande crue. Ne changez pas vous-même la litière du chat et, si vous le faites, enfilez des gants et lavez-vous les mains ensuite. Portez des gants pour jardiner. Lavez les légumes et les fruits frais pour retirer la terre.

DÉBUT DE LA VIE

Durant les 8 premières semaines, l'embryon se transforme : composé d'une seule cellule au moment de la conception, il devient un fœtus à l'aspect humain.

DE LA CONCEPTION À LA 4e SEMAINE

1 Ovulation
Aux environs du 14e jour du cycle menstruel, un ovule mûr est libéré par un des ovaires et la fécondation devient possible. Capté par les franges qui terminent la trompe de Fallope, l'ovule s'engage dans la trompe. Il peut y survivre 24 heures ; s'il n'est pas fécondé, il sera éliminé par voie vaginale, lors des prochaines règles, avec la muqueuse utérine.

Parcours des spermatozoïdes
Un homme éjacule entre 100 et 500 millions de spermatozoïdes dans le vagin pendant l'orgasme. Un grand nombre s'écoulent à l'extérieur ou sont détruits en chemin, mais certains nagent dans le mucus sécrété par le col de l'utérus, plus fluide et élastique au moment de l'ovulation, et remontent dans les trompes de Fallope. Ils peuvent survivre jusqu'à 48 heures dans la trompe.

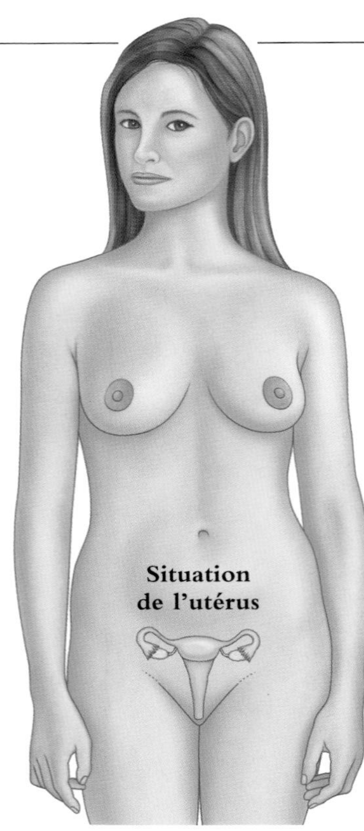

5 Nidation
Vers 7 à 9 jours, l'œuf fécondé s'implante dans la muqueuse molle et épaissie de l'utérus. Quand l'œuf est bien fixé dans la paroi, la conception est achevée. Les excroissances spongieuses en forme de doigt saillant de la couche externe des cellules embryonnaires s'enfoncent dans la muqueuse utérine, allant s'unir aux vaisseaux sanguins maternels. Ces cellules formeront le placenta. Certaines donneront le cordon ombilical et les membranes protégeant le fœtus. Les cellules de l'intérieur se divisent en couches qui deviendront les différentes parties du corps de l'enfant.

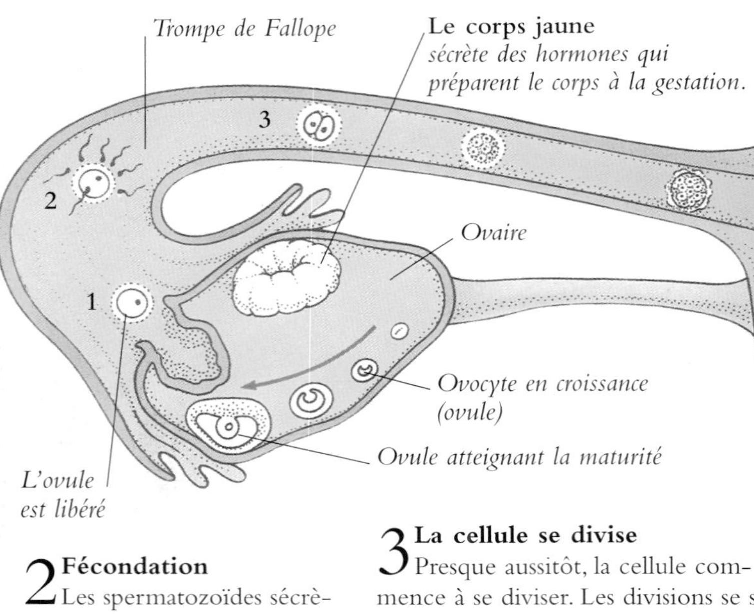

2 Fécondation
Les spermatozoïdes sécrètent une substance qui dissout l'enveloppe externe de l'ovule et permet à l'un d'eux de pénétrer à l'intérieur. Dès qu'il est entré, aucun autre ne peut plus passer. Le spermatozoïde perd son flagelle, et sa tête gonfle. Elle fusionne avec l'ovule pour former une cellule.

3 La cellule se divise
Presque aussitôt, la cellule commence à se diviser. Les divisions se succèdent tandis qu'elle parcourt la trompe de Fallope.

4 Arrivée dans l'utérus
Le 4e jour après la fécondation, l'œuf atteint la cavité utérine. C'est maintenant une boule d'une centaine de cellules, dont le centre creux est rempli de liquide, mais qui est encore trop petite pour être visible à l'œil nu. Pendant quelques jours, elle se déplace dans la cavité utérine.

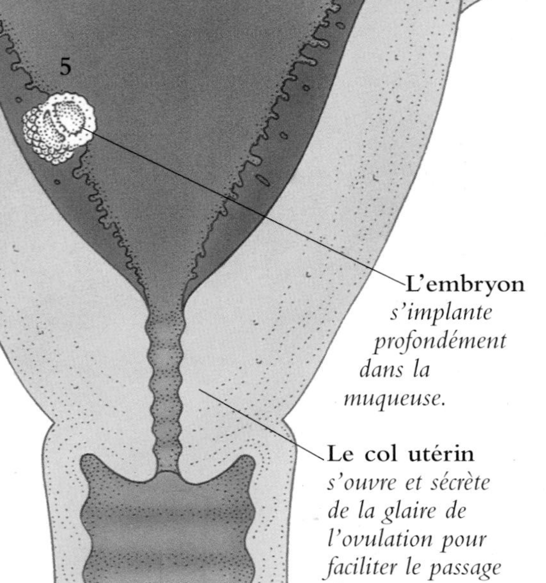

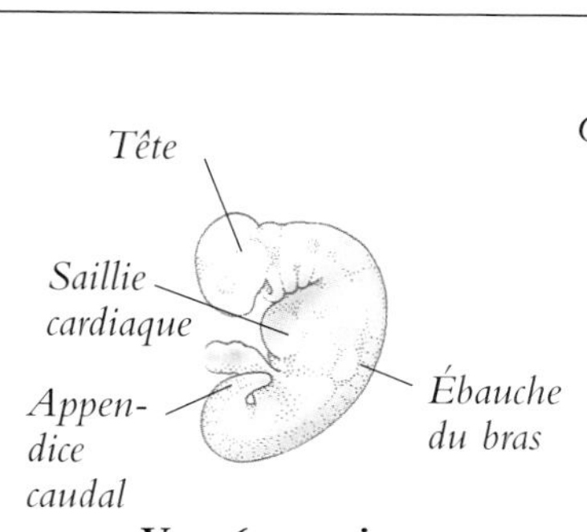

Vers 6 semaines

Œil
Ébauche du bras
Cordon ombilical
Ébauche du membre inférieur

Vers 7 semaines

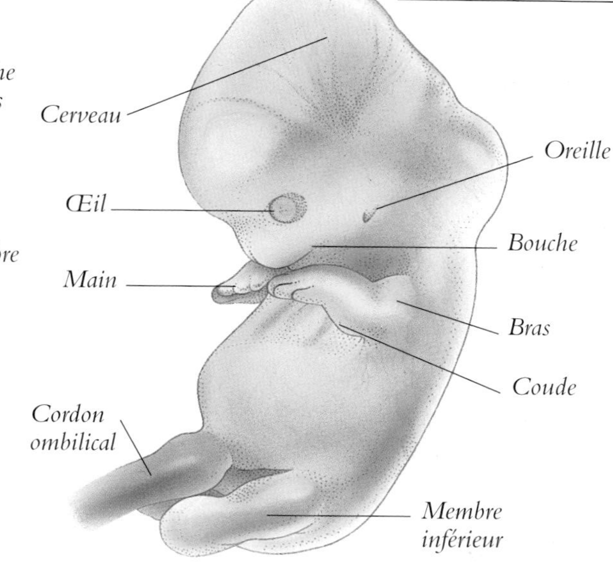

Vers 8 semaines

DE LA 5e À LA 6e SEMAINE

★ L'embryon flotte dans un sac rempli de liquide.
★ Il possède un cerveau élémentaire, une colonne vertébrale et un système nerveux central.
★ Sur sa tête apparaissent quatre fossettes, qui deviendront les yeux et les oreilles.
★ L'embryon possède une ébauche d'appareil digestif, de bouche et de mâchoire.
★ Le ventre et le thorax se développent : le cœur forme une saillie sur le devant de la poitrine et il commence à battre à la fin de la semaine.
★ Un réseau de vaisseaux sanguins se constitue.
★ Les quatre ébauches des membres sont visibles.

Longueur : l'embryon mesure 6 mm (la taille d'un pépin de pomme).

7e SEMAINE

★ La tête, fléchie sur la poitrine, paraît très grosse. Le visage se forme. Les yeux sont situés sur le côté de la tête et seul un pigment sombre transparaît sous la peau.
★ Bras et jambes sont nettement visibles, marqués à leurs extrémités de sillons qui sépareront les doigts et les orteils.
★ Le cœur commence à faire circuler le sang dans le corps de l'embryon.
★ Les éléments du système nerveux sont déjà presque au complet.
★ Les cellules osseuses commencent à se développer.
★ L'embryon a des poumons, un intestin, un foie, des reins, des organes génitaux internes, mais ils ne sont pas encore tout à fait formés.

Longueur : l'embryon mesure 1,3 cm (la taille d'un petit grain de raisin).

8e SEMAINE

★ L'embryon prend le nom de « fœtus », mot latin signifiant « produit de la conception ».
★ Ses principaux organes internes sont développés, bien que sous une forme simplifiée, et ils peuvent ne pas être encore à la bonne place.
★ On peut distinguer le visage : le bout du nez, les narines, les deux côtés des mâchoires soudés pour former la bouche. Il a déjà une langue.
★ Les organes de l'oreille interne, qui contrôlent l'équilibre, sont en formation.
★ Les doigts, les orteils deviennent distincts, bien qu'encore reliés par des replis de peau.
★ Bras et jambes s'allongent. Les épaules et les coudes, les hanches et les genoux sont reconnaissables.
★ Le fœtus remue, bien que vous ne puissiez pas encore le sentir bouger.

Longueur : le fœtus mesure 2,5 cm (environ la taille d'une fraise).

JUMEAUX

Une grossesse sur quatre-vingts aboutit à la naissance de jumeaux. Vos chances d'avoir des jumeaux sont plus grandes s'il y en a dans votre famille.

Les jumeaux bivitellins proviennent de deux ovules fécondés simultanément par deux spermatozoïdes différents. Ils peuvent être de même sexe ou de sexes différents. Chacun a son placenta. Ils ne se ressemblent pas plus que des frères ou des sœurs ordinaires.

Les jumeaux univitellins sont le produit d'un ovule fécondé qui se divise en deux. Les deux bébés partagent le même placenta, ils sont de même sexe, et présentent les mêmes caractéristiques physiques, le même patrimoine génétique.

Q&R

« Pourquoi parle-t-on de trimestre ? »

C'est une façon pratique de subdiviser les neuf mois de la grossesse (se référer à « Calcul de la date de l'accouchement », p. 13) en trois périodes plus ou moins égales d'environ trois mois. Le premier trimestre couvre les semaines 1 à 12 ; le deuxième trimestre, les semaines 13 à 28 ; le troisième trimestre va de la 29e semaine à la fin de la grossesse — c'est le trimestre le plus variable.

SEMAINE 12

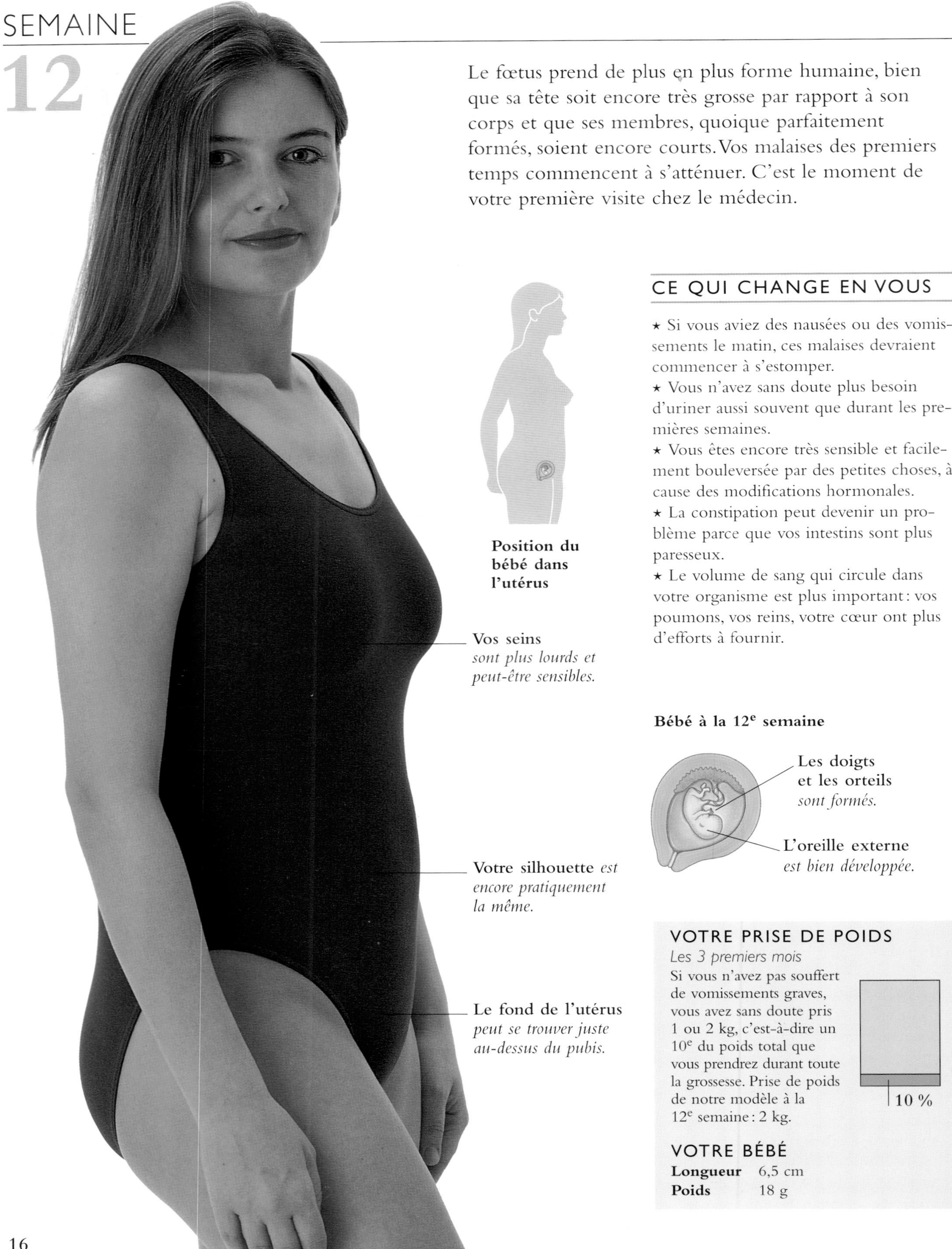

Le fœtus prend de plus en plus forme humaine, bien que sa tête soit encore très grosse par rapport à son corps et que ses membres, quoique parfaitement formés, soient encore courts. Vos malaises des premiers temps commencent à s'atténuer. C'est le moment de votre première visite chez le médecin.

CE QUI CHANGE EN VOUS

⋆ Si vous aviez des nausées ou des vomissements le matin, ces malaises devraient commencer à s'estomper.
⋆ Vous n'avez sans doute plus besoin d'uriner aussi souvent que durant les premières semaines.
⋆ Vous êtes encore très sensible et facilement bouleversée par des petites choses, à cause des modifications hormonales.
⋆ La constipation peut devenir un problème parce que vos intestins sont plus paresseux.
⋆ Le volume de sang qui circule dans votre organisme est plus important : vos poumons, vos reins, votre cœur ont plus d'efforts à fournir.

Bébé à la 12e semaine

VOTRE PRISE DE POIDS

Les 3 premiers mois

Si vous n'avez pas souffert de vomissements graves, vous avez sans doute pris 1 ou 2 kg, c'est-à-dire un 10e du poids total que vous prendrez durant toute la grossesse. Prise de poids de notre modèle à la 12e semaine : 2 kg.

10 %

VOTRE BÉBÉ

Longueur 6,5 cm
Poids 18 g

QUE FAIRE ?

- ★ Achetez un soutien-gorge maintenant bien votre poitrine, sans serrer.
- ★ Suivez un régime alimentaire varié, riche en aliments frais.
- ★ Luttez contre la constipation : buvez beaucoup d'eau et consommez des aliments riches en fibres.
- ★ Subissez votre premier examen prénatal avant la fin du 3e mois.
- ★ Mettez-vous en règle avec la Sécurité du revenu et l'assurance emploi.
- ★ Prenez rendez-vous chez le dentiste pour faire vérifier vos dents.
- ★ Prévenez votre employeur de façon à obtenir le temps nécessaire pour les visites médicales.
- ★ Faites vos exercices de gymnastique prénatale régulièrement ; si vous ne parvenez pas à les faire seule, inscrivez-vous à un cours collectif. Nagez.
- ★ Essayez de rencontrer d'autres femmes enceintes.

VOTRE BÉBÉ

- ★ Ses organes internes sont formés, et la plupart fonctionnent déjà si bien qu'ils risquent moins d'être affectés par des infections ou les effets de certains médicaments.
- ★ Les paupières sont développées et cachent les yeux.
- ★ Le pavillon de l'oreille est apparu.
- ★ Les membres sont formés, avec doigts et orteils, et ont déjà des ongles.
- ★ Les muscles se développent et le bébé remue de plus en plus. Il peut crisper et étendre les orteils et fermer les poings.
- ★ Il peut bouger les muscles de sa bouche pour faire la moue, pincer les lèvres, ouvrir et fermer la bouche.
- ★ Il tète et avale le liquide amniotique. Il urine.

Voir aussi :
Surveillance prénatale, *p. 32 à 36*
Gymnastique prénatale, *p. 45 à 47*
Alimentation saine, *p. 50 à 53*
Mictions fréquentes, *p. 41*
Soutien-gorge de grossesse, *p. 29*
Protéger votre dos, *p. 44*

PRÉPARATION À L'ACCOUCHEMENT

Commencez à réfléchir au type de cours qui vous conviendra le mieux, à vous et à votre conjoint. Vous pouvez avoir envie dès à présent d'assister à des cours préparatoires (traitant de la santé pendant la grossesse, par exemple), les véritables cours de préparation à l'accouchement ne débutant en général que 8 à 10 semaines avant le terme. Vous pouvez suivre des cours de gymnastique prénatale tout au long de votre grossesse.

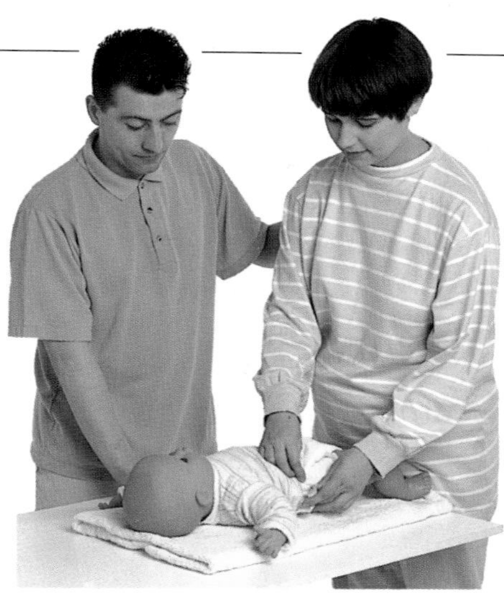

Bases de la puériculture
Il est agréable et utile d'apprendre à s'occuper de son bébé.

CHOIX D'UN COURS

La préparation à l'accouchement et à la venue du bébé est composée d'environ huit séances et commence généralement vers le 7e mois. Inscrivez-vous à votre CLSC (Centre local de services communautaires) dès la confirmation de votre grossesse. Ces cours sont généralement gratuits. Certains hôpitaux donnent aussi des cours qui fournissent une information sur les procédés et les usages en vigueur dans l'hôpital où vous devez accoucher. Vous visiterez d'ailleurs probablement les salles de travail et de naissance. Ces cours sont parfois très chargés ; ils prennent très souvent la forme de conférences avec projection ; n'hésitez pas à poser des questions. En même temps que ce qu'il faut savoir sur le travail et la naissance, vous y apprendrez comment vous occuper de votre nouveau-né.

Autres cours

Il existe des cours payants, organisés à titre privé par des sages-femmes ou autres. Les cours sont souvent centrés sur la gymnastique aquatique ou en salle et diverses techniques, par exemple la relaxation, la sophrologie ou le hatha yoga, qui peuvent faciliter l'accouchement. Vous pourrez y rencontrer d'autres futures mères. Les futurs pères y sont souvent les bienvenus.

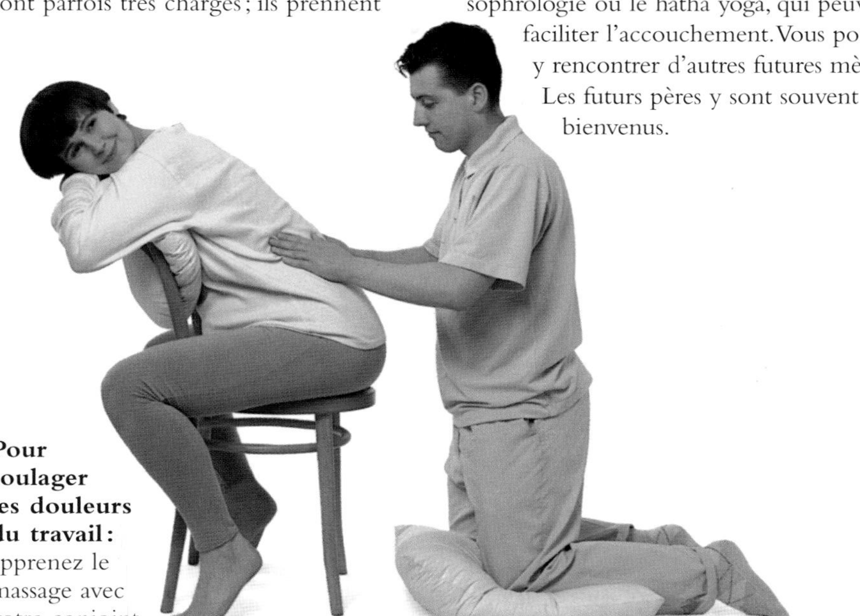

Pour soulager les douleurs du travail : apprenez le massage avec votre conjoint.

SEMAINE 16

Vous avez maintenant bien entamé le 2e trimestre de votre grossesse et vous devez vous sentir en pleine forme. Votre grossesse commence à se voir, et vous avez peut-être besoin de vêtements plus amples. Votre bébé est complètement formé, il est nourri par le placenta depuis la 14e semaine. Au cours des semaines qui viennent, il va grossir et se développer de plus en plus.

Position du bébé dans l'utérus

CE QUI CHANGE EN VOUS

- ⋆ Vous devez vous sentir en bien meilleure forme.
- ⋆ Vous éprouvez sans doute un sentiment croissant d'excitation et de plaisir.
- ⋆ Vous pouvez remarquer des modifications de la pigmentation de votre peau : vos mamelons et leur aréole foncent, une ligne verticale sombre apparaît sur votre abdomen, mais elle s'effacera peu après l'accouchement.
- ⋆ Votre appétit augmente.
- ⋆ Vos vêtements habituels deviennent trop justes, mais il se peut que vous n'éprouviez pas encore le besoin de porter des vêtements de grossesse.

Bébé à la 16e semaine

VOTRE PRISE DE POIDS

Le 2e trimestre

Durant les 3 prochains mois, attendez-vous à prendre de 5 à 7 kg (50 à 60 % de la prise de poids totale de la grossesse). Prise de poids de notre modèle à la 16e semaine : 2,5 kg.

VOTRE BÉBÉ

Longueur	16 cm
Poids	135 g

QUE FAIRE ?

* Si ce n'est déjà fait, cessez de fumer et incitez votre conjoint à en faire autant.
* Prenez des suppléments de fer et d'acide folique. Si vous êtes végétarienne, prenez aussi des suppléments de vitamine B_{12}. Si vous ne consommez pas de produits laitiers, prenez des suppléments de calcium et de vitamine D.
* Les visites médicales ont lieu une fois par mois. En cas de crainte d'une anomalie fœtale, une amniocentèse est pratiquée. Une échographie peut confirmer la date de l'accouchement. Un test sanguin révélateur d'anomalies fœtales peut être proposé : « Triple screen test » ou « triple test », peu utilisé à moins de facteurs de risque.

VOTRE BÉBÉ

* Ses cils et ses sourcils poussent, son corps et son visage sont recouverts d'un fin duvet (le lanugo).
* Sa peau est fine et transparente ; le réseau des vaisseaux sanguins est très visible.
* Les articulations de ses bras et de ses jambes se forment, et les os longs commencent à se développer.
* Ses organes génitaux sont assez développés pour que son sexe soit visible, mais l'échographie ne permet pas toujours de le déceler.
* Le bébé esquisse des mouvements thoraciques respiratoires.
* Il peut sucer son pouce.
* Il remue avec vivacité, mais vous ne percevez pas toujours ses mouvements.
* Son cœur bat deux fois plus vite que le vôtre : le médecin et la sage-femme l'entendent au moyen d'un appareil à ultrasons dès la 12e semaine.
* Bébé croît rapidement durant ce mois.

Voir aussi :
Tests biochimiques révélateurs d'anomalies fœtales, ***p. 37***
Amniocentèse, ***p. 37***
Relaxation, respiration, ***p. 48 et 49***
Couleur de la peau, ***p. 21***
Tabac, ***p. 13***
Suppléments nutritionnels, ***p. 52***
Échographie, ***p. 37***

CONFUSION DES SENTIMENTS

Vous et votre conjoint allez éprouver des sentiments très divers durant cette grossesse, et il se peut que le ravissement laisse la place à l'abattement. Efforcez-vous de comprendre ces sentiments ; ils s'évanouiront après la naissance. Le meilleur moyen de dissiper vos inquiétudes vis-à-vis du bébé et de votre rôle de futurs parents est d'en discuter avec franchise ensemble. Glanez le plus d'informations possibles au sujet de la grossesse. Ainsi, vous comprendrez mieux les changements qui se produisent en vous.

Vous

Il est normal que votre surexcitation à l'idée d'avoir un enfant soit parfois assombrie par des pensées négatives. Inutile de vous inquiéter de ne pas encore éprouver d'amour pour le bébé : il s'épanouira après la naissance. Vous pouvez aussi être déprimée par l'alourdissement de votre silhouette et en vouloir au bébé de vous infliger de telles épreuves. Mais la plupart de ces modifications disparaîtront après la naissance, grâce à quelques exercices de gymnastique.

Pour le conjoint

Le bébé devient une réalité quand vous le voyez pour la première fois lors de l'échographie. Jusqu'alors, vous vous sentiez exclu, jaloux peut-être de toute l'attention que recevait l'enfant, mais vous devriez maintenant commencer à éprouver des sentiments de bonheur, de surexcitation. Si vous craignez que votre salaire soit insuffisant pour subvenir aux besoins de votre famille, établissez un budget.

Tous les deux

Il est normal que vous soyez enthousiasmés par l'arrivée prochaine du bébé et que vous vous inquiétiez en même temps de ne pas vous sentir prêts à jouer votre rôle de parents. Inscrivez-vous à un cours de préparation à l'accouchement. Vous aurez ainsi plus confiance en vous et vous vous sentirez capables de rester maîtres de vous le moment venu.

Q&R

« Puis-je être assurée que mon bébé sera normal ? »

La plupart des malformations surviennent durant les premières semaines de la grossesse et provoquent un avortement précoce. Vers la 13e semaine, le bébé est complètement formé ; il y a ensuite peu de risques pour que surviennent de graves problèmes. Vous pouvez encore diminuer ces risques en menant une vie saine.

SEMAINE 20

À ce stade de votre grossesse, vous éprouverez certainement un grand bien-être ; vous paraîtrez – et serez – radieuse, car votre peau et vos cheveux deviendront plus beaux. Si vous vous sentez bien, pourquoi ne pas en profiter pour prendre des vacances ? Maintenant, vous devez sentir le bébé bouger : c'est un moment excitant !

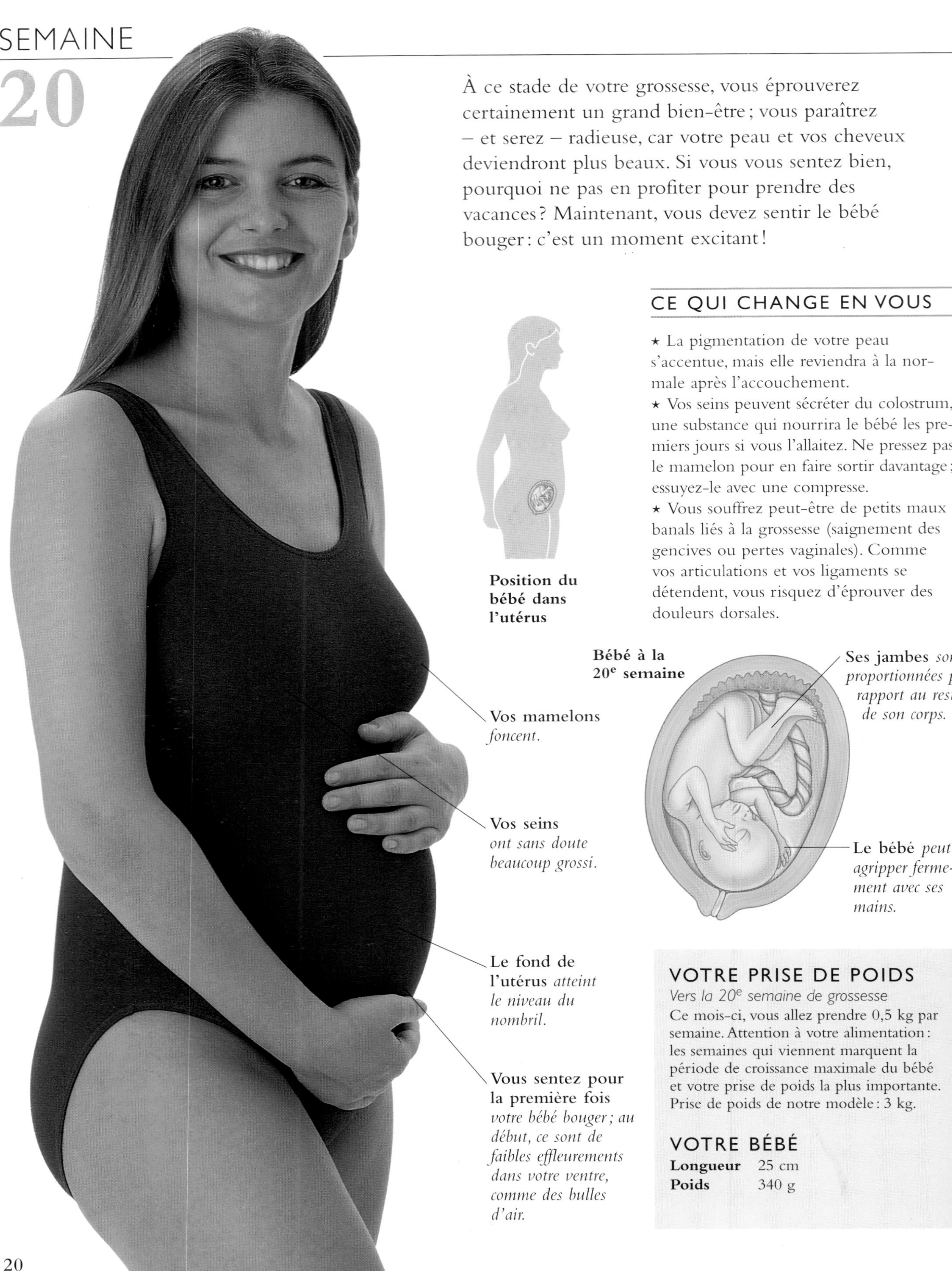

CE QUI CHANGE EN VOUS

★ La pigmentation de votre peau s'accentue, mais elle reviendra à la normale après l'accouchement.
★ Vos seins peuvent sécréter du colostrum, une substance qui nourrira le bébé les premiers jours si vous l'allaitez. Ne pressez pas le mamelon pour en faire sortir davantage ; essuyez-le avec une compresse.
★ Vous souffrez peut-être de petits maux banals liés à la grossesse (saignement des gencives ou pertes vaginales). Comme vos articulations et vos ligaments se détendent, vous risquez d'éprouver des douleurs dorsales.

VOTRE PRISE DE POIDS

Vers la 20e semaine de grossesse

Ce mois-ci, vous allez prendre 0,5 kg par semaine. Attention à votre alimentation : les semaines qui viennent marquent la période de croissance maximale du bébé et votre prise de poids la plus importante. Prise de poids de notre modèle : 3 kg.

VOTRE BÉBÉ

Longueur 25 cm
Poids 340 g

QUE FAIRE ?

- ⋆ Tenez-vous droite, ménagez votre dos. Portez des chaussures confortables, à talons plutôt plats.
- ⋆ Suivez les conseils pratiques donnés aux pages 40 à 42 pour soulager les autres maux dont vous pouvez souffrir à cette étape de votre grossesse.
- ⋆ Commencez à penser à la layette, aux objets nécessaires au bébé.

Q&R

« Puis-je entreprendre un long voyage ? »

Oui, bien sûr, mais ne partez surtout pas seule. Cette précaution est d'autant plus impérative si vous devez effectuer un long trajet en voiture. Portez des vêtements confortables et amples. Enfin, toutes les 2 heures au moins, il est indispensable de marcher quelques minutes pour activer la circulation du sang.

VOTRE BÉBÉ

- ⋆ Ses cheveux apparaissent.
- ⋆ Ses dents se développent.
- ⋆ Le vernix caseosa, une substance blanche et grasse qui protège la peau des bébés dans l'utérus, se forme.
- ⋆ Les jambes et les bras sont bien développés.
- ⋆ Des substances protectrices passent de votre sang dans le sien : elles le protégeront contre les maladies pendant ses premières semaines.
- ⋆ Le bébé bouge. Vous sentez ses premiers mouvements comme de faibles effleurements. Il peut aussi réagir aux bruits extérieurs. Il a au moins une dizaine de périodes actives durant une journée.

Voir aussi :
Nécessaire pour le bébé, ***p. 27***
Petits maux, ***p. 40 à 42***
Alimentation saine, ***p. 50 à 53***
Protéger votre dos, ***p. 44***

ÊTRE BELLE

À ce stade de votre grossesse, vos cheveux sont brillants. Vous avez les joues roses, la peau lisse. Vous êtes resplendissante de santé. Dans certains cas, toutefois, les taux élevés d'hormones peuvent avoir des effets moins flatteurs sur la peau, les ongles et les cheveux. Rassurez-vous : ces changements désagréables disparaîtront après la naissance.

CHEVEUX

Une chevelure épaisse et brillante va souvent de pair avec la grossesse. Mais, parfois, les cheveux gras peuvent devenir plus huileux, les cheveux secs plus cassants, vous avez l'impression de perdre plus de cheveux que d'habitude. La pilosité du visage et du corps fonce.

Que faire ? Si vos cheveux sont secs et fourchus, lavez-les avec un shampooing doux et une crème traitante, et s'ils sont gras, ne les brossez pas trop souvent ou trop énergiquement. Lavez-les souvent pour qu'ils restent brillants. Évitez les permanentes et les teintures.

Faites-vous *faire une coupe facile à entretenir.*

Votre peau *peut devenir très douce et ses imperfections disparaître.*

TEXTURE DE LA PEAU

Votre peau sera sans doute plus belle : ses imperfections vont s'atténuer, elle va devenir douce et lisse. Mais peut-être aussi allez-vous la trouver très sèche, grasse ou tachée.

Que faire ? Nettoyez votre peau avec soin et, si elle est sèche, humidifiez-la avec un brumisateur. Ajoutez des huiles à votre bain. Utilisez le moins souvent possible le savon.

ONGLES

Vos ongles deviennent peut-être cassants et se fendent.

Que faire ? Portez des gants pour les travaux ménagers et le jardinage.

COULEUR DE LA PEAU

La pigmentation cutanée augmente. Les taches de naissance, grains de beauté, cicatrices et taches de rousseur foncent et s'élargissent. Une ligne brune apparaît sur le ventre. Le visage et le cou prennent une teinte café au lait (masque de grossesse). Ces phénomènes disparaîtront après la naissance.

Que faire ? Évitez de vous exposer au soleil ; sinon, utilisez une crème écran à fort coefficient de protection. N'essayez pas de faire disparaître le masque de grossesse, mais appliquez un fond de teint coloré.

SEMAINE 24

Vous êtes dans le mois le plus agréable de la grossesse. Vous vous sentez en pleine forme. Vous êtes heureuse et satisfaite. Si vous n'avez pas encore pris beaucoup de poids, c'est maintenant que vous allez grossir. Votre grossesse devient évidente.

Votre visage *peut paraître plus rond, car votre organisme retient l'eau.*

Les aréoles *de vos seins, zones sombres qui entourent les mamelons, peuvent devenir proéminentes.*

Votre ventre *grossit.*

Dans les cuisses *et la partie supérieure du corps, la prise de poids peut être due à la rétention d'eau et ne pas être permanente.*

Position du bébé dans l'utérus

CE QUI CHANGE EN VOUS

★ Une importante prise de poids est habituelle au cours de ce mois et du mois suivant.

★ À partir de maintenant, portez des vêtements très amples, ils seront plus confortables.

★ Vous êtes plus sensible à la chaleur, et la transpiration peut vous poser des problèmes. Buvez beaucoup d'eau, évitez les tissus synthétiques.

Bébé à la 24e semaine

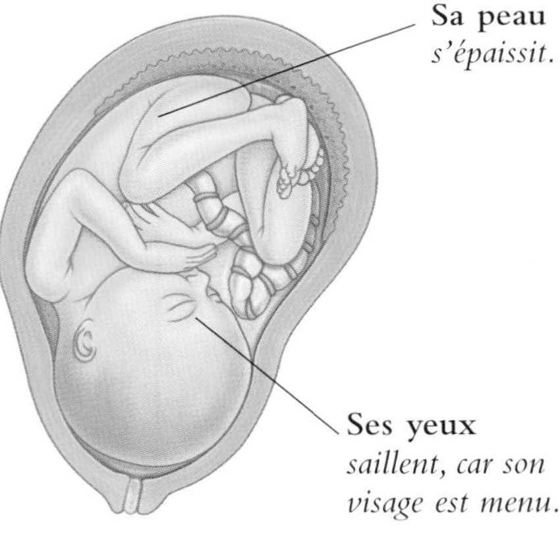

Sa peau *s'épaissit.*

Ses yeux *saillent, car son visage est menu.*

VOTRE PRISE DE POIDS

Vers la 24e semaine de grossesse

Vous allez continuer à prendre environ 0,5 kg par semaine, voire plus si vous étiez très mince avant votre grossesse.

Prise de poids de notre modèle à cette date : 4,5 kg.

VOTRE BÉBÉ

Longueur	33 cm
Poids	570 g

QUE FAIRE?

* Si vos mamelons sont aplatis ou rétractés et que vous vouliez allaiter votre bébé, signalez-le à la sage-femme ou au médecin.
* Installez-vous les pieds surélevés le plus souvent possible.
* Faites vos exercices de gymnastique régulièrement. Pratiquez la relaxation, les exercices respiratoires.
* Si ce n'est déjà fait, inscrivez-vous à votre CLSC.
* Si vous travaillez à temps plein, trouvez un coin calme pour faire des pauses de 15 minutes.

Q&R

« Quel est le meilleur soutien-gorge? »

Vos seins doivent être soutenus. Achetez un soutien-gorge de coton dont la moitié inférieure des bonnets est renforcée et munie de larges bretelles et d'un dos réglable. Vérifiez régulièrement sa taille. Au terme de la grossesse, vous aurez besoin d'un soutien-gorge d'au moins une taille au-dessus de votre taille habituelle. Si vos seins sont très lourds, portez un soutien-gorge léger la nuit.

VOTRE BÉBÉ

* Le bébé est encore mince, il n'a pas de réserve de graisse.
* Des glandes sudoripares se forment dans sa peau.
* Les muscles de ses membres sont bien développés, et il les exerce. Des périodes d'activité frénétique (vous le sentez remuer dans tous les sens) alternent avec des périodes de calme.
* Le bébé peut tousser, avoir le hoquet. Vous percevez son hoquet comme s'il cognait légèrement l'intérieur de votre ventre.

Voir aussi :
Gymnastique prénatale, ***p. 45 à 47***
Vêtements de grossesse, ***p. 25***
Relaxation, respiration, ***p. 48 à 49***

BÉBÉ DANS L'UTÉRUS

Tout en se développant physiquement, le bébé devient une personne consciente qui réagit et éprouve des sensations. Il est blotti dans l'utérus, protégé par le « matelas liquide » qui l'environne. Il dépend totalement du placenta pour se nourrir et respirer, ainsi que pour éliminer ses déchets. Il présente l'allure d'un nouveau-né, dont il a déjà en grande partie le comportement.

VISION

Ses paupières se séparent vers la 28e semaine : le bébé voit, il ouvre et ferme les yeux.

AUDITION

Il entend votre voix, et, s'il dort, une musique forte peut le réveiller. Il peut préférer une mélodie et il le montre par ses mouvements. Les bruits soudains le font sursauter.

EXPRESSIONS DU VISAGE

Il fronce les sourcils, louche, serre les lèvres, ouvre et ferme la bouche.

SUCCION, DÉGLUTITION, RESPIRATION

Il suce son pouce, avale le tiède liquide amniotique qui l'environne et l'élimine dans ses urines. Parfois, il boit trop et a le hoquet. Sa poitrine ébauche des mouvements respiratoires. Il s'exerce à la vie hors de l'utérus.

GOÛT

Ses papilles gustatives se forment. Dès la 28e semaine, il distingue le sucré, l'acide, l'amer.

SYSTÈMES VITAUX

Le fœtus est nourri par le placenta et protégé par le tiède liquide amniotique, qui se renouvelle toutes les 4 heures. Celui-ci assure la régulation de la température du bébé, le protège contre les infections et les chocs.

MOUVEMENTS

Le bébé donne des coups de pied, des coups de poing. Il se retourne.

SOMMEIL

Il dort et veille de façon irrégulière. C'est quand vous cherchez à vous endormir qu'il bouge sans doute le plus.

PERSONNALITÉ

La région du cerveau qui régit la personnalité et l'intelligence devient beaucoup plus complexe au cours du 7e mois. La personnalité du bébé commence à s'affirmer.

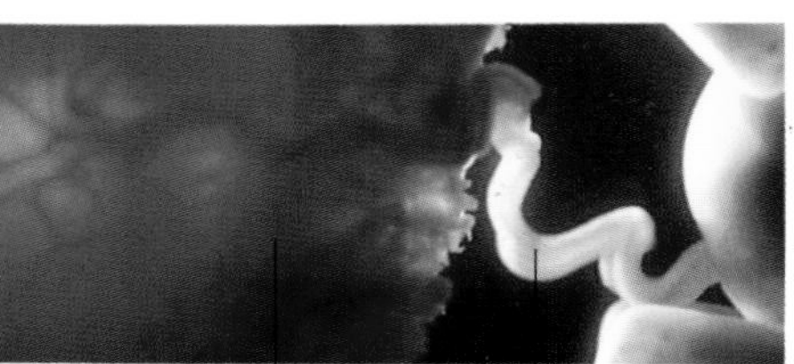

Le placenta fournit tous les éléments nutritifs nécessaires ; presque tout ce que vous absorbez – bon ou mauvais – arrive jusqu'à lui.

Le cordon ombilical est un cordon formé par trois vaisseaux sanguins qui relient le placenta au fœtus.

SEMAINE 28

Vous sentez maintenant que le terme approche : il ne vous reste plus que 3 mois à attendre. Vous allez vous sentir lourde et peut-être maladroite. Pendant le dernier trimestre, le bébé accumule des réserves de graisse. Il devient très actif, vous le voyez bouger. S'il naissait maintenant, il serait viable, à condition de lui apporter les soins appropriés.

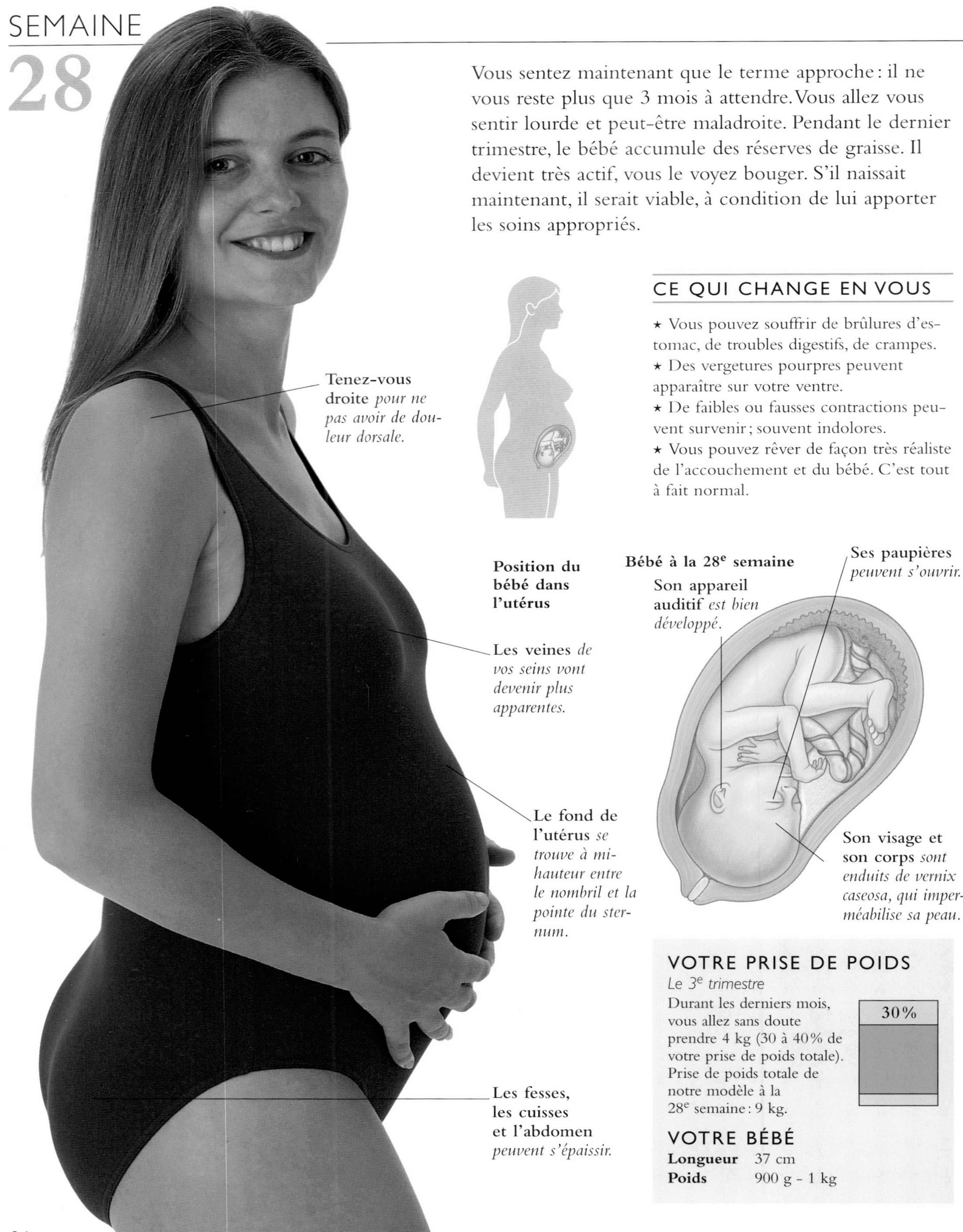

CE QUI CHANGE EN VOUS

- ⋆ Vous pouvez souffrir de brûlures d'estomac, de troubles digestifs, de crampes.
- ⋆ Des vergetures pourpres peuvent apparaître sur votre ventre.
- ⋆ De faibles ou fausses contractions peuvent survenir ; souvent indolores.
- ⋆ Vous pouvez rêver de façon très réaliste de l'accouchement et du bébé. C'est tout à fait normal.

VOTRE PRISE DE POIDS

Le 3e trimestre

Durant les derniers mois, vous allez sans doute prendre 4 kg (30 à 40 % de votre prise de poids totale). Prise de poids totale de notre modèle à la 28e semaine : 9 kg.

30 %

VOTRE BÉBÉ

Longueur 37 cm
Poids 900 g - 1 kg

QUE FAIRE ?

★ Reposez-vous pendant la journée. Le soir, couchez-vous le plus tôt possible. Si vous travaillez, installez-vous jambes surélevées pendant l'heure du déjeuner et reposez-vous en rentrant à la maison.
★ Que tout soit bien clair avec votre employeur : rappelez-lui que vous allez bientôt prendre votre congé de maternité (au total, 15 semaines de prestations de maternité auxquelles s'ajoutent 35 semaines de prestations parentales – l'un des deux parents, au choix, peut bénéficier de ces dernières). Dites-lui si vous reprendrez le travail après la naissance du bébé.
★ Rendez-vous aux consultations prénatales. Les bruits du cœur du bébé sont maintenant audibles avec l'aide d'un simple stéthoscope obstétrical.

VOTRE BÉBÉ

★ Sa peau est rouge et fripée, mais la graisse commence à s'accumuler.
★ La partie du cerveau où siège la conscience a pris de l'importance et est devenue plus complexe. Un fœtus de 7 mois sent la douleur et réagit à peu près comme un bébé à terme.
★ Le fœtus a plus de papilles gustatives qu'il n'en aura à la naissance. Son sens du goût est très fin.
★ Ses poumons n'ont pas atteint leur plein développement et manquent encore d'une substance, le « surfactant », nécessaire pour les empêcher de s'affaisser entre deux respirations.
★ Quand votre conjoint pose la main sur votre ventre, il peut sentir le bébé bouger et même voir la forme d'un de ses pieds ou de son derrière se dessiner sur la paroi abdominale, quand il donne un coup de pied ou se retourne.

Voir aussi :
Petits maux, ***p. 40 à 42***
Protéger votre dos, ***p. 44***
Vergetures, ***p. 42***

VÊTEMENTS DE GROSSESSE

Jusqu'à 5 ou 6 mois, vous pouvez porter des vêtements normaux s'ils sont amples ou adaptables ; et n'hésitez pas à acheter quelques vêtements neufs pour garder un bon moral. Vous n'avez peut-être pas encore besoin de vêtements de maternité : choisissez de jolis vêtements confortables, faciles à entretenir.

Hauts confortables

Optez pour des tissus extensibles faits de douces fibres naturelles. Certains jours, vous vous sentirez mieux dans un grand *sweatshirt*.

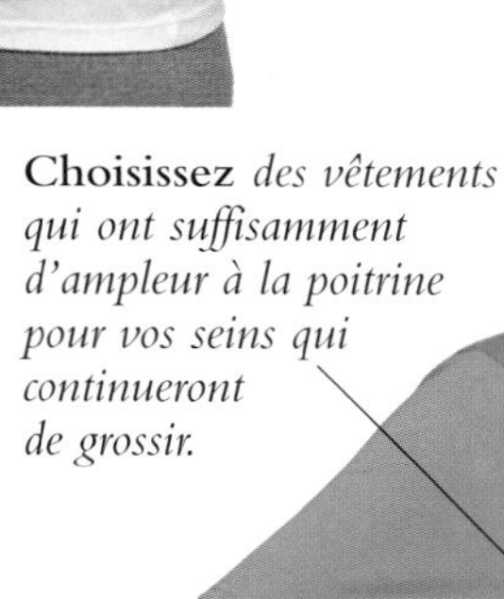

Relâchez *le cordon de la taille au fur et à mesure que le ventre s'arrondit.*

Choisissez *des vêtements qui ont suffisamment d'ampleur à la poitrine pour vos seins qui continueront de grossir.*

« Bas » élastiques

Les pantalons de style survêtement sont confortables et ne compriment pas. Remplacez l'élastique de la taille par un cordon ajustable.

Le tissu *polyvalent s'étirera pour s'ajuster aux changements de votre silhouette.*

Robes

Portez une robe tablier. S'il fait froid, mettez en dessous un tee-shirt ou un chemisier. Vérifiez avant l'achat que l'ourlet est assez grand pour pouvoir allonger la robe par-devant quand votre ventre grossira : le devant des robes de grossesse a 2,5 cm de plus que le dos.

QUE CHOISIR ?

Comme vous êtes sensible à la chaleur, achetez des vêtements légers, amples, en coton ou en d'autres fibres naturelles. S'il fait froid, superposez les vêtements. Évitez tout ce qui serre à la taille ou gêne la circulation du sang dans les jambes comme les mi-bas serrés au genou. Des chaussures confortables, à talons plutôt plats, sont indispensables, mais les ballerines sans talons sont déconseillées. Bientôt, vous ne pourrez plus porter de chaussures à lacets parce que vous ne pourrez plus les nouer.

SEMAINE 32

Vous avez besoin de beaucoup de repos. Faites la sieste. Vous vous sentez très lourde et fatiguée par votre état. Si vous n'assistez pas déjà à un cours de préparation à l'accouchement, informez-vous à votre CLSC ou à l'hôpital pour en suivre un. Le bébé est complètement constitué, son corps est bien proportionné. Il a de la graisse sous la peau et paraît plus potelé.

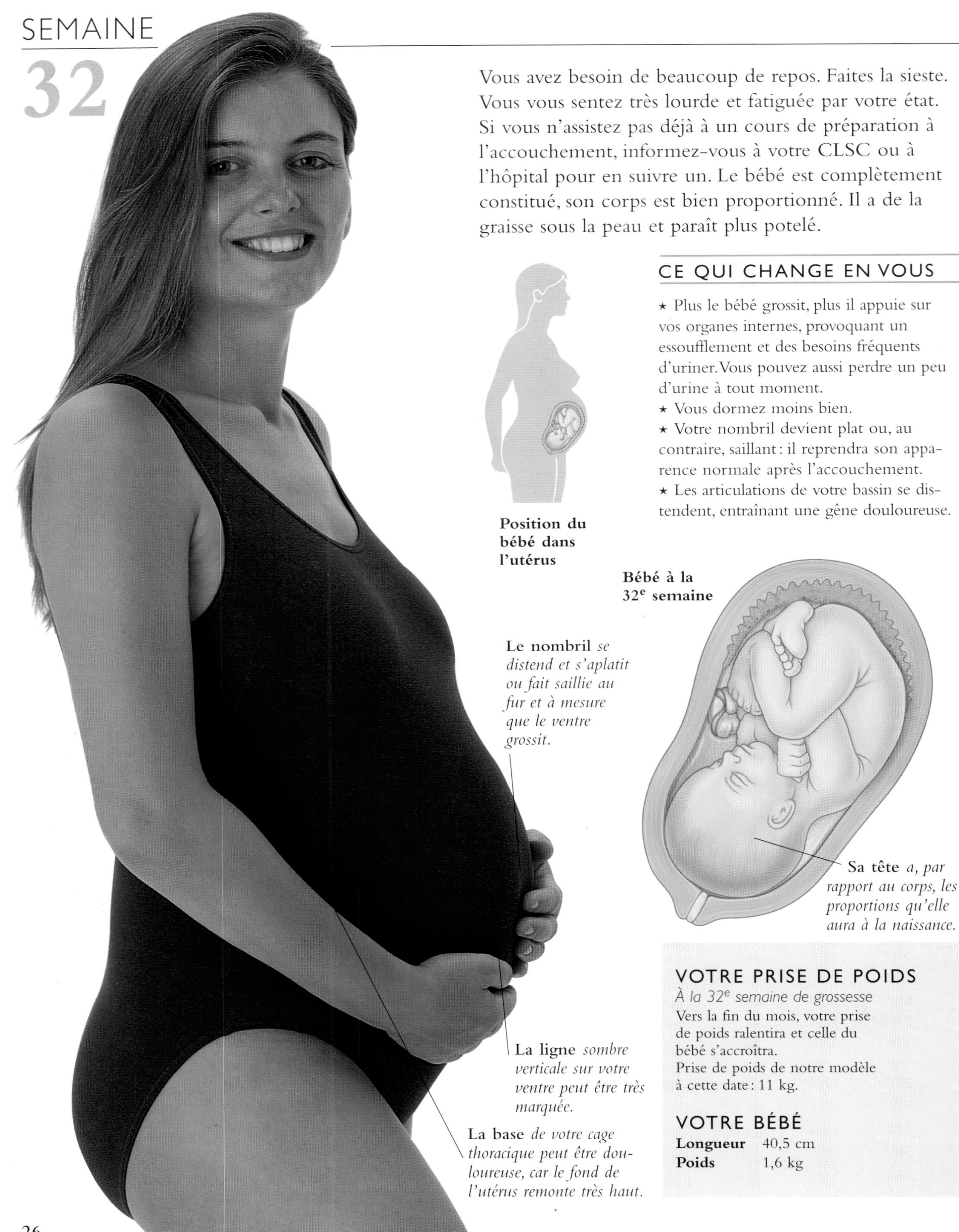

Position du bébé dans l'utérus

CE QUI CHANGE EN VOUS

- ★ Plus le bébé grossit, plus il appuie sur vos organes internes, provoquant un essoufflement et des besoins fréquents d'uriner. Vous pouvez aussi perdre un peu d'urine à tout moment.
- ★ Vous dormez moins bien.
- ★ Votre nombril devient plat ou, au contraire, saillant : il reprendra son apparence normale après l'accouchement.
- ★ Les articulations de votre bassin se distendent, entraînant une gêne douloureuse.

Bébé à la 32e semaine

Le nombril *se distend et s'aplatit ou fait saillie au fur et à mesure que le ventre grossit.*

Sa tête *a, par rapport au corps, les proportions qu'elle aura à la naissance.*

La ligne *sombre verticale sur votre ventre peut être très marquée.*

La base *de votre cage thoracique peut être douloureuse, car le fond de l'utérus remonte très haut.*

VOTRE PRISE DE POIDS

À la 32e semaine de grossesse

Vers la fin du mois, votre prise de poids ralentira et celle du bébé s'accroîtra.

Prise de poids de notre modèle à cette date : 11 kg.

VOTRE BÉBÉ

Longueur	40,5 cm
Poids	1,6 kg

QUE FAIRE ?

★ Coupez les journées par des pauses d'une heure ou deux, jambes surélevées.
★ Si vous dormez mal, pratiquez des exercices de relaxation avant de vous coucher et essayez de dormir sur le côté, une jambe repliée et reposant sur un oreiller. À ce stade de la grossesse, il est normal de ne pas passer des nuits complètes.
★ Continuez vos exercices de musculation du périnée, surtout si vous présentez une incontinence urinaire.
★ Soyez assidue à vos cours de préparation à l'accouchement.
★ Vérifiez que les analyses de sang ont bien été faites à la recherche d'une anémie, de problèmes liés au facteur rhésus ou de l'hépatite B.

Q&R

«Je m'inquiète à l'idée de blesser le bébé pendant les rapports sexuels. Y a-t-il un risque?»

Il s'agit d'un souci fréquent mais injustifié si votre grossesse se déroule normalement. Le bébé est protégé par le liquide amniotique et il ne court aucun danger pendant les rapports sexuels. Le médecin vous préviendra s'il y a un risque, par exemple dans le cas d'une insertion basse du placenta.

VOTRE BÉBÉ

★ Le bébé a l'apparence qu'il aura à la naissance, en moins potelé.
★ Il perçoit la différence entre l'obscurité et la lumière.
★ Comme il a moins de place dans l'utérus, il s'est probablement placé la tête en bas, prêt pour la naissance.

Voir aussi :
Préparation à l'accouchement, *p. 17*
Essoufflement, *p. 40*
Mictions fréquentes, *p. 41*
Plancher pelvien, *p. 45*
Techniques de respiration, *p. 48-49*

NÉCESSAIRE POUR LE BÉBÉ

Achetez les objets suivants dès maintenant. Vous vous procurerez le reste après la naissance.

MATÉRIEL

Il vous faudra :
★ un berceau, un moïse ou un lit de bébé ;
★ une literie adaptée ;
★ une couverture douce ;
★ un siège-auto de bébé ;
★ une baignoire pour bébé ;
★ deux serviettes de toilette moelleuses ;
★ un matelas à langer ;
★ des couches et un nécessaire pour changer le bébé ;
★ tout le matériel pour l'alimentation au biberon (si vous n'envisagez pas de l'allaiter).

LAYETTE (3 À 6 MOIS)

Achetez seulement l'essentiel pour un nouveau-né : vous verrez, il grandira vite.
★ Trois à six pyjamas.
★ Trois à six camisoles.
★ Deux paires de bas.
★ Un ou deux gilets.
★ Un bonnet de laine ou de coton, selon la saison.
★ Une enveloppe, selon la saison.

RAPPORTS SEXUELS

Pendant la grossesse, les rapports sexuels sont souvent très agréables parce qu'un taux hormonal élevé rend la femme très réceptive et qu'elle n'a aucun souci de contraception. Ils peuvent cependant être parfois douloureux à cause d'une congestion vaginale normale pendant la grossesse due à l'augmentation de l'afflux sanguin.

D'AUTRES FAÇONS D'AIMER

Surtout pendant les premières et les dernières semaines de votre grossesse, il est possible que vous vous désintéressiez totalement de votre vie sexuelle. Cela ne signifie pas que vous devez cesser de manifester votre amour à votre compagnon. Si vous vous sentez trop lourde ou trop fatiguée pour avoir des rapports sexuels, manifestez votre tendresse par des baisers et des caresses ou changez les positions.

SEMAINE 36

Les prestations de maternité accordées par l'assurance emploi peuvent commencer huit semaines avant la date présumée de l'accouchement. Maintenant, vous commencez à vous préparer avec joie à l'accouchement, tout en appréhendant les douleurs, l'accouchement, votre rôle de mère. Le bébé donne des coups de pied et des coups de poing au lieu de bouger tout son corps.

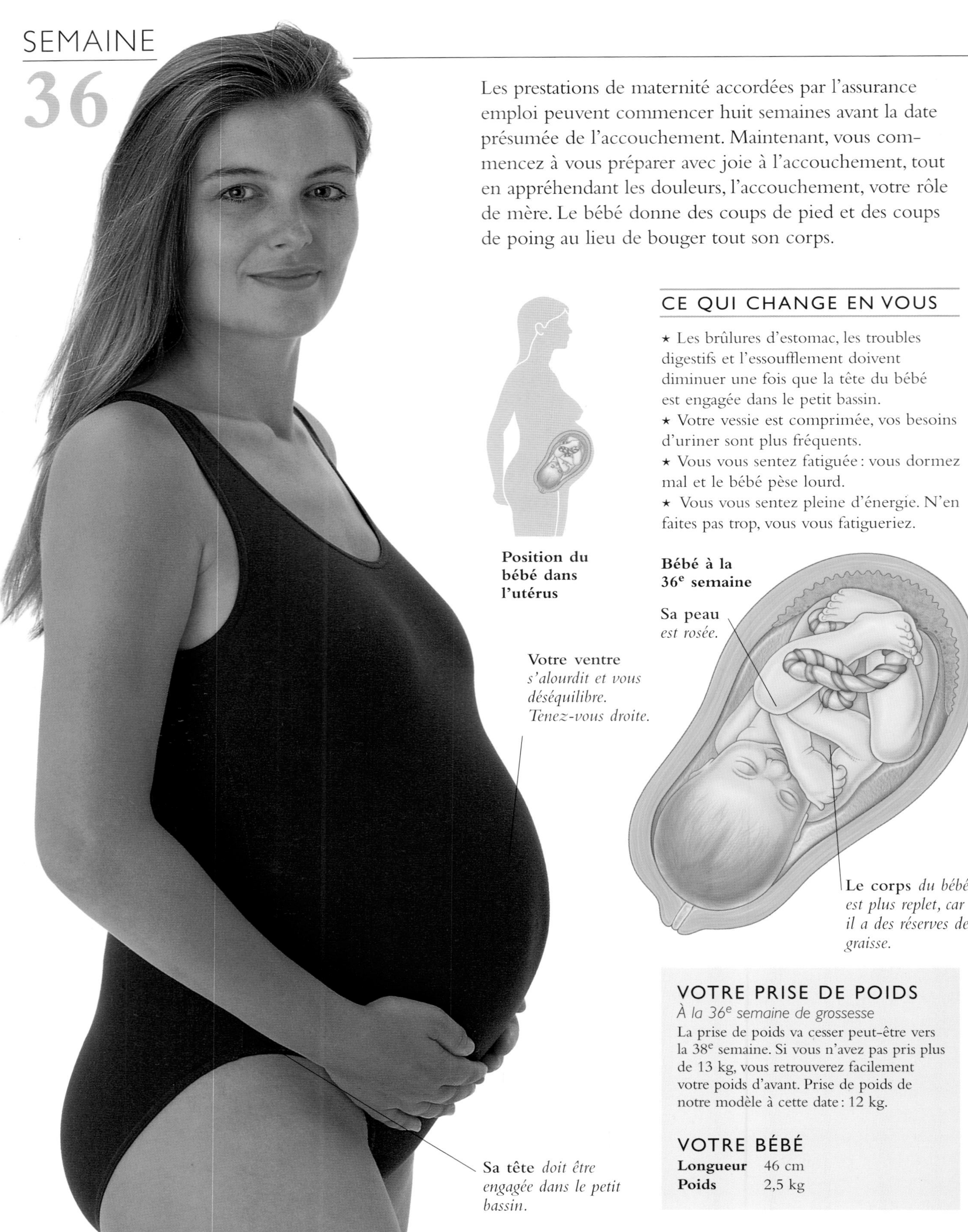

CE QUI CHANGE EN VOUS

* Les brûlures d'estomac, les troubles digestifs et l'essoufflement doivent diminuer une fois que la tête du bébé est engagée dans le petit bassin.
* Votre vessie est comprimée, vos besoins d'uriner sont plus fréquents.
* Vous vous sentez fatiguée : vous dormez mal et le bébé pèse lourd.
* Vous vous sentez pleine d'énergie. N'en faites pas trop, vous vous fatigueriez.

VOTRE PRISE DE POIDS

À la 36e semaine de grossesse

La prise de poids va cesser peut-être vers la 38e semaine. Si vous n'avez pas pris plus de 13 kg, vous retrouverez facilement votre poids d'avant. Prise de poids de notre modèle à cette date : 12 kg.

VOTRE BÉBÉ

Longueur	46 cm
Poids	2,5 kg

QUE FAIRE ?

* Dès que vous le pouvez, installez-vous jambes surélevées pour éviter les varices et le gonflement des chevilles.
* Au moindre signe inquiétant, interrogez la sage-femme ou le médecin.
* Assurez-vous que votre séjour à l'hôpital est bien prévu.
* Achetez votre soutien-gorge d'allaitement.
* Faites des provisions et remplissez le congélateur en prévision de votre absence et de votre retour.
* Ne vous couchez pas sur le dos ; cela peut ralentir la circulation dans l'utérus.
* Vérifiez que tout le nécessaire est prêt pour l'arrivée du bébé.

« Mon conjoint peut-il rester à mes côtés pendant l'accouchement ? »

Les établissements hospitaliers et les maisons de naissance sont favorables à cette présence. L'accouchement peut durer longtemps, et vous pourrez vous sentir seule si vous n'avez pas un proche près de vous. Le meilleur assistant est votre conjoint, mais, s'il ne souhaite pas être présent, n'insistez pas. Vous pouvez demander à une amie ou à quelqu'un de votre famille de vous accompagner.

VOTRE BÉBÉ

* S'il s'agit de votre premier enfant, sa tête est engagée dans le petit bassin.
* Des ongles mous ont poussé au bout des doigts et des orteils.
* Chez le garçon, les testicules sont descendus.
* Le bébé va prendre environ 25 g par jour pendant ces 4 dernières semaines intra-utérines.

Voir aussi :
Nécessaire pour le bébé, ***p. 27***
Besoins fréquents d'uriner, ***p. 41***
Préparation à l'accouchement, ***p. 54***
Protéger votre dos, ***p. 44***
Gonflement des chevilles, ***p. 48 à 49***
Varices, ***p. 42***

REPOS DES DERNIÈRES SEMAINES

Durant les dernières semaines, vous vous fatiguez vite. Il se peut que vous ne dormiez pas bien et que le poids supplémentaire que vous avez à porter vous épuise. Ne luttez pas contre cette fatigue : reposez-vous, détendez-vous le plus possible.

POUR ÉVITER DE VOUS FATIGUER

Installez-vous, pieds surélevés, chaque fois que vous en éprouvez le besoin. Reposez-vous. Livrez-vous à des activités paisibles : faites vos exercices de relaxation et de visualisation. Écoutez de la musique douce, lisez, tricotez pour le bébé. Essayez de faire les choses plus lentement que d'habitude pour ne pas vous fatiguer.

SOUTIEN-GORGE D'ALLAITEMENT

Si vous voulez allaiter votre enfant, il vous faudra au moins deux soutiens-gorge qui s'ouvrent par-devant. Pour être sûre de prendre la bonne taille, attendez au moins la 36ᵉ semaine pour l'acheter.

QUE CHOISIR ?

Il y a deux sortes de soutiens-gorge : l'un a des volets qui se rabattent, découvrant le mamelon et une partie du sein ; l'autre se dégrafe par-devant, libérant complètement le sein. Le modèle à dégrafage complet est le mieux adapté, car le bébé aura un contact plus tendre et plus complet avec le sein pendant la tétée (voir p. 93 et 96). Choisissez-en un en pur coton, avec des bretelles larges et une fermeture à glissière sous chaque sein.

PRENDRE VOS MESURES

Prenez vos mesures en portant votre soutien-gorge ordinaire.

1 Mesurez votre tour de poitrine sous les seins, puis ajoutez 12 cm.

2 Pour trouver la bonne taille de bonnets, mesurez votre tour de poitrine sur vos seins. Si c'est la même taille que le total précédent, il vous faut un bonnet A ; s'il y a 2,5 cm de plus, un bonnet B ; 5 cm, un bonnet C.

SEMAINE 40

Parvenue à ce stade, vous vous sentez très maladroite et, comme vous «prenez de la place», vous vous cognez partout. Vous êtes impatiente d'accoucher mais aussi très enthousiaste et soulagée d'en avoir presque terminé.

CE QUI CHANGE EN VOUS

★ Tout mouvement représente un effort.
★ Vous ressentez une pesanteur dans le bas-ventre.
★ Votre col utérin se ramollit en prévision du travail.
★ Vous pouvez avoir des contractions, mais elles ne sont ni fortes ni régulières.

VOTRE PRISE DE POIDS

À la 40e semaine de grossesse

Il se pourrait que vous perdiez du poids. Ce peut être le signe que le bébé est à terme et que le déclenchement du travail aura lieu dans les 10 jours. La prise de poids de notre modèle à cette date est la même qu'à la 36e semaine (12 kg).

VOTRE BÉBÉ

Longueur	51 cm
Poids	3,4 kg

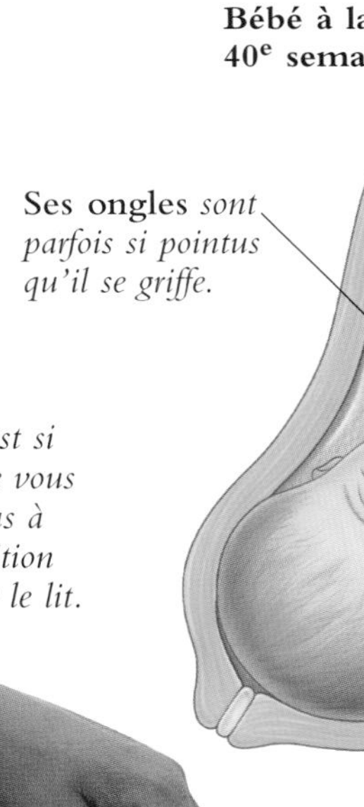

Position du bébé dans l'utérus

Bébé à la 40e semaine

Ses ongles *sont parfois si pointus qu'il se griffe.*

Il est *beaucoup plus potelé.*

Votre peau *est distendue et tirée sur le ventre. Vous pouvez avoir des démangeaisons.*

Votre ventre *est si volumineux que vous ne parvenez plus à trouver une position confortable dans le lit.*

Vos membres *inférieurs peuvent être le siège de picotements, de fourmillements.*

QUE FAIRE ?

★ Reposez-vous et profitez de ces derniers jours avant la venue de bébé.
★ Si vous ne percevez pas les mouvements de votre bébé au moins 10 fois par jour, consultez votre médecin.
★ Si vous sentez de fausses contractions, effectuez vos exercices respiratoires.
★ Ne vous inquiétez pas si votre bébé ne naît pas à la date prévue : la naissance peut se produire jusqu'à deux semaines avant ou après cette date.

PRISE TOTALE DE POIDS

La prise de poids totale moyenne pendant la grossesse varie de 10 à 14 kg, mais peut-être grossirez-vous davantage, ou moins. La prise totale se décompose de la façon suivante :

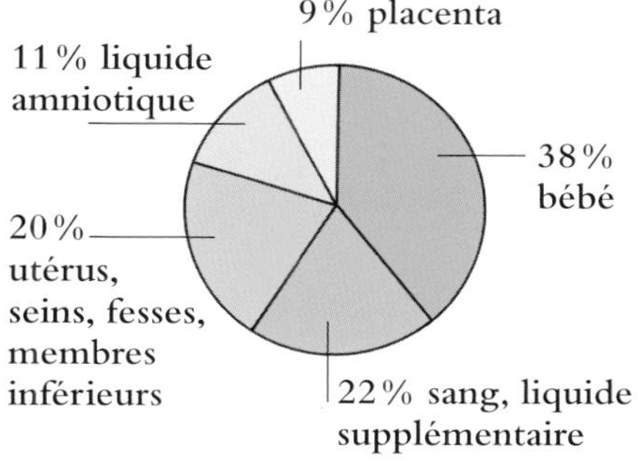

VOTRE BÉBÉ

★ La plus grande partie du lanugo a disparu ; il en reste un peu sur les épaules, les bras et les jambes.
★ Il peut être entièrement recouvert de vernix caseosa ou n'en avoir que des traces dans les plis.
★ Une substance noirâtre appelée « meconium » s'est accumulée dans ses intestins et sera éliminée dans ses premières selles après la naissance.
★ S'il s'agit de votre deuxième enfant, c'est maintenant que sa tête s'engage.

Voir aussi :
Contractions, *p. 56*
Techniques de respiration, *p. 49*

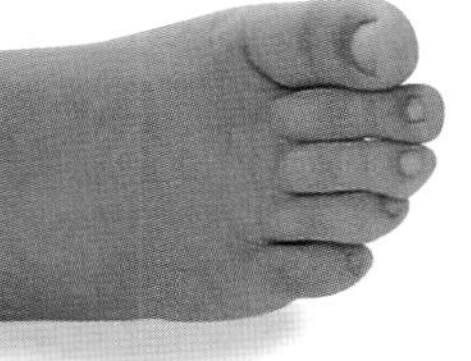

DEVENIR MÈRE

Après toutes ces semaines passées à vous préparer et à vous organiser, vous allez enfin pouvoir tenir votre bébé dans vos bras. Vous vous montrerez sans doute hyperprotectrice envers lui qui dépend de vous en toute chose.

PREMIÈRES SEMAINES

Durant les premières semaines, la vie quotidienne s'organisera autour de votre bébé. Une fois que vous aurez fait connaissance et que vous aurez acquis plus de dextérité pour vous occuper de lui, il sera mieux réglé, et la vie reprendra son cours normal.

SURVEILLANCE PRÉNATALE

À notre époque, avoir un enfant ne présente aucun danger, en raison de la façon dont est organisée la surveillance prénatale. Elle comporte en effet des examens réguliers permettant de suivre le déroulement de la grossesse et de vérifier si tout se passe comme il faut pour la mère et pour l'enfant. Il est donc important de se soumettre à tous les examens prescrits, dès le début de la grossesse. Ils fournissent au médecin ou à la sage-femme tous les éléments nécessaires pour juger de la suite des événements. Tout problème étant ainsi décelé et corrigé à temps, le travail et l'accouchement pourront se dérouler dans les meilleures conditions possibles. Votre médecin ou la sage-femme vous donnera tous les conseils et informations voulus.

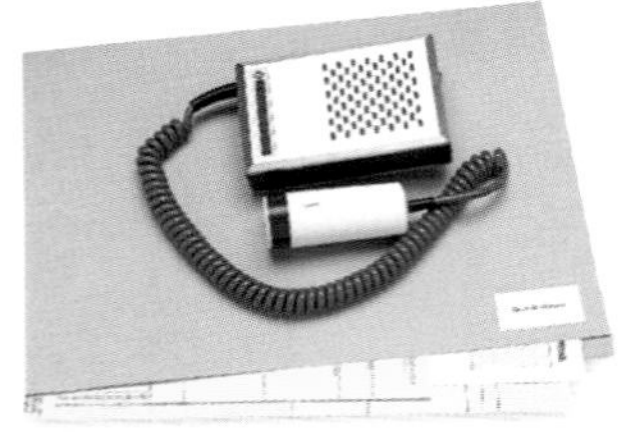

OÙ VOULEZ-VOUS ACCOUCHER

Une des premières décisions à prendre concerne le lieu où vous souhaitez accoucher. La plupart des bébés naissent à l'hôpital ou parfois dans une maison des naissances. L'accouchement à domicile reste exceptionnel. Quelle que soit votre décision, elle ne devra d'aucune manière mettre en danger votre vie et celle de votre bébé.

ACCOUCHEMENT À L'HÔPITAL

L'hôpital est l'endroit le mieux équipé en matériel et en personnel médical et paramédical, capable de soulager vos douleurs, de surveiller le travail, de vous porter assistance, à vous ou au bébé, et d'intervenir d'urgence si nécessaire. Après l'accouchement, vous ne resterez que quelques jours à l'hôpital. Le séjour dure en moyenne de 24 à 72 heures, mais vous pourrez rester davantage si les circonstances l'exigent. S'il s'agit de votre premier enfant, la présence du personnel hospitalier et d'autres jeunes mères peut avoir un effet réconfortant.

Vous pourrez certainement cohabiter avec votre bébé le temps de votre séjour à l'hôpital. Vous apprendrez ainsi à mieux le connaître avant de vous retrouver seule à la maison avec lui. Comme un hôpital fonctionne par équipes, vous ne pouvez être certaine d'être suivie d'un bout à l'autre de votre grossesse par le même médecin qui peut être un obstétricien ou un médecin de médecine familiale. Informez-vous auprès de lui dès votre première consultation prénatale. Une maternité hospitalière constitue parfois un environnement intimidant. Cependant, pendant les cours de préparation à l'accouchement (voir p. 17), vous serez sans doute familiarisée avec les salles de travail et de naissance. Prenez rendez-vous pour aller visiter l'hôpital où vous désirez accoucher. Vous pourrez mieux évaluer les lieux et les routines du service et ainsi être en mesure de faire un choix plus éclairé. La plupart des hôpitaux ont maintenant des chambres de naissance afin de répondre aux besoins des couples qui désirent vivre le travail et l'accouchement dans un endroit plus humanisé. Les chambres ainsi aménagées cachent les appareils médicaux qui peuvent être nécessaires et ont une décoration s'approchant de celle d'une maison. Pour votre séjour à l'hôpital, après l'accouchement, vous aurez aussi un choix : chambre privée ou non. L'assurance-maladie ne couvre pas entièrement les frais d'une chambre privée ou semi-privée. Vous aurez par conséquent des frais à débourser. Cependant, si vous possédez une assurance privée, la majorité des frais pourront être couverts.

ACCOUCHEMENT DANS UNE MAISON DES NAISSANCES

Vous désirez peut-être avoir un accouchement non médicalisé dans un environnement plus familier. Vous pouvez alors être suivie par une sage-femme et accoucher avec la sage-femme dans une maison des naissances. Si une complication survient, vous serez alors transférée à l'hôpital le plus près et la sage-femme vous accompagnera.

QUESTIONS À POSER

Il est normal d'avoir des idées préconçues sur le travail et l'accouchement, mais la réalité est bien souvent différente. Par exemple, même si vous êtes certaine maintenant de ne pas vouloir recevoir d'analgésiques ou d'anesthésie épidurale au moment de l'accouchement, gardez la possibilité de changer d'avis. Vous trouverez ci-après des exemples de questions qui vous tourmentent peut-être.

AU SUJET DU TRAVAIL

Mon conjoint ou une amie pourront-ils rester près de moi durant le travail? Devront-ils sortir de la salle d'accouchement? Pourrai-je me déplacer durant le travail? Quelle est la politique de l'établissement en matière de soulagement de la douleur, de monitorage fœtal, de déclenchement de l'accouchement (voir p. 64, 65 et 66)? Quel genre d'analgésie me sera proposée? Une anesthésie épidurale est-elle possible (voir p. 64 et 65)?

SUR L'ACCOUCHEMENT

Pourrai-je accoucher dans la position de mon choix? Y a-t-il des chaises d'accouchement, des oreillers, des tables gynécologiques relevables? Subirai-je une épisiotomie systématiquement? Suis-je susceptible d'avoir une césarienne (voir p. 66 et 67)?

APRÈS L'ACCOUCHEMENT

Combien de temps resterai-je à l'hôpital? Pourrai-je garder mon bébé près de moi, même la nuit? Le père de mon enfant pourra-t-il me rendre visite librement? Y a-t-il un service de néonatalogie? Sinon, où mon bébé sera-t-il envoyé s'il a besoin d'un traitement?

COMPRENDRE LES RÉSULTATS MÉDICAUX

Les résultats des examens cliniques et les informations concernant votre grossesse sont conservés dans un dossier médical. Si vous devez consulter un autre médecin, demandez votre dossier afin de lui fournir toutes les informations utiles.

Abonta : nombre d'avortements spontanés ou provoqués
ABO : détermination du groupe sanguin
Agglu : recherche d'incompatibilité sanguine
Alb : albumine
ATCD : antécédents
C : césarienne
CF : cœur fœtal
DDM : date des dernières menstruations
DPA : date prévue d'accouchement
E : épisiotomie
Écho : échographie
Fe : supplémentation en fer
FCF : fréquence cardiaque fœtale
FSC : formule sanguine complète
Gravida : nombre de grossesses
GrRh : facteur Rhésus
Hb : taux d'hémoglobine
HBSag : recherche des antigènes de l'hépatite B
HCG : hormone gonadotrophine chorionique
HIV : recherche du virus du sida
HTA : hypertension artérielle
HU : hauteur utérine
I geste : première grossesse
LA : liquide amniotique
MA + : mouvements du bébé présents
MTS : maladies transmises sexuellement
RCIU : retard de croissance intra-utérine
S : recherche de sucre dans les urines
SDCN : suites de couches normales
Sp : examen du col au spéculum
TA : tension artérielle
Trur : troubles urinaires
TV : toucher vaginal
TS : « triple screen »
Tr : traces
>Ur : urines
VDRL : recherche de la syphilis
X-pare : chiffre de la grossesse actuelle (2-pare, 3-pare, etc.)

Abréviations utilisées pour décrire la position du fœtus pendant le travail.

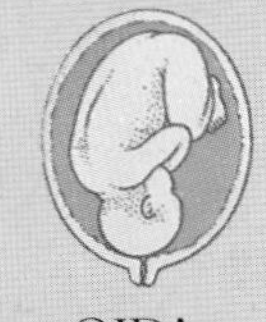
OIDA

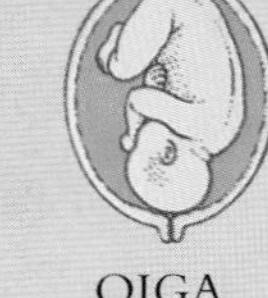
OIGA

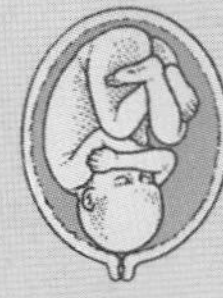
OIDP

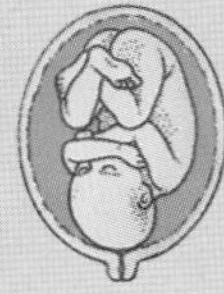
OIGP

CONSULTATIONS PRÉNATALES

Si vous pensez être enceinte, passez un test de grossesse au plus tôt afin de recevoir les conseils et les soins adéquats en périnatalité. Dès la confirmation de votre grossesse par votre médecin ou la sage-femme, passez au bureau de la Sécurité du revenu (si c'est votre cas) afin de bénéficier du supplément de revenu accordé durant la grossesse et par la suite pendant la période d'allaitement.

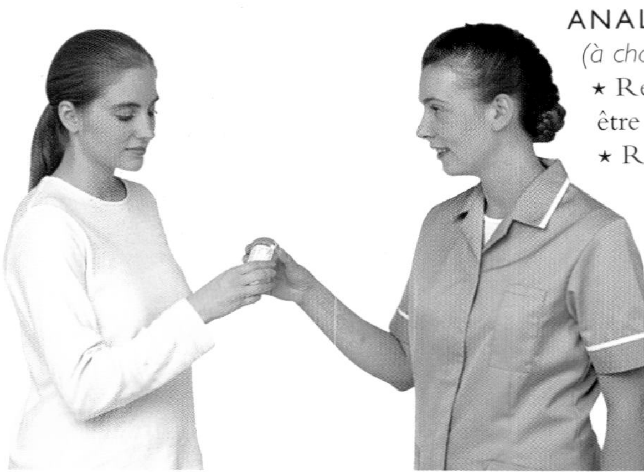

ANALYSE D'URINE *(à chaque consultation)*

- ⋆ Recherche du sucre (qui peut être un signe de diabète);
- ⋆ Recherche de protéines (pouvant indiquer que vos reins ne fonctionnent pas parfaitement). La découverte ultérieure de protéines peut signaler une toxémie gravidique (voir p. 38).

TAILLE *(première consultation)*

On mesure votre taille pour évaluer les dimensions de votre bassin, son étroitesse pouvant parfois entraîner un accouchement difficile. Si vous mesurez plus de 1,55 m, vous n'aurez sans doute aucun problème, sauf si le bébé est particulièrement gros.

PREMIER EXAMEN MÉDICAL

Lors de la première consultation, le médecin ou la sage-femme vous posera des questions sur vous et votre conjoint, afin de déceler un problème éventuel pouvant avoir un impact sur votre grossesse ou sur la santé de votre bébé. Les questions sont à peu près les mêmes dans tous les établissements:

- ⋆ Renseignements personnels: votre date de naissance, votre profession, celle de votre conjoint…
- ⋆ Pays d'origine, car certaines formes d'anémie sont héréditaires et ne touchent que des groupes ethniques particuliers (voir «Examens de sang», page ci-contre).
- ⋆ Votre santé: maladies graves ou interventions chirurgicales, traitements en cours pour une maladie, présence d'allergies, prise de médicaments (ou de drogue).
- ⋆ Histoire médicale de votre famille et de celle de votre conjoint: naissance de jumeaux, maladie héréditaire…
- ⋆ Méthode de contraception suivie avant cette grossesse. Date à laquelle vous l'avez abandonnée.
- ⋆ Vos règles: la date de vos premières règles, leur régularité, la date du premier jour de vos dernières règles, la durée de vos cycles.
- ⋆ Vos grossesses antérieures, y compris les avortements, spontanés ou volontaires.

La visite médicale peut comprendre un examen vaginal destiné à vérifier le bon état de votre bassin et de vos organes et à confirmer la date prévue pour l'accouchement.

POIDS *(à chaque consultation)*

Vous serez pesée à chaque consultation afin de vérifier si votre prise de poids est normale (voir p. 16 à 31). Ne vous inquiétez pas si vous maigrissez pendant les 3 premiers mois à cause des nausées matinales: c'est un fait habituel. En fin de grossesse, une prise de poids brusque et importante peut être le signe d'une toxémie gravidique ou d'un diabète (voir p. 38).

EXAMENS DE SANG

Un échantillon de sang est prélevé pour rechercher :

* votre groupe sanguin, y compris le facteur rhésus (*combs test*) ;
* une formule sanguine complète (FSC) ;
* votre immunité contre la rubéole (et la toxoplasmose si vous êtes à risques) (voir p. 10) ;
* une maladie sexuellement transmissible, la syphilis, qui peut mettre en danger la vie du bébé (VDRL) ;
* la présence éventuelle des virus de l'hépatite ou du sida ;
* votre taux de sucre dans le sang (glycémie).

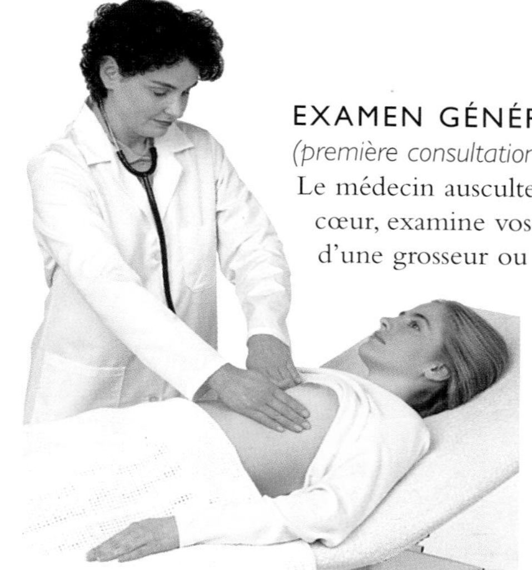

EXAMEN GÉNÉRAL

(première consultation)

Le médecin ausculte vos poumons, votre cœur, examine vos seins à la recherche d'une grosseur ou d'une ombilication du mamelon (voir p. 23). Il vous interrogera sur l'état de votre dentition, vous conseillera sans doute de consulter votre dentiste.

QUESTIONS À POSER

Elles concernent tout ce qui peut vous embarrasser, vous inquiéter, vous intriguer. C'est le moment ou jamais de les poser. Vous pouvez les inscrire sur une feuille de papier avant de voir le médecin, car, dans l'agitation et le stress de la consultation, il est facile de les oublier. Les médecins ne savent pas tous s'exprimer clairement en langage non médical : si vous ne comprenez pas ce que vous dit le vôtre, demandez-lui des explications ou posez les mêmes questions à la sage-femme ou à l'infirmière.

PRESSION SANGUINE

(à chaque consultation)

Pendant la grossesse, la pression sanguine reste basse et doit être surveillée de façon à déceler toute élévation brutale. La tension artérielle normale est inférieure ou égale à 120-70 ; toute élévation au-dessus de 140-90 doit attirer l'attention.

Une hypertension peut être le signe d'un grand nombre de problèmes médicaux, dont la toxémie gravidique (voir p. 38). Toutefois, le stress que représente la consultation peut faire monter la pression sanguine, si bien qu'il faudra toujours recommencer la mesure. Demandez à connaître les chiffres de votre tension artérielle si on ne vous les communique pas spontanément. Ils doivent être inscrits dans votre dossier.

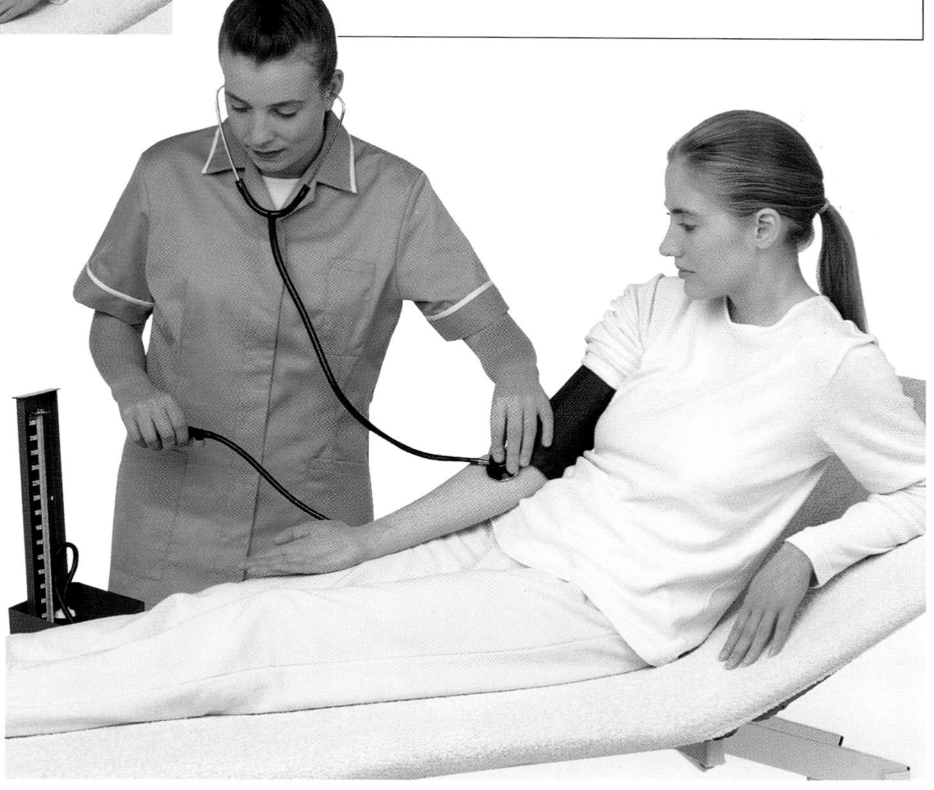

JAMBES, CHEVILLES, MAINS

(à chaque consultation)

Le médecin ou la sage-femme examinent vos jambes, vos chevilles et vos mains, à la recherche d'un gonflement (œdème). Un léger œdème dans les derniers moments de la grossesse est normal, surtout en fin de journée, mais un œdème important peut être un signe de toxémie gravidique (voir p. 38).

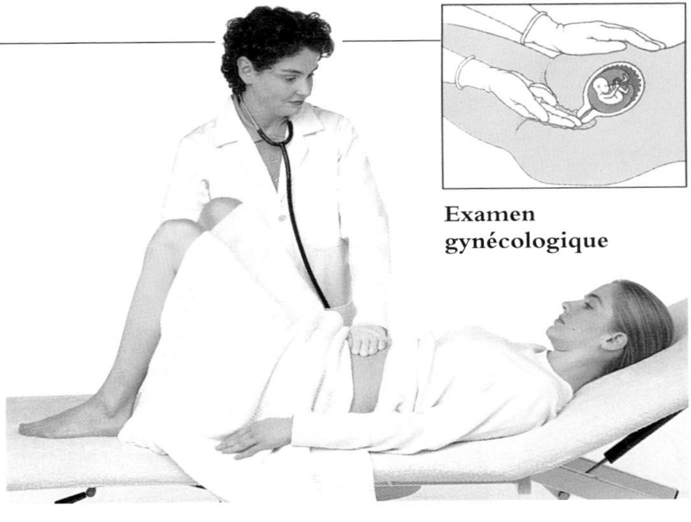

Examen gynécologique

EXAMEN GYNÉCOLOGIQUE *(première consultation)*

L'examen gynécologique permet de confirmer le stade de la grossesse, de vérifier la bonne fermeture du col de l'utérus. Un frottis vaginal (*pap test*) peut être effectué pour dépister la présence de cellules anormales. On fera aussi des tests pour vérifier si vous avez des infections vaginales. Demandez toujours à en connaître les résultats.

L'examen n'est dangereux ni pour vous ni pour le bébé, et il ne sera pas désagréable si vous vous détendez bien. On vous fait allonger sur le dos, jambes pliées, genoux écartés. Le médecin introduit deux doigts d'une main dans le vagin tandis que, de l'autre main, il palpe le ventre.

AUSCULTATION DU CŒUR FŒTAL

(à chaque consultation, après la 14e semaine)

Au début de la grossesse, l'auscultation se fait avec un appareil à ultrasons (voir ci-dessous), qui amplifie les bruits du cœur et permet de vous les faire entendre. Après la 28e semaine, le médecin peut les entendre directement avec un stéthoscope obstétrical (en forme de trompette).

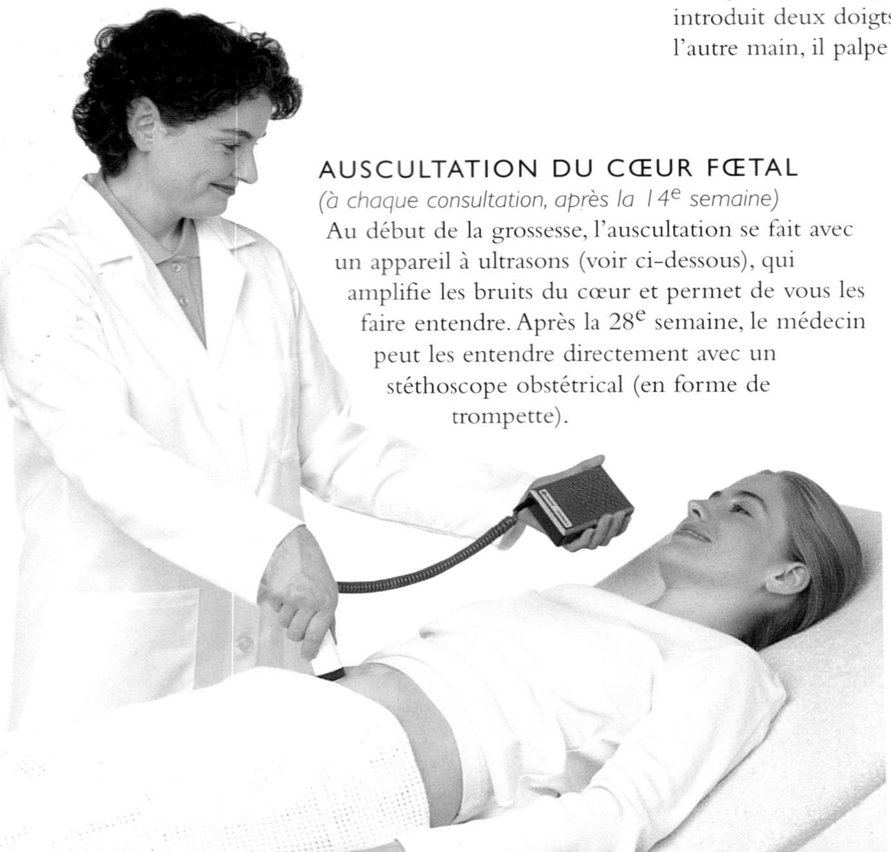

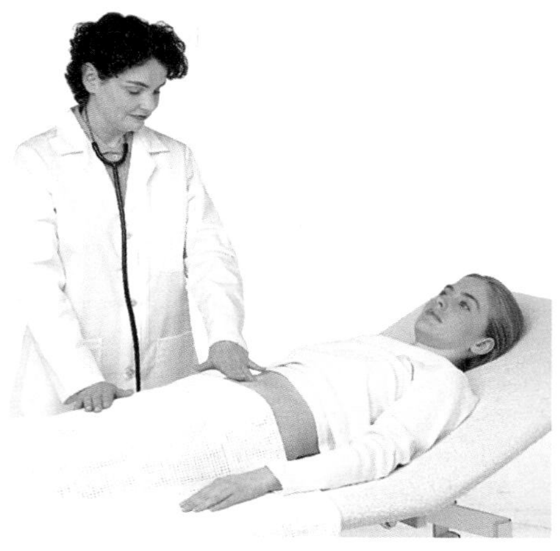

PALPATION DE L'ABDOMEN

(à chaque consultation)

Votre ventre est doucement palpé pour vérifier la situation du fond de l'utérus, ce qui donne une idée de la croissance du fœtus. Plus tard, la palpation permettra de savoir si le bébé est bien placé (tête en bas) et, durant les dernières semaines, si sa tête est bien descendue (ou engagée) dans le petit bassin.

EXAMENS COMPLÉMENTAIRES

Il est probable que deux examens complémentaires seront pratiqués : une échographie et des examens sanguins. D'autres examens ne sont effectués que dans des circonstances précises et, surtout, s'il existe des risques d'anomalie fœtale. Si l'anomalie est décelée assez tôt, vous pouvez alors, si vous le désirez, décider d'interrompre votre grossesse en toute sécurité.

ÉCHOGRAPHIE

(entre la 16e et la 22e semaine)

L'examen vous fascinera, car il vous permettra de « voir » votre bébé, souvent en mouvement. Une première échographie peut vous être proposée dès la 10e semaine. Demandez au médecin si votre conjoint peut rester avec vous : le bébé devient un personnage bien réel quand on le voit, à deux, sur un écran.

Une échographie est utile pour :

* vérifier la position du bébé et du placenta, par exemple avant une amniocentèse, ou pour voir si le placenta ne chevauche pas le col de l'utérus ;
* déterminer l'âge du bébé et la date de l'accouchement ;
* savoir si vous attendez plus d'un enfant ;
* déceler les anomalies fœtales au niveau du cerveau ou de la colonne vertébrale ;
* vérifier si le bébé se développe normalement.

Si vous passez cet examen au début de la grossesse, on vous demandera de boire beaucoup d'eau de façon à avoir la vessie pleine, ce qui la rend plus visible sur l'écran. Une échographie dure environ 10 minutes. Elle est sans danger et indolore pour vous et pour le bébé.

Une mince couche de gel est étalée sur votre abdomen et un transducteur, guidé à la main, est promené à la surface. Il envoie et reçoit en écho des ondes sonores traduites en images sur l'écran.

TESTS BIOCHIMIQUES RÉVÉLATEURS D'ANOMALIES FŒTALES

(16e semaine)

Le *triple test* ou *triple screen* mesure le taux de 3 hormones dans le sang maternel (AFP : alpha fœto protéine, HCG : hormone gonadotrophine chorionique, UE3 : œstriol). Une concentration élevée peut indiquer des problèmes comme le syndrome de Down ou trisomie 21 ainsi qu'une anomalie du tube neural ou spina-bifida. Cependant, il est important de se rappeler que ce test est un test de dépistage et non de diagnostic : une grande part de femmes ayant un résultat élevé ont des enfants tout à fait normaux. Des examens complémentaires seront alors demandés, tels que l'échographie et l'amniocentèse, afin d'établir le diagnostic.

AMNIOCENTÈSE

(14e à 18e semaine, parfois plus tard)

L'amniocentèse peut servir à détecter certaines anomalies chez le bébé, telle que la trisomie 21 (enfant mongolien) ou le spina-bifida. Ce n'est pas un examen anodin : il peut provoquer une fausse couche dans un cas sur 100 environ. Il occasionne très rarement des blessures fœtales, car il se fait sous échographie.

Votre médecin peut le proposer si :

* vous avez plus de 35 ans, car il existe un risque plus grand de trisomie 21 ;
* il y a une maladie héréditaire telle que le spina-bifida, dans votre famille ;
* le taux d'HCG dans le sang est élevé.

Le bébé et le placenta sont localisés par l'échographie. Puis à l'aide d'une aiguille creuse enfoncée dans l'utérus à travers la paroi abdominale, on prélève un échantillon du liquide dans lequel baigne le fœtus et qui contient des cellules fœtales. Les cellules sont mises en culture. Il faut attendre environ 3 semaines le résultat.

BIOPSIE DES VILLOSITÉS CHORIALES

(10e à 12e semaine)

Certaines maladies héréditaires peuvent être diagnostiquées par l'analyse d'un échantillon du tissu qui forme une partie du placenta. Il peut être prélevé en passant par le vagin et le col de l'utérus ou en introduisant une aiguille dans la matrice à travers la paroi abdominale, à l'aide de l'échographie. La biopsie a l'avantage de permettre un diagnostic dans le 1er trimestre, mais elle entraîne cependant un risque de fausse couche un peu plus élevé que l'amniocentèse.

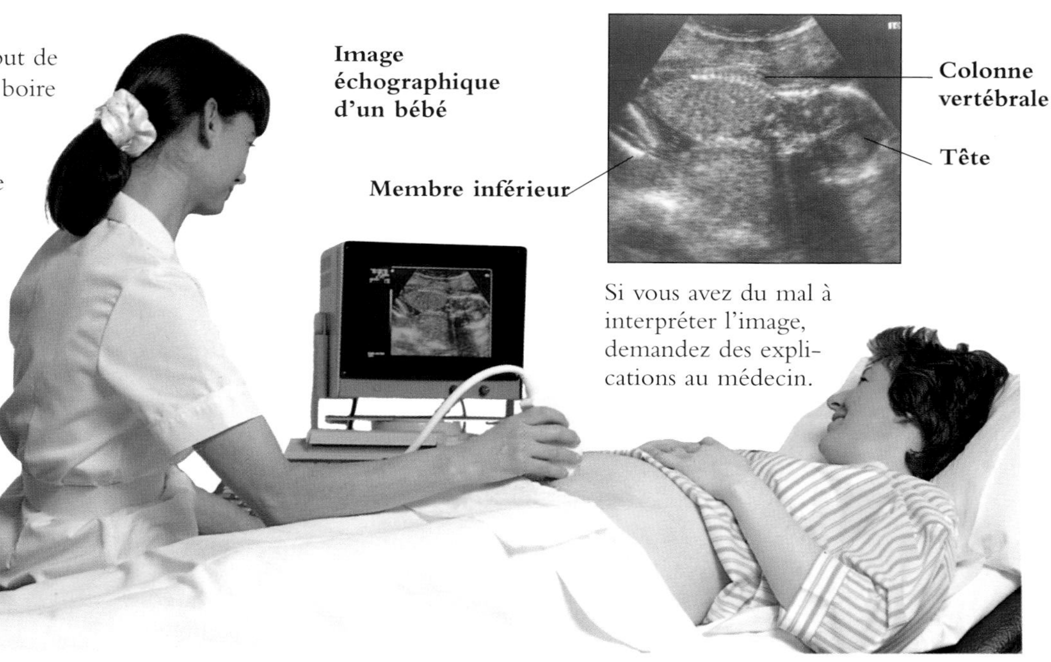

Si vous avez du mal à interpréter l'image, demandez des explications au médecin.

GROSSESSES À RISQUES

Presque toutes les grossesses sont normales et menées à terme sans problème, mais il peut arriver que votre médecin redoute une complication et pense que vous devez être surveillée plus étroitement.

ANÉMIE

De nombreuses femmes présentent, avant d'être enceintes, une légère anémie due le plus souvent à une déficience en fer. Il est important de la corriger pour que les futures mères puissent faire face aux exigences de la grossesse et aux pertes de sang pendant l'accouchement.

Traitement: ayez une alimentation variée riche en fer (voir p. 52). Si vos analyses de sang révèlent une anémie, le médecin peut vous prescrire un supplément de fer. Certains médecins en prescrivent systématiquement à toutes leurs patientes enceintes. Prenez vos comprimés après les repas, avec un grand verre d'eau, car ils sont irritants pour l'estomac et peuvent entraîner constipation, diarrhées ou nausées.

Anémie : pour lutter contre l'anémie, mangez des aliments riches en fer (épinards, foie, viande rouge).

DIABÈTE

Le diabète doit être contrôlé avec soin durant la grossesse et peut même nécessiter une hospitalisation de courte durée. Si ce contrôle est régulièrement et bien effectué, il n'y a aucune raison pour que votre grossesse ne se poursuive pas sans problème.

Traitement: votre taux de sucre sanguin doit impérativement rester stable pour que le médecin puisse ajuster les doses d'insuline, et vous devez faire très attention à votre régime alimentaire. Vos consultations médicales prénatales seront aussi plus fréquentes. Il arrive parfois qu'un diabète léger apparaisse durant la grossesse et ne nécessite pas la prise d'insuline : il disparaîtra peu après l'accouchement.

BÉANCE DU COL

Au cours d'une grossesse normale, le col de l'utérus reste fermé jusqu'au début du travail. Mais, quand une femme a subi à plusieurs reprises des fausses couches après le 3e mois, c'est peut-être parce que le col utérin s'est ouvert, entraînant l'expulsion du fœtus.

Traitement: le médecin peut conseiller une petite intervention, le cerclage du col, qui a pour but de maintenir celui-ci bien fermé dès le début de la grossesse. Le décerclage est effectué au début du 9e mois ou au début du travail.

TOXÉMIE GRAVIDIQUE

Il s'agit d'un des problèmes les plus graves de la dernière phase de la grossesse. Les symptômes en sont l'élévation de la tension artérielle à partir de 140/90 ; une prise de poids excessive ; un œdème des chevilles, des pieds, des mains ou du visage, des maux de tête intenses ; des traces de protéines dans les urines. Si l'un de ces symptômes se manifeste, votre médecin vous surveillera avec attention. Non traitée, l'hypertension artérielle peut aboutir à l'éclampsie, qui est caractérisée par des crises convulsives.

Traitement: votre médecin pourra vous prescrire le repos au lit et, pour faire baisser votre pression artérielle, un médicament ou, parfois, un régime hyposodé. Si les signes sont graves, vous serez admise à l'hôpital, même si vous vous sentez bien, et le travail sera peut-être déclenché artificiellement (voir p. 66).

FACTEUR RHÉSUS

L'analyse de sang effectuée lors de la première consultation prénatale établit si vous êtes rhésus positif (Rh+) ou négatif (Rh-). Quinze pour cent des gens sont Rh-. Si c'est votre cas et que vous donnez naissance à un bébé Rh+, vous recevrez un traitement approprié, car, bien que cette incompatibilité n'affecte pas la santé d'un premier enfant, vos groupes sanguins seront incompatibles. Des problèmes pourront surgir lors de grossesses ultérieures.

Traitement: si vous êtes Rh-, vous recevrez, à la 28e semaine de la grossesse et quelque temps après l'accouchement, une injection d'immunoglobuline anti-Rh- (une protéine protectrice). Ces injections doivent être répétées à chaque grossesse ou avortement parce qu'elles empêchent votre système immunitaire de produire des anticorps nocifs pour le bébé.

SIGNES D'ALARME

Appelez d'urgence le médecin ou rendez-vous directement à l'hôpital si vous avez :

* un mal de tête intense qui ne cède pas ;
* la vue trouble ou brumeuse ;
* un mal de ventre qui dure ;
* un saignement ou perte de liquide vaginal abondant ;
* des difficultés à uriner, des douleurs (buvez beaucoup d'eau en attendant l'arrivée du médecin).

Voyez un médecin dans les 24 heures si vous avez :

* les mains, le visage, les chevilles enflés ;
* des vomissements fréquents et abondants ;
* une température à 38 °C et plus ;
* si vous constatez une absence totale de mouvements du bébé, ou moins de 10 mouvements depuis 12 heures, après la 28e semaine.

AVORTEMENT SPONTANÉ

Il se produit à peu près dans un cas de grossesse sur cinq. La plupart des fausses couches interviennent très précocement avant 12 semaines d'aménorrhée. Le plus souvent, il s'agit de fœtus qui ne se développent pas normalement. Le premier signe est souvent un saignement vaginal. L'échographie (voir p. 36) confirmera le problème de développement et l'imminence de la fausse couche.

Menace d'avortement

Tous les saignements ne signifient pas que la grossesse est arrêtée. Si l'examen est normal et l'échographie rassurante, le médecin vous conseillera le repos. La grossesse pourra alors se poursuivre normalement sans rique d'anomalie fœtale.

Avortement confirmé

Si le saignement est abondant et si vous souffrez, il est probable que le bébé ne se développe plus. Vous devrez peut-être entrer à l'hôpital pour un curetage.

Vos sentiments

Si vous perdez un embryon, même au tout début d'une grossesse, vous serez très affectée. L'entourage ne comprend pas toujours que vous ayez besoin de pleurer votre bébé perdu. Vous pouvez aussi vous inquiéter et vous interroger sur votre capacité d'avoir un jour un bébé normal et en bonne santé. Peut-être vous sentirez-vous aussi coupable, bien que vous n'ayez rien à vous reprocher. Vous pourrez concevoir un nouvel enfant dès que vous en aurez envie. Certains médecins, toutefois, conseillent d'attendre le retour de 3 cycles menstruels successifs. Sauf si vous faites des fausses couches à répétition, il n'y a aucune raison pour que la prochaine fois vous ne réussissiez pas à mener une nouvelle grossesse à terme.

SAIGNEMENT VAGINAL

Si vous remarquez un saignement vaginal durant votre grossesse, surtout après la 28e semaine, prévenez aussitôt votre médecin et allongez-vous. Une hémorragie peut signifier que le placenta saigne. Cela peut se produire si le placenta a commencé à se séparer de la muqueuse utérine (décollement du placenta) ou s'il s'est inséré trop bas dans l'utérus et recouvre totalement ou en partie le col utérin (placenta praevia).

Traitement: le placenta est l'organe qui rattache le bébé à la vie et, si le médecin soupçonne sa défaillance, vous serez sans doute hospitalisée afin de préciser sa localisation. Il se peut que vous deviez rester à l'hôpital jusqu'à l'accouchement. Si vous avez perdu beaucoup de sang, vous recevrez une transfusion, et on déclenchera l'accouchement ou on pratiquera une césarienne dès que possible (voir p. 66 et 67). Si vous avez peu saigné et que l'accouchement n'est pas prévu avant plusieurs semaines, le médecin peut décider d'attendre le déclenchement naturel du travail, tout en vous gardant sous surveillance.

UN BÉBÉ « PETIT POUR SON ÂGE »

Un bébé petit pour son âge est un bébé dont la croissance dans l'utérus n'est pas suffisante. Un tel phénomène tient parfois au fait que la mère fume, ou qu'elle se nourrit mal, ou que le placenta ne joue pas son rôle, ce qui peut arriver, par exemple, lorsque la mère souffre de toxémie de grossesse.

Traitement: si les examens prénatals montrent que votre bébé ne prend pas assez de poids, on suivra avec attention votre santé et la sienne et on surveillera la quantité de sang qui traverse le placenta. Si le bébé cesse de se développer ou paraît souffrir, on provoquera l'accouchement en induisant le travail ou en pratiquant une césarienne (voir p. 66 et 67).

DES JUMEAUX

Si vous avez des jumeaux, votre grossesse et l'accouchement se dérouleront normalement, mais vous aurez à subir deux expulsions et le travail pourra se déclencher prématurément. Certaines complications sont plus fréquentes : anémie, toxémie gravidique, position anormale des bébés dans l'utérus. Les petits maux de la grossesse vous sembleront plus marqués, surtout au cours des derniers mois.

Traitement: il vous faudra subir des consultations prénatales régulières et fréquentes afin que toute complication puisse être immédiatement décelée. Une grossesse multiple est plus difficile à supporter pour l'organisme : surveillez davantage votre posture et prenez du repos, surtout durant les dernières semaines. Pour éviter les troubles digestifs, consommez des aliments frais, peu à la fois et souvent.

Jumeaux Vous pouvez trouver cette position plus confortable si vous attendez des jumeaux.

PETITS MAUX FRÉQUENTS

Une grossesse est ponctuée de petits maux qui, bien que désagréables, n'en sont pas moins normaux. Ils sont causés par des modifications hormonales ou par la surcharge de travail imposée à l'organisme. Cependant, comme certains symptômes doivent être pris très au sérieux, il faut appeler le médecin si vous remarquez l'un des signes énumérés dans l'encadré de la page 38.

TROUBLES	SYMPTÔMES	QUE FAIRE ?
Saignement des gencives (1, 2, 3) Les gencives se fragilisent durant la grossesse. Elles peuvent être le siège d'une inflammation, favorisant la formation de la plaque dentaire au niveau du collet des dents.	Saignement des gencives, surtout après le brossage des dents.	⋆ Passez un fil dentaire entre vos dents; brossez-les avec soin après chaque repas. ⋆ Consultez votre dentiste. Vous ne devez subir ni radiographie ni anesthésie générale.
Essoufflement (3) Plus la grossesse approche du terme, plus le fœtus appuie sur le diaphragme et gêne la respiration. Le problème se résout de lui-même un mois avant l'accouchement lorsque la tête du bébé s'engage. L'anémie peut aussi entraîner un essoufflement.	Essoufflement pendant l'exercice physique, parfois même simplement en parlant.	⋆ Reposez-vous le plus possible. ⋆ Accroupissez-vous s'il n'y a pas de siège disponible et si vous êtes essoufflée. ⋆ La nuit, prenez un oreiller supplémentaire. ⋆ Si le problème s'intensifie, consultez votre médecin.
Constipation (1, 2, 3) Une hormone de la grossesse (la progestérone) relâche la musculature intestinale, ce qui ralentit le transit et cause une constipation.	Selles dures et sèches, et moins fréquentes que d'habitude.	⋆ Consommez beaucoup d'aliments riches en fibres et buvez beaucoup d'eau. Allez aux toilettes dès que le besoin s'en fait sentir. ⋆ Faites de l'exercice régulièrement. ⋆ Prenez les suppléments de fer qui vous ont été prescrits après le repas. ⋆ Si le trouble persiste, consultez le médecin. Évitez les laxatifs.
Crampes musculaires (3) Elles peuvent être provoquées par une déficience en magnésium ou un déséquilibre calcium/phosphore.	Contractures musculaires douloureuses, surtout au niveau des mollets et des pieds, et souvent la nuit. Elles sont déclenchées par l'extension de la jambe, orteils pointés.	⋆ Massez le pied ou la jambe contracturée. ⋆ Dès que la douleur cesse, marchez un moment pour rétablir la circulation. ⋆ Discutez du problème avec l'infirmière, la sage-femme ou le médecin qui pourront évaluer votre alimentation.
Sensations de faiblesse (1, 3) La tension artérielle baisse pendant la grossesse, et vous avez tendance à vous sentir défaillir.	Sensation de vertige et de déséquilibre. Besoin de s'asseoir et de s'allonger.	⋆ Ne restez pas longtemps debout. ⋆ Si vous vous sentez défaillir, asseyez-vous et penchez-vous en avant, la tête entre les genoux. ⋆ Après un bain chaud, si vous êtes restée longtemps assise ou allongée, levez-vous lentement.

Les chiffres en **gras** après les symptômes correspondent aux trimestres de la grossesse au cours desquels vous pouvez les remarquer.

Mal de dos, voir p. 44
Couleur de la peau, voir p. 21

Essoufflement
Si vous êtes essoufflée en montant un escalier, accroupissez-vous en vous tenant à la rampe.

Crampes
Attrapez votre pied par les orteils, tirez-le vers vous tout en massant le mollet pour faire cesser la crampe.

TROUBLES	SYMPTÔMES	QUE FAIRE ?
Mictions fréquentes (1, 3) Elles sont causées par la pression qu'exerce l'utérus sur la vessie. Le problème s'atténue vers le milieu de la grossesse.	Vous avez souvent besoin d'uriner.	⋆ Si vous êtes obligée de vous lever la nuit pour aller aux toilettes, buvez moins le soir. ⋆ Consultez votre médecin si vous souffrez : vous avez peut-être une infection.
Brûlures œsophagiennes (3) L'anneau musculaire situé à l'entrée de l'estomac se relâche durant la grossesse pour des raisons hormonales, et le suc gastrique acide reflue dans l'œsophage.	Vous ressentez une brûlure au centre de la poitrine.	⋆ Évitez les repas copieux, les plats épicés ou frits. ⋆ Le soir au coucher, buvez un verre de lait tiède ; ajoutez un oreiller à votre lit. ⋆ Consultez votre médecin, qui pourra vous recommander un antiacide.
Incontinence urinaire (3) Elle est causée par l'affaiblissement de la musculature du périnée (voir p. 45) et la pression du fœtus sur la vessie.	Une fuite d'urine quand vous toussez, courez, éternuez ou riez.	⋆ Urinez souvent. ⋆ Faites votre gymnastique périnéale. ⋆ Évitez la constipation. Ne portez pas de poids lourd.
Nausées matinales (1) C'est un signe précoce de la grossesse. Elles peuvent survenir à tout moment du jour. Les nausées disparaissent souvent vers la 12ᵉ semaine. Si elles apparaissent plus tard, signalez-les au médecin.	L'odeur de certains aliments, de la fumée de tabac, vous donne envie de vomir. Dans la plupart des cas, cet écœurement survient à un moment précis de la journée.	⋆ Essayez de manger quelque chose pour éviter la nausée. ⋆ Évitez les odeurs et les aliments qui vous écœurent. ⋆ Prenez plusieurs petits repas au cours de la journée.
Hémorroïdes (2, 3) La pression exercée par la tête du bébé fait gonfler les veines de l'anus, tout comme les efforts pour aller à la selle. Les hémorroïdes peu importantes disparaissent d'ordinaire sans traitement après l'accouchement.	Des démangeaisons, une gêne et une douleur, parfois un saignement quand vous allez à la selle.	⋆ Évitez la constipation. ⋆ Ne restez pas trop longtemps debout. ⋆ Un sac de glace appliqué sur les hémorroïdes calme les démangeaisons. ⋆ Si les hémorroïdes persistent, consultez votre médecin.
Éruption localisée (3) Elle survient chez les femmes trop grosses qui transpirent beaucoup. Elle peut être favorisée par un diabète.	Rougeur de la peau, souvent dans les plis sous les seins, à l'aine ou au niveau de la vulve, et s'accompagnant de démangeaisons.	⋆ Lavez souvent et séchez bien les zones affectées. Utilisez un savon non parfumé. ⋆ Passez sur votre peau une lotion à la calamine.
Troubles du sommeil (1, 2, 3) Votre sommeil peut être dérangé par les coups de pied du bébé, par le besoin d'aller aux toilettes, par le volume de votre ventre. Votre médecin ne sera sans doute pas très disposé à vous prescrire des somnifères.	Vous avez du mal à vous endormir et à vous rendormir quand vous vous réveillez la nuit. Certaines femmes font des rêves effrayants concernant la naissance du bébé. Ne vous inquiétez pas, ces rêves ne reflètent en rien la réalité.	⋆ La lecture, des exercices de relaxation, un bain chaud au coucher peuvent vous soulager. ⋆ Essayez d'ajouter des oreillers. Si vous dormez sur le côté, surélevez la cuisse qui se trouve sur le dessus avec un oreiller.

Brûlures œsophagiennes et insomnie
Cette façon de disposer les oreillers améliorera votre confort si vous souffrez de brûlures œsophagiennes ou d'insomnie.

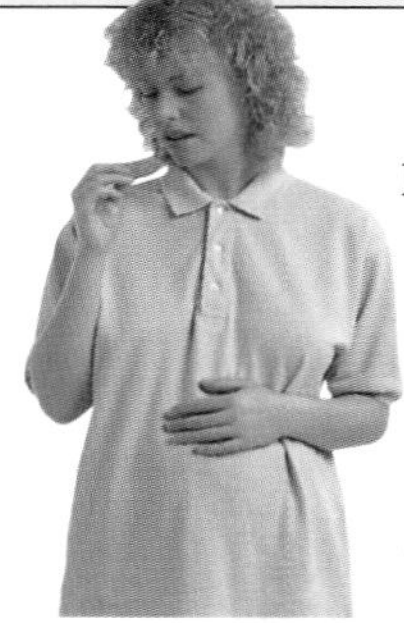

Nausées matinales
Pour lutter contre la nausée, croquez un gâteau sec, une tranche de pain grillée, un fruit, mais attention à la prise de poids. L'eau minérale est souvent efficace.

TROUBLES	SYMPTÔMES	QUE FAIRE ?
Vergetures (2, 3) Elles se forment si votre peau s'est trop distendue. Une prise de poids excessive et rapide peut favoriser leur formation. Elles ne disparaissent pas, mais elles peuvent s'atténuer en minces lignes.	Des marques rouges apparaissent sur le ventre, les cuisses et les seins.	★ Ne prenez pas de poids trop rapidement. ★ Humidifiez votre peau pour la rafraîchir et l'adoucir ; les crèmes ne peuvent ni empêcher ni éliminer les vergetures mais hydrateront votre peau.
Transpiration (2, 3) Elle est due aux modifications hormonales et à un accroissement de l'irrigation sanguine.	Le moindre exercice vous fait transpirer, ou, la nuit, vous vous réveillez inondée de sueur.	★ Portez des vêtements de coton ample. Évitez les tissus synthétiques. ★ Buvez beaucoup d'eau. ★ Laissez une fenêtre entrebâillée la nuit.
Enflure des chevilles et des doigts (3) Un certain degré de bouffissure (œdème) est normal durant la grossesse, car le corps retient davantage d'eau. Ne vous inquiétez pas.	Léger gonflement des chevilles, surtout par temps chaud et en fin de journée. Cela ne cause ni gêne ni douleur. Le matin, vos doigts sont raides et boudinés. Vous ne pouvez pas mettre vos bagues.	★ Reposez-vous, pieds surélevés. Faites des exercices avec vos pieds. Levez les mains au-dessus de la tête et pliez puis étendez chaque doigt. ★ Consultez le médecin si l'œdème vous paraît s'accentuer : ce peut être le signe d'une toxémie gravidique (voir p. 38).
Candidose vaginale (1, 2, 3) Les changements hormonaux de la grossesse augmentent les risques d'apparition d'une candidose vaginale. Se laver avec du savon peut aggraver le problème.	Écoulement blanchâtre et épais, accompagné par de fortes démangeaisons. Vous pouvez ressentir une douleur en urinant.	★ Consultez le médecin, qui vous fera des recommandations sur le traitement. ★ Portez des culottes de coton. ★ Évitez les pantalons serrés, les désodorisants vaginaux et les produits dans l'eau du bain.
Fatigue (1, 3) Elle est causée par le surcroît de travail imposé à l'organisme par la grossesse, ou par les soucis.	Vous vous sentez lasse, vous avez envie de dormir dans la journée et vous dormez plus longtemps la nuit.	★ Reposez-vous le plus possible ; faites des exercices de relaxation. ★ Couchez-vous de bonne heure. ★ Ne vous surmenez pas.
Pertes vaginales (1, 2, 3) Vous pouvez remarquer une augmentation du mucus sécrété par le vagin, ce qui est dû aux modifications hormonales.	Légère augmentation de pertes blanches ou translucides, mais ne s'accompagnant d'aucune douleur.	★ Supprimez les déodorants et les produits de toilette parfumés. ★ Portez une serviette hygiénique. ★ Voyez le médecin en cas de démangeaisons ou de pertes colorées ou malodorantes.
Varices (1, 2, 3) Elles apparaîtront surtout lors des futures grossesses, si vous avez trop grossi ou s'il y a un terrain familial. Rester debout longtemps ou croiser les jambes peut aggraver le problème.	Douleur des jambes ; les veines des mollets et des cuisses sont douloureuses et gonflées.	★ Reposez-vous souvent dans la journée, pieds surélevés. Surélevez le pied de votre lit ou glissez un coussin sous le matelas. ★ Portez des collants de maintien. ★ Faites de la gymnastique des pieds.

Pieds enflés et varices
Décrivez des cercles avec les chevilles et les pieds pour améliorer la circulation.

Varices
Reposez-vous en surélevant vos pieds sur deux coussins au moins. Glissez-en un troisième derrière votre dos.

RESTER EN PLEINE FORME ET DÉTENDUE

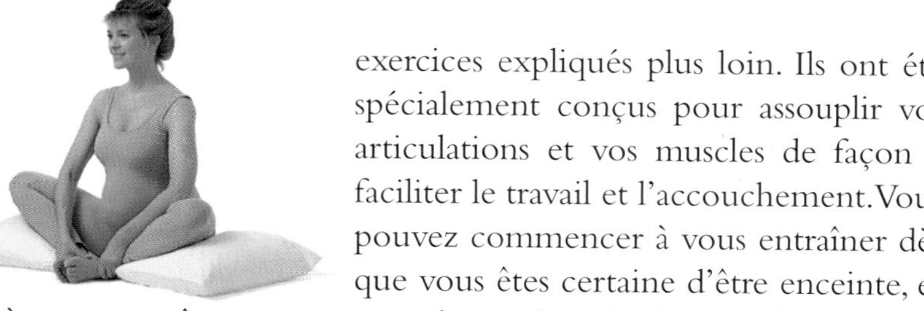

La grossesse, le travail, l'accouchement imposent de gros efforts à l'organisme, et plus vous vous maintiendrez en forme, mieux vous vous porterez. Vous retrouverez aussi plus facilement votre silhouette initiale. Les exercices de relaxation sont très importants : ils vous aideront à vous calmer pendant le travail et l'accouchement. De plus, ils vous permettront d'atténuer le stress et d'augmenter l'irrigation sanguine du placenta. Même si toute idée d'activité physique vous répugne, essayez de faire les exercices expliqués plus loin. Ils ont été spécialement conçus pour assouplir vos articulations et vos muscles de façon à faciliter le travail et l'accouchement. Vous pouvez commencer à vous entraîner dès que vous êtes certaine d'être enceinte, et même avant, ou... plus tard, mais c'est impératif. Faites les exercices chez vous, ou inscrivez-vous à un cours pour femmes enceintes. Au début, faites de la gymnastique pendant quelques minutes puis allongez le temps d'exercice jusqu'à 20 minutes par jour environ.

UN EXERCICE ADAPTÉ

Si vous avez toujours pratiqué un sport, vous pourrez continuer pendant la grossesse, à quelques conditions près.

⋆ Ne vous lancez pas dans un programme intensif de mise en forme ; continuez à faire ce dont votre corps a l'habitude. Si vous poursuivez vos cours de danse ou de gymnastique, faites savoir que vous êtes enceinte.

⋆ Ne vous épuisez pas, n'allez pas jusqu'à l'essoufflement.

⋆ Évitez l'équitation, le ski, le ski nautique ou tout sport qui comporte un risque de vous heurter le ventre.

⋆ Prenez garde de ne pas vous infliger une distension ligamentaire.

Natation

C'est un sport excellent et sans aucun danger. L'eau soutient votre corps.

PRENDRE SOIN DE SON CORPS

Durant la grossesse, il est important d'avoir une bonne posture et de ne pas fatiguer son dos. Vous allez sans doute avoir mal au niveau des reins : le poids du bébé vous déséquilibre vers l'avant, et, pour compenser, vous avez tendance à vous pencher un peu en arrière. Cette posture impose un effort aux muscles des lombes et du bassin, surtout à la fin de la grossesse.

Soyez prudente, quoi que vous fassiez. Ne portez rien de lourd, ne vous étirez pas trop. Portez des talons plutôt plats, car les talons hauts projettent le poids du corps encore plus en avant.

PROTÉGER VOTRE DOS

Pour éviter les problèmes dorsaux, faites attention à la façon dont vous vous tenez tout au long de la journée, par exemple si vous jardinez, si vous portez un enfant, si vous soulevez des sacs lourds. Les hormones de la grossesse relâchent les muscles lombaires, et ils sont plus facilement lésés lorsque vous vous penchez en avant, vous vous levez trop brusquement ou soulevez un poids en vous y prenant mal.

Baissez *les épaules et rejetez-les en arrière.*

Gardez *le dos droit.*

Rentrez *les fesses.*

Gonflez *la poitrine.*

Contractez *les muscles du ventre.*

Pliez *légèrement les genoux.*

Écartez *un peu les pieds.*

UNE BONNE POSTURE

Vérifiez si vous vous tenez bien en vous regardant dans une glace. Grandissez-vous et redressez-vous bien pour que le poids du bébé repose et soit supporté par les muscles des cuisses, des fesses et du ventre. Vous éviterez les douleurs lombaires, consoliderez votre musculature abdominale et retrouverez ainsi plus facilement votre silhouette après l'accouchement.

Mauvaise posture
Plus le bébé grossit, plus son poids vous déséquilibre : vous cambrez les reins et poussez le ventre en avant.

Se tenir au niveau du plan de travail
Faites le maximum de choses au niveau du sol. Au lieu de vous pencher, agenouillez-vous pour jardiner, balayer, faire les lits, habiller un enfant.

Se lever
Si vous êtes dos à plat, tournez-vous d'abord sur le côté, puis mettez-vous à genoux. Utilisez la force de vos cuisses pour vous redresser ; gardez le dos droit.

Soulever et porter
Pour soulever un objet, pliez les genoux en gardant le dos droit et tenez l'objet tout contre vous. N'essayez pas d'attraper un objet lourd rangé dans le haut d'un placard, vous pourriez perdre l'équilibre. Si vous portez des sacs lourds, équilibrez la charge de chaque côté.

Gardez *le dos droit.*

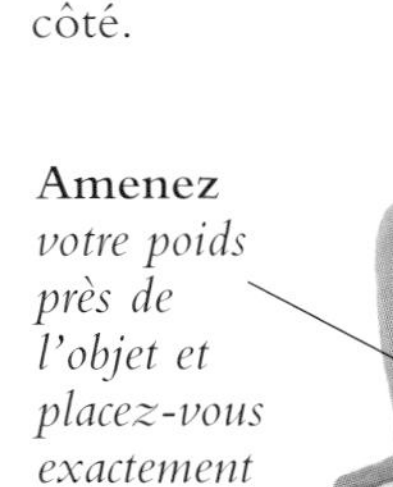

Amenez *votre poids près de l'objet et placez-vous exactement face à lui.*

PÉRINÉE

C'est un plancher musculaire (on le nomme plancher pelvien) qui soutient le gros intestin, la vessie et l'utérus. Pendant la grossesse, les muscles se détendent, et ce relâchement ajouté au poids du bébé les affaiblit : vous vous sentez lourde et mal à l'aise. Il se peut aussi que vous perdiez quelques gouttes d'urine quand vous courez, toussez, éternuez ou riez. C'est pour éviter ces problèmes que vous devez rééduquer votre périnée.

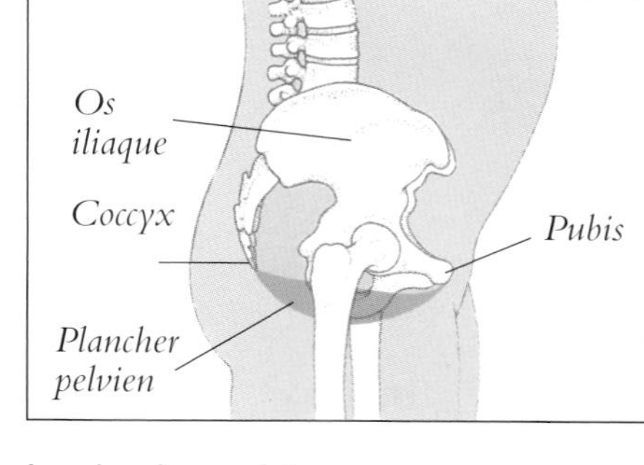

Le plancher pelvien
Cette région du petit bassin sert de berceau protecteur au fœtus dans l'utérus. Pour naître, le bébé doit le traverser.

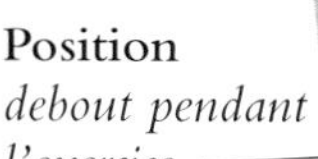

Position *debout pendant l'exercice.*

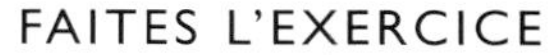

RÉÉDUCATION PÉRINÉALE

Pratiquez souvent cet exercice – au moins trois ou quatre fois par jour. Quand vous l'aurez bien appris, vous pourrez le pratiquer n'importe quand et n'importe où, allongée, assise ou debout. Vous pourrez aussi le trouver très utile au cours du travail, car savoir relâcher ses muscles peut réduire le risque de déchirure en facilitant le passage du bébé dans le petit bassin.

Allongez-vous sur le dos, genoux fléchis, pieds à plat sur le sol. Contractez les muscles comme si vous vouliez stopper un jet d'urine. Imaginez que vous essayez de faire remonter quelque chose dans votre vagin : faites-le monter un peu, arrêtez, reprenez, jusqu'à ce que vous ne puissiez plus aller plus loin. Tenez un moment, relâchez doucement. Répétez ce mouvement dix fois.

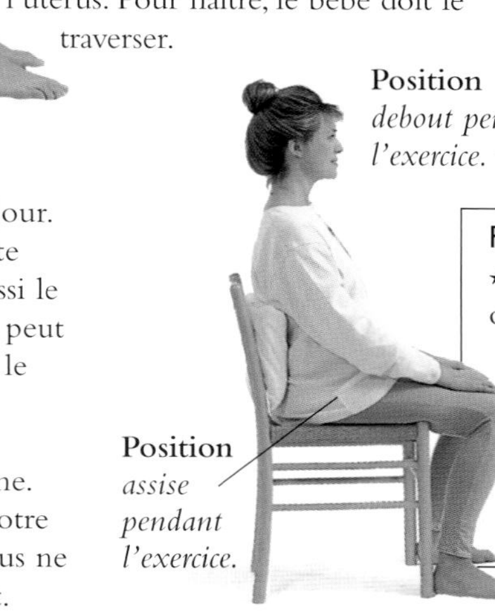

Position *assise pendant l'exercice.*

FAITES L'EXERCICE :
- ⋆ en attendant l'autobus ou le métro ;
- ⋆ en repassant ou en faisant la cuisine ;
- ⋆ en regardant la télévision ;
- ⋆ pendant les rapports sexuels.

BASCULE DU BASSIN

Cet exercice vous apprend à bouger correctement le bassin et constitue une bonne préparation au travail. Il renforce la sangle abdominale et assouplit le dos. Il est particulièrement utile si vous souffrez du dos. Lorsque vous êtes dans la position à quatre pattes, une amie ou votre conjoint peut vous frotter le dos pour soulager la douleur. Vous pouvez faire l'exercice dans différentes positions, mais n'oubliez pas de garder les épaules immobiles.

1 À quatre pattes, mains à plat sur le sol (au début, contrôlez votre dos afin qu'il soit bien plat dans une glace).

FAITES L'EXERCICE :
- ⋆ allongée dos à plat ;
- ⋆ debout ;
- ⋆ assise ;
- ⋆ à genoux ;
- ⋆ en dansant.

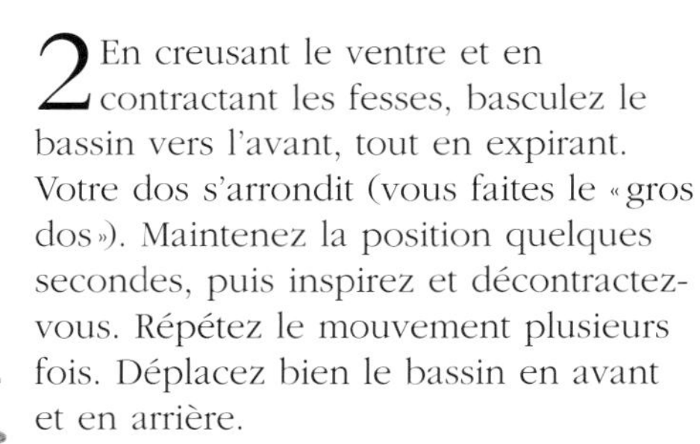

2 En creusant le ventre et en contractant les fesses, basculez le bassin vers l'avant, tout en expirant. Votre dos s'arrondit (vous faites le « gros dos »). Maintenez la position quelques secondes, puis inspirez et décontractez-vous. Répétez le mouvement plusieurs fois. Déplacez bien le bassin en avant et en arrière.

POSITION EN TAILLEUR

Cette position renforce le dos et assouplit le bassin et les cuisses. Elle améliore l'irrigation sanguine de la partie inférieure du corps et facilite le maintien des jambes écartées lors de l'accouchement. La position ci-dessous est facile à prendre, car les articulations d'une femme enceinte sont souples.

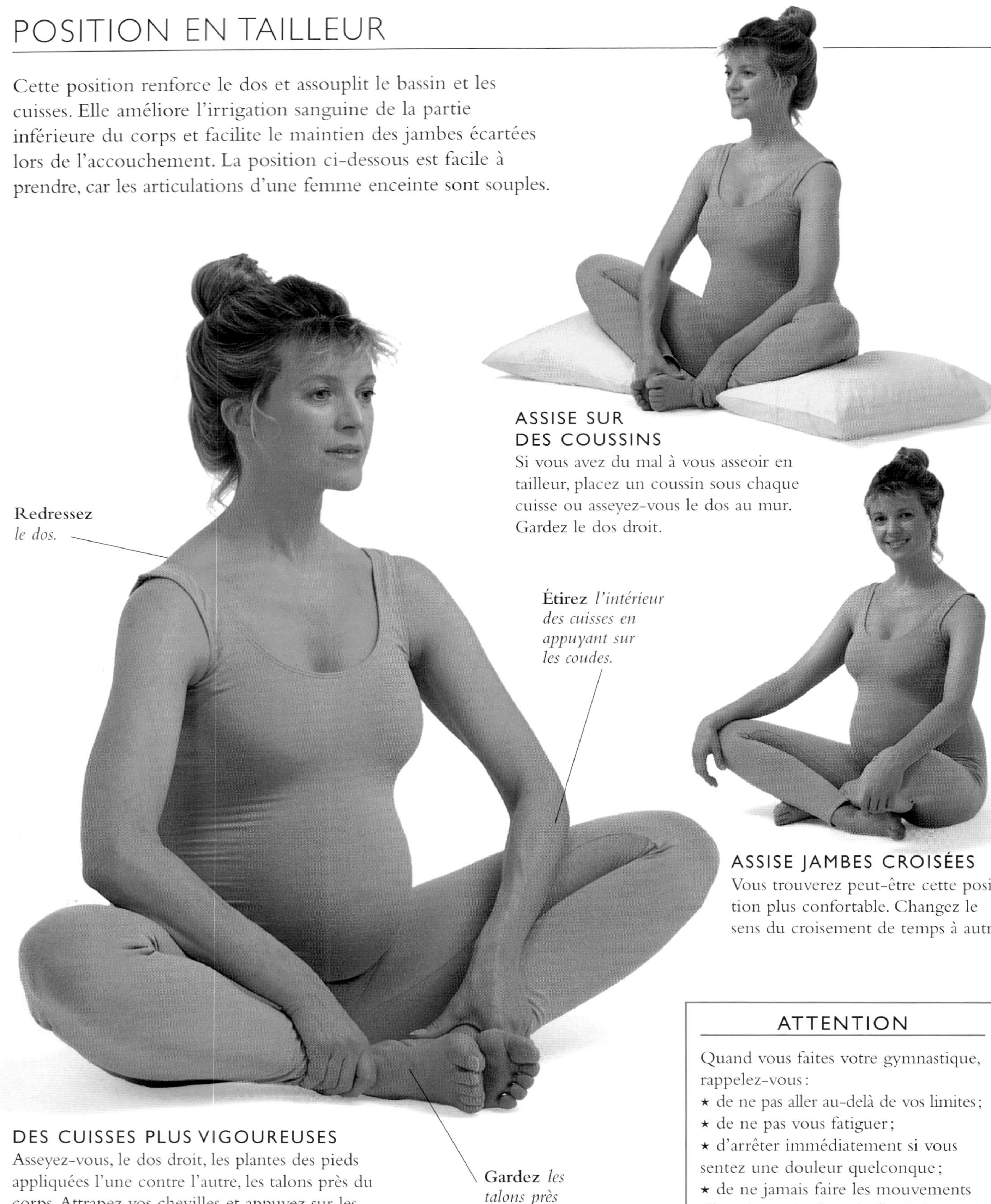

Redressez *le dos.*

Étirez *l'intérieur des cuisses en appuyant sur les coudes.*

Gardez *les talons près du corps.*

ASSISE SUR DES COUSSINS

Si vous avez du mal à vous asseoir en tailleur, placez un coussin sous chaque cuisse ou asseyez-vous le dos au mur. Gardez le dos droit.

ASSISE JAMBES CROISÉES

Vous trouverez peut-être cette position plus confortable. Changez le sens du croisement de temps à autre.

DES CUISSES PLUS VIGOUREUSES

Asseyez-vous, le dos droit, les plantes des pieds appliquées l'une contre l'autre, les talons près du corps. Attrapez vos chevilles et appuyez sur les cuisses avec les coudes. Maintenez quelques secondes la position. Répétez plusieurs fois le mouvement.

ATTENTION

Quand vous faites votre gymnastique, rappelez-vous :
* de ne pas aller au-delà de vos limites ;
* de ne pas vous fatiguer ;
* d'arrêter immédiatement si vous sentez une douleur quelconque ;
* de ne jamais faire les mouvements allongée sur le dos à la fin de la grossesse.

ACCROUPISSEMENT

Cet exercice assouplit les articulations du bassin et renforce les muscles du dos et des cuisses. Vous ménagerez votre dos si vous apprenez à vous accroupir au lieu de vous pencher en avant. De plus, si vous souffrez de douleurs lombaires, cette position est très confortable. On peut aussi accoucher accroupie.

Au début, il se peut que vous ayez quelque peine à prendre correctement cette position. Appuyez-vous sur une chaise ou sur le rebord d'une fenêtre et glissez sous vos talons un tapis ou une couverture pliés. Relevez-vous lentement, sinon la tête risque de vous tourner.

AVEC UNE CHAISE

Placez-vous devant une chaise, les pieds un peu écartés. Gardez le dos droit, écartez les genoux et accroupissez-vous en vous tenant à la chaise. Restez dans cette position aussi longtemps que vous le pourrez. Si vous ne réussissez pas à garder les talons au sol, glissez dessous une couverture pliée.

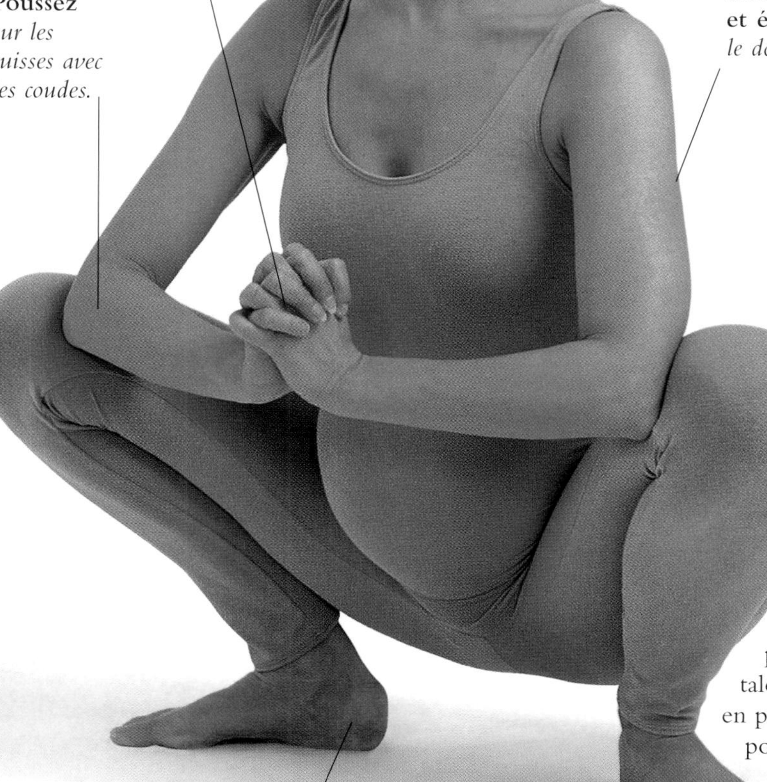

FAITES L'EXERCICE QUAND :

- ⋆ monter l'escalier vous essouffle ;
- ⋆ vous ramassez un objet ;
- ⋆ vous prenez quelque chose dans le tiroir du bas d'un meuble ;
- ⋆ vous téléphonez ;
- ⋆ il n'y a pas de chaise près de vous.

SANS APPUI

Gardez le dos droit, écartez les genoux, accroupissez-vous en tournant légèrement vos pointes de pied en dehors. Essayez de garder les talons collés au sol et étirez l'intérieur des cuisses en poussant avec les coudes. Restez dans cette position tant qu'elle demeure confortable.

DÉTENTE ET RESPIRATION

Ces exercices comptent parmi les plus utiles, et ils vous seront précieux pendant le travail. Si vous savez comment respirer et détendre vos muscles, vous pourrez mieux affronter les contractions et économiser votre énergie. Pratiquez-les régulièrement : vous les exécuterez ainsi de façon automatique pendant le travail. De plus, ils vous aideront à vous détendre chaque fois que vous vous sentirez anxieuse.

COMMENT SE DÉTENDRE

Au début, il vaut mieux vous installer dans une pièce bien chauffée où vous ne serez pas dérangée. Plus tard, vous saurez vous détendre n'importe où.

Détendez votre corps

Installez-vous confortablement sur le dos, le haut du corps soutenu par des oreillers, ou sur le côté, une jambe fléchie sur des coussins. Contractez et détendez tour à tour les muscles de tout le corps, en commençant par les orteils et en remontant. Après 8 à 10 minutes, rendez votre corps « flasque ». Essayez de vous sentir lourde, comme si vous vous enfonciez dans le sol.

Couchée sur le côté

La position couchée sur le côté, une jambe pliée supportée par des coussins, est parfois plus confortable, surtout vers la fin de la grossesse. Ne disposez pas trop d'oreillers sous votre tête, c'est mauvais pour la colonne vertébrale.

ATTENTION

Ne vous allongez jamais sur le dos pendant les derniers temps de la grossesse, car cette position peut diminuer l'alimentation en oxygène du bébé et vous causer un malaise.

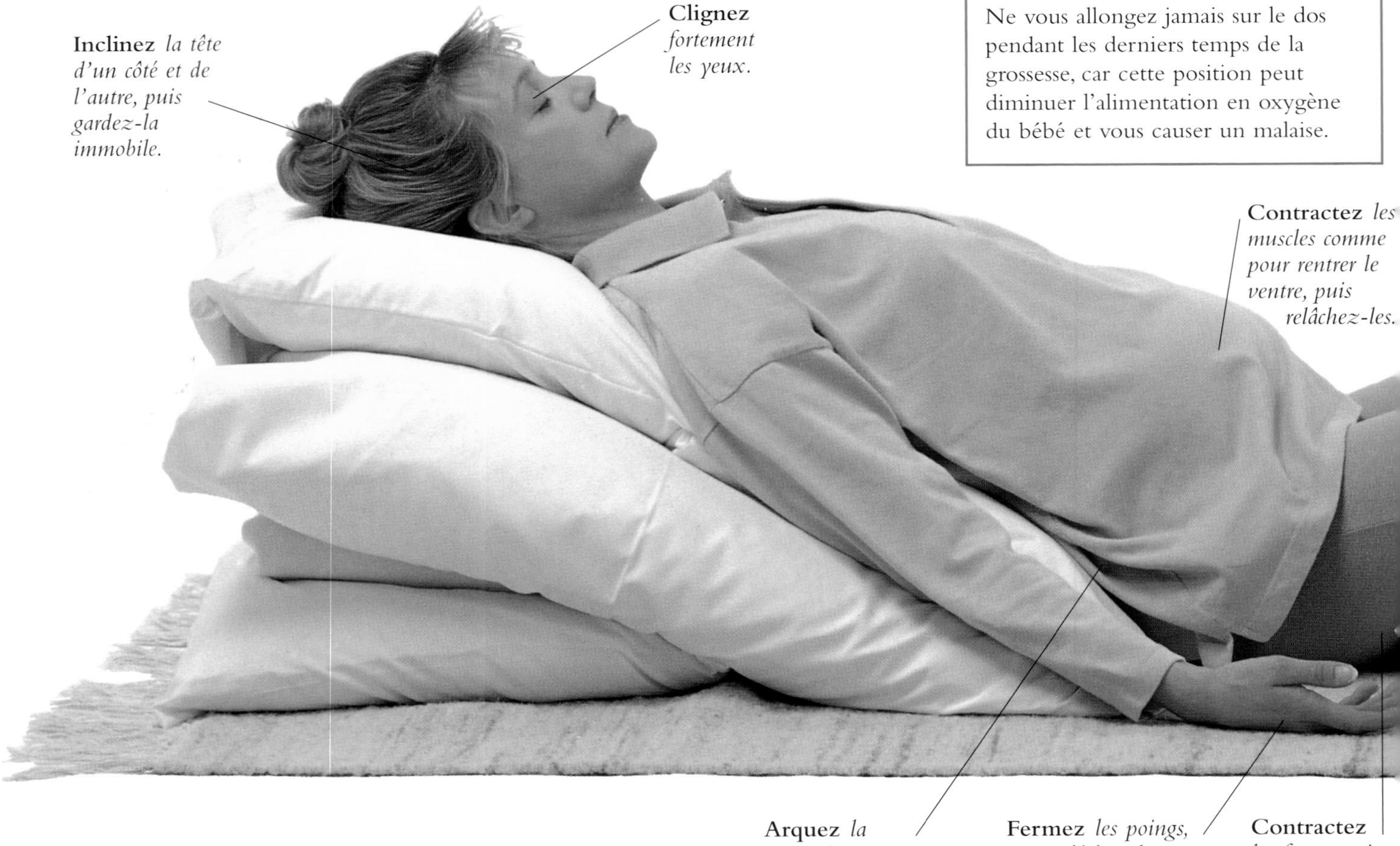

Inclinez *la tête d'un côté et de l'autre, puis gardez-la immobile.*

Clignez *fortement les yeux.*

Contractez *les muscles comme pour rentrer le ventre, puis relâchez-les.*

Arquez *la chute des reins, puis relâchez.*

Fermez *les poings, puis relâchez-les.*

Contractez *les fesses, puis relâchez-les.*

RESPIRATION POUR L'ACCOUCHEMENT

Pratiquez les différents modes de respiration avec votre conjoint ou une amie de façon à savoir vous détendre, à rester calme pendant le travail et à contrôler votre corps durant les contractions.

Respiration superficielle

Elle vous aidera pendant les contractions. Inspirez et expirez par la bouche en n'envoyant l'air que dans la partie supérieure des poumons. Une amie peut poser les mains sur vos omoplates pour vous indiquer si vous effectuez correctement l'exercice. Diminuez de plus en plus l'ampleur des mouvements, mais prenez une inspiration profonde quand vous en éprouvez le besoin.

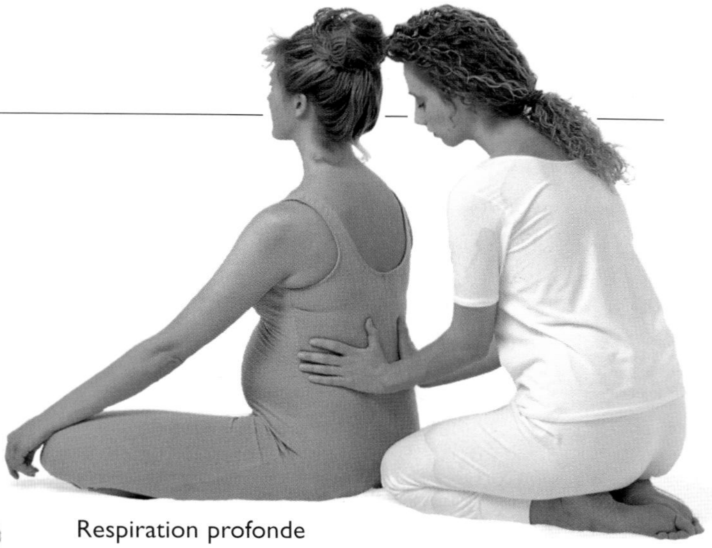

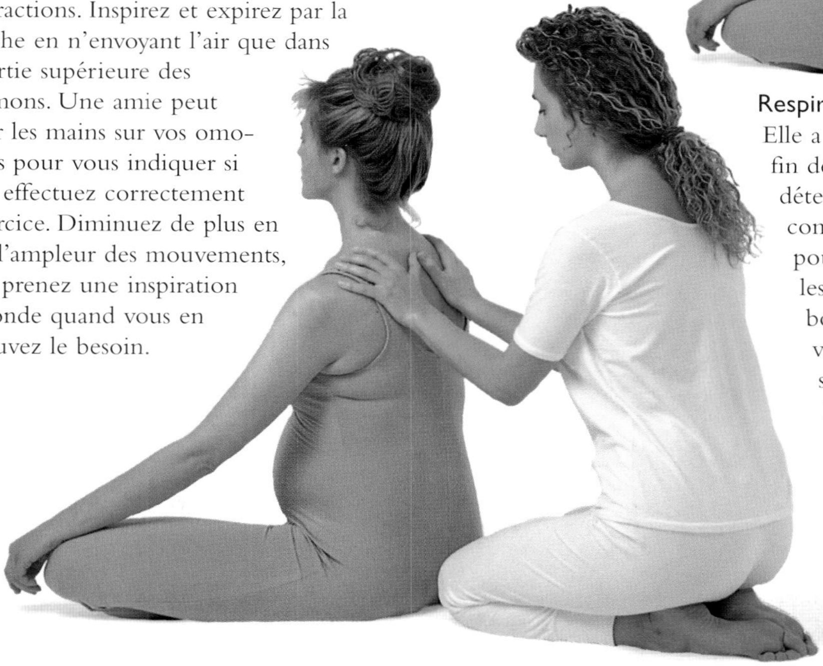

Respiration profonde

Elle a un effet apaisant et vous aidera au début et à la fin des contractions. Asseyez-vous confortablement et détendez-vous. Respirez profondément par le nez, comme pour envoyer l'air tout au fond des poumons. Votre conjoint ou une amie peut poser les mains juste au-dessus de votre taille pour sentir bouger votre cage thoracique et vous guider dans votre entraînement. Concentrez-vous maintenant sur une respiration ample et profonde. Laissez l'inspiration suivante survenir naturellement.

Halètement

Après le premier stade du travail, vous aurez envie de pousser même si le col n'est pas complètement dilaté. Vous pourrez résister à ce besoin en prenant deux courtes inspirations, puis en expirant lentement (« Ouh, ouh, ffouou... ») Vous pouvez aussi faire une respiration soufflante comme pour éteindre une bougie (Fu, fu, fu, fu, fuu...).

Contractez *les cuisses, puis détendez-les.*

Pliez *les chevilles et relâchez-les.*

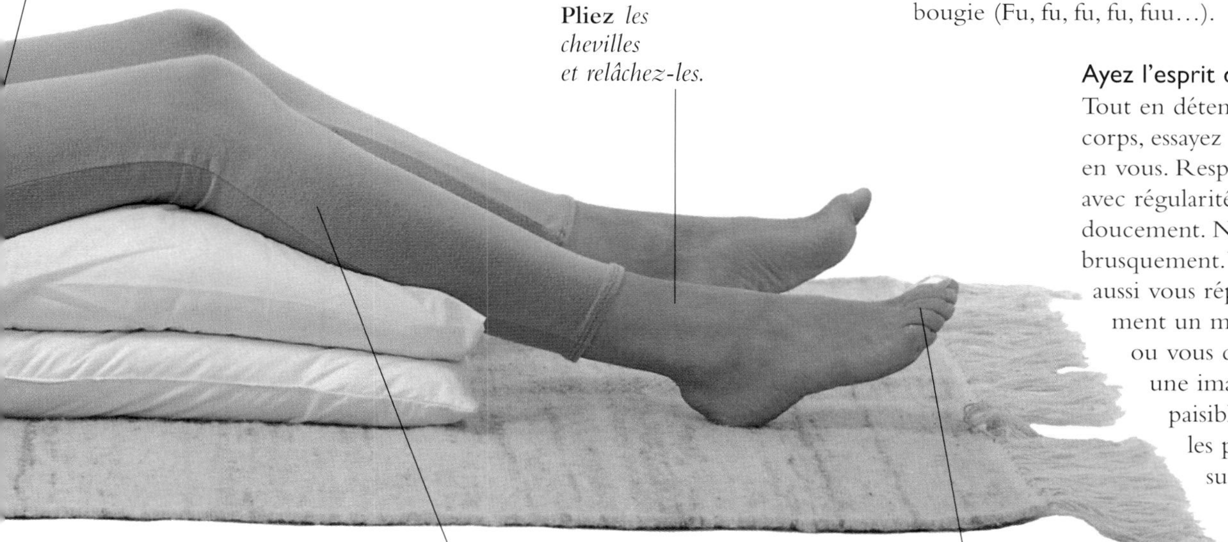

Ayez l'esprit détendu

Tout en détendant votre corps, essayez de faire le vide en vous. Respirez calmement, avec régularité, en expirant doucement. N'inspirez pas brusquement. Vous pouvez aussi vous répéter intérieurement un mot ou un son, ou vous concentrer sur une image agréable ou paisible. Laissez filer les pensées qui surviennent.

Tendez *les muscles des mollets, puis détendez-les.*

Crispez *les orteils, puis relâchez-les.*

UNE ALIMENTATION SAINE

Pendant la grossesse, plus encore qu'à tout autre moment, il est essentiel que votre régime alimentaire soit équilibré. Vous n'avez pas besoin de calculer les calories ou de peser les aliments, pas plus que vous ne devez manger pour deux. Il suffit que vous mangiez des aliments variés et frais en les choisissant parmi ceux qui sont représentés ci-après, afin d'être sûre d'absorber tous les éléments nutritifs dont vous avez besoin. Dès que vous envisagez d'avoir un enfant ou que vous apprenez que vous êtes enceinte, demandez-vous si vous consommez des aliments ou des boissons qui pourraient nuire au bébé. Mangez plus de légumes crus et de fruits frais, réduisez les aliments sucrés, salés et les plats industriels.

ÉLÉMENTS NUTRITIFS INDISPENSABLES

CALCIUM

Le calcium est un élément important pour le développement des os et des dents de l'enfant. Vous avez besoin d'environ deux fois plus de calcium que d'ordinaire. Fromages, lait, yogourts sont de bonnes sources de calcium. Toutefois, comme les laitages sont aussi riches en gras, consommez de préférence des produits écrémés. Noix du Brésil et amandes sont aussi une source de calcium mais riches en gras et moins bien absorbées.

Apport de calcium supplémentaire : 85 g de fromage à pâte dure, ou 2 verres de lait.

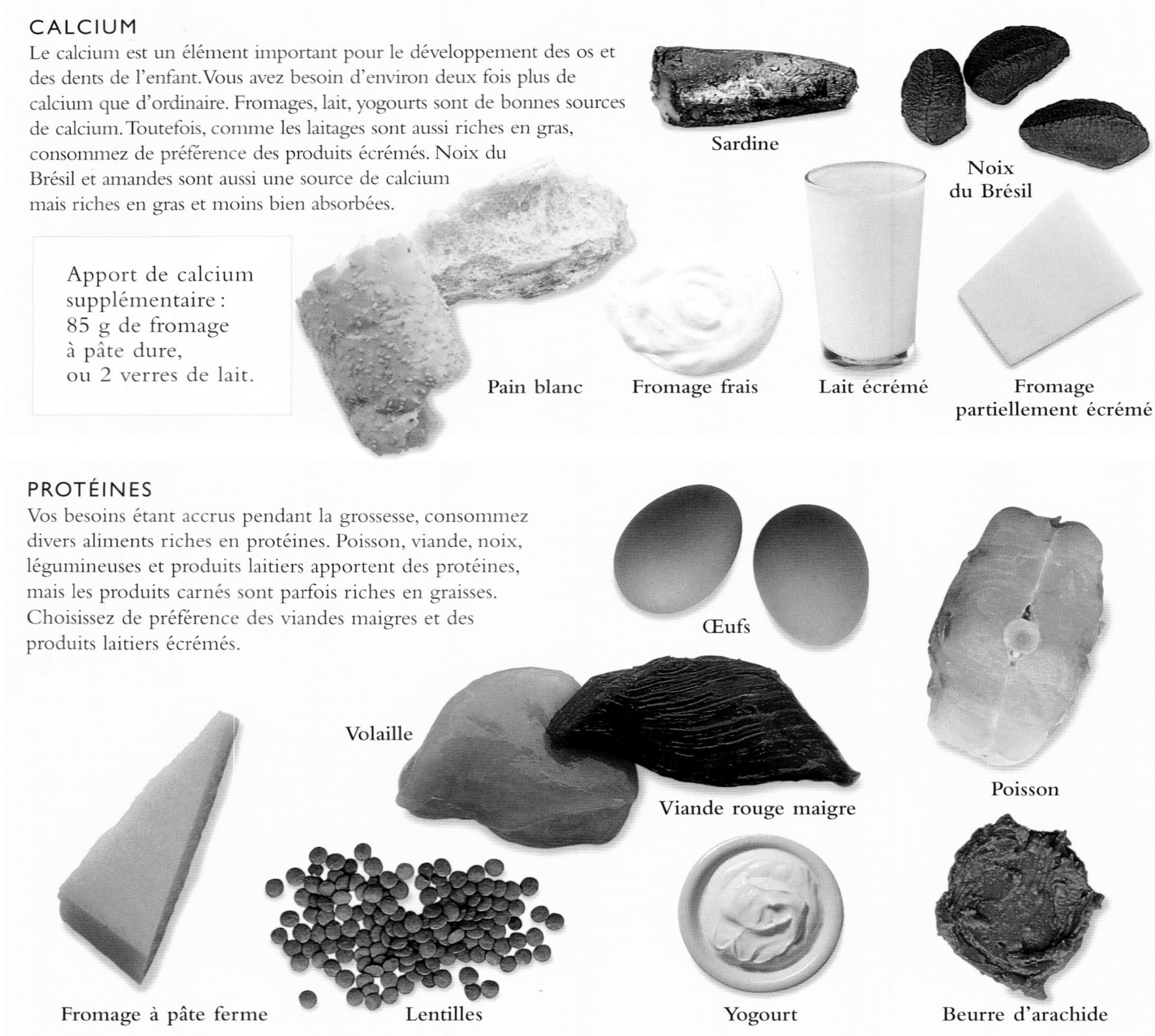

Sardine

Noix du Brésil

Pain blanc

Fromage frais

Lait écrémé

Fromage partiellement écrémé

PROTÉINES

Vos besoins étant accrus pendant la grossesse, consommez divers aliments riches en protéines. Poisson, viande, noix, légumineuses et produits laitiers apportent des protéines, mais les produits carnés sont parfois riches en graisses. Choisissez de préférence des viandes maigres et des produits laitiers écrémés.

Œufs

Poisson

Volaille

Viande rouge maigre

Fromage à pâte ferme

Lentilles

Yogourt

Beurre d'arachide

VITAMINE C

Cette vitamine fortifie le placenta, aide votre organisme à combattre les infections et facilite l'absorption du fer. Elle se trouve dans les fruits et les légumes frais ou en jus, et son apport est nécessaire chaque jour, car le corps ne l'emmagasine pas. Une grande quantité de vitamine C est perdue au cours du stockage prolongé des aliments et de la préparation culinaire : mangez des produits frais, cuisez les légumes verts à la vapeur ou consommez-les crus.

Poivrons rouges, verts et jaunes

Chou-fleur

Chou vert

Choux de Bruxelles

Pomme de terre

Tomates

Orange

Pamplemousse

Fraises

FIBRES

L'alimentation quotidienne doit être riche en fibres, car celles-ci combattent la constipation, si fréquente pendant la grossesse (voir p. 40). Les fruits et les légumes apportent beaucoup de fibres et vous devez en manger chaque jour. Un apport modéré en son est utile.

Mélange de fruits oléagineux

Framboises

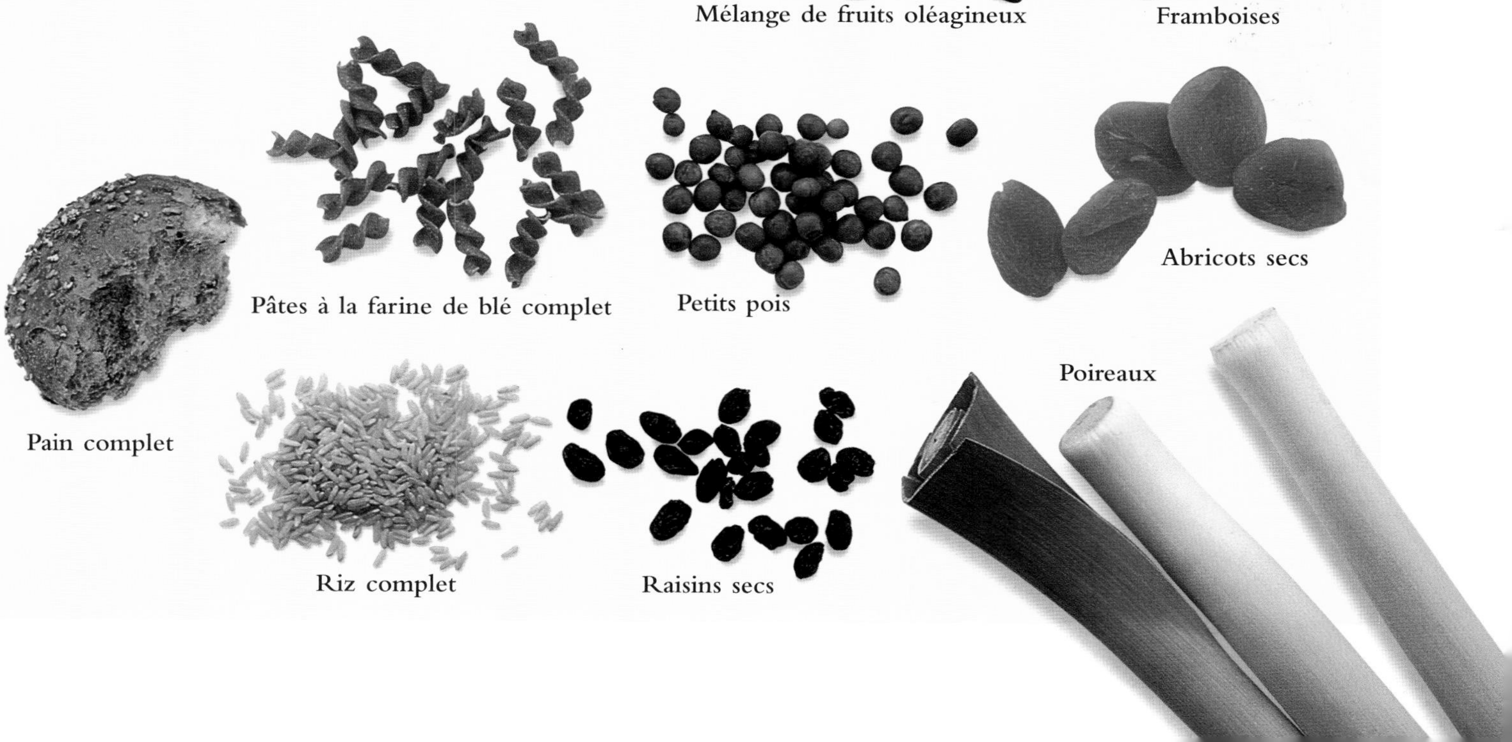

Pâtes à la farine de blé complet

Petits pois

Abricots secs

Pain complet

Poireaux

Riz complet

Raisins secs

ACIDE FOLIQUE

Il est nécessaire au développement du système nerveux central du bébé. Il faut prendre des suppléments d'acide folique avant la grossesse et surtout pendant les trois premiers mois de celle-ci. Parlez-en à votre médecin ou à la sage-femme. Comme l'organisme ne l'emmagasine pas, il faut en consommer chaque jour. Les légumes à feuilles vert foncé apportent beaucoup d'acide folique, mais ils doivent être mangés crus ou cuits à la vapeur, car la cuisson à l'eau le détruit en grande partie.

Les légumineuses – notamment les fèves, le soya, les pois chiches, les lentilles – le jus d'orange, le jus d'ananas en boîte et les graines de tournesol sont de bonnes sources d'acide folique.

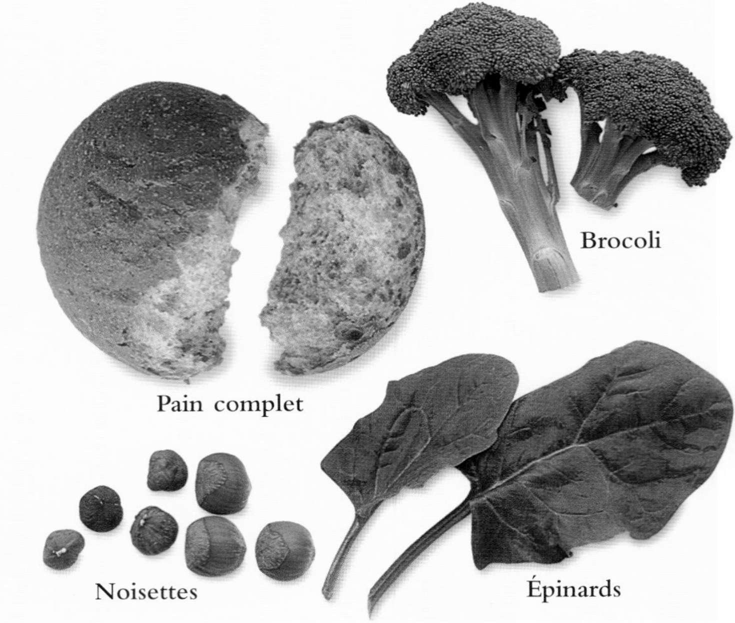

FER

Le bébé accumule des réserves de fer pour après la naissance, et le surplus de sang que vous produisez exige du fer pour véhiculer l'oxygène. Le fer d'origine animale est assimilé plus facilement que celui d'origine végétale (légumineuses, fruits secs). Aussi, si vous ne mangez pas de viande, associez des aliments riches en fer à ceux qui sont riches en vitamine C pour favoriser leur assimilation.

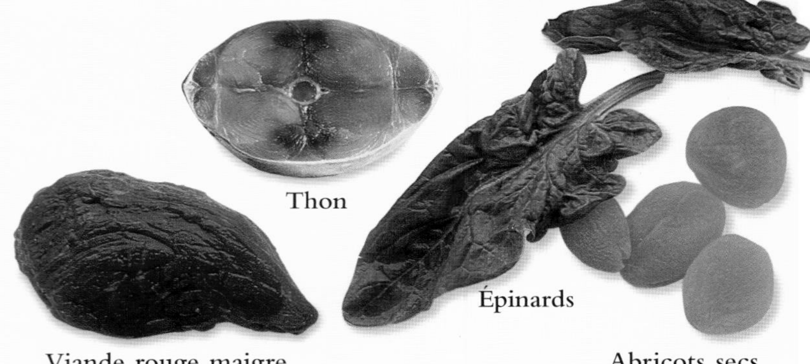

RÉGIME VÉGÉTARIEN

Si vous consommez chaque jour une grande quantité d'aliments frais riches en protéines et en calcium ainsi que des fruits et des légumes frais, vous fournirez au bébé tout ce dont il a besoin : il lui manquera peut-être du fer, car l'organisme assimile plus difficilement le fer d'origine végétale, et vous devrez peut-être prendre des suppléments. Si vous êtes végétarienne et ne consommez pas de produits laitiers, il vous faudra aussi prendre des suppléments de calcium et de vitamines D et B_{12}.

SEL

La plupart des gens salent trop leur nourriture. C'est pourquoi Santé Canada recommande à tous les Canadiens de réduire leurs apports en sel. En effet, le sel en excès peut favoriser les œdèmes et la toxémie gravidique (voir p. 38 et 42).

LIQUIDES

Ils sont indispensables au bon fonctionnement des reins et pour combattre la constipation. L'eau est ce qu'il y a de mieux : buvez-en à volonté.

ALIMENTS ESSENTIELS

Consommez plusieurs de ces excellentes sources d'au moins un élément indispensable chaque jour.

* Fromage, lait, yogourt : calcium, protéines.
* Végétaux à feuilles vert foncé : vitamine C, fibres, acide folique.
* Viande rouge maigre : protéines, fer.
* Orange : vitamine C, acide folique, fibres.
* Volailles : protéines.
* Poissons comme les sardines ou le saumon : protéines.
* Légumineuses : protéines, fer.
* Pain complet : protéines, fibres, acide folique.
* Pâtes à la farine de blé complète : fer et acide folique.
* Riz complet : fibres.

VITAMINES ET SUPPLÉMENTS MINÉRAUX

La grossesse implique des besoins nutritionnels particuliers. Adoptez un régime alimentaire équilibré, riche en aliments frais. Votre médecin pourra tout de même vous prescrire des suppléments vitaminiques. Ils seront essentiels en cas d'anémie (voir p. 38).

PROTÉGER LE BÉBÉ

Les éléments nutritifs que vous absorbez, nocifs ou bénéfiques, passent dans votre sang et, en traversant le placenta, parviennent au bébé.

ALIMENTS INDUSTRIELS

Évitez les aliments traités industriellement en conserve, en sachet ou en emballage cartonné, car ils contiennent souvent du sucre ou du sel ajoutés et beaucoup trop de graisses, ainsi que des agents de conservation et des colorants. Lisez les étiquettes avec soin et n'oubliez pas de vérifier la date limite de consommation.

4 GROUPES ALIMENTAIRES

Planifiez chaque jour vos repas à partir des 4 groupes essentiels: viandes et substituts, fruits et légumes, produits céréaliers, produits laitiers. Utilisez des huiles riches en gras polyinsaturés comme l'huile de maïs et l'huile de tournesol. Évitez les produits carnés transformés, les croustilles, les noix salées, la sauce de soya et les excès de moutarde et de ketchup. Les boissons aux fruits contiennent peu de fruits, achetez plutôt des jus contenant 100 % de fruits.

CAFÉ, THÉ, CHOCOLAT CHAUD

La caféine peut avoir un effet nocif sur le système cardiaque de la mère et du bébé. Réduisez votre consommation à une tasse par jour. Remplacez ces boissons par de l'eau.

TISANES

Si vous voulez boire des infusions pendant votre grossesse, demandez conseil à un herboriste ou à une diététiste. La plupart des tisanes ne font pas de mal au bébé, mais certaines peuvent avoir un effet indésirable. L'infusion de feuilles de framboisier est un remède traditionnel pour faciliter le travail.

FRINGALES

Pendant la grossesse, il est courant d'avoir des envies folles de certains aliments, comme les fraises ou les bananes. Si vous êtes tentée, faites-vous plaisir, dans les limites du raisonnable, pourvu que cela ne vous fasse pas grossir et ne se termine pas par une indigestion.

SUCRE

Les aliments sucrés contiennent peu d'éléments nutritifs et vous font grossir. Tirez votre énergie des glucides dits « lents », du pain complet, par exemple, et supprimez les sucreries. Évitez les substituts du sucre tels que la saccharine, l'aspartame ou autres.

BOISSONS NON ALCOOLISÉES

L'alcool que vous buvez passe dans votre sang, traverse le placenta et parvient au bébé. Il peut lui nuire. Il vaut mieux carrément supprimer l'alcool sous toutes ses formes et confectionner vous-même vos cocktails de jus de fruits frais, vos laits frappés, vos boissons à l'eau gazeuse.

Même les bières et les vins dits « sans alcool » ou « à faible teneur en alcool » ne sont pas toujours dépourvus d'additifs chimiques nocifs; ces substances ont peut-être un effet encore inconnu sur la santé des bébés.

ALIMENTS GÉNÉTIQUEMENT MODIFIÉS

Les aliments génétiquement modifiés (aussi appelés aliments transgéniques ou issus des biotechnologies) sont des aliments qui ont été modifiés par des manipulations génétiques. Tous les aliments génétiquement modifiés sont examinés par Santé Canada qui est responsable de garantir l'innocuité de tous les aliments introduits au Canada.

ACIDES GRAS ESSENTIELS

Pour le bébé, le développement du cerveau, du système nerveux et de la rétine exige des acides gras essentiels. Le fœtus qui ne peut pas les produire lui-même a besoin que sa mère les lui fournisse par le placenta et, après sa naissance, par le lait maternel. Les poissons gras comme le saumon et le maquereau en sont les sources principales. Les noix, les graines, les huiles végétales et les œufs en fournissent aussi.

DISPOSITIONS PRATIQUES

Un mois avant la date prévue pour l'accouchement, vérifiez que tout est prêt pour recevoir le bébé. Faites les provisions d'épicerie, garnissez le congélateur, achetez tout ce qui vous facilitera la vie après la naissance. Le moment est venu de préparer votre valise. N'emportez pas trop de choses à l'hôpital : vous n'aurez pas beaucoup de place pour les ranger. Certains hôpitaux donnent une liste des objets utiles et fournissent parfois une partie du nécessaire. Renseignez-vous à l'avance auprès de l'infirmière.

NÉCESSAIRE POUR LE TRAVAIL

Les objets représentés ci-dessous sont utiles pendant le travail ou tout de suite après la naissance. Emballez-les séparément, vous en aurez besoin très rapidement.

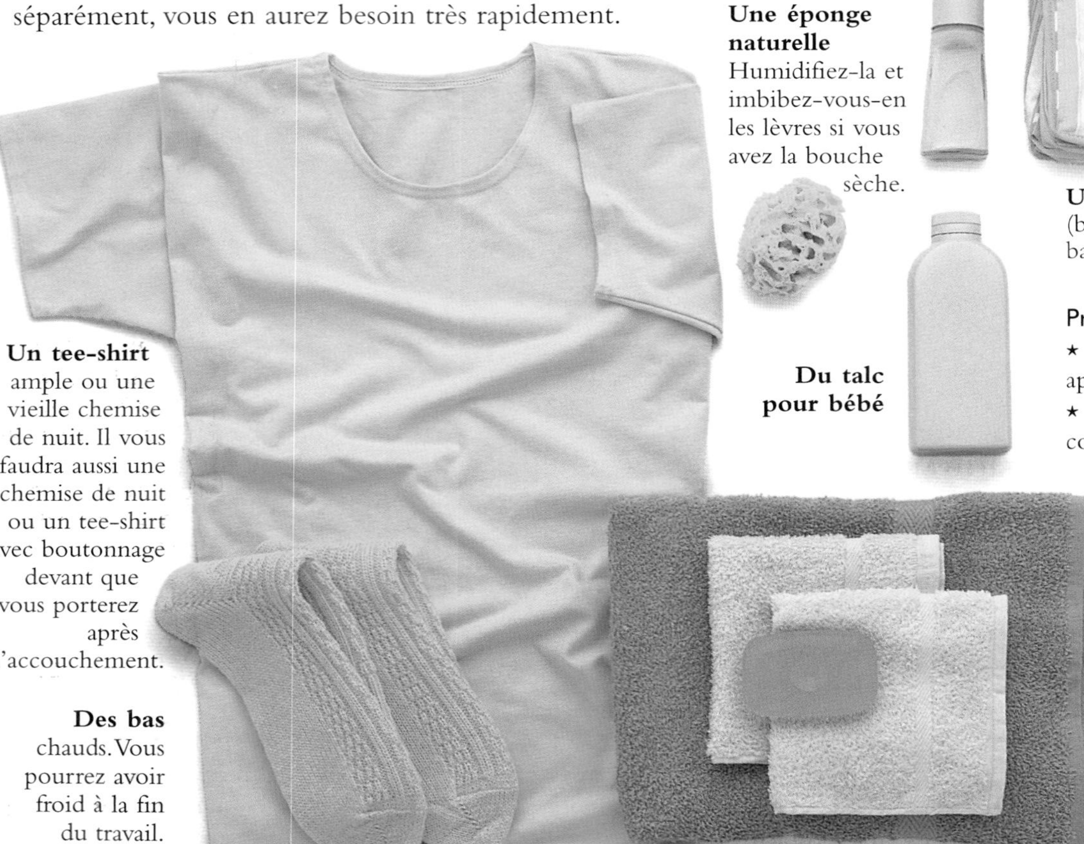

Un déodorant

Une éponge naturelle Humidifiez-la et imbibez-vous-en les lèvres si vous avez la bouche sèche.

Une trousse de toilette (brosse à dents, dentifrice, baume pour les lèvres).

Du talc pour bébé

Un tee-shirt ample ou une vieille chemise de nuit. Il vous faudra aussi une chemise de nuit ou un tee-shirt avec boutonnage devant que vous porterez après l'accouchement.

Des bas chauds. Vous pourrez avoir froid à la fin du travail.

Des serviettes, des débarbouillettes et un savon

Préparez aussi :

- ⋆ des livres, des magazines, un appareil photo, une radio ;
- ⋆ de la nourriture pour votre conjoint ;
- ⋆ les numéros de téléphone de la parenté et des amis ;
- ⋆ tout ce que vous avez utilisé pendant le cours de préparation à l'accouchement et qui peut vous servir pendant le travail (un coussin, par exemple). Posez la question à la maternité.

QUAND PARTIR À L'HÔPITAL ?

Vous êtes à terme ou près du terme.

⋆ La perte du bouchon muqueux : vous constatez un écoulement blanchâtre, épais, visqueux, mêlé d'un peu de sang. Il provient du début de l'ouverture du col de l'utérus. Le travail s'annonce. D'ici quelques jours ou quelques heures, vous allez accoucher.

⋆ Les contractions utérines : vous constatez un durcissement du ventre en totalité, les contractions utérines sont plus intenses qu'en cours de grossesse. Elles sont douloureuses, répétitives et régulières (toutes les dix minutes).
Si vos contractions ne vous semblent pas typiques, prenez un bain pour relaxer. Les contractions cessent, vous avez « le temps ». Les contractions persistent, c'est le moment !

⋆ La rupture de la poche des eaux : vous constatez l'émission de liquide clair au moment d'une contraction. Mettez une serviette sanitaire. Évitez de marcher et rendez-vous à l'hôpital.

Vous n'êtes pas à terme.

Si vous avez des contractions intenses et rapprochées, consultez votre médecin.

Vous avez dépassé le terme prévu.

Si vous n'avez pas de contractions régulières, et que le bébé bouge bien, il n'y a pas d'urgence. Voyez votre médecin.

APRÈS LA NAISSANCE

Votre conjoint pourra vous apporter ces objets plus tard, si le travail se déclenche de façon inopinée et que vous n'avez pas le temps de faire votre valise.

Bretelles *larges*

Ouverture *sur le devant, pour que le bébé soit en contact avec le sein.*

Des coussinets d'allaitement à glisser dans le soutien-gorge pour absorber les fuites de lait.

Une crème hydratante pour la peau sèche.

Deux soutiens-gorge d'allaitement. Si vous n'avez pas l'intention d'allaiter, emportez le soutien-gorge que vous avez porté pendant votre grossesse.

Une brosse, un peigne, du shampooing et une serviette

Préparez aussi :

- ⋆ des mouchoirs en papier ;
- ⋆ un séchoir à cheveux ;
- ⋆ un bloc-notes et un crayon ;
- ⋆ un miroir à main.

Deux paquets de serviettes hygiéniques *très absorbantes, pour les premiers jours.*

Six culottes Achetez-les soit en coton de couleur foncée ou, mieux encore, procurez-vous des culottes jetables.

Deux ou trois chemises de nuit lavables à la machine et une robe de chambre. Elles doivent être en coton ou en fil mélangé, car la maternité peut être surchauffée.

Ouverture sur le devant, *avec un long boutonnage si vous désirez allaiter.*

Des chaussons à talons plats

RETOUR À LA MAISON

Préparez les vêtements que vous apportera votre conjoint pour vous habiller le jour de votre sortie de l'hôpital. Ne choisissez rien d'ajusté : vous n'aurez pas retrouvé votre ligne. Il faudra aussi la layette pour le bébé.

Préparez :

- ⋆ des couches jetables ;
- ⋆ une camisole ;
- ⋆ un pyjama ;
- ⋆ un gilet de laine, un bonnet ;
- ⋆ une couverture (s'il fait froid) ;
- ⋆ une enveloppe selon la saison.

TRAVAIL ET NAISSANCE

Après ces longues semaines d'attente, le travail commence enfin. C'est le moment culminant de la grossesse, car vous savez que, maintenant, ce n'est plus qu'une question d'heures: vous allez enfin voir votre bébé. Vous allez connaître un grand bonheur, mais peut-être éprouvez-vous aussi une certaine appréhension. Si vous vous êtes bien préparée, vous comprendrez mieux ce qui se passe dans votre corps à chaque étape du travail, et, sachant à quoi vous en tenir, votre confiance se raffermira. Donner la vie est une expérience extraordinaire et, si vous restez calme et détendue, vous l'apprécierez certainement davantage. Pratiquez vos exercices de détente et de respiration à l'avance pour vous aider à garder votre calme durant les contractions, et à faire face à la douleur, si le travail n'évolue pas tout à fait comme vous l'aviez imaginé.

TRAVAIL

Vous craignez peut-être de ne pas reconnaître le travail quand il se déclenchera : c'est improbable, bien qu'il soit possible de confondre les premières contractions de travail avec celles des dernières semaines de la grossesse.

SYMPTÔMES

Expulsion du bouchon muqueux

Le bouchon muqueux, teinté de sang, qui bloquait le col de l'utérus est expulsé par le vagin avant ou durant le premier stade du travail.

Que faire ? Comme cette expulsion peut précéder de quelques jours le déclenchement du travail, attendez d'avoir des douleurs régulières dans le ventre ou le dos, ou la rupture de la poche des eaux, pour prévenir votre médecin ou la sage-femme.

Rupture de la poche des eaux

La poche de liquide dans lequel baigne l'enfant peut se rompre à tout moment pendant le travail. Cette rupture se traduit parfois par un flot de liquide clair, mais souvent, par un suintement.

Que faire ? Notez l'heure et mettez une serviette sanitaire. Appelez l'hôpital ou votre sage-femme. C'est le moment de partir. Rendez-vous à l'hôpital si le liquide est brunâtre ou verdâtre, car il y a risque de souffrance fœtale.

Contractions

Elles peuvent commencer par un sourd mal aux reins, ou par des élancements dans les cuisses, et s'étendre à l'abdomen. Elles ressemblent un peu à de fortes douleurs menstruelles. Le ventre se durcit.

Que faire ? Quand les contractions paraissent régulières, notez leur durée et leur intervalle. Si elles sont de plus en plus douloureuses, de plus en plus longues et de plus en plus rapprochées, prévenez l'hôpital ou la sage-femme. Sauf si les contractions sont très fréquentes (toutes les 5 minutes), ou très douloureuses, ne vous précipitez pas à la maternité. Pour un premier bébé, le travail dure en moyenne de 12 à 14 heures, et il vaut mieux passer chez vous une partie de ce temps. Détendez-vous dans un bain tiède (si la poche des eaux est intacte), mangez quelque chose de léger. On vous conseillera sans doute d'attendre que les contractions s'intensifient et reviennent toutes les 5 minutes, et ce, depuis 1 à 2 heures, pour quitter votre domicile.

FAUSSES ALERTES

L'utérus se contracte tout au long de la grossesse. Durant les dernières semaines, les contractions s'intensifient, et l'on peut croire que le travail commence. En fait, les contractions du travail sont en général régulières, de plus en plus fortes, de plus en plus longues et de plus en plus rapprochées, si bien qu'il est facile de savoir quand le travail a commencé réellement. Il peut arriver que les contractions commencent, puis cessent. Marchez, bougez : elles reprendront.

CHRONOMÉTRAGE DES CONTRACTIONS

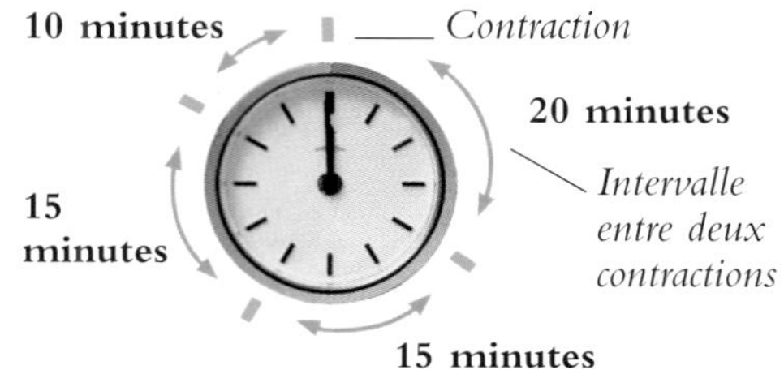

Chronométrez le début et la fin des contractions pendant 1 heure. Elles doivent devenir de plus en plus fréquentes et durer au moins 40 secondes quand le travail est bien entamé. Le dessin montre l'intervalle entre les contractions au début du travail.

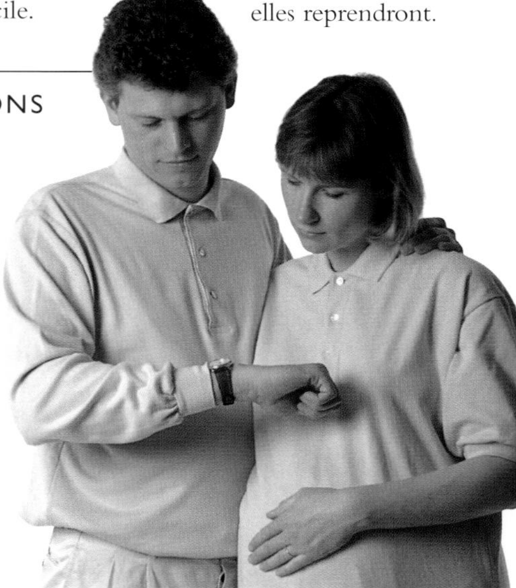

PREMIER STADE

Durant cette période, la musculature de l'utérus se contracte, dilatant le col utérin pour que le bébé puisse passer. S'il s'agit d'un premier enfant, il faut compter de 10 à 12 heures pour que le col se dilate.

Ne soyez pas surprise si, à ce moment, vous êtes saisie de panique. Même si vous êtes bien préparée, vous pouvez vous sentir effrayée de voir votre corps emporté dans un processus que vous ne contrôlez pas. Restez aussi calme que vous le pouvez et essayez de ne faire qu'un avec votre corps. Dans de telles circonstances, vous apprécierez plus la présence de votre conjoint ou d'une amie intime, surtout s'ils savent ce qu'est le travail et ont eux aussi suivi les cours de préparation à l'accouchement.

Après l'admission Quand les examens sont achevés, vous pouvez parfois prendre un bain ou une douche.

ADMISSION À L'HÔPITAL

À l'hôpital, une infirmière vous soumettra à certains examens de routine durant lesquels la personne qui vous accompagne pourra rester à vos côtés.

Questions de l'infirmière

L'infirmière consultera votre dossier, vous demandera si vous avez perdu les eaux, si vous avez expulsé le bouchon muqueux. Elle voudra aussi savoir quand les contractions ont commencé, leur fréquence, leur durée, leurs caractéristiques.

Examen

Maintenant vous vous déshabillez et passez les vêtements de l'hôpital ou ceux que vous avez apportés pour l'accouchement. L'infirmière prend votre tension artérielle, votre température, votre pouls et peut effectuer un examen gynécologique pour savoir à quel stade est parvenue la dilatation du col.

Examen du bébé

L'infirmière vérifie la présentation de l'enfant en palpant votre abdomen et écoute son cœur avec un stéthoscope obstétrical ou en plaçant des capteurs électroniques externes (voir p. 65). Elle pourra rester à l'écoute des battements de son cœur pendant une vingtaine de minutes, afin de s'assurer qu'il reçoit assez d'oxygène pendant les contractions.

Autres examens de routine

On vous demandera peut-être de fournir un échantillon d'urine qui sera aussitôt analysé à la recherche de protéines (albumine) et de sucre. Vous pourrez demeurer dans la chambre des naissances ou la salle de travail, ou vous serez conduite directement à la salle d'accouchement s'il y a urgence.

EXAMENS GYNÉCOLOGIQUES

Régulièrement, l'infirmière ou le médecin effectue des examens gynécologiques pour vérifier la position du bébé et la progression de la dilatation du col utérin. Interrogez-les s'ils ne vous disent rien spontanément.

Vous serez réconfortée de savoir que le col se dilate, mais la dilatation peut ne pas progresser très rapidement. Comme l'examen est effectué en général entre deux contractions, vous devez prévenir le médecin ou l'infirmière lorsque vous sentez une contraction commencer.

L'infirmière vous demandera de vous allonger, adossée aux oreillers, mais, si vous trouvez la position inconfortable, il vous est possible de vous allonger sur le côté.

Essayez de vous détendre le plus possible, d'éliminer toute cause de gêne. Respirez lentement et profondément comme vous l'avez appris.

COL UTÉRIN PENDANT LE TRAVAIL

Normalement, le col est tenu fermé par un anneau musculaire. D'autres fibres musculaires, partant du col et se dirigeant vers le fond de l'utérus, se contractent pendant le travail, effaçant le col, puis l'élargissant jusqu'à ce qu'il soit assez dilaté pour livrer passage à la tête de l'enfant.

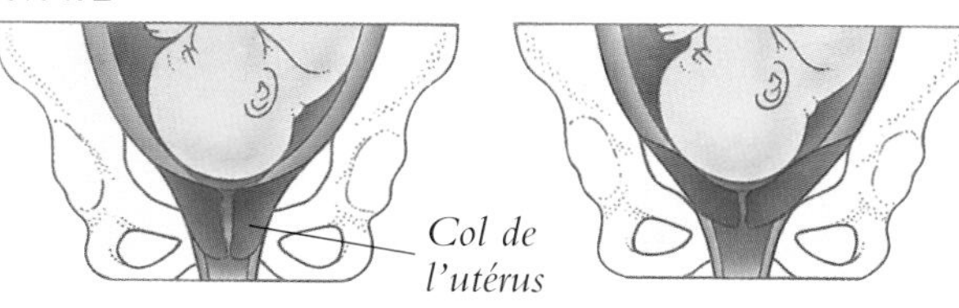

1 Le col se ramollit sous l'influence d'une hormone.

2 De petites contractions commencent à effacer le col.

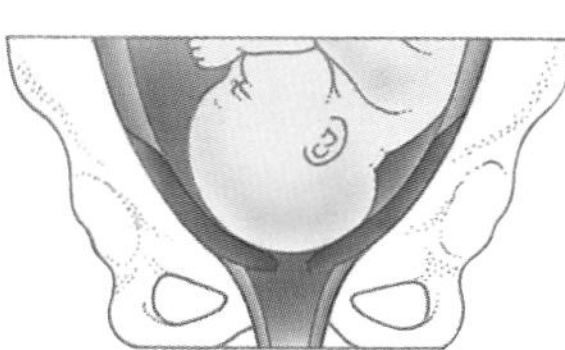

3 Une fois effacé, il se dilate sous l'effet de fortes contractions.

ATTITUDES À ADOPTER PENDANT LE PREMIER STADE

Au début du travail, essayez différentes positions, car certaines sont plus confortables que d'autres. Changez souvent de position. Marchez. Essayez de vous concentrer sur d'autres choses que la douleur en vous tenant occupée. Visualisez votre bébé que chaque contraction rapproche un peu plus du moment de sa venue au monde.

Parfois, vous aurez envie de vous allonger : couchez-vous sur le côté, la tête et les cuisses calées par des coussins et non sur le dos.

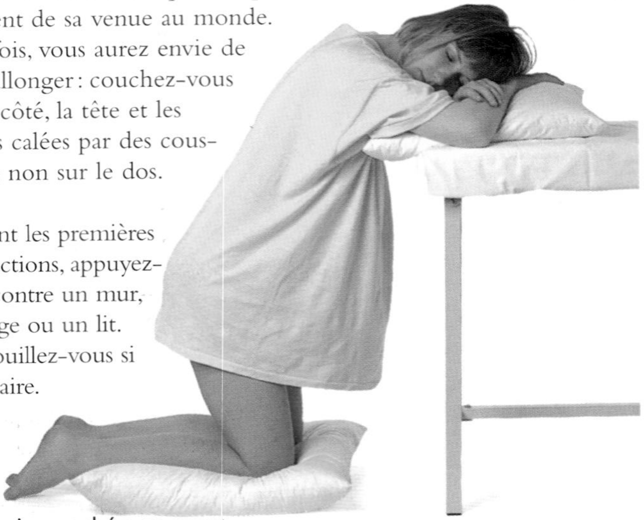

Pendant les premières contractions, appuyez-vous contre un mur, un siège ou un lit. Agenouillez-vous si nécessaire.

S'asseoir, penchée en avant

Asseyez-vous à cheval sur une chaise et appuyez-vous au dossier garni d'un oreiller ou d'un coussin, tête posée sur les bras repliés. Gardez les genoux écartés.

CE QUE PEUT FAIRE LE CONJOINT

* Pendant les contractions, offrez soutien, éloges et réconfort. Ne vous inquiétez pas si elle se montre désagréable : vous êtes très important pour elle.
* Rappelez-lui les techniques de relaxation et de respiration qu'elle a apprises (voir p. 48-49).
* Essuyez-lui le front, faites-lui boire un peu d'eau, tenez-lui la main, massez-lui le dos, suggérez-lui un changement de position, faites tout pour l'aider. Sachez à l'avance quels massages, quelles caresses elle aime.
* Jouez le rôle d'intermédiaire entre votre compagne et le personnel de la maternité. Soyez son porte-parole, par exemple si elle demande qu'on soulage sa douleur.

BAINS À REMOUS

Vous immerger dans l'eau à la température de votre corps peut vous aider à vous détendre et à soulager les douleurs du travail. Certains hôpitaux ont prévu des bains à remous. Vérifiez si le vôtre en est équipé et réservez à l'avance.

PRENDRE APPUI SUR SON COMPAGNON

Au début du travail, quand vous marchez dans la pièce, vous pourrez avoir envie de vous appuyer contre votre conjoint, ou la personne qui vous accompagne, pendant les contractions.

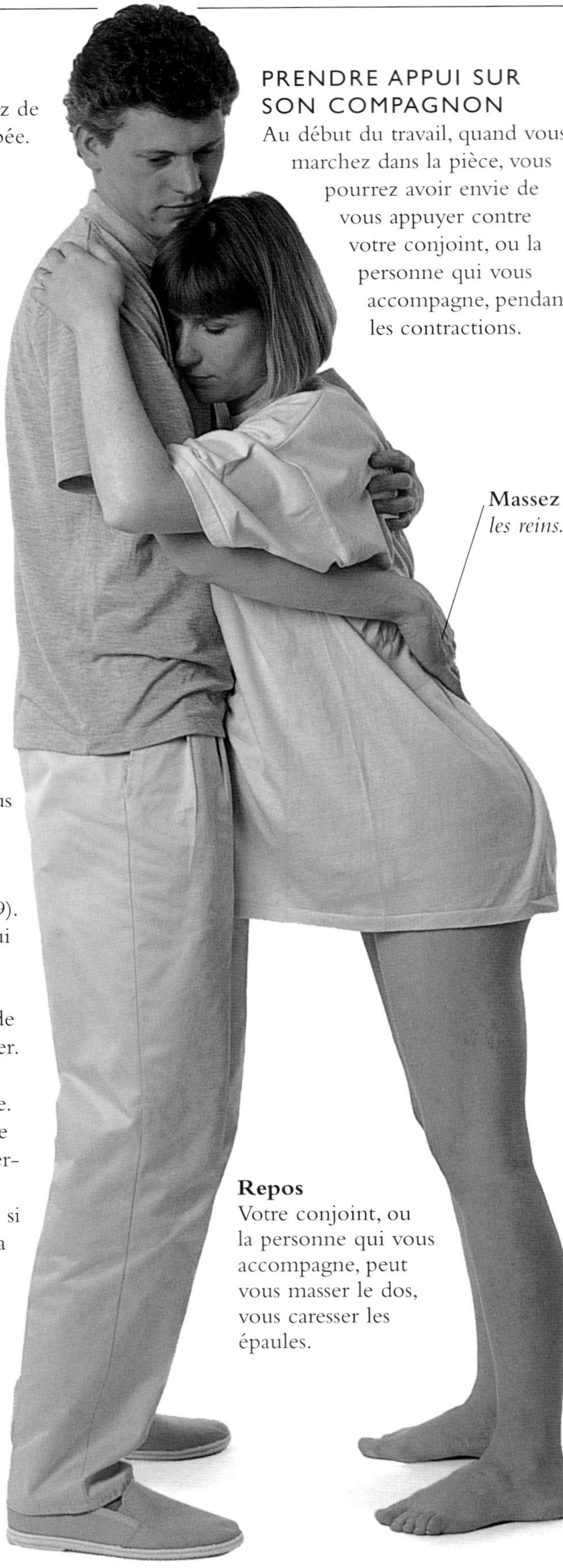

Massez *les reins.*

Repos
Votre conjoint, ou la personne qui vous accompagne, peut vous masser le dos, vous caresser les épaules.

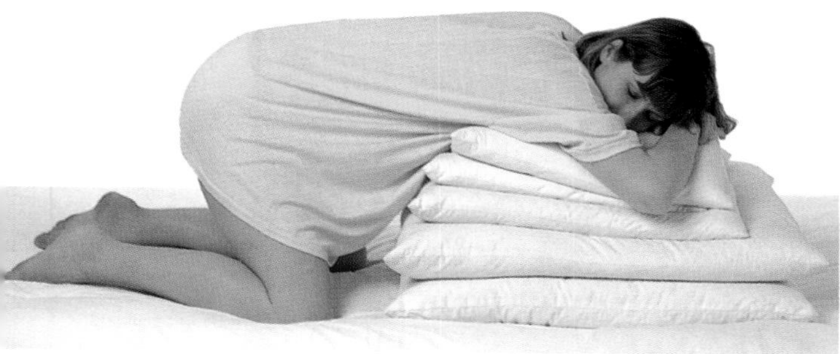

À genoux et penchée en avant

Agenouillez-vous, jambes écartées, et laissez-vous aller sur une pile d'oreillers. Essayez de garder le dos aussi droit que possible. Asseyez-vous sur le côté entre les contractions.

RESPIRATION PENDANT LE PREMIER STADE

Respirations égales et profondes — Respirations superficielles — Respirations égales et profondes

1

← Maximum →

2

← La durée de la contraction →

Au début et à la fin d'une contraction, respirez régulièrement et profondément : inspirez par le nez (1), expirez par la bouche (2). Au maximum de la contraction, pratiquez une respiration légère, superficielle, si vous êtes incapable de respirer profondément, en aspirant et en soufflant par la bouche. N'allez pas trop vite, la tête pourrait vous tourner.

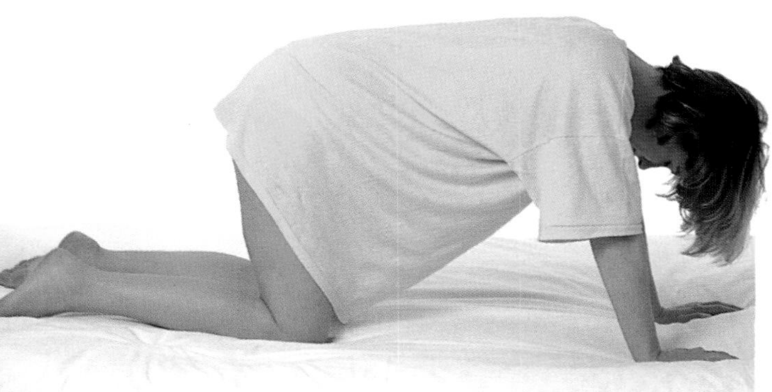

À quatre pattes

Prenez appui sur les genoux et sur les mains, par terre ou sur un matelas. Faites basculer votre bassin en avant et en arrière. Ne cambrez pas le dos. Entre les contractions, détendez-vous en posant la tête sur les avant-bras.

AIDEZ-VOUS VOUS-MÊME

⋆ Déplacez-vous, marchez entre les contractions : vous supporterez mieux la douleur. Pendant les contractions, adoptez une position confortable.
⋆ Tenez-vous le plus droite possible, pour que la tête du bébé appuie bien sur le col, accroissant la force des contractions et leur efficacité.
⋆ Concentrez-vous sur la respiration pour vous calmer.
⋆ Entre les contractions, détendez-vous (voir p. 48 et 49) pour économiser votre énergie.
⋆ Chantez, ou même grognez, ou gémissez, pour alléger la douleur.
⋆ Fixez votre regard sur un objet ou un endroit précis pour détourner votre esprit des contractions.
⋆ Considérez chaque contraction comme un tout, ne pensez pas à la suivante. Vous pouvez imaginer que vous devez surmonter une vague pour atteindre le bébé.
⋆ Urinez souvent pour que votre vessie ne gêne pas le passage de l'enfant.

ACCOUCHEMENT DIT « PAR LES REINS »

Quand la tête du bébé est tournée vers votre abdomen, elle appuie sur votre colonne vertébrale, causant une douleur lombaire. Pour soulager cette douleur :
⋆ pendant les contractions, adoptez la position à quatre pattes, pour éloigner le bébé de la colonne vertébrale et faites faire à votre bassin des mouvements de bascule entre deux contractions ;
⋆ demandez à votre conjoint de vous masser le dos ou de tenir une bouillotte d'eau chaude contre votre colonne vertébrale entre les contractions.

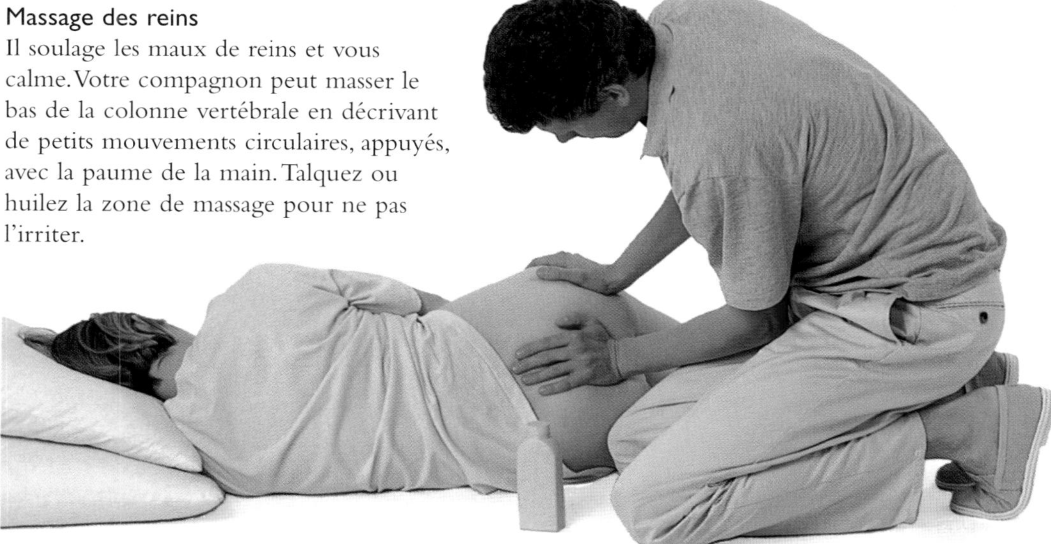

Massage des reins

Il soulage les maux de reins et vous calme. Votre compagnon peut masser le bas de la colonne vertébrale en décrivant de petits mouvements circulaires, appuyés, avec la paume de la main. Talquez ou huilez la zone de massage pour ne pas l'irriter.

PHASE DE TRANSITION

Le moment le plus pénible du travail se situe souvent à la fin du premier stade, quand les contractions sont les plus fortes. Elles durent environ 1 minute et peuvent se reproduire toutes les 2 à 3 minutes, ce qui laisse bien peu de temps pour se reposer. Cette phase, dite de transition, dure souvent 1/2 heure. Vous serez fatiguée, parfois découragée et en larmes, énervée, ou tout simplement à bout de nerfs. Vous allez perdre tout sens du temps et parfois somnoler entre les contractions. Nausées, vomissements et frissons sont alors fréquents.

Finalement, vous allez éprouver un impérieux besoin de pousser, mais, si vous poussez trop tôt, le col peut s'œdématier. Prévenez l'infirmière que vous avez envie de pousser. Elle vous examinera et vous dira si la dilatation du col est complète.

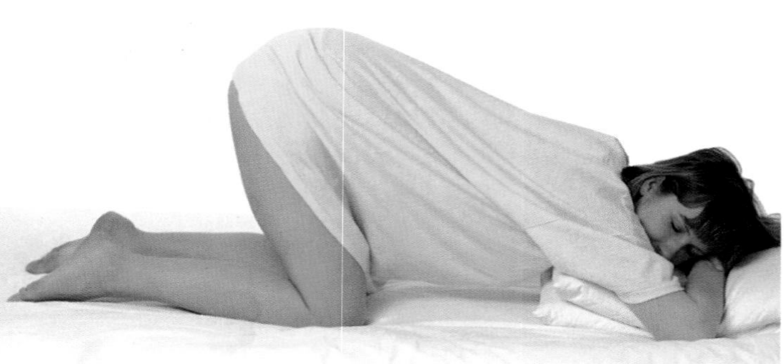

Pour vous empêcher de pousser
Si l'infirmière vous déclare que le col n'est pas complètement dilaté, respirez bien (voir encadré) et agenouillez-vous, penchée en avant, la tête sur les avant-bras. Cette position diminue l'envie de pousser. Vous pouvez aussi utiliser le masque à anesthésie (voir p. 64).

RESPIRATION PENDANT CETTE PHASE

Si vous voulez pousser trop tôt, prenez deux courtes inspirations et expirations (« ouh, ouh, ffouou »), et expirez plus longuement. Quand le besoin de pousser se calme, expirez lentement et régulièrement.

CE QUE PEUT FAIRE LE CONJOINT

★ Encouragez-la, essayez de l'apaiser, essuyez son front et, si elle ne veut pas qu'on la touche, restez en retrait.
★ Respirez avec elle au rythme des contractions.
★ Enfilez-lui des chaussettes de laine et maintenez-lui les jambes si celles-ci tremblent.
★ Si elle veut pousser, appelez l'infirmière tout de suite.

COL UTÉRIN PENDANT LE TRAVAIL

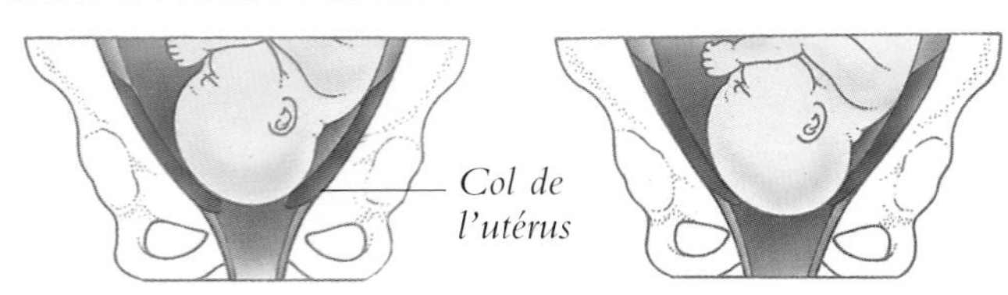

À 7 cm, la personne qui vous suit sent le col bien dilaté autour de la tête du bébé.

Quand elle ne sent plus du tout le col (au-delà de 10 cm), la dilatation est complète.

SECOND STADE DU TRAVAIL

Une fois le col dilaté, vous pouvez pousser, la seconde phase du travail commence. C'est une étape plus agréable parce que vous pouvez maintenant joindre vos efforts aux puissantes contractions utérines et participer à l'expulsion du bébé. Vous ressentirez un regain d'énergie.

Même si les contractions sont plus fortes, elles semblent plus supportables. Il est difficile de pousser, mais l'infirmière ou la sage-femme et votre compagnon vous aideront à trouver une position confortable. L'infirmière ou la sage-femme va aussi vous guider pour que vous poussiez au bon moment. Appréciez le fait de pousser. Cette phase dure environ 1 heure pour un premier enfant.

RESPIRATION POUR LE SECOND STADE

Respiration profonde — Respirations régulières et profondes — Respirations régulières

1

Poussée — Poussée

2

Quand vous avez envie de pousser, inspirez profondément et retenez votre respiration pendant que vous poussez. Ne maintenez pas la poussée plus de 7 à 10 secondes. Laissez-vous guider par votre corps. Entre les poussées, prenez quelques inspirations.

POSITIONS PENDANT L'EXPULSION

Certains médecins et les sages-femmes vous laissent choisir la position : accroupie, assise, à quatre pattes, etc.

Assise, le dos droit

C'est une position plus courante : assise dans un lit, le dos soutenu par des oreillers, ou sur la table d'accouchement, dont le dossier a été relevé. En poussant, baissez le menton et agrippez le dessous de vos cuisses. Entre les contractions, adossez-vous aux oreillers.

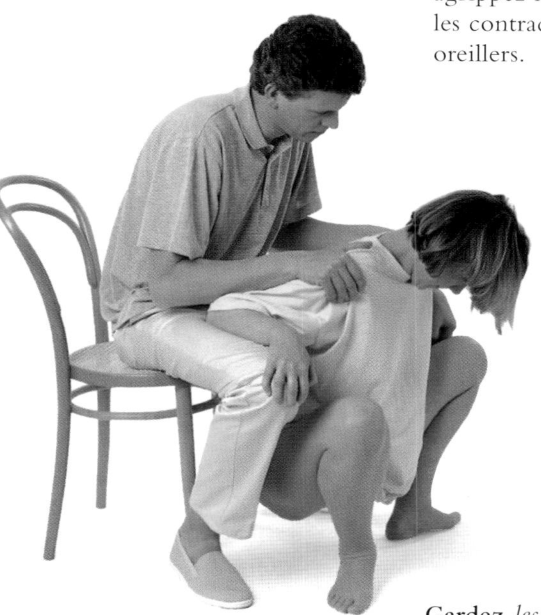

Gardez *les jambes bien écartées.*

Position accroupie

C'est une excellente position pour accoucher, car elle ouvre le bassin et utilise la pesanteur pour expulser le bébé. Mais, sauf si vous vous y êtes déjà exercée (voir p. 47), vous la trouverez peut-être vite fatigante.

Votre conjoint peut s'asseoir tout au bord d'une chaise, jambes écartées : accroupissez-vous entre ses genoux, en appuyant vos avant-bras sur ses cuisses pour vous soutenir.

Position à genoux

Cette position peut être moins fatigante que la position accroupie et c'est aussi une bonne position pour pousser. Une personne placée de chaque côté de vous peut vous aider à maintenir votre stabilité et faciliter la poussée. Vous pouvez aussi prendre la position à quatre pattes.

AIDEZ-VOUS VOUS-MÊME

* Poussez doucement, régulièrement, pendant la contraction.
* Détendez la musculature du périnée, comme si vous vous laissiez complètement aller.
* Ne vous inquiétez pas à l'idée de ne pas maîtriser vos intestins ou votre vessie.
* Entre les contractions, reposez-vous le plus possible de façon à mobiliser toute votre énergie pour pousser.

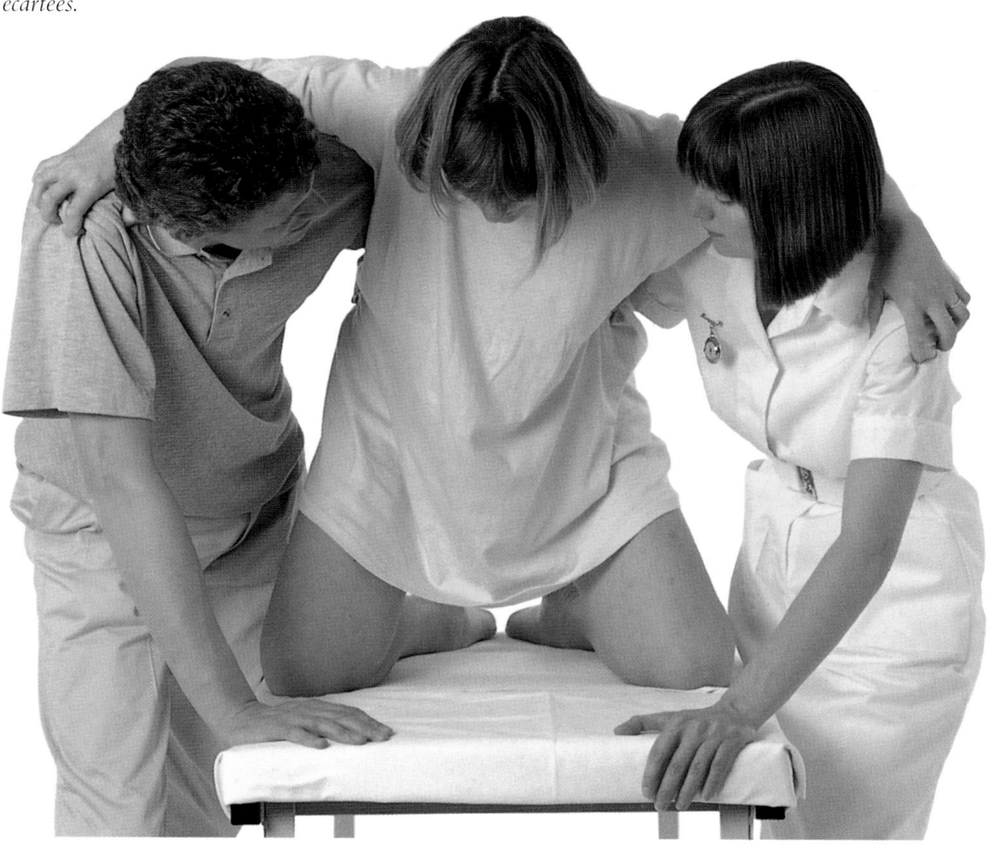

CE QUE PEUT FAIRE LE CONJOINT

* Aidez-la à se détendre entre les contractions, encouragez-la, soutenez-la.
* Prévenez-la quand vous voyez la tête du bébé apparaître, mais ne vous étonnez pas si elle ne tient aucun compte de votre présence durant l'accouchement.

NAISSANCE

Voici maintenant l'étape du travail ; votre bébé s'apprête à naître. Après tout ce travail, si vous le vouliez, vous pourriez toucher la tête de votre enfant.

La présence de votre partenaire peut vous apaiser et vous donner confiance durant les longues heures du travail et de l'accouchement. Si vous avez tous les deux fréquenté les cours prénataux, vous vous êtes préparés à ce moment. Votre conjoint peut vous guider, vous soutenir et vous rappeler les techniques de respiration et de détente. La puissance même des contractions musculaires peut vous donner l'impression que votre corps ne vous appartient plus. Vous éprouvez des sensations tout à fait nouvelles. Votre conjoint peut vous frotter le dos, éponger votre front et vous aider durant les contractions pour que vous puissiez pousser avec elles. Son implication l'amènera à se sentir partie intégrante du processus de la naissance. Si votre conjoint ne peut vous accompagner, vous apprécierez l'aide d'une amie ou de l'une de vos proches.

Dans très peu de temps, vous pourrez prendre votre bébé et sentirez probablement un grand soulagement. Vous pourrez aussi vous émerveiller, pleurer des larmes de joie et éprouver une grande tendresse pour votre enfant. Épuisante, douloureuse et bouleversante, la naissance de votre enfant sera à coup sûr une expérience extraordinaire.

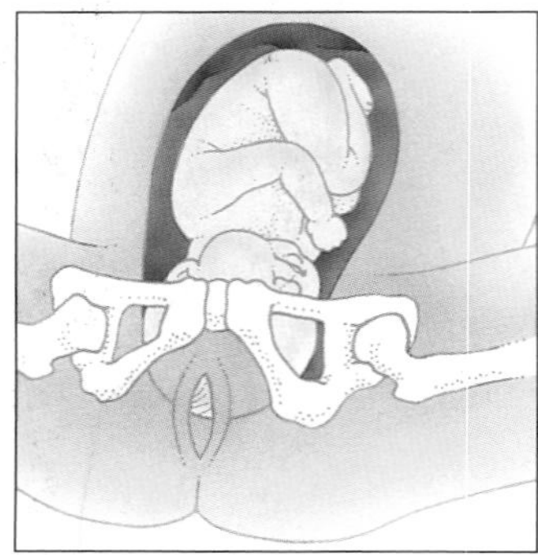

1 La tête du bébé approche de l'orifice vaginal, et votre compagnon peut voir le périnée bomber à l'endroit où elle appuie. Peu après, la tête devient visible : elle avance lors de chaque contraction. Si elle recule quand la contraction s'apaise, ne perdez pas courage : c'est tout à fait normal.

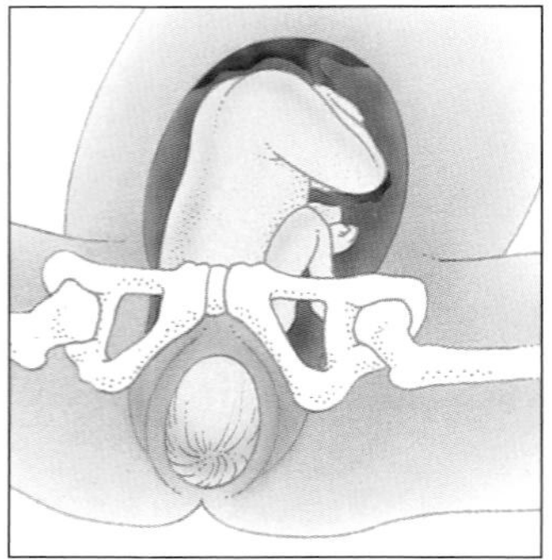

2 Quand la tête parvient à la vulve (stade du couronnement), le médecin vous dira de ne plus pousser, car si la tête sortait trop vite, vous risqueriez une déchirure. Haletez – comme le ferait un chien – ou soufflez comme pour éteindre une bougie pendant quelques secondes. Si le risque de déchirure se précise, ou si le bébé souffre, une épisiotomie peut être faite (voir p. 66). Au moment où la tête distend le vagin, la sensation est cuisante, mais brève, et suivie d'un engourdissement des tissus.

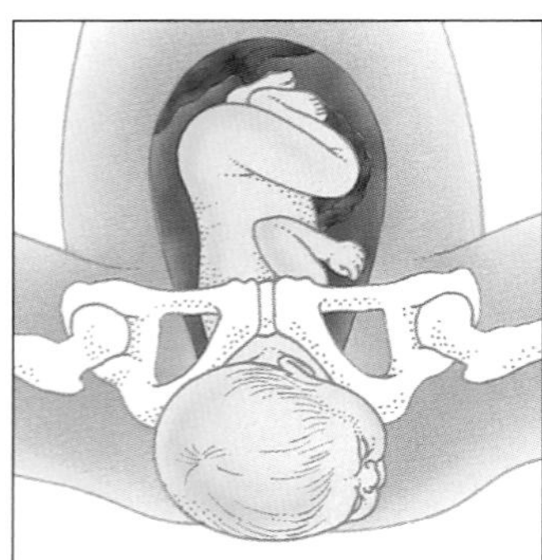

3 La tête sort, le visage tourné vers le sol. Le médecin va chercher le cordon ombilical pour s'assurer qu'il n'est pas enroulé autour du cou du bébé (si tel est le cas, il fera passer la boucle par-dessus sa tête au moment de l'expulsion). Puis la tête de l'enfant pivote pour s'aligner sur ses épaules. Le médecin ou la sage-femme nettoie les yeux, le nez, la bouche et, si nécessaire, aspire avec un tube tout liquide pouvant encombrer les voies respiratoires supérieures.

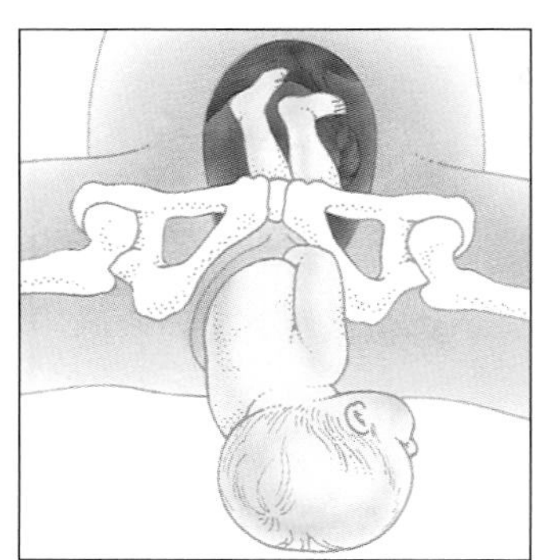

4 Les deux contractions suivantes expulsent le corps. Le médecin prend le bébé par les aisselles et le pose sur votre ventre, encore attaché au cordon. Au début, le bébé est violacé. Il peut être enduit de vernix caseosa et présenter des traînées de sang sur la peau. Peut-être pleure-t-il. S'il respire normalement, vous pouvez le prendre et le mettre au sein. Sinon, le médecin ou la sage-femme peut désencombrer de nouveau ses voies respiratoires et, si nécessaire, lui administrer de l'oxygène.

« Qu'est-ce que l'infection à streptocoque B ? »

C'est une infection due à une bactérie présente dans le vagin de 15 à 40% des femmes. Des antibiotiques sont administrés dans les situations à risques (présence de fièvre).

« Devrai-je nourrir mon enfant sitôt après la naissance ? »

Offrez le sein au nouveau-né et laissez-le faire. Vous n'avez sans doute pas de lait, mais un nouveau-né a souvent envie de téter. Ce geste le réconfortera.

TEST D'APGAR

Aussitôt après la naissance, le médecin vérifie la respiration et le rythme cardiaque, la couleur de la peau, les mouvements du bébé et ses réactions aux stimulations. Il effectue un test d'Apgar, qui se note entre 0 et 10.

La plupart des bébés obtiennent entre 7 et 10. Le test est effectué de nouveau 5 minutes plus tard ; une cotation peut très bien ainsi se trouver améliorée.

TROISIÈME STADE

La délivrance ou l'expulsion du placenta se produit habituellement dans les 30 minutes suivant la naissance du bébé. Si cela ne se produit pas ou s'il y a saignement, le médecin ou la sage-femme masse l'utérus et peut demander à la mère de mettre son bébé au sein afin de favoriser la sécrétion d'ocytocine et ainsi aider à l'expulsion du placenta. Sinon on pourra administrer de l'ocytocine.

Une fois le placenta expulsé, il est examiné avec attention pour voir s'il est complet.

APRÈS LA NAISSANCE

Votre toilette sera effectuée, et des points de suture seront faits si vous avez subi une épisiotomie ou une déchirure. Le bébé sera mesuré, pesé et examiné rapidement pour vérifier si tout est normal. Le nouveau-né recevra de la vitamine K pour assurer une bonne coagulation de son sang. Le cordon ombilical est pincé et coupé peu après la délivrance, surtout si vous avez reçu des ocytociques.

En famille
Après la naissance, détendez-vous et passez quelques moments paisibles avec le bébé.

SUPPRIMER LA DOULEUR

Le travail est une phase douloureuse à supporter, mais chaque contraction vous rapproche de la naissance de votre enfant. Peut-être ne voulez-vous pas prendre d'analgésiques. Toutefois, à ce stade, tout dépendra de la façon dont se déroulera le travail et de votre tolérance à la douleur. Vous devriez mieux pouvoir supporter la douleur en suivant les méthodes exposées aux pages 59 et 61 ; une douleur empire toujours quand on essaie de lutter contre elle. Si elle devient intolérable, demandez des analgésiques, et ne considérez pas cela comme une capitulation.

Protoxyde d'azote et air
En contrôlant la quantité de protoxyde d'azote que vous respirez, vous pourrez vous déplacer librement.

Tenez *fermement le masque sur votre visage.*

ÉPIDURALE

L'épidurale est une anesthésie qui insensibilise les nerfs de la moitié inférieure du corps. Elle est particulièrement indiquée si le travail est long et si vous avez de fortes douleurs dorsales. On peut aussi l'utiliser pour la césarienne. L'épidurale vous insensibilise de la taille au bout des orteils. Elle peut interférer avec votre habileté à pousser, et entraîner une plus grande utilisation des forceps ou de la ventouse. Elle peut aussi ralentir le cœur du bébé et provoquer une légère baisse de votre tension artérielle. Elle est cependant sécuritaire et efficace pour vous et pour le bébé. On vous installera automatiquement un soluté intraveineux et un moniteur fœtal. On vous demandera d'arrondir le dos pour y injecter l'anesthésique dans sa partie inférieure. Un petit cathéter reste en place de façon à pouvoir ajouter de l'anesthésique si nécessaire. Si l'épidurale fonctionne bien, vous ne sentirez rien et vous resterez consciente de ce qui se passe. Elle est faite à environ 4 à 5 cm de dilatation afin de ne pas ralentir le travail.

Épidurale combinée ou rachiépidurale ou épiduralespinale

Cette anesthésie réduit la douleur à un niveau tolérable, les contractions demeurent perceptibles et la femme a l'avantage de pouvoir marcher pendant le travail.

Un narcotique pénètre jusque dans le liquide céphalo-rachidien et soulage la mère jusqu'à un maximum de 2 heures. Par la suite, on peut tirer légèrement sur le cathéter et commencer une anesthésie épidurale continue. Cette anesthésie peut aussi ralentir le rythme cardiaque fœtal et augmenter le risque de céphalée chez la mère. Avec ce genre d'anesthésie, la poussée peut être plus efficace et la douleur soulagée. Elle n'est cependant pas encore utilisée dans tous les centres hospitaliers.

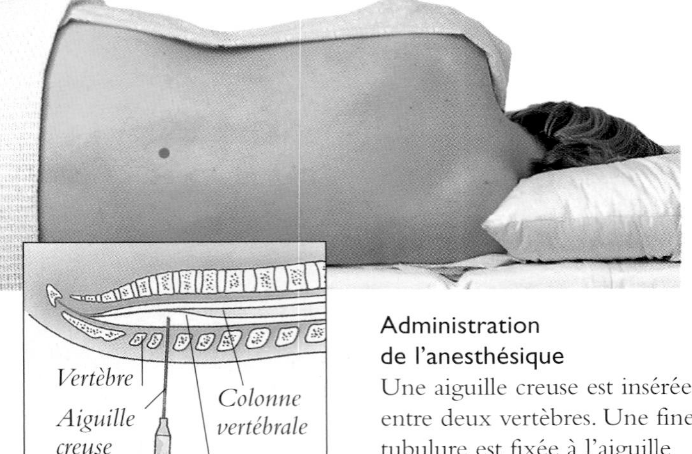

Administration de l'anesthésique
Une aiguille creuse est insérée entre deux vertèbres. Une fine tubulure est fixée à l'aiguille et l'anesthésique est injecté.

Rachianesthésie

Ce genre d'anesthésie est parfois utilisé au moment de l'expulsion et pour la césarienne. L'anesthésique est ici injecté dans le liquide céphalo-rachidien et vous insensibilise jusque sous les côtes. Il peut aussi entraîner une hypotension et une céphalée chez la mère.

BLOC PARACERVICAL

Un anesthésique local est injecté par voie vaginale, près du col pour soulager la douleur reliée aux contractions utérines et à la dilatation du col. Il n'insensibilise ni le vagin ni le périnée. Il est peu utilisé.

BLOC HONTEUX

Un anesthésique local est injecté par voie vaginale dans chacun des 2 nerfs honteux pour insensibiliser le périnée et le vagin.

ANESTHÉSIE LOCALE

Un anesthésique local est injecté dans les tissus sous-cutanés afin d'insensibiliser le périnée lors de la réparation de l'épisiotomie ou de la déchirure, ou encore lors de l'application de forceps.

ANESTHÉSIE GÉNÉRALE

Ce genre d'anesthésie est peu utilisé aujourd'hui à moins qu'on ne doive faire une césarienne d'urgence, habituellement parce que le bébé est en détresse. En effet, on ne peut attendre les 20 ou 30 minutes nécessaires à l'efficacité de l'épidurale. Et quand la césarienne est planifiée, la femme choisit le plus souvent l'épidurale afin d'être éveillée pour la venue au monde de son bébé.

ANALGÉSIE

Des analgésiques narcotiques ou synthétiques comme la mépéridine (Demerol, Nubain) peuvent être injectés par voie intramusculaire ou intraveineuse afin de diminuer la douleur et ainsi permettre à la mère de relaxer entre les contractions. On peut les utiliser à partir d'environ 3 cm de dilatation jusqu'à 3 ou 4 heures avant l'accouchement afin de diminuer la possibilité de dépression respiratoire chez le bébé.

TENS

Surtout utilisée en Europe, l'électrostimulation transcutanée n'est pas encore très populaire ici. Elle apporte surtout un soulagement des douleurs lombaires dans le premier stade du travail.

ANALGÉSIE PAR INHALATION

C'est un mélange d'oxygène et de protoxyde d'azote qui est administré à l'aide d'un masque et procure parfois un soulagement rapide. Il se révèle utile à la fin du premier stade et a peu d'effets secondaires pour la mère et le bébé.

Certaines femmes *utilisent un appareil TENS pour soulager les douleurs pendant le travail.*

MONITORAGE

Tout au long du travail, les battements du cœur du bébé seront surveillés de façon à déceler aussitôt le moindre signe de souffrance fœtale. Cette surveillance s'effectue au moyen d'un stéthoscope obstétrical ou du monitorage électronique.

FŒTOSCOPE

C'est un stéthoscope obstétrical qui est posé sur votre abdomen de temps à autre pour écouter le cœur du bébé.

MONITORAGE OBSTÉTRICAL

Cet appareillage perfectionné permet d'enregistrer les bruits du cœur du bébé et vos contractions. Dans la plupart des hôpitaux, toutes les femmes en travail seront placées systématiquement sous monitorage environ 20 minutes dès leur arrivée à l'hôpital, mais d'autres n'utilisent cette technique que momentanément, sauf:

* si le travail a été déclenché artificiellement (voir p. 66);
* si vous êtes sous anesthésie épidurale;
* si vous avez un problème de santé qui fait courir un risque au bébé;
* si une souffrance fœtale a été constatée;
* si c'est un travail prématuré;
* si vous avez déjà perdu un bébé au moment de l'accouchement.

Le monitorage est indolore et parfaitement sûr pour vous et le bébé. Si le médecin ou la sage-femme vous conseillent de le garder en permanence, c'est qu'ils croient que c'est dans le meilleur intérêt du bébé.

Technique

On vous demande de vous asseoir ou de vous allonger sur le lit, le dos calé par des oreillers. Des petits coussinets sont appliqués sur votre ventre par des sangles: ils permettent de surveiller le cœur du bébé et de surveiller vos contractions. Les tracés s'enregistrent sur un papier. Plus tard, après la rupture de la poche des eaux, le cœur du bébé peut être surveillé par des électrodes directement fixées sur son crâne. C'est la méthode la plus précise, et elle gêne moins que les capteurs placés sur votre abdomen.

Dans l'avenir, on disposera d'un système de surveillance à distance utilisant les ondes radio, appelé télémétrie. Vous ne serez plus alors reliée à une machine, ce qui vous laissera libre de vos mouvements.

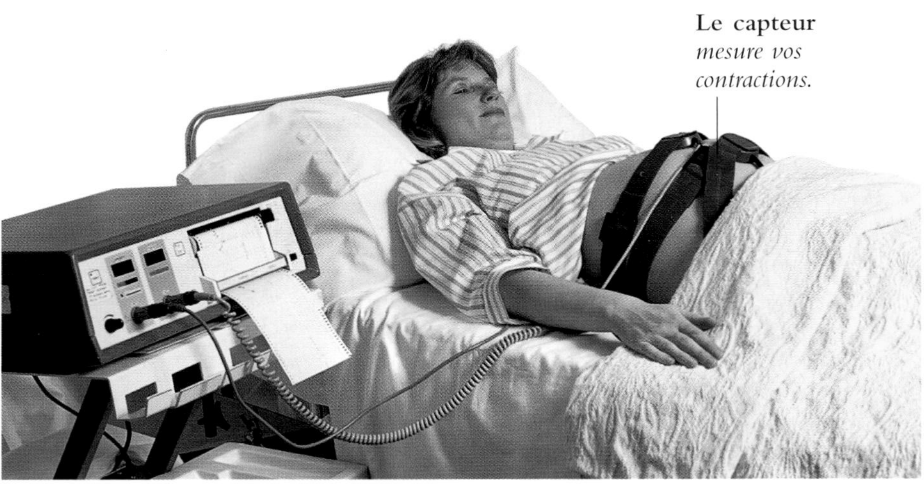

Le capteur *mesure vos contractions.*

TECHNIQUES PARTICULIÈRES

ÉPISIOTOMIE	ASSISTANCE	DÉCLENCHEMENT
Cette petite incision agrandit l'orifice vaginal et prévient les déchirures. Pour éviter épisiotomie ou déchirure : ⋆ apprenez à relâcher les muscles du périnée (voir p. 45) ; ⋆ demandez à l'infirmière comment faire le massage du périnée dans les dernières semaines de la grossesse.	La venue au monde de l'enfant doit être aidée au moyen du forceps ou de la ventouse. Le forceps est utilisé lorsque le col est complètement dilaté et que la tête du bébé est engagée. La ventouse est utilisée à la place du forceps par certains accoucheurs.	Le travail est déclenché ou accéléré s'il est trop lent. Comme la politique des hôpitaux est à cet égard très variable, demandez au médecin des informations à ce sujet.
Indications Une épisiotomie peut être nécessaire si : ⋆ le bébé se présente par le siège, est prématuré ou a une grosse tête, ou en cas de souffrance fœtale ; ⋆ vous avez besoin d'une assistance ; ⋆ vous ne contrôlez pas vos poussées ; ⋆ l'orifice vaginal ne se distend pas assez.	**Indications** Vous pouvez avoir besoin d'une assistance instrumentale si : ⋆ votre bébé souffre et que vous-même êtes très fatiguée ; ⋆ votre bébé se présente par le siège ou est prématuré ; le forceps protégera sa tête lors du passage dans la filière pelvi-génitale.	**Indications** Le travail est déclenché si : ⋆ vous avez dépassé le terme de plus d'une semaine, si une souffrance fœtale est diagnostiquée, si le placenta ne remplit plus ses fonctions ; ⋆ vous avez une tension artérielle élevée ou souffrez d'une maladie qui fait courir un risque à vous et au bébé.
Technique Une fois le périnée insensibilisé, une petite incision est pratiquée, à l'apogée d'une contraction, sur la partie arrière de l'orifice vaginal, un peu sur le côté. Parfois, l'accoucheur n'a pas le temps de faire une anesthésie locale, mais la distension des tissus les insensibilise et vous ne sentirez rien. La suture d'une épisiotomie après l'accouchement peut prendre du temps, car il faut recoudre séparément les plans superposés de muqueuse et de muscles. Cela peut être douloureux : n'hésitez pas à réclamer une anesthésie. Les points de suture se résorberont seuls plus tard.	**Technique** ⋆ **Forceps** L'anesthésie locale du périnée et une épisiotomie sont effectuées, puis le médecin place les cuillers du forceps de part et d'autre de la tête du bébé et tire doucement pour la faire progresser. Vous pouvez l'aider en poussant. Le reste du corps se dégage normalement. **Forceps** Les cuillers forment une cage autour du crâne du bébé, le protégeant de la pression. ⋆ **Ventouse** Une cupule de silicone souple reliée à une pompe à vide est placée par voie vaginale sur la tête du bébé, qui est ensuite tiré vers l'extérieur au moment des poussées.	**Technique** Selon la raison pour laquelle on veut déclencher le travail, l'induction peut être programmée à l'avance. 1 Si le col n'est pas dilaté, on peut insérer un gel contenant des prostaglandines afin de le ramollir et de commencer la dilatation ; 2 On peut aussi perforer les membranes ou la poche des eaux avec l'aide d'un instrument. La plupart des femmes ne ressentent aucune douleur. Les contractions commencent habituellement peu de temps après ; 3 Enfin, on peut administrer l'hormone ocytocine dans un soluté intraveineux.
Effets La gêne et la douleur sont normales après une épisiotomie. La plaie guérit en 10 à 14 jours, mais si après ce laps de temps vous continuez à souffrir, consultez votre médecin. Une déchirure est parfois moins douloureuse.	**Effets** ⋆ Le forceps peut laisser des marques de pression ou une meurtrissure de chaque côté de la tête du bébé, mais elles sont bénignes et s'effacent en quelques jours. ⋆ La ventouse peut causer un œdème qui s'effacera peu à peu.	**Effets avec l'ocytocine** Les contractions peuvent être violentes et douloureuses et moins espacées que lorsque le travail a commencé naturellement. Une médication contre la douleur doit souvent y être associée.

CÉSARIENNE

Une césarienne est l'extraction de l'enfant par voie abdominale. Elle est parfois prévue, mais elle peut être décidée en urgence en cas de complications pendant le travail. Lorsqu'elle est programmée à l'avance, elle est parfois effectuée sous anesthésie épidurale (voir p. 64), ce qui permet à la mère d'être parfaitement réveillée et consciente, et de prendre son bébé contre elle dès sa naissance. On peut aussi effectuer une épidurale lorsque l'opération est décidée alors que vous êtes déjà en travail, mais il est parfois préférable de procéder à une anesthésie générale.

TECHNIQUE

L'abdomen est rasé. Une perfusion est posée au bras, ainsi qu'une sonde urinaire pour garder la vessie vide durant la chirurgie. Si la césarienne était planifiée, vous avez probablement opté pour l'épidurale afin d'être éveillée durant l'intervention ; votre conjoint pourra habituellement vous accompagner. Si c'est une césarienne d'urgence, vous serez sous anesthésie générale et votre conjoint ne pourra pas vous accompagner. Deux sortes d'incision peuvent être faites : une verticale, de l'ombilic au pubis, et l'autre horizontale (coupe bikini), tout juste au dessus du pubis. La tête du bébé est sortie en premier et le mucus peut être succionné de sa bouche avant même que vous ne lui voyiez les pieds. L'intervention, du début à la fin, peut prendre environ 45 minutes.

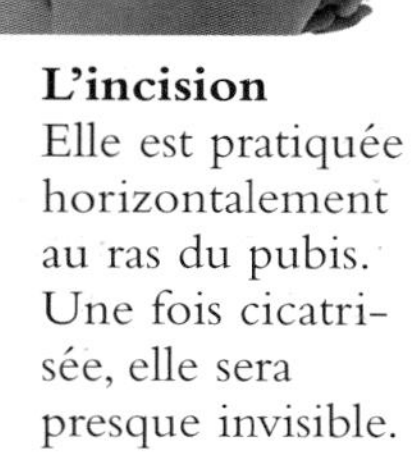

L'incision Elle est pratiquée horizontalement au ras du pubis. Une fois cicatrisée, elle sera presque invisible.

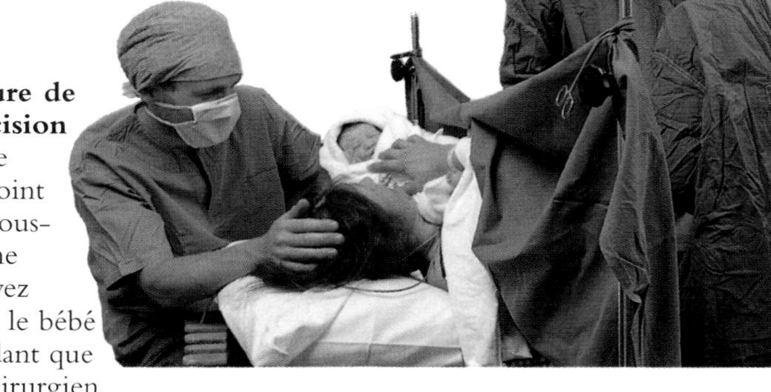

Suture de l'incision Votre conjoint ou vous-même pouvez tenir le bébé pendant que le chirurgien referme l'incision.

SUITES OPÉRATOIRES

On vous encouragera à vous lever très tôt et à marcher après l'opération. L'incision peut être douloureuse pendant quelques jours : demandez des analgésiques. Ne craignez rien : le fait de bouger ne fera pas se rouvrir la plaie. Tenez-vous droite et soutenez l'incision quand vous riez, vous vous mouchez ou vous toussez. Utilisez un petit banc pour sortir du lit.

Demandez au médecin quand vous pourrez commencer à faire des exercices. Les points ou agrafes seront enlevés après 5 jours environ à moins que ce ne soient des fils résorbables. Vous vous sentirez beaucoup mieux après une semaine. Assurez-vous d'avoir de l'aide à la maison pendant les premières semaines. La cicatrice s'atténue à peu près en 6 semaines.

Pour l'allaitement, il est plus confortable d'appuyer le bébé sur deux oreillers afin d'éviter la pression sur l'incision.

PRÉSENTATION PAR LE SIÈGE

Le bébé se présente les fesses les premières dans 3 à 4% des cas, et occasionnellement par les pieds. Durant un accouchement vaginal normal, la pression de la tête du bébé favorise la dilatation du canal vaginal. Le diamètre de la tête diminue, facilitant ainsi la naissance. C'est pourquoi la tête des bébés a souvent une forme allongée. Lors d'une présentation par le siège ou les pieds, le canal vaginal est peu dilaté à cause d'une pression insuffisante et la tête passe plus difficilement. On peut tenter de retourner le bébé avant de proposer une césarienne lorsque l'échographie des dernières semaines confirme une présentation du siège.

JUMEAUX

En cas de grossesse gémellaire, il est plus prudent d'accoucher à l'hôpital : l'application du forceps est souvent nécessaire si les bébés sont prématurés ou si l'un des bébés se présente par le siège. Il y a un seul premier stade du travail, mais deux deuxièmes stades, un par bébé. Le second bébé naît en général de 10 à 30 minutes après le premier. Vous travaillerez doublement, mais vous serez doublement heureuse !

VOTRE NOUVEAU-NÉ

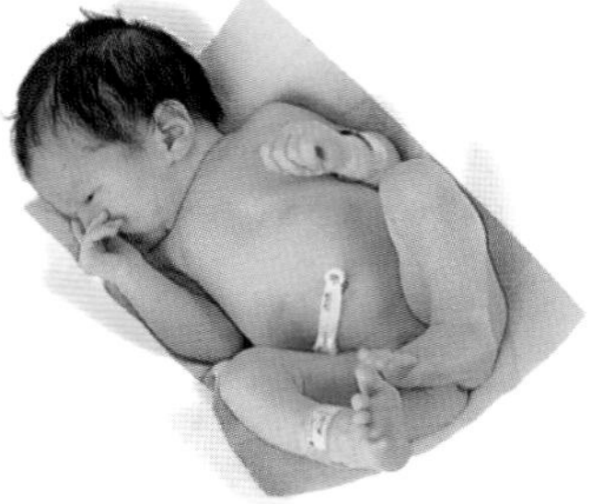

Votre bébé est sans doute bien différent de l'idée que vous vous en faisiez. Il vous semble tout petit et très fragile. Il se peut même que la forme de son crâne vous paraisse bizarre. Son corps est peut-être recouvert d'une substance blanchâtre et graisseuse appelée vernix caseosa. Ses divers systèmes ne fonctionnent pas encore efficacement : vous remarquez des taches, des pustules, des variations de couleur. Tout cela est normal. Si quoi que ce soit vous inquiète, interrogez l'infirmière, le médecin ou la sage-femme. Ils vous rassureront. Il se peut que vous ressentiez un amour immédiat pour votre bébé. Dans le cas contraire, laissez faire le temps. Quand vous connaîtrez mieux votre nouveau-né, que vous aurez pris soin de lui, que vous l'aurez câliné, quand il réagira à votre affection, l'amour grandira.

PREMIÈRES IMPRESSIONS

Ne soyez pas consternée si votre enfant ne vous semble pas parfait : peu de bébés le sont à la naissance. Il se peut que vous notiez des marques rouges, des taches variées, des irrégularités, qui vont à peu près toutes disparaître en une quinzaine de jours.

TÊTE

La forme bizarre de la tête est causée par la pression lors de l'accouchement. En 2 semaines, la forme du crâne sera devenue normale.

Sur le dessus se trouve la fontanelle ; les bords des os du crâne ne sont pas encore soudés. La soudure s'effectuera vers 12 à 18 mois.

YEUX

Ils sont le plus souvent bleu marine à la naissance. La couleur définitive apparaît vers 6 à 12 mois.

La bouffissure des paupières est souvent due à la pression de l'accouchement, mais faites examiner ses yeux, car ils peuvent être infectés.

Le strabisme est habituel. Le bébé paraît loucher, du moins pendant les premiers mois.

LANGUE

Elle semble collée au palais, si bien que le bout paraît fourchu quand le bébé la tire. Mais l'extrémité de la langue va se développer durant la première année.

MAINS ET PIEDS

Ils peuvent être bleuâtres parce que la circulation ne se fait pas très bien. Si vous mettez le bébé dans une autre position, ils rosissent.

Les ongles sont souvent longs à la naissance.

SEINS

Les seins d'un bébé peuvent être gonflés et même laisser sourdre un peu de lait. C'est normal, pour les filles comme pour les garçons. Le gonflement disparaît en quelques jours. Ne pressez pas pour faire sortir le lait.

ORGANES GÉNITAUX

Ils paraissent énormes, chez le garçon comme chez la fille.

Une fille peut avoir un écoulement vaginal, causé par les hormones maternelles. Il ne tarde pas à se tarir.

Les testicules du garçon sont parfois logés haut dans l'aine. Si cela vous inquiète, parlez-en au médecin.

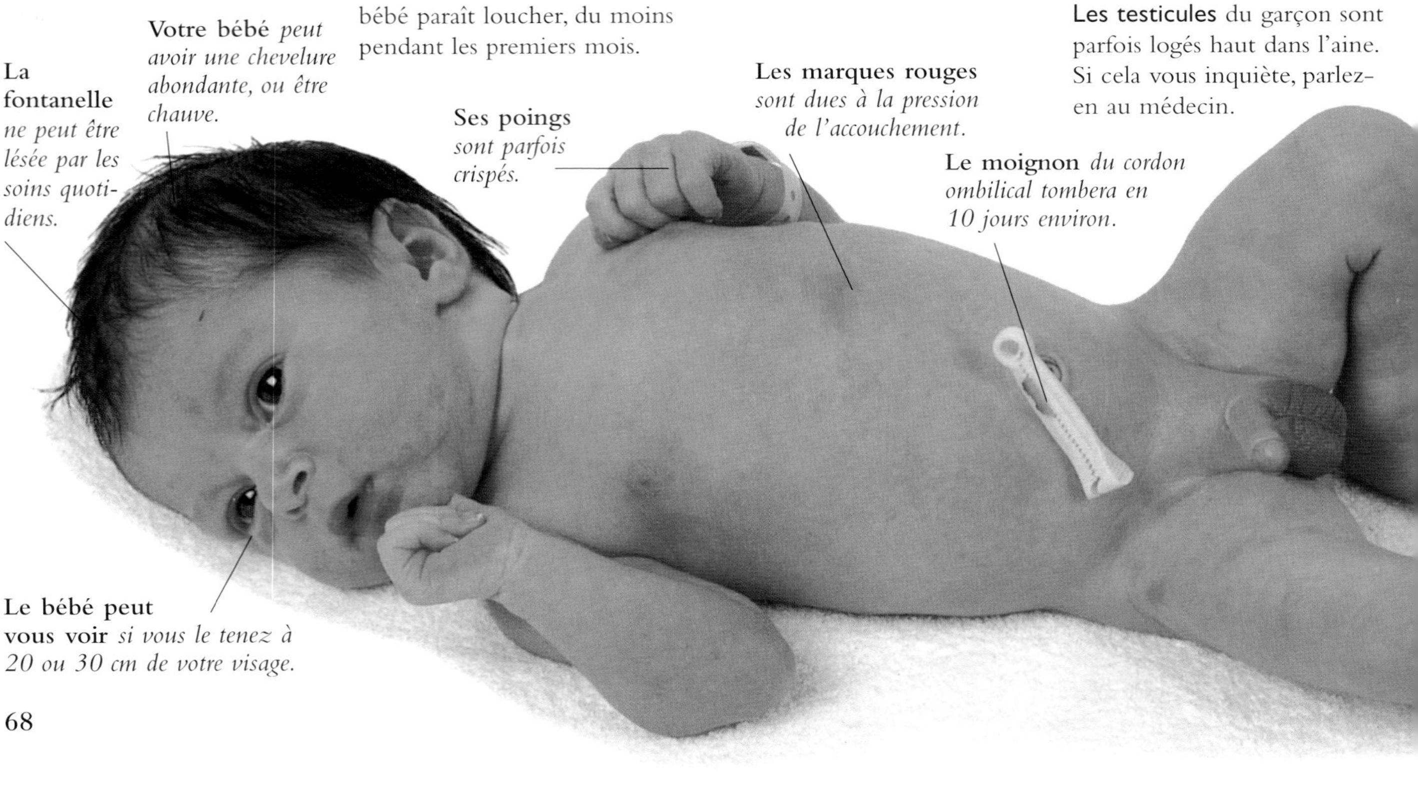

La fontanelle *ne peut être lésée par les soins quotidiens.*

Votre bébé *peut avoir une chevelure abondante, ou être chauve.*

Ses poings *sont parfois crispés.*

Les marques rouges *sont dues à la pression de l'accouchement.*

Le moignon *du cordon ombilical tombera en 10 jours environ.*

Le bébé peut vous voir *si vous le tenez à 20 ou 30 cm de votre visage.*

PREMIERS EXAMENS

Durant sa première semaine de vie, votre bébé est examiné à maintes reprises. La sage-femme ou l'infirmière le pèse régulièrement, vérifie qu'il ne présente pas de signes d'infection ou de maladie. De plus, un médecin examine attentivement le bébé à sa naissance et au cours des premiers jours : profitez de ces moments pour lui poser des questions.

EXAMEN GÉNÉRAL

Le médecin examine l'enfant de la tête aux pieds à la recherche d'une éventuelle anomalie.

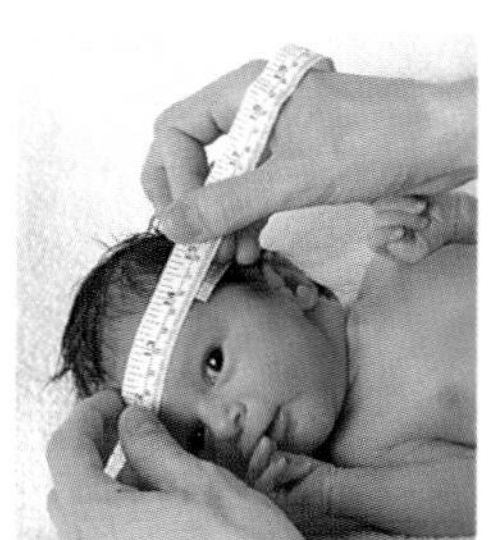

1 Le médecin mesure la tête pour vérifier la normalité du périmètre crânien, examine la fontanelle, palpe le palais pour s'assurer qu'il est bien formé.

2 Il ausculte le cœur et les poumons. Le souffle cardiaque qu'il entend est normal et ne traduit pas une malformation dans la plupart des cas.

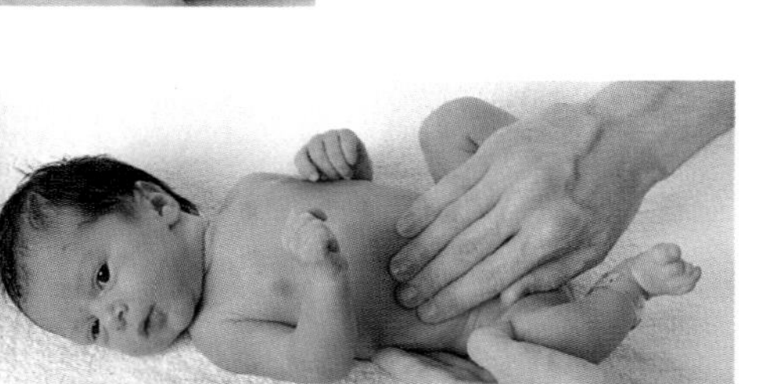

3 Il palpe le ventre pour vérifier la taille des organes intra-abdominaux. Il cherche aussi le pouls au niveau de l'aine.

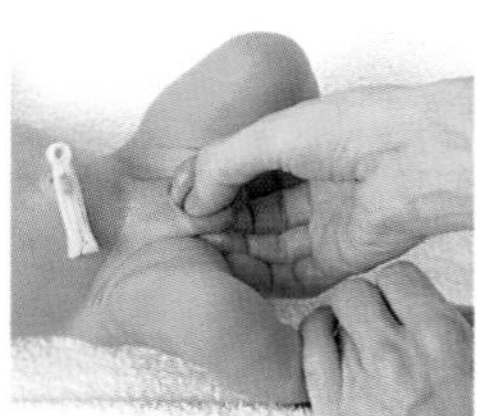

4 Il examine les organes génitaux. Chez le garçon, il s'assure que les testicules sont descendus.

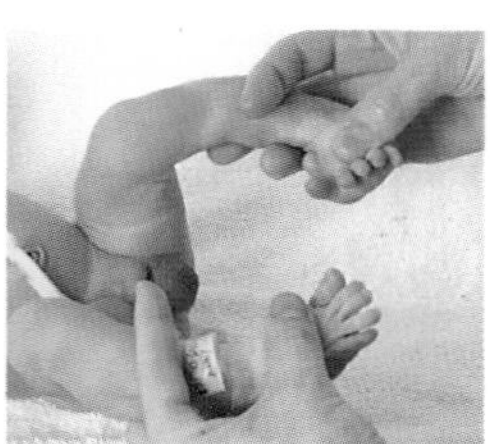

5 Il vérifie la mobilité des membres, de même que l'alignement des membres inférieurs et des pieds, la longueur des jambes et l'absence de pied-bot.

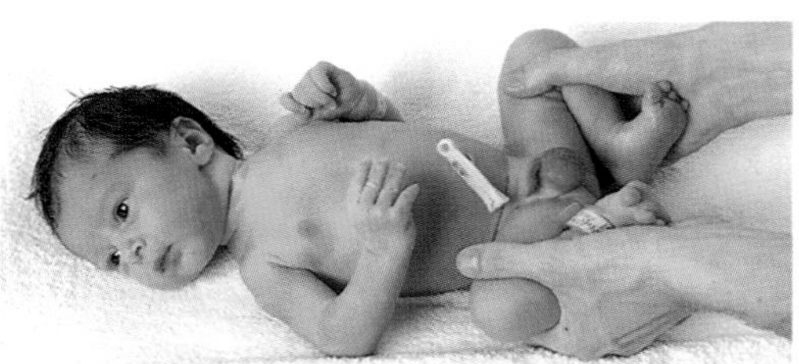

6 Il cherche une éventuelle luxation congénitale des hanches, en repliant les jambes sur le tronc et en faisant pivoter les cuisses.

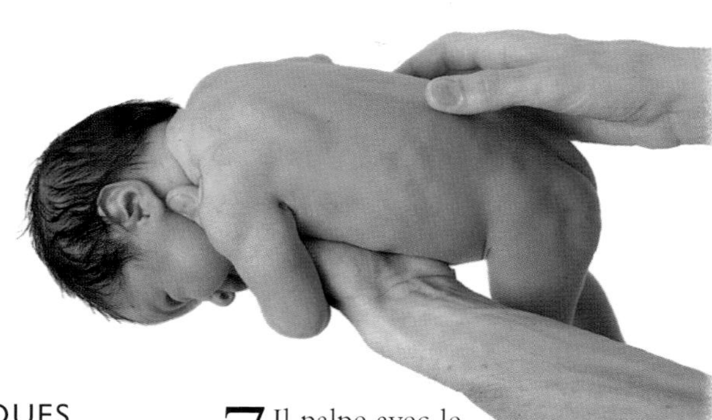

7 Il palpe avec le pouce la colonne vertébrale pour vérifier la présence de toutes les vertèbres.

DÉPISTAGE DES MALADIES MÉTABOLIQUES

On prélève au talon du bébé quelques gouttes de sang pour dépister une phénylcétonurie, cause rare de déficience mentale, ou une insuffisance thyroïdienne. Dépistées à temps, toutes ces maladies sont traitables.

PEAU

Les taches et les éruptions sont fréquentes, elles disparaîtront d'elles-mêmes.

La peau des mains et des pieds pèle. Cela va cesser en quelques jours.

Un duvet sombre (le lanugo) peut recouvrir son corps, surtout en cas de prématurité. Il tombe au bout de 2 semaines.

L'enduit graisseux et blanchâtre, le vernix caseosa, qui le protégeait dans l'utérus, peut le recouvrir entièrement. Il s'essuie facilement.

Les taches de naissance disparaissent pour la plupart.

* Les taches rouges des paupières, du front, de la nuque disparaissent en 1 an.
* Les fraises inquiètent parce qu'elles grossissent peu à peu ; elles disparaissent en général vers l'âge de 5 ans.
* Les taches bleues s'observent souvent dans le bas du dos des bébés à peau foncée.
* Les naevi rouge vif ou pourpres sont définitifs.

SELLES

À la naissance, l'intestin des bébés contient une substance noirâtre et collante, le méconium. Dès que l'enfant s'alimente, ses fèces changent de couleur.

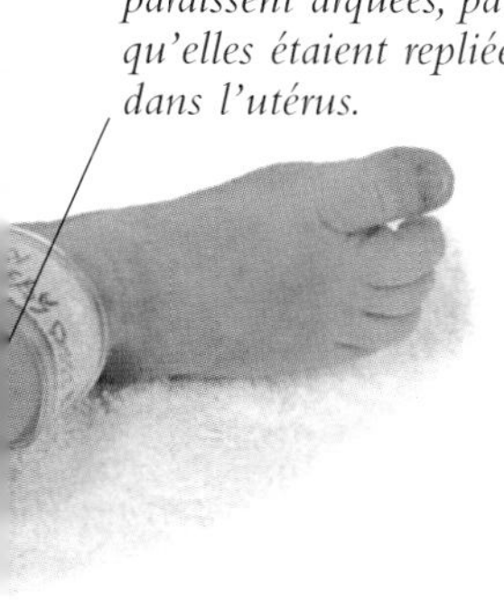

Les jambes *du bébé paraissent arquées, parce qu'elles étaient repliées dans l'utérus.*

SOINS SPÉCIAUX

Certains nouveau-nés ont besoin de soins spéciaux. Souvent parce qu'ils sont prématurés (nés avant la 37e semaine) ou présentent un poids insuffisant pour la durée de la grossesse (voir p. 39). Ces bébés risquent des problèmes de respiration, d'alimentation, de maintien de la chaleur corporelle et ont besoin d'un traitement spécial et d'une surveillance permanente. La période que le bébé doit passer dans un service de soins spéciaux est difficile à supporter. Non seulement vous êtes séparée de lui avant d'avoir pu faire sa connaissance, mais il faut vous habituer à le voir environné des appareils qui assurent sa sécurité. Les explications ci-dessous vous rassureront.

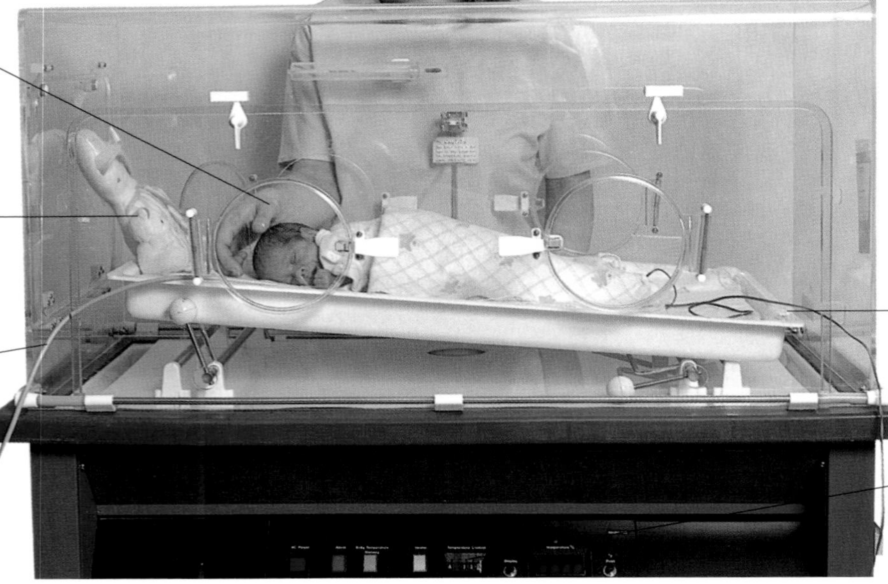

Orifices *permettant de passer les mains, de toucher le bébé, de lui parler.*

Vous pouvez *avoir envie de lui donner un jouet en peluche.*

Sonde d'alimentation *Elle est glissée jusqu'à son estomac. Vous pouvez tirer votre lait pour le lui donner.*

Le bébé dans l'incubateur Votre bébé a autant besoin d'amour et d'attention qu'un bébé né à terme.

Plateau orientable *qui facilite la respiration et l'alimentation.*

Thermostat *qui permet de régler la température de l'incubateur.*

FAITES CONNAISSANCE AVEC VOTRE BÉBÉ

Passez le plus de temps possible auprès de lui. Certains hôpitaux logent les mères dans des chambres proches des bébés, ce qui leur permet de participer aux soins. Au début, le nouveau-né pourra vous paraître si petit et si fragile que vous n'oserez même pas le toucher. Mais un bébé réagit aux caresses et à la tendresse, et, même s'il ne peut être sorti de l'incubateur pour que vous le preniez dans vos bras (ce qui est parfois permis), vous pouvez lui parler avec douceur, le caresser en passant les mains par les orifices des parois. Vous pouvez aider à le changer, à l'habiller.

POSEZ DES QUESTIONS

Parlez au médecin ou à l'infirmière de ce qui vous inquiète. Souvent, les parents n'osent pas poser de questions parce que leur bébé leur paraît si fragile. Or, dans la pouponnière, des bébés de moins de 28 semaines survivent.

ALIMENTATION

Si le bébé tète, vous pourrez le nourrir normalement. Sinon, il sera alimenté au moyen d'une sonde qui, glissée par le nez ou la bouche, aboutit à l'estomac.

ICTÈRE

De nombreux nouveau-nés, 3 jours après la naissance, ont une jaunisse : leur peau et le blanc des yeux se teintent légèrement de jaune. Cet ictère est causé par l'accumulation dans le sang d'un pigment, la bilirubine, que leur foie, immature, ne peut éliminer. Cet ictère disparaît en quelques jours. Comme le bébé peut être un peu somnolent, il faut le réveiller souvent et l'encourager à se nourrir. Le fait de placer son berceau près d'une fenêtre pour qu'il soit exposé au soleil facilite l'effacement de l'ictère. Un traitement par l'exposition à une lumière spéciale (photothérapie) est parfois institué dans la pouponnière. Dans les cas très graves, un traitement spécial est nécessaire.

ENFANT MORT-NÉ

Il s'agit d'une éventualité très rare. Le plus difficile à accepter, c'est de ne pas avoir connu l'enfant. Le voir après sa naissance, le tenir dans vos bras, lui donner un prénom vous permettront de le pleurer, comme toute personne aimée. C'est un mal nécessaire. Vous éprouverez sans doute des sentiments de colère et même de honte et de culpabilité. Vous voudrez savoir ce qui s'est passé, trouver quelqu'un, quelque chose à blâmer. Demandez à votre médecin de vous mettre en contact avec un thérapeute ou avec un groupe de parents qui se trouvent dans la même situation que vous.

APRÈS L'ACCOUCHEMENT

La semaine qui suit l'accouchement, efforcez-vous de dormir le plus possible et, pendant vos moments de loisir, n'essayez pas de faire tout le travail qui s'est accumulé. Vous avez besoin de beaucoup de repos. Un séjour à l'hôpital peut durer de 2 à 3 jours. N'hésitez pas à consulter votre médecin si un problème se pose avant votre premier examen médical à la suite de votre accouchement. Vous serez peut-être inquiète en constatant l'état de votre corps. Certes, vous avez perdu du ventre, mais votre abdomen n'est pas plat, vos seins sont volumineux, vos cuisses, lourdes. Si vous faites vos exercices de gymnastique postnatale dès le lendemain de l'accouchement, en allongeant peu à peu leur durée, vous vous sentirez vite mieux.

CE QUE VOUS RESSENTIREZ

Les jours qui suivent l'accouchement, vous serez sans doute incommodée. Si quelque chose vous inquiète, dites-le à la sage-femme ou au médecin.

TRANCHÉES UTÉRINES

Vous avez des crampes abdominales, surtout quand vous donnez le sein, car l'utérus se contracte pour reprendre son volume d'avant la grossesse. C'est bon signe : votre corps redevient normal. Ces arrière-douleurs durent quelques jours.
Que faire ? Si les contractions sont intenses, un analgésique (acétaminophène) peut les atténuer.

VESSIE

Les premiers jours, vous urinez plus souvent, car le corps élimine l'excès de liquide fixé pendant la grossesse.
Que faire ? Vous pouvez avoir des difficultés à uriner au début et ressentir des douleurs. Essayez quand même d'uriner le plus tôt possible après l'accouchement.

* Levez-vous et déplacez-vous pour faciliter l'écoulement.
* Prenez une douche.
* Si vous avez des points de suture, aspergez-les d'eau tiède quand vous urinez pour atténuer la brûlure de l'urine.

PERTES DE SANG

Les pertes de sang par le vagin, appelées lochies, peuvent durer de 2 à 6 semaines. Elles cesseront plus vite si vous allaitez. Au début, les lochies sont abondantes et rouges, puis elles brunissent. L'écoulement dure parfois jusqu'à la réapparition des règles.
Que faire ? Portez des serviettes hygiéniques : les tampons internes peuvent provoquer une infection.

INTESTINS

Vous pouvez ne pas éprouver l'envie d'aller à la selle pendant un jour ou davantage après l'accouchement.
Que faire ? Levez-vous, déplacez-vous dès que possible ; aller et venir réveille la fonction intestinale.

* Buvez beaucoup d'eau, mangez des aliments riches en fibres pour stimuler les intestins.
* Allez à la selle quand vous en avez envie, ne forcez pas.
* Vos points de suture ne se déferont pas quand vous irez à la selle, mais vous pouvez vous rassurer en appuyant dessus une serviette hygiénique propre pendant votre passage aux toilettes.

POINTS DE SUTURE

Pendant quelques jours, ils seront douloureux et fort gênants. La plupart se résorbent en 1 semaine. Les plus externes s'éliminent souvent seuls.
Que faire ? Quelques conseils :

* Commencez vos exercices de rééducation périnéale dès que possible pour accélérer la guérison ;
* Gardez la zone suturée très propre en vous détendant dans un bain chaud. Séchez bien l'incision ensuite avec un séchoir à cheveux (réglé sur air froid) ;
* Apaisez la douleur en appliquant une vessie de glace (ou un sac de petits pois congelés) sur l'incision ;
* Allongez-vous pour alléger la pression sur les points. Asseyez-vous sur une bouée en caoutchouc.

« BABY BLUES »

Quelques jours après la naissance, lors de la montée de lait, de nombreuses femmes ont un coup de cafard. Ce peut être dû au bouleversement hormonal ou au retour à la vie ordinaire après l'exaltation de la naissance. Ce sentiment va bientôt se dissiper, mais si la dépression est intense et dure plus de quatre semaines, consultez sans tarder votre médecin.

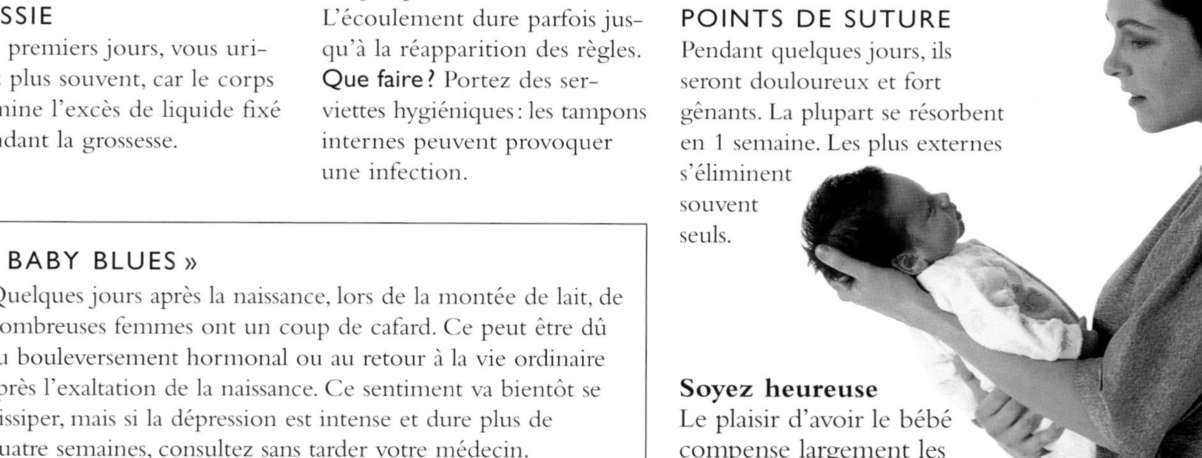

Soyez heureuse
Le plaisir d'avoir le bébé compense largement les petits désagréments des suites de couches.

RETROUVER SA SILHOUETTE

En effectuant tous les jours quelques exercices, votre silhouette redeviendra normale en moins de 3 mois, mais votre paroi abdominale ne sera toutefois pas aussi ferme qu'auparavant. Commencez doucement, car les ligaments sont encore relâchés ; arrêtez dès que vous avez mal ou êtes fatiguée. Adoptez cette ligne de conduite pour les exercices : peu à la fois et souvent.

ATTENTION

Si vous avez eu une césarienne, vous ne pourrez commencer tout de suite les exercices abdominaux. Consultez votre médecin à ce sujet. Commencez avec les exercices de la 1re semaine. Cessez immédiatement les exercices si vous avez mal.

1re SEMAINE

Dès le lendemain de l'accouchement, vous pouvez commencer à rendre leur tonicité aux muscles distendus et affaiblis du périnée et de la paroi abdominale. Ces exercices de rééducation périnéale et de pédalage sont excellents si vous avez subi une césarienne.

RÉÉDUCATION PÉRINÉALE *(dès le 1er jour)*

Faites avec douceur quelques exercices de contraction et d'ascension du vagin (voir p. 45), le plus souvent possible, pour éviter les pertes involontaires d'urine. Il est important de les effectuer avant d'entreprendre les exercices de la 2e semaine. Si vous avez des points de suture, ce renforcement du périnée accélérera la guérison.

BATTEMENTS DE PIEDS *(dès le 1er jour)*

Les battements de pieds améliorent la circulation des membres inférieurs et empêchent l'œdème. Allongez le pied et fléchissez la cheville. Exercez-vous toutes les heures.

TONICITÉ DE LA PAROI ABDOMINALE *(dès le 1er jour)*

Un bon moyen de renforcer les abdominaux consiste à rentrer le ventre quand vous expirez en maintenant la contraction un moment puis en la relâchant. Faites cet exercice le plus souvent possible.

À partir du 5e jour, si tout va bien, faites aussi l'exercice suivant, deux fois par jour.

1 Allongez-vous sur le dos, tête et épaules soutenues par des oreillers, jambes fléchies et un peu écartées, bras croisés sur l'estomac.

2 Soulevez la tête et les épaules en soufflant, et, en même temps, appuyez de part et d'autre de la taille avec les paumes, comme si vous vouliez rapprocher les deux côtés. Tenez la position quelques secondes, puis relâchez-la.

2e SEMAINE

Une semaine après l'accouchement, faites les exercices suivants tous les jours, pendant au moins 3 mois. Faites durer chaque exercice autant que vous pouvez le supporter. Commencez par la bascule du bassin et, quand vous la réussissez aisément, passez aux autres exercices. Si vous les trouvez trop pénibles, pratiquez quelques jours de plus la bascule du bassin. N'oubliez pas vos exercices de rééducation périnéale.

BASCULE DU BASSIN

1 Asseyez-vous bien droite sur le sol, jambes fléchies et un peu écartées, bras croisés.

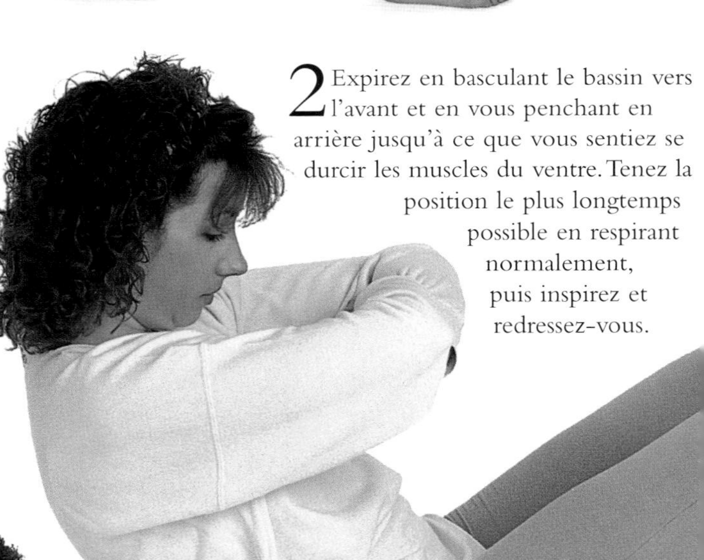

2 Expirez en basculant le bassin vers l'avant et en vous penchant en arrière jusqu'à ce que vous sentiez se durcir les muscles du ventre. Tenez la position le plus longtemps possible en respirant normalement, puis inspirez et redressez-vous.

RÉTABLISSEMENT DU CORPS

FLEXIONS LATÉRALES

1 Allongez-vous à dos plat, les bras le long du corps, les paumes des mains contre l'extérieur des cuisses.

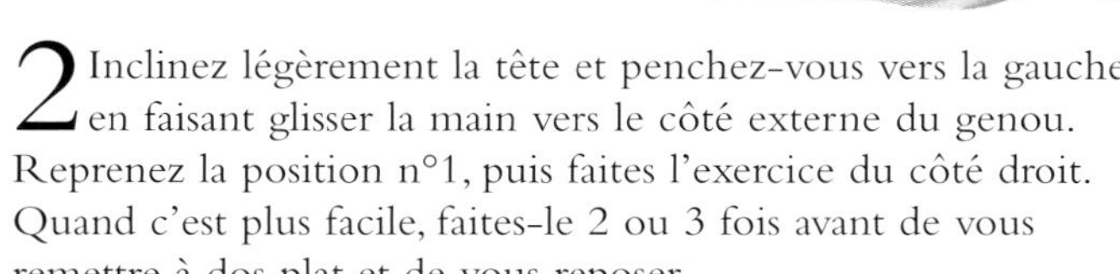

2 Inclinez légèrement la tête et penchez-vous vers la gauche en faisant glisser la main vers le côté externe du genou. Reprenez la position n°1, puis faites l'exercice du côté droit. Quand c'est plus facile, faites-le 2 ou 3 fois avant de vous remettre à dos plat et de vous reposer.

ENROULEMENT

1 Allongez-vous à dos plat par terre, genoux pliés, pieds légèrement écartés. Posez les mains sur les cuisses.

2 Expirez, puis soulevez la tête et les épaules en vous étirant vers l'avant pour toucher vos genoux avec les mains. Ne vous inquiétez pas si vous n'y parvenez pas au début. Inspirez, détendez-vous.

QUAND CES EXERCICES SONT DEVENUS FACILES, ESSAYEZ :

* de vous relever plus lentement et de tenir la position plus longtemps;
* de placer les mains sur la poitrine lorsque vous décollez la tête et les épaules;
* de faire l'exercice les mains sur la nuque.

VÉRIFICATION DU PÉRINÉE

Trois mois après la naissance, le périnée doit avoir retrouvé sa tonicité. Testez-la en sautillant. Si vous perdez quelques gouttes d'urine, poursuivez vos exercices de rééducation 1 mois de plus. Si vous perdez encore de l'urine après 4 mois, consultez votre médecin.

Votre corps ne sera pas totalement rétabli avant six mois au moins mais, après six semaines, au moment de l'examen postnatal, il doit déjà avoir entamé son retour à la normale. Votre utérus a retrouvé son volume d'avant la grossesse. Vos règles ont peut-être réapparu, et, si vous faites assidûment votre gymnastique, vos muscles ont retrouvé en grande partie leur tonus.

EXAMEN DES 6 SEMAINES

À votre sortie de l'hôpital, le médecin vous a donné un rendez-vous pour la consultation postnatale. Confiez-lui vos inquiétudes s'il y a lieu.

Ce que fera le médecin

* Il mesurera votre pression sanguine et vous pèsera. Il prescrira une analyse d'urine si vous avez fait du diabète de grossesse.
* Il examinera vos seins, votre abdomen et vos cicatrices.
* Il procédera à un examen gynécologique afin de préciser le volume de l'utérus et sa position. Il fera peut-être un frottis vaginal.
* Il vous interrogera sur vos désirs en matière de contraception : il vous prescrira la pilule ou un stérilet qu'il posera après les règles.

RÈGLES

Les premières règles après un accouchement, appelées « retour de couches », sont souvent plus abondantes que des règles normales. Leur date dépend de la façon dont vous nourrissez le bébé. Si vous donnez le sein, les règles pourront ne réapparaître qu'après le sevrage. Si vous nourrissez l'enfant au biberon, le retour de couches se produira dans les 4 à 6 semaines après la naissance.

Q&R

« Quand pourrons-nous reprendre notre vie sexuelle ? »

Quand vous vous sentirez prêts tous les deux. Vous pouvez vous sentir encore endolorie pour supporter d'avoir des rapports sexuels bien après l'examen postnatal, ou vous pouvez en avoir envie plus tôt. C'est à vous de décider.

Reprenez votre vie sexuelle avec précaution au début. Détendez-vous. Utilisez une crème lubrifiante, car votre vagin est peut-être un peu sec.

Q&R

« Je nourris mon enfant. Devons-nous suivre une méthode contraceptive ? »

Oui. Même si vous allaitez et n'avez pas vos règles, vous devez utiliser un contraceptif. Après la naissance, le médecin vous conseillera. Si vous préférez une méthode de contraception orale (la pilule), prévenez le médecin que vous allaitez. Il vous prescrira alors une pilule microprogestative sans danger pendant l'allaitement. Vous pouvez également utiliser des produits spermicides locaux (ovules, crèmes, tampons éponge).

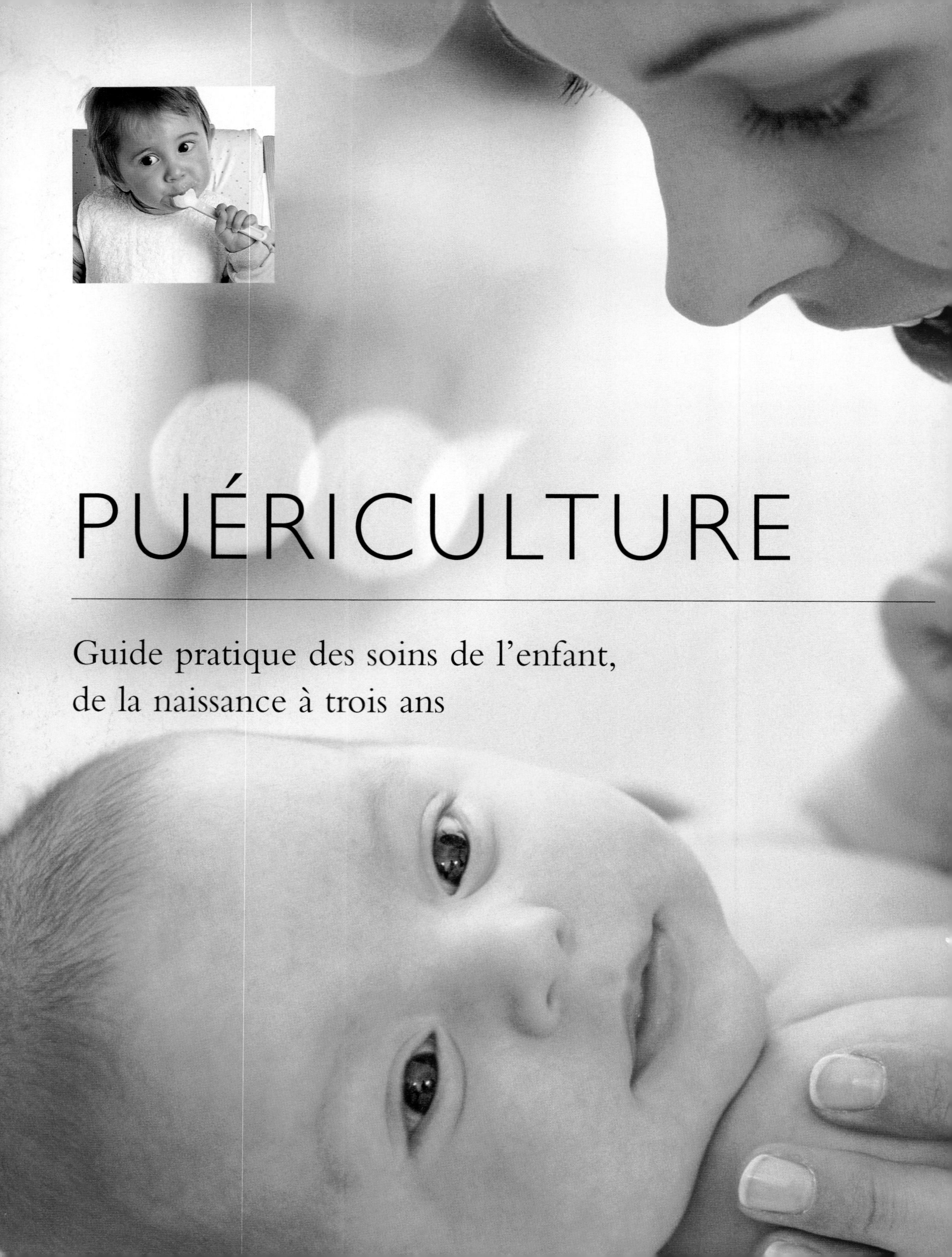

PUÉRICULTURE

Guide pratique des soins de l'enfant, de la naissance à trois ans

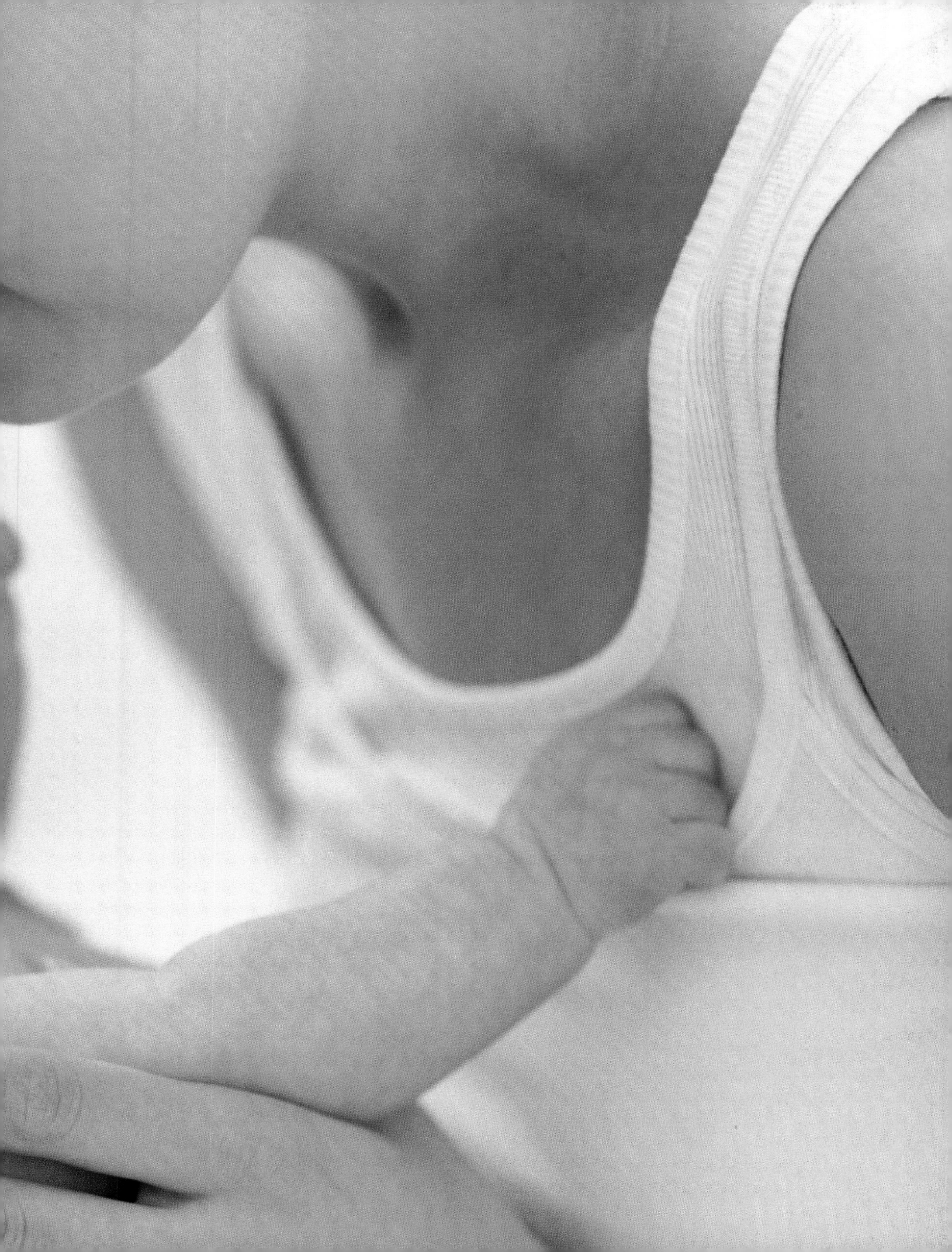

PREMIÈRES SEMAINES DE LA VIE

Rien ne peut véritablement préparer un couple à la présence d'un nouveau-né. Les premières semaines aux côtés d'un bébé donnent l'impression d'être plongé dans un tourbillon de sensations et d'expériences nouvelles. Il vous faut apprendre à connaître cette petite personne et vous adapter à votre condition de parents. Tout demande apprentissage : nourrir l'enfant, l'habiller, faire sa toilette, deviner ce qu'il aime et ce qu'il n'aime pas. Pour prendre soin d'un nourrisson, il faut se montrer à la fois chaleureux, attentionné, responsable, toutes qualités qui s'exprimeront en partie par instinct, mais devront aussi se cultiver. Vous acquerrez des talents nouveaux : bientôt, manger d'une main pendant que le bébé tète deviendra un automatisme. Ce chapitre montre comment un couple et son bébé, Émilie, se sont habitués l'un à l'autre. Tous les bébés sont différents, et vous découvrirez sans doute des façons toutes personnelles de vous débrouiller et de vous occuper de votre enfant pendant ces premières semaines.

« Les premières semaines n'ont pas été faciles. Vous vous croyiez capable et sûre de vous et vous prenez tout à coup conscience de vos responsabilités envers un nourrisson sans défense. Quelle angoisse ! »

Premier examen d'Émilie

Maintenant que mère et bébé ont un congé précoce (24 à 48 heures), il est souvent conseillé à la mère de faire examiner son bébé après la première semaine de vie afin de s'assurer de son bien-être.

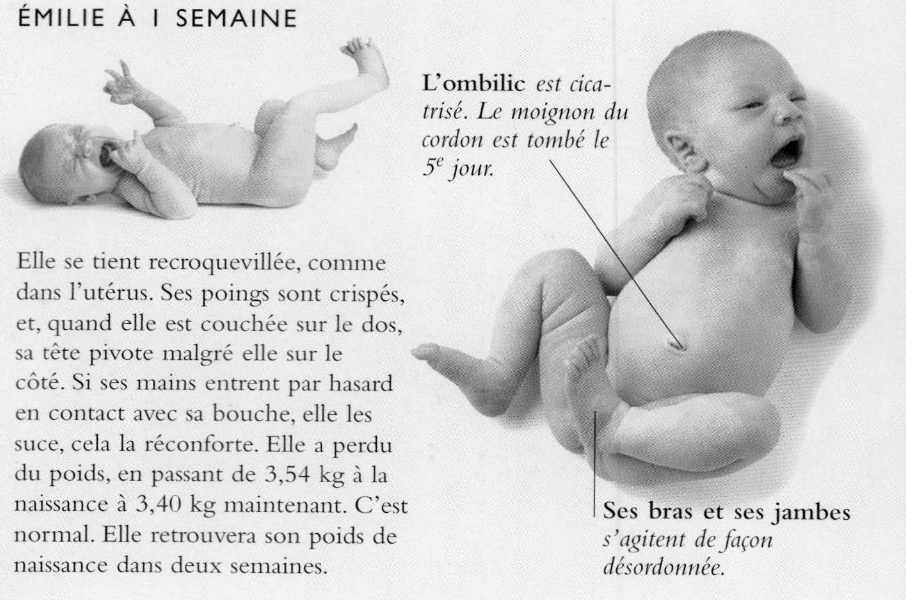

ÉMILIE À 1 SEMAINE

Elle se tient recroquevillée, comme dans l'utérus. Ses poings sont crispés, et, quand elle est couchée sur le dos, sa tête pivote malgré elle sur le côté. Si ses mains entrent par hasard en contact avec sa bouche, elle les suce, cela la réconforte. Elle a perdu du poids, en passant de 3,54 kg à la naissance à 3,40 kg maintenant. C'est normal. Elle retrouvera son poids de naissance dans deux semaines.

L'ombilic *est cicatrisé. Le moignon du cordon est tombé le 5ᵉ jour.*

Ses bras et ses jambes *s'agitent de façon désordonnée.*

Sommeil d'Émilie

Les nouveau-nés dorment en moyenne 16 heures par jour, mais Émilie dort moins. Certains jours, elle dort de 10 à 11 heures en tout et traverse une période d'agitation qui commence en fin d'après-midi et se prolonge tard dans la nuit. Pendant cette période, elle somnole par à-coups. Quand elle dort profondément, le monde extérieur n'existe plus pour elle. En 5 semaines, elle a adopté un rythme plus conforme au vôtre, marqué par un sommeil nocturne plus long. Elle s'endort plus tôt le soir.

FORMATION D'UNE FAMILLE

Vous êtes trois maintenant, et tout a changé. Votre conjoint n'est plus seulement votre mari, votre amant, il est votre compagnon d'aventure, votre allié : vous êtes devenus un couple de parents. L'enfant est autant à lui qu'à vous. Vos propres liens familiaux établis, éprouvés, vont évoluer avec subtilité : vous-même n'êtes plus seulement une fille, un fils, mais un parent qui a une nouvelle vie à charge. Votre existence est sens dessus dessous. Qu'importe ! Essayez de trouver encore un peu de temps pour vous consacrer l'un à l'autre. Souvent le nouveau père accuse davantage le choc de la naissance. Il a alors besoin de votre soutien autant que vous du sien. Faites-lui partager les soins du bébé : il peut se sentir plus nerveux que vous quand il tient le petit corps mou du bébé, mais il prendra vite de l'assurance.

« Les premiers jours m'ont empli de sentiments contradictoires, j'éprouvais du soulagement, un orgueil démesuré à l'idée d'être père ; j'étais anxieux pour Nathalie, épuisé par les exigences du bébé, et je commençais à regretter notre ancienne vie de couple, libre et heureuse. »

UNE JOURNÉE D'ÉMILIE

« Émilie semblait continuellement affamée. Comme Nathalie parvenait très bien à tirer son lait, le soir, quand Émilie pleurait, je la prenais et lui donnais un biberon. Je la changeais aussi, pour laisser Nathalie se reposer un peu. J'ai été surpris de constater que j'y prenais du plaisir et qu'une relation intime s'établissait entre nous. Nous nous amusions à de petits jeux, je lui faisais des grimaces, je la familiarisais avec ses mains et ses pieds. »

Établir une relation d'amour
Dès le début, votre relation avec le nouveau-né, qui est intense et partagée, va croître et se transformer en un amour durable. Quand vous approchez le bébé de votre visage pour lui parler, il vous regarde attentivement : cet échange de regards joue un rôle important. Bientôt, il va vous récompenser de vos efforts pour le calmer en s'apaisant au son de votre voix quand vous fredonnez ou quand vous lui parlez. Et, quand il est malheureux, il désire que vous le consoliez.

LA JOURNÉE TYPE D'UN NOURRISSON DE 3 SEMAINES

Heure	
9 h	**Émilie réveille** Nathalie par ses cris. Elle a eu une tétée à 5 heures du matin, et elles se sont endormies côte à côte.
9 h 30	**Émilie prend** son petit déjeuner.
10 h	**Nathalie emporte** Émilie dans la salle de bains pour faire sa toilette et la changer complètement (vêtements et couche). Puis elle l'installe dans son berceau et lui parle, tout en s'habillant.
11 h	**Émilie s'endort.** Nathalie charge la machine à laver le linge, puis elle range un peu et se repose. Mais elle ne parvient pas à s'endormir.
12 h 30	**Nathalie** prend son repas.
13 h	**Émilie** réclame une tétée. Ensuite, mère et fille font la sieste sur le canapé.
15 h	**Nathalie** est réveillée par la visite de l'infirmière, ou de la sage-femme, qui lui explique comment apaiser ses mamelons douloureux et qui réveille Émilie pour s'assurer de sa santé.
16 h	**L'infirmière ou la sage-femme** s'en va, mais Émilie est furieuse d'avoir été dérangée, et Nathalie lui donne le sein pour la calmer.
17 h 30	**Nathalie** installe Émilie dans son landau et va chercher Thomas à l'arrêt d'autobus. Le mouvement endort le bébé.

« Lui frotter le ventre était un bon moyen de la calmer, mais il fallait frotter vite et fort et j'hésitais à le faire. Mais on se rend compte très vite à quel point les bébés sont résistants. »

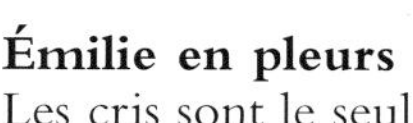

Émilie en pleurs
Les cris sont le seul moyen pour un bébé d'exprimer son besoin d'amour et de bien-être. Répondez-lui toujours.

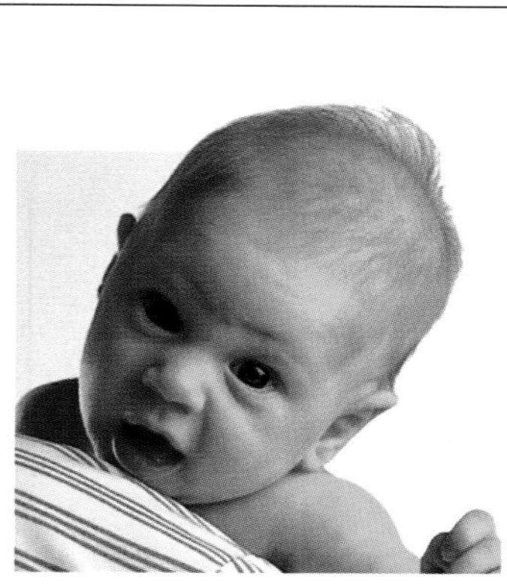

Émilie est réveillée
Bien calé contre votre épaule, le bébé a une bonne vision du monde et apprécie ses moments de veille.

« J'étais stupéfaite de voir à quel point il était difficile de venir à bout de n'importe quelle petite tâche dans la journée. Quand Thomas rentrait du travail, il fallait qu'il prépare le souper : parfois, je n'étais même pas encore habillée ! Cette vie désorganisée me désorientait. Je n'avais pas l'habitude d'avoir si peu de temps à moi. »

18 h 15	**De retour à la maison,** Émilie commence à pleurer. Nathalie lui donne le sein, la change, la berce. À cette heure-là, la tétée est le seul moyen de la calmer, mais cette tétée est douloureuse. Thomas fait un somme.	**22 h**	**Émilie pleure toujours ;** elle s'apaise quelques instants, puis recommence. Thomas et Nathalie lui donnent du lait, la promènent dans la chambre, la bercent dans son moïse.
19 h 30	**Thomas se réveille,** et tous deux se relaient pour porter Émilie et préparer le repas. Émilie s'endort quelques minutes puis se réveille en pleurant. Le dîner est entrecoupé de petites tétées et de promenades d'Émilie.	**2 h du matin**	**Émilie s'endort** enfin. Thomas et Nathalie, épuisés, se couchent.
		4 h du matin	**Émilie se réveille** en pleurant et Nathalie la prend avec elle dans le lit pour une tétée. Thomas la berce après la tétée.
		7 h	**Thomas se lève** pour aller travailler ; il a dormi 4 heures. Il dormira 2 heures ce soir en rentrant du travail.

Les autres membres de la famille
Vos parents, vos frères, vos sœurs, tous sont ravis de venir voir le nouveau-né, mais n'ayez aucun scrupule à limiter les visites.

L'indispensable repos
Toute jeune mère doit apprendre à s'accommoder du manque de sommeil. Pour récupérer, prenez autant de repos que possible, c'est encore plus important si vous allaitez. Reposez votre corps quand le bébé dort, même si vous ne dormez pas. Votre corps n'est pas assez vaillant pour supporter une activité fatigante. Tant pis pour le ménage.

NOURRISSON DE 6 SEMAINES

« À 6 semaines, Émilie était devenue une personne à part entière, tout à fait différente du paquet hurlant et vorace des premiers temps. Elle réagissait à chacun de nous à sa façon : ses sourires édentés m'ont été réservés quand je l'ai changée. Nous avons eu de la chance. Émilie était très éveillée, elle a tout fait pour gagner notre amour, aussi avons-nous vite appris à nous occuper d'elle. »

ÉMILIE À 6 SEMAINES

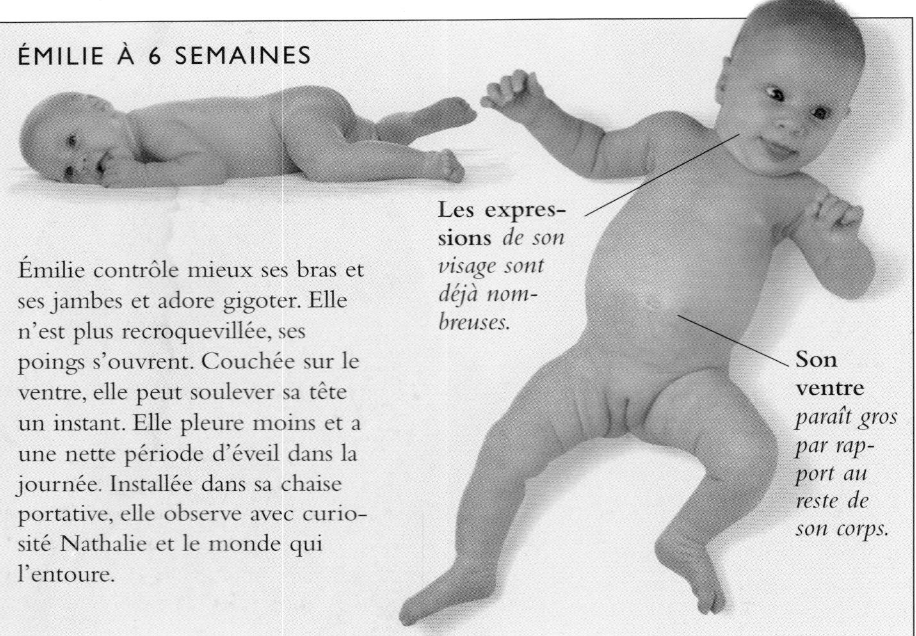

Les expressions *de son visage sont déjà nombreuses.*

Son ventre *paraît gros par rapport au reste de son corps.*

Émilie contrôle mieux ses bras et ses jambes et adore gigoter. Elle n'est plus recroquevillée, ses poings s'ouvrent. Couchée sur le ventre, elle peut soulever sa tête un instant. Elle pleure moins et a une nette période d'éveil dans la journée. Installée dans sa chaise portative, elle observe avec curiosité Nathalie et le monde qui l'entoure.

BÉBÉ PRÉMATURÉ

Les premières semaines d'un nouveau-né à la maison sont particulièrement difficiles s'il est né prématurément. Il peut pleurer presque sans arrêt et refuser toute consolation. Il peut aussi être somnolent et se montrer très paresseux pour téter. À votre anxiété naturelle s'ajoute le sentiment qu'il vous rejette : quand on ne se sent pas aimé, il est plus difficile d'aimer en retour. Un prématuré exige davantage de soins : comme il se refroidit plus vite, la maison doit être chaude, surtout au moment du bain et du changement de couche. Il faut le nourrir plus souvent pour favoriser sa croissance. Même s'il a peu d'appétit et est difficile à nourrir, il faut lui donner souvent à téter et le laisser boire autant qu'il le désire. Efforcez-vous d'être toute à lui : le moment venu, il réagira à vos attentions, et vous apprendrez à mieux le comprendre.

EXAMEN DU 2e MOIS

En général, à la fin du premier mois, Émilie a déjà subi son 2e examen médical, mais à 8 semaines, les progrès sont encore plus nets.

1 **Examen général.** Le médecin interroge Nathalie sur le comportement de sa fille et sur son état. Il réveille le bébé, lui parle pour voir comment il réagit aux nouveaux visages. Il cherche à provoquer le sourire qui lui montrera que la sociabilité de l'enfant se développe normalement. Il vérifie sa vision en déplaçant un hochet dans son champ visuel. Émilie reçoit aussi ses premiers vaccins DCT/polio/HIB (vaccin pentavalent) (voir p. 202).

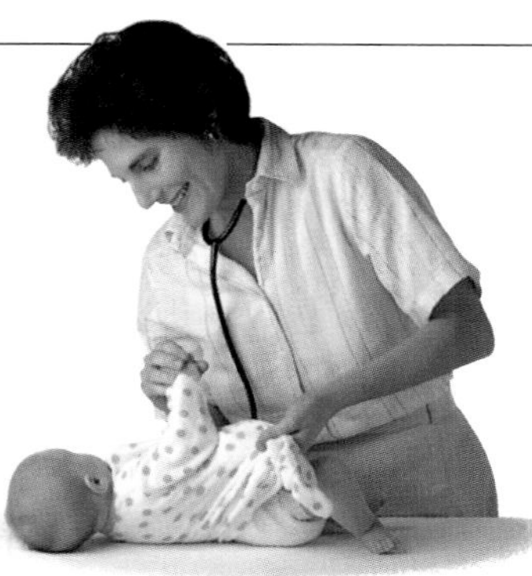

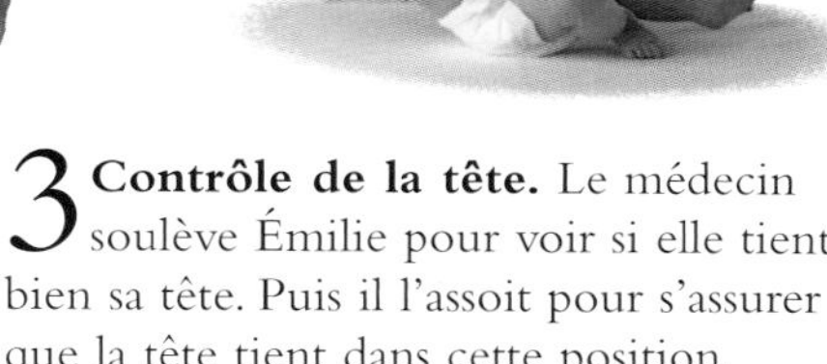

Émilie contrôle *déjà en partie les muscles de son cou.*

2 Tonus des membres et de la musculature. Le médecin déshabille lui-même Émilie pour vérifier son tonus musculaire et la motricité de ses membres.

3 Contrôle de la tête. Le médecin soulève Émilie pour voir si elle tient bien sa tête. Puis il l'assoit pour s'assurer que la tête tient dans cette position.

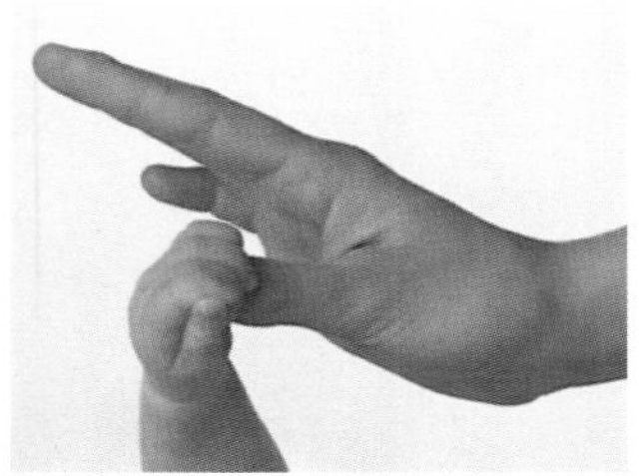

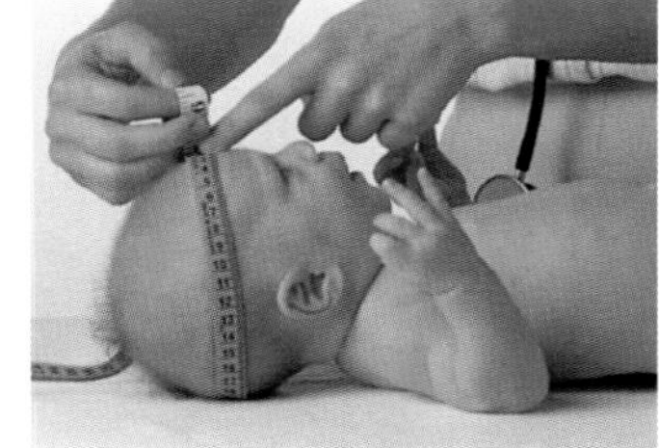

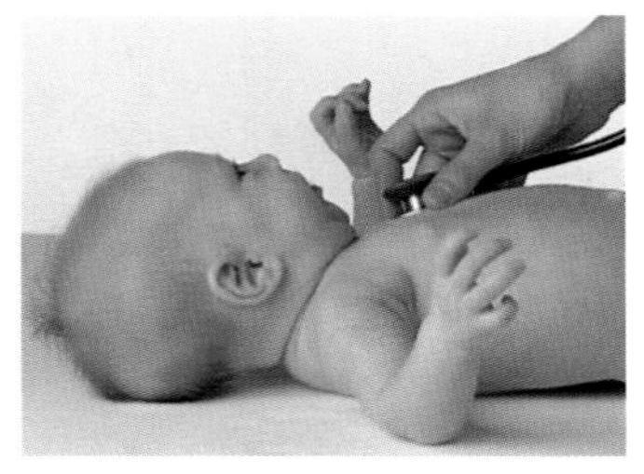

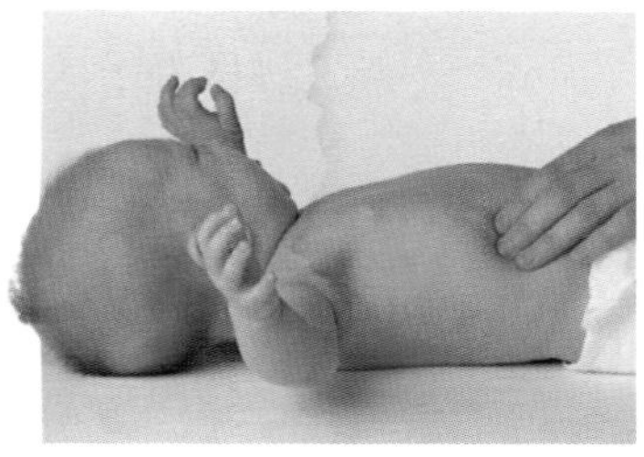

4 Réflexe de préhension. Un bébé à la naissance peut agripper le doigt d'un adulte et le serrer fort. À 7 semaines, ce réflexe a souvent disparu.

5 Périmètre crânien. Le médecin mesure la tête d'Émilie pour vérifier sa croissance. Sa circonférence est de 38 cm.

6 Cœur. Le médecin ausculte Émilie et vérifie l'absence de souffle. Le rythme de 120 battements par minute est normal durant la première année.

7 Organes internes. Le médecin palpe le ventre d'Émilie : le foie et la rate sont normaux. Aucun viscère n'est trop volumineux ou de forme anormale.

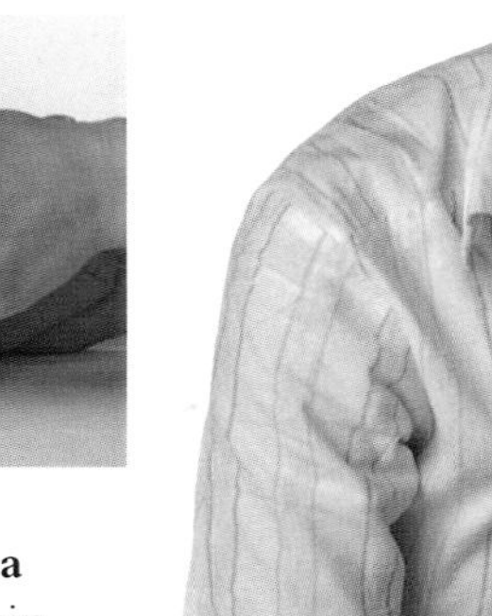

8 Articulation de la hanche. Le médecin vérifie que l'ouverture des cuisses est bonne (volant d'abduction), confirmant le bon état des hanches.

9 Pesée. Émilie sera pesée à chaque visite médicale et toutes les fois que Nathalie le demandera : un poids normal pour l'âge traduit souvent une bonne santé. Pendant plusieurs années, la courbe de poids et de taille de la croissance restera un repère important.

Le poids d'Émilie *est reporté sur sa courbe de poids.*

MANIPULATION DU BÉBÉ

Très tôt, un nourrisson a besoin de contact et de confort autant que de nourriture, de chaleur et de sommeil. Au début, vous allez vous sentir nerveuse à l'idée de le tenir et de le dorloter; vos mains sont maladroites, ses membres sont si mous, son cou et sa tête paraissent si fragiles. Mais une manipulation soigneuse, normale, ne peut pas lui faire de mal et même sa fontanelle (sur le dessus de sa tête) est bien protégée par une membrane résistante. Toutefois, si vous le prenez brusquement sans soutenir ses jambes, vous pouvez le faire sursauter parce qu'il a peur de tomber. Mais, bientôt, vous allez apprendre à vous faire mutuellement confiance. En acquérant un meilleur contrôle de ses muscles, le bébé va commencer à apprécier certains jeux turbulents. À 4 ou 5 mois, il aimera sans doute que vous le souleviez à bout de bras et au-dessus de votre tête ou que vous l'installiez sur vos épaules. S'il pleure, manipulez-le doucement jusqu'à ce qu'il ait pris de l'assurance. Adaptez-vous à son humeur, laissez-le imposer son propre rythme à vos jeux.

PRENDRE ET POSER UN NOURRISSON

Parlez au bébé tout en le changeant de position. Vous verrez que votre voix lui est familière et le rassure. N'oubliez pas qu'avant la 8e semaine, il ne contrôle ni sa tête ni ses muscles, et qu'il faut donc soutenir tout son corps pour empêcher sa tête et ses membres de ballotter.

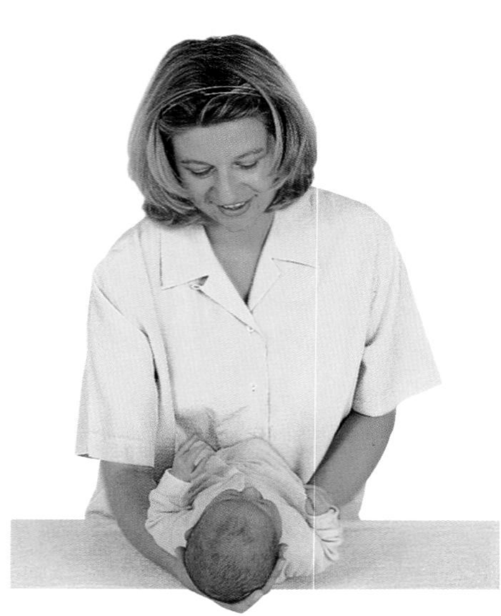

1 Si le bébé est couché sur le dos, glissez une main sous ses fesses et le bas de son dos.

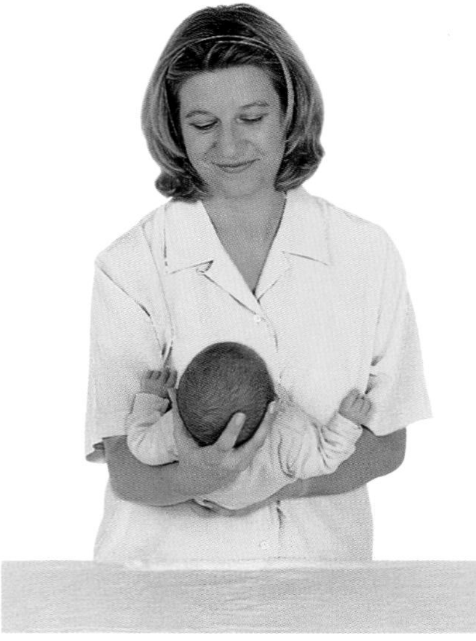

2 Glissez ensuite l'autre main sous son cou et sa tête, par l'autre côté, et commencez à le soulever.

3 Soulevez-le lentement, avec douceur, pour que tout son corps soit soutenu et que sa tête ne bascule pas.

POSER UN BÉBÉ

1 Glissez une main sous sa tête et son cou tandis que, de l'autre, vous soutenez ses fesses. Abaissez-le doucement, lentement, jusqu'à ce qu'il repose sur le matelas, confortablement installé.

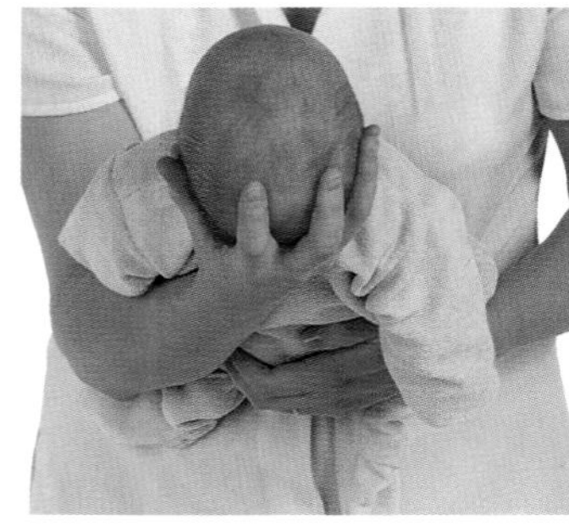

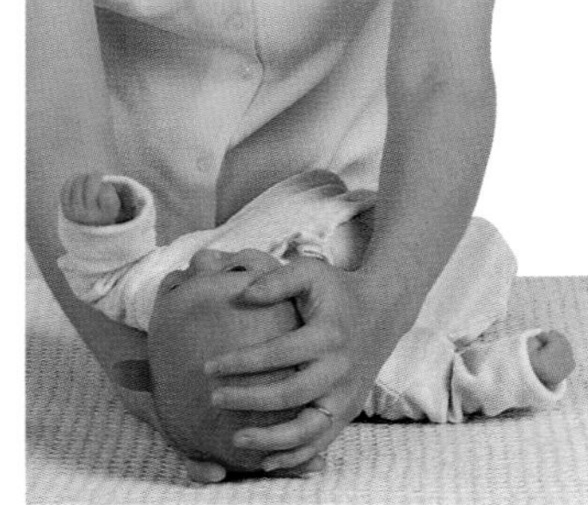

2 Libérez la main qui soutenait ses fesses et, de cette main, soutenez sa tête tandis que vous libérez l'autre. Abaissez doucement la tête, ne la laissez pas retomber en arrière sur le matelas. Ne retirez pas brusquement votre bras.

Bien calé au creux de vos bras
La tête et les membres bien soutenus, votre bébé se sent en sécurité.

Visage tourné vers le bas
Votre bébé aime bien être dans cette position, le menton et la joue reposant sur votre avant-bras.

Niché contre votre épaule
Le bébé se sent en sécurité dans cette position. La main placée sous ses fesses le soutient. De l'autre, vous lui calez la tête.

PRENDRE UN BÉBÉ COUCHÉ SUR LE CÔTÉ

1 Quand il dort couché sur le côté dans son berceau ou dans son couffin, l'enfant est en sécurité. Pour le soulever, glissez une main sous son cou et sa tête, et l'autre sous ses fesses.

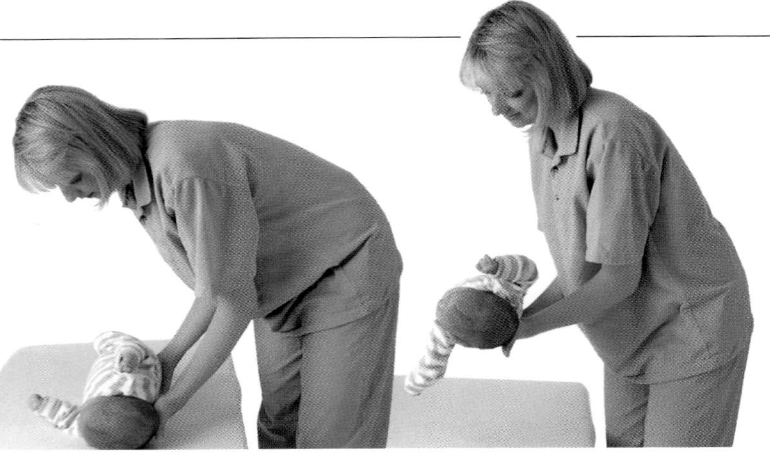

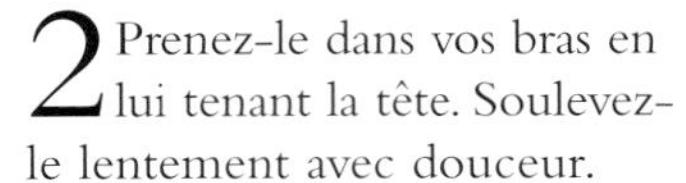

2 Prenez-le dans vos bras en lui tenant la tête. Soulevez-le lentement avec douceur.

3 Calez-le contre vous, puis glissez votre avant-bras sous sa tête.

4 La tête au creux de votre coude, le bébé se sent en sécurité.

LA SÉCURITÉ D'ABORD

Il vous arrivera fréquemment de vouloir poser votre bébé quelques instants, que ce soit pour son propre amusement ou parce que vous devez faire quelque chose d'autre. Que vous vous trouviez chez vous, chez des amis ou des proches, suivez les conseils suivants. Ces précautions, toutes simples, assureront la sécurité de votre bébé.

* Ne posez jamais la chaise, le panier ou le porte-bébé sur une surface élevée. Seul le plancher ne présente aucun risque.
* Ne laissez jamais votre bébé à proximité d'une source de chaleur ou d'une fenêtre ouverte. Il pourrait se brûler ou prendre froid.
* Ne laissez jamais votre bébé seul avec un chien, un chat ou un autre animal.
* Ne laissez jamais d'objets instables à la portée de votre bébé. Il pourrait les tirer et se blesser.
* Ne laissez jamais votre bébé sans protection sur un lit, un sofa ou une chaise – servez-vous toujours d'un oreiller pour l'empêcher de rouler par terre.
* Les jouets préférés amuseront bébé ; mais ne laissez jamais d'objets pointus à sa portée. Évitez les jouets qu'il peut porter à sa bouche ou suffisamment lourds pour le blesser.

PRENDRE UN BÉBÉ COUCHÉ À PLAT VENTRE

1 Glissez une main sous sa poitrine : votre avant-bras lui soutiendra le menton quand vous le soulèverez. L'autre main est sous le bas-ventre à la hauteur des fesses.

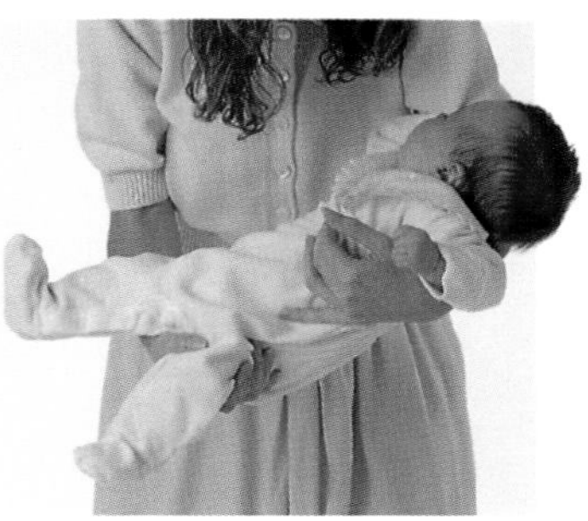

2 Soulevez-le lentement en le tournant face à vous. Approchez-le de vous et avancez le bras qui soutient sa tête pour qu'elle se niche au creux de votre coude. Placez l'autre main sous ses fesses et ses cuisses : ainsi, il est bien calé et se sent en sécurité.

SAC VENTRAL

Les harnais porte-bébés sont un bon moyen de transport pendant les 3 premiers mois : le contact de votre corps, le mouvement de vos déplacements calment l'enfant tout en vous laissant les mains libres. Le harnais est facile à fixer sans aide ; pour l'enlever, faites les opérations en sens inverse.

METTRE LE SAC VENTRAL

1 Passez les bretelles par-dessus vos épaules de sorte que les deux anneaux de métal se trouvent à l'avant.

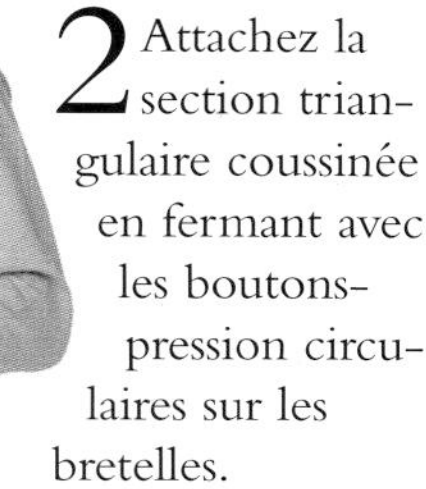

2 Attachez la section triangulaire coussinée en fermant avec les boutons-pression circulaires sur les bretelles.

3 Fermez un côté du porte-bébé en passant le bouton-pression dans l'anneau pour revenir le fermer de manière parfaitement sécuritaire.

4 Tenez votre bébé face à vous. S'il est très jeune, soutenez sa tête de la main. Passez sa jambe dans l'ouverture du côté fermé du sac ventral. Gardez bien un bras autour du bébé pour vous assurer qu'il ne tombe pas.

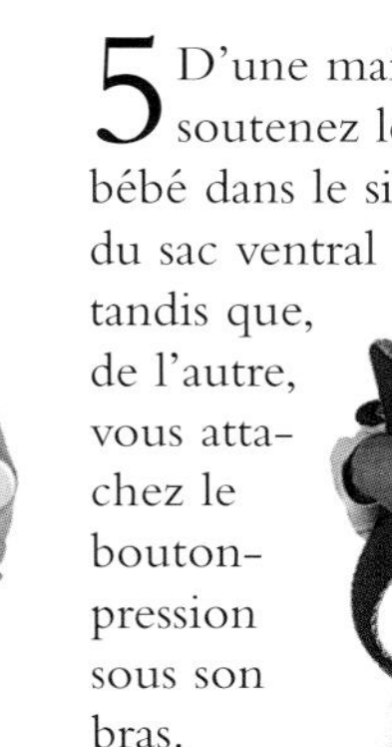

5 D'une main, soutenez le bébé dans le siège du sac ventral tandis que, de l'autre, vous attachez le bouton-pression sous son bras.

Un rabat dorsal *coussiné soutient la tête de votre bébé.*

Les bretelles larges *sont plus confortables.*

Optez *pour un tissu lavable à la machine.*

6 Refermez les boutons-pression du haut pour former une ouverture pour les bras de chaque côté. Le rabat dorsal soutient la tête et le cou du nourrisson.

PORTER LE SAC VENTRAL

Après trois mois, votre bébé préférera peut-être voir devant lui. Procédez de la même manière, mais placez d'abord votre enfant visage tourné vers l'avant. Une fois le rabat appui-tête abaissé, il peut mieux voir le monde qui l'entoure.

JEUX PHYSIQUES

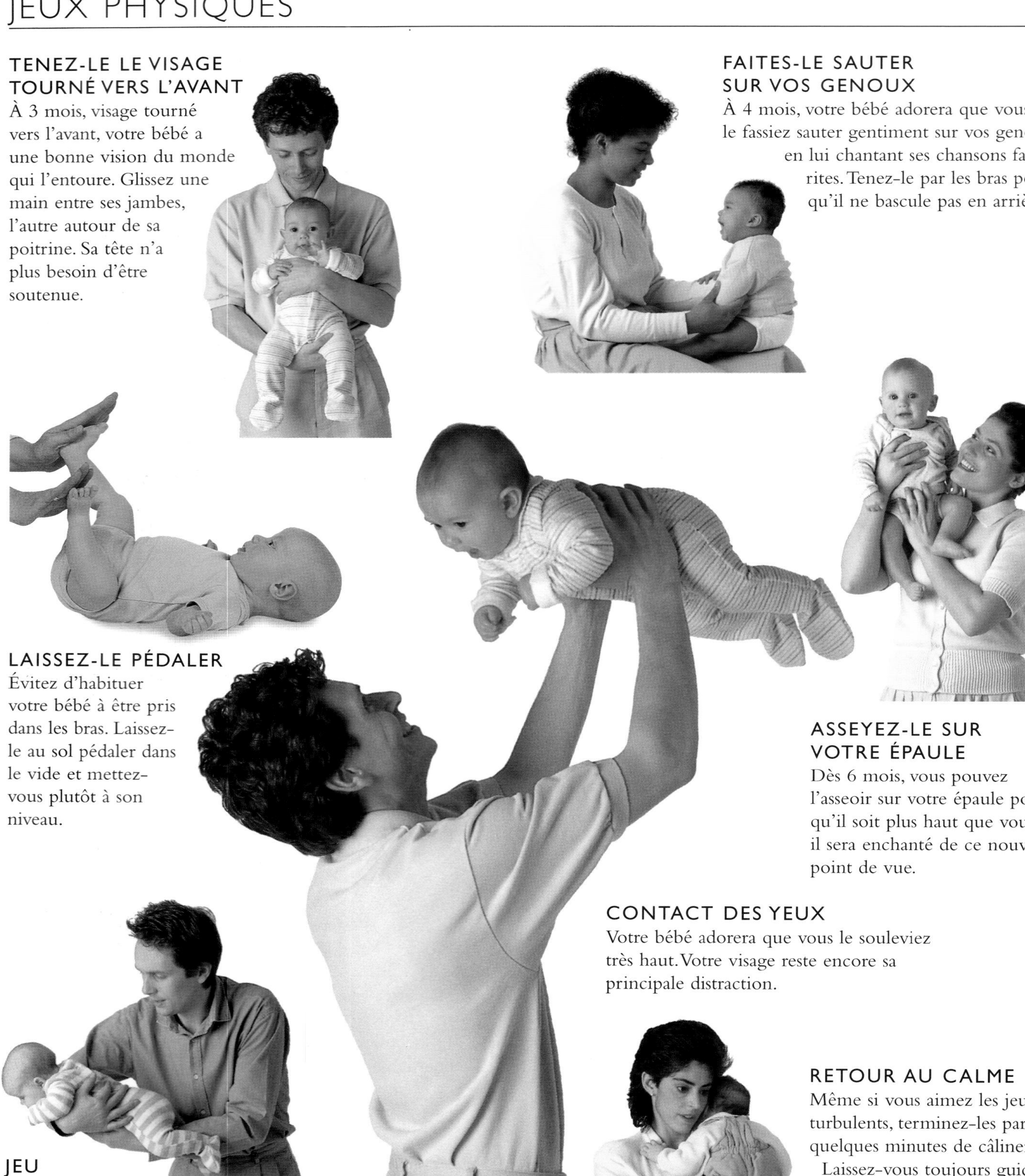

TENEZ-LE LE VISAGE TOURNÉ VERS L'AVANT

À 3 mois, visage tourné vers l'avant, votre bébé a une bonne vision du monde qui l'entoure. Glissez une main entre ses jambes, l'autre autour de sa poitrine. Sa tête n'a plus besoin d'être soutenue.

FAITES-LE SAUTER SUR VOS GENOUX

À 4 mois, votre bébé adorera que vous le fassiez sauter gentiment sur vos genoux en lui chantant ses chansons favorites. Tenez-le par les bras pour qu'il ne bascule pas en arrière.

LAISSEZ-LE PÉDALER

Évitez d'habituer votre bébé à être pris dans les bras. Laissez-le au sol pédaler dans le vide et mettez-vous plutôt à son niveau.

ASSEYEZ-LE SUR VOTRE ÉPAULE

Dès 6 mois, vous pouvez l'asseoir sur votre épaule pour qu'il soit plus haut que vous : il sera enchanté de ce nouveau point de vue.

CONTACT DES YEUX

Votre bébé adorera que vous le souleviez très haut. Votre visage reste encore sa principale distraction.

RETOUR AU CALME

Même si vous aimez les jeux turbulents, terminez-les par quelques minutes de câlinerie. Laissez-vous toujours guider par le bébé et contentez-vous de jeux calmes s'il ne réagit pas par ses gloussements de plaisir habituels.

JEU DE LA BALANÇOIRE

Balancez-le doucement s'il aime cela. Ce mouvement de bercement est aussi un bon moyen d'apaiser votre bébé.

NOURRIR VOTRE BÉBÉ

Choisir d'allaiter ou de donner le biberon est une décision que vous aurez à prendre avec votre conjoint. L'allaitement est recommandé pour tous les nourrissons, avec très peu d'exceptions, car les bébés nourris au sein affichent généralement une meilleure santé et souffrent moins d'infections auriculaires, gastro-intestinales, urinaires ou des voies respiratoires. Ils sont aussi mieux protégés contre les allergies, l'asthme, l'eczéma et le diabète. Les bébés nourris au sein sont plus faciles à calmer, et les emmener en voyage pose moins de problèmes. L'allaitement est également bon pour votre santé. Allaiter aussitôt que possible après l'accouchement réduit les risques de saignements utérins excessifs. Prolonger l'allaitement vous permet aussi de retrouver plus rapidement votre poids d'avant la grossesse et diminue les risques d'ostéoporose, de cancer du sein, de l'utérus ou des ovaires. Consultez votre médecin à ce sujet.

SEIN OU BIBERON ?

Vous pouvez avoir déjà décidé de votre méthode. Si vous désirez allaiter au sein, vous y parviendrez presque à coup sûr, pour peu que vous suiviez quelques bons conseils, mais, si vous êtes persuadée que la «solution biberon» vous convient mieux, pesez le pour et le contre de cette méthode et référez-vous aux commentaires faits à ce sujet par d'autres mères. Cette décision va conditionner votre vie, celle de votre conjoint et celle de votre bébé pendant les mois à venir.

«Je savais qu'en lui donnant le sein, je lui offrais le meilleur des laits. Il le digérait facilement et il absorbait les éléments nutritifs appropriés.»

Le lait maternel contient des substances qui consolident les défenses du bébé contre les maladies jusqu'à ce que son système immunitaire soit constitué. Elles le protègent contre les allergies.

«Je trouvais cette méthode très pratique: le lait étant toujours disponible, toujours stérile, toujours à la bonne température.»

«Le pur bonheur d'allaiter m'a saisie par surprise. C'est un acte si intime, si satisfaisant physiquement; sa petite main se levait pour caresser mon sein, je sentais son visage contre ma peau. Plus cette première année avançait, plus c'était agréable.»

«Le mettre au sein était la meilleure façon de calmer mon bébé quand il pleurait. Il n'avait pas vraiment faim, il avait envie de sucer.»

«La sage-femme m'a dit que j'avais vite retrouvé ma silhouette d'avant la grossesse, parce que j'avais continué à allaiter. J'étais d'autant plus satisfaite d'avoir suivi ses conseils.»

L'allaitement maternel prend beaucoup de temps les premières semaines parce qu'un bébé nourri au sein tète plus souvent, sucer étant un besoin et un plaisir distinct du besoin de s'alimenter. Si la préparation des biberons prend aussi beaucoup de temps et devient vite une corvée après quelques mois, au contraire, les tétées au sein deviennent moins fréquentes et plus rapides au fur et à mesure que le bébé grandit.

«J'étais convaincue que je ne pourrais pas allaiter mon bébé. Mes seins étaient si petits! Mais j'ai persévéré. J'ai eu énormément de lait et mon bébé n'était certainement pas gêné par la petite taille de mes seins.»

Si vous nourrissez au sein, il est facile de voyager; il n'y a pas de biberons à réchauffer, pas de souci à se faire pour leur conservation.

«Quand je nourrissais mon bébé, je n'aimais pas les tétées de nuit. Comme je n'aimais pas beaucoup tirer mon lait, les tétées nocturnes me pesaient. Mais cela n'a duré que quelques semaines.»

«Mon mari aimait nourrir le bébé au biberon: cela a tissé des liens très forts entre eux dès le début.»

«Avec un biberon, je connaissais toujours exactement la quantité de lait prise par le bébé et c'était très rassurant.»

La fatigue, la maladie, le stress, en principe, peuvent réduire la production de lait maternel mais n'ont aucune incidence sur les repas d'un bébé nourri au biberon.

Vous pouvez trouver plus facile de nourrir un bébé au biberon parce que vous pouvez voir la quantité qu'il boit.

Un bébé nourri au biberon peut être contaminé par des germes responsables de diarrhée et de vomissements.

BASES DE L'ALIMENTATION

ALIMENTATION À LA DEMANDE

Nourrir un bébé à la demande signifie simplement lui donner un repas quand il a faim au lieu d'obéir à un horaire. Pour un nouveau-né, la faim est une sensation nouvelle. Dans l'utérus, il était alimenté en permanence. Maintenant, il traverse de longues périodes sans nourriture. Son système digestif est trop immature pour tolérer de gros repas très espacés ; au début, vous devez le nourrir peu à la fois et souvent.

Vous n'avez rien à gagner à faire attendre un bébé qui pleure de faim. L'intensité de sa contrariété risquerait ensuite de l'empêcher de boire, et vous auriez à le consoler et à l'apaiser jusqu'à ce qu'il puisse téter. On ne gâte pas un bébé en satisfaisant ses besoins. Les premières semaines, c'est parce qu'il a l'estomac vide qu'il pleure : plus son système digestif se développe et plus son estomac grandit, plus il prend de lait à chaque fois, et plus vous pouvez espacer les tétées.

Combien de fois va-t-il demander à téter ?

Il réclamera quand il aura faim, et, au début, cela sera fréquent. Les nouveau-nés n'ont aucun horaire alimentaire : le 3e ou le 4e jour, les tétées auront lieu toutes les 2 ou 3 heures, et il pourra en avoir de 8 à 10 par jour, avec plusieurs petits repas le soir. Pendant la nuit, vous aurez sans doute à lui donner 2 ou 3 fois à boire parce que peu de nourrissons de moins de 6 semaines peuvent dormir plus de 5 heures sans être réveillés par la faim.

Les bébés nourris au sein ont en général besoin de téter plus souvent que les bébés nourris au biberon parce que le lait maternel est plus vite digéré que le lait industriel.

Vers l'âge de 3 mois, votre bébé aura sans doute acquis un rythme quotidien d'un repas toutes les 4 heures, à raison de 5 tétées par jour plus une ou deux la nuit. Si vous le nourrissez au biberon, vous établirez sans doute ce rythme plus tôt.

CAS PARTICULIERS

Prématurés. Les prématurés ont parfois peu d'appétit, mais il faut les nourrir souvent. Ils ont tendance à dormir beaucoup, à ne pas se réveiller pour demander à téter, même quand ils en ont besoin. C'est pourquoi vous devez réveiller votre bébé pour lui proposer un repas toutes les 3 heures.

Si vous avez tiré votre lait pour le nourrir lorsqu'il était encore à l'hôpital, vous pourrez continuer quand il rentrera à la maison. Il n'est pas toujours facile pour un bébé d'aspirer le lait d'un mamelon. Pour lui faciliter la tâche, tirez un peu de lait avant la tétée (voir p. 94), de façon que le mamelon saille, et barbouillez-le de lait pour qu'il en sente le goût.

Jumeaux. On peut nourrir des jumeaux au sein. Au début, faites-les téter l'un après l'autre, mais, dès que vous aurez pris de l'assurance, vous les nourrirez en même temps, en leur calant les jambes sous vos bras et en leur soutenant la tête avec les mains.

RENVOIS ET ROTS

Il arrive que les bébés s'énervent au sein pour toutes sortes de raisons : crampes d'estomac, besoin d'une pause ou d'un rot. Si votre bébé commence à s'agiter durant la tétée, faites une pause en le tenant contre votre poitrine, sa tête sur votre épaule, et en lui massant légèrement le dos de bas en haut jusqu'à ce qu'il se calme.

Protégez vos vêtements *à l'aide d'un linge propre.*

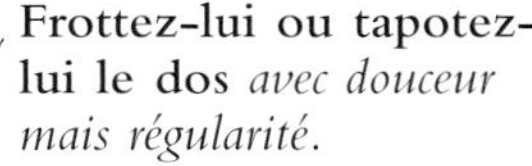

Frottez-lui ou tapotez-lui le dos *avec douceur mais régularité.*

Tenez-le le visage vers le bas *À tout âge, le rot est facilité par la position couchée sur le ventre en travers de vos genoux ou dans vos bras.*

Dois-je craindre de suralimenter mon bébé ?

Non. Les bébés prennent la quantité de lait qui leur est nécessaire. Lorsqu'ils ont assez bu, ils refusent le sein. Les premiers mois, les bébés tètent durant de longues périodes. Le sein leur apporte la nourriture, la chaleur, la sécurité et un endroit confortable où s'endormir lorsqu'ils sont fatigués. Si votre bébé est grognon, proposez-lui toujours le sein. La plupart du temps, c'est exactement ce qu'il veut. S'il ne se calme pas, essayez de changer sa position, de le poser à plat ventre sur vos genoux, de le bercer ou de le masser doucement.

« Les moments des repas étaient reposants, calmes, très agréables pour nous deux. »

ALLAITEMENT AU SEIN

Pour vous, donner le sein peut être très agréable. En outre, vous savez que vous donnez à votre bébé le meilleur aliment que la nature puisse fournir. Ne vous découragez donc pas si les premiers jours vous éprouvez quelques difficultés. Vous avez tous deux à prendre de nouveaux réflexes, et si, au début, le bébé ne paraît pas savoir comment s'y prendre pour téter ou s'il ne tète pas assez longtemps, prenez patience. Juste après la naissance, il n'a pas besoin de beaucoup de nourriture, et vos mamelons doivent s'habituer à la tétée. Vos amis, vos parents et le personnel médical seront là pour vous aider et vous conseiller jusqu'à ce que vous soyez assez confiante pour vous débrouiller toute seule. Si vous le pouvez, demandez conseil à une sage-femme ou à une infirmière qui a personnellement l'expérience de l'allaitement au sein. Cela vaut la peine de persévérer. Une fois franchi le cap de la première semaine, vos soucis seront terminés.

COMMENT VOUS METTRE À L'AISE

L'aréole *est le large cercle sombre qui entoure le mamelon et que le bébé saisit quand il tète.*

Premières tétées

Asseyez-vous confortablement, le dos droit et bien soutenu, le siège idéal étant un fauteuil bas. Ou bien installez-vous dans le lit, le dos calé par des oreillers. Mettez un oreiller sur vos genoux pour surélever le bébé jusqu'à vos seins ou levez un genou pour soutenir son corps. Ne courbez pas le dos. Approchez le bébé de votre sein, et non pas le sein de votre bébé.

La main du bébé *doit être libre pour pouvoir toucher et caresser votre sein.*

Tétées du bébé

Une fois que vous serez tous deux bien rodés, vous pourrez donner le sein dans n'importe quelle position, d'une façon détendue. Variez les positions et présentez préférablement les 2 seins à chaque tétée pour stimuler la production.

TROUVER LE MAMELON

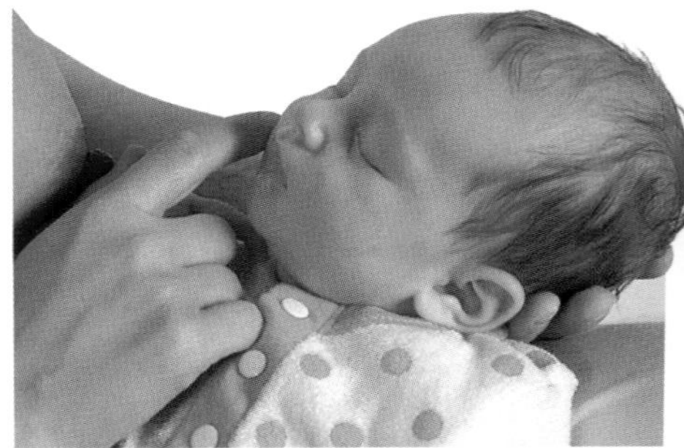

1 C'est un réflexe qui fait découvrir le mamelon au bébé pour chercher sa nourriture. Jusqu'au 10e jour, vous pouvez déclencher ce réflexe de succion en caressant la joue la plus proche de vous : le bébé tournera la tête vers le sein et cherchera le mamelon.

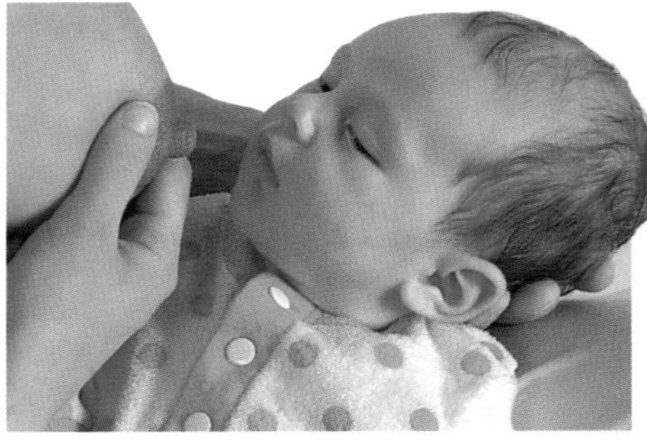

2 Si votre nourrisson a tendance à s'endormir, changez-le avant la tétée ou mettez-lui quelques gouttes de lait sur les lèvres, ou encore déshabillez-le et faites-lui un massage pour l'aider à s'éveiller.

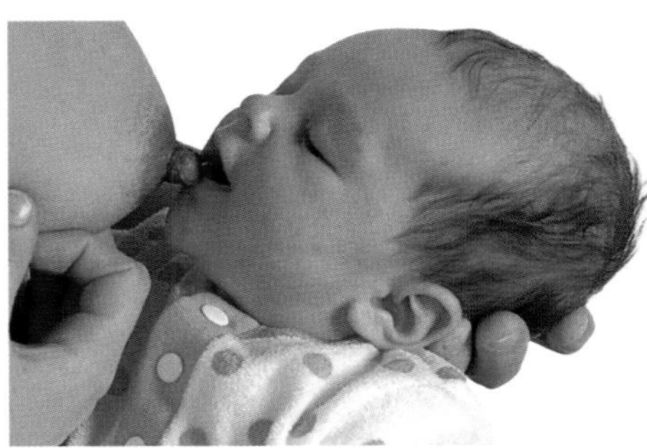

3 Placez la bouche du bébé bien collée au mamelon. Caressez la lèvre supérieure du bébé avec le mamelon. Le bébé comprendra que c'est le moment de téter.

PREMIÈRES TÉTÉES

MISE EN PLACE

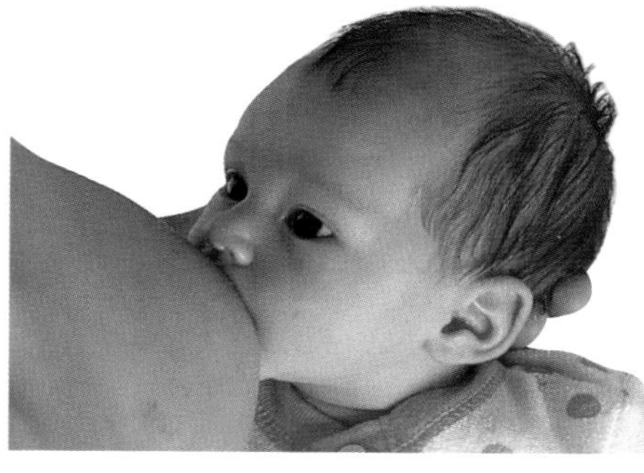

Une fois qu'il a compris, le bébé va « pomper » le lait, et pas seulement le sucer, en pressant la base de l'aréole avec ses gencives. S'il ne fait que sucer le mamelon, il vous fera mal et il n'aspirera pas de lait. Si, momentanément, vous éprouvez une douleur aiguë, détachez-le et remettez-le bien au sein.

De votre point de vue, le bébé aura les mâchoires ouvertes et la bouche pleine de votre sein. Vous savez qu'il tète correctement quand vous voyez ses tempes bouger, montrant que les muscles de ses mâchoires travaillent.

ALLAITEMENT

Les bébés boivent habituellement par séquences de 4 à 8 succions suivies d'une petite pause. Vers la fin de la tétée, votre bébé a tendance à s'endormir et finit par cesser de téter. Caressez-le ou chatouillez-le doucement. Si votre bébé ne recommence pas à téter, que votre sein est plus léger et que votre bébé a tété pour une durée conforme à son âge, il relâchera le sein ou vous pouvez l'en détacher. Pour faire cesser la succion, glissez votre doigt dans le coin de sa bouche jusqu'à ce que votre mamelon se dégage facilement.

La plupart des bébés explorent le corps de leur mère à l'aide de leurs mains pendant qu'ils tètent. C'est un aspect du rapport affectif. La succion est aussi importante que le fait de se nourrir pour un bébé ; de même, l'odeur de votre peau, le timbre de votre voix ou l'observation de votre visage sont des aspects importants de l'heure de la tétée pour votre nourrisson. En grandissant, les bébés deviennent plus expressifs lorsqu'ils sont au sein ; ils se détachent plus fréquemment, sourient et rient avec leur maman.

RÉFLEXE D'ÉCOULEMENT

Stimulées par la tétée, les glandes mammaires libèrent le lait en réserve. Vous pouvez sentir couler le flot de lait tiède – une sensation de picotement – peu après que le bébé a commencé.

Mais ne vous étonnez pas de ne rien éprouver : toutes les femmes ne sentent pas l'écoulement. Si le réflexe fait couler l'autre sein, mettez un coussinet d'allaitement ou une coquille en plastique sur le mamelon (voir p. 96).

Profitez de la *tétée pour lui parler et le toucher.*

Sentez comme votre *bébé se détend pendant la tétée.*

FAIRE LÂCHER LE SEIN

1 Laissez le bébé téter aussi longtemps qu'il le désire. Le premier sein qu'il va vider paraîtra plus petit, plus léger, quand tout le lait aura été aspiré. Un bébé s'interrompt souvent pendant la tétée. Quand il s'arrête et ne fait pas mine de reprendre après quelques minutes, détachez-le du sein pour qu'il fasse son rot. Ne le tirez pas quand il a encore la bouche fixée au mamelon, cela vous ferait mal. Glissez un doigt entre ses gencives pour stopper la succion.

Utilisez votre petit doigt *(propre) pour faire cesser la succion.*

2 Du côté vidé, glissez une compresse dans votre soutien-gorge. Pour la prochaine tétée, vous commencerez par l'autre sein. De cette façon, les deux seins recevront la même stimulation. Asseyez le bébé pour le rot.

OFFRIR L'AUTRE SEIN

1 Après un ou deux rots, et peut-être un petit somme, mettez le bébé à l'autre sein. Il peut avoir assez faim pour le vider aussi ou continuer à sucer pour le plaisir, ce qui lui est aussi nécessaire que le lait.

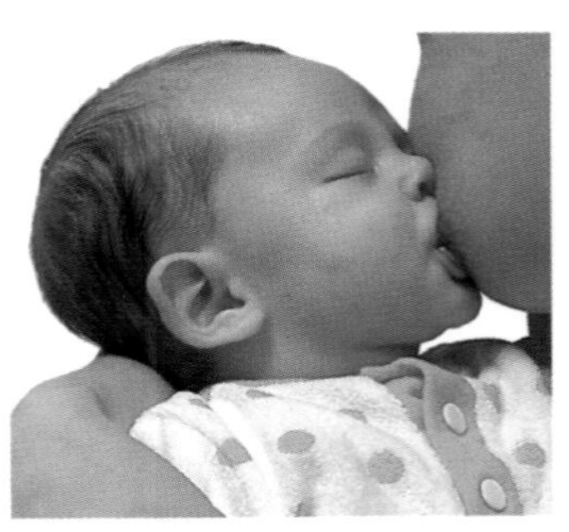

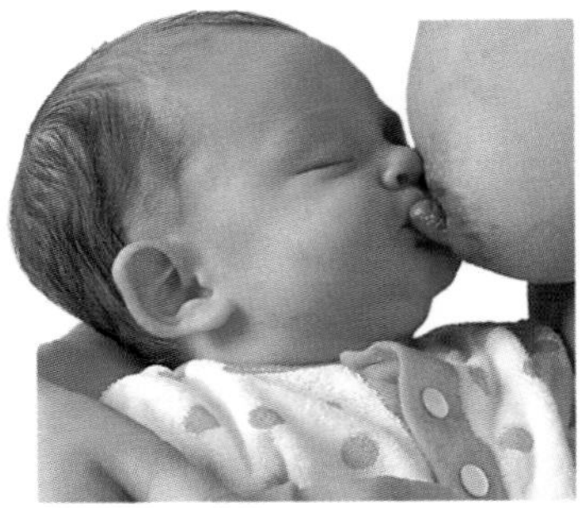

2 Une fois rassasié, il s'endort dans vos bras et lâche le mamelon. Ne vous inquiétez pas à l'idée qu'il n'a pas pris assez de lait : faites-lui confiance. Il sait ce qu'il veut et ce dont il a besoin.

COMMENT LES SEINS PRODUISENT LE LAIT

Dans les jours qui suivent la naissance, vos seins produisent du colostrum, liquide riche en protéines qui fournit au bébé des anticorps précieux pour lutter contre les infections. Dès que vous commencez à avoir du lait, vers le 3e jour, c'est le bébé qui va lui-même continuer à stimuler la sécrétion, par la poursuite de sa succion.

Un bon moyen d'avoir beaucoup de lait consiste à nourrir le bébé à la demande les tout premiers jours ; cela consiste à le mettre au sein toutes les 2 ou 3 heures. La sécrétion de lait répond à la loi de l'offre et de la demande : vos seins produisent d'autant plus de lait que votre bébé tétera et boira souvent. Ajouter aux tétées des biberons de lait industriel entraînera un déséquilibre : si sa faim est satisfaite par un biberon, le bébé ne tétera pas assez fortement et ne fournira pas aux glandes mammaires la stimulation nécessaire.

Le lait maternel n'a pas toujours la même composition : au début de la tétée, il est aqueux pour étancher la soif ; puis il devient plus riche en calories et rassasie mieux le bébé. Il est important de laisser un enfant au moins 10 à 15 minutes à chaque sein lors de chaque tétée ; sinon, il aura vite de nouveau faim.

Que faire pour être une bonne nourrice ?

Il vous suffit d'avoir une alimentation saine et équilibrée, riche en protéines, de boire quand vous avez soif – gardez à portée de la main du jus de fruits quand vous allaitez – et de vous reposer le plus possible. L'appétit du bébé fera le reste.

Pour produire du lait, il faut de l'énergie : ce n'est pas le moment de suivre un régime amaigrissant. Votre appétit satisfait, vous trouverez les calories supplémentaires dont vous avez besoin dans les aliments frais et riches en vitamines et dans les sucres lents.

MONTÉE LAITEUSE

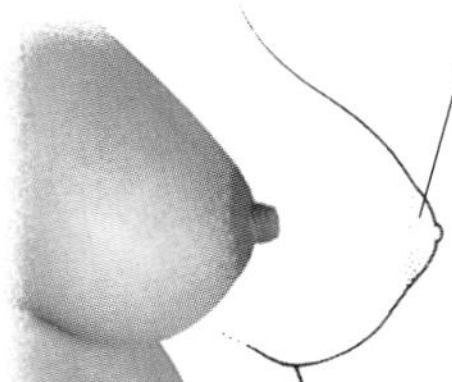

L'aréole *est gonflée et le bébé a du mal à la saisir; le mamelon est aplati.*

Sein normal **Sein engorgé**

1 Vers le 4e jour de la mise au sein, les glandes mammaires commencent à sécréter du lait et non plus du colostrum, avec lequel vous avez nourri le bébé jusqu'à présent. Un matin au réveil vos seins sont gonflés, durs, tendus. C'est l'engorgement, qui peut durer 48 heures. Le bébé peut avoir du mal à saisir le mamelon parce qu'au lieu de saillir, il s'enfonce dans l'aréole gonflée. Ces petits conseils vous aideront à nourrir votre bébé, donc à faire cesser l'engorgement.

2 Avant de donner le sein, ramollissez-le en le couvrant d'une serviette de toilette chaude pendant quelques minutes, ou aspergez-vous la poitrine d'eau chaude.

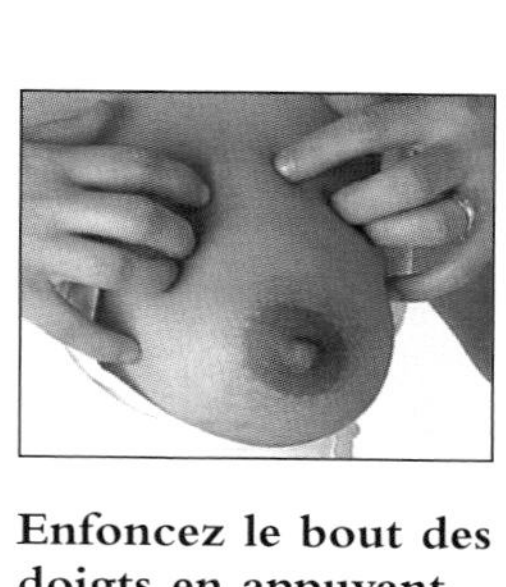

Enfoncez le bout des doigts en appuyant vers le bas et vers l'aréole.

3 Massez-vous doucement les seins pour exprimer un peu de lait, donc diminuer le gonflement et aider le bébé à prendre le mamelon dans sa bouche (voir p. 94). Ne vous inquiétez pas si vous ne réussissez pas à tirer votre lait : bientôt vous deviendrez experte.

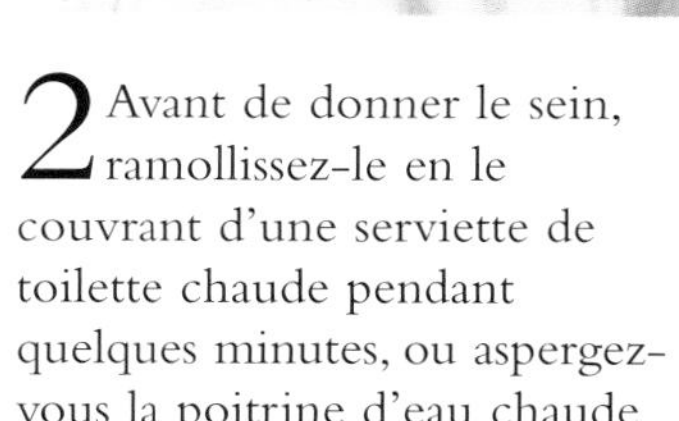

4 Quand vous mettez l'enfant au sein, placez votre main libre sur votre cage thoracique, juste sous le sein, et remontez-le : ce geste fait saillir le mamelon et permet au bébé de le saisir. La tétée soulage vite l'engorgement et la tension.

Q&R

« Eric pleure beaucoup. Est-ce que je ne lui fournis pas assez de lait pour satisfaire sa faim ? »

Quand on nourrit un bébé au sein, on ne peut pas savoir exactement ce que prend l'enfant, et il est naturel de s'inquiéter à l'idée qu'il ne tète pas suffisamment. Mais si vous lui donnez le sein chaque fois qu'il pleure, et s'il grossit normalement, même si sa courbe de poids présente quelques irrégularités, il ne faut pas s'inquiéter. N'oubliez pas que les premiers jours un bébé perd du poids et qu'il ne retrouve son poids de naissance qu'à 2 ou 3 semaines.

Q&R

« Le fait de nourrir mon bébé va-t-il marquer ma silhouette pour la vie ? »

Vos seins auront un peu diminué de volume quand vous aurez sevré votre bébé, une partie du tissu graisseux ayant été remplacée par du tissu glandulaire. En dehors de ce phénomène, vous retrouverez votre silhouette d'avant la grossesse plus vite d'ailleurs parce que la sécrétion hormonale provoque une rapide rétraction utérine, et que la graisse accumulée pendant la grossesse sert à fabriquer du lait. Votre taille redeviendra fine plus tôt.

Q&R

« Dois-je considérer les médicaments avec autant de méfiance que durant ma grossesse ? »

Tout ce que vous buvez ou mangez peut être transmis à votre bébé par le lait. Il faut prévenir votre médecin et votre pharmacien que vous allaitez avant toute prescription ou délivrance de médicament. Il vaut mieux éviter l'alcool, la caféine et le tabac, qui sont des stimulants. Si votre bébé dort mal, supprimez le café ou le thé de votre alimentation pendant quelques semaines pour voir si la situation s'améliore. La caféine peut empêcher un bébé de dormir.

COMMENT TIRER LE LAIT

La possibilité de tirer votre lait vous procure une liberté considérable. Lavez bien le matériel et lavez-vous les mains. Facilitez l'écoulement en prenant une douche chaude ou en enveloppant vos seins dans une serviette de toilette chaude. Le lait maternel se conserve de 6 à 10 heures à la température de la pièce, environ 5 jours au réfrigérateur, et de 3 à 4 mois au congélateur (seulement 2 semaines si le congélateur n'a pas de porte séparée). Le lait décongelé se conserve 24 heures au réfrigérateur ; il ne doit jamais être recongelé.

À LA MAIN

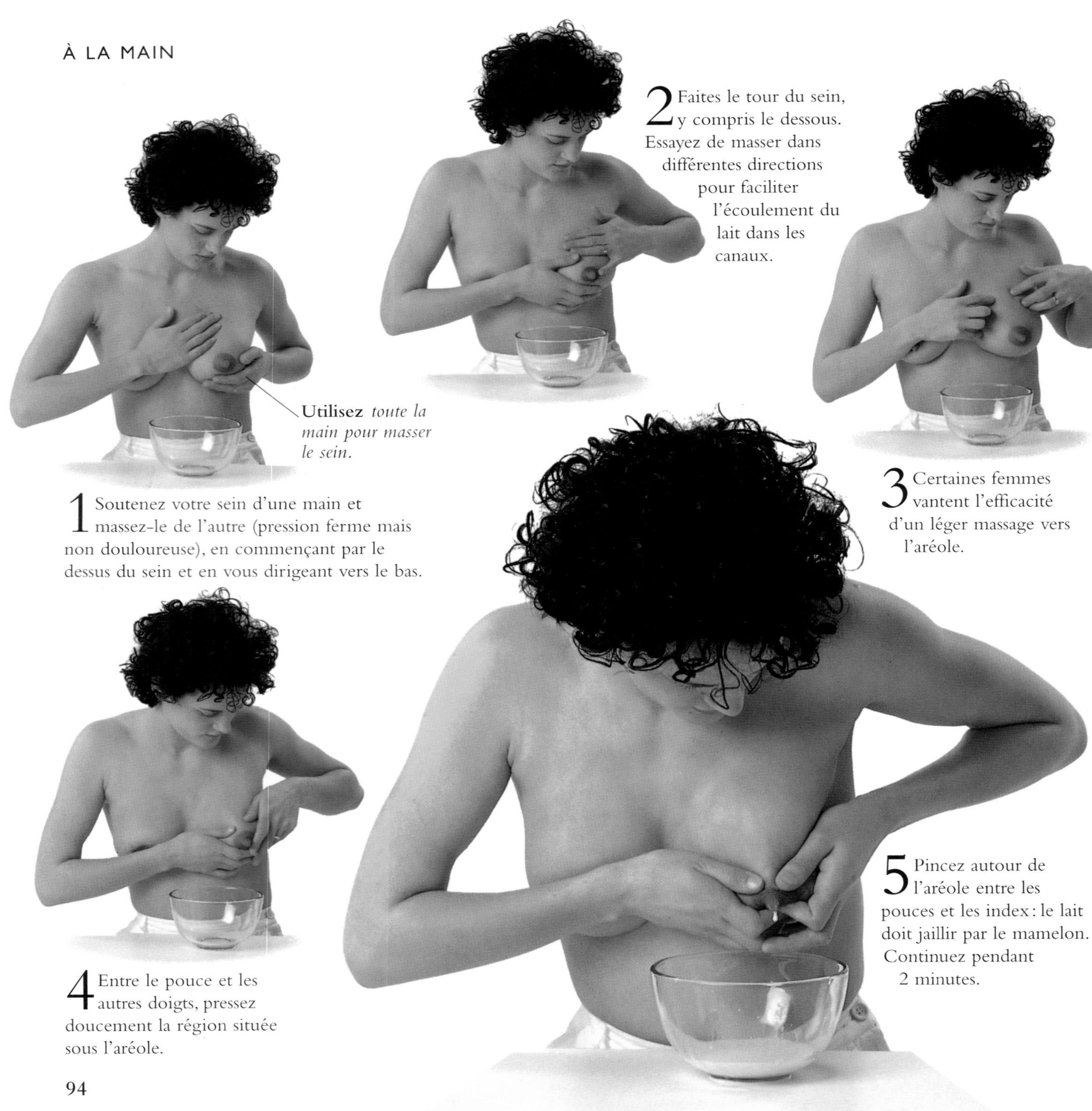

Utilisez *toute la main pour masser le sein.*

1 Soutenez votre sein d'une main et massez-le de l'autre (pression ferme mais non douloureuse), en commençant par le dessus du sein et en vous dirigeant vers le bas.

2 Faites le tour du sein, y compris le dessous. Essayez de masser dans différentes directions pour faciliter l'écoulement du lait dans les canaux.

3 Certaines femmes vantent l'efficacité d'un léger massage vers l'aréole.

4 Entre le pouce et les autres doigts, pressez doucement la région située sous l'aréole.

5 Pincez autour de l'aréole entre les pouces et les index : le lait doit jaillir par le mamelon. Continuez pendant 2 minutes.

TIRE-LAIT

L'utilisation d'un tire-lait est moins fatigante et plus rapide que l'expression manuelle du lait, mais elle est parfois douloureuse et ne permet pas toujours d'obtenir assez de lait. Un tire-lait en forme de seringue est souvent plus efficace qu'un tire-lait en forme de globe et le cylindre extérieur peut servir de biberon. Si vous devez tirer de grandes quantités de lait, louez un tire-lait électrique en pharmacie. Vous pouvez acheter des sacs de congélation pour le lait ou doubler le sac ordinaire.

1 Stérilisez le matériel à la première utilisation, montez le tire-lait. Baignez et massez vos seins comme si vous vouliez tirer votre lait à la main. Placez l'entonnoir de la pompe sur l'aréole pour qu'il fasse ventouse et appuyez-le bien sur les canaux galactophores, comme le feraient les gencives du bébé.

2 Une fois la pompe ajustée, pompez tout en tirant sur le cylindre extérieur : l'aspiration fait venir le lait.

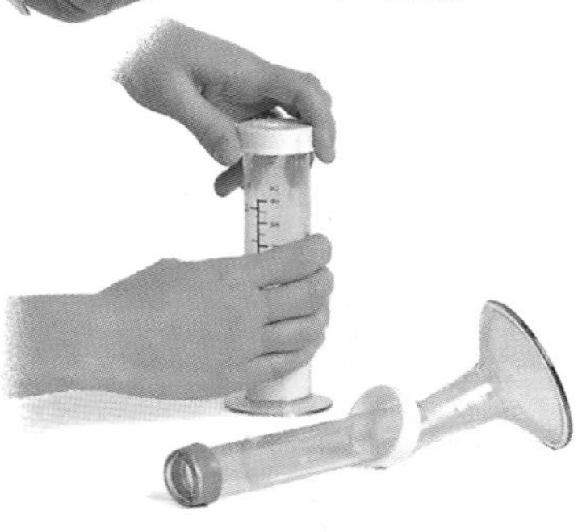

3 Coiffez avec le capuchon et mettez au réfrigérateur, ou refroidissez et congelez. N'oubliez pas d'indiquer la date.

TIRE-LAIT

Manuel
Ce type de tire-lait est actionné à la main. Il peut demander un plus grand effort.

L'entonnoir *doit être bien centré sur l'aréole.*

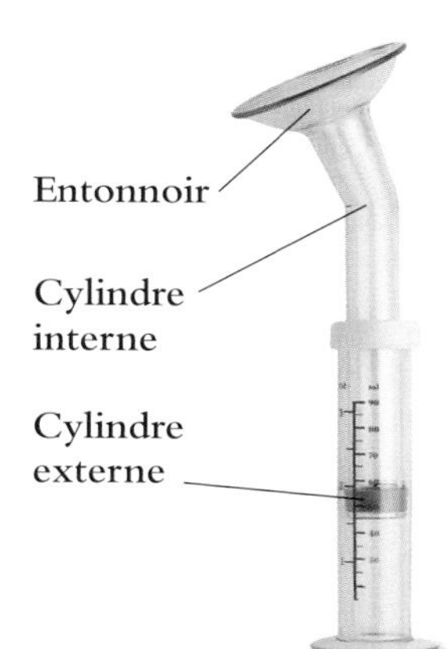

Tire-lait à pile
Il est moins efficace que le tire-lait électrique. Il pourra vous être utile si votre production de lait est abondante et régulière. Certains sont munis d'un adaptateur pour les brancher sur la fiche électrique.

DES DIOXINES DANS LE LAIT MATERNEL

Dans le lait maternel, on a récemment découvert des dioxines. Elles présentent divers risques pour la santé des humains et des animaux. Chez les animaux, elles peuvent agir à la manière des hormones et affecter la production de sperme. Chez les humains, la nature précise des risques fait toujours l'objet d'une controverse, mais il semble de plus en plus que l'exposition aux dioxines affecterait le développement des organes de la reproduction et du système immunitaire. Les bébés sont particulièrement sensibles à leurs effets toxiques en raison du degré d'absorption impressionnant de ces substances trouvées dans le lait et de la vulnérabilité de certains processus biologiques en début de la croissance. Cependant, il faut comparer les avantages indéniables de l'allaitement au sein et la vulnérabilité du bébé aux dioxines. La plupart du temps, les avantages surpassent les risques et le lait maternel reste le choix le plus indiqué pour la santé du bébé.

PROBLÈMES POSÉS PAR L'ALLAITEMENT AU SEIN

Si vous avez une quelconque difficulté pour allaiter, demandez conseil sans attendre : il est décourageant d'essayer de se débrouiller seule, et un problème mineur, tel le simple blocage d'un canal galactophore, peut provoquer une mastite s'il n'est pas traité.

Ne cessez surtout pas d'allaiter si vous rencontrez une des difficultés décrites ci-après : en effet, vous risqueriez un engorgement et le problème ne ferait qu'empirer. N'hésitez pas à poser des questions à votre médecin, à l'infirmière ou à la sage-femme.

« FUITES » DE LAIT

Les seins peuvent couler spontanément entre les tétées pendant les premières semaines.

Traitement. Les coussinets placés dans les bonnets du soutien-gorge absorbent les gouttes de lait, mais il faut les changer souvent pour que les mamelons ne macèrent pas dans l'humidité. Si l'écoulement est important, utilisez des coquilles de plastique.

Prévention. Aucune. Les seins couleront jusqu'à ce que la production s'adapte à la demande.

Coussinets d'allaitement
Un coussinet absorbe les gouttes et les « fuites » légères.

BLOCAGE D'UN CANAL GALACTOPHORE

La présence d'une masse rouge, dure et sensible dans un sein signifie en général qu'un canal galactophore est obstrué.

Traitement. Baignez le sein dans l'eau chaude et massez-le doucement, puis mettez votre bébé au sein. Cela peut être très douloureux, mais le canal se débloquera. Sinon consultez le médecin sans tarder.

Prévention. Ne portez pas un soutien-gorge trop ajusté et n'appuyez pas trop sur votre sein quand vous allaitez ou tirez votre lait.

MASTITE

Une fois obstrué, un canal galactophore peut s'infecter, entraînant des symptômes de type grippal. Voyez votre médecin immédiatement.

Traitement. Le médecin prescrit des antibiotiques au besoin : poursuivez le traitement jusqu'au bout. Continuez à nourrir le bébé fréquemment et reposez-vous.

Prévention. Consultez un médecin si vous sentez plus d'une journée un nodule douloureux dans un sein.

IRRITATIONS ET CREVASSES DU MAMELON

Les irritations et les crevasses du mamelon sont souvent dues à la mauvaise position du bébé lors de la tétée. La douleur est grande pendant la tétée.

Traitement. Suivez ces petits conseils :

* appliquez du lait maternel sur les mamelons après la tétée ;
* laissez vos mamelons découverts plusieurs heures par jour. Placez dans votre soutien-gorge une coquille de plastique pour laisser l'air circuler sur votre peau ;
* changez la position du bébé à chaque tétée pour que la pression s'exerce à différents endroits de l'aréole ;
* ne laissez pas le bébé sucer plus de 2 minutes un sein une fois vidé ;
* débutez l'allaitement par le sein le moins douloureux et changez de sein quand le lait s'écoule spontanément ;
* tirez à la main le lait du sein le plus atteint pendant une journée si c'est trop douloureux.

Prévention. Assurez-vous que le bébé saisit toute l'aréole dans sa bouche. Séchez bien vos mamelons entre les tétées.

Si vous ressentez des brûlures avant et après chaque tétée, des douleurs intermittentes qui remontent dans la poitrine, vous souffrez peut-être d'une mycose mammaire. Non traitée, elle peut entraîner des gerçures à la jonction de l'aréole et du mamelon. Une crème apaisera des symptômes légers, mais des comprimés antifongiques d'ordonnance peuvent être nécessaires pendant 1 à 2 semaines. Les bébés n'ont pas besoin d'un traitement à moins qu'ils présentent des taches blanches du muguet à l'intérieur des joues et des lèvres, ou, plus rarement, sur la langue.

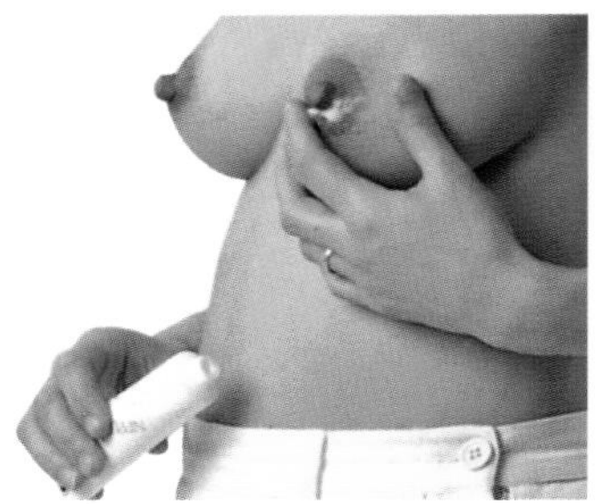

Onguent pour les mamelons
Une pommade anti-levures peut être prescrite au besoin.

VOS ÉMOTIONS ET LE RÉFLEXE D'ÉCOULEMENT

Le réflexe d'écoulement est hautement associé à vos émotions. Si vous êtes anxieuse, irritée, fatiguée, le lait maternel n'apparaît pas toujours comme par magie. Installez-vous confortablement dans un endroit tranquille avec votre bébé, caressez-le et essayez de relaxer tous les deux avant de commencer la tétée.

ALLAITEMENT AU SEIN DURANT LA PREMIÈRE ANNÉE

Jusqu'à ce que votre bébé ait 4 à 6 mois, vous ne lui donnerez que du lait, mais, quand vous introduirez des aliments solides dans son régime, comment allez-vous organiser les tétées ? Combien de temps allez-vous continuer à lui donner le sein ? Durant la seconde moitié de sa première année, l'enfant aura de moins en moins besoin de lait maternel et préférera vite boire au bol, au gobelet ou au verre. Entre 9 mois et 1 an, le bébé va probablement se sevrer lui-même rapidement sans que vous ayez eu à précipiter le mouvement : il a atteint l'âge où il tire sa nourriture et son bien-être d'autres sources.

Besoins du bébé

L'évolution de ses besoins alimentaires :

* 3 mois : 5 tétées par jour plus des tétées de nuit ;
* entre 4 et 5 mois : 4 à 5 tétées par jour plus quelques aliments solides ;
* de 6 à 9 mois : 3 à 4 tétées par jour ;
* 9 mois : 2 à 3 tétées par jour.

Reprise du travail

On peut très bien reprendre son travail tout en continuant à allaiter son bébé. Jusqu'à 6 ou 7 mois, il vous suffit d'exprimer votre lait aux heures des tétées pour stimuler la sécrétion.

* Habituez votre bébé à boire au biberon avant de reprendre votre travail. Demandez à quelqu'un d'autre de donner les premiers biberons : votre bébé reconnaîtra l'odeur de votre lait.
* Il vous faut apporter le matériel propre et disposer d'une pièce tranquille et d'un réfrigérateur pour conserver le lait que vous exprimez dans la journée. Pour le transport, servez-vous d'une glacière de pique-nique (voir p. 101).
* Laissez des biberons de lait maternel tout préparés pour la journée.
* Demandez à votre gardienne de retarder la tétée du soir pour que votre bébé puisse être nourri au sein quand vous rentrez à la maison.
* Si nécessaire, stimulez votre sécrétion de lait en donnant plusieurs tétées le soir et pendant la nuit.

Quand devrai-je arrêter ?

Vous pourrez continuer à nourrir l'enfant au sein pendant sa seconde année si vous le désirez ; ou vous pouvez le sevrer progressivement durant sa première année. Un bébé peut se détourner du sein spontanément entre 9 mois et 1 an. Qu'il vous morde n'est pas une raison pour abandonner : avertissez sèchement l'enfant qu'il vous fait mal, il comprendra vite. Ne cessez pas brusquement d'allaiter. La sécrétion lactée met plusieurs semaines à se tarir, le système d'offre et de demande s'équilibrera en sens inverse. Quand vous avez abandonné une tétée au sein, attendez au moins 3 jours pour en supprimer une autre (voir p. 106). Vous pouvez exprimer un peu de lait pour soulager la sensation de trop-plein : il se résorbera en quelques jours.

La dernière tétée et son abandon

La plupart des bébés s'installent mieux pour la nuit après une bonne tétée du soir, c'est pourquoi vous la supprimerez en dernier.

Vers la fin de la première année, réduisez la durée de cette tétée puis arrêtez-la et accordez au bébé beaucoup d'attention et d'amour pour l'aider à s'en passer. Donnez-lui à boire à l'heure du coucher.

Que donner à mon bébé à la place du lait maternel ?

Si vous devez cesser d'allaiter :

* avant 9 à 12 mois. Donnez du lait maternisé à base de lait de vache ou de soja ;
* après 9 à 12 mois. Vous pouvez lui donner du lait de vache entier ;
* s'il refuse le biberon, donnez-lui directement au gobelet ou à la tasse.

ALLAITEMENT AU BIBERON

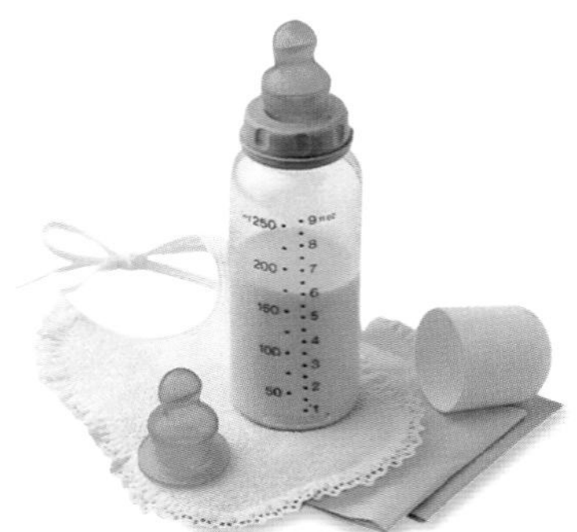

Si vous choisissez, après mûre réflexion, de nourrir votre enfant au biberon, ne vous sentez pas coupable de ne pas donner le sein : un biberon donné avec amour vaut mille fois mieux qu'un sein donné sans amour. De plus, vous pourrez partager avec votre conjoint le plaisir de nourrir votre enfant. Cette méthode a l'inconvénient de vous obliger à rester vigilante pour protéger le bébé contre les bactéries qui peuvent lui donner des troubles digestifs et de la diarrhée. Il existe différentes sortes de biberons et de tétines. Votre CLSC vous fournira les renseignements nécessaires. Il va aussi falloir tarir votre propre sécrétion lactée. Vous serez surprise de voir à quel point vos seins sont lourds et sensibles une fois que vous aurez commencé à donner des biberons. Portez un soutien-gorge confortable jour et nuit, et suivez les conseils de la sage-femme ou du médecin. L'infirmière peut aussi vous aider. Surveillez le poids de l'enfant. S'il grossit trop, c'est peut-être parce que vous le suralimentez. Pour préparer les biberons, suivez toujours très attentivement les instructions, car une solution trop concentrée est dangereuse pour un bébé.

MATÉRIEL POUR LES BIBERONS

Si votre bébé est exclusivement nourri au biberon, il vous faut au moins 8 biberons complets de 250 ml. Gardez des tétines prêtes à l'emploi en réserve, dans un récipient stérile, pour le cas où une tétine serait défectueuse (voir p. 106).

BIBERONS

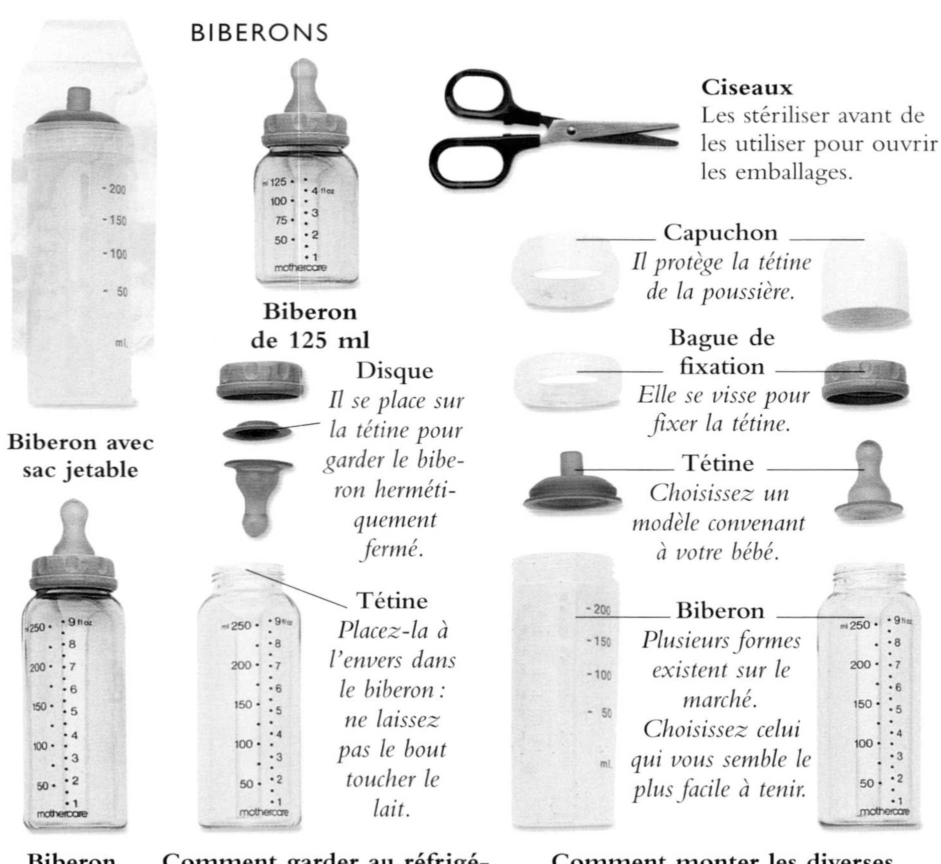

Biberon avec sac jetable

Biberon de 125 ml

Disque *Il se place sur la tétine pour garder le biberon hermétiquement fermé.*

Tétine *Placez-la à l'envers dans le biberon : ne laissez pas le bout toucher le lait.*

Biberon de 250 ml

Comment garder au réfrigérateur un biberon tout prêt

Ciseaux Les stériliser avant de les utiliser pour ouvrir les emballages.

Capuchon *Il protège la tétine de la poussière.*

Bague de fixation *Elle se visse pour fixer la tétine.*

Tétine *Choisissez un modèle convenant à votre bébé.*

Biberon *Plusieurs formes existent sur le marché. Choisissez celui qui vous semble le plus facile à tenir.*

Comment monter les diverses pièces d'un biberon

Entonnoir en plastique Il est utile pour verser la poudre de lait dans les biberons.

Une cuiller pour mélanger la poudre.

Un couteau pour araser la mesurette de lait en poudre.

Récipient gradué

TÉTINES

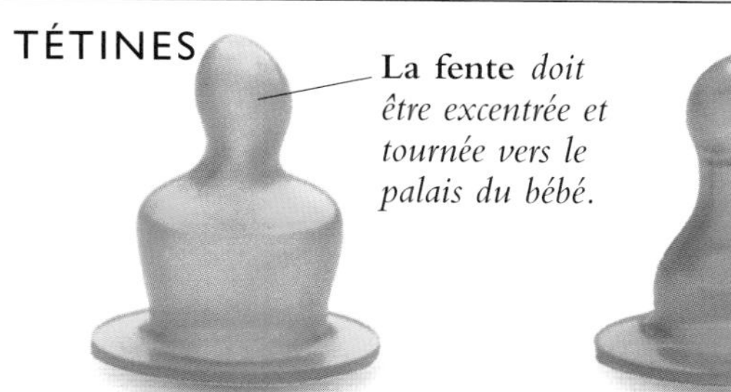

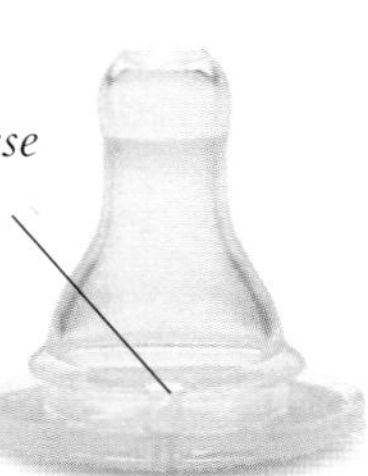

Tétine physiologique
La tétine doit être bien enfoncée dans la bouche du bébé, la fente tournée vers le haut pour que le lait jaillisse contre son palais.

Tétine universelle
Cette tétine entraîne un mouvement de succion différent de celui de la tétée au sein. Les tétines sont vendues percées de trous plus ou moins gros; vérifiez à chaque tétée: le débit doit être de 1 goutte par seconde. Le perçage en T ou en croix donne un meilleur écoulement qu'un trou rond.

Tétine anticolique
Cette tétine laisse pénétrer l'air dans le biberon au fur et à mesure que le bébé boit le lait. La tétine ne s'écrase pas, l'écoulement du lait est plus régulier.

Tétine à longue base
Ce type de tétine n'est pas toujours interchangeable sur les différents types de bouteille. Vous pouvez aussi trouver sur le marché des tétines orthodontiques qui favorisent un bon développement du palais et de la dentition.

Q&R Il existe tant de formules lactées: comment puis-je choisir?

Une formule à base de lait enrichi en fer est la plus indiquée pour l'allaitement maternel. Si vous soupçonnez que votre bébé a un problème avec les formules à base de lait, demandez conseil à votre médecin ou à une infirmière.

Q&R Les formules lactées sont coûteuses. Quand pourrais-je utiliser du lait normal?

La composition du lait de vache est très différente de celle du lait maternel et contient peu de fer. N'offrez du lait de vache à votre bébé que lorsqu'il consommera une grande diversité d'aliments, en général vers 10 à 12 mois.

Q&R Toute la famille consomme des produits laitiers écrémés. Quand pourrais-je en donner à mon bébé?

Ne donnez pas de produits écrémés (écrémé, 1 % ou 2 %) avant que votre bébé n'ait au moins 2 ans. Les produits laitiers écrémés contiennent trop de minéraux et de protéines et trop peu de gras et d'acides gras essentiels. Très populaires chez les adultes, ces produits sont déconseillés pour les très jeunes enfants.

Q&R À quel moment mon bébé doit-il faire son rot ?

Il n'y a pas vraiment de raison de faire faire son rot à votre bébé. Le rot n'empêche pas votre bébé de cracher ni de pleurer. Si vous arrêtez à mi-tétée pour lui frotter le dos, vous ne ferez pas de mal à votre bébé et la stimulation et le changement de position le feront peut-être roter. Toutefois, si votre bébé ne fait pas de rot, vous pouvez tout de même reprendre la tétée.

Q&R Puis-je caler le biberon afin que mon bébé boive tout seul lorsque je suis occupée à autre chose?

Ne laissez jamais votre bébé se nourrir seul au biberon! Outre le risque d'étouffement, vous perdez une occasion de vous rapprocher de votre bébé et de le câliner.

Q&R Le biberon est-il néfaste pour la dentition de mon bébé?

L'allaitement au biberon n'est pas en lui-même néfaste pour la dentition de votre bébé. Cependant, la carie dentaire du biberon est une affection grave qui touche les nourrissons et les petits enfants qui s'endorment avec leur biberon. Il est très important de toujours enlever le biberon de la bouche de votre enfant avant qu'il ne s'endorme.

HYGIÈNE ET STÉRILISATION

Les formules lactées, lorsqu'elles sont chauffées ou conservées trop longtemps à la température ambiante, constituent un milieu idéal au développement des bactéries responsables de gastro-entérite, maladie qui peut être fatale chez un nourrisson. Avant de remplir le biberon de votre bébé, assurez-vous que vos mains et le matériel utilisé sont parfaitement propres. Conservez les biberons préparés à l'avance au milieu du réfrigérateur (pas dans la porte) et utilisez-les dans les 24 à 48 heures (bien vérifier l'étiquette de la formule lactée).

LAVAGE

1 Lavez les ustensiles : biberons, tétines, couvre-tétines, disque, récipient gradué, entonnoir, cuiller et couteau.

2 Lavez l'intérieur des biberons avec le goupillon pour enlever toute trace de lait. Insistez sur les goulots et les pas de vis.

3 Frottez bien l'intérieur de la tétine en la roulant entre vos doigts.

4 Rincez les biberons, les tétines et les autres ustensiles à l'eau courante. Nettoyez les orifices des tétines avec une épingle.

UTILISATION DU LAVE-VAISSELLE

Les tétines résistantes *au lave-vaisselle doivent être posées à l'endroit dans la section des ustensiles.*

Un moyen facile de laver le nécessaire pour la préparation des biberons est de mettre le tout dans le lave-vaisselle au cycle de séchage chaud. La température est habituellement assez élevée pour tuer les bactéries. Vérifiez si vos tétines sont à l'épreuve du lave-vaisselle, sinon elles deviendront collantes et inutilisables.

STÉRILISATION EN FAISANT BOUILLIR

Tous les articles *doivent être submergés dans l'eau bouillante.*

Stérilisez tout le matériel du bébé, ou qui sert à nourrir le bébé, en le faisant bouillir pendant 5 minutes.

Pour la stérilisation par ébullition, lavez d'abord le matériel puis faites-le bouillir pendant 5 minutes. Utilisez des pinces pour égoutter les biberons et laissez-les refroidir avant de les remplir.

Ne laissez pas traîner le matériel stérile sur le comptoir de la cuisine où s'amassent poussière et microbes. Rangez-le dans le réfrigérateur ou dans un placard.

PROTECTION DU BÉBÉ CONTRE LES TROUBLES DIGESTIFS

Voici comment protéger votre bébé contre les bactéries, qui causent des troubles digestifs ou une gastro-entérite.

⋆ Lavez-vous d'abord soigneusement les mains avant chaque manipulation des biberons.

⋆ Stérilisez avant le premier emploi tous les ustensiles (même neufs) servant à l'alimentation du bébé. Par la suite, bien laver à l'eau savonneuse et rincer à l'eau très chaude ou bouillante.

⋆ Si vous n'avez pas de réfrigérateur, attendez l'heure de la tétée pour préparer chaque biberon.

⋆ Si votre bébé ne termine pas son biberon, jetez le reste de lait après 1 heure ; il a été souillé par la salive.

⋆ Jetez toujours le lait qui a été chauffé pour le bébé, même s'il n'y a pas touché.

⋆ Ne conservez jamais de biberon plus de 48 heures, même dans la partie la plus froide du réfrigérateur.

⋆ Faites bouillir l'eau qui servira à la préparation des formules liquides ou en poudre.

⋆ Ne faites pas égoutter le matériel stérilisé sur l'égouttoir de l'évier, ne l'essuyez pas avec un torchon. Faites-le égoutter sur du papier absorbant et n'essuyez que le couteau en vous servant de papier absorbant.

PERÇAGE DES TÉTINES

Un bébé ne boit avec plaisir que si la tétine laisse couler le lait à la bonne cadence quand il tète. Quand vous retournez les biberons, le lait doit couler à raison d'environ 1 goutte par seconde : si le trou est trop petit, le bébé sera frustré dans ses efforts ; s'il est trop grand, le lait va couler à flots. Les tétines s'usent vite, les trous se bouchent. Ayez-en toujours quelques-unes stérilisées en réserve dans une boîte de façon à pouvoir remplacer les défectueuses. Jetez les tétines dont les trous sont trop gros. Les trous trop petits peuvent être agrandis avec une aiguille. Ensuite, vérifiez le débit.

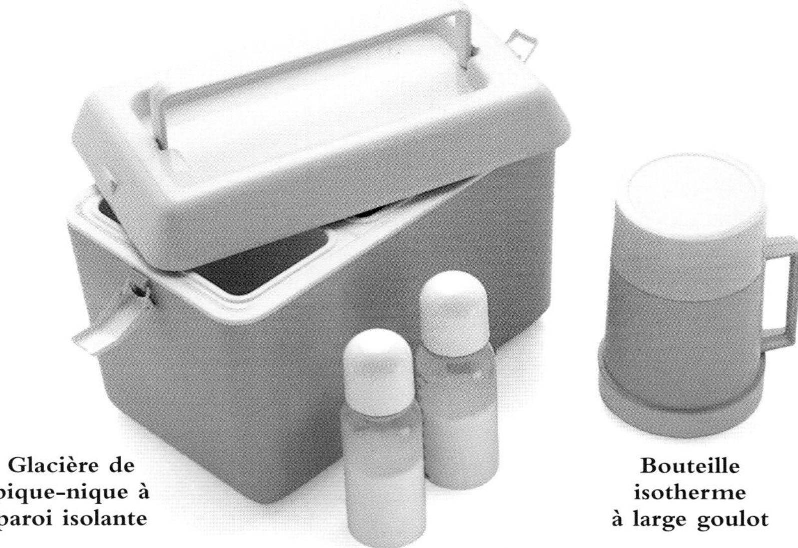

Glacière de pique-nique à paroi isolante

Bouteille isotherme à large goulot

Quand vous êtes loin de la maison

Si vous partez avec le bébé plus de 2 heures, préparez des biberons et mettez-les dans le réfrigérateur. Placez-les dans une glacière de pique-nique, entourés de sacs de glace. À l'heure de la tétée, prenez une bouteille isotherme remplie d'eau chaude (ou un chauffe-biberon électrique) et réchauffez le biberon. N'emportez jamais sa nourriture dans une bouteille isotherme : les bactéries pulluleraient et risqueraient de causer un dérangement intestinal. Les boîtes de lait prêtes à l'emploi sont commodes, plus encore quand on n'est pas chez soi. Elles doivent être conservées dans un endroit frais. Emportez des biberons et des tétines stériles et versez le lait quand votre bébé a faim.

Le bout de l'aiguille *doit être très pointu.*

Agrandir un trou trop petit
Piquez le bout large de l'aiguille dans un bouchon. Chauffez la pointe, puis enfoncez-la dans le trou de la tétine.

FORMULES LACTÉES

Le lait de vache n'est pas fait pour satisfaire les besoins du bébé et, de plus, il est très difficile à digérer et trop riche en protéines et en minéraux. La plupart des formules lactées sont faites à partir de lait de vache avec des ingrédients testés depuis longtemps pour satisfaire aux besoins du bébé. Des huiles végétales remplacent le gras animal et le lactose est le sucre le plus souvent utilisé pour sucrer. Les formules enrichies de fer sont conseillées jusqu'à l'âge de 9 mois. Si après avoir bu le bébé vomit, a la diarrhée, des coliques ou des gaz excessifs, ou encore développe une éruption cutanée, il a peut-être une allergie. Des formules à base de soya ou sans lactose peuvent alors être utilisées. Consultez sans attendre : un bébé se déshydrate très vite.

PRÉPARATION DES BIBERONS

Les premières semaines, vous devrez avoir un lot de biberons préparés dans le réfrigérateur pour proposer à boire au bébé dès qu'il pleure. Jusqu'à 1 an, donnez à l'enfant un lait maternisé fabriqué à partir de lait de vache modifié : votre médecin vous conseillera. Ne changez pas de marque sans avis médical, car vous risqueriez de perturber le bébé. Vérifiez aussi quel type de préparation nécessite le genre de lait que vous achetez.

Préparation d'un biberon de lait en poudre

Le lait maternisé se vend en boîtes dans lesquelles vous prélevez la quantité nécessaire.

Les instructions à lire sur la boîte indiquent le nombre de mesures pleines à ajouter à une quantité précise d'eau. Respectez exactement les proportions. Si vous mettez trop de poudre, le lait sera trop concentré, votre bébé grossira peut-être plus qu'il ne faut, et ses reins risquent d'être lésés par un excès de protéines et minéraux. Si vous mettez nettement moins de poudre, le bébé ne grossira pas suffisamment. Une fois le lait préparé, laissez le nouveau-né prendre ce qu'il veut à chaque tétée.

Utilisez de l'eau en bouteille non minéralisée, de l'eau de source, ou encore de l'eau froide du robinet qui a bouilli 5 minutes. N'utilisez jamais :

* de l'eau qui a bouilli plusieurs fois ou qui a stagné dans la bouilloire ;
* de l'eau provenant d'un robinet équipé d'un adoucisseur d'eau, le sodium (sel) pourrait léser les reins du bébé ;
* de l'eau provenant d'un robinet équipé d'un filtre, car il peut retenir des substances dangereuses ;
* de l'eau minéralisée, car le sodium et les autres minéraux sont dangereux.

Vous pouvez préparer les biberons en mélangeant la poudre directement dans chaque biberon. Prenez toujours une tasse à mesurer si vous utilisez les sacs jetables.

Lait maternisé prêt à l'emploi

Certaines marques proposent du lait prêt à l'emploi. N'ajoutez pas d'eau. Si la marque qui convient à votre bébé assure ce genre de présentation, c'est une commodité de plus, peut-être un peu plus onéreuse, mais beaucoup plus simple, car elle ne nécessite aucune préparation.

Lait maternisé concentré

La plupart des compagnies de lait maternisé proposent aussi une formule concentrée à laquelle il faut ajouter la même quantité d'eau. Lisez bien les instructions sur la boîte.

Une fois le contenant ouvert, le lait se conserve 24 heures dans le réfrigérateur (dans son contenant couvert ou une bouteille stérile). Mais, à moins d'être certaine de vous rappeler le moment où vous l'avez placé dans le réfrigérateur, il vaut mieux verser tout le lait dans le biberon quand votre bébé veut boire, et jeter le reste.

Quelle quantité de lait mon bébé doit-il prendre ?

L'appétit des bébés varie d'un jour à l'autre. Les premières semaines, préparez 6 à 8 biberons de 90 ml ou plus et voyez si cette quantité satisfait l'appétit de votre enfant. En prenant du poids, il se mettra de plus en plus souvent à pleurer à la fin de la tétée pour en avoir davantage, et vous augmenterez la quantité pour en arriver, quand il aura 6 mois, à des biberons de 180 à 240 ml environ. D'une façon générale, sachez que le bébé a besoin de 150 ml de lait par kilo de son poids et par 24 heures.

Dois-je lui donner autre chose ?

La plupart des bébés n'ont besoin que de leur biberon pendant les 6 premiers mois. Certains médecins recommandent des vitamines, des minéraux ou du fluor en supplément. Consultez votre médecin à ce sujet. Une surdose de vitamines et de minéraux peut rendre votre bébé malade. La majorité des médecins recommandent de ne pas commencer les aliments solides avant 6 mois. Il faut éviter de forcer votre enfant à manger.

Si le bébé est allergique au lait maternisé

Certains bébés peuvent être allergiques aux formules lactées à base de lait de vache. Appelez votre médecin si vous constatez les symptômes suivants : maux d'estomac, diarrhée, irritabilité et éruptions cutanées. S'il soupçonne une allergie, il vous suggérera peut-être une formule sans lait de vache (au soya, par exemple).

QUEL LAIT DONNER À VOTRE BÉBÉ

Type de lait		Naissance	6 mois	9 mois	12 mois	18 mois
Formule lactée (lait de vache modifié pour imiter le lait maternel)	Produit normalisé destiné à des bébés nés à terme, en bonne santé, nourris au biberon et qui n'ont pas d'antécédents familiaux d'allergies.					
Lait entier de vache	Commencez à en donner entre 10 et 12 mois.					

PRÉPARATION D'UNE FORMULE CONCENTRÉE

VOUS AUREZ BESOIN
d'une boîte de lait en poudre et d'un ouvre-boîte
de biberons et de tétines
d'eau bouillie

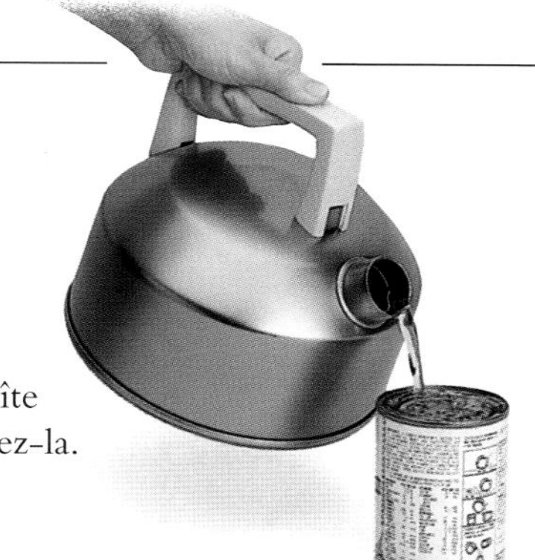

1 Faites bouillir de l'eau. Agitez la boîte de lait puis ébouillantez-la.

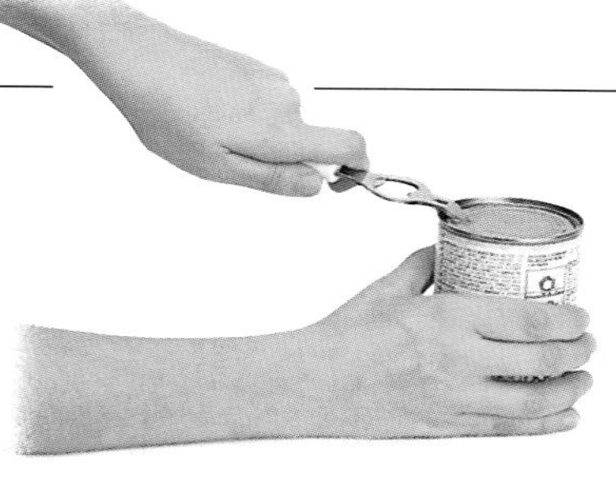

2 Avec un ouvre-boîte propre, percez la boîte en deux endroits. Faites bouillir d'autre eau (la casserole est préférable). Laissez-la refroidir 5 minutes.

3 Versez la formule dans le biberon pour avoir la moitié de la quantité désirée de lait.

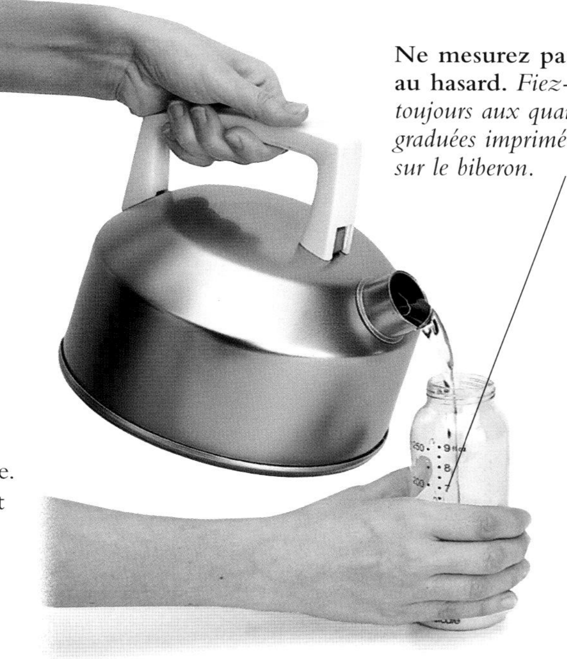

Ne mesurez pas au hasard. *Fiez-vous toujours aux quantités graduées imprimées sur le biberon.*

4 Complétez avec de l'eau bouillante. Vérifiez chaque quantité en tenant le biberon à la hauteur des yeux.

5 Fermez le biberon avec le disque et la bague, sans y mettre la tétine. Secouez la formule et rangez-la au réfrigérateur.

PRÉPARATION D'UNE FORMULE PRÊTE À SERVIR

VOUS AUREZ BESOIN
d'une boîte de formule prête à l'emploi
de biberons et de tétines
d'un ouvre-boîte

1 Après avoir rincé le dessus à l'eau bouillante, agitez la boîte pour mélanger la formule.

2 Avec un ouvre-boîte propre, percez la boîte délicatement en deux endroits.

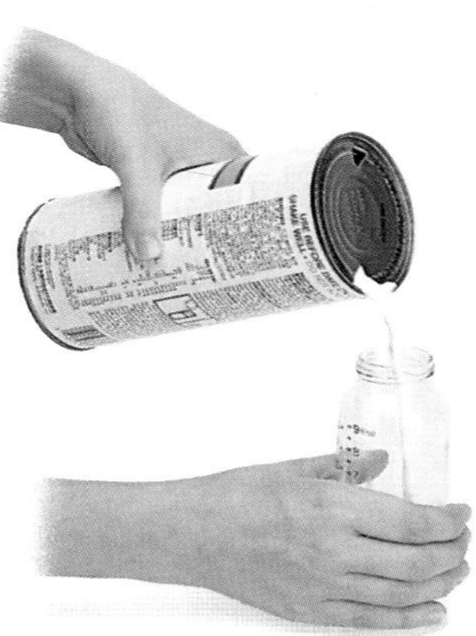

3 Versez dans le biberon. Vissez la bague sur la tétine. Agitez. Vérifiez la température en versant une goutte sur votre bras.

PRÉPARATION DU BIBERON AVEC DU LAIT EN POUDRE

VOUS AUREZ BESOIN
d'une boîte de lait en poudre
de biberons et de tétines
d'un couteau
de papier absorbant

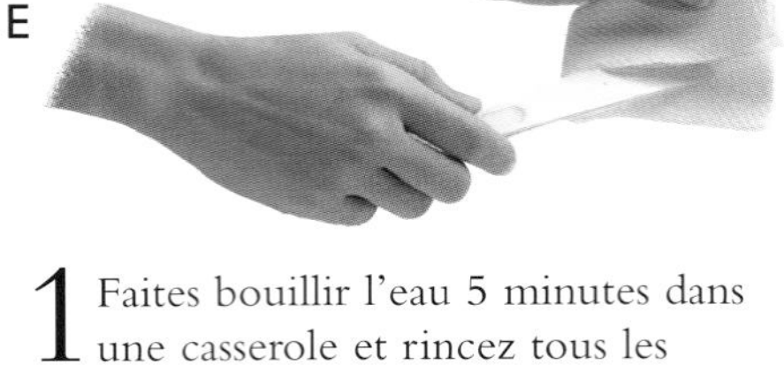

1 Faites bouillir l'eau 5 minutes dans une casserole et rincez tous les ustensiles préalablement lavés. Lavez-vous les mains, et faites égoutter les ustensiles sur du papier absorbant. N'essuyez que le couteau.

Vérifiez le niveau *de remplissage du biberon.*

2 Remplissez les biberons d'eau bouillie jusqu'à la graduation nécessaire (voir ci-contre) en tenant le biberon à la hauteur de l'œil : la quantité d'eau doit être exacte.

3 Ouvrez la boîte de lait et prenez la poudre avec la mesurette, que vous araserez avec le couteau : ne secouez pas la mesurette. *Ne tassez pas la poudre* dans la mesurette, le mélange serait trop riche.

4 Videz chaque mesurette dans l'eau du biberon. Veillez à ne verser que le nombre de mesurettes nécessaire pour la quantité d'eau, pas plus. La poudre se dissout rapidement dans l'eau chaude.

5 Coiffez le biberon de son disque et de sa bague et fermez-le bien. Secouez le biberon pour mélanger. Vous installerez la tétine ensuite, avant le stockage.

PRÉPARATION DU MÉLANGE DANS UN RÉCIPIENT GRADUÉ

VOUS AUREZ BESOIN
d'une boîte de lait en poudre
de biberons et de tétines
d'un couteau
de papier absorbant
d'un récipient gradué
d'une cuiller
d'un entonnoir en plastique

1 Rincez et égouttez le matériel. Faites bouillir de l'eau 5 minutes dans une casserole. Remplissez le récipient gradué jusqu'au niveau exact. Avec la mesurette, prenez le lait dans la boîte. Arasez chaque mesurette avec le dos de la lame du couteau.

2 Mettez la poudre dans le récipient gradué en comptant les mesures avec soin pour ne pas dépasser la dose recommandée.

3 Agitez le mélange avec la cuiller jusqu'à dissolution de la solution dans l'eau chaude.

4 Versez-le dans les biberons au moyen de l'entonnoir. Placez les tétines à l'envers. Couvrez avec le disque, vissez la bague. Remplissez de nouveau votre récipient jusqu'à ce que tous les biberons soient préparés.

SACS-BIBERONS JETABLES

VOUS AUREZ BESOIN
d'une boîte de lait en poudre
de biberons et de tétines
de sacs-biberons jetables
d'un couteau
de papier absorbant
d'un récipient gradué
d'une cuiller
d'un entonnoir en plastique

1 Préparez un récipient de lait ou, si vous préférez, après l'avoir bien nettoyé avec la brosse, ouvrez une boîte de lait prête à l'emploi. Lavez-vous les mains. Rincez les tétines à l'eau bouillante. Fixez la tétine sur l'anneau sans toucher l'embout. Détachez un sac-biberon du rouleau.

Vos mains *ne doivent entrer en contact qu'avec l'extérieur du sac-biberon.*

2 Pliez le sac en deux jusqu'à mi-hauteur dans le sens de la hauteur et glissez-le dans le conteneur de plastique rigide qui soutient le sac en plastique, la tétine et l'anneau.

3 Ouvrez le bord supérieur du sac et repliez-le autour du goulot. Appliquez-le bien, sinon le lait va fuir.

Ne touchez que l'anneau *de plastique, une fois la tétine mise en place.*

4 Tenez le bord du sac pour que le poids du lait ne le fasse pas glisser et versez au moyen de l'entonnoir la quantité de lait à laquelle est habitué votre bébé.

5 Vissez l'anneau surmonté de la tétine pour maintenir le sac. Découpez la bordure selon le pointillé s'il y a lieu et jetez-la pour que l'enfant, s'il est plus grand, ne puisse l'attraper. Placez le capuchon sur le biberon et mettez-le au réfrigérateur.

CONSERVATION DU LAIT

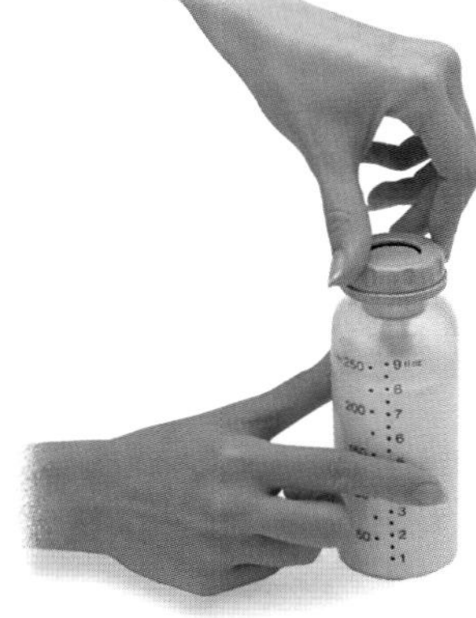

1 Enlevez la bague et le disque, coiffez le biberon de la tétine mise à l'envers, le bout ne doit pas tremper dans le lait. Replacez le disque et la bague.

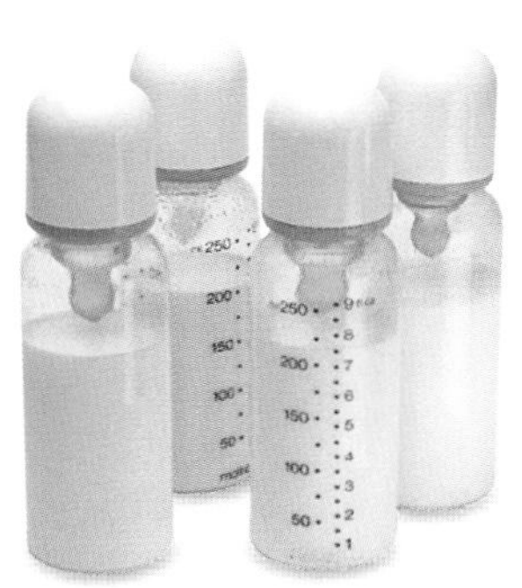

2 Remplissez tous les biberons, placez les capuchons, gardez-les au réfrigérateur (pas dans la contre-porte) 24 heures au maximum.

CONSERVATION DES BOÎTES DE LAIT DÉJÀ OUVERTES

Si vous préférez préparer les biberons au fur et à mesure, vous pouvez conserver les boîtes ouvertes au réfrigérateur pendant 24 heures en les couvrant bien pour empêcher l'entrée des bactéries. (Vérifiez les recommandations sur la boîte. Inscrivez la date. Dans le doute, jetez-la.)

Placez une pellicule plastique sur le dessus de la boîte et scellez bien avec un élastique.

COMMENT NOURRIR UN BÉBÉ AU BIBERON

Nourrir votre bébé est un acte primordial. N'importe qui ne peut pas le faire à votre place. Les gestes qui l'accompagnent sont tout aussi importants: votre amour, vos caresses, votre attention comptent autant pour lui que le lait. Tenez-le blotti contre vous, souriez-lui, parlez-lui. Ne laissez jamais un bébé seul avec son biberon, il risquerait de s'étouffer.

Dès le début, laissez le plus possible le bébé vous guider, laissez-le téter à son rythme, s'arrêter pour regarder autour de lui, toucher le biberon, caresser votre sein. S'il est d'humeur enjouée, une tétée peut ainsi durer 1/2 heure. Surtout, laissez-le s'arrêter quand il le désire. Installez-vous confortablement, mettez-lui un bavoir, gardez un autre bavoir à portée de la main pour essuyer le rot.

Au tour de papa Votre conjoint, lui aussi, peut nourrir le bébé qui, dès qu'il grandit, veut contrôler lui-même sa tétée.

DU SEIN AU BIBERON

Si, pour une raison quelconque, vous devez passer du sein au biberon, rappelez-vous que le changement doit être progressif. La meilleure méthode consiste à remplacer une tétée au sein par un biberon tous les 3 jours ou davantage. Commencez par remplacer la tétée du midi par un biberon. Si le bébé est réticent, essayez de nouveau le lendemain à la même heure une autre forme de tétine et barbouillez-en l'embout avec votre lait. Demandez à quelqu'un d'autre de donner le biberon. Après 3 jours à ce régime, remplacez une seconde tétée au sein et attendez encore 3 jours. Effectuez la transition pour la tétée du soir en dernier.

Si le bébé a plus de 6 mois, on peut le sevrer en le faisant boire à la tasse.

PRÉPARATION DU BIBERON À L'HEURE DE LA TÉTÉE

1 Sortez un biberon du réfrigérateur et retournez la tétine. Réchauffez-le dans l'eau chaude ou sous le robinet si c'est un sac jetable, mais pas dans un four à micro-ondes, car le lait peut être bouillant même si les parois du biberon restent tièdes.

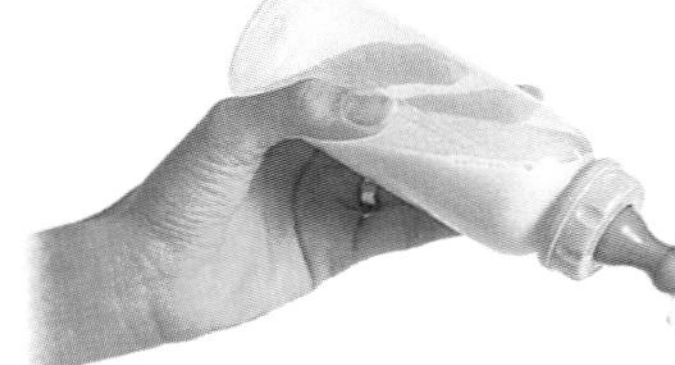

2 Vérifiez le débit du lait: il doit être d'environ 1 goutte par seconde. Un trou trop petit rend la succion difficile, un trou trop grand laisse le lait couler trop vite. Si le perçage de la tétine n'est pas correct, changez de tétine et recommencez.

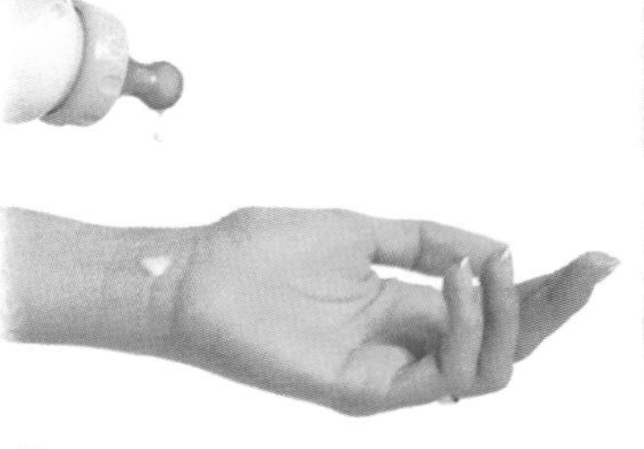

3 Faites couler quelques gouttes du lait sur la face interne de votre poignet: il doit être tiède. Froid, le lait est sans danger, mais les bébés le préfèrent tiède.

4 Desserrez la bague de façon que l'air pénètre dans le biberon quand le bébé tête. Si c'est un sac jetable, il n'est pas nécessaire de faire le vide d'air.

Q&R

«Mon bébé ne termine pas ses biberons: boit-il assez?»

Le manque d'appétit peut annoncer une maladie ou un trouble grave sous-jacent nécessitant des soins médicaux. Vérifiez que la quantité de lait que vous lui donnez est appropriée à son poids (voir p. 102).

Pesez régulièrement le bébé vous-même ou faites-le peser chez le médecin qui le suit: tracez, ou faites tracer, sa courbe de poids. Un manque d'appétit associé à un poids insuffisant doit toujours être pris au sérieux et faire l'objet d'une consultation.

COMMENT DONNER LE BIBERON

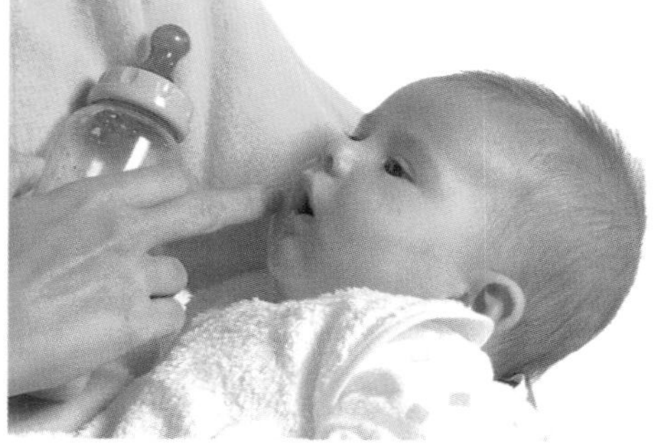

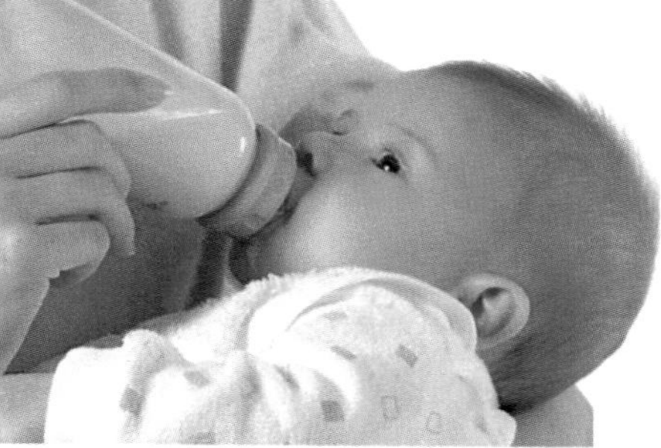

1 Pendant les premiers jours, il faut parfois déclencher le réflexe de succion en caressant la joue la plus proche de vous : le bébé va tourner la tête et ouvrir la bouche. S'il ne le fait pas, ou s'il est plus âgé, faites couler quelques gouttes de lait sur la tétine, puis humectez-en ses lèvres pour lui en faire percevoir le goût. Installez-vous confortablement. Glissez un oreiller sous le bras qui supporte le bébé.

2 Pendant la tétée, tenez le biberon de façon que le bébé puisse tirer en suçant et inclinez-le pour que la tétine soit remplie de lait et non d'air. Si la tétine s'aplatit, tournez le biberon dans sa bouche pour laisser pénétrer un peu d'air.

3 Quand le bébé a terminé, enlevez-lui le biberon. S'il veut encore sucer, proposez-lui votre petit doigt (propre) : il saura vite vous faire savoir s'il veut du lait.

Un bébé avale plus facilement *s'il est à demi redressé.*

Mettez-lui un bavoir *avant de commencer.*

FAIRE LÂCHER LE BIBERON

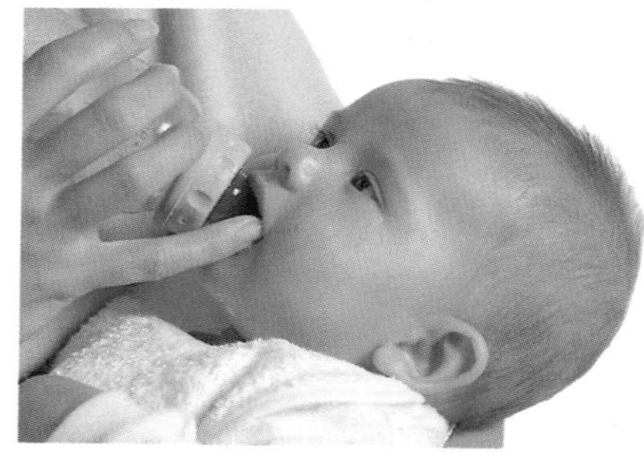

Si votre bébé ne veut pas lâcher le biberon après une longue tétée, glissez votre petit doigt entre ses gencives, tout près de la tétine.

S'IL S'ENDORT PENDANT LA TÉTÉE

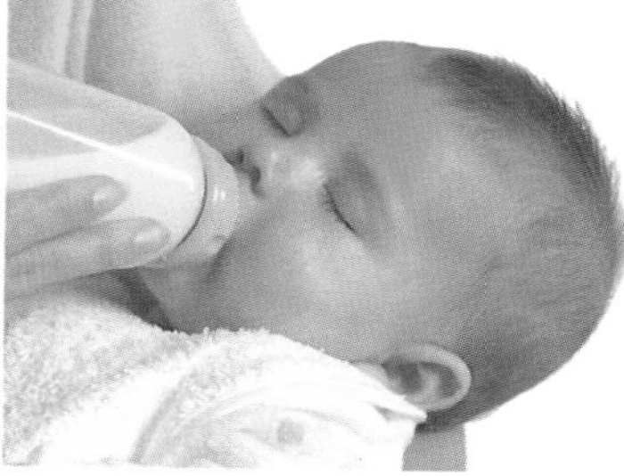

Son estomac, gonflé d'air, lui donne l'impression d'être rassasié. Redressez-le deux minutes et faites-lui faire un rot, puis présentez-lui de nouveau le biberon.

INTRODUCTION DES ALIMENTS SOLIDES

Le lait est l'aliment principal du bébé pendant les 6 premiers mois. Entre 4 et 6 mois, un bébé est prêt à goûter certains aliments pour adultes: vous remarquerez que, même après une tétée copieuse, il semble avoir encore faim, et il peut réclamer une tétée supplémentaire dans la journée. À cet âge, sa production de salive et sa coordination neuromusculaire sont assez développées pour lui permettre de prendre des aliments solides. Un peu après son premier anniversaire, il finira par ne plus avoir besoin du sein ou du biberon pour s'alimenter. Proposez-lui alors un très large choix d'aliments pour qu'il s'habitue à un régime varié et se familiarise avec des goûts et des consistances encore inconnus. Laissez-vous guider par son appétit. Évitez les conflits, laissez le bébé apprécier sa nourriture. Les repas ne sont pas uniquement l'heure de manger, mais ils constituent des moments importants de la vie familiale. Inviter le bébé à y participer «activement» encouragera sa sociabilité, et contribuera à l'intégrer à la famille.

MATÉRIEL POUR LES PREMIERS ALIMENTS SOLIDES

Une cuiller très propre, une assiette creuse et un bavoir sont les seuls objets nécessaires pour commencer. Bientôt, il vous faudra des tasses en plastique pour les boissons. Vous n'avez pas besoin de stériliser le matériel utilisé pour les aliments solides, il suffit de le laver avec soin. Le plastique est de mise pour éviter les bris.

Assiette en plastique

Petite cuiller

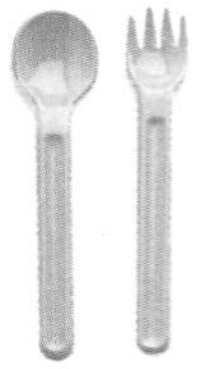

Cuiller et fourchette

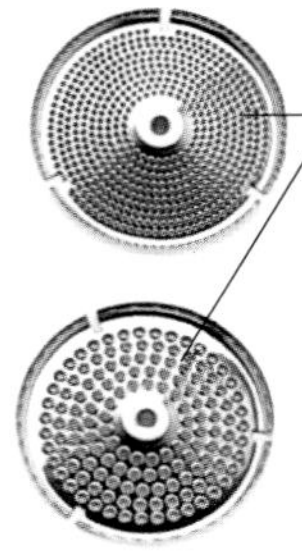

Moulin à légumes manuel ou électrique
Ou utilisez un batteur électrique.

Les grilles *permettent différentes consistances.*

Un bec *empêche le liquide de couler si le gobelet se renverse.*

Tasses en plastique

UN BOL À TOUTE ÉPREUVE !

Un bol en plastique avec un anneau à succion en dessous vous épargnera bien des dégâts. Il est souvent divisé en 3 compartiments et comporte un double fond vous permettant de mettre de l'eau chaude afin de garder les aliments chauds.

BAVOIRS

Bavoir en tissu doublé de plastique
La doublure de plastique et les cordons latéraux assurent une bonne protection.

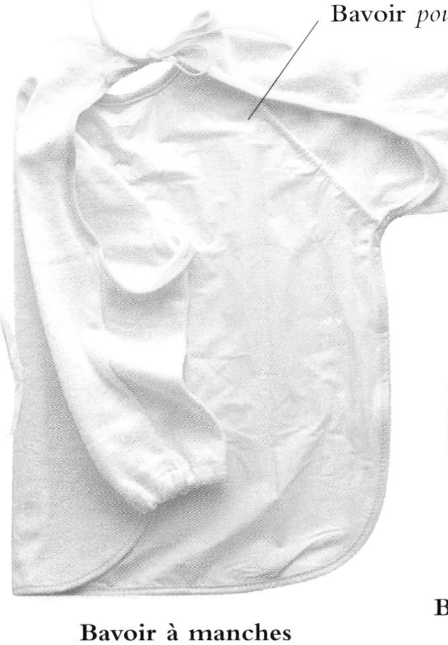

Bavoir *pour protéger les vêtements.*

Bavoir à manches

Bavoir en plastique avec poche

CHAISES

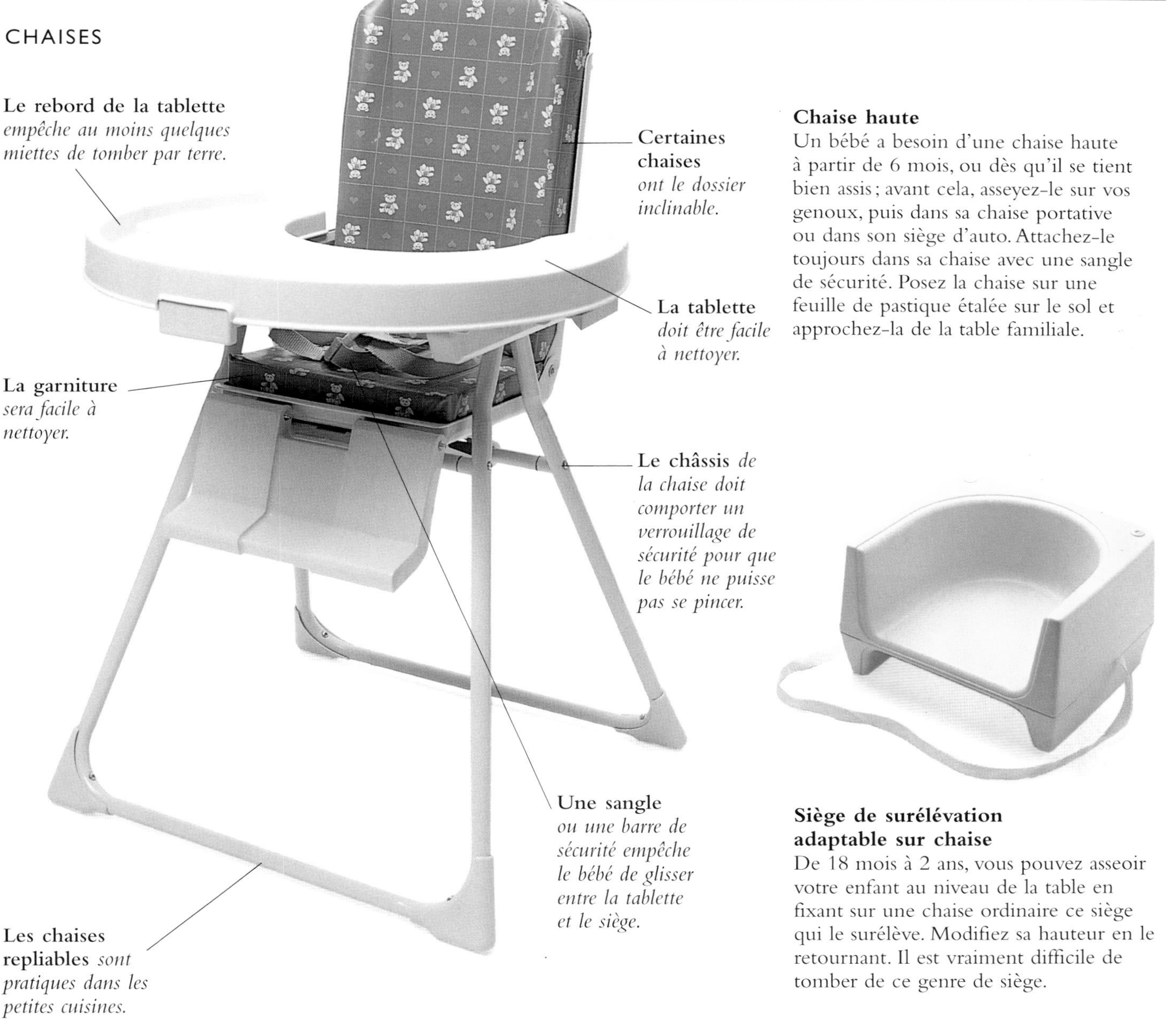

Le rebord de la tablette *empêche au moins quelques miettes de tomber par terre.*

Certaines chaises *ont le dossier inclinable.*

La tablette *doit être facile à nettoyer.*

La garniture *sera facile à nettoyer.*

Le châssis *de la chaise doit comporter un verrouillage de sécurité pour que le bébé ne puisse pas se pincer.*

Une sangle *ou une barre de sécurité empêche le bébé de glisser entre la tablette et le siège.*

Les chaises repliables *sont pratiques dans les petites cuisines.*

Chaise haute
Un bébé a besoin d'une chaise haute à partir de 6 mois, ou dès qu'il se tient bien assis ; avant cela, asseyez-le sur vos genoux, puis dans sa chaise portative ou dans son siège d'auto. Attachez-le toujours dans sa chaise avec une sangle de sécurité. Posez la chaise sur une feuille de pastique étalée sur le sol et approchez-la de la table familiale.

Siège de surélévation adaptable sur chaise
De 18 mois à 2 ans, vous pouvez asseoir votre enfant au niveau de la table en fixant sur une chaise ordinaire ce siège qui le surélève. Modifiez sa hauteur en le retournant. Il est vraiment difficile de tomber de ce genre de siège.

POURQUOI ATTENDRE AVANT DE DONNER DES ALIMENTS SOLIDES ?

Autrefois, les bébés mangeaient très tôt de la purée. Nous avons depuis appris que le système digestif des nourrissons n'est pas prêt à recevoir des aliments solides. Les intestins et les reins peuvent recevoir le lait maternisé ou maternel, mais presque rien d'autre. Allergies, indigestions, constipation et diarrhée sont moins susceptibles de faire leur apparition si vous attendez que votre enfant ait au moins 4 mois (6, en présence d'allergies alimentaires dans la famille).

Les bébés ont du mal à faire passer la nourriture de l'avant à l'arrière de la bouche et tiennent si mal leur tête qu'il est difficile de les maintenir dans une position simple pour les nourrir et leur permettre d'avaler des aliments semi-solides. Vers 4 mois, la plupart des bébés peuvent rester assis adossés à une chaise ; vers 5 mois, le bébé peut facilement avaler des aliments présentés à la cuiller, et à 6 mois il peut mâcher. Le nourrisson de 7 mois pourra tourner la tête pour signifier qu'il en a assez.

Les préférences et les goûts alimentaires
Pour le bébé, l'odeur, le goût et la sensation des aliments qui lui viennent de l'allaitement au sein ou du lait maternisé ne se présentent pas à la cuiller mais au flot continu. Ne vous inquiétez pas si, au début, votre bébé refuse la nourriture et la crache. Laissez-le s'amuser avec sa nourriture. Une fois qu'il aura atteint 6 mois, donnez-lui des aliments à manger avec les doigts. Votre bébé expérimentera ainsi cette nouvelle manière de se nourrir.

QUE FAUT-IL DONNER À MANGER À VOTRE BÉBÉ

Les meilleurs aliments à donner à votre bébé sont les aliments frais que vous préparez et faites cuire vous-même.

Texture Adaptez la texture de la nourriture à ce que le bébé peut prendre. Il est normal de trouver des morceaux d'aliments entiers dans sa couche, mais s'ils apparaissent régulièrement, il vaudra mieux reprendre les aliments écrasés pendant encore quelques semaines. Humectez les purées semi-liquides, les aliments écrasés ou hachés.

Température Laissez toujours les aliments refroidir.

Introduction de nouveaux aliments S'il y a des allergies dans votre famille, présentez tout nouvel aliment seul et attendez 24 heures avant d'en redonner pour voir comment votre bébé y réagit. S'il fait une diarrhée, s'il est malade ou s'il se produit une éruption, ne lui en redonnez plus pendant plusieurs mois.

Assaisonnement Ne salez pas. Le sel peut endommager les jeunes reins de votre bébé. En outre, les ^aliments fades laisseront bébé indifférent.

Ce qu'il faut éviter Jusqu'à 4 ans : les noix et les aliments salés, transformés ou gras. Utilisez des œufs frais et faites-les bien cuire. Avant 1 an : le fromage à pâte molle et le miel. Avant 6 mois : les agrumes, les épinards, les navets et les betteraves.

4–6 MOIS

Consistance. Préparez des purées presque liquides, lisses, sans grumeaux.

Préparation

* Épluchez avec soin ;
* cuisez à la vapeur ou à l'eau ;
* enlevez pépins et filaments ;
* écrasez ou passez au tamis.

D'autres bons aliments

Pois, courge, chou-fleur et haricots verts bien cuits.

Riz pour bébé — **Carottes en purée**

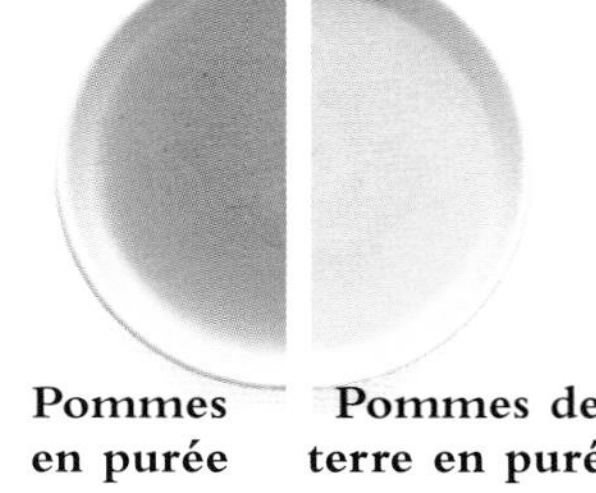

Pommes en purée — **Pommes de terre en purée**

6–8 MOIS

Consistance. Les aliments peuvent être émincés ou écrasés. Ajoutez du liquide ou un yogourt. Donnez des aliments à prendre à la main et à sucer.

Préparation des fruits et des légumes

* Épluchez avec soin ;
* ôtez les pépins, les filaments ;
* écrasez ou passez.

Préparation de la viande et du poisson

* Enlevez la graisse et la peau ;
* cuisson : grillez ou pochez ;
* hachez ou écrasez ;
* coupez en tranches minces.

D'autres bons aliments

Céréales de blé, panais, tomate (peau enlevée et chair cuite à la vapeur), blé d'Inde en purée, abricots séchés réhydratés.

Aliments à éviter : biscuits, gâteaux, crème glacée et fritures. Aucun œuf entier avant 1 an.

Poulet haché — **Poisson blanc haché**

Jaunes d'œufs écrasés — **Yogourt nature**

Aliments à manger avec les doigts

CONSERVATION DES ALIMENTS DU BÉBÉ

La congélation est un bon moyen d'avoir toujours à portée de main des portions d'aliments préparés à la maison et réduits en purée. Préparez vos compotes et vos purées de légumes, et faites-les refroidir en plongeant le bol dans l'eau froide. Versez la compote ou la purée dans des moules à glaçons en plastique, enveloppez-les d'une feuille de plastique et mettez à congeler. Une fois congelés, démoulez-les et conservez-les séparément dans des sachets fermés « spécial congélation » à raison d'un type d'aliment par sachet. Étiquetez, inscrivez la date et ne gardez pas plus d'un mois.

Une demi-heure avant un repas, mettez quelques cubes à décongeler dans un bol. Placez le bol dans de l'eau chaude pour réchauffer la purée, puis versez la purée dans l'assiette. Vous pouvez garder un aliment préparé pour le bébé 24 heures au réfrigérateur en récipient couvert.

8–9 MOIS

Consistance. Proposez à l'enfant des consistances plus épaisses : coupez les aliments au lieu de les broyer. Offrez-lui beaucoup d'autres aliments à manger avec les doigts pour qu'il s'exerce.

Préparation des fruits et des légumes

- ⋆ Épluchez avec soin ;
- ⋆ ôtez pépins et filaments ;
- ⋆ coupez en bâtonnets ou en tranches ; râpez si l'aliment est cru. Attendre cet âge pour offrir betteraves, navets, épinards, parce qu'ils contiennent trop de nitrates.

Préparation de la viande et du poisson

- ⋆ Enlevez la graisse et la peau ;
- ⋆ cuisson : en grillade, en ragoût, ou poché ;
- ⋆ coupez en tranches minces.

D'autres bons aliments
Tartines grillées, viande rouge, plats faits à la maison, soupe (cuits sans sel).

10–12 MOIS

Consistance. Votre enfant mange tout ce que mange la famille. Évitez le sel.

Préparation des fruits et des légumes

- ⋆ Épluchez avec soin ;
- ⋆ ôtez pépins et filaments ;
- ⋆ cuisez à la vapeur.

Préparation de la viande et du poisson

- ⋆ Enlevez la graisse et la peau ;
- ⋆ cuisson : en grillade, en ragoût, ou poché ;
- ⋆ coupez en tranches minces.

D'autres bons aliments Porc (bien cuit), petits pois, lentilles, flageolets, crudités.

À éviter Des aliments riches en graisse ou salés, des aliments sucrés, les fromages à pâte molle non pasteurisés.

Bœuf ou agneau maigre haché

Pâtes

Lentilles écrasées

Riz complet

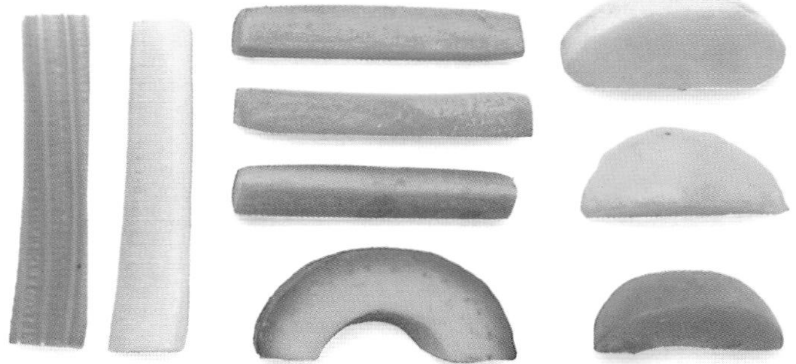

Aliments à manger avec les doigts

Brocoli cuit à la vapeur

Haricots verts

Fruits

Thon en boîte

ATTENTION

Ne donnez jamais à un tout-petit des noisettes, des cacahuètes ou des légumes crus. Il pourrait avaler de travers et s'étouffer. En cas d'allergie familiale, attendre 7 ans pour donner noix ou dérivés.

PRÉFÉREZ L'EAU

Beaucoup d'enfants oublient de boire de l'eau, car ils préfèrent les jus de fruits. Certains consomment jusqu'à un tiers de leurs calories quotidiennes sous cette forme, ce qui leur coupe l'appétit. Les jus pourraient aussi être responsables de caries. Lorsque votre enfant a soif entre les repas, offrez-lui d'abord de l'eau pour qu'il en prenne l'habitude. Les boissons gazeuses ou diététiques qui risquent de contenir des édulcorants artificiels sont contre-indiquées pour les jeunes enfants.

FER ET VITAMINES

Offrir à votre bébé une grande variété d'aliments lui assure l'absorption des nutriments dont il a besoin. Ses réserves de fer s'épuisent au bout de 6 mois. Parmi les bonnes sources de fer, on trouve : la viande rouge, le foie, les fruits secs, les céréales à déjeuner, les lentilles et le jaune d'œuf. Votre bébé assimilera plus de fer s'il consomme des aliments riches en vitamine C (fruits et légumes) simultanément. Ne lui donnez pas de thé : il entrave l'assimilation du fer.

SAVEURS NOUVELLES

Dès 4 mois, un bébé peut commencer à manger des aliments solides, mais, si le lait semble lui suffire, attendez qu'il ait 5 ou 6 mois. Rappelez-vous bien qu'au début, vous devez simplement lui donner l'idée de manger à la cuiller et qu'il faut continuer à lui fournir son lait. Celui-ci lui apporte tous les éléments nutritifs dont il a besoin. Commencez au petit déjeuner ou à midi, en évitant l'heure du souper parce que, si un élément provoque des troubles digestifs, toute la famille passera une mauvaise nuit. Le bébé coopérera plus facilement si vous le laissez d'abord satisfaire sa faim et si vous adoptez le système « sandwich » : interrompez sa tétée au sein ou au biberon et donnez-lui une cuiller de céréale, de légumes ou de fruits. En tout, un repas peut durer 1 heure.

VOUS AUREZ BESOIN
d'un bavoir
d'un bol en plastique ou d'un coquetier
d'une cuiller en plastique
d'une cuiller à dessert, de purée de pomme crue ou de poire, ou de crème de riz
d'une débarbouillette humide

ALIMENTS DU COMMERCE

Les aliments pour bébé en pots ou en boîtes peuvent être très pratiques, surtout quand vous êtes pressée ou quand vous n'êtes pas chez vous. Mais il vaut mieux restreindre leur utilisation parce que leurs saveurs sont fades et uniformes : les aliments préparés à la maison ont des consistances et des goûts beaucoup plus variés. Si vous voulez faire quelques réserves de petits pots, évitez ceux qui contiennent du sucre, du dextrose, du saccharose ou du sel, ou ceux dont le premier constituant inscrit sur l'étiquette est l'eau. Celle-ci est alors l'ingrédient le plus abondant, et l'aliment n'est pas nourrissant. Vérifiez les dates limites de consommation.

PREMIÈRE FOIS

Asseyez-vous confortablement, le bol de nourriture à portée de main. Mettez un bavoir au bébé, puis donnez-lui son biberon habituel ou le sein (laissez-le vider la moitié du biberon ou un sein). Faites-lui faire son rot. Il aura encore besoin de son lait pendant plusieurs mois.

SAVEURS NOUVELLES

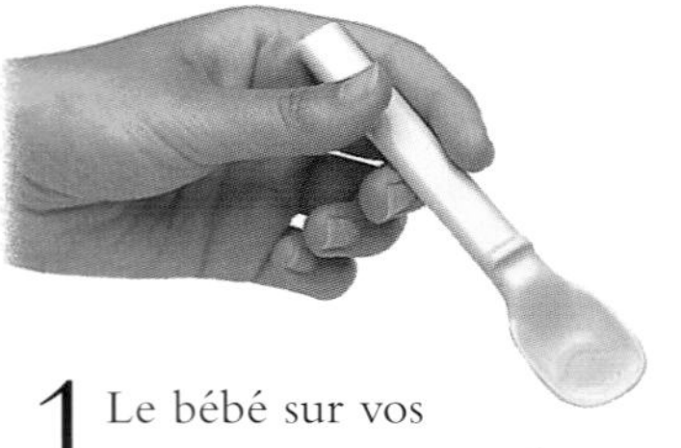

1 Le bébé sur vos genoux, prenez avec le bord de la cuiller un peu de l'aliment et glissez-le entre ses lèvres pour qu'il puisse sucer. N'essayez pas de lui enfoncer la cuiller dans la bouche, il pourrait avoir un haut-le-cœur. Au début, il peut se montrer surpris par le goût et la nouvelle sensation : soyez patiente et encouragez-le de la voix.

2 Il se peut qu'il apprécie très vite cette nouvelle expérience. S'il recrache la nourriture, ramassez-la avec la cuiller et remettez-la lui entre les lèvres. Quand il a avalé environ une cuillerée de purée ou de céréale de riz, donnez-lui le reste de son lait, ou le sein.

S'IL REFUSE LA CUILLER

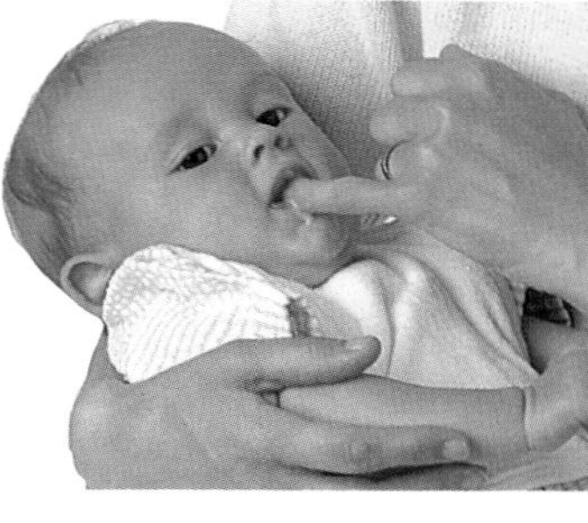

Plongez le bout du doigt (propre) dans l'aliment et faites-le sucer. S'il proteste encore, c'est peut-être qu'il n'aime pas ce goût-là. La fois suivante, essayez autre chose.

MÉTHODE DE SEVRAGE

C'est le tempérament de votre bébé qui décidera de la méthode de sevrage que vous adopterez, c'est-à-dire du passage de la tétée au sein ou du biberon à la nourriture solide. Ne pressez pas l'enfant, progressez pas à pas et attendez qu'il se soit adapté à un changement avant de passer à l'étape suivante. Le tableau ci-dessous vous indique une méthode possible, fixant le début du sevrage vers 6 mois. Les quantités données ici sont seulement indicatives. Vous pouvez avoir envie d'aller beaucoup plus lentement ou préférer vous libérer à l'heure du petit déjeuner pour commencer le sevrage. Si vous nourrissez au sein, n'oubliez pas qu'il faut que votre sécrétion de lait se tarisse progressivement. Abandonnez une tétée à la fois et laissez passer 3 jours avant de supprimer la tétée suivante.

GUIDE DU SEVRAGE, ÉTAPE PAR ÉTAPE

Étape/âge	Que faire?	Boissons	Repas et tétées				
			TÔT LE MATIN	DÉ-JEUNER	DÎNER	SOUPER	COU-CHER
1re et 2e semaines Âge : 6 mois (les âges ne sont donnés qu'à titre indicatif)	Offrez de petites cuillerées de céréales, au milieu de la tétée, à l'heure du dîner. Donnez au bébé le même aliment pendant 3 jours pour qu'il s'y habitue.	Préparations lactées enrichies en fer. Donnez à boire de temps en temps au bébé de l'eau bouillie refroidie.	■	■	■■■	■	■
3e et 4e semaines Âge : 6 mois et demi	Introduisez les céréales pour bébé (une à la fois) au petit déjeuner au milieu de la tétée. Augmentez la quantité d'aliments solides du dîner de 3 ou 4 cuillerées.	Offrez-lui de l'eau bouillie froide, du jus de fruits dilué dans un biberon. Ne vous inquiétez pas s'il refuse.	■	■■■	■■■	■	■
5e et 6e semaines Âge : 7 mois	Introduisez les aliments solides au souper, au milieu de la tétée. Une semaine plus tard, offrez deux aliments différents au dîner : 2 ou 3 cuillerées de purée de légumes et de compote.	Achetez-lui une tasse de bébé, mais pour le moment ce ne sera pour lui qu'un jouet.		■■■	■■■■	■■■	■
7e et 8e semaines Âge : 7 mois et demi	Offrez-lui un aliment solide au début du dîner, puis complétez-le par la tétée. Donnez deux aliments à l'heure du souper, par exemple légume et banane écrasée. Au déjeuner et au souper, commencez toujours par la tétée. À chaque repas, le bébé peut prendre 5 ou 6 cuillerées à dessert d'aliments solides.	Commencez à lui donner à boire à la tasse, mais tenez-la vous-même quand il boit.		■■■	■■■	■■■■	■
9e et 10e semaines Âge : 8 mois	Au dîner, on commence la viande (1 à 2 c. à soupe) ; proposez une tasse de lait au lieu de la tétée. Après quelques jours sans tétée au dîner, offrez des aliments solides pour commencer le souper.	Offrez-lui son lait dans une tasse, et de l'eau bouillie froide ou du jus de fruits dilué en dehors des repas.		■■■	■■	■■■	■
11e et 12e semaines Âge : 8 mois et demi	Après le souper, offrez le lait dans une tasse au lieu d'une tétée complète. Vous remarquerez sans doute que le bébé refuse souvent sa tétée de complément après un déjeuner solide.	Comme ci-dessus.		■■	■■	■■	■
13e semaine et après Âge : 9 mois	Offrez-lui à boire dans une tasse au lieu de la tétée avant le déjeuner ; le bébé prend des aliments solides à trois repas et boit du lait maternisé. À partir de 12 mois, il pourra boire du lait de vache entier.	Comme ci-dessus. Maintenant, le bébé tient sa tasse tout seul.		■	■■	■■	■
			Légende ■ Tétée ■ Aliments solides				

APPRENDRE À MANGER SEUL

Votre bébé aura envie de manger seul bien avant d'en être capable. Même s'il salit tout – attendez-vous à ce que la nourriture éclabousse son visage, ses cheveux, ses vêtements et le sol – et même s'il mange lentement, encouragez-le le plus possible : ce sont ses premiers pas vers l'indépendance. Ayez une attitude très détendue pendant les repas : si votre bébé les trouve agréables et intéressants, vous risquez beaucoup moins d'être confrontée à des problèmes d'alimentation plus tard.

À 7 MOIS

Votre bébé s'efforce de manger seul, mais son manque de coordination motrice ne lui permet pas de porter à la bouche tous les aliments dont il a besoin. Nourrissez-le vous-même, mais ne l'empêchez pas de jouer avec ses aliments : c'est la première étape de son apprentissage. Et tant pis s'il se barbouille la figure. Vous l'essuierez avec une débarbouillette quand il aura fini. Donnez-lui divers aliments à prendre avec les doigts. Comme ils sont faciles à tenir, le bébé se sentira plus habile et plus sûr de lui.

1 Au début du repas, il a faim. Gardez l'assiette hors de sa portée et nourrissez-le à la cuiller.

2 Une fois qu'il aura un peu calmé sa faim, laissez-le coopérer, mais continuez à le nourrir vous-même.

CONSEILS PRATIQUES

⋆ S'il s'empare de la cuiller, utilisez deux cuillers. Remplissez-en une et placez-la dans l'assiette pour qu'il puisse la prendre. Remplissez l'autre et tenez-la prête au cas où la première se renverse. Lorsque cela se produit, mettez-lui la cuillerée prête dans la bouche, et remplacez sa cuiller pour qu'il continue à s'exercer.

⋆ Préparez plusieurs cuillers pour remplacer celles qui tombent par terre.

Votre bébé *ne sera pas très adroit, mais il adorera le défi.*

3 Le bébé est parfois si occupé à plonger les mains dans son assiette et à enfourner les aliments dans sa bouche qu'il peut se désintéresser totalement de la cuiller que vous lui présentez. S'il a faim, il lui arrive de pleurer et de s'agiter parce qu'il est frustré de ne pas aller assez vite : offrez-lui donc des cuillerées plus pleines. Mais, par ailleurs, laissez-le s'exercer. Il est important pour lui de sentir qu'il peut le faire « tout seul ». Il saura bien quand il aura assez mangé.

4 Les aliments solides donnent soif. Donnez-lui son lait maternisé en tenant sa tasse. Il ne peut pas le faire seul.

«Quelle quantité de nourriture dois-je lui donner?»

Laissez le bébé vous guider. À 6 mois, mettez 4 cuillers à soupe de nourriture dans son assiette, et offrez-lui-en davantage s'il mange tout. Pour les céréales, mettez 2 cuillerées à soupe. Parfois, le bébé se jettera sur la nourriture; parfois, il y touchera à peine. S'il prend du poids normalement, ne vous inquiétez pas quand il ne mange pas tout.

«Mon enfant ne veut avaler que des purées de carottes. Que puis-je faire?»

Ce genre de lubie est fréquent et ne dure souvent pas plus de 15 jours. Présentez-lui autre chose, sans vous inquiéter s'il n'en veut pas. Assurez-vous de toujours jeter l'eau de cuisson (qui contient trop de nitrates). Si vous êtes inquiète, demandez conseil à votre médecin ou à l'infirmière.

«Dois-je le forcer à manger ce qu'il n'a pas l'air d'aimer?»

Respectez ses goûts. S'il n'aime pas un aliment, ne le mélangez pas avec un autre qu'il aime: il finirait par détester les deux. Proposez-le-lui sous une autre forme. S'il n'aime pas les légumes, il peut les manger crus, râpés, ou dans une soupe.

15 MOIS
L'enfant s'efforce de manger seul à la cuiller ou à la fourchette (à dents arrondies). Coupez ses aliments en morceaux prêts à mâcher. Certains jours, il aura besoin de votre aide.

QUAND L'ENFANT GRANDIT

Vers 2 ans, votre enfant sera sans doute capable d'abandonner sa chaise haute pour manger à votre table. Les repas sont des étapes importantes. Cet apprentissage des repas au sein de la famille contribue au développement de sa sociabilité. Ce qu'il mange est aussi très important mais, pourvu que vous lui serviez une nourriture équilibrée en quantité suffisante, laissez-le choisir de la manger ou non. Il ne se laissera pas mourir de faim, et il est mieux placé que n'importe qui pour connaître la quantité dont il a besoin.

Une bonne collation
Une pomme est une bonne source de fibres et de vitamines. Lavez-la bien ou épluchez-la.

Pour éviter les problèmes au moment des repas

Le secret d'un repas sans problèmes est de rester détendue, et de faire sentir au bébé que manger est une manière agréable de satisfaire sa faim. La grande erreur est de se disputer au sujet de la nourriture : vous sortirez du conflit plus perturbée que l'enfant qui, la prochaine fois, vous résistera encore plus. Essayez plutôt d'envisager le repas comme un moment sympathique de la journée, aussi bien pour vous que pour l'enfant.

* Offrez à l'enfant un régime varié ; laissez-le manifester ses préférences ; il montrera vite ce qu'il aime et ce qu'il n'aime pas.
* Ne le punissez pas s'il refuse de manger un aliment ; ne le récompensez pas pour en avoir mangé un autre. « Mange tes carottes et tu pourras aller jouer avec ton tricycle » lui fait penser qu'il doit y avoir dans ses carottes quelque chose de bien mauvais pour qu'on le récompense de les avoir avalées.
* Ne passez pas trop de temps à lui préparer une nourriture spéciale : vous lui en voudrez doublement s'il ne la mange pas.
* S'il s'amuse, ne le pressez pas de finir, car il est plus lent que vous. Si vous voulez qu'il ne quitte pas la table familiale avant que vous ayez terminé, vous devez faire de même à son égard et attendre qu'il ait fini.
* N'insistez pas pour qu'il mange davantage, et permettez-lui de s'arrêter quand il est rassasié.
* Il ne se laissera pas mourir de faim et, si sa courbe de croissance est normale, c'est qu'il mange suffisamment.

Un régime équilibré

Le mot clé d'un bon régime est la variété : si, durant la semaine, vous servez divers aliments, vous pouvez être sûre que l'enfant reçoit les éléments nutritifs dont il a besoin. En revanche, son régime sera déséquilibré si, pendant de longues périodes, il mange exclusivement les mêmes catégories d'aliments : biscuits secs et gâteaux, par exemple, ou beaucoup de saucisses ou de charcuterie.

Collations et sucreries

Votre enfant a souvent besoin, entre les repas, d'une collation. Plutôt que des biscuits, donnez-lui une tranche de pain complet, une pomme, une carotte, une banane, qui sont sains et nourrissants.

COMMENT AMÉLIORER L'ALIMENTATION FAMILIALE ?

* Remplacez le beurre par de la margarine végétale et de l'huile pour faire les tartines et la cuisine.
* Réduisez la viande rouge au minimum : 1 ou 2 fois par semaine.
* Servez du poulet ou du poisson au moins 3 fois par semaine.
* Préférez les grillades aux fritures.
* Préférez les aliments frais aux conserves : ils contiennent moins de sel et de sucre.
* N'achetez que du pain complet et des céréales complètes.
* Servez le plus possible les légumes crus ou peu cuits. Toute cuisson détruit les éléments nutritifs, mais la moins nocive est la cuisson à la vapeur.

S'il n'a pas très faim au repas suivant, son équilibre nutritionnel n'en sera pas perturbé pour autant.

Les sucreries peuvent être l'enjeu de chaudes batailles, mais c'est à vous d'établir les règles et de vous y tenir. Il n'est ni juste ni réaliste d'en priver complètement l'enfant, car cela pourrait les lui rendre encore plus désirables. Les sucreries apportent avant tout des calories ; de plus, elles sont très nocives pour les dents.

Contrôlez la préférence de l'enfant pour le sucré en réduisant au minimum les aliments sucrés.

* Comme dessert, donnez des yogourts ou un fruit à la plupart des repas. Le fromage est bon aussi parce qu'il neutralise l'acide qui se forme dans la bouche et attaque l'émail dentaire.
* Quand vous laissez votre enfant manger des sucreries, réservez-les pour la fin d'un repas (et non entre les repas).
* Choisissez des confiseries qui se mangent vite et non celles qui se sucent ou se mâchonnent longuement.
* Donnez-lui des jus de fruits et non des boissons aux fruits.
* Ne lui offrez pas de sucreries en guise de récompense ou de punition : elles prendraient trop de valeur pour l'enfant.
* Que le brossage des dents avec un dentifrice fluoré devienne une routine, au moins après le petit déjeuner et avant d'aller au lit (voir p. 144-145).

PLEURS ET CRIS

Durant sa première année, un enfant pleure souvent. Au début, les pleurs sont le seul moyen de communiquer son besoin de nourriture et de confort, mais, à partir de 3 mois, vous noterez un changement. Au lieu de pleurer durant la majeure partie de ses périodes d'éveil, il emploie ce temps à faire connaissance avec le monde qui l'entoure. La durée de ses cris diminue, vous deviendrez plus apte à comprendre ce qu'il désire.

Quand votre bébé pleure, votre instinct vous pousse à le prendre et à le câliner ; ne vous inquiétez pas à l'idée de le gâter ou de l'inciter à crier davantage en agissant ainsi. Votre bébé a besoin de savoir qu'il peut compter sur vous. Néanmoins, d'incessants accès de pleurs vous épuisent, et, si vous sentez que vous perdez patience de plus en plus facilement, parlez-en à votre médecin. Peut-être pouvez-vous aussi interroger d'autres mères sur leur façon de faire.

COMMENT CALMER UN NOUVEAU-NÉ

Si votre bébé crie, réagissez sans tarder et sans vous poser de question : le laisser crier ne ferait que l'énerver davantage.

7 MOYENS POUR APAISER UN BÉBÉ QUI PLEURE

Offrez-lui une tétée. Durant les premiers mois, la faim est la cause la plus probable de ses pleurs ; lui donner à téter est la meilleure façon de l'apaiser, même lorsque cela se traduit par de fréquentes tétées. Si votre bébé tète le biberon avec avidité même lorsque vous avez rapproché les tétées, essayez de lui donner de l'eau bouillie dans un biberon : il a peut-être soif.

Câlinez-le. Très souvent, un tendre contact suffit pour l'apaiser et calmer ses pleurs. S'il se calme quand vous le tenez très droit appuyé contre votre épaule, ou couché dans vos bras tourné vers le sol (voir p. 83), peut-être avait-il besoin de faire un rot. S'il vient d'être passé de bras en bras dans un cercle d'amis et de parents, peut-être voulait-il tout simplement manifester son désir d'être câliné un moment par une personne familière.

Bercez-le. Un mouvement rythmé calme un bébé grognon et peut l'endormir. Bercez-le dans vos bras et, s'il ne s'endort pas, accélérez le mouvement. Ou sautillez d'un pied à l'autre, ou installez-le dans un porte-bébé ventral (voir p. 85). Bercez-le dans un fauteuil à bascule, si vous en avez un, ou mettez-le dans son landau que vous ferez avancer et reculer de la main. Si vous pouvez l'emmener faire le tour du pâté de maisons, le roulement, la montée et la descente des trottoirs ont souvent un effet apaisant.

Promenez-le. Très souvent vous calmerez votre bébé simplement en le promenant contre vous dans son porte-bébé. Le contact physique ainsi que le mouvement l'apaiseront. Si votre bébé pleure parce que vous venez de changer sa couche, de le baigner ou de l'habiller, c'est probablement le meilleur moyen de le calmer et, peut-être, même de l'endormir.

Tapotez-le. Tapotez-lui le dos ou le ventre ; frottez-les régulièrement. Cela le calmera et libérera peut-être un rot. Le contact de votre main le réconfortera quand vous le poserez sur son matelas à langer pour le changer.

Donnez-lui quelque chose à sucer. Les bébés se calment presque tous en suçant. Votre petit doigt – propre – est le moyen quasiment magique pour l'apaiser et, parfois, l'endormir. Il peut aussi très tôt sucer son propre doigt. Si vous optez pour la sucette, choisissez une forme physiologique et stérilisez-la de temps à autre (voir p. 124).

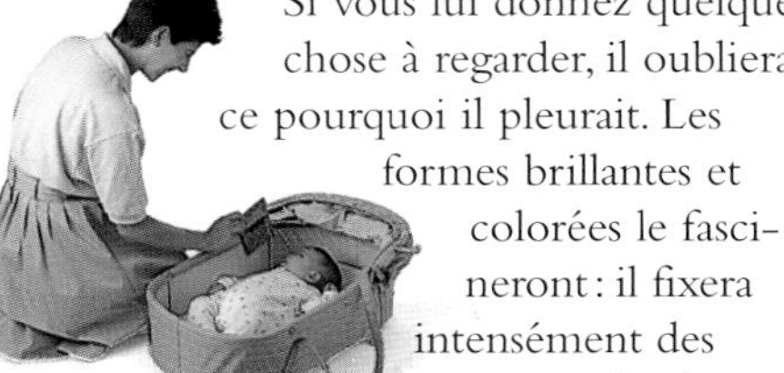

Distrayez votre bébé. Si vous lui donnez quelque chose à regarder, il oubliera ce pourquoi il pleurait. Les formes brillantes et colorées le fascineront : il fixera intensément des cartes postales, le papier peint. Les visages, les miroirs sont aussi très distrayants, et une promenade dans la maison pour regarder les tableaux ou se contempler dans les glaces peut calmer un bébé hurlant.

7 CAUSES POSSIBLES DE PLEURS

Bien souvent, on ne sait pas la raison pour laquelle un nourrisson pleure : vous faites quelque chose qui paraît le calmer, du moins pour un moment, mais vous n'êtes pas plus avancée. Si vous avez essayé les remèdes simples – une tétée, un câlin – et que toutes les tactiques généralement efficaces ont échoué, les pleurs ont peut-être d'autres causes. En voici sept.

Maladie. Elle peut faire pleurer un bébé. Il faut y penser si ses pleurs sont différents de ses cris habituels. Appelez toujours le médecin ou Info-Santé si quelque chose vous paraît anormal. Quand un bébé a le nez bouché par un rhume, il ne peut ni téter ni sucer son pouce, et il se réconforte d'une autre façon, même s'il n'est pas bien malade. Des gouttes nasales peuvent faciliter sa respiration (voir p. 180-181).

Érythème fessier. Cette affection peut faire pleurer un bébé. Si ses fesses sont irritées, enlevez-lui ses couches, nettoyez toute la région avec soin et laissez le bébé sans couche jusqu'au soir, sur une serviette de toilette ou sur une couche de tissu. Soignez l'érythème pour l'empêcher de s'aggraver (voir p. 150).

Colique. Souvent appelée « colique des 3 mois » ou « colique du soir », elle est caractérisée par un accès de pleurs inconsolables, survenant tous les jours à une heure précise, en général en fin d'après-midi ou le soir. Elle apparaît vers 3 semaines et dure jusqu'à la 12e ou 14e semaine. La première fois qu'il a un accès de pleurs que vous ne parvenez pas à calmer, consultez votre médecin ou Info-Santé. Ce n'est pas grave, mais vous pourriez vous tromper de diagnostic et ne pas remarquer d'autres symptômes plus sérieux.

Ambiance. Elle peut parfois faire pleurer un bébé. Il peut avoir froid : dans la chambre d'un bébé, la température doit être de 16 à 20 °C. Évitez de surchauffer et n'entassez pas trop de couvertures sur son lit. Elle peut aussi être trop élevée : si la nuque du bébé est chaude et moite, il a sans doute trop chaud. Découvrez-le, enlevez-lui quelques vêtements. S'il transpire, une serviette-éponge sous son drap de dessous rendra son berceau beaucoup plus confortable. Un éclairage violent peut le faire pleurer : vérifiez que la lampe qui surplombe la table à langer ou le soleil ne l'éblouissent pas.

Les activités qu'il exècre. Elles ne peuvent pas toujours être évitées, même s'il proteste bruyamment. En général, les nouveau-nés détestent l'habillage et le déshabillage, le bain, les gouttes dans le nez ou les yeux. Agissez aussi vite que possible, puis câlinez le bébé pour l'apaiser.

Votre propre humeur. Elle peut influencer celle du bébé. Peut-être est-ce le soir et êtes-vous fatiguée ; peut-être sa maussaderie vous agace-t-elle. Comprendre que votre bébé ne fait que réagir à votre humeur vous aidera à vous montrer plus calme à son égard.

Un excès de sollicitations. Ceci peut parfois faire crier un bébé déjà en larmes : le passer de bras en bras, lui changer ses couches sans raison, lui proposer sans arrêt des tétées, commenter ses cris d'une voix anxieuse, tout cela peut l'énerver et le faire crier davantage. Si vous ne découvrez aucune raison à ses pleurs, ne vous persuadez pas qu'il y en a obligatoirement une : il ne désire peut-être qu'un câlin apaisant.

QUE FAIRE EN CAS DE COLIQUE ?

Si votre bébé souffre d'une « colique du soir », prenez votre mal en patience, surtout si vous savez qu'il n'est pas malade, et que cette colique ne durera qu'un temps. Ne souffrez pas seule dans votre coin : ces 3 mois seront difficiles pour vous, votre conjoint et le bébé. Rappelez-vous les trois points suivants :

* Faites tout votre possible pour calmer le bébé. Déplacez-vous en le portant, proposez-lui fréquemment des tétées, frottez-lui le ventre ;
* N'ayez pas recours aux médicaments. Une colique ne se soigne pas. Donc, il est inutile de donner à votre bébé des médicaments pour rien ;
* Essayez de vous libérer un soir de temps en temps en laissant votre mari, ou une personne de confiance, s'occuper du bébé à votre place.

QUAND LE BÉBÉ GRANDIT

À partir de 3 mois, vous allez remarquer de grands changements : le bébé est beaucoup plus conscient de ce qui l'entoure, il réagit et s'intéresse à tout – il devient de plus en plus une personne. Il pleure encore beaucoup et continuera pendant les mois qui viennent, mais maintenant vous comprenez mieux ses raisons.

6 CAUSES DE PLEURS CHEZ UN BÉBÉ PLUS ÂGÉ

Faim. Elle reste une raison majeure de pleurs. Au cours de sa première année, il devient plus actif et se nourrit d'aliments solides ; il est plus souvent fatigué et maussade entre les repas ; il a un emploi du temps très chargé. Une collation, un boire lui redonneront de l'énergie et le réconforteront.

Anxiété. Il s'agit d'une cause nouvelle de pleurs à partir de 7 ou 8 mois, parce que le bébé a alors découvert à quel point il vous est attaché. Vous êtes son principal repère affectif. Il est content d'explorer le monde, pourvu que vous restiez à ses côtés. Si vous le quittez, s'il vous perd des yeux, il peut se mettre à pleurer. Soyez patiente, laissez-le s'habituer progressivement aux personnes et aux situations nouvelles.

Douleur due aux chocs. Quand il commence à bouger, les chocs sont une cause fréquente de pleurs. Souvent, il crie parce qu'il s'est cogné, très rarement parce qu'il s'est blessé, et vous le consolerez aisément en le câlinant et en lui donnant un jouet.

Sa volonté de « se débrouiller » seul. Ce sera souvent une cause de friction et de larmes, surtout à partir de 2 ans. Demandez-vous si vous ne le brimez pas sans nécessité ou si vous n'essayez pas simplement d'imposer votre volonté. Certes, il faut le surveiller, veiller à sa sécurité. S'il est contrarié au point de faire une colère, ne criez pas, n'essayez pas de le raisonner, ne le punissez pas ensuite. Ignorez la colère. Attendez la fin de l'accès, puis reprenez vos occupations (voir aussi p. 176).

Frustration. Elle provoque souvent des pleurs quand votre bébé s'efforce de faire quelque chose sans succès. Vous pouvez éviter ces larmes en lui facilitant la vie, par exemple en lui donnant les objets qui se trouvent hors de sa portée. Pour le calmer, donnez-lui un jouet ou inaugurez un nouveau jeu et son chagrin s'envolera, ou aidez-le quand il s'évertue à se débrouiller tout seul, mais ne faites pas la chose à sa place.

Fatigue. Elle se traduit par des pleurnicheries, de l'irritabilité et, finalement, par des larmes. À la fin de sa première année, la vie du bébé est si riche en expériences nouvelles qu'il peut avoir épuisé son énergie en dépit de son enthousiasme d'explorateur. Il a besoin de vous pour l'aider à se détendre avant de s'endormir et donc se reposer. Prenez-le sur vos genoux et racontez-lui une histoire pour le calmer à l'heure du coucher (voir p. 124-125). Efforcez-vous d'en faire une habitude.

Q&R

« Les percées dentaires font pleurer mon bébé plusieurs jours. Que faire pour le soulager ? »

La percée des premières dents ne devrait pas perturber un enfant, mais celle des dents du fond, la 2e année, peut le faire souffrir. Il peut baver et avoir la joue rouge pendant 2 jours. Voici quelques moyens pour l'aider :

★ frottez-lui les gencives avec votre petit doigt ;
★ donnez-lui quelque chose de dur à mâcher : un anneau de dentition est idéal et encore plus apaisant si vous le refroidissez auparavant dans le réfrigérateur ;
★ si vous lui donnez un anneau dentaire rempli d'eau, placez-le auparavant dans le réfrigérateur, mais pas dans le congélateur ;
★ émoussez les arêtes vives de ses jouets ;
★ n'abusez pas des médicaments ni de la pommade dentaire.

SOMMEIL DE VOTRE BÉBÉ

Un nouveau-né dort selon ses besoins ; malheureusement, il ne dort pas toujours pendant les heures qui vous conviennent, et votre vie, pendant plusieurs semaines, sera marquée par les mauvaises nuits et le manque de sommeil jusqu'à ce que le bébé prenne des habitudes qui correspondent mieux aux vôtres. Vers 9 mois, de nouveaux problèmes peuvent apparaître : le bébé peut refuser de vous laisser partir quand vous lui avez dit bonsoir, ou prendre l'habitude de dormir le jour et de rester éveillé la nuit.

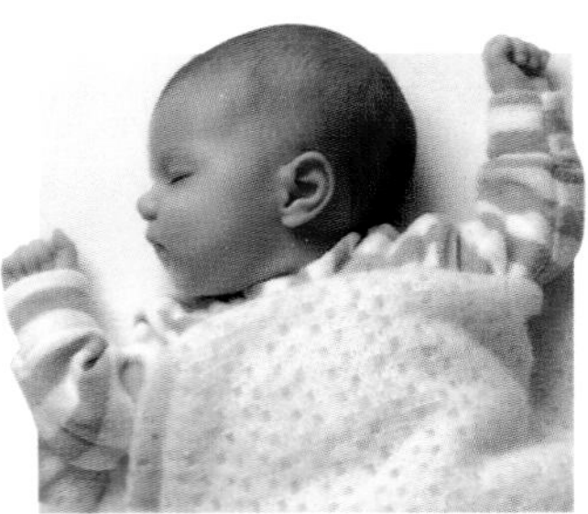

Dès le milieu de sa première année, commencez donc à accorder beaucoup d'attention au moment du coucher : vous vous épargnerez sans doute d'importants problèmes plus tard. Le rituel du coucher, chaque soir identique, apaisant et tendre, donne à l'enfant le sentiment de sécurité dont il a besoin. Jusqu'à 2 ans et demi, et bien souvent au-delà, un enfant a besoin de dormir dans la journée. Sa vie est très active, surexcitante, et une sieste réparatrice dans la matinée ou dans l'après-midi l'empêchera d'être fatigué et grognon.

ACCESSOIRES DU SOMMEIL

Les objets concernant le sommeil du bébé constituent un gros investissement, renseignez-vous, et choisissez soigneusement. Pour le lit, assurez-vous qu'il a été fabriqué après septembre 1986 quand l'espacement entre les barreaux a été réglementé et la peinture avec plomb interdite. Il vous faudra beaucoup de literie lavable. Une couette est légère et chaude, mais un enfant agité dormira peut-être mieux sous un drap et une couverture bien bordés.

OÙ DOIS-JE COUCHER MON BÉBÉ ?

Un berceau
Votre bébé y dormira longtemps. Investissez dans un modèle solide et bien fini, conforme aux normes actuelles de Santé Canada et à la loi sur les produits dangereux.

Un landau
Choisissez un modèle qui s'adapte à un châssis à roues. Assurez-vous qu'il est conforme aux normes de sécurité. Très pratique et facile à transporter à l'extérieur, le bébé peut y dormir le jour ou la nuit.

Si le lit *a des arêtes vives, poncez-les.*

Un drap-housse *100 % coton est facile à mettre et confortable.*

Des poignées *vous permettent de transporter aisément le bébé endormi.*

LITERIE DE VOTRE BÉBÉ

Matelas
Choisissez un matelas ferme recouvert de tissu.

Drap-housse et couette
Une couette est chaude et légère : choisissez un garnissage synthétique anti-allergène, lavable à la machine.

Capitonnage
Il n'est pas recommandé pour les nourrissons, car il entrave la circulation de l'air. De plus, en grandissant, le bébé risque de grimper dessus et de tomber.

Couverture ajourée
Elle est mieux adaptée au confort du nourrisson.

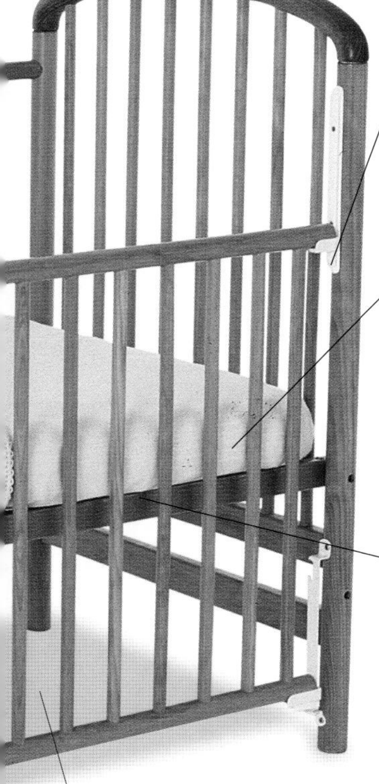

Le mécanisme du côté coulissant *doit être impossible à manœuvrer par le bébé.*

Prenez toutes les précautions *nécessaires en achetant un matelas. Il doit être parfaitement adapté au berceau pour que votre bébé ne se coince pas la tête.*

Le sommier *doit être parfaitement ajusté aux bords internes du lit pour que le bébé ne se coince pas le visage ou la tête dans l'interstice. Il doit pouvoir être baissé.*

L'espacement *entre les barreaux doit être inférieur à 6 cm, pour que le bébé ne puisse pas y glisser son pied.*

JOUETS DE BERCEAU

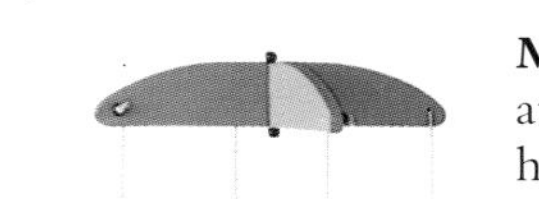

Mobile Suspendu au-dessus du lit, hors de sa portée, un mobile amuse le bébé et éveille sa curiosité.

Ours en peluche

CHAMBRE DU BÉBÉ

- Une pièce bien chauffée, entre 16 et 20 °C, est idéale.
- Installez une veilleuse qui vous permettra de surveiller l'enfant pendant son sommeil sans le déranger.
- À moins que vous n'habitiez un petit appartement, installez un moniteur de bébé.
- N'attachez jamais un jouet à une ficelle.

INTERPHONE DE SURVEILLANCE

Les interphones de surveillance pour bébé se composent de deux appareils séparés : l'un est placé près du bébé, l'autre près de la personne qui surveille. Un microphone vous permet d'entendre, n'importe où dans la maison, si votre bébé pleure. Beaucoup d'interphones sont dotés d'un volume réglable sur l'appareil destiné aux parents, d'une veilleuse intégrée et d'un affichage numérique à distance de la température de la pièce. Comme pour tout autre matériel électrique vendu ou utilisé au Canada, assurez-vous qu'il porte la certification (CSA,ULC et UL) qui garantit le respect des normes canadiennes.

SOMMEIL DIURNE ET SOMMEIL NOCTURNE

Les premiers jours, un nouveau-né dort par à-coups, au hasard, la nuit et le jour. Le tableau ci-dessous montre comment se développe son rythme de sommeil : au fil des mois, il dormira de plus en plus longtemps la nuit, tandis que ses périodes d'éveil diurne s'allongeront. Ne vous inquiétez pas si l'adaptation de votre bébé au sommeil nocturne dure plus longtemps que ce que vous espériez.

Distinguer le jour et la nuit

Dès son plus jeune âge, montrez bien à votre bébé que vous considérez différemment son sommeil de jour et son sommeil de nuit, pour lui apprendre le moment destiné au jeu et celui pour dormir. Le jour, vous pouvez le coucher dans son landau ou son berceau ; et la nuit, dans son lit. Dehors, vous pouvez vous installer à l'ombre avec son landau garni d'une moustiquaire et les freins bloqués. Dans la maison, ne laissez pas le chat ou le chien entrer dans la pièce où dort le bébé, mais n'exigez pas un silence complet dans la maisonnée. Quand il pleure, prenez-le et tirez parti le mieux possible de son temps d'éveil. Aidez-le à associer la lumière du jour avec l'éveil et le jeu.

La nuit, couvrez bien le bébé pour que les sursauts violents de ses membres ne le réveillent pas, et couchez-le dans son lit. Éteignez. S'il se réveille et pleure pour avoir une tétée, prenez-le, nourrissez-le, parlez-lui un peu et changez-le s'il est mouillé ou sali. Il comprendra peu à peu que les tétées de nuit sont des obligations et non des moments d'échanges sociaux, et son rythme de sommeil se modèlera peu à peu sur le vôtre.

Siestes du petit enfant

À partir de 6 mois environ, le moment du coucher devient un rituel de plus en plus important dans la journée d'un bébé, et il faut qu'il soit fatigué et préparé à se coucher si vous voulez qu'il dorme toute une nuit. Il lui faut dormir un peu dans la journée pour se recharger en énergie, et il continuera à avoir besoin d'une sieste pendant toute sa petite enfance, mais ne prolongez pas trop les siestes : laissez-le dormir 2 heures (il s'est peut-être éveillé tôt le matin), puis réveillez-le. S'il était profondément endormi, il sera peut-être grognon et confus. Laissez-lui le temps de bien se réveiller avant de lui proposer une activité.

Q&R

« Mon bébé, qui a 10 mois, se réveille à 6 heures du matin et ne veut pas se rendormir. Que puis-je faire ? »

Des réveils très matinaux signifient sans doute que votre bébé a assez dormi. Placez, le soir, quelques jouets dans son lit pour l'amuser quand il se réveille. Quand il aura assez joué et vous appellera, vous pourrez le changer et lui donner d'autres jouets : vous gagnerez ainsi une heure de sommeil. S'il se réveille tôt très régulièrement, essayez de modifier ses heures de sommeil dans la journée pour qu'il se couche plus tard le soir. Garnissez sa fenêtre de doubles rideaux opaques pour que le soleil ne le réveille pas le matin.

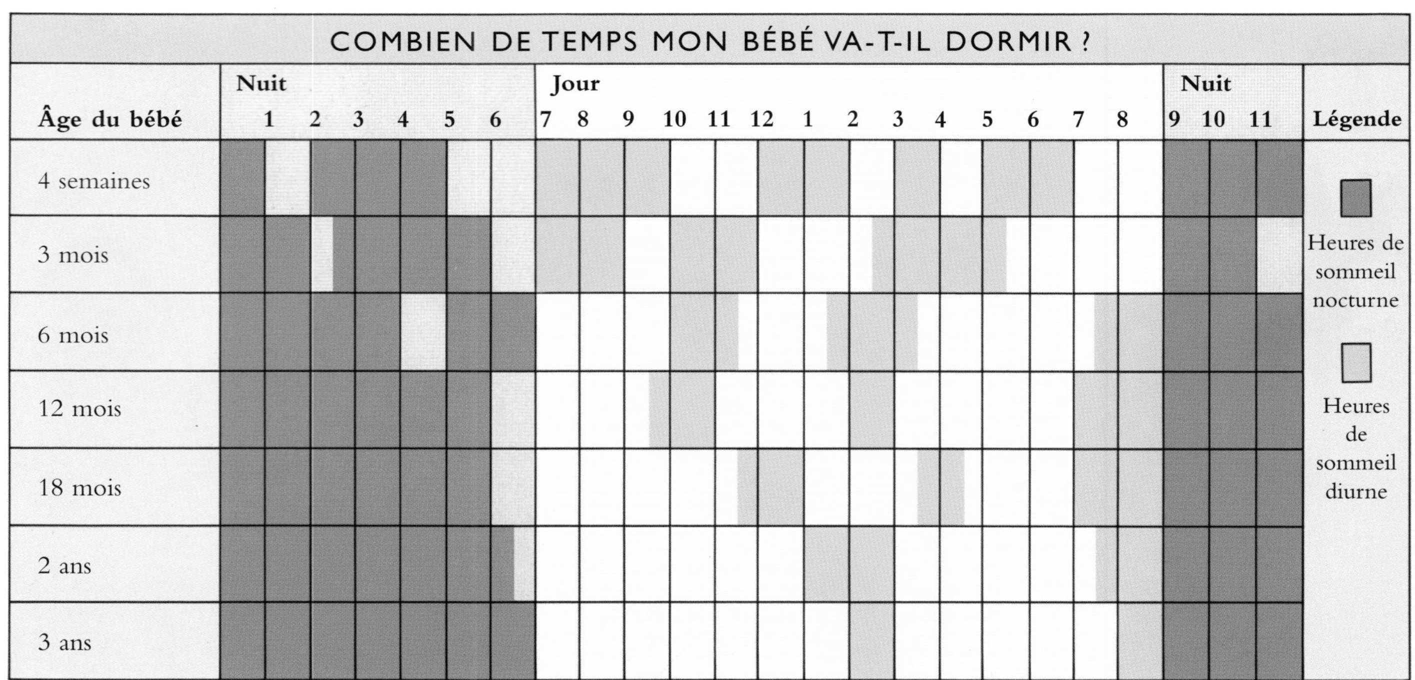

CHOISIR LA BONNE TEMPÉRATURE

Le risque de mort subite du nourrisson augmente lorsqu'un bébé se trouve dans une atmosphère surchauffée, surtout s'il a de la fièvre ou une indisposition quelconque. Toutefois, ne laissez pas votre bébé se refroidir. La température idéale de la chambre où il dort est d'environ 18 °C. À cette température, un bébé en pyjama et en camisole a besoin d'un drap et de trois couvertures. Emmailloter le bébé dans une couverture facilite son endormissement tout en évitant qu'il gigote. Ainsi couvert, il a besoin de moins de couvertures. Les duvets ne doivent pas être utilisés pour les bébés de moins d'un an. Si votre bébé est malade ou fiévreux, n'ajoutez pas de couvertures et ne l'exposez pas à la chaleur directe d'une couverture électrique ou d'un chauffage d'appoint.

UN SOMMEIL SÛR

* Pas d'oreiller jusqu'à 2 ans : le bébé risquerait de s'asphyxier.
* Couchez le bébé sur le dos. C'est la position qui offre le maximum de sécurité d'après les médecins.
* Enlevez, dès l'achat, l'emballage de plastique ou de polyéthylène du matelas. Pas d'alaise en plastique.
* Veillez à ce que l'enfant n'ait ni trop froid ni trop chaud.
* Évitez une atmosphère enfumée.
* Couchez votre bébé les pieds contre le pied du lit pour qu'il ne risque pas de glisser sous les couvertures.

Mort subite du nourrisson
Chaque année, alors que rien ne le laissait prévoir, des bébés meurent dans leurs berceaux. Rien n'explique ces morts tragiques, mais les médecins recommandent quelques précautions à prendre (ci-dessous).

Si vous couchez toujours votre bébé sur le dos, veillez à ce qu'il ne soit pas dans un environnement enfumé et qu'il n'ait pas trop chaud ; ces précautions diminuent beaucoup les risques de mort subite.

Si votre bébé n'a pas l'air bien, consultez votre médecin.

PLACER LES PIEDS DU BÉBÉ AU PIED DU BERCEAU

Placez les pieds de votre bébé au pied du berceau, et bordez-le bien sans que les couvertures ne dépassent ses épaules et risquent de recouvrir sa tête. Les bébés dont la tête se trouve couverte ont trop chaud et courent un risque plus élevé de mort subite du nourrisson.

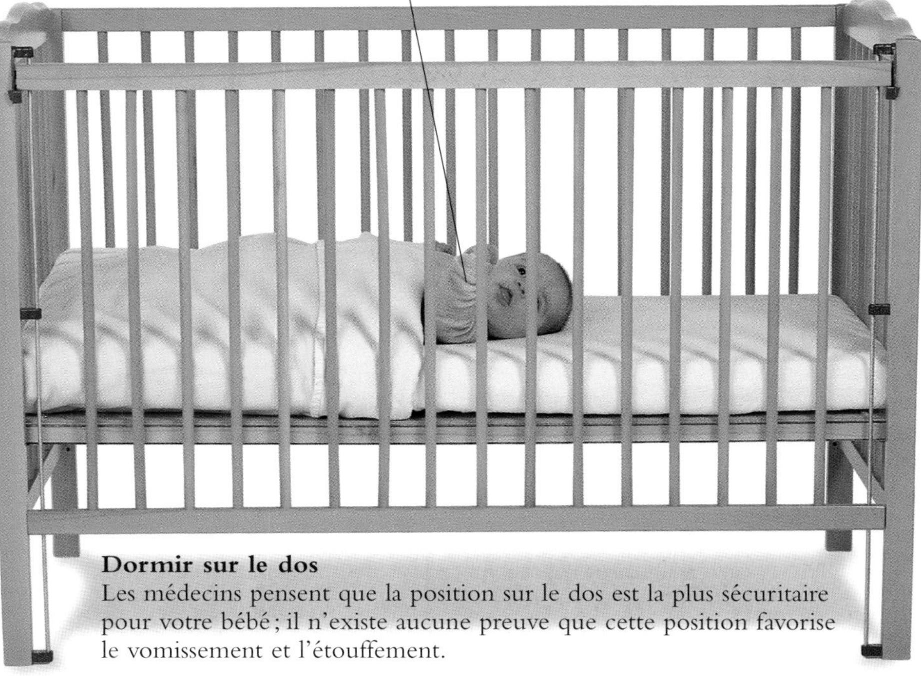

Couchez votre bébé *à la moitié du lit.*

Dormir sur le dos
Les médecins pensent que la position sur le dos est la plus sécuritaire pour votre bébé ; il n'existe aucune preuve que cette position favorise le vomissement et l'étouffement.

Comment coucher bébé ?
La température corporelle des bébés dépend de la déperdition de la chaleur à la tête. Si le bébé glisse et que ses couvertures recouvrent son visage et sa tête, la chaleur ne peut s'échapper aussi facilement. Veillez à ce que son lit soit fait de manière à éviter ce problème. Un nourrisson de plus d'un mois ne doit jamais porter de bonnet de nuit à moins que la pièce ne soit très froide.

PRÉLUDE AU SOMMEIL

Sentir qu'il est rassasié suffit souvent pour donner envie de dormir à un bébé ; mais, au cours de la journée, il y a bien d'autres moments où il a besoin de votre aide pour se détendre. Soyez calme, tendre, résolue, quand vous le préparez au sommeil. Ce n'est pas le moment de l'agiter, de le chatouiller ou de le faire rire : le bébé a besoin de paix, dans vos bras, pour se sentir détendu et en sécurité.

UN CONTACT DOUX

Frotter énergiquement le ventre du bébé peut le calmer et l'endormir. Ne modifiez pas la cadence, vous le dérangeriez. Ne cessez pas tant qu'il n'a pas fermé les yeux.

SUCCION

Un bébé s'apaise en suçant : proposez-lui l'extrémité de votre petit doigt (propre) ou de son propre poing, ou utilisez une sucette physiologique. Demandez conseil à votre médecin à ce sujet.

Le porte-bébé *doit être pourvu d'un appui-tête.*

PORTE-BÉBÉ

Si votre bébé se réveille chaque fois que vous le reposez, portez-le tout contre vous dans son porte-bébé : le mouvement et le contact de votre corps l'aideront à dormir.

BERCEMENT

Bercez votre bébé dans vos bras pour l'endormir. Cela peut durer longtemps, et il peut se réveiller chaque fois que vous arrêtez pour le poser dans son lit. Persévérez, c'est une méthode éprouvée.

RITUEL DU COUCHER POUR UN GRAND BÉBÉ

À partir d'environ 6 mois, votre bébé se laissera coucher plus facilement si, chaque soir, vous respectez exactement le même rituel. Les bébés y sont sensibles. À partir de cet âge, un bébé ne se laisse pas volontiers coucher dans un endroit qu'il ne connaît pas, et son sommeil peut être perturbé par un changement de vie, notamment les vacances. Efforcez-vous de respecter ce rituel même hors de chez vous. Rendez ces préalables plaisants pour qu'ils représentent un moment agréable, mais sans discussion possible, dans la vie de l'enfant.

HEURE DU COUCHER

C'est à vous et à votre conjoint de décider d'une heure qui convient à votre style de vie. Tenez-vous à cet horaire. Il doit être assez tardif pour que le père et la mère soient rentrés à la maison, mais pas au point de perturber toute la soirée des adultes. Toute heure entre 18 et 20 heures convient fort bien.

RITUEL DU COUCHER

1 Commencez de la même façon tous les soirs. Par le bain, par exemple, parce que c'est amusant et relaxant. Si votre bébé n'aime pas le bain, un jeu calme d'une vingtaine de minutes peut l'apaiser.

2 Si votre bébé a encore une tétée au moment du coucher, donnez-la-lui dans sa chambre, qui deviendra ainsi une pièce familière et plaisante et non un endroit où le cantonne le soir.

3 Installez le bébé dans son lit avec son ours favori ou un jouet en peluche, et son objet de réconfort (lambeau de couverture ou de chiffon) s'il en a un.

4 Maintenant, laissez votre conjoint vous remplacer pour que vous restiez tous deux impliqués dans ce rituel du coucher. Le déroulement de cette dernière demi-heure doit être immuable et aussi agréable que possible pour l'enfant.

MOUVEMENTS RYTHMÉS

Faites aller et venir le landau pour l'endormir. Quand il paraît somnoler, ne le prenez pas immédiatement pour le transporter dans son lit, même le soir.

PROMENADES EN VOITURE

En désespoir de cause, installez votre bébé dans son siège d'auto et emmenez-le faire le tour du pâté de maisons en voiture : le mouvement l'endormira sans doute. Quand vous rentrez à la maison, ne le sortez pas de son siège : couvrez-le avec une couverture pour qu'il n'ait pas froid.

Une couverture légère *vous permettra de l'emmailloter.*

EMMAILLOTEMENT

Tous les bébés n'aiment pas dormir les bras serrés. Ne vous inquiétez pas s'il dégage ses bras des couvertures. Il n'aura pas froid pour autant. Vous pouvez aussi lui laisser les bras libres quand vous l'enveloppez dans la couverture.

AUTRES MÉTHODES

Les berceuses. Fredonner une berceuse en berçant l'enfant est une méthode qui date de la nuit des temps. Que vous chantiez faux n'a aucune importance.

La musique. Une bande musicale qui joue en sourdine dans sa chambre peut aider l'enfant à s'endormir. Pour le mauvais dormeur, un **enregistrement** rassurant des bruits qu'il entendrait s'il se trouvait dans l'utérus peut être de quelque secours.

5 Lisez-lui une histoire qu'il aime pour le détendre. Ne vous interrompez pas si vous avez l'impression qu'il ne fait pas attention. S'il est fatigué et ne réagit pas aux images avec sa vivacité habituelle, cela ne signifie pas qu'il n'écoute pas.

6 Bordez-le en compagnie de son jouet préféré ou de son objet de réconfort, et embrassez-le en lui disant bonsoir. Éteignez ou laissez une veilleuse. Ne quittez pas l'enfant trop brusquement : flânez une minute ou deux dans la chambre avant de sortir.

Q&R

« Est-ce une bonne idée de prendre mon bébé dans mon lit ? »

Les tétées de la nuit seront plus faciles si le bébé est dans votre lit. Si ni vous ni votre conjoint n'avez pris de somnifères ou bu d'alcool, vous ne risquez pas de vous coucher sur lui. Placez le bébé entre vous pour ne pas risquer de le pousser hors du lit. Toutefois, plus tard, il sera peut-être difficile de lui faire perdre l'habitude de dormir avec vous.

COMMENT RÉSOUDRE LES PROBLÈMES DE SOMMEIL

TÉTÉES DE NUIT

À partir de 6 mois, un bébé peut « tenir » jusqu'au matin, mais il peut aussi s'être habitué à se réveiller la nuit pour boire. Si vous voulez supprimer cette tétée, diminuez peu à peu sa durée, offrez-lui le biberon au lieu du sein et diluez de plus en plus le lait, puis supprimez-la, mais allez consoler votre bébé tant qu'il pleure.

À la tétée du coucher, ne laissez pas le bébé s'endormir la tétine entre les lèvres : cela favorise la carie dentaire. Dès que ses paupières se ferment, enlevez-lui le biberon (ou le sein). Gardez-le encore un peu dans vos bras, puis couchez-le et bordez-le bien.

↓

Pendant quelques nuits, donnez-lui une petite tétée s'il se réveille. Reposez-le dans son lit, éveillé ou non, embrassez-le et quittez-le.

↓

Si vous le nourrissez au sein, votre mari devra prendre la relève à ce stade, car le bébé, sentant sur vous l'odeur de votre lait, voudra continuer à téter.

↓

Retournez le voir toutes les 5 minutes. Ne le prenez dans vos bras que s'il est hors de lui à force de pleurer ; quand ses sanglots s'apaisent, reposez-le dans son lit et laissez-le. Ce manège peut durer 2 heures, mais il faut persévérer.

↓

Les nuits suivantes, ne donnez plus le sein ou le biberon ; suivez la tactique décrite à « réveils nocturnes » pour apprendre à votre bébé à dormir toute la nuit.

RÉVEILS NOCTURNES

La tactique décrite ici permet de rassurer un bébé quand il se réveille la nuit : elle lui prouve que tout va bien et que vous ne l'avez pas abandonné, tout en lui montrant qu'à cette heure-là il ne peut obtenir de vous qu'un minimum d'attention. S'il ne fait pas ses nuits après une semaine, demandez conseil à l'infirmière.

Si votre bébé geint en pleine nuit, attendez quelques minutes : il va peut-être se rendormir.

↓

S'il pleure, allez le voir pour vérifier que tout va bien et calmez-le ; lui frotter le dos peut suffire, mais vous pouvez le prendre pour le câliner. Quand ses pleurs commencent à s'apaiser, reposez-le dans son lit, bordez-le pour qu'il soit bien calé et au chaud. Embrassez-le en lui disant bonsoir et allez vous recoucher.

↓

Si ses pleurs continuent, parlez-lui sans sortir de votre lit, pour le rassurer, mais attendez 5 minutes avant de vous relever et de retourner le voir pour le calmer.

↓

Quand il vous faut revenir, rassurez-le en lui tapotant ou en lui frottant le dos – ne le levez pas, sauf s'il s'est mis dans tous ses états – puis bordez-le et quittez-le.

↓

Revenez toutes les 5 minutes tant qu'il ne s'endort pas. Après 1/2 heure, allongez la durée des intervalles entre vos visites jusqu'à 10 minutes, mais ne le laissez jamais crier plus de 15 minutes. En une semaine de douce fermeté, vous devez avoir établi un rythme de sommeil plus acceptable.

COUCHERS DIFFICILES

Dès 9 mois, adoptez une méthode et n'en changez plus : s'il commence à ne pas vouloir rester tranquille quand vous le couchez, vous devez pouvoir résoudre le problème en suivant la tactique ci-dessous pendant une semaine. Le bébé comprendra vite que vous venez toujours quand il pleure mais que vous ne le relèverez pas.

Instaurez une routine du coucher en la rendant amusante pour le bébé, mais aussi tendre et détendue. S'il pleure quand vous le quittez après l'avoir bordé pour la nuit, retournez près de lui, embrassez-le, mais ne le prenez pas et ne restez qu'une minute ou deux près de lui.

↓

S'il se remet à pleurer, parlez-lui de loin pour le rassurer. Attendez 5 minutes avant d'y retourner.

↓

Quand vous revenez, vérifiez que rien ne le gêne (couche mouillée, irritation quelconque). Sinon, calmez-le, embrassez-le, dites-lui bonsoir, bordez-le. Soyez de bonne humeur, mais ferme, et partez. N'hésitez pas – la volonté de votre bébé est plus forte que la vôtre à ce sujet, et vous vous laisseriez aisément convaincre de rester.

↓

Si les pleurs continuent, revenez jeter un coup d'œil toutes les 5 minutes. Après 1/2 heure, commencez à allonger les intervalles entre vos visites, mais ne laissez jamais votre bébé crier plus de 15 minutes.

↓

Il comprendra finalement que la brève récompense de vous voir revenir de temps en temps ne vaut pas le mal qu'il se donne et il s'endormira.

Votre nouveau-né ne peut pas se forcer à rester éveillé, et, une fois endormi, rien ne peut le troubler, tant qu'il n'a pas eu son compte de sommeil.

VÊTEMENTS ET HABILLAGE

Les premières semaines, vous avez surtout à habiller et déshabiller votre bébé ; il peut avoir besoin de vêtements propres chaque fois que vous changez ses couches: ayez donc un bon trousseau du premier âge. Demandez à vos amis et connaissances s'il leur reste des vêtements de bébé. Quand votre enfant deviendra un grand bébé très actif, vous aurez besoin de vêtements confortables et amples, en très grande quantité. Un enfant grandit si vite qu'une garde-robe fournie, de nombreuses paires de chaussures et des «habits du dimanche» n'ont pas de raison d'être: ils seraient tous trop petits bien avant d'être usés. Il vaut beaucoup mieux acheter peu de vêtements à la fois et les remplacer dès qu'ils sont trop petits. Choisissez-les avec soin: des fermetures commodes, des pantalons à fermeture élastique aideront l'enfant à apprendre à s'habiller et à se déshabiller seul. Avant tout, que ces vêtements soient d'entretien facile, lavables à la machine, car le problème de rester propre, tranquille et sans taches ne doit pas exister dans la vie de votre enfant.

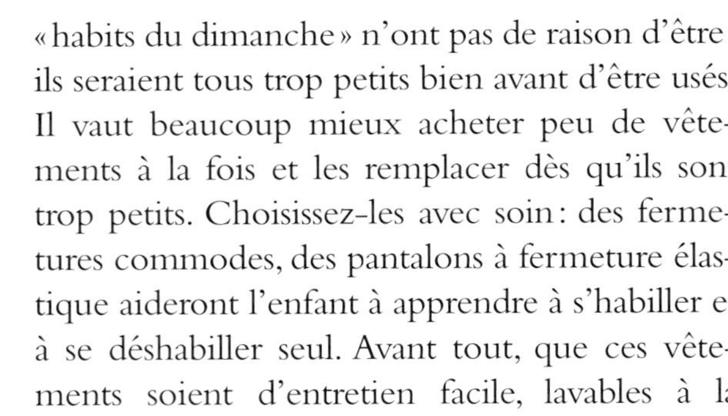

ACHAT DE LA LAYETTE

Les vêtements d'un tout-petit devront être faciles à enfiler, lavables à la machine, et, si possible, tissés en fibre naturelle, ce qui permet au bébé d'assurer au mieux la régulation de sa température. N'utilisez pas de détergent irritant ou d'adoucisseur pour le lavage, car ces produits pourraient lui irriter la peau. L'élément de base de sa garde-robe pendant les 6 premiers mois est le pyjama en tissu extensible.

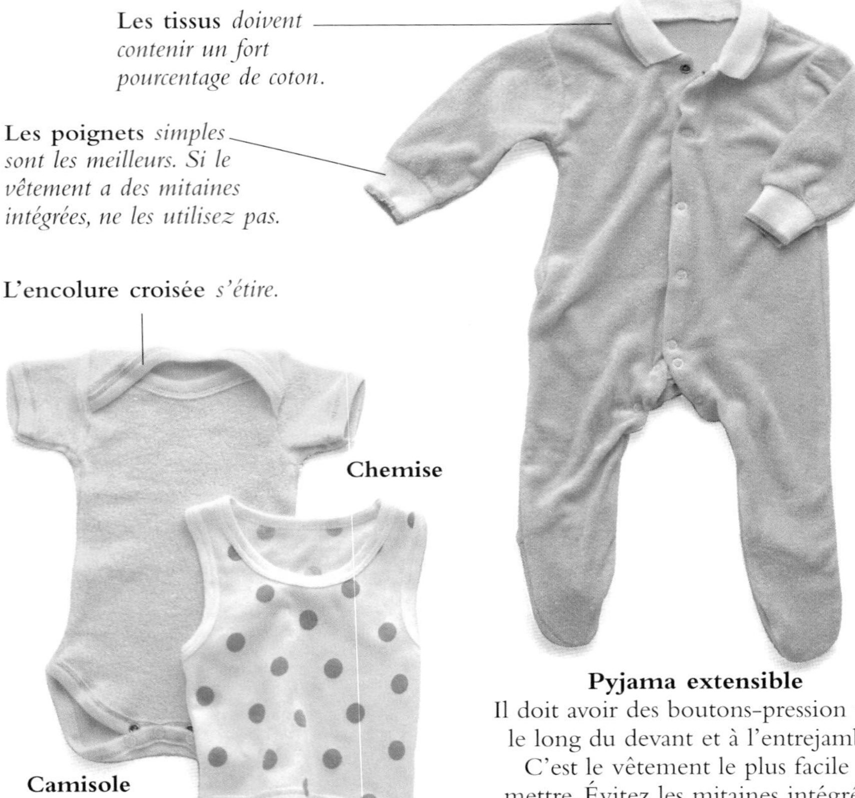

Les tissus *doivent contenir un fort pourcentage de coton.*

Les poignets *simples sont les meilleurs. Si le vêtement a des mitaines intégrées, ne les utilisez pas.*

L'encolure croisée *s'étire.*

Chemise

Camisole avec pressions

Une camisole s'attachant sur le côté ou à l'avant est aussi très pratique.

Pyjama extensible
Il doit avoir des boutons-pression tout le long du devant et à l'entrejambe. C'est le vêtement le plus facile à mettre. Évitez les mitaines intégrées, car le bébé doit pouvoir découvrir et explorer ses mains. Comme un pyjama trop serré peut gêner ses mouvements, mettez-lui une taille dans laquelle il flotte un peu.

Bonnet chaud

Mitaines

Par temps froid, votre bébé a besoin d'un **bonnet chaud** et de **mitaines.** Par temps chaud, il lui faut un **chapeau de soleil.**

Chapeau de soleil

Gilet
Évitez le mohair, les laines pelucheuses et les tricots à larges mailles dans lesquelles le bébé peut se prendre les doigts.

Pour un nouveau-né, une dormeuse ou un pyjama sont des vêtements de nuit parfaits. Pour un bébé plus grand, un pyjama avec pieds le gardera bien au chaud.

Pyjama

Idéal : 100% coton

Chemise de nuit ou dormeuse

La fermeture *du bas par cordon permet un accès facile aux couches.*

Des vêtements ouatinés *coupent le vent et emprisonnent une couche d'air chaud.*

Bas
Ils doivent être grands.

L'élastique *autour des cuisses ne doit pas être trop serré.*

Les pressions *donnent un accès facile aux couches.*

Barboteuse
Une barboteuse à manches courtes est très agréable à porter par temps chaud.

Bottillons en tissu élastique
Ils sont utiles par temps froid tant que le bébé ne marche pas. Ils doivent être très grands.

Vêtements pour l'extérieur
Mettez au bébé une épaisseur de vêtements supplémentaire quand vous le sortez, car il perd facilement sa chaleur.

LAYETTE POUR UN NOUVEAU-NÉ

Commencez par les articles suivants, puis ajoutez d'autres vêtements au fur et à mesure des besoins. Achetez trop plutôt que pas assez.
Vous avez besoin de :

* 8 pyjamas ;
* 6 camisoles ;
* 2 gilets de laine ;
* 2 dormeuses ou chemises de nuit ;
* 2 paires de bas ;
* bottillons de tissu ;
* mitaines ;
* chapeaux ;
* vêtements d'extérieur en hiver.

COMMENT HABILLER UN BÉBÉ

L'habillage et le déshabillage sont pour le bébé des occasions délicieuses de découvrir son corps tandis que vous caressez sa peau satinée. Il se peut qu'il déteste l'habillage, mais vous pouvez rendre ce moment agréable en l'agrémentant de câlins. Rassemblez d'avance à portée de main les vêtements dont vous avez besoin et déboutonnez les pressions. Posez le bébé sur le matelas à langer.

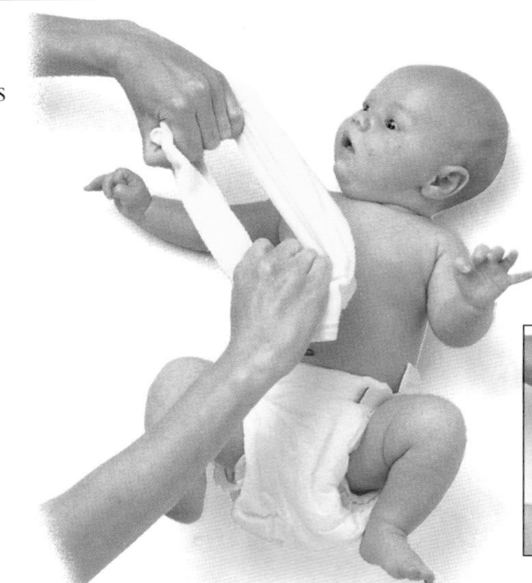

ENFILER UNE CAMISOLE

1 Tournez la camisole, le devant placé vers vous et rassemblez-en toute la hauteur entre vos mains.

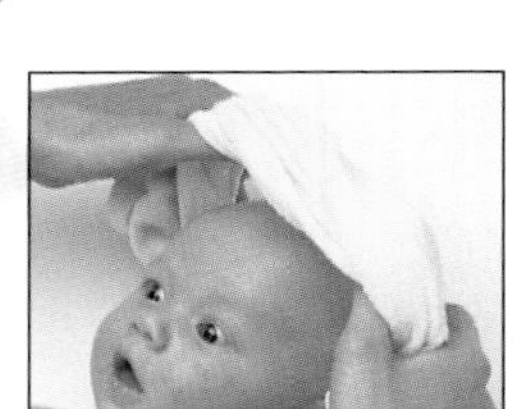

Présentez le dos de la camisole à l'occiput du bébé. Placez le bas de la camisole sur le haut de sa tête.

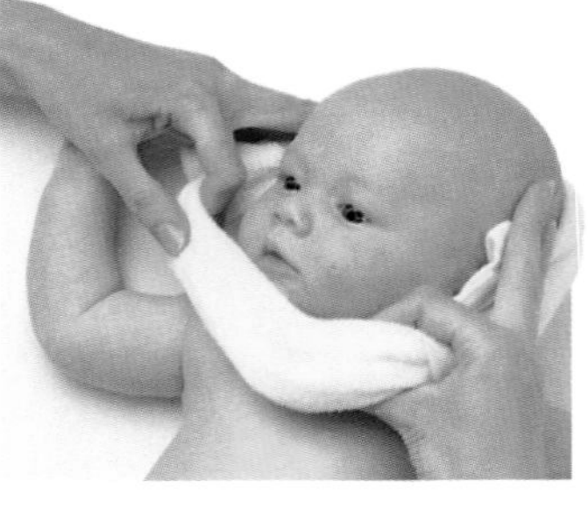

2 D'un mouvement rapide et doux, passez le devant de la camisole en avant du visage du bébé jusqu'au menton. Tenez tout le tissu rassemblé entre vos mains, le plus étiré possible pour qu'il ne lui touche pas le visage.

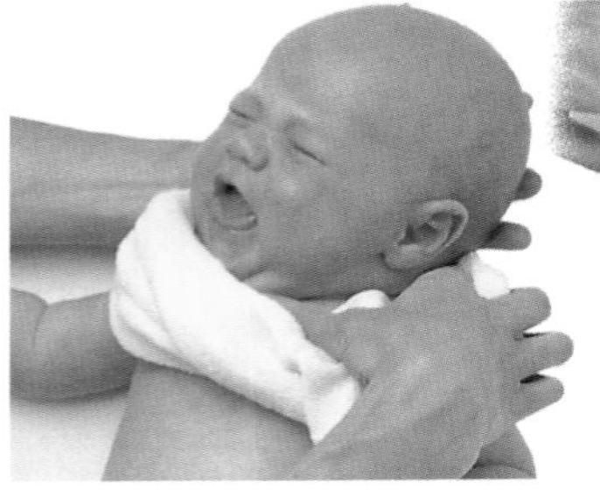

3 Soulevez doucement la tête du bébé et le haut de son corps et glissez le haut de la camisole derrière son cou et ses épaules. Reposez le bébé sur le matelas sans laisser sa tête basculer.

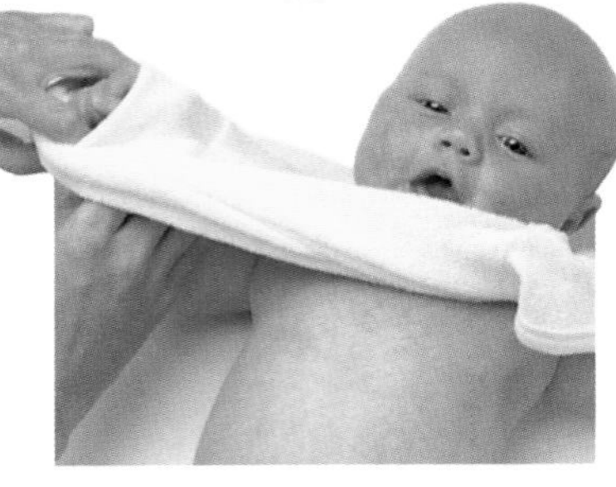

4 Si la camisole a des manches, glissez vos doigts dans une manche par les poignets et étirez-la, puis, de l'autre main, guidez le poing du bébé vers vos doigts.

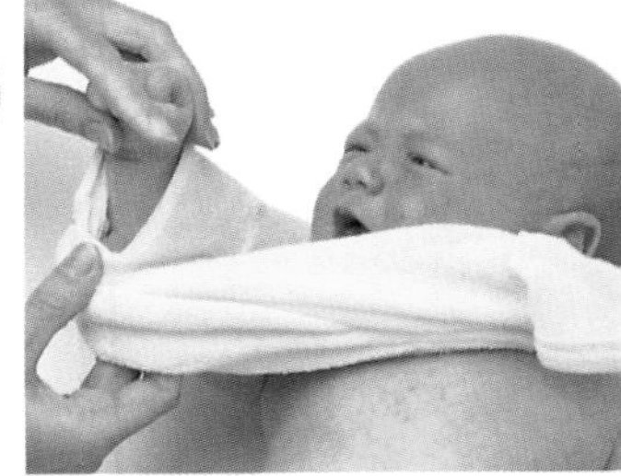

5 Tenez le poing du bébé dans votre main et, de l'autre, faites glisser la manche sur son bras. Tirez la camisole sur son bras. Faites de même pour l'autre côté en tirant sur la camisole et non pas sur le bébé.

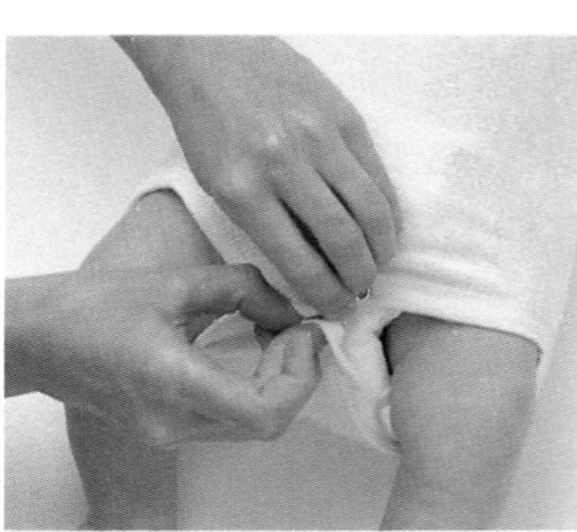

6 Tirez la camisole sur son ventre. Soulevez le bas de son corps en lui tenant les chevilles et faites glisser le dos de la chemise. Fermez les pressions de l'entrejambe.

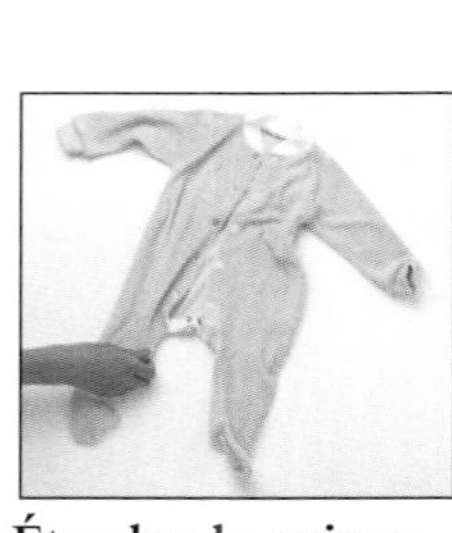

Étendez le pyjama bien à plat.

METTRE UN PYJAMA

1 Prenez votre bébé pendant que vous étendez le pyjama sur le matelas à langer. Posez votre bébé dessus, son cou au niveau de l'encolure du vêtement.

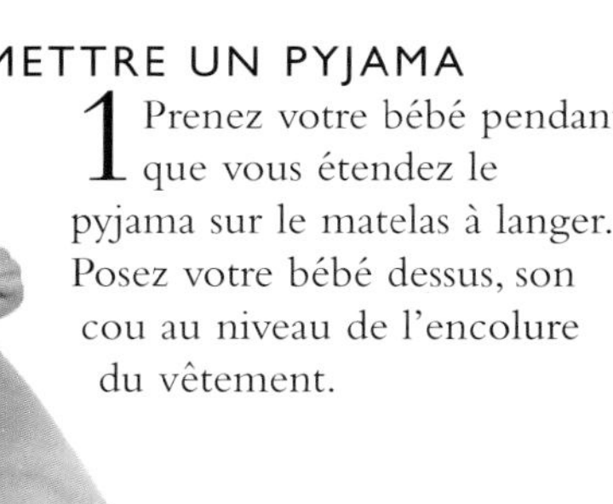

Il est indispensable *de mettre une camisole sous le pyjama sauf par temps très chaud.*

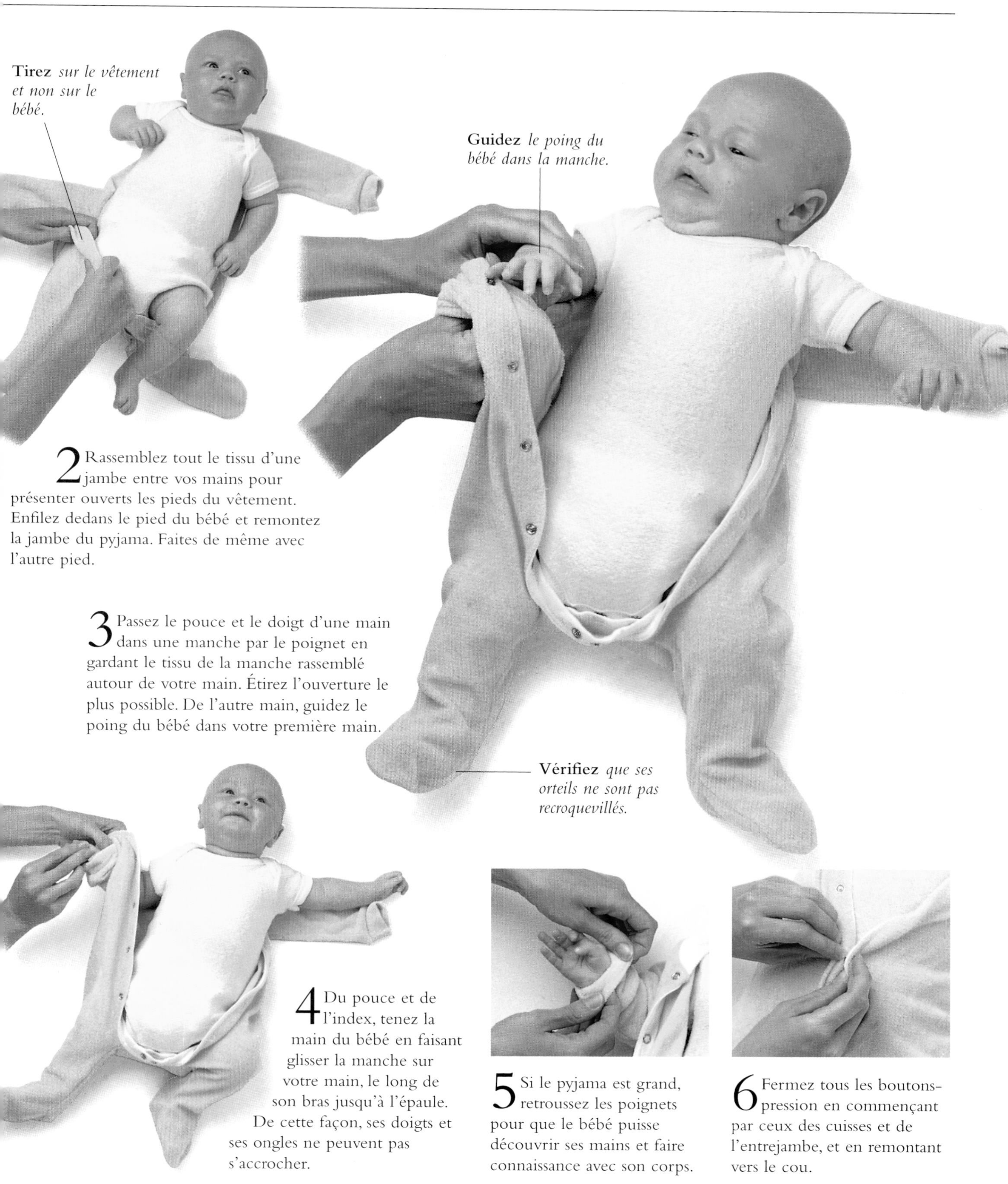

2 Rassemblez tout le tissu d'une jambe entre vos mains pour présenter ouverts les pieds du vêtement. Enfilez dedans le pied du bébé et remontez la jambe du pyjama. Faites de même avec l'autre pied.

3 Passez le pouce et le doigt d'une main dans une manche par le poignet en gardant le tissu de la manche rassemblé autour de votre main. Étirez l'ouverture le plus possible. De l'autre main, guidez le poing du bébé dans votre première main.

4 Du pouce et de l'index, tenez la main du bébé en faisant glisser la manche sur votre main, le long de son bras jusqu'à l'épaule. De cette façon, ses doigts et ses ongles ne peuvent pas s'accrocher.

5 Si le pyjama est grand, retroussez les poignets pour que le bébé puisse découvrir ses mains et faire connaissance avec son corps.

6 Fermez tous les boutons-pression en commençant par ceux des cuisses et de l'entrejambe, et en remontant vers le cou.

DÉSHABILLER UN BÉBÉ

La sensation de l'air froid sur sa peau peut énerver le bébé quand vous le déshabillez. Profitez-en pour embrasser son ventre nu et multipliez les tendres contacts. Préparez une serviette de toilette pour le couvrir quand il sera déshabillé. Posez-le sur son matelas à langer.

ENLEVER UN PYJAMA

1 Déboutonnez les pressions. Attrapez une cheville et tirez la jambe de l'habit. Faites de même de l'autre côté.

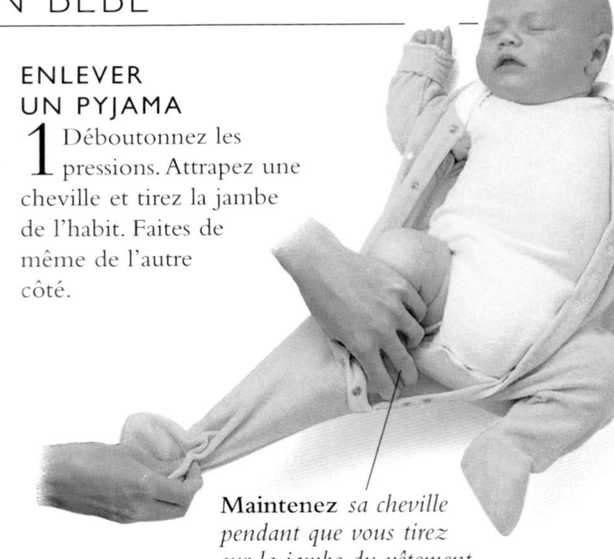

Maintenez *sa cheville pendant que vous tirez sur la jambe du vêtement.*

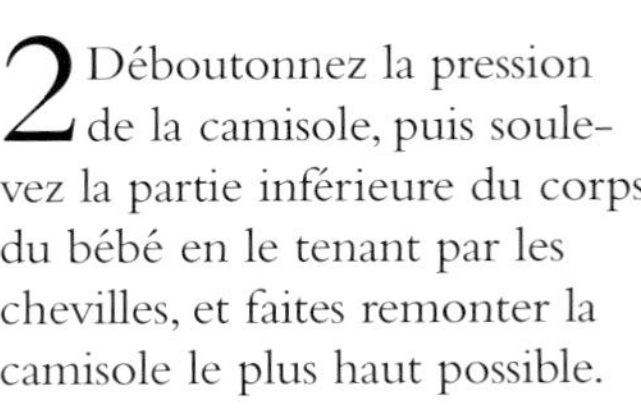

2 Déboutonnez la pression de la camisole, puis soulevez la partie inférieure du corps du bébé en le tenant par les chevilles, et faites remonter la camisole le plus haut possible.

3 Glissez une main dans la manche et attrapez-lui le coude. Tenez le poignet du vêtement ; tirez la manche pour dégager le bras.

Soyez *très douce quand vous déshabillez un bébé.*

Soulevez *la tête du bébé.*

4 Glissez la main sous la tête et le cou du bébé. Soulevez la partie supérieure de son corps de façon à libérer la grenouillère.

ENLEVER UNE CAMISOLE

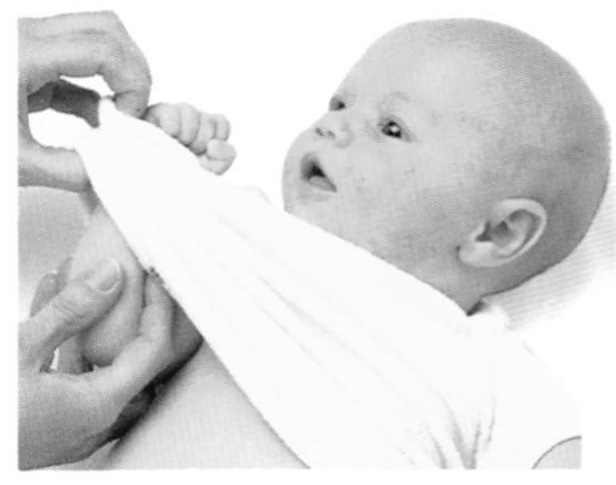

1 Attrapez le coude du bébé par l'intérieur de la camisole, et faites passer tout le tissu par-dessus son poing.

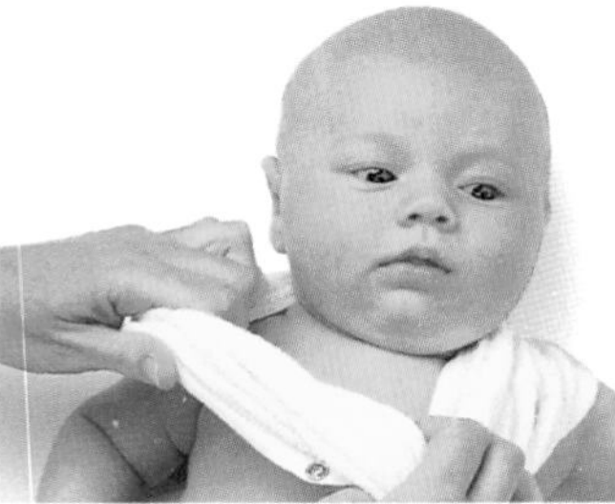

2 Assemblez tout le tissu de la camisole dans votre main pour que rien ne touche au passage le visage du bébé.

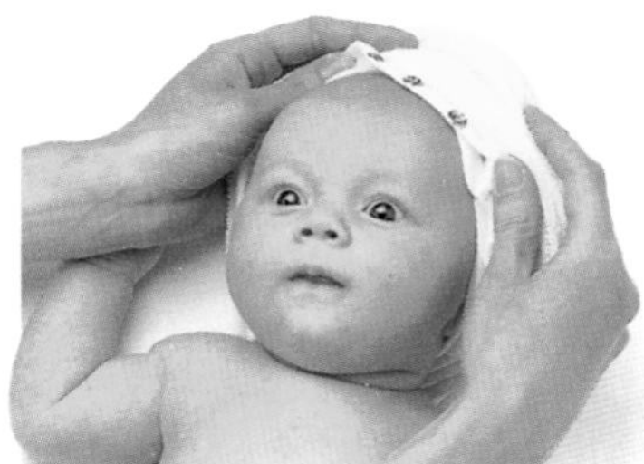

3 Étirez l'encolure le plus possible, puis, d'un mouvement rapide, faites-la passer par-dessus la tête du bébé.

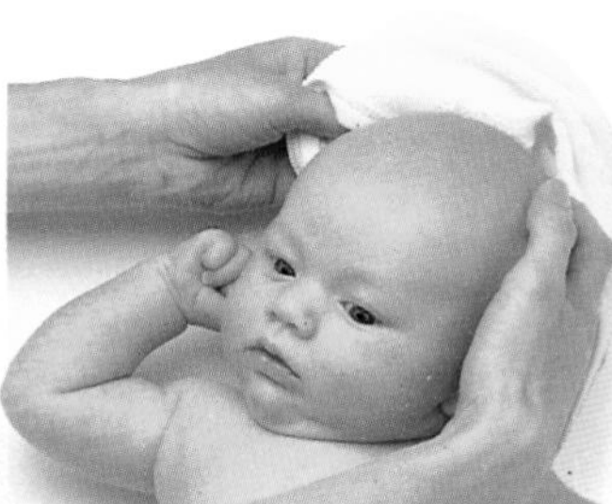

4 Glissez délicatement la main sous la tête et le cou du bébé pour soulever le buste et dégager la camisole.

COMMENT UN ENFANT APPREND À S'HABILLER

Vers 2 ans, votre enfant se débrouillera sans doute pour enlever ses bas ou son tee-shirt. La plupart des enfants commencent à s'habiller tout seuls vers 3 ans. Vous pouvez faciliter ces progrès vers l'indépendance en achetant à votre enfant des vêtements faciles à mettre et à enlever, et en le laissant faire seul le plus souvent possible.

POUR L'AIDER

Laissez-lui tout le temps si vous n'êtes pas pressée ; ne vous agacez pas de sa lenteur.

* Étalez ses vêtements dans l'ordre selon lequel il doit les passer.
* Achetez des jupes et des pantalons à taille élastique.
* Évitez les pantalons munis d'une fermeture à glissière : il risque de se pincer le pénis.
* Choisissez des vêtements à gros boutons ou à pression, ou à fermeture autoadhésive.
* Apprenez à l'enfant à commencer le boutonnage par le bas du vêtement.
* Laissez-le choisir son pied « préféré » puis marquez la chaussure correspondante de façon qu'il l'enfile au bon pied.
* Évitez les anoraks avec fermeture à glissière.
* Quand vous l'aidez, faites-en un jeu ; jouez à « coucou » en passant les vêtements par-dessus sa tête.
* Une fois qu'il est habillé, ne le déshabillez pas – même s'il s'est taché.

CHOIX DES CHAUSSURES

Le mieux est de laisser marcher pieds nus les bébés qui apprennent à marcher. Ils gardent plus facilement leur équilibre. De plus, la marche pieds nus est bonne pour les pieds.

Dès que l'enfant marche à l'extérieur, il lui faut des chaussures, mais laissez-le pieds nus quand c'est possible. Les chaussures sont utiles pour protéger les pieds, non pour les soutenir – c'est la fonction des muscles. Faites vos achats chez un marchand spécialisé. Il mesurera la longueur et la largeur du pied. Faites vérifier ces mesures tous les 3 mois.

Achetez des bas neufs en même temps que les chaussures. Des bas trop petits peuvent déformer les pieds autant que les chaussures.

Quel genre de chaussures dois-je acheter ?

Le cuir ou le tissu conviennent, pourvu que le pied de l'enfant ait été mesuré et que les chaussures soient à la bonne taille, tant en longueur qu'en largeur. Vous pouvez aussi trouver des tennis de toutes tailles et de toutes couleurs. Les bottillons de caoutchouc n'existent pas en demi-pointure. Mais, comme ils sont indispensables, achetez-les de la pointure au-dessus et garnissez-les d'une semelle intérieure.

Bannissez le plastique : au contraire du cuir ou du tissu, le plastique ne se moule pas à la forme du pied.

Que contrôler avant d'acheter des chaussures ?

L'espace *entre les orteils et le bout de la chaussure doit être de 1,25 cm.*

Les bouts ronds *sont indispensables pour laisser aux orteils la place de s'étaler.*

Barrette en T avec boucle

Sandale à bout ouvert

La fermeture *doit maintenir solidement les pieds. Les boucles ou les fermetures autoadhésives sont commodes.*

Les coutures *doivent être bien finies pour que rien ne frotte sur la peau de l'enfant.*

Se déshabiller seul à 2 ans est un défi que votre enfant adorera relever pourvu que vous lui laissiez tout son temps.

BAIN ET TOILETTE DU BÉBÉ

Une grande partie du temps que vous et votre conjoint consacrez au nouveau-né est occupé par sa toilette. Sa peau est fragile et délicate, et même sa sueur, son urine, sa salive l'irritent et peuvent causer des lésions. Quand il grandit, il est nécessaire de lui donner un bain pour d'autres raisons : l'enfant se salit avec la nourriture, il s'en met même dans les cheveux, il explore le monde avec les mains, vous aide à changer ses couches. D'un point de vue hygiénique, soyez vigilante : éliminez rapidement les traces d'urine, de selles et de sueur chaque jour, tout comme les résidus de lait et de nourriture. Vous n'avez pas besoin de donner un bain quotidien à l'enfant : la toilette du visage, des mains et du derrière ou un lavage complet à l'éponge ou à la débarbouillette suffiront, et il sera aussi propre, si cela lui convient mieux. Mais il est probable que votre bébé va vite adorer prendre son bain, et que celui-ci tiendra désormais une place importante dans la vie quotidienne de toute la famille.

MATÉRIEL POUR LE BAIN ET LA TOILETTE

Il existe une grande quantité de produits qui rendent le bain plus facile, mais vous pouvez très bien acheter que l'indispensable. Les shampooings, savons, lotions et crèmes pour adultes contiennent beaucoup trop d'additifs et de produits chimiques pour la peau fragile d'un bébé. N'achetez que des produits spéciaux.

ÉQUIPEMENT POUR LE BAIN

Baignoire
Avant que le bébé n'utilise la baignoire de la salle de bains (entre 3 et 6 mois), une petite baignoire est pratique. Installez-la sur un plan de travail, à bonne hauteur, ou par terre sur une serviette et agenouillez-vous pour donner le bain. Si vous achetez une table spéciale pour le bain, assurez-vous qu'elle met la baignoire à bonne hauteur.

Un fond *à reliefs empêche le bébé de glisser.*

Petit bol d'eau propre

Boules de coton

Vous aurez besoin de beaucoup d'eau propre et de boules de coton pour nettoyer les yeux, les oreilles et le visage de votre bébé.

Un tapis de caoutchouc
Quand le bébé utilisera la grande baignoire, vous placerez au fond un tapis antidérapant qui l'empêchera de glisser. La plus petite taille, qui s'adapte à une baignoire de bébé, peut vous rassurer les premiers temps.

Un tablier imperméable en coton est doux pour le bébé.

PRODUITS DE TOILETTE POUR BÉBÉS

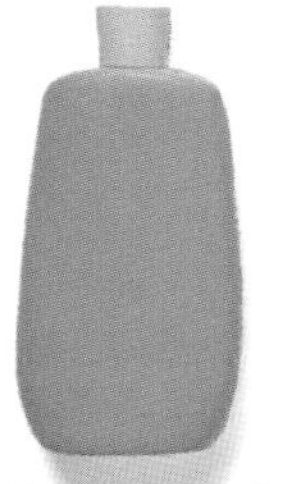
Liquide (bain)

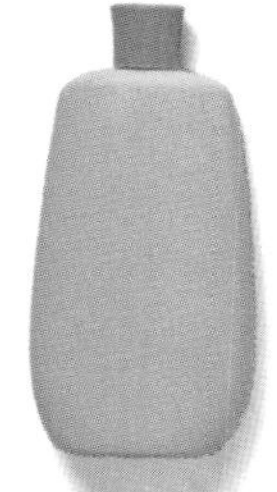
Lotion

Huile

Lotion

Talc

Shampooing

Savonnette

Cotons-tiges

Dentifrice fluoré

Les liquides pour le bain peuvent remplacer les savons parce qu'ils sont doux.

Une lotion ou un lait sont excellents pour les fesses du bébé, surtout s'il a la peau sèche.

L'huile pour bébé humidifie une peau sèche ou qui pèle.

Une lotion hydratante peut remplacer l'huile pour bébé.

Le talc absorbe l'humidité résiduelle de la peau, mais il s'accumule dans les plis et peut causer une irritation si vous en abusez. La poudre de talc peut déclencher des problèmes respiratoires!

Le shampooing peut être utilisé une fois par semaine.

Le savon n'a d'utilité que si vous n'employez pas de liquide pour le bain. Savonnez entièrement un nouveau-né sur vos genoux, puis rincez-le en le plongeant dans l'eau du bain. Attention! son corps glisse. Tenez-le bien.

Les cotons-tiges sont utiles pour les espaces entre les doigts et les orteils, mais ne les utilisez jamais dans les oreilles, le nez, le coin des yeux ou l'anus.

Le dentifrice pour enfant, et non pour adulte, est déconseillé avant 2 ans. Veillez à ce que votre bébé n'en avale pas.

Serviette

Utilisez une grande serviette moelleuse qui ne servira qu'au bébé. Certaines serviettes de bain ont une capuche.

Débarbouillette

Éponge naturelle

Réservez une débarbouillette neuve ou une éponge pour votre enfant, et lavez-la souvent à la machine. Ne laissez pas un bébé plus grand manger l'éponge.

CHEVEUX, ONGLES ET DENTS

Une brosse à cheveux doit avoir des poils souples et être assez petite pour que l'enfant s'en serve lui-même à partir de 18 mois. Achetez un petit peigne à dents arrondies et vérifiez que ses arêtes sont bien émoussées.

Les ciseaux à ongles ont des bouts ronds et des branches courtes, pour ne pas blesser le bébé.

Brosse et peigne

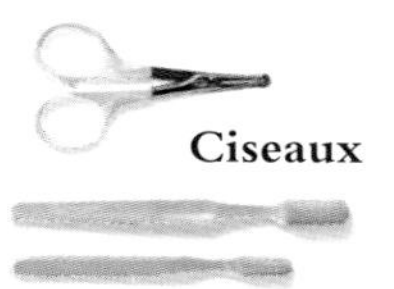
Ciseaux

Brosse à dents

La brosse à dents doit avoir une petite tête pour atteindre les recoins de la bouche; des poils à bouts arrondis en soie ou en nylon conviennent. Laissez un tout-petit jouer avec une brosse à dents pour bébé, mais utilisez une brosse à dents de taille enfant pour lui laver les dents. Changez la brosse souvent et vérifiez avec le dentiste qu'elle nettoie correctement.

CONSEILS PRATIQUES POUR LA TOILETTE

* Avant 6 mois, utilisez de l'eau propre que vous changerez pour lui laver les yeux, les oreilles, la bouche et le visage.
* Ne nettoyez que les zones visibles. Essuyez simplement le cérumen ou le mucus qui paraît avec une boule de coton humide sans essayer d'atteindre l'intérieur des oreilles ou du nez: vous risqueriez de repousser la saleté à l'intérieur du conduit auditif ou des narines.
* N'essayez jamais d'écarter les lèvres de la vulve de votre fille pour nettoyer l'intérieur. Vous risqueriez d'empêcher l'écoulement naturel de mucus qui détruit les bactéries.
* N'essayez jamais de repousser le prépuce d'un garçon pour nettoyer dessous: vous risqueriez de lui faire mal, de déchirer ou de léser le prépuce.
* Essuyez toujours de l'avant vers l'arrière quand vous nettoyez la région ano-vulvaire d'une fille pour prévenir les infections.
* Quand vous essuyez les yeux ou les oreilles du bébé, employez une boule de coton différente pour chaque œil et chaque oreille afin d'éviter de propager une infection mineure.
* Lavez toujours en dernier les fesses du bébé et utilisez une débarbouillette mouillée, un linge imbibé d'huile pour bébé ou une serviette humide jetable.

« TOILETTE DE CHAT »

Cette toilette consiste à ne laver que les parties du corps du bébé qui en ont vraiment besoin : ses mains, sa figure, son cou et son derrière. Vous pouvez la faire le matin, ou le soir avant le coucher : elle sera alors une étape de votre rituel. La « toilette de chat » remplace très bien le bain, surtout pendant les 2 ou 3 premières semaines, alors que ni vous ni votre nourrisson n'avez encore tout à fait confiance dans la baignoire. Chauffez bien la pièce. Versez un peu d'eau propre dans un bol. Lavez-vous les mains. Posez le bébé sur son matelas à langer et déshabillez-le en lui laissant sa camisole.

VOUS AUREZ BESOIN
d'un petit bol d'eau bouillie refroidie pour les yeux du bébé
d'un bol d'eau tiède du robinet
de morceaux de coton
de mouchoirs en papier
d'une serviette de toilette chauffée
d'une couche et des accessoires pour le change
de vêtements propres

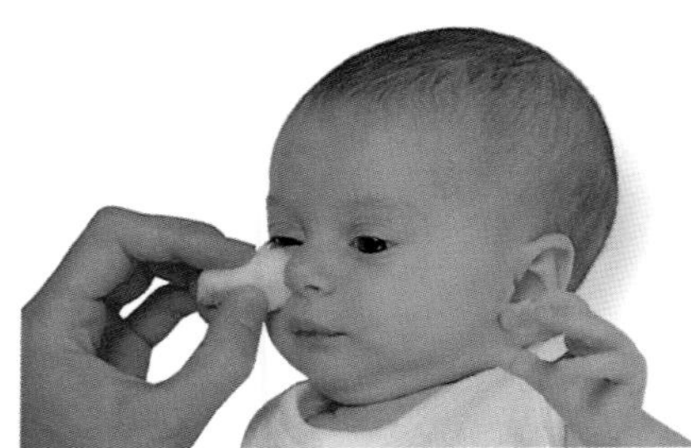

1 Trempez une boule de coton dans l'eau propre et lavez chaque œil, du coin interne vers le coin externe. Utilisez une boule de coton propre pour chaque passage. Essuyez.

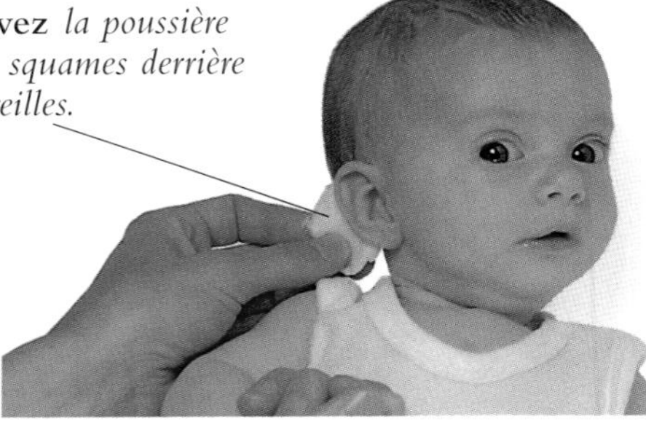

Enlevez *la poussière et les squames derrière les oreilles.*

5 Dépliez *ses poings avec douceur pour lui laver les mains.*

2 Avec une boule de coton humide, nettoyez l'extérieur et l'arrière de chaque oreille. N'essayez pas de pénétrer dans le conduit. Utilisez une boule de coton propre pour chaque oreille. Essuyez avec la serviette de bain.

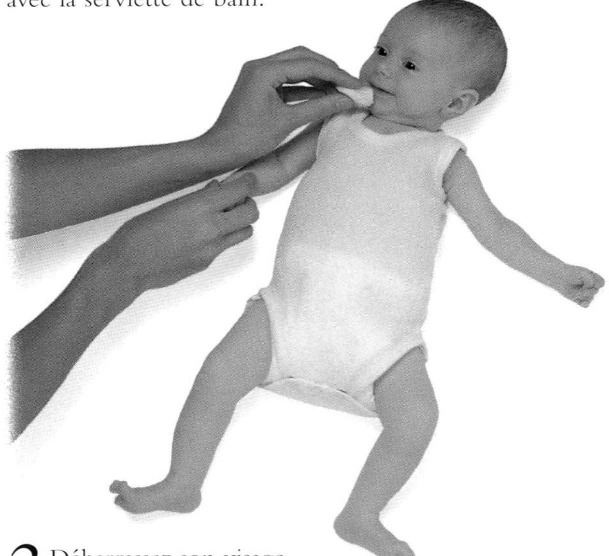

3 Débarrassez son visage du lait et de la salive, puis lavez ses joues et son front. Essuyez avec la serviette de bain.

NETTOYAGE DU CORDON

Le cordon ombilical va se dessécher peu à peu et tomber vers le 10e jour (mais il peut tomber plus tôt ou même après 20 jours). Jusqu'à ce qu'il tombe, vous devez assécher le cordon avec une boule de coton imbibée d'alcool à friction.

Une fois le cordon tombé, vous devrez chaque jour nettoyer l'ombilic du bébé pendant la toilette jusqu'à ce qu'il soit totalement cicatrisé. Avertissez votre infirmière ou le médecin si l'ombilic vous paraît rouge, enflé, s'il coule ou dégage une odeur désagréable. Mais ne vous inquiétez pas s'il saigne un peu : c'est normal. Évitez alors d'utiliser de l'alcool.

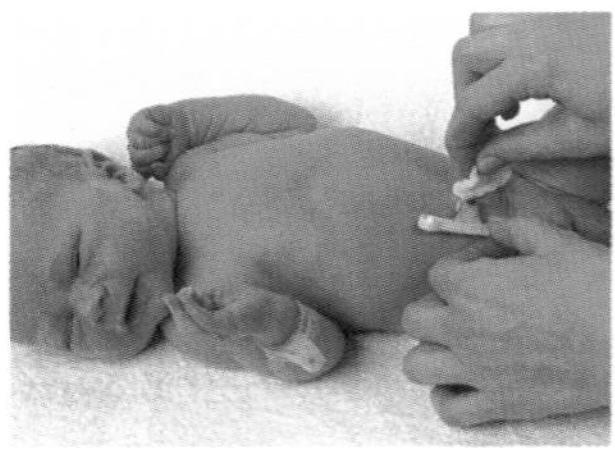

1 Avec une boule de coton ou un coton-tige imbibé d'alcool à friction, essuyez avec soin la peau autour du cordon ; lorsque le cordon est tombé, vous pouvez utiliser de l'eau.

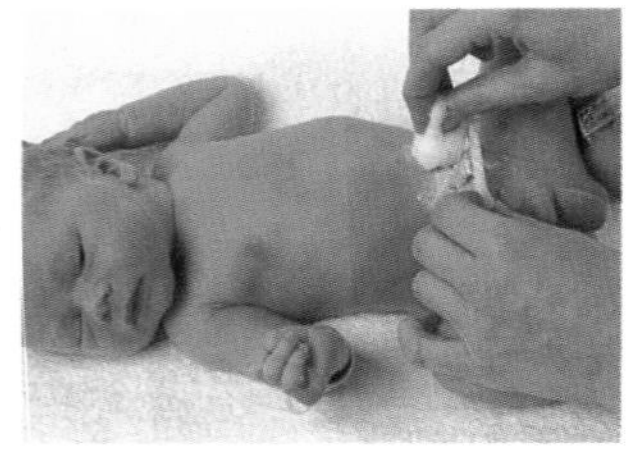

2 Essuyez avec une boule de coton propre.

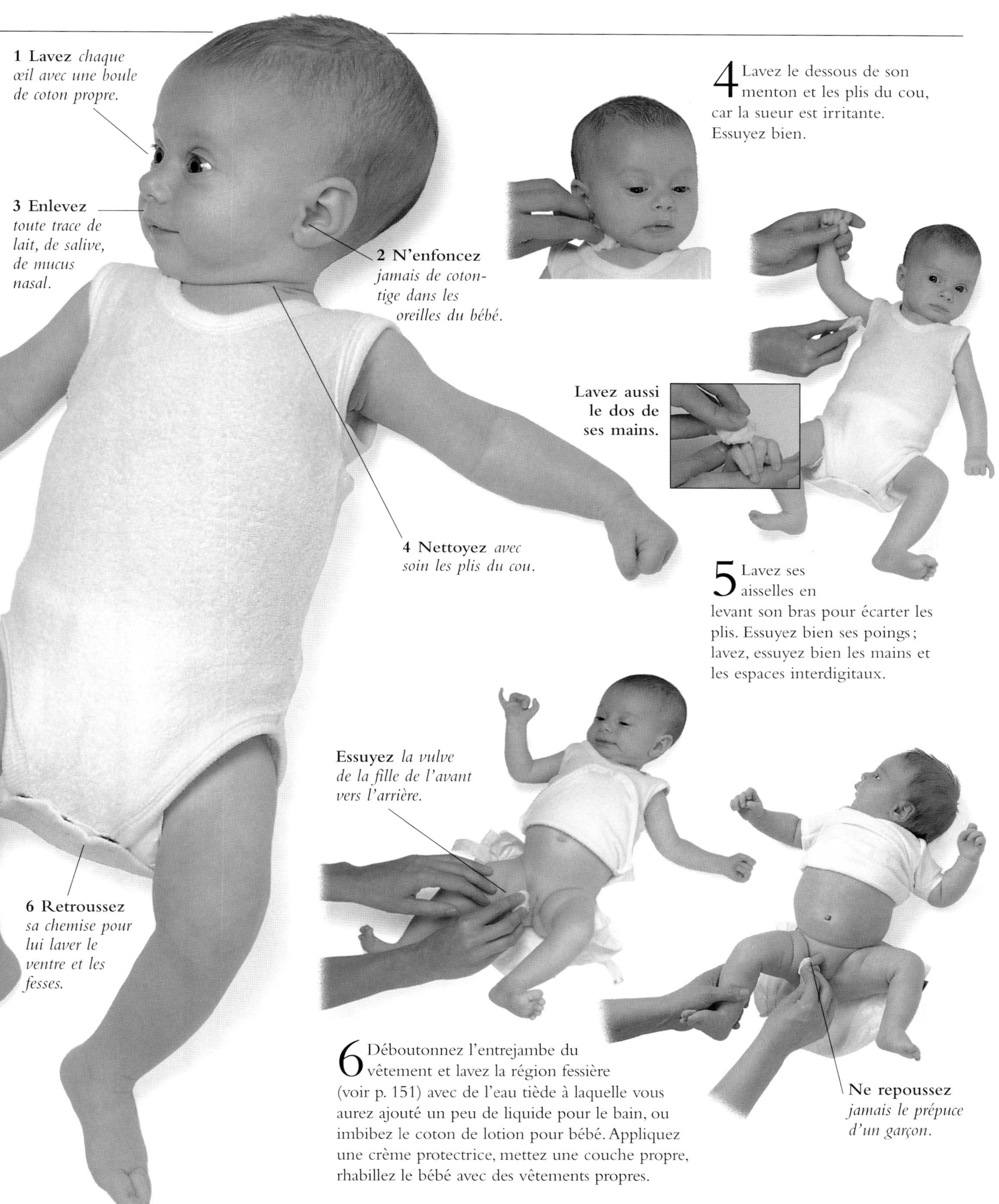

4 Lavez le dessous de son menton et les plis du cou, car la sueur est irritante. Essuyez bien.

5 Lavez ses aisselles en levant son bras pour écarter les plis. Essuyez bien ses poings ; lavez, essuyez bien les mains et les espaces interdigitaux.

6 Déboutonnez l'entrejambe du vêtement et lavez la région fessière (voir p. 151) avec de l'eau tiède à laquelle vous aurez ajouté un peu de liquide pour le bain, ou imbibez le coton de lotion pour bébé. Appliquez une crème protectrice, mettez une couche propre, rhabillez le bébé avec des vêtements propres.

BAIN DU NOURRISSON

La plupart des nourrissons ne tardent pas à adorer le bain, mais, au début, vos sentiments à tous deux seront sans doute mitigés : un nouveau-né déteste souvent être découvert et, vous-même, pouvez vous sentir nerveuse en tenant entre vos mains le petit corps glissant. Les premières semaines, vous pouvez vous contenter de la « toilette de chat » de votre bébé. Un bain quotidien n'est pas nécessaire, mais il fait toujours beaucoup de bien. Pour le baigner, agenouillez-vous ou asseyez-vous à votre gré, mais choisissez une position qui ne vous fasse pas mal au dos.

VOUS AUREZ BESOIN
d'une baignoire de bébé
d'un matelas à langer
de la serviette de bain
et d'une autre pour ses cheveux
de savon pour le bain
d'un bol d'eau propre pour ses yeux
de boules de coton
de talc (facultatif)
d'une couche et des accessoires pour le changer
de crème (facultatif)
de vêtements propres

PRÉPARATION DU BAIN

1 Versez l'eau froide dans la baignoire, puis de l'eau chaude et mélangez. Quand vous avez 10 cm d'eau au plus, vérifiez, du coude, qu'elle est bien tiède.

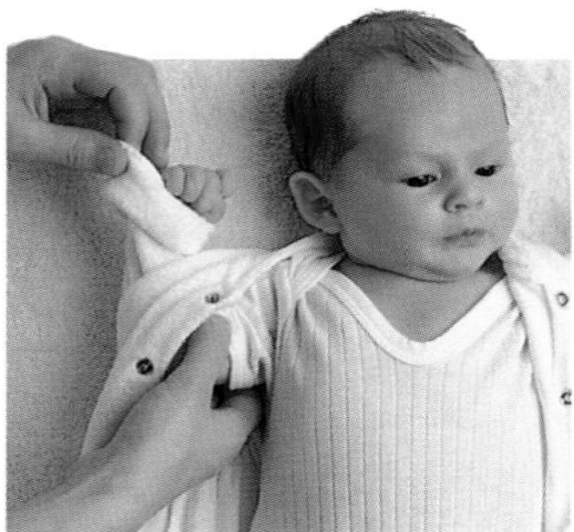

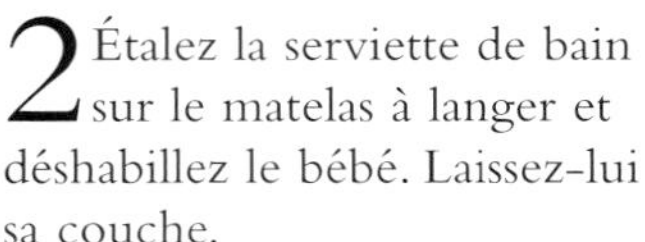

2 Étalez la serviette de bain sur le matelas à langer et déshabillez le bébé. Laissez-lui sa couche.

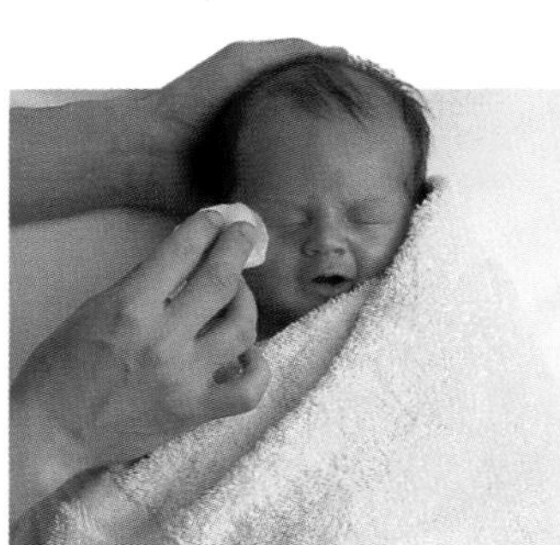

3 Enveloppez-le bien, puis lavez-lui les yeux et le visage avec des boules de coton trempées dans l'eau propre.

« Mon bébé de 1 mois a de vilaines croûtes sur la tête. Que faire ? »

Ce sont les croûtes du cuir chevelu ou « chapeau », bénignes, formées de cellules desséchées et de graisse (dermatose). Enduisez le cuir chevelu du bébé d'huile pour bébé et laissez-la 24 heures, puis peignez doucement et lavez les croûtes. Si cela ne va pas mieux, votre médecin prescrira une pommade.

SHAMPOOING

1 Tenez-lui la tête dans une main, le dos reposant sur votre avant-bras et les jambes coincées sous votre coude. Aspergez sa tête en prenant l'eau du bain dans le creux de votre autre main. Évitez de l'éclabousser. Souriez-lui pour le rassurer.

Évitez *de lui asperger le visage.*

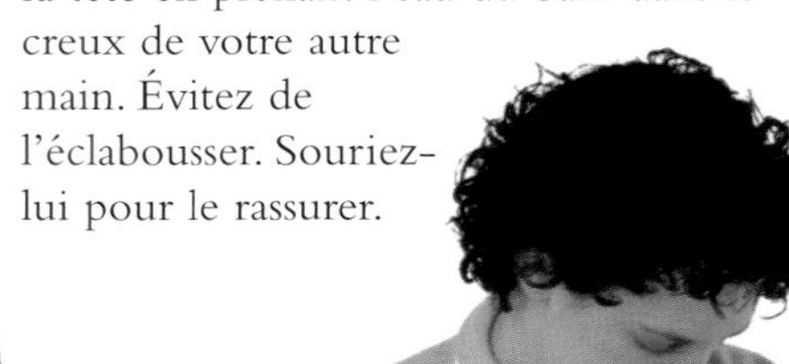

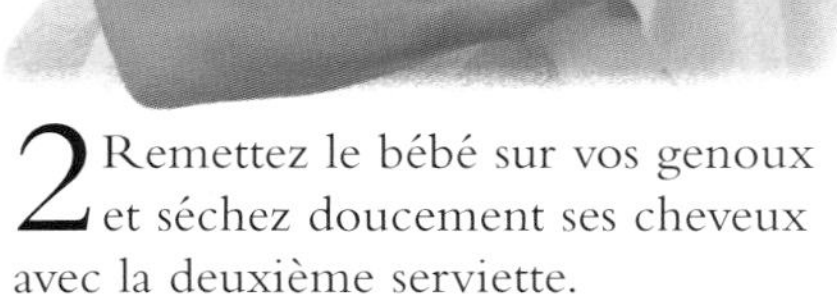

2 Remettez le bébé sur vos genoux et séchez doucement ses cheveux avec la deuxième serviette.

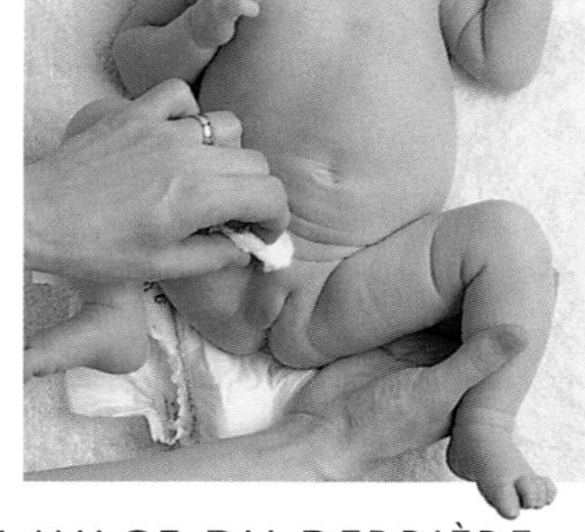

LAVAGE DU DERRIÈRE

Avant de mettre le bébé dans le bain, lavez ses fesses avec de l'eau et du savon, surtout si elles sont souillées de selles. Bien rincer.

METTEZ LE BÉBÉ DANS LE BAIN

Un poignet *soutient sa tête, l'autre la cuisse proche de vous.*

Tenez *bien l'épaule la plus éloignée de vous.*

1 Prenez le bébé en calant sa tête et son cou sur votre avant-bras et en bloquant votre main autour de l'épaule et du bras les plus éloignés de vous. Placez l'autre main sous ses fesses et ses cuisses.

2 Souriez au bébé et, tout en lui parlant, aspergez légèrement son corps d'eau. Savonnez-le bien et rincez. Placez l'autre main sous ses fesses et ses cuisses. Faites très doucement s'il ne paraît pas tranquille.

Laissez-le *gigoter et apprécier la liberté d'être nu.*

SORTIE DU BAIN

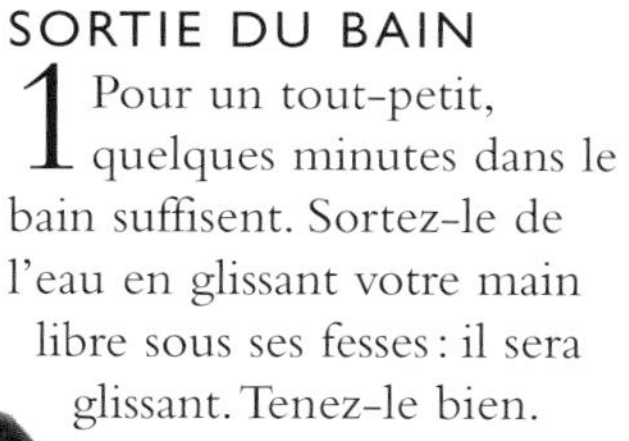

1 Pour un tout-petit, quelques minutes dans le bain suffisent. Sortez-le de l'eau en glissant votre main libre sous ses fesses : il sera glissant. Tenez-le bien.

Soutenez *sa tête pour qu'elle ne bascule pas.*

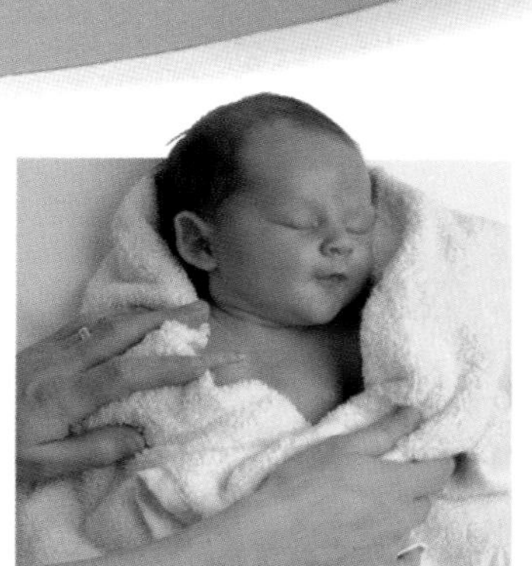

2 Enveloppez-le dans la serviette sur vos genoux et cajolez-le tout en l'essuyant. Transportez-le sur son matelas à langer, séchez ses plis.

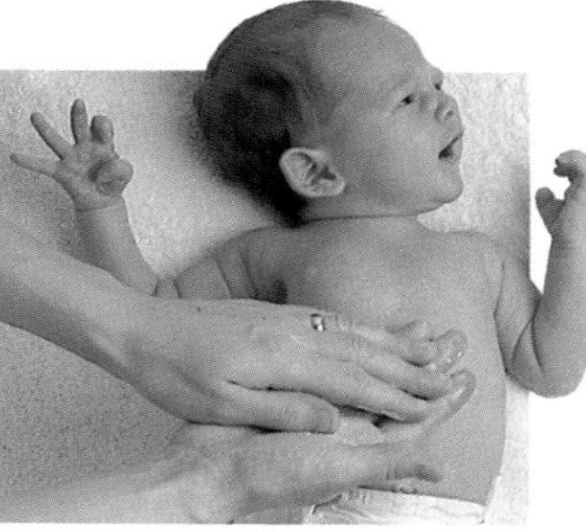

3 Mettez-lui une couche propre. Si vous utilisez du talc, mettez-en sur vos mains et frictionnez-lui tout le corps avec douceur.

BAIN DANS LA GRANDE BAIGNOIRE

Vers 3 ou 4 mois, votre bébé sera sans doute prêt à passer dans la grande baignoire – certains le sont même bien avant. Mais, si votre bébé n'aime pas le bain, n'insistez pas et continuez à vous servir de la petite baignoire jusqu'à ce que l'enfant soit vraiment trop grand, ou qu'il ait pris de l'assurance. Pour le bain du bébé de 3 mois, il faut tout préparer à portée de la main. La pièce doit être chauffée. Placez le tapis dans la baignoire, faites couler l'eau froide, puis l'eau chaude. Le mélange doit être tiède. Installez le bébé sur son matelas à langer pour lui laver la figure, les yeux et les oreilles. Déshabillez-le. Lavez-lui les fesses.

VOUS AUREZ BESOIN
d'un tapis de baignoire
d'une grande serviette moelleuse
de produits pour le bain, ou de lait nettoyant, et d'un shampooing pour bébé
d'une éponge ou d'une débarbouillette
du nécessaire pour lui laver le visage
d'une couche et des accessoires pour le changer
de crème et de talc
d'une brosse à dents quand l'enfant sera plus grand
d'un seau et d'autres jouets pour les bébés plus grands
de vêtements propres

TOILETTE DANS LE BAIN

1 Allongez le bébé dans l'eau sur le tapis de caoutchouc. Soutenez avec l'avant-bras ses épaules et sa tête.

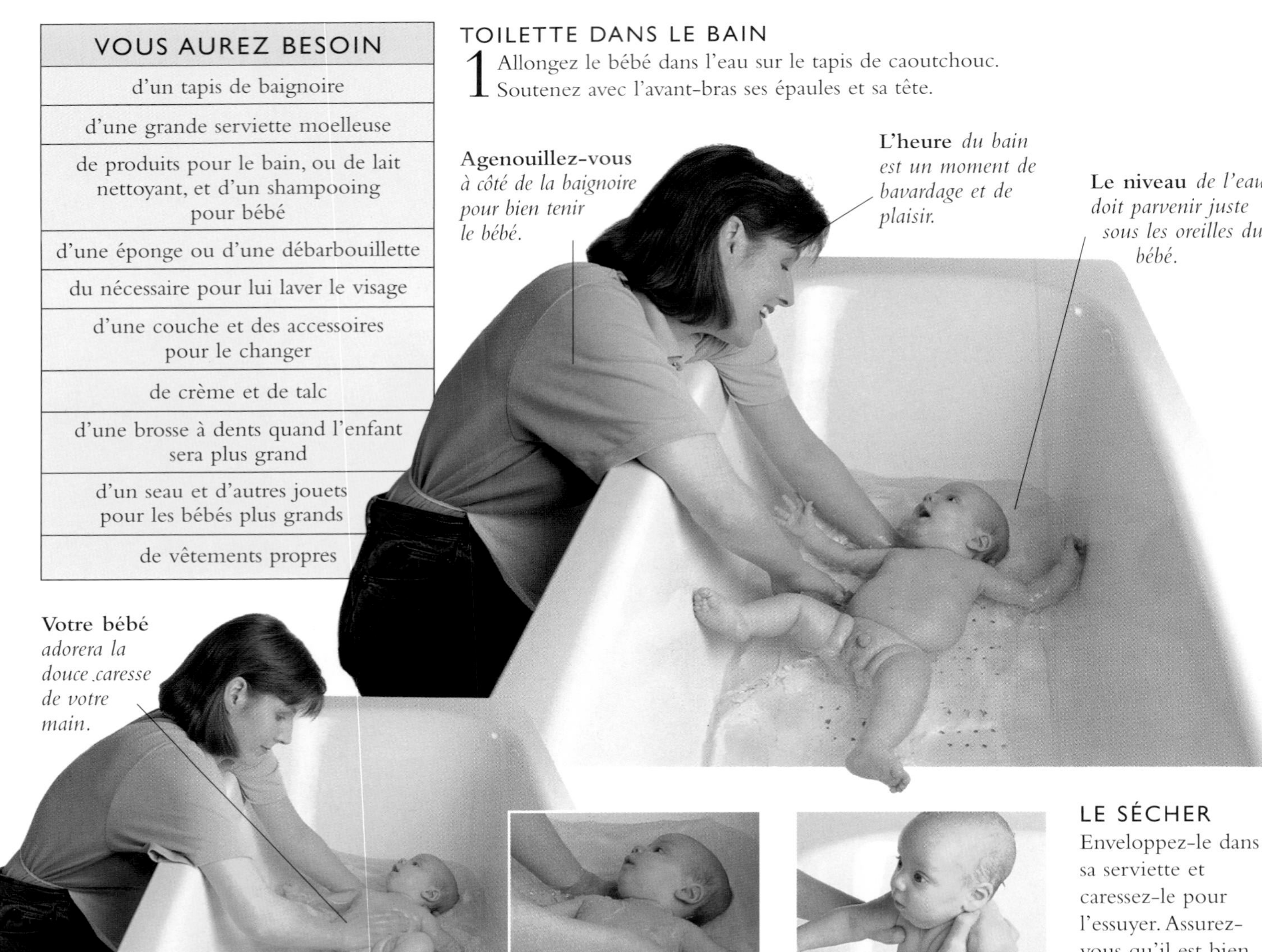

Agenouillez-vous *à côté de la baignoire pour bien tenir le bébé.*

L'heure *du bain est un moment de bavardage et de plaisir.*

Le niveau *de l'eau doit parvenir juste sous les oreilles du bébé.*

Votre bébé *adorera la douce caresse de votre main.*

2 Utilisez un peu de liquide pour le bain et aspergez simplement le bébé d'eau. Il est inutile de le frotter.

3 Rincez-le en l'aspergeant doucement sans cesser de lui parler.

SORTIE DU BAIN

Saisissez-le par les aisselles pour le soulever. Attention, il va glisser !

LE SÉCHER

Enveloppez-le dans sa serviette et caressez-le pour l'essuyer. Assurez-vous qu'il est bien au sec, particulièrement dans les replis sous les bras, à l'aine, dans le cou, entre les doigts et les orteils.

SHAMPOOING

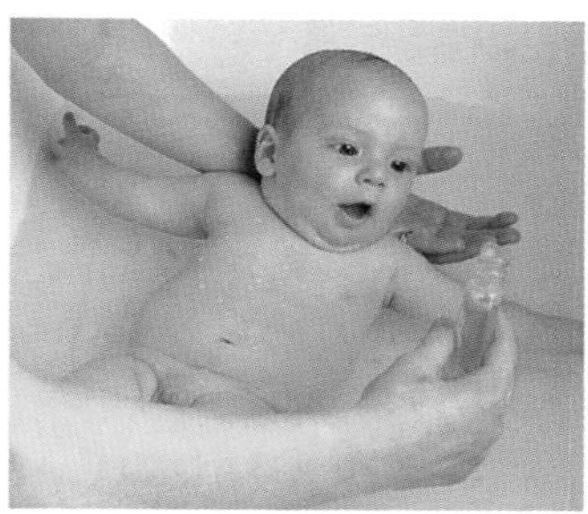

1 Lavez-lui les cheveux environ une fois par semaine. Mouillez-les d'abord. Avancez un peu la main qui soutient l'enfant et versez un peu de shampooing dans votre paume.

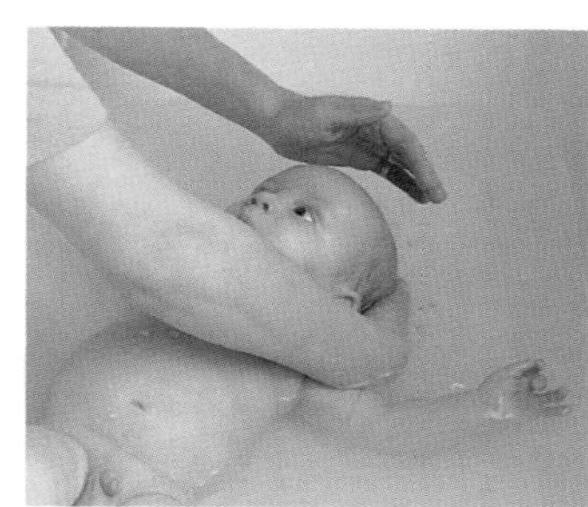

2 Soutenez la tête du bébé et frottez-lui le cuir chevelu avec le shampooing.

3 Changez de nouveau de main et rincez le shampooing avec une éponge ou une débarbouillette bien essorée.

Répondez à son signal – *il pourrait aimer se faire taquiner.*

UN BAIN SANS DANGER

Respectez ces quelques règles :

★ ne laissez jamais un bébé ou un jeune enfant vous échapper ou rester seul dans son bain ne serait-ce qu'une seconde. Un enfant peut glisser et se noyer dans quelques centimètres d'eau ;

★ ne laissez jamais votre enfant se lever seul dans son bain, même s'il se tient bien debout ;

★ même quand votre bébé se tient bien assis, ayez toujours une main prête pour le retenir s'il glisse ;

★ le tapis antidérapant est indispensable ;

★ ne faites jamais couler l'eau chaude quand l'enfant est dans le bain. S'il faut rajouter de l'eau, mélangez l'eau froide et l'eau chaude dans un bol jusqu'à la bonne température avant de verser le mélange dans la baignoire ;

★ vérifiez la température de l'eau chaude au thermostat de la chaudière ou du chauffe-eau ;

★ si le robinet de la baignoire chauffe, coiffez-le d'un gant de toilette pour que l'enfant ne se brûle pas ;

★ si vous vous baignez avec l'enfant, la température de l'eau doit être inférieure à celle de votre bain habituel.

PLAISIR DU BAIN

À partir du moment où votre bébé se tient bien assis, le bain devient un plaisir : ce n'est plus seulement une question d'hygiène. Donnez-lui des jouets variés : des objets verseurs (tasse en plastique, entonnoir, seau percé de trous, passoire) qui vont le fasciner, et des jouets qui flottent (bateaux ou canards). Une fois par semaine, servez-vous d'un des objets verseurs, pour lui laver les cheveux, mais ne faites pas couler d'eau sur son visage : il détesterait sans doute cela.

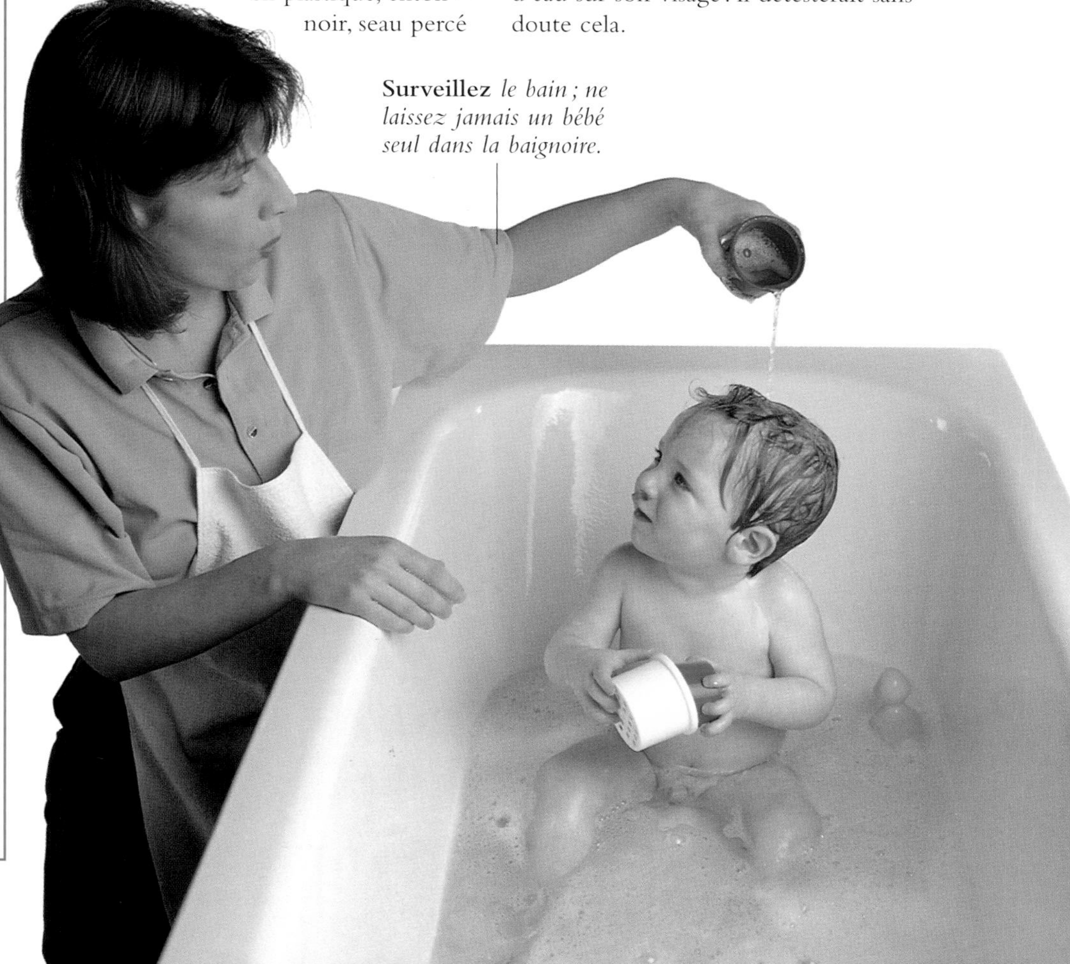

Surveillez *le bain ; ne laissez jamais un bébé seul dans la baignoire.*

BÉBÉS QUI DÉTESTENT L'EAU ET LA TOILETTE

BÉBÉS QUI DÉTESTENT LES BAINS

Certains bébés ont peur des bains. Parfois, cette aversion apparaît brusquement. Abandonnez les bains pour un temps : la « toilette de chat » quotidienne suffit pour qu'un nourrisson soit propre, mais un bébé qui sait se déplacer a besoin d'une toilette complète à l'éponge, sur vos genoux. Après 2 ou 3 semaines, prenez un bain avec lui pour l'aider à surmonter sa peur de l'eau.

Jouer avec l'eau
Asseyez votre bébé à côté d'une cuvette d'eau sur le carrelage de la cuisine et laissez-le jouer et éclabousser. En manipulant des tasses et des objets flottants, l'enfant comprendra vite que l'on peut jouer avec l'eau.

BÉBÉS QUI DÉTESTENT QU'ON LEUR LAVE LES CHEVEUX

Les bébés et les jeunes enfants détestent souvent qu'on leur lave la tête, même quand ils aiment le bain. Le moment le plus difficile se situe entre 2 ans et demi et 3 ans. Si votre enfant est dans ce cas, abandonnez les shampooings pendant 15 jours. Respectez son aversion, mais aidez-le à se montrer plus raisonnable. Par exemple, sortez avec lui sous la pluie et montrez-lui combien le ruissellement des gouttes de pluie sur le visage est agréable.

Puis, progressivement, recommencez à lui laver les cheveux au moment où vous lui donnez son bain. Vous pouvez lui donner une débarbouillette qu'il passera lui-même sur ses yeux et sur sa figure, car souvent la sensation de l'eau sur le visage fait horreur aux enfants. Si votre enfant accepte de porter une visière spéciale en plastique qui empêche l'eau de lui couler sur la figure, n'hésitez pas à lui en mettre une.

Lavage des cheveux à l'éponge
Vous pouvez nettoyer la tête de votre bébé en enlevant avec une éponge ou une débarbouillette humide les parcelles de nourriture et les saletés.

BAINS À L'ÉPONGE

Dès qu'il tient sa tête, vous pouvez laver votre bébé avec une éponge. Commencez par coucher le bébé sur son matelas à langer pour lui nettoyer les yeux, le visage et les oreilles avec des boules de coton propre. Puis asseyez-le sur vos genoux en ayant tout le nécessaire à portée de la main.

VOUS AUREZ BESOIN
d'une cuvette d'eau tiède avec un peu de liquide pour le bain
d'un bol d'eau tiède et de coton pour son visage
d'un tablier imperméable
d'une éponge ou d'une débarbouillette
d'une serviette chauffée
d'une couche pour le changer

HAUT DU CORPS

1 Enlevez les vêtements du haut. Mouillez l'éponge, essorez-la et lavez le cou du bébé. Essuyez bien avec la serviette.

Mettez *un tablier qui protège votre poitrine.*

Étalez *la serviette sur vos genoux.*

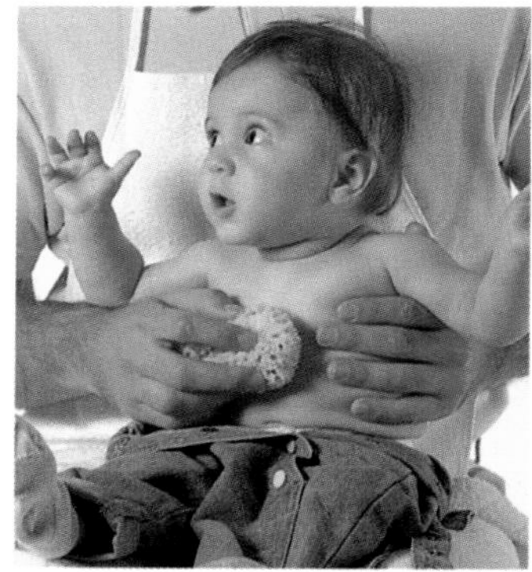

2 Plongez de nouveau l'éponge dans l'eau, essorez-la pour qu'elle ne dégoutte pas, lavez la poitrine du bébé et son ventre. Essuyez-le bien ensuite avec la serviette.

3 Levez les bras du bébé pour laver et essuyer ses aisselles, où la sueur et les squames peuvent s'accumuler. Lavez et essuyez ses avant-bras, puis laissez-le plonger les mains dans la cuvette s'il en a envie. Essuyez-le bien avec la serviette.

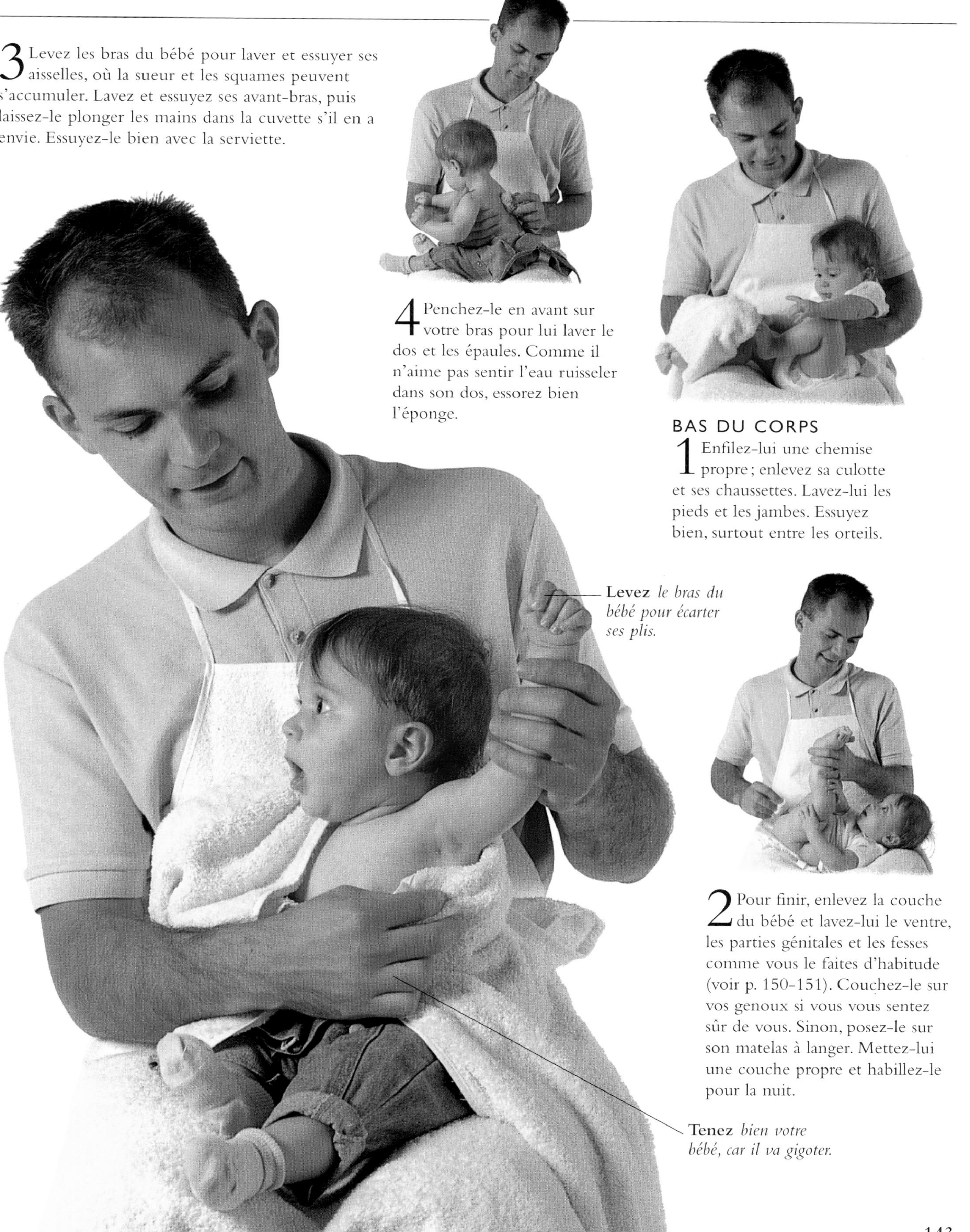

4 Penchez-le en avant sur votre bras pour lui laver le dos et les épaules. Comme il n'aime pas sentir l'eau ruisseler dans son dos, essorez bien l'éponge.

Levez *le bras du bébé pour écarter ses plis.*

Tenez *bien votre bébé, car il va gigoter.*

BAS DU CORPS

1 Enfilez-lui une chemise propre ; enlevez sa culotte et ses chaussettes. Lavez-lui les pieds et les jambes. Essuyez bien, surtout entre les orteils.

2 Pour finir, enlevez la couche du bébé et lavez-lui le ventre, les parties génitales et les fesses comme vous le faites d'habitude (voir p. 150-151). Couchez-le sur vos genoux si vous vous sentez sûr de vous. Sinon, posez-le sur son matelas à langer. Mettez-lui une couche propre et habillez-le pour la nuit.

DENTITION DE VOTRE ENFANT

Il n'est jamais trop tôt pour commencer à surveiller la dentition d'un enfant. Dès qu'un bébé a 1 ou 2 dents, frottez tous les soirs ses dents et ses gencives avec un mouchoir humide (voir ci-dessous). Dès qu'il en a plusieurs, lavez-lui les dents après le petit déjeuner et le soir avant d'aller le coucher, mais laissez-le aussi jouer avec une brosse à dents dans son bain. En prenant soin de ses premières dents, les dents de lait, vous lui assurez des gencives saines et des dents définitives – elles poussent vers l'âge de 5 ou 6 ans – bien rangées. De plus, l'enfant aura acquis de bonnes habitudes.

Si votre bébé s'endort la tétine dans la bouche, enlevez-lui le biberon. Autrement, le lait ou le jus présent dans sa bouche peut entraîner des caries dentaires.

BROSSAGE DES DENTS

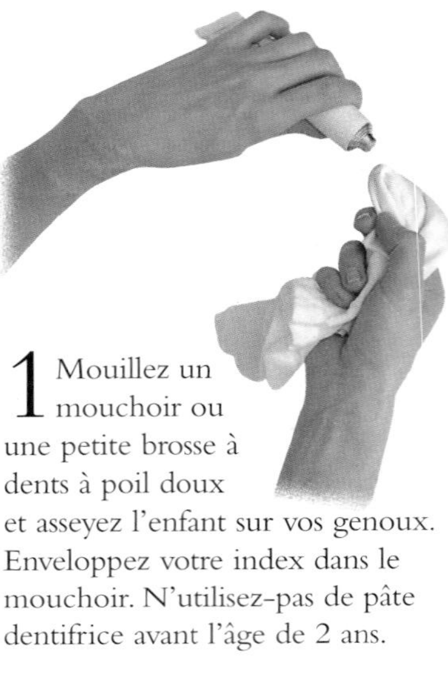

1 Mouillez un mouchoir ou une petite brosse à dents à poil doux et asseyez l'enfant sur vos genoux. Enveloppez votre index dans le mouchoir. N'utilisez-pas de pâte dentifrice avant l'âge de 2 ans.

2 Frottez du doigt les gencives et les dents de l'enfant. Laissez-le cracher dans le lavabo s'il a envie de faire comme vous.

COMMENT « SORTENT » LES DENTS

Votre bébé aura sa première dent au cours de sa première année et toutes ses dents de lait seront sorties avant trois ans. Les dents apparaissent généralement dans cet ordre :

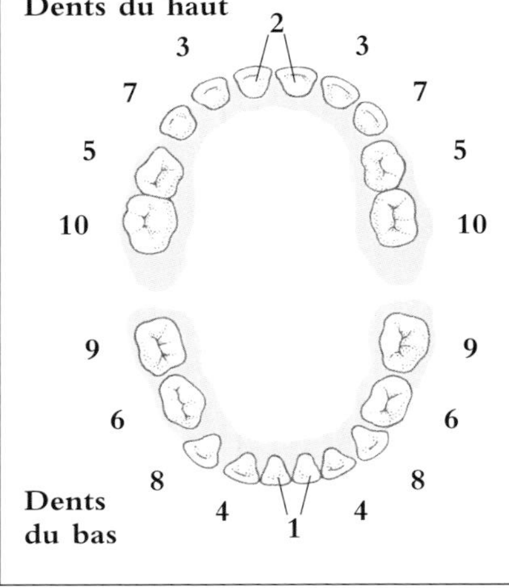

POURQUOI LES DENTS SE CARIENT-ELLES ?

Les dents se carient parce que les bactéries en contact avec le sucre réagissent pour former un acide qui attaque l'émail les protégeant. Les sucreries et les aliments sucrés augmentent le risque de carie, surtout quand ils sont consommés entre les repas parce que les dents baignent alors dans le sucre une grande partie de la journée. Réservez autant que possible les sucreries aux heures des repas et brossez les dents de l'enfant ensuite. Donnez-lui des collations peu sucrées (voir p. 116).

Fluor

Le fluor est une substance chimique qui protège les dents des enfants en durcissant l'émail. Il peut même guérir des petites brèches. Un brossage quotidien avec un tout petit peu de dentifrice fluoré protège les dents d'un enfant. Certaines eaux du robinet sont enrichies en fluor. Vous pouvez aussi administrer le fluor en gouttes ou en comprimés. Consultez votre dentiste avant d'en donner à votre enfant.

Fluor en excès

Si votre enfant avale un peu de dentifrice pendant que vous lui lavez les dents, ne vous inquiétez pas. Mais si le goût lui plaît au point de l'inciter à manger la pâte directement au tube, ne le laissez pas faire. S'il consomme déjà de l'eau fluorée ou des comprimés de fluor, celui que contient le dentifrice pourrait être superflu.

VISITES CHEZ LE DENTISTE

Dès qu'un enfant a toutes ses dents de lait (vers 2 ans et demi), ou avant si vous soupçonnez un problème, vous pouvez l'emmener tous les 6 mois chez le dentiste, qui dispose de traitements préventifs contre les caries et vous donnera des conseils au sujet des suppléments de fluor.

Même si les dents de lait de votre enfant vous paraissent saines, consultez le dentiste : une minuscule carie pourra ainsi être diagnostiquée à temps. De plus, il faut habituer votre enfant à aller chez le dentiste avant qu'il ait besoin de soins.

TECHNIQUE DU BROSSAGE DES DENTS

Brossez les dents de votre bébé avec une brosse humide, douce. Brossez aussi longtemps que l'enfant le tolère. À 2 ans, il voudra sans doute le faire lui-même. Surveillez-le pour qu'il se brosse correctement les dents. Vous pouvez commencer à utiliser la pâte dentifrice fluorée (très peu) à cet âge. Apprenez-lui en vous tenant derrière lui, devant une glace, et en guidant sa main.

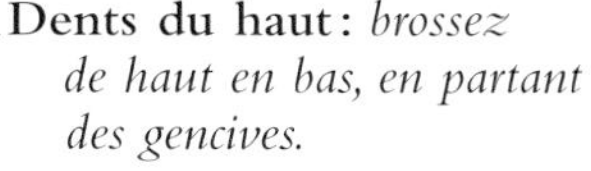

Dents du haut : *brossez de haut en bas, en partant des gencives.*

Surfaces qui travaillent : *brossez horizontalement toute la surface aplatie des dents, sur toute la mâchoire.*

Dents du bas : *brossez de bas en haut en partant des gencives.*

Commencez *par le fond de la bouche.*

Brossez les faces *extérieures et intérieures des gencives en un mouvement circulaire.*

Brossage des dents : un jeu
À l'heure du bain, apprenez à l'enfant à vous imiter pour jouer et ensuite, lavez-lui vous-même les dents.

Comment brosser les dents d'un enfant
L'enfant est debout sur un escabeau devant le lavabo et vous vous tenez derrière lui, un peu sur le côté. Renversez-lui la tête pour voir l'intérieur de sa bouche quand vous brossez. Laissez-le se rincer seul et cracher : c'est cela qui l'amuse.

SOINS DES ONGLES

VOTRE NOUVEAU-NÉ

Assurez-vous de garder les ongles de votre nouveau-né courts pour qu'il ne se blesse pas en s'éraflant.

Durant les premiers mois, comme les ongles sont très mous, il vaut mieux utiliser des ciseaux spéciaux pour bébé, spécialement conçus à cet effet. Ils ont des extrémités arrondies et conviennent mieux aux ongles de bébé.

Coupez toujours à l'horizontale, pour éviter que les bords ne repoussent dans la chair. Lorsque vous avez terminé, assurez-vous qu'il ne reste pas de petites pointes acérées.

Si votre bébé gigote lorsque vous tentez de lui couper les ongles, n'essayez pas de le contraindre. Attendez plutôt qu'il dorme paisiblement.

ONGLES DES DOIGTS DE LA MAIN

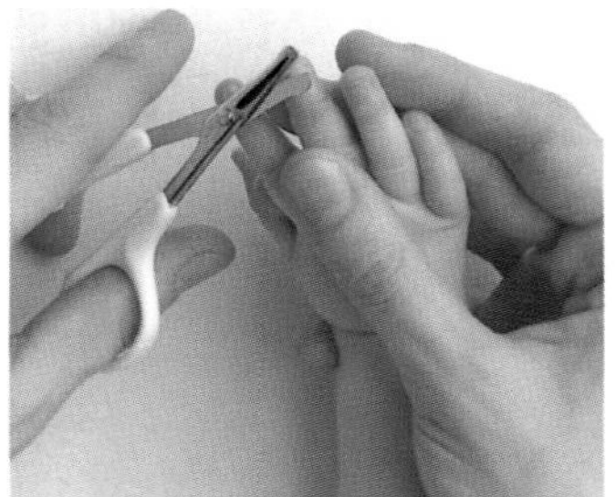

Asseyez votre enfant sur vos genoux, dos à vous. Prenez un doigt après l'autre et coupez l'ongle avec des ciseaux à bout rond.

ONGLES DES ORTEILS

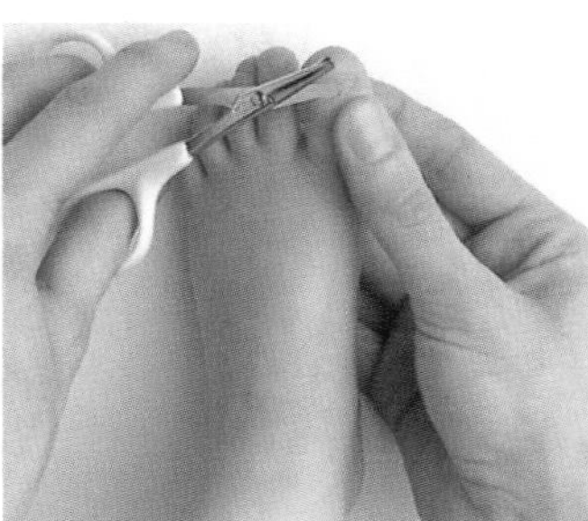

Asseyez le bébé sur son matelas à langer ou, s'il est plus âgé, sur vos genoux. Tenez-lui fermement le pied, car il va gigoter.

COUCHES ET CHANGE

Pendant les premières semaines de la vie de votre enfant, vous passez votre temps à changer ses couches. Comme la vessie du nouveau-né est petite, il se mouille souvent, et il vous arrive de devoir le changer après chaque tétée, chaque fois qu'il se réveille et, au début, après chaque tétée de nuit. D'une façon générale, il doit être changé dès qu'il est mouillé ou sali pour éviter l'apparition d'un érythème fessier. Mais le change n'est pas toujours prioritaire ; quand il se réveille affamé le matin, il serait cruel de le faire attendre. Le change ne doit pas être pour vous une corvée, mais un moment de câlinerie et de caresses qui vous donne l'occasion de manifester votre amour à votre bébé. Facilitez-vous la vie en préparant tout ce dont vous aurez besoin : si vous dormez au 2e étage, ayez au rez-de-chaussée un double de votre installation de l'étage. Au cours des mois, vous remarquerez que vous avez de moins en moins besoin de changer les couches du bébé. Vers l'âge de 2 ans, un enfant commence à savoir quand il a envie d'uriner, et il sera bientôt prêt à abandonner ses couches.

CE QUE PEUT CONTENIR LA COUCHE DU BÉBÉ

★ **Substance collante et vert noirâtre (2 ou 3 premiers jours) :** c'est le meconium, qui remplit l'intestin avant la naissance et doit être éliminé avant que la digestion ne commence.

★ **Selles semi-liquides, brun verdâtre, grumeleuses (1re semaine) :** ces selles de transition montrent que le système digestif du bébé s'adapte aux aliments qu'il absorbe.

★ **Selles jaune orangé, à consistance de moutarde, liquides, contenant des grumeaux de lait, très abondantes :** selles normales du bébé nourri au sein.

★ **Selles brun pâle, solides, bien moulées, malodorantes :** selles normales d'un bébé nourri au biberon.

★ **Selles vertes ou striées de vert :** selles normales, mais des selles vertes et peu abondantes plusieurs jours durant peuvent être un signe de sous-alimentation.

Consultez votre médecin si :

★ les selles sont très liquides et malodorantes, si le bébé vomit et donc manque de nourriture, car une diarrhée met en danger la vie d'un jeune bébé ;

★ vous voyez du sang dans les selles.

Couche jetable, tout-en-un

Couche de coton, pliée en cerf-volant

QUELLES COUCHES UTILISER ?

Il est indifférent à votre nouveau-né que vous utilisiez des couches à jeter ou des couches en tissu, pourvu qu'elles soient confortables et que vous ne le laissiez jamais avec une couche trempée ou salie. Les couches jetables sont bien ajustées. Mais les couches, quelles qu'elles soient, sont toujours volumineuses : pensez-y lorsque vous achetez des vêtements pour bébé. Les services de lavage de couche sont une bonne idée pour le nouveau-né et certains ne coûtent pas plus cher que le prix des couches jetables.

Le rebord *d'un matelas à langer n'empêche pas un bébé de tomber.*

COMMENT CHANGER VOTRE BÉBÉ

Puisque vous allez changer très souvent les couches de votre bébé, autant rendre agréable l'endroit où vous le faites ; accrochez un mobile au-dessus de la tête du nouveau-né, collez quelques décorations adhésives au mur ou sur les meubles pour le distraire et l'aider à se tenir tranquille. Un matelas à langer est pratique, peu coûteux, et l'enfant bénéficiera d'une totale sécurité si vous le posez sur un coin de plancher propre et sec.

Une table à langer est utile pour ranger les couches propres et les objets de toilette, mais un bébé peut tomber d'une table qui, d'ailleurs, devient vite trop petite. Si vous préférez poser le matelas à langer sur un plan surélevé – plan de travail, table, lit, dessus de commode – ne lâchez pas le bébé, même 1 seconde.

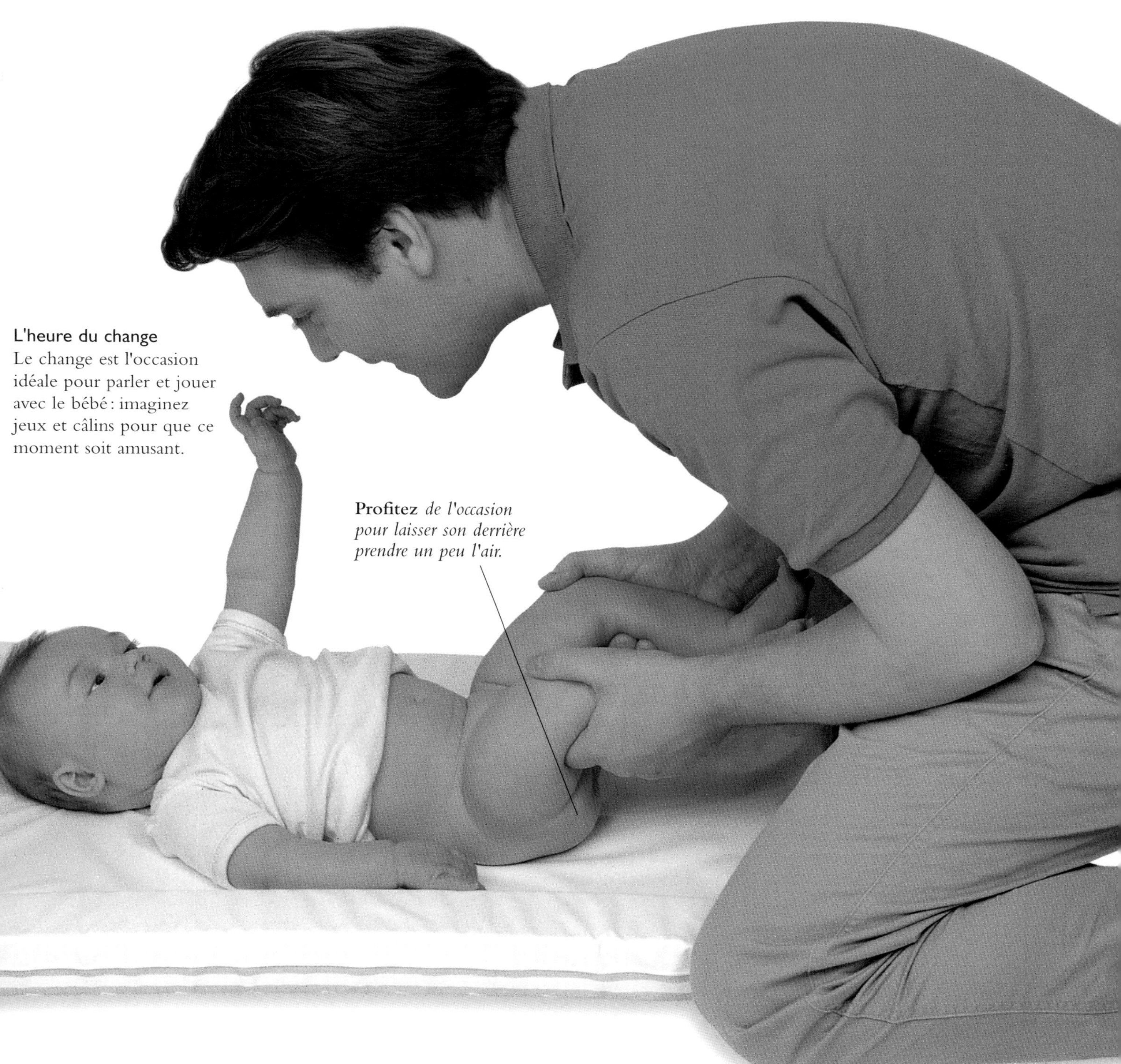

L'heure du change
Le change est l'occasion idéale pour parler et jouer avec le bébé : imaginez jeux et câlins pour que ce moment soit amusant.

Profitez *de l'occasion pour laisser son derrière prendre un peu l'air.*

NÉCESSAIRE POUR LE CHANGE

Au début, vous serez peut-être découragée par la quantité d'objets nécessaires, mais si vous les avez tous à portée de la main quand vous en avez besoin, cela vous facilitera grandement la tâche. Vous pouvez jeter les serviettes en papier, les serviettes rafraîchissantes préimprégnées et les garnitures dans les toilettes, mais il faut replier les couches sales et les mettre avec les boules de coton usagées dans une poubelle équipée d'un sac poubelle en plastique. Placez les couches en tissu dans un seau ou une bassine avant de les laver avec soin (voir p. 153).

NÉCESSAIRE POUR LA TOILETTE

Matelas à langer Un matelas d'entretien facile, rembourré, à rebords, est précieux. Par temps chaud, dépliez une serviette éponge sous le bébé, car le plastique fait transpirer.

Boules de coton Sortez ce dont vous aurez besoin pour ne pas souiller celles qui restent dans le sac.

Débarbouillettes Prenez-en des mouillées et des sèches pour laver ses fesses.

Serviettes en papier pour essuyer les selles et sécher le derrière du bébé.

Crème protectrice Une crème au zinc forme sur sa peau une barrière protectrice. Ne talquez pas les régions enduites de crème.

Nettoyez *le matelas, quand il est sale, avec une solution désinfectante.*

Les serviettes rafraîchissantes préimprégnées sont utiles pour nettoyer le derrière du bébé quand vous n'êtes pas chez vous.

Utilisez un peu d'**huile pour bébé** ou de **lotion** sur une boule de coton. Si votre bébé a un érythème fessier (fesses rouges), évitez d'utiliser celles-ci, car elles peuvent irriter davantage.

Huile pour bébé

Lotion pour bébé

QUELLES SORTES DE COUCHES DEVEZ-VOUS UTILISER ?

Vous avez trois choix : couches jetables, service de couches, ou couches en tissu que vous lavez vous-même. Cette dernière option est la moins chère. Mais n'oubliez pas de considérer votre temps et le coût de l'électricité pour l'eau chaude et le séchage à la machine, sans compter le savon à lavage.

Un bon service fournit jusqu'à 90 couches par semaine et rapporte les couches souillées. Vous devez cependant acheter les garnitures et les culottes imperméables. Vous voudrez aussi peut-être utiliser les couches de coton et les couches jetables. N'oubliez pas de faire des provisions, car vous pourriez avoir besoin de 70 couches jetables par semaine !

COUCHES JETABLES

Les couches jetables sont très pratiques. Quand vous avez trouvé une marque qui convient à votre bébé, achetez-en de grandes quantités : les premières semaines, vous allez changer votre bébé de 7 à 10 fois par jour : vous aurez besoin de 70 couches par semaine. Une couche trop petite n'est pas confortable. Achetez la taille au-dessus si elle vous paraît trop serrée. Les couches « ultra » sont minces et absorbantes ; les « standard » sont moins chères et plus épaisses, mais vous devrez changer le bébé plus souvent.

Vous aurez aussi besoin : d'un sac en plastique pour y jeter les couches sales. Ne jetez pas les couches dans les toilettes : elles boucheraient les tuyauteries ; d'une douzaine de couches en tissu pour éponger et essuyer le bébé.

L'élastique *autour des cuisses empêche les fuites.*

Essayez *plusieurs marques jusqu'à ce que vous en trouviez une qui absorbe bien et dont les fermetures adhèrent.*

Ruban adhésif ou épingles de sûreté *pour tenir des fermetures défectueuses ou resserrer une couche.*

Couche jetable

COUCHES EN TISSU

Si vous utilisez des couches en tissu, il vous faudra placer une garniture contre la peau du bébé et, par-dessus le tout, une culotte en plastique. Préférez une culotte en tissu imperméable mais qui laisse respirer. Achetez la meilleure qualité de couches en tissu. Il vous en faut 24 pour commencer. Comme elles font plus de volume sur le bébé que les couches à jeter, la taille 1 an des vêtements ne conviendra pas longtemps.

COUCHE TOUT-EN-UN RÉUTILISABLE

La couche tout-en-un réutilisable possède des attaches de velcro, une première doublure de coton doux et une seconde, absorbante, insérée dans la première, le tout dans une culotte imperméable qui rend le change aussi facile qu'avec une couche jetable.

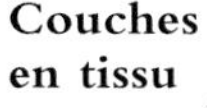

Couches en tissu

Épingles de sûreté
Un crochet empêche leur ouverture accidentelle. Dès que vous en enlevez une, fixez-la à votre corsage ; jetez les épingles détériorées.

Garnitures
Elles se placent à l'intérieur d'une couche en tissu. L'humidité les traverse dans un sens, mais ne reflue pas.

Culotte imperméable
Pratique contre les fuites ; peut favoriser les irritations.

CE QU'IL FAUT POUR LAVER LES COUCHES

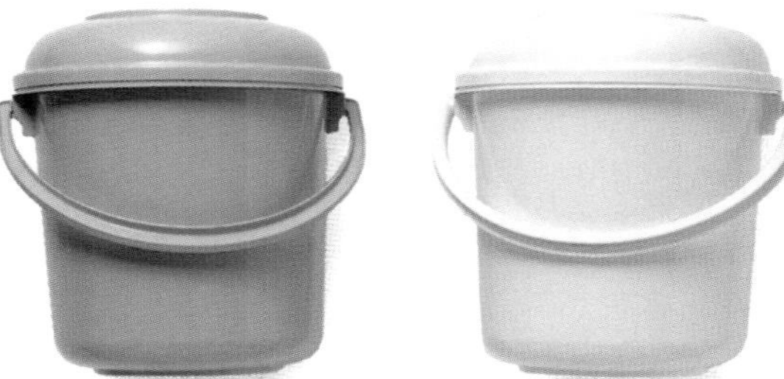

Deux seaux à couches
Choisissez des seaux de couleurs différentes, ou munis de couvercles différents ; le premier pour les couches mouillées, le second pour les couches salies. Gardez les seaux à couches hors de portée des jeunes enfants.

Poudre à nettoyer les couches
N'utilisez ni poudre à lessive ni adoucissant : ils peuvent tous les deux irriter la peau de bébé.

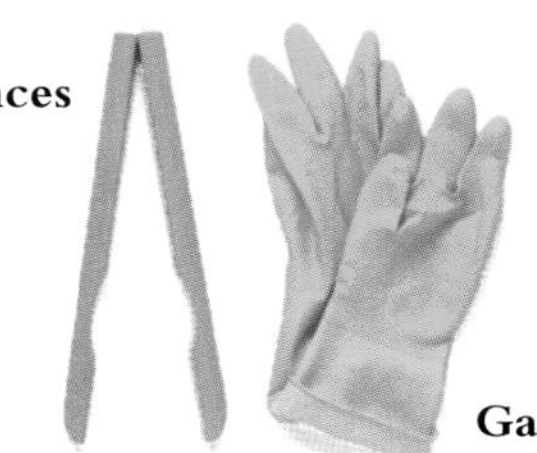

Pinces

Gants

Utilisez plutôt des **pinces** ou des **gants de caoutchouc** pour manipuler les couches.

TOILETTE DE LA FILLE

Nettoyez avec soin les fesses du bébé chaque fois que vous le changez, sinon elles seront vite rouges et irritées. Lavez-vous les mains d'abord. Couchez votre fille sur son matelas à langer et détachez-lui sa couche, utilisez un coin pour essuyer le plus gros des excréments. Puis levez les jambes du bébé et repliez la couche sous lui.

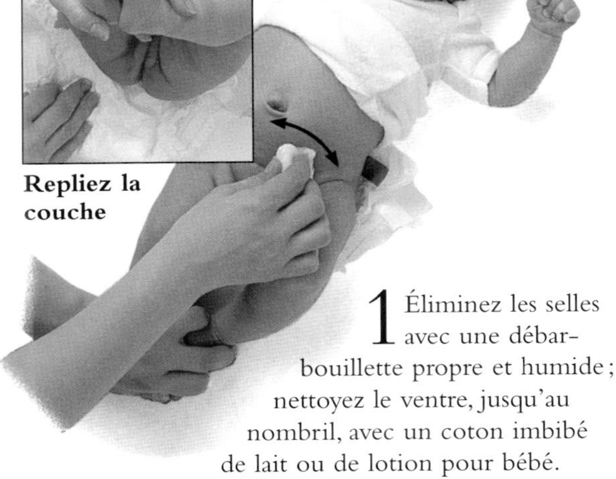

Repliez la couche

1 Éliminez les selles avec une débarbouillette propre et humide ; nettoyez le ventre, jusqu'au nombril, avec un coton imbibé de lait ou de lotion pour bébé.

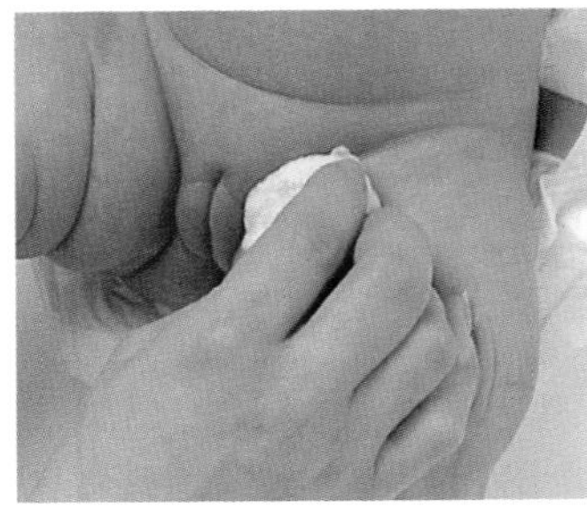

2 Avec une débarbouillette propre, nettoyez les plis du haut des cuisses, de haut en bas et toujours en partant du corps vers l'extérieur.

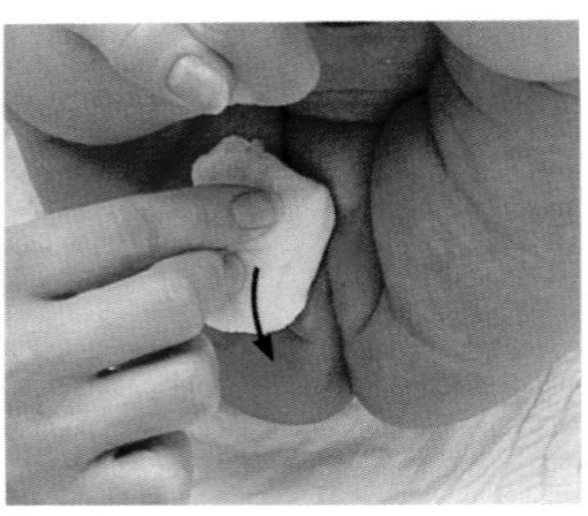

3 Soulevez ses deux jambes en glissant un doigt entre ses chevilles ; essuyez les organes génitaux de l'avant vers l'arrière pour empêcher les germes de l'anus de contaminer le vagin. Ne nettoyez pas l'intérieur des grandes lèvres.

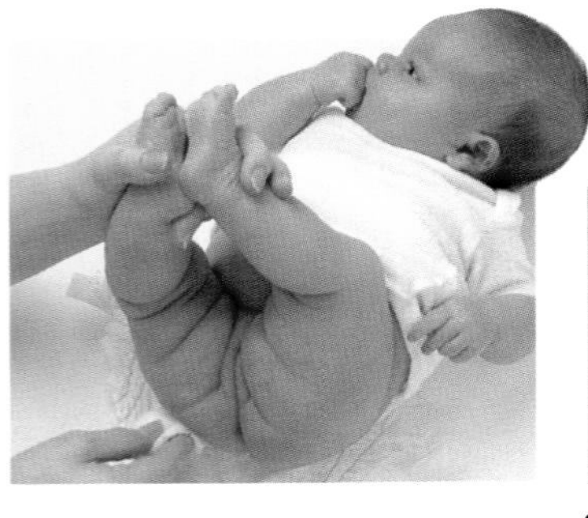

4 Avec une débarbouillette propre, nettoyez l'anus, puis les fesses et les cuisses, en vous dirigeant de l'extérieur vers l'anus. Quand le bébé est propre, enlevez la couche jetable, collez les adhésifs par-devant et jetez-la. Essuyez-vous les mains.

Séchez bien les plis

5 Séchez toute la région avec des serviettes en papier, puis laissez le bébé gigoter les fesses à l'air.

6 Étalez de la crème protectrice autour des organes génitaux, sur les lèvres vulvaires (extérieur), sur l'anus et sur les fesses.

ÉRYTHÈME FESSIER

Tous les bébés ont les fesses rouges de temps en temps. Si l'irritation ne cesse pas, voyez votre médecin.

Pour éviter l'érythème fessier :

* changez souvent le bébé ;
* nettoyez et séchez avec soin son derrière et les plis cutanés ;
* laissez l'enfant sans couche le plus souvent possible ;
* utilisez une crème protectrice ;
* si vous vous servez de couches en tissu, utilisez des culottes imperméables qui laissent respirer et qui se nouent ou se boutonnent ;
* lavez et rincez avec soin les couches en tissu.

À la première rougeur :

* changez les couches plus souvent ;
* utilisez une crème de soin pour l'érythème fessier ;
* laissez le bébé sans couche une grande partie de la journée ;
* si vous utilisez des couches en tissu, prenez une garniture intérieure plus absorbante ;
* ne vous servez pas de culotte en plastique, qui peut aggraver l'irritation en emprisonnant l'urine contre la peau.

TOILETTE DU GARÇON

L'urine d'un garçon coule partout, et il faut nettoyer le bébé avec soin à chaque changement de couche pour lui éviter toute irritation. Lavez-vous les mains. Couchez le bébé sur son matelas à langer et détachez-lui sa couche, essuyez le plus gros de ses excréments avec un coin de couche sec et propre (voir à droite).

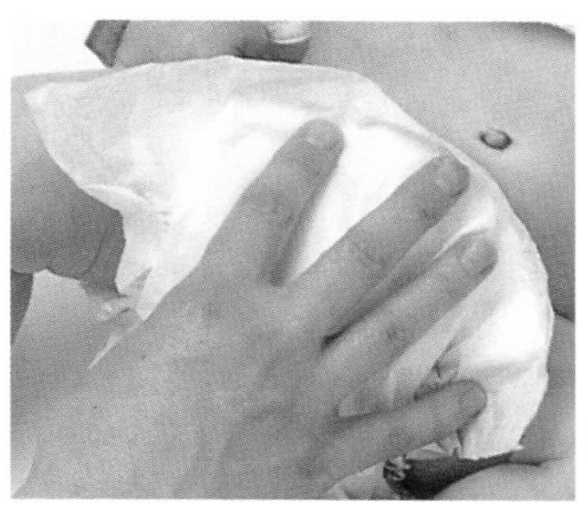

1 Votre bébé urinera souvent au moment où vous lui enlevez sa couche : attendez quelques secondes en appliquant la couche sur son pénis.

2 Dépliez la couche. Essuyez les selles avec des serviettes en papier et mettez le tout dans la couche, puis repliez-la sous les fesses du bébé. Nettoyez la région du ventre au nombril avec une débarbouillette humide.

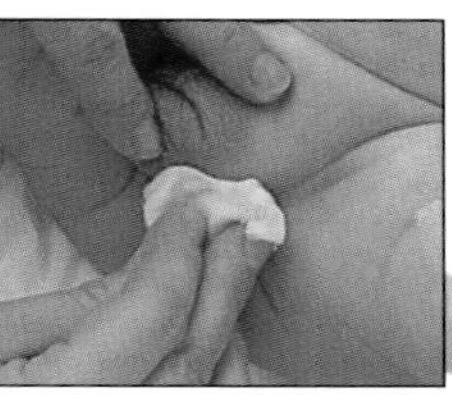

Nettoyez avec soin sous ses testicules

3 Avec une débarbouillette propre, nettoyez les plis du haut des cuisses et de la base des organes génitaux en vous dirigeant vers l'extérieur. Écartez ses testicules pour en laver le dessous.

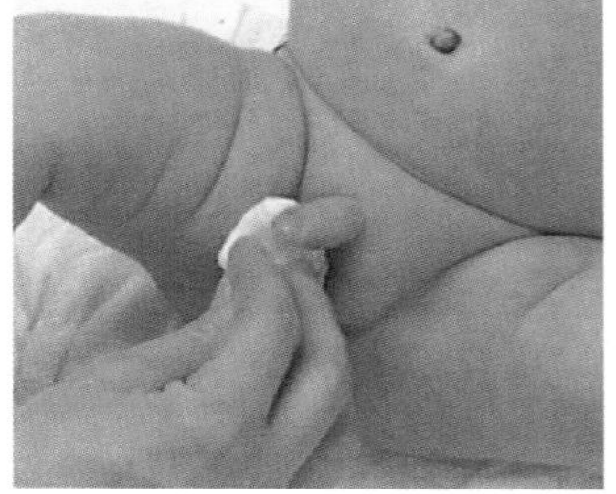

4 Avec une débarbouillette propre, essuyez les testicules et le dessous du pénis, qui peuvent être souillés de selles et d'urine. Écartez le pénis si besoin est, mais sans tirer sur la peau.

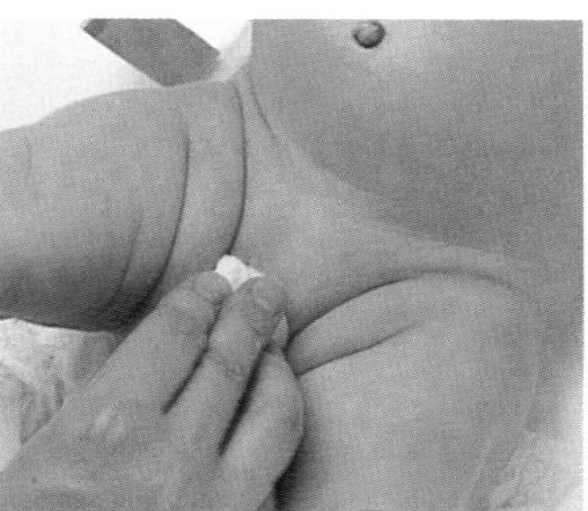

5 Nettoyez le pénis en vous dirigeant du bout vers la base : ne tirez pas le prépuce en arrière pour nettoyer dessous, il se nettoiera seul.

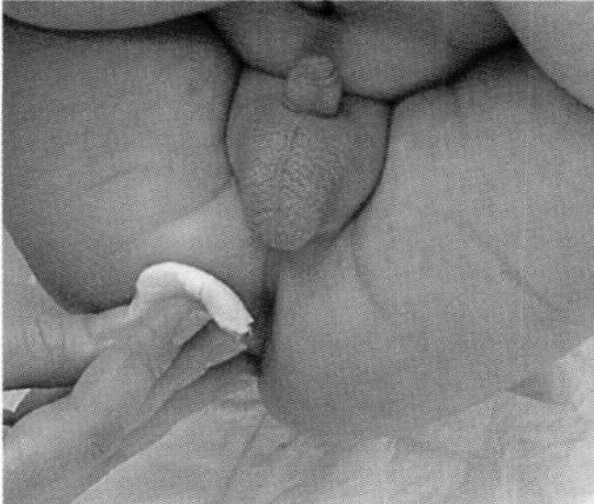

6 Soulevez les jambes du bébé en gardant un doigt entre ses chevilles pour lui nettoyer l'anus et les fesses. N'oubliez pas l'arrière des cuisses. Quand l'enfant est propre, enlevez la couche.

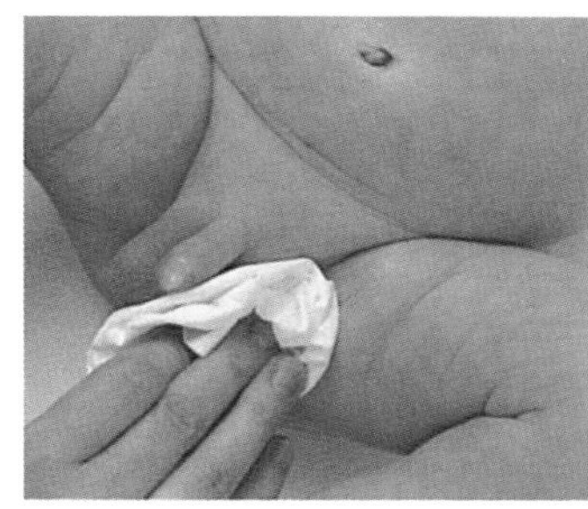

7 Essuyez-vous les mains, puis séchez le bébé. Laissez-le gigoter un moment à l'air s'il a les fesses rouges ; gardez une serviette en papier à portée de main, si jamais il urinait.

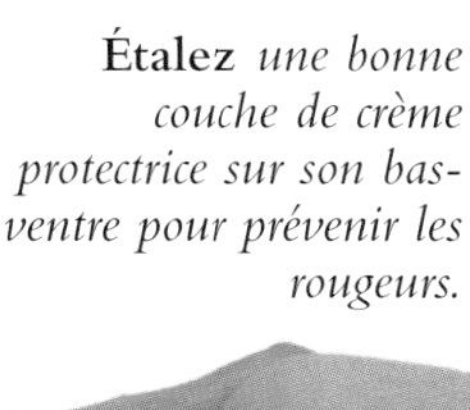

Étalez *une bonne couche de crème protectrice sur son bas-ventre pour prévenir les rougeurs.*

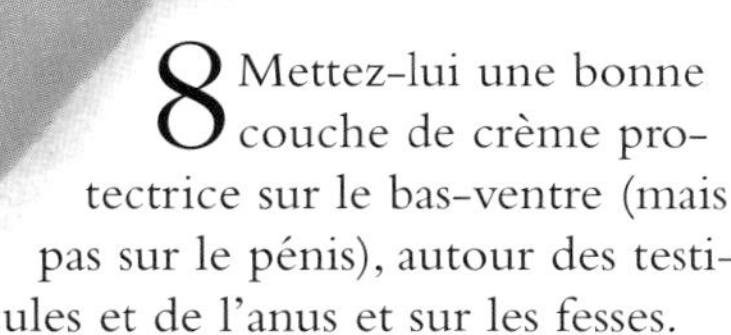

8 Mettez-lui une bonne couche de crème protectrice sur le bas-ventre (mais pas sur le pénis), autour des testicules et de l'anus et sur les fesses.

COMMENT METTRE UN CHANGE COMPLET

Nettoyez avec soin le derrière du bébé et enduisez la région d'une généreuse couche de crème protectrice. Essuyez-vous bien les mains, car les languettes adhésives ne colleront pas si vous mettez de la graisse dessus ou sur le devant de la couche.

1 Déployez la couche, les languettes sur le devant. Soulevez les jambes du bébé en gardant un doigt entre les chevilles et glissez la couche sous les fesses jusqu'à ce que le bord supérieur soit au niveau de sa taille.

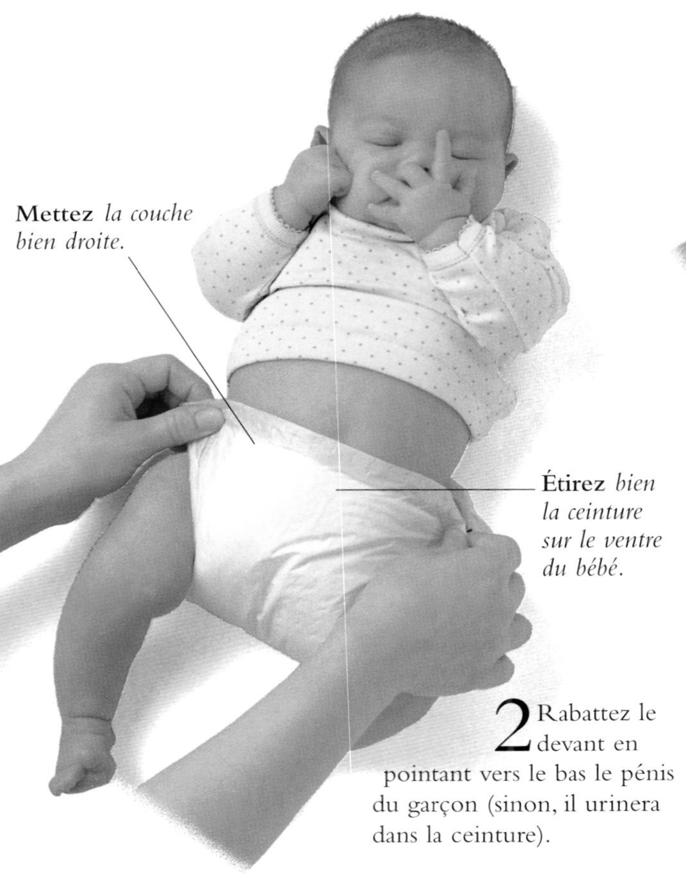

Mettez *la couche bien droite.*

Étirez *bien la ceinture sur le ventre du bébé.*

2 Rabattez le devant en pointant vers le bas le pénis du garçon (sinon, il urinera dans la ceinture).

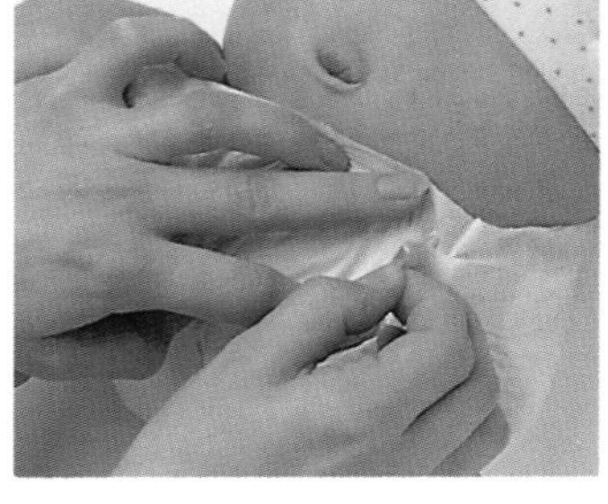

3 Tenez un côté de la couche en place ; de l'autre main, enlevez la pellicule de protection de la languette ; tirez et collez cette dernière parallèlement au bord supérieur.

4 Faites de même pour l'autre côté en vérifiant que la couche est bien serrée autour des cuisses et bien en place.

« Comment puis-je faire tenir tranquille mon bébé de 1 mois pendant que je le change ? Il gigote tellement que je n'arrive même pas à le laver correctement ou à épingler sa couche. »

Tous les petits enfants dignes de ce nom gigotent quand on les change, mais on peut toujours leur laver le derrière. Choisissez des couches faciles à mettre et à enlever. Souvenez-vous aussi que le moment du change doit être amusant : chatouillez votre bébé et donnez-lui quelques jouets. Si votre bébé est très sale, vous devez pouvoir le laver en l'installant dans la baignoire sur le tapis antidérapant et en lui lavant les fesses avec de l'eau tiède. Séchez-le bien.

Repliez *la ceinture : placée trop haut, elle pourrait irriter le nombril du bébé.*

5 La couche doit être juste assez serrée à la taille et laissera de la place pour passer un doigt. Vérifiez. Si la ceinture est trop lâche, décollez les languettes et réajustez-les.

PLIER LES COUCHES DE TISSU

COUCHES DE TISSU TROIS ÉPAISSEURS

Le pliage à triple absorption convient très bien au nouveau-né et au nourrisson ; il prend peu de place et met plusieurs épaisseurs de tissu entre les jambes de bébé, ce qui le rend très absorbant.

1 Pliez une couche en quatre. Placez les côtés pliés par-devers vous, et à gauche.

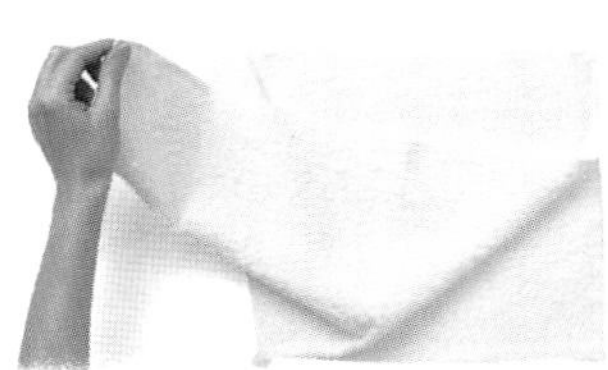

2 Attrapez la partie supérieure de la main droite et étendez-la.

3 Formez un triangle, tous les bords ramenés en haut.

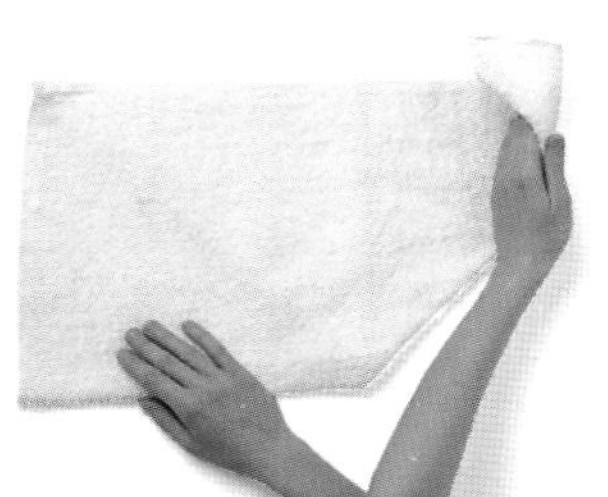

4 Retournez la couche soigneusement, et ajustez bien les bords.

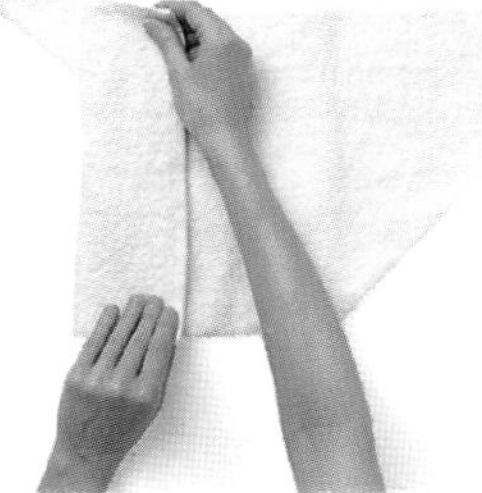

5 Prenez le bord vertical et repliez-le vers le milieu du tiers.

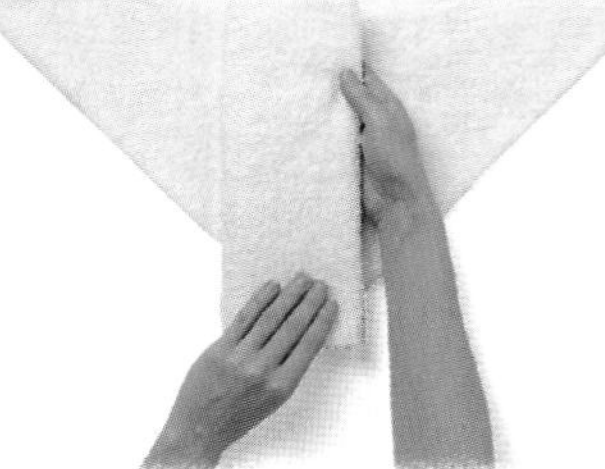

6 Repliez encore une fois les épaisseurs pour former un panneau central épais.

7 Placez une doublure de couche en position, quitte à replier l'une des extrémités au besoin.

PLIAGE EN CERF-VOLANT

Cette manière de plier la couche convient bien au bébé qui grandit. Vous pouvez l'utiliser depuis l'âge de 2 ou 3 mois jusqu'à ce que votre bébé soit propre. Au fur et à mesure que bébé grandit, ajustez la taille de la couche en jouant avec la profondeur du pli de l'étape 3.

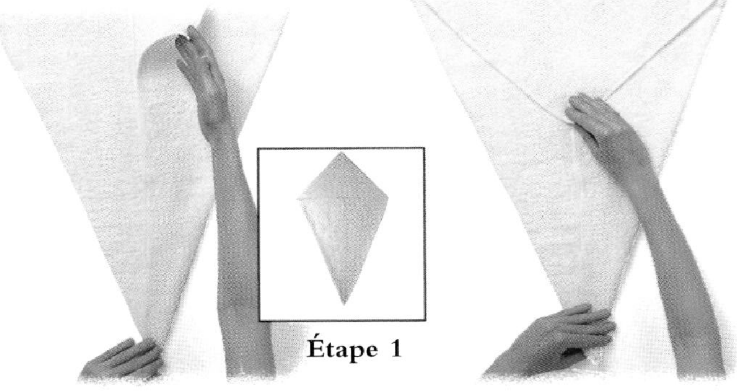

Étape 1

1 Étendez la couche à plat. Repliez les deux bords vers le milieu.

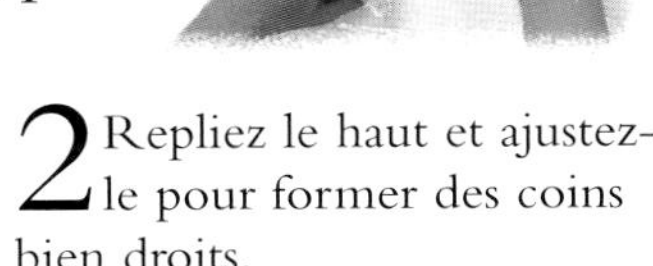

2 Repliez le haut et ajustez-le pour former des coins bien droits.

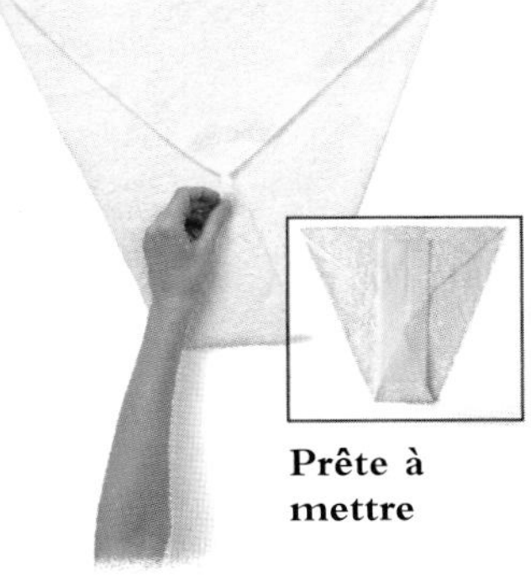

Prête à mettre

3 Relevez le bas et placez une doublure.

LAVAGE DES COUCHES

Les couches en tissu doivent être bien lavées et rincées pour ne pas irriter la peau de votre bébé. Vous trouverez ci-après les principales étapes de leur entretien :

- ⋆ Ayez toujours à côté de la table à langer un seau en plastique pour les couches usagées ;
- ⋆ Vous pouvez tremper les couches salies dans l'eau des toilettes pour éliminer les matières fécales ;
- ⋆ Lavez les couches à l'eau bouillante avec un savon doux ;
- ⋆ Rincez bien les couches ; au moins 3 cycles de rinçage ;
- ⋆ N'utilisez pas d'adoucissant commercial ni pour le rinçage ni pour le séchage ;
- ⋆ Pour adoucir les couches, vous pouvez ajouter une tasse de vinaigre au cycle de rinçage ;
- ⋆ Lavez la culotte imperméable à l'eau chaude avec un savon doux ; tamponner pour retirer le surplus d'eau et laissez sécher à l'air.

Votre CLSC est une bonne source de renseignements sur les couches en tissu.

METTRE UNE COUCHE DE TISSU TROIS ÉPAISSEURS

Conservez vos couches de tissu propres pliées, garnies de leur doublure pour ne pas devoir les plier au fur et à mesure. Lavez à fond les fesses de votre bébé et, si vous en avez l'habitude, enduisez-les d'une crème protectrice. Laissez toujours la couche souillée hors de la portée de votre enfant et occupez-vous-en dès que vous aurez fini de changer bébé.

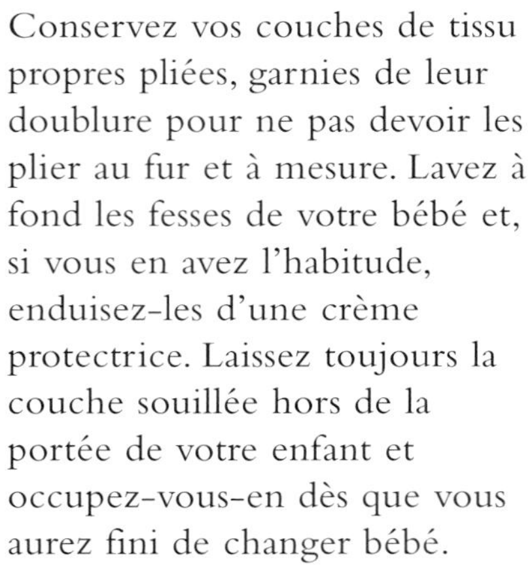

1 Soulevez les jambes de bébé par les chevilles et glissez la couche sous les fesses. Placez le haut de la couche à la hauteur de la taille.

Glissez *le panneau central épais sous les fesses.*

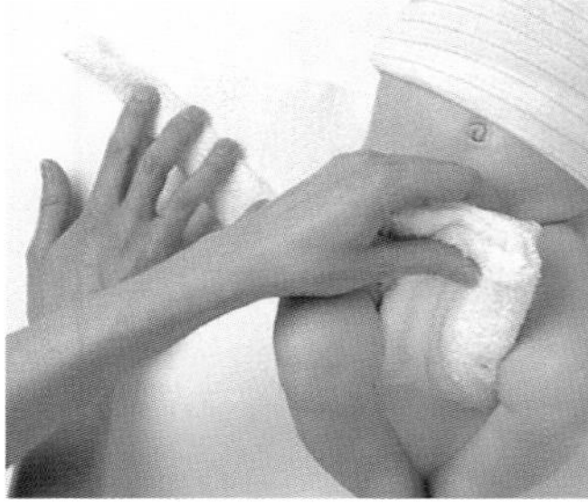

2 Relevez la couche entre les jambes (abaissez le pénis pour prévenir les fuites à la taille), et maintenez la couche en place pendant que vous en retournez un peu le bord.

3 Ramenez le bord supérieur autour de la taille de bébé en tirant légèrement sur la couche pour la tendre. Maintenez-la pendant que vous repliez l'autre côté.

Repliez *en longueurs d'environ 4 cm pour ajuster autour des jambes.*

4 Tout en maintenant le premier coin, ramenez le second vers l'avant tout en serrant la couche ; elle sera moins tendue une fois épinglée.

5 Glissez les doigts entre la couche et l'abdomen pour ne pas piquer le bébé et épinglez toutes les épaisseurs. Mettez l'épingle à l'horizontale et refermez-la.

Rentrez *le tissu de la culotte de plastique autour de la taille et des jambes pour empêcher les fuites.*

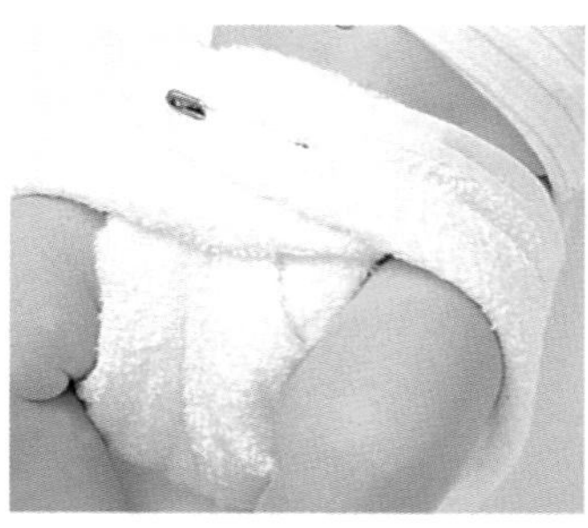

6 Une couche bien mise s'ajuste parfaitement autour de la taille et des jambes. Testez du doigt. Les couches de tissu se relâchent toujours avec les mouvements du bébé. Si la couche flotte déjà, retirez l'épingle et recommencez.

7 Enfilez la culotte de caoutchouc sur la couche. Si bébé a les fesses irritées, utilisez plutôt des culottes de tissu et laissez les boutons-pression défaits pour permettre à l'air de circuler. Mieux : ne mettez pas de culotte protectrice pendant une douzaine d'heures.

METTRE UNE COUCHE DE TISSU PLIÉE EN CERF-VOLANT

Pour rendre le change plus efficace, efforcez-vous d'avoir préparé toutes vos couches garnies de leur doublure. Lavez à fond les fesses de votre bébé et, si vous en avez l'habitude, enduisez-les de crème protectrice. Lorsque bébé sera plus en chair à la taille, les coins de la couche ne se superposeront plus devant, il faudra alors l'attacher avec deux épingles.

PETIT BÉBÉ

1 Soulevez doucement les jambes de votre bébé par les chevilles et glissez la couche sous les fesses. Ensuite, sur la longueur, repliez les deux côtés d'environ 4 cm.

Servez-vous d'une main *pour maintenir les deux côtés pliés en longueur.*

2 Relevez le devant de la couche entre les jambes de bébé aussi loin qu'elle peut aller ; abaissez le pénis. Tenez la couche d'une main tandis que vous ramenez un coin arrière vers l'avant, par-dessus le pan avant.

Tenez le haut *de la couche – ne la laissez pas se relâcher.*

Remontez le haut *de la couche à la taille.*

Tendez la couche *tout en ramenant vers l'avant chacun des coins.*

3 Ramenez l'autre coin vers l'avant, sur le premier, et serrez bien pour ajuster parfaitement.

4 Sans laisser la tension se relâcher, glissez les doigts dans la couche et épinglez à l'horizontale.

GROS BÉBÉ

Suivez l'étape 1 puis relevez la couche entre les jambes de bébé aussi loin que vous pouvez aller ; sans oublier d'abaisser le pénis. Tenez le coin avant et amenez le coin arrière vers l'avant. Épinglez à l'horizontale. Procédez de la même manière pour l'autre côté en tirant fermement la couche autour de la taille de bébé. Placez la seconde épingle. Assurez-vous que la couche n'est pas lâche autour des cuisses ; rentrez tout tissu en excès et mettez la culotte de plastique.

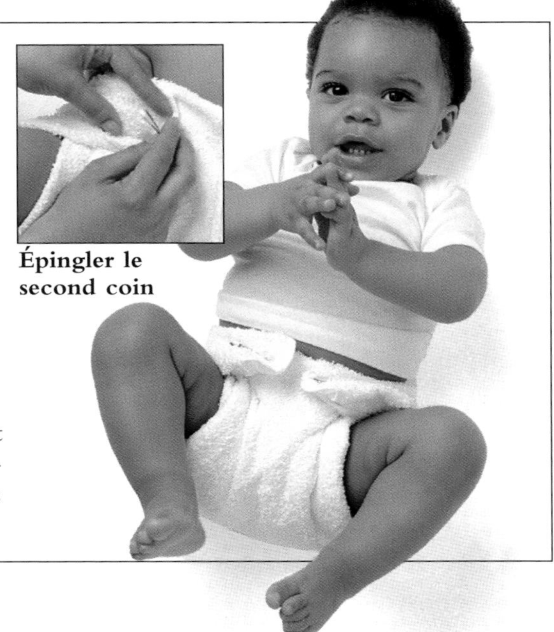

Épingler le second coin

Pour éviter les fuites, *il est essentiel d'ajuster autour des cuisses.*

5 Assurez-vous que la couche est bien ajustée. Réépinglez si la couche est trop lâche. Mettez la culotte de plastique.

ABANDON DES COUCHES

Le contrôle de l'intestin et de la vessie représente une étape importante du développement d'un enfant. On n'a pas à lui enseigner ce contrôle, pas plus qu'on ne lui apprend à marcher : cela fait partie de son développement normal. Il suffit que vous l'encouragiez et que vous lui donniez des occasions de s'exercer. En général, vers deux ans, votre enfant va commencer à reconnaître la sensation de plénitude de son rectum et de sa vessie. L'étape suivante consiste pour lui à sentir qu'il va déféquer ou uriner. Et une fois que cela est assimilé, l'enfant va vite apprendre à se diriger vers un pot au bon moment s'il en a un à sa portée. Ses progrès seront irréguliers : il se peut qu'il contrôle ses intestins avant sa vessie, ou l'inverse, et les mares d'urine et les culottes souillées seront au rendez-vous. Mais, même si ses progrès vous paraissent lents, ne perdez pas votre temps à essayer de « l'entraîner » avant que son corps ne soit prêt.

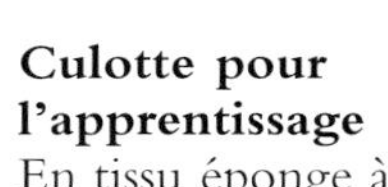

Culotte pour l'apprentissage
En tissu éponge à double fond imperméable, elle est très absorbante.

IDÉES ET RECETTES UTILES

Rappelez-vous qu'exercer une trop forte pression sur l'enfant pourrait créer une certaine confusion, car il s'efforce de comprendre et de faire ce que vous désirez.

- ⋆ Choisissez pour l'apprentissage du pot une période où la vie de l'enfant n'exige pas de lui trop d'efforts d'adaptation à de nouvelles situations, et où vous vous sentez capable d'aborder ce problème d'une façon détendue et avec humour.
- ⋆ Arrangez-vous pour que l'enfant ait le maximum de chances de faire dans le pot, car s'il ne réussit jamais, il n'essaiera plus.
- ⋆ Quand il réussit, félicitez-le.
- ⋆ En cas d'« accident », compatissez, ne soyez ni agacée ni furieuse.

Pot pour bébé
L'enfant comprendra vite à quoi sert un pot et sera fier d'avoir appris quelque chose de nouveau.

ÊTRE PROPRE DANS LA JOURNÉE

1

Attendez que l'enfant soit prêt
Votre enfant est prêt pour l'apprentissage de la propreté s'il :
- ⋆ a 2 ans et demi (les garçons ne sont parfois pas prêts avant 3 ans);
- ⋆ sait qu'il a fait quelque chose dans sa couche, vous le montre, crie ou vient vous dire qu'il est mouillé ;
- ⋆ est souvent sec après la sieste.

2

Proposez le pot
Montrez un pot à l'enfant et expliquez-lui à quoi ça sert. Laissez l'objet quelques jours dans la salle de bains pour que l'enfant s'habitue à lui. Montrez-lui comment s'asseoir dessus.

3

Choisissez le bon moment
L'idéal pour l'apprentissage est de prendre une quinzaine de jours, en été, que vous pouvez passer à la maison, et pendant lesquels l'enfant joue dans le jardin, non loin de vous. Si une pareille organisation n'est pas possible, vous pouvez décider de consacrer à un apprentissage intensif une quinzaine de jours paisibles. Ne commencez pas à une période où vos habitudes sont déjà dérangées, notamment pendant des vacances. Facilitez-lui l'accès à son pot.

4

Mettez l'enfant en culotte et rappelez-lui souvent qu'il doit utiliser son pot
Pendant ces 2 semaines, laissez l'enfant en culotte ou mettez-lui une culotte absorbante. Préparez le pot, proposez à l'enfant de s'asseoir dessus après un repas, un liquide, une collation ou une sieste, et dès qu'il manifeste son besoin.

5

Facilitez-lui l'usage du pot
Encouragez-le à s'asseoir dessus, mais ne le forcez pas. Baissez sa culotte et aidez-le à s'asseoir. Si l'enfant s'arrange pour vous faire comprendre qu'il a envie, remerciez-le.

Si l'enfant se relève aussitôt
Suggérez-lui de rester un peu plus longtemps – 5 minutes – et distrayez-le avec un jouet ou un livre. S'il ne se passe rien, laissez-le se relever et retourner jouer.

S'il fait dans le pot
Complimentez-le, dites-lui qu'il est un amour d'enfant. Essuyez les gouttes d'urine avec du papier hygiénique ou nettoyez rapidement son anus (essuyez une fille de l'avant vers l'arrière). Maintenez le pot pendant qu'il se lève, remontez-lui sa culotte. Ne montrez pas de dégoût devant le contenu du pot, videz-le dans la cuvette des toilettes, lavez-le, rincez-le avec un désinfectant. Lavez-vous les mains.

6

Quand l'enfant a « un accident », ne le grondez pas
N'attendez pas qu'il se souvienne, à cet âge, d'utiliser son pot. S'il se mouille ou salit sa culotte, ne le grondez pas : c'est à vous de lui rappeler assez souvent de s'asseoir sur le pot. Lavez-lui le derrière sans lui faire de reproches et mettez-lui une culotte propre.

7

Supprimez-lui sa couche pendant la sieste
À partir du moment où l'enfant utilise son pot dans la journée assez régulièrement et si, depuis 1 semaine environ, sa couche est sèche quand il se réveille de sa sieste, supprimez-lui sa couche. Proposez-lui de s'installer sur le pot après la sieste. Faire la sieste sans couche peut l'aider à rester propre la nuit.

8

Si vous sortez
Tant que vous n'êtes pas sûr de lui, mettez-lui une couche quand vous sortez, mais mettez-le sur le pot avant de sortir, sans toutefois le forcer. Mettez-lui une couche, sauf si vous êtes certain de pouvoir vous arrêter. Emportez un pot, des vêtements de rechange et une vieille serviette de toilette.

9

Suggérez-lui d'utiliser les toilettes
Quand il va sur le pot dans le jour depuis quelques semaines, proposez-lui de faire comme vous et d'utiliser les toilettes. Adaptez le siège de toilette pour enfant à la cuvette des toilettes et placez un marchepied devant lui pour qu'il puisse monter. Au début, aidez-le, jusqu'à ce qu'il se débrouille bien. S'il veut simplement uriner, levez le couvercle et le siège, et apprenez au garçon à diriger son pénis. Aidez-le à baisser sa culotte et à s'asseoir. Faites de même pour une fille. Restez à côté de l'enfant jusqu'à ce qu'il ait fini ; essuyez-le, aidez-le à descendre ; un enfant ne peut pas s'essuyer avant 4 ans. Laissez-le tirer la chasse d'eau. Ensuite, lavez-vous les mains ensemble.

ÊTRE PROPRE LA NUIT

1

Attendez que l'enfant reste sec la nuit
Quand, depuis 1 semaine, sa couche est sèche le matin, commencez à la lui enlever pour la nuit

2

N'essayez pas de le forcer à être propre la nuit
Votre enfant sera propre la nuit quand sa vessie sera assez mature et qu'il ne sentira pas la pression. Au contraire, si vous mettez trop de pression, ce sera encore plus long, car il sera très anxieux. Si, tous les deux, vous vous sentez mieux s'il dort avec sa couche ou sa culotte d'entraînement, laissez-le faire.

3

S'il recommence
Un enfant propre qui recommence à mouiller son lit est peut-être perturbé. Ne le grondez pas, ne le punissez pas. S'il se réveille mouillé pendant la nuit, essuyez-le gentiment, mettez-lui un pyjama propre et changez son drap sans vous attarder. Si cela se reproduit plusieurs fois, remettez-lui ses couches jusqu'à ce qu'il reste sec 7 nuits de suite. Un enfant peut ne pas être propre la nuit jusqu'à 5 ou 6 ans. Consultez le médecin : votre enfant a peut-être une infection urinaire. Diminuer ou supprimer le liquide au coucher peut parfois aider. Réveillez l'enfant et amenez-le faire pipi avant d'aller vous coucher.

Siège de toilette pour enfant
Il s'adapte à l'ouverture de la cuvette des toilettes d'adulte.

PROMENADES ET SORTIES

Un landau ou une poussette, ainsi qu'un siège d'auto sont indispensables pour votre nouveau-né. Un porte-bébé (voir p. 85) ou un sac à dos quand votre bébé grandit sont aussi très utiles. Un sac à langer avec son matelas indépendant se révélera très utile pour les grands déplacements: remplissez-le de couches jetables et de vêtements de rechange, de sacs en plastique pour les couches sales, et du nécessaire pour les tétées (voir p. 101 la méthode de transport des laits maternisés). Emportez une bouteille de jus de fruits dilué ou d'eau bouillie et un biberon ou une tasse, et n'oubliez pas son jouet préféré ou son morceau de couverture. Dès qu'il grandit, le bébé apprécie beaucoup les sorties. Que vous alliez au zoo pour lui montrer les animaux, ou simplement au parc ou chez des amis, il trouvera toujours quelque chose à observer – les encombrements de la circulation, les travaux, les vitrines, les gens… Essayez de regarder ce qui vous entoure avec ses yeux, répondez à ses questions et, surtout, ne le contrariez pas quand, tout excité, il vous désigne quelque chose qui vous paraît négligeable ou banal: il découvre le monde.

MOYENS DE TRANSPORT

Le choix d'un moyen de transport peut être difficile. Un nouveau-né doit être protégé contre les intempéries et une poussette ne convient pas toujours. Cette brève description pourra vous aider à faire un choix plus éclairé. Prenez en considération le temps que vous l'utiliserez, l'âge de votre enfant et la surface sur laquelle vous allez surtout rouler.

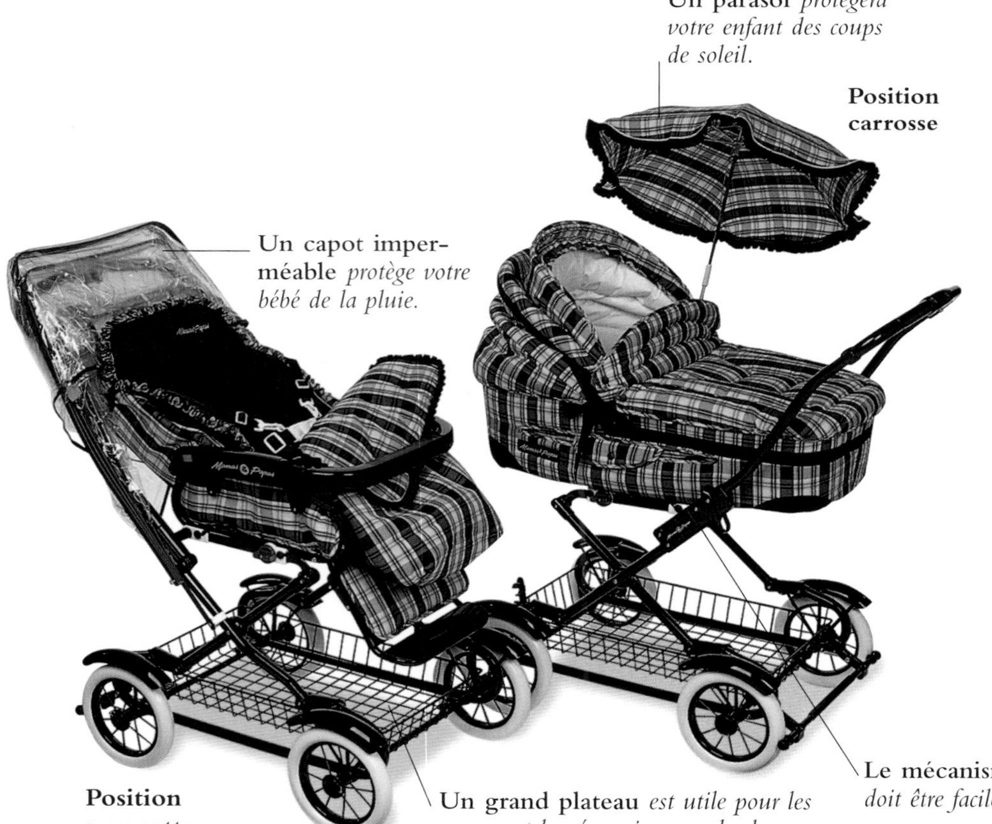

Un parasol *protègera votre enfant des coups de soleil.*

Position carrosse

Un capot imperméable *protège votre bébé de la pluie.*

Position poussette

Un grand plateau *est utile pour les courses et le nécessaire pour le change.*

Le mécanisme de pliage *doit être facile à utiliser.*

CARROSSE OU LANDAU

(dès la naissance)

- ☑ Il isole des intempéries.
- ☑ Il assure le confort des promenades.
- ☑ Il peut servir de lit d'occasion à un jeune bébé.
- ☑ Il peut être utilisé jusqu'à 1 an.
- ☒ Il ne peut être utilisé dans les transports en commun.
- ☒ Il exige un vaste espace de rangement.

CARROSSE OU LANDAU CONVERTIBLE EN POUSSETTE

(dès la naissance)

- ☑ Il isole le bébé des intempéries.
- ☑ Il peut servir de lit d'occasion à un jeune bébé.
- ☑ Il peut être garni d'un couvre-lit douillet de berceau.
- ☑ Son dossier rigide offre un bon support lorsqu'il est transformé en poussette et permet à votre enfant de vous voir.
- ☑ Il est léger et facile à manœuvrer.
- ☑ Son châssis se plie à plat.
- ☒ Il n'est parfois pas commode à utiliser dans les transports en commun.

POUSSETTE-PARAPLUIE

(à partir de 6 mois)

☑ Facile à plier, pratique dans les transports en commun. Son rangement prend peu de place.

☑ La moins chère et la plus légère de toutes les options.

☒ Son dossier mou soutient mal le dos de l'enfant et ne convient pas avant 6 mois.

VOTRE ENFANT MARCHE

Un harnais est le meilleur moyen d'éviter que l'enfant ne s'éloigne ; il se sent plus libre que si vous le tenez par la main.

UN LANDAU ET UNE POUSSETTE SÛRS

* Vérifiez le verrouillage du châssis avant d'installer le bébé.
* Dans un landau, utilisez une sangle dès que l'enfant commence à se tenir assis.
* Bloquez les freins dès l'arrêt.
* Ne laissez jamais le bébé se redresser ou essayer de se tenir debout.
* Ne suspendez pas de sac au guidon ou aux poignées, vous pourriez faire basculer l'engin.
* Ne laissez jamais un enfant jouer avec une poussette pliée.
* Achetez une poussette ou un landau homologués (normes de sécurité canadienne).

VOYAGES EN AUTOMOBILE

Vous pouvez protéger votre enfant en cas d'accident en l'installant toujours comme il est expliqué ci-dessous lors des voyages en voiture. Un siège d'auto approuvé par le gouvernement peut paraître coûteux : son prix est pourtant bien faible par rapport à la protection qu'il apporte. Le siège est en fonction du poids et de l'âge de l'enfant et doit être adaptable à votre véhicule. La banquette arrière est considérée comme étant la place la plus sécuritaire pour l'enfant jusqu'à l'âge de 12 ans. Le siège ne doit jamais être installé où il y a un ballon gonflable de sécurité.

DISTRAIRE VOTRE ENFANT EN VOITURE

Rendez-lui un long voyage aussi distrayant que possible.

* Passez-lui ses cassettes d'histoires et de chansons.
* Chantez avec lui.
* Emportez des petits jouets.
* Montrez-lui du doigt les animaux, les maisons et les camions.
* Emportez de quoi boire et manger.
* Arrêtez-vous fréquemment.

De la naissance à 6 ou 9 mois
Un siège enveloppant, ou coquille, respectant les normes de sécurité canadiennes, fixé sur la banquette arrière avec la ceinture de sécurité et équipé d'un harnais. Le visage de l'enfant est tourné vers l'arrière : un tel siège est sécuritaire jusqu'à 9 kg.

De la naissance à 18 kg
Il s'agit d'un siège convertible qui peut être placé tourné vers l'arrière ou par la suite tourné vers l'avant quand le bébé pèse plus de 9 kg.

De 9 mois à 4 ans, ou plus de 9 kg
Le siège de l'enfant, tourné vers l'avant, est fixé par un jeu de sangles spéciales, de préférence au milieu de la banquette arrière. L'enfant est attaché avec un harnais. Certains sièges se fixent aux points d'ancrage des ceintures de sécurité des sièges arrière.

Après 4 ans ou plus de 18 kg
L'enfant est assis sur un coussin d'appoint et retenu par la ceinture de sécurité de façon à ce que celle-ci soit bien positionnée.

Au-delà de 27 kg : la ceinture de sécurité
Utilisez une ceinture de sécurité pour adulte pour les enfants de plus de 27 kg, généralement à partir de 8 ans. Assurez-vous que la ceinture est bien adaptée au niveau des hanches, des épaules et de la poitrine.

UN VOYAGE SÛR

* Ne laissez jamais votre enfant, ou un enfant que vous transportez, voyager non attaché. Placez toujours le siège d'un petit bébé face à l'arrière.
* Choisissez un siège d'auto sécuritaire adapté à l'âge de votre enfant et à votre voiture. Vérifiez le sceau d'approbation du gouvernement canadien. Aux États-Unis, les normes de sécurité diffèrent.
* Attachez toujours l'enfant dans son siège d'auto avec le harnais, conformément aux instructions du fabricant.
* Ne voyagez jamais en tenant un bébé dans vos bras ou sur vos genoux : vous seriez incapable de le retenir en cas d'accident.
* Après un accident, faites remplacer toutes les ceintures de sécurité de votre véhicule et les points d'ancrage : ils ont pu être endommagés.
* Pour la même raison, n'achetez jamais de sièges de voiture, de ceintures ou de points d'ancrage d'occasion.

SI VOUS DEVEZ VOUS ABSENTER

La première épreuve après la naissance de bébé sera peut-être d'apprendre à le quitter. Il vous faudra le voir crier, rire, ou – pis encore – vous ignorer complètement en compagnie d'une gardienne ou des éducateurs de la garderie. Peu importe les conseils qu'on vous aura donnés, la première fois que vous aurez à dire «au revoir» ne sera probablement pas facile. Certaines femmes en souffrent même physiquement. D'autres se sentent coupables de se sentir enfin libres. Peut-être ce jour-là marquera-t-il pour vous un retour au travail, ou une première sortie «relax» avec votre conjoint. Quel que soit le motif de votre absence, il importe que vous vous sentiez en confiance avec la personne à qui vous confiez votre bébé. Et essayez ensuite de comprendre la situation vue par bébé lui-même.

HABITUER VOTRE ENFANT AUX AUTRES

GARDIEN(NE)

À moins que vous n'ayez un gardien ou une gardienne à domicile que l'enfant connaît, il n'y a pas à se surprendre que votre enfant éprouve une certaine panique à être confié pour la première fois à une personne «étrangère». Voici quelques conseils pour faciliter cette épreuve.

⋆ Parlez-en avec lui à l'avance. Même s'il ne comprend pas vos mots, il comprend votre ton de voix et sera gagné par votre calme.

⋆ Ne tentez pas les présentations au moment où bébé est malade, fatigué, ou tiraillé par la faim. Choisissez une bonne heure de la journée pour lui présenter la personne qui va le garder, pour en faire un événement joyeux.

⋆ Faites comprendre à votre enfant que vous avez confiance en cette personne. Si vous avez même la moindre réticence envers elle, il risque de s'en apercevoir.

⋆ Ne vous hâtez pas de passer la porte. Asseyez-vous calmement, même si l'enfant crie et tire sur vos vêtements. Tenez-le tendrement dans vos bras et parlez-lui calmement pendant qu'il prend conscience de la situation.

⋆ Préparez quelques jouets qu'il aime. Présentez-en un à la gardienne, parlez-en avec elle et commencez à faire des échanges. Bientôt, bébé voudra se joindre à vous.

Faire garder son enfant n'est pas si facile qu'on peut le croire. Il faut apprendre à établir une routine, à faire confiance à la personne qui vous remplace et à trouver le tour de partager de bons moments avec votre enfant lorsque le temps vous le permet.

Des nouvelles têtes! Se familiariser avec d'autres visages fait partie de l'apprentissage de votre bébé.

QU'EST-CE QUE L'ANGOISSE DE SÉPARATION ?

Votre enfant, d'habitude si doux, si gentil, se transforme soudain en un petit monstre qui pousse de hauts cris en tirant sur vos vêtements dès que vous voulez le laisser avec quelqu'un d'autre. C'est l'angoisse de séparation et il n'y a pas lieu de vous inquiéter. Il vient en fait de franchir une étape de son développement: il sait maintenant que vous êtes un être à part de lui et qu'il dépend beaucoup de vous. Certains bébés manifestent cette réaction dès l'âge de 7 mois, d'autres attendent d'être capables de marcher sur leurs deux pieds. Soyez patiente. Il ne faut pas prendre cette angoisse à la légère, car elle est bien réelle pour l'enfant. Il faut plutôt le rassurer et lui dire que tout va bien aller jusqu'à votre retour. Surtout, ne vous enfuyez pas.

TOUTOUS ET OBJETS FÉTICHES

Vers l'âge de 8 ou 9 mois, la plupart des enfants éprouvent un attachement pour un objet en particulier — une couverture (la « doudoune »), un animal en peluche, un objet quelconque. Cet attachement ira en grandissant jusqu'à l'âge de 1 an. Les spécialistes affirment que c'est la façon pour bébé de faire face aux peurs et aux frustrations : il n'est donc pas question de vous inquiéter et n'essayez pas de persuader l'enfant de laisser tomber cette habitude. Au contraire, arrangez-vous pour que la « doudoune » soit à proximité. Prévenez les gardiennes et dites-vous que la « doudoune » aidera bébé quand vous le quittez. Si c'est une couverture qu'il a choisie, coupez-la en deux. Ça vous en fera une de rechange en cas de perte et vous permettra également de la passer au lavage de temps en temps.

CHOIX D'UN SERVICE DE GARDE

RETOUR AU TRAVAIL

Que vous retourniez au travail parce que vous adorez votre métier ou par nécessité, cette étape sera difficile au début. Cependant, une bonne organisation facilitera les choses. Une petite période d'adaptation est nécessaire ; ne vous inquiétez pas si les premiers jours sont éprouvants. Les enfants sont très malléables et la plupart prennent facilement de nouvelles habitudes. Toutefois, surveillez attentivement les réactions de votre enfant durant les premières semaines de votre retour au travail ; si son comportement vous inquiète, s'il vous paraît malheureux, vous devrez peut-être prendre d'autres dispositions pour sa garde.

Le confier aux grands-parents

S'ils consentent à s'occuper de votre enfant, il est important qu'ils connaissent et respectent vos opinions sur la manière d'élever un enfant, et vous les leurs. Des problèmes risquent de surgir si vous avez le sentiment « qu'ils accaparent l'enfant ».

Garde partagée

Si vous avez l'intention de travailler à mi-temps, vous pouvez vous arranger avec une amie ou un parent proche qui a aussi des enfants en bas âge. Définissez clairement vos conditions afin que personne n'ait l'impression d'être lésé.

Garde privée

Il existe une réglementation concernant la garde privée, renseignez-vous. Parlez aussi à la personne responsable vous-même pour vous assurer que vous êtes prête à lui confier votre enfant. Il est parfois difficile de trouver quelqu'un à qui confier la garde d'un nourrisson.

Garderies

Les garderies sont généralement ouvertes de 7 h 30 à 18 h et le restent durant les vacances. Elles sont habituellement bien pourvues en personnel compétent. Elles offrent aussi un environnement stimulant.

Gouvernante

C'est le choix le plus onéreux. Une gouvernante s'occupe de votre enfant au jour le jour chez vous. Elle doit avoir les compétences nécessaires et vous devez vérifier ses références avant de l'embaucher.

Employée au pair

Une employée au pair est là pour aider la mère, mais elle n'est pas une gouvernante. Elle n'a pas reçu de formation et ne connaît que peu ou pas du tout les enfants.

Bien s'adapter Votre enfant s'habituera vite à quelqu'un d'autre.

CROISSANCE ET APPRENTISSAGE

Il est passionnant de regarder son enfant grandir et se développer. Chaque nouvelle étape amène un progrès : au début, le bébé se retourne, se sert de ses mains, s'assoit, rampe, marche... Puis il apprend à parler et à améliorer sa coordination et sa dextérité. Même si vous pensez que ces premières étapes sont les plus fascinantes, l'année suivante va apporter à son tour une moisson de réussites qui, bien que moins visibles, vont vous combler de fierté. Pendant ces années qui précèdent l'entrée à l'école, votre enfant a besoin de votre aide. Il a besoin de votre stimulation, de vos réactions, il a besoin de vous pour structurer ses jeux. C'est en jouant et en manipulant des objets qu'il apprend à connaître le comportement, la forme, la couleur, la cause et l'effet des choses du monde qui l'entoure. Ne réservez pas le jeu à certains moments de la journée parce que, pour un enfant, tout est un jeu. Un jeu merveilleux. S'habiller, déballer les commissions, mettre la table, râteler le jardin, participer aux tâches du ménage, tout cela lui donne l'occasion de participer et d'apprendre.

SIX PREMIERS MOIS

Durant ces 6 mois, vous allez voir votre bébé devenir une personne capable de vous remercier d'un sourire enchanteur et de gazouillements. Bien qu'il existe un grand nombre de jouets pour cet âge, c'est de votre compagnie qu'il a besoin et il la préfère à tout. Quand il est réveillé, prenez le temps de lui parler, de lui sourire, de répondre à ses mimiques. La stimulation lui parvient sous forme d'objets à regarder, de sons à entendre, de consistance à palper. Vous n'avez pas besoin de jouets coûteux : les vieilles photographies, les cartes postales, les surfaces réfléchissantes (mais pas en verre), les hochets, vos vêtements à toucher concourent tout aussi bien à son éveil.

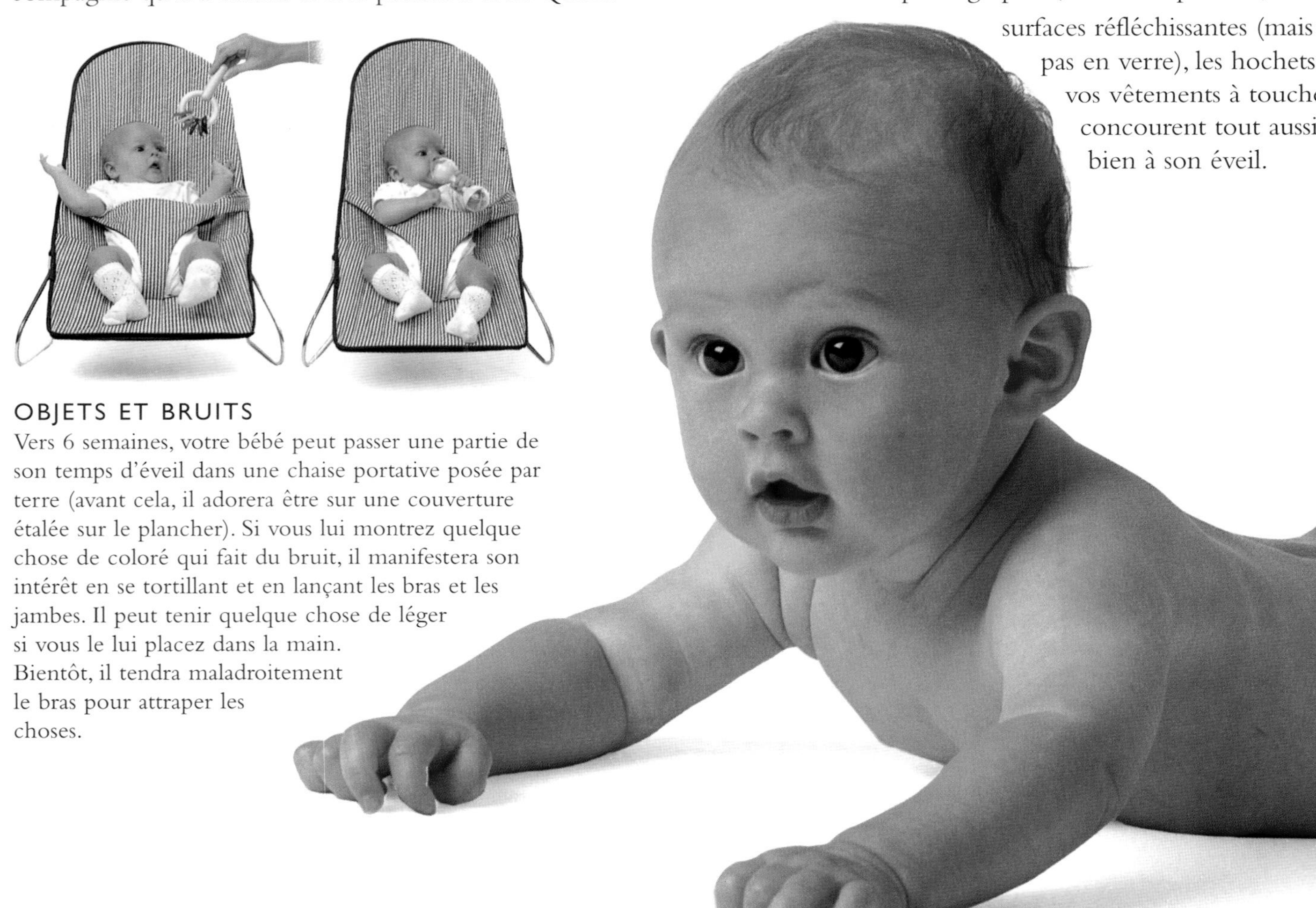

OBJETS ET BRUITS

Vers 6 semaines, votre bébé peut passer une partie de son temps d'éveil dans une chaise portative posée par terre (avant cela, il adorera être sur une couverture étalée sur le plancher). Si vous lui montrez quelque chose de coloré qui fait du bruit, il manifestera son intérêt en se tortillant et en lançant les bras et les jambes. Il peut tenir quelque chose de léger si vous le lui placez dans la main. Bientôt, il tendra maladroitement le bras pour attraper les choses.

APPRENDRE À SE CONNAÎTRE L'UN L'AUTRE

Durant les 2 premiers mois, votre bébé ne voit pas nettement au-delà de 25 cm. Quand vous lui parlez, approchez votre visage et forcez vos expressions et vos sourires. C'est ce contact des regards qui aide le bébé à devenir une personne et lui montre comment établir une relation d'amour.

ROULER

Dans le courant de ces 6 premiers mois, votre bébé va apprendre à rouler sur lui-même : d'abord du ventre sur le dos, puis du dos sur le ventre. Il sentira qu'il a franchi une étape importante : son corps lui obéit enfin. Même avant de savoir rouler sur lui-même, il peut tomber de l'endroit où vous l'avez posé. Ne le laissez jamais seul sur un plan surélevé, pas même sur un grand lit.

APPRENDRE À SE TENIR ASSIS

Quand le bébé maîtrise mieux son corps, aidez-le à se tenir assis en le calant avec des oreillers. Ils lui seront utiles pour trouver son équilibre et le protégeront s'il venait à basculer.

BÉBÉ PRÉMATURÉ

Si votre bébé est prématuré, les étapes de son développement se dérouleront avec du retard. Souvenez-vous qu'un enfant a en fait deux dates de naissance : celle de sa naissance réelle, et celle où il aurait dû naître. C'est cette dernière qui compte le plus pendant les premiers mois.

Si vous tenez compte des semaines qu'il n'a pas passées dans l'utérus, vous vous apercevrez que son développement n'est pas si lent que vous le croyez. Amenez-le régulièrement chez votre médecin pour le faire examiner : vers l'âge de 2 ans, il aura rattrapé les autres.

DÉCOUVRIR LE CORPS

Permettez-lui d'apprendre à connaître le fonctionnement de ses membres et de son corps. Couché sur le ventre, il poussera sur ses bras et lancera ses jambes vers l'arrière : il pourra même se balancer sur le ventre. Le masser avec une huile pour bébé lui apprendra des quantités de choses sur son corps.

TABLEAU DES ÉTAPES DU DÉVELOPPEMENT

Les bébés ne se développent pas tous au même rythme. Mais parce que tout ce qu'ils apprennent sert de tremplin à l'étape suivante, ils acquièrent des savoir-faire dans un ordre précis. Le tableau ci-dessous montre les diverses étapes du développement de votre enfant : les habiletés motrices, la dextérité manuelle, la vision, l'audition et le langage, le comportement social et le jeu. Votre enfant peut acquérir plus rapidement certaines habiletés et plus lentement d'autres. Cela importe peu ; ce qui compte c'est qu'il progresse régulièrement, à son propre rythme, d'une étape à l'autre.

ÉTAPES DU DÉVELOPPEMENT DE L'ENFANT				
Âge	**Mouvements**	**Dextérité**	**Audition, vision et langage**	**Comportement social et jeu**
Un mois	Lorsque couché sur le dos, la tête va d'un côté. Tenu assis, la tête retombe vers l'avant, le dos forme une courbe complète. Tenu debout sur une surface dure, pousse sur ses pieds, redresse le corps et a des mouvements de réflexe.	Mains normalement fermées ; une fois ouvertes, agrippent un doigt qui touche sa paume.	Sursaute aux bruits forts. Tourne la tête et les yeux vers la lumière. Yeux suivent un jouet mobile agité à 15-20 cm de lui et déplacé lentement d'un côté à l'autre.	Cesse de pleurer quand on le prend et qu'on lui parle. Fixe intensément le visage de sa mère quand elle lui parle ou le nourrit.
Trois mois	Couché sur le dos, la tête reste au milieu. Pédale. Tenu assis, peut garder la tête droite. Placé à plat ventre, soulève bien la tête et le haut de la poitrine. Tenu debout sur une surface dure, les jambes ne peuvent rester tendues.	Observe les mouvements de ses mains qu'il commence à ouvrir et à fermer. Tient un hochet placé dans sa main pendant quelques instants, mais n'arrive pas à le regarder en même temps.	Très alerte. S'intéresse aux visages. Bouge la tête pour voir autour de lui. Louche à l'approche d'un jouet à son visage. Sourit en entendant la voix de sa mère. Vocalise, tourne la tête et les yeux quand on lui parle ou qu'il est content.	Sourit à 5-6 semaines. Reconnaît les préparatifs pour le bain, les repas et y réagit avec sourires, cris, mouvements excités. Aime être touché avec douceur, chatouillé, quand on lui parle ou chante des chansons.
Six mois	Lève la tête lorsque couché sur le dos. Reste assis avec soutien. Quand on lui tient les mains, peut se mettre debout. Roule du ventre au dos. À plat ventre, lève la tête et la poitrine. Tenu debout sur une surface dure, bondit.	Tend les deux mains pour saisir un objet intéressant. D'habitude utilise les deux mains pour prendre un objet ; parfois une seule main. Agite délibérément son hochet et le regarde parfois en même temps. Porte tout à sa bouche.	Chante et babille en utilisant des syllabes simples et doubles comme « ca », « meu ». Se tourne dès qu'il entend la voix de sa mère. Crie lorsqu'il est mécontent. Reconnaît les différentes émotions dans le ton de voix.	Au jeu, rit, glousse et crie fort. Toujours amical avec les étrangers, mais fait parfois montre d'anxiété, surtout quand il ne voit pas sa mère. Oublie l'objet qu'il laisse échapper.
Neuf mois	Par terre, s'assoit seul. Avance en roulant ou en se tortillant. S'efforce de marcher à quatre pattes. Avec de l'aide, peut se lever, mais est incapable de redescendre. Tenu debout, avance délibérément un pied puis l'autre.	Examine les objets en utilisant les mains. Tend la main pour attraper de petits objets. Peut tendre un jouet à un adulte, mais ne peut le lâcher à moins de le presser contre une surface dure. Attrape la cuiller quand on le fait manger.	Crie pour attirer l'attention, écoute et crie à nouveau. Babille en allongeant les syllabes : « paa-paa ». Comprend le sens de « non » et de « bye bye ». Imite les adultes : tousse, grelotte, etc. Observe avec intérêt les gens et leurs activités.	Cherche les objets tombés de son parc, de sa poussette ou de la table. Peut trouver des objets partiellement cachés. Joue à cache-cache. Peut craindre les étrangers, s'accrochant alors à un adulte qu'il connaît et se cachant le visage.

Âge	Mouvements	Dextérité	Audition, vision, et langage	Comportement social et jeu
Douze mois	S'assoit bien longtemps. Rampe rapidement. Peut se lever. Marche de côté autour des meubles. Marche lorsqu'on lui tend une ou deux mains. Peut se tenir debout seul quelques instants. Peut marcher seul.	Peut prendre de petits objets avec le pouce et l'index. Pointe du doigt les objets qu'il désire ou qui l'intéressent. Tient la cuiller mais ne peut pas l'utiliser seul. Avec un peu d'aide, boit à la tasse.	Réagit à son prénom. Babille sans arrêt à voix haute. Par son comportement, montre qu'il comprend plusieurs mots familiers et les consignes accompagnées de gestes, comme « taper des mains ».	Montre de l'affection à ses familiers. Essaie d'aider lorsqu'on l'habille. Lance ses jouets et les regarde tomber. Salue et tape des mains en imitant. Place des cubes de bois et les déplace de nouveau.
Quinze mois	Marche sans assurance, les pieds écartés. S'assoit en se laissant tomber par derrière ou par devant sur les mains. Grimpe les escaliers à 4 pattes. Peut se pencher pour ramasser des jouets sur le sol.	Apprend à construire une tour de 2 cubes. Attrape des craies et imite l'écriture. Porte la cuiller à sa bouche pour lécher, mais ne peut s'empêcher de la tourner. Tient la tasse quand on lui tend et la redonne.	Prononce de 2 à 6 mots intelligibles et en comprend beaucoup plus. Capte des consignes simples et y obéit. Regarde avec intérêt les images d'un livre et tapote les pages.	Aide plus efficacement lorsqu'on l'habille. Peut se mettre en colère ou être bouleversé plus facilement. Très dépendant de la présence rassurante de sa mère. Peut pousser sur le sol un gros jouet à roues.
Dix-huit mois	Marche et court bien. Porte de gros jouets en marchant. Monte les escaliers si on lui donne la main. Descend l'escalier en reculant à 4 pattes. Peut s'asseoir dans une marche et se laisser tomber sur les fesses.	Peut ramasser de menus objets. Sa préférence pour une main plutôt que l'autre devient évidente. Barbouille avec une craie de cire, en se servant de sa main préférée. Apprend à construire des tours de 3 blocs.	Se fait la conversation. Utilise de 6 à 20 mots et en comprend beaucoup plus. Chante et essaie de chanter des comptines avec les autres. Aime les livres d'images; il désigne des objets colorés. Tourne les pages, 2 à la fois.	Enlève ses chaussures, ses bas et son chapeau. Ne porte plus les jouets à sa bouche. Prend plaisir à jouer seul, mais aime le faire à proximité d'un adulte. Émotivement très dépendant des familiers, surtout de sa mère.
Deux ans	Court. Marche à reculons. Tire des jouets à roues. Grimpe et redescend. Monte et descend les escaliers en se tenant à la rampe, posant les 2 pieds sur la marche. Lance une balle. Avance avec les pieds sur un jouet à roues.	Construit une tour de 6 blocs ou plus. Dessine spontanément ronds et points. Peut imiter les traits verticaux. Reconnaît les adultes familiers sur des photos. Sa préférence pour une main est évidente.	Tourne les pages une à la fois. Utilise bien plus de 50 mots. Fait des phrases simples. Parle de lui-même en se désignant par son prénom. Demande le nom des objets. Participe aux comptines et chante en chœur.	Suit sa mère et imite ce qu'elle fait. Joue à « faire semblant ». Joue près des autres enfants, mais pas encore avec eux. Se met en colère quand il se sent frustré, mais on l'en distrait facilement.
Deux ans et demi	Monte seul l'escalier, mais se tient pour descendre, en posant les deux pieds sur chaque marche. Peut grimper dans les structures. Saute pieds joints. Peut botter un ballon. S'assoit sur le tricycle, sans pédaler.	Peut construire une tour de 7 cubes ou plus et aligner ses blocs pour en faire un train. Peut apprendre à tracer une ligne horizontale et un cercle. Mange bien à la cuiller et peut même utiliser une fourchette.	Utilise plus de 200 mots. Connaît son prénom et son nom. Utilise les pronoms je, moi et toi. Pose sans cesse des questions commençant par « quoi » et « où ». Peut réciter quelques comptines. Se reconnaît en photo.	Rebelle. Fait des colères violentes s'il se sent frustré; on l'en distrait moins facilement. Prend plaisir à « faire semblant ». Aime observer le jeu des autres et peut se joindre à eux. Ne partage pas encore.
Trois ans	Monte seul les escaliers, un pied après l'autre; descend toujours les deux pieds sur une marche. Grimpe agilement. Va en tricycle. Marche sur la pointe des pieds. Se tient sur une jambe. S'assoit les pieds croisés aux chevilles.	Mange bien à la fourchette et à la cuiller. Peut laver ses mains. Peut descendre et remonter son pantalon. Peut construire des tours de 9 cubes ou plus. Peut dessiner un être humain simplifié. Peut utiliser pinceaux et ciseaux.	Peut dire son nom, son sexe et son âge. Peut engager une conversation simple et parler d'expériences passées. Aime les histoires et redemande sans cesse ses préférées. Peut agencer 2 ou 3 couleurs.	Moins colérique. Affectueux. Aime aider les adultes. Aime les jeux au sol avec des cubes, des autos. Joue avec d'autres enfants. Comprend qu'il faut attendre son tour. Affectueux envers les autres enfants.

2e SEMESTRE (6 À 12 MOIS)

Votre bébé mettra les bouchées doubles durant cette période. Il va se tenir assis sans soutien, ramper et, peut-être même, se tenir debout pour son premier anniversaire. Tous les bébés ne le font pas à cet âge. Ne vous étonnez pas si votre enfant n'essaie pas de ramper : cela ne retarde en rien l'apprentissage de la marche. À cet âge, il explore les objets en les portant à la bouche – c'est pourquoi les aliments à prendre avec les doigts sont intéressants. Dès maintenant, veillez à ce qu'il ne puisse s'emparer de rien de toxique, de coupant ou d'assez petit qu'il pourrait avaler.

EXPLORER LES BOÎTES
Ne soyez pas surprise si votre bébé s'intéresse autant aux emballages qu'aux jouets eux-mêmes. Examinez les cartons et ôtez les agrafes.

FAIRE DES BRUITS
Avec une cuiller en bois et une casserole, votre enfant va s'inventer un tambour. Les bébés adorent taper et écouter le bruit qu'ils font.

STATION ASSISE
Pour se tenir assis en équilibre, le bébé se penchera en avant et écartera les jambes. Tant que sa position n'est pas très stable, calez-lui le dos avec un coussin. Maintenant il a les deux mains libres : un livre en carton est facile à tenir, et encore plus amusant si vous le regardez ensemble et si vous lui décrivez l'action, les objets et les personnages.

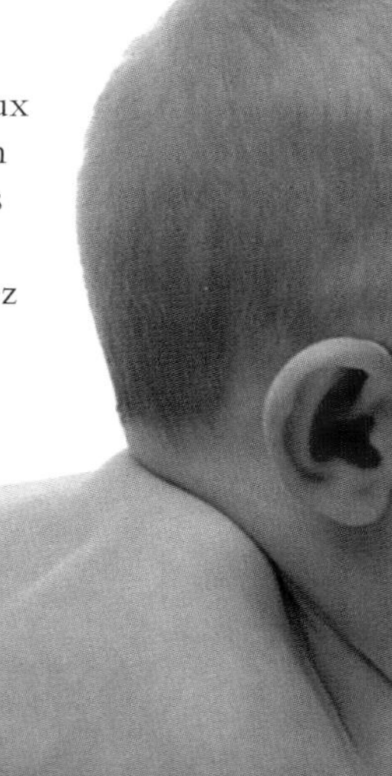

RAMPER
Se déplacer à quatre pattes représente un grand progrès. Il se peut que le bébé n'utilise pas ses jambes symétriquement : il est tout à fait normal qu'il s'appuie d'un côté sur le genou et de l'autre sur le pied.

BRAVO !
Applaudissez avec lui quand il tape des mains. Chantez des comptines et utilisez des jouets.

JOUER AVEC L'EAU
Montrez à votre bébé ce que fait l'eau et ce qu'il éprouve quand elle coule sur ses mains. Donnez-lui une passoire ou un pot en plastique.

BOÎTES ET OBJETS
Quand il est un peu plus grand, donnez-lui une boîte contenant quelques cubes. Il va les retirer un à un, puis les remettre.

JEUX DE BALLE
À 7 mois, votre bébé regardera sa balle rouler avec fascination, mais il se montrera surpris s'il la fait rouler lui-même par hasard. À 1 an, il la ramassera, la lancera, la fera rouler : il aura appris comment une balle peut se mouvoir.

SE REDRESSER ET SE DÉPLACER AVEC APPUI
À 10 mois, le bébé coordonne les mouvements de ses bras et de ses jambes assez précisément pour se redresser en s'accrochant au mobilier (attention aux meubles instables). Le stade suivant consistera à se déplacer de côté en se cramponnant. Il finira sans doute par s'asseoir brusquement.

GRIMPER LES MARCHES
Dès que votre bébé commence à s'intéresser aux escaliers, apprenez-lui à les monter et à les descendre à quatre pattes, face aux marches. Installez des barrières en haut et en bas des escaliers et laissez-les fermées quand l'enfant n'est pas sous surveillance.

PARCS ET MARCHETTES
Un parc crée une aire de sécurité dans laquelle vous pouvez laisser seul un moment un bébé capable de se déplacer – pendant que vous allez répondre à la sonnette de l'entrée, par exemple. N'y laissez jamais un bébé plus de quelques minutes : il s'y ennuierait et se sentirait brimé.
Un parc peut aussi servir à ranger les jouets.

2e ANNÉE

Durant sa 2e année, les faits les plus marquants de la vie de votre enfant seront ses premiers pas et ses premiers mots. Des domaines nouveaux s'ouvrent à lui quand il se déplace comme vous et utilise des mots pour communiquer avec vous. Il manifeste sa préférence pour sa main gauche ou droite, et, dès qu'il commence à dessiner, cette prédominance s'accentue. Il s'amuse seul pendant de courts moments, mais vous restez son principal et précieux compagnon de jeu, ainsi que son meilleur éducateur.

Les premiers pas seront très hésitants.

ESCALIERS

Vers la fin de cette année, votre enfant aura acquis assez d'assurance pour monter et descendre les escaliers debout.

APPRENDRE À MARCHER

Après les premiers pas hésitants, l'enfant va aller et venir avec enthousiasme. Il n'est pas encore très solide sur ses jambes : il garde les pieds écartés et les bras étendus pour maintenir son équilibre. Laissez-le pieds nus le plus possible : à moins que ce ne soit trop froid, il n'a besoin de chaussures que dehors.

CONSTRUIRE UNE TOUR

À partir de 18 mois, votre enfant peut édifier une tour de 4 ou 5 cubes.

MARCHE

Un jouet à tirer développe son sens de l'équilibre.

IMITATION

C'est en vous imitant que votre enfant apprend, et vous « aider » reste son jeu préféré. Les jouets facilitent sa collaboration.

MOBILITÉ

Vers 18 mois, un jouet stable à enfourcher améliore sa coordination et lui donne confiance. C'est un nouveau défi à relever.

CRAYONS

Donnez-lui des crayons non toxiques. Au début, il se contente de gribouiller. Bientôt, il tracera de grands traits vers le bas et le haut.

FORMES

Emboîter des formes dans les trous qui leur correspondent est un passionnant défi. Ne soyez pas avare de compliments en cas de réussite.

LANGAGE

Un téléphone est un jouet irremplaçable pour pratiquer l'art de la conversation en vous imitant.

APPRENTISSAGE DU CORPS

Apprenez à l'enfant à montrer ses yeux, son nez et ses oreilles, et voyez s'il est capable de désigner les vôtres. Cela enrichira son vocabulaire et l'aidera à se percevoir en tant que personne à part entière.

APPRENTISSAGE DE LA PAROLE

Votre enfant va sans doute prononcer son premier mot (« mama », « dada », « papa ») aux environs de son premier anniversaire et, dès lors, il va acquérir 2 ou 3 mots nouveaux par mois. Vers 2 ans, il reliera 2 mots, par exemple « papa parti », et connaîtra peut-être 100 mots. Aidez-le à progresser :

* en lui parlant ;
* en continuant à lui commenter des livres d'images et à lui chanter des chansons ;
* en l'écoutant, en vous intéressant à ce qu'il dit, en vous efforçant de le comprendre ;
* en ne l'interrompant pas pour le faire répéter « correctement » ce qu'il dit. Il n'articule pas toujours bien au début ;
* en utilisant pour lui répondre un langage adulte de façon qu'il saisisse toujours la prononciation correcte des mots ;
* en étant clair et direct. « Pose ce cube par-dessus » est moins troublant pour lui que « Voyons si nous réussissons à poser ce joli petit cube rouge sur l'autre ».

3e ANNÉE

Cette année, votre enfant va vous surprendre par son imagination débordante, qui lui permet de faire de tout un jeu passionnant. Ne gaspillez pas d'argent en boîtes de jeu et en jouets coûteux qui ne peuvent qu'étouffer sa créativité. Un grand carton devient une maison, une voiture, un bateau, un vaisseau spatial, et, quand il est hors d'usage, on le jette et on lui en donne un autre. Un drap étalé sur 2 chaises est un refuge, une tente, une maison... À la fin de cette année, votre enfant pourra commencer à jouer avec d'autres enfants – peut-être à la garderie ou au parc – d'une façon constructive. Vous remarquerez qu'il s'ouvre aux suggestions et commence à raisonner.

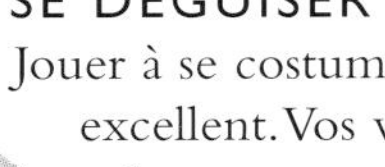

SE DÉGUISER
Jouer à se costumer est excellent. Vos vieilles chaussures, vos vieux vêtements et vos chapeaux démodés, rassemblés dans une malle, sont des déguisements beaucoup plus amusants que tous les déguisements pour enfants du commerce.

CASSE-TÊTE
Ils exigent de la concentration, de la dextérité et de la compréhension visuelle. Si l'enfant abandonne trop vite, donnez-lui-en un plus simple.

PEINTURE
La peinture lui permet de se familiariser avec les couleurs et les consistances. Offrez-lui de gros pinceaux et des pots inversables. Pensez à protéger ses vêtements.

AMIS IMAGINAIRES
Les poupées et les peluches vont devenir les meilleurs amis de votre enfant, qui voudra régenter leur vie comme vous organisez la sienne.

SAUTER, COURIR
Apprendre à sauter, à courir, à se tenir sur un pied sont des défis physiques. Sautez avec votre enfant pour lui montrer comment plier les genoux quand on retombe.

SE SERVIR DE SES MAINS
Aidez votre enfant à rendre ses gestes plus précis. Il peut visser et dévisser de petits objets, utiliser des moules à gâteaux pour modeler des formes en pâte à modeler ou vos tartelettes maison.

JOUER AVEC LES AUTRES

Montrez à votre enfant comment utiliser sa pelle et son seau, et apprenez-lui à ne jamais lancer de sable. Couvrez le bac à sable quand l'enfant ne s'en sert pas pour que les chiens et les chats ne viennent pas le souiller.

PARTAGER SES JEUX

Il faut du temps aux enfants pour apprendre à attendre leur tour et à partager leurs jouets. Entre 2 ans et demi et 3 ans, votre enfant va commencer à jouer avec les autres, à prêter ses jouets et à se joindre à des activités collectives. C'est donc l'âge idéal pour l'introduire dans un groupe de jeu, si vous ne l'inscrivez pas à la garderie. Plus l'enfant passera de temps en compagnie des autres, plus vite il apprendra à participer et à s'adapter.

Vous pouvez offrir toutes sortes d'occasions de se joindre à des jeux collectifs : bac à sable, piscine pour patauger, cubes en plastique à reliefs empilables, déguisements, fabrication de décorations. Tout cela apprend aux enfants à jouer ensemble. Supervisez toujours les jeux et restez prête à intervenir en cas de heurts.

JOUER AVEC VOTRE BÉBÉ

La plupart des parents ont conscience de l'importance de parler à leur bébé. Mais il peut ne pas être facile de le faire sans en ressentir de la gêne. C'est pourquoi les jeux auxquels les parents participent avec leurs bébés ont tellement d'importance. Plusieurs contiennent des comptines répétitives simples que même un bébé peut apprendre à reconnaître rapidement et qui l'aideront à stimuler son propre développement langagier. Voici certains jeux que les bambins aiment particulièrement.

ATTRAPE !

Tous les enfants semblent aimer ce jeu tout simple. Assoyez-vous par terre face à votre bébé et faites doucement rouler vers lui une balle molle ou un jouet à roulettes. Il pourra prendre le jouet et peut-être vous le retourner. Ou bien, il voudra simplement tenir le jouet, l'examiner ou le mâchonner. Il pourrait même vous surprendre en vous tendant le jouet pour le retirer ensuite. Cela se produit souvent – même quand il a appris à attraper quelque chose, il n'a pas nécessairement appris à lâcher. Ne tentez pas de lui enlever le jouet. Contentez-vous de lui dire que c'est un beau jouet et continuez à lui parler.

ACTIVITÉS AMUSANTES

Les jeux qui consistent à chevaucher le genou d'un parent comme le petit cheval et le petit galop peuvent être aussi vigoureux qu'ils peuvent être paisibles, selon l'âge et le tempérament de bébé. Celui-ci apprendra vite à montrer quand il veut recommencer et quand il en a assez.

CACHE-CACHE

Pour l'enfant, ce type de jeu conserve toute sa fascination jusqu'à l'école primaire. La première chasse au trésor de bébé consiste à cacher l'un de ses jouets sous une couverture ou une serviette devant lui et puis, lorsque vous dites : « Mais où est passé le jouet ? », découvrir que le jouet est toujours là, sous la couverture. Vous pouvez ajouter à son plaisir en utilisant trois serviettes. Sous quelle serviette est caché le jouet ? Pour le trouver, bébé doit suivre des consignes élémentaires : le jouet est sous une serviette, pas ailleurs, et se rappeler sous quelle serviette est allé son jouet.

Coucou ! est une variation extrêmement populaire de ce jeu. La surprise de voir votre visage disparaître de sa vue et réapparaître peut le faire hurler de plaisir. Même si votre bébé en raffolait à six mois, il continuera de prendre plaisir aux variations de ce jeu de cachette plus tard. En grandissant, il vous imitera et pourra se cacher de vous derrière ses mains ou sous une serviette. À un stade de développement, il croira même que vous ne pouvez le voir parce que lui-même ne vous voit pas. C'est normal et ce peut être amusant quand vous transformez ce stade en jeu.

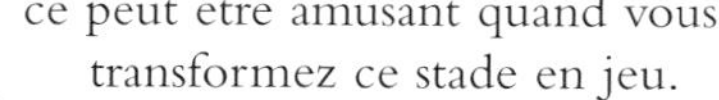

DÉCOUVERTES

Votre bébé aime les touchers affectueux ; vous serez surprise de constater à quel point il comprend et y réagit rapidement. Quand vous chantez *Un petit pied qui marche*, vous faites bouger tout son corps : ses pieds, ses jambes, ses cuisses, ses bras, ses mains, son cou et sa tête étant successivement appelés à bouger.

Il adorera l'histoire du petit cochon qui allait au marché avec ses orteils, quand vos doigts le chatouilleront gentiment depuis les orteils jusqu'à la tête et que le petit cochon filera à la maison.

CHANSONS ET JEUX LANGAGIERS

Les comptines et les chansons font partie de l'héritage de votre enfant. Pour les voyages en auto, les cassettes de chansons et de musique ont une valeur inestimable. Mais bébé n'apprécie rien autant que les chansons que vous lui chantez vous-même. Tous les bébés aiment qu'on chante pour eux. Les berceuses comme *L'enfant do*, *La poulette grise* parviennent à apaiser bébé. Il s'amusera du rythme et des mots. Il aimera beaucoup les chansons mimées comme *L'araignée sur le plancher* ; les gestes, en effet, renforcent le sens des paroles et aident votre enfant à les mémoriser.

Parmi les manières de stimuler le développement du langage, la compréhension des mots et du monde qui entoure bébé, les chansons occupent une grande place. Les jeux chantonnés comme *Le petit cochon qui allait au marché* explorent les idées de départ et de retour, les contraires : reste à la maison, le petit cochon qui mange du melon et l'autre qui n'en veut pas. *La ferme à Mathurin*, par exemple, explore les animaux et les bruits d'animaux.

Durant ses troisième et quatrième années, votre enfant commencera à apprécier les rimes. Vous pouvez le faire hurler de rire en inventant vos propres variations de chansons enfantines. (Sur la ferme à Mathurin, il pourrait bien se trouver des centaines de voitures qui font pout par-ci qui font pout par-là !) Très vite, vous verrez, votre enfant commencera à vous imiter et à mettre au point ses propres versions.

LECTURE

Avant même de savoir ce que c'est, bébé aimera que vous lui fassiez la lecture. Il aimera la proximité physique avec vous, quand vous le prendrez pour lui lire et qu'il se pelotonnera. Il aimera le son de votre voix en vous entendant lui parler des images du livre. Il appréciera les couleurs vives des images. Et puis, la lecture n'est qu'une occasion parmi tant d'autres de passer du temps avec bébé et de lui parler. Il finira même par comprendre de quoi il est question !

DÉVELOPPEMENT DE LA PERSONNE

Vous connaîtrez vite le tempérament de votre enfant. Il peut être « facile » et placide, il peut pleurer beaucoup et être difficile à consoler, ou il peut se méfier de tout ce qui est nouveau. Ces traits de caractère persisteront au fur et à mesure que l'enfant grandira, mais sa personnalité est aussi façonnée par les événements de sa vie et les gens – et, tout particulièrement, le comportement de ses parents à son égard. Vous pouvez aider votre bébé à se sentir en sécurité, à avoir de l'assurance, à s'ouvrir aux autres, en lui montrant dès le début de sa vie toute l'importance qu'il a pour vous. Le fait de le traiter en individu, avec ses désirs et ses opinions, lui donnera confiance en lui. Il y aura des moments, au cours de sa petite enfance, où son enthousiasme excédera de beaucoup ses capacités et où vous aurez besoin de tact pour l'aider à réussir dans une entreprise sans lui donner l'impression que c'est vous qui avez tout fait. Toutefois, si vous réussissez à vous mettre à sa place et à comprendre pourquoi la vie est parfois si frustrante, ses années préscolaires seront, pour vous deux, synonymes de bonheur et de découverte.

AVANCER ENSEMBLE

Apprendre à progresser ensemble pendant la petite enfance est pour vous deux une adaptation. Votre enfant doit apprendre à vous obéir quand c'est nécessaire tandis que, de votre côté, vous essayez de vous adapter à votre situation de parent, qui ne vous rend pas obligatoirement très tolérant, logique et juste. Il a besoin que vous lui montriez – et pas seulement que vous lui disiez – comment se comporter. Gentillesse, politesse, amabilité, prévenance ne lui viendront qu'en vous imitant, lorsqu'il vous verra en user à son égard.

Apprendre par lui-même
Aidez votre enfant quand il en a besoin, mais ne vous emparez pas de la situation. C'est son jouet ; il doit sentir qu'il peut réussir.

Comment traiter un enfant

Votre enfant réagira mieux et fera plus volontiers ce que vous lui dites si vous êtes à la fois tendre et ferme. L'équilibre n'est pas toujours facile à trouver.

- ⋆ Soyez logique dans tout ce que vous dites et faites. Ne donnez pas de fessée à votre enfant.
- ⋆ « Fais » est toujours plus efficace que « Ne fais pas ». « Suspends ton anorak pour qu'on ne marche pas dessus » suscite une réaction plus positive que « Ne laisse pas traîner ton anorak par terre ».
- ⋆ Dites-lui « s'il te plaît » et « merci » quand vous lui demandez quelque chose.
- ⋆ Mettez-vous d'accord avec votre conjoint sur ce que vous autorisez. Et soutenez-vous toujours l'un l'autre.
- ⋆ Essayez de persuader au lieu de forcer. Si l'enfant est plongé dans une activité absorbante, dites « Finis ça, et puis ce sera l'heure d'aller au lit » ; et non « Range tes jouets, et va au lit ».
- ⋆ Ne soyez pas trop sévère.

Écoutez-vous parler à votre enfant. Découvrez que vous lui donnez presque tout le temps des ordres : « Arrête », « Fais ce qu'on te dit », « Ne touche pas à ça ».

- ⋆ Si vous avez eu tort, avouez-le et excusez-vous.
- ⋆ N'affirmez pas votre autorité inutilement ; évitez les conflits.
- ⋆ Expliquez toujours pourquoi l'enfant ne doit pas faire quelque chose et ce qu'il ne doit pas faire, même s'il est encore trop jeune pour comprendre parfaitement vos explications.
- ⋆ Adoptez des routines.

Règles de sécurité

Jusqu'à 2 ans et demi, n'attendez pas de l'enfant qu'il comprenne pourquoi il ne doit pas faire certaines choses ou qu'il se souvienne qu'il ne doit pas les faire. C'est à vous de faire en sorte que sa curiosité ne le mette pas en danger et de lui faire respecter les règles.

Par exemple : « Tu ne dois jamais sortir seul du jardin » est une règle abstraite pour un tout-petit, qui ne peut ni la comprendre ni se la rappeler quand il joue. C'est à vous de le surveiller et de le mettre dans l'impossibilité de sortir en posant un verrou au portillon du jardin.

Équipez votre maison de façon à diminuer les dangers et à ne pas avoir à toujours le réprimander, sinon sa curiosité va sans cesse créer des conflits entre vous (voir p. 234–236). Placez votre lecteur de disques hors de sa portée ; ne laissez pas traîner le fil de la cafetière électrique ou de la lampe de bureau. Installez des fermetures de sécurité sur les tiroirs, les portes de placard, le réfrigérateur ; placez des caches sur les prises de courant. La seule solution est parfois d'éloigner l'enfant : équiper la porte de la cuisine d'une barrière peut être la meilleure façon d'assurer sa sécurité.

Aimer et gâter votre enfant

Ne vous inquiétez pas à l'idée de trop gâter votre enfant en l'aimant. Un enfant a besoin d'amour et de beaucoup d'attention. Mais vous le gâterez si vous manifestez trop d'indulgence devant un vilain comportement. Le laisser faire ce qu'il veut en cédant à ses colères ne facilitera pas plus tard ses relations avec ses amis et les adultes de son entourage.

Si vous travaillez, vous pouvez être tentée, pour vous faire pardonner de ne pas être à la maison, de l'inonder de jouets. Or les jouets ne peuvent pas vous remplacer, et, en agissant ainsi, vous donnez à votre enfant des espérances illusoires. Au lieu de cela, quand vous avez la possibilité d'être à la maison, donnez-lui du temps, de l'amour et beaucoup de tendresse.

Montrez votre amour
Bébé préférera toujours votre amour et votre attention à un jouet, peu importe le jouet. Ne vous souciez pas de le gâter en le gavant d'amour : c'est impossible.

SENS DU MOI

Vers 18 mois environ, un enfant comprend qu'il est une personne à part entière ; il va commencer à parler de lui en s'appelant par son nom, et il aimera regarder des photos qui le représentent. Dorénavant, il va vouloir de plus en plus prendre sa vie en charge et affirmer sa personnalité et ses désirs. Vous pouvez et devez contribuer au développement de ce sens du moi et de son désir d'« émancipation ».

Encourager son indépendance

⋆ Facilitez-lui les choses. À partir de 2 ans, arrangez-vous pour qu'il puisse se débrouiller seul le plus possible. Achetez-lui des vêtements qui lui permettent de s'habiller et de se déshabiller seul ; mettez un marchepied devant le lavabo pour qu'il se lave seul les mains ; fixez une patère à sa hauteur pour qu'il accroche son anorak.

⋆ Encouragez-le à vous aider. Vous « aider » est pour lui un jeu, et non une corvée. Déballer les commissions, mettre la table, balayer la cuisine donnent à l'enfant le sentiment d'accomplir quelque chose et lui montrent que l'entraide fait partie de la vie de famille.

⋆ Laissez-le prendre quelques décisions simples. À ces occasions, il acquiert le sentiment d'exercer un contrôle sur sa propre vie. Laissez-le, par exemple, choisir le tee-shirt ou les bas qu'il veut porter, la disposition de sa chambre, le but de sa promenade…

Aider votre enfant à se sentir unique

Comme tous les enfants, votre enfant a besoin de sentir qu'il est unique, que vous l'aimez, qu'il mérite d'être aimé. C'est ce message qui l'aide à devenir fort et à faire face aux difficultés. Vous devez lui montrer de bien des façons à quel point il compte pour vous.

⋆ N'oubliez pas de lui dire que vous l'aimez, et, même si vous êtes occupée, ne lui refusez jamais le baiser ou le câlin qu'il vous demande.

⋆ Respectez ses sentiments, répondez à ses besoins. Quand il est malheureux, il a besoin de pleurer et d'être consolé. Lui lancer : « Ne fais pas le bébé ! » lui dénie le droit d'être triste.

⋆ Félicitez-le quand il réussit quelque chose de nouveau.

⋆ Écoutez-le quand il vous parle et manifestez-lui votre intérêt.

Devenir une personne
Appréciez les progrès de votre enfant : il est devenu un individu indépendant, intéressant, plein de vivacité.

BONNE ET MAUVAISE CONDUITE

Quand ils sont heureux, quand ils vont bien, les enfants ont en général une conduite tolérable. Mais tous les enfants ont leurs mauvais jours et ont envie de temps en temps d'éprouver leurs limites – et les vôtres – en essayant de voir jusqu'où ils peuvent aller. Se montrer insupportable est souvent un moyen efficace d'attirer l'attention. La période la plus conflictuelle survient à la 3e année : larmes et colères sont au programme.

Devant un comportement difficile

La règle d'or est de réagir vite, d'intervenir. Supprimez la cause du trouble. Enlevez l'aliment qui est repoussé, le jouet litigieux ; ou prenez votre enfant et reposez-le avec un « NON » ferme. En même temps, détournez son attention vers une autre activité. Ne vous montrez ni en colère ni peinée. Soyez simplement très ferme afin que l'enfant perçoive votre message, comprenne qu'il ne lui sera jamais permis de se conduire ainsi.

Ignorez les pleurnicheries. Si votre enfant n'éveille jamais en vous de réaction et n'obtient jamais aucune victoire en pleurnichant, il cessera ses caprices et ses pleurs. Il vaut mieux, de la même façon, éviter de porter attention à ses colères. Vous parviendrez peut-être à détourner son attention si vous percevez un début de colère, mais s'il s'est déjà jeté par terre plein de rage, restez calme et conduisez-vous comme d'habitude. Si cela s'avère nécessaire, faites-le sortir de la pièce jusqu'à ce qu'il soit calmé.

Bonne conduite

La meilleure façon de récompenser un enfant d'âge préscolaire, c'est de lui prodiguer votre attention et votre amour. Des louanges, un câlin, une histoire sur vos genoux, des mots d'admiration lui font sentir qu'il est quelqu'un de bien !

Il est très facile d'accorder davantage d'attention à un enfant s'il se conduit mal, et moins quand il se conduit bien : on a plus tendance à réagir lorsqu'on le voit prendre des boîtes sur les étagères du supermarché que s'il reste bien sage. Mais il est plus efficace, justement, de le récompenser avec des louanges et de la tendresse quand il est sage : « Comme c'est gentil d'avoir été si patient... » En lui disant cela, vous l'encouragez à bien se comporter et lui donnez une leçon très utile : être gentil avec les gens donne de meilleurs résultats que de ne pas l'être.

Mauvaise conduite

Quelle que soit la punition, elle doit être immédiate pour avoir un effet. Les menaces concernant le futur sont inutiles et injustes, car, le moment venu, l'enfant ne comprendra pas la raison de cette punition à retardement et peut-être ne la mettrez-vous même pas à exécution. Votre enfant ne vous prendra pas au sérieux la prochaine fois.

Quand vous vous heurtez sans arrêt à un comportement que vous ne pouvez tolérer ou que la situation vous échappe, une punition immédiate, que votre enfant est en mesure de comprendre, peut être légèrement différée pour laisser le calme se rétablir. Cinq à dix minutes passées dans une autre pièce, en sécurité, mais seul – suffira pour lui faire oublier ce qu'il voulait faire et vous laisser le temps de vous apaiser.

Discipline

Ne frappez jamais votre enfant. Cela n'empêchera pas l'enfant de recommencer. De plus, en le giflant, vous lui apprenez que la force physique est un argument valable pour obliger les gens à faire ce qu'on veut.

Ne pas se laisser pousser à bout !

Si habile que vous soyez devenue pour vous occuper de votre enfant, il y a des jours où il est insupportable et où vous sentez que vous allez perdre votre maîtrise.

La solution est simple : sortez avec l'enfant. Quel que soit le temps, une promenade au parc, ou une visite à une voisine compréhensive vous mettront tous les deux de bonne humeur et vous aideront à retrouver bon sens et sens de l'humour.

Enfants agressifs

Tous les jeunes enfants se battent de temps en temps, surtout quand ils s'ennuient ou quand ils sont fatigués. Quand les combattants ne se contrôlent plus, les parents doivent intervenir rapidement.

* Séparez les adversaires.
* Distrayez-les en leur proposant de jouer à autre chose ou de changer d'endroit.
* Ne prenez pas parti – il est presque toujours impossible de démêler la situation.

Si votre enfant en a mordu un autre :

* Accordez toute votre attention à l'enfant qui a été mordu. Par ailleurs, ne réagissez pas à la violence par la violence.
* Éloignez l'enfant mordeur et laissez-le quelque part en sécurité mais seul, 5 à 10 minutes.

Quand votre enfant commence à jouer avec les autres, il va les griffer et les empoigner, mais, avec votre aide, il apprendra vite à partager et à se montrer plus gentil. Pour son bien, apprenez à votre enfant à être gentil avec les autres.

* Donnez-lui un bon modèle à suivre en essayant d'être toujours douce, tolérante et aimante vis-à-vis d'autrui.
* Intervenez toujours pour arrêter votre enfant s'il commence à en frapper un autre. Soyez ferme, mais ne criez pas et ne soyez pas vous-même agressive.
* Ne laissez jamais votre enfant imposer sa volonté en étant agressif ou désagréable, car, s'il obtient un résultat, il aura tendance à recommencer. Consultez votre médecin s'il persiste dans ses comportements agressifs.

HABITUDES D'ENFANTS

Bien des petits enfants adoptent certains comportements, comme sucer leur pouce, se frapper la tête, retenir leur souffle, auxquels ils recourent quand ils sont fâchés, frustrés, ennuyés, ou qu'ils ont besoin de réconfort. Ces comportements sont fréquents et ne présentent pas de danger, mais ils inquiètent souvent les parents. Même si l'enfant les abandonne de coutume avant l'âge de 4 ans, ils peuvent parfois avoir plus de mal à quitter ces habitudes.

Pouce et objets réconfortants

Environ la moitié des bambins de 3 ans sucent leur pouce et quelques-uns le font encore à 6 et même à 7 ans. Ceux qui persistent dans cette habitude peuvent graduellement faire avancer leurs incisives. Sucer continuellement une peluche ou une doudou peut produire le même résultat. Cependant, à moins que l'habitude ne perdure bien après le sixième anniversaire, quand les dents permanentes font leur apparition, le dommage sera passager.

Se cogner la tête, se rouler, se balancer

Au cours de leur première année de vie, plusieurs petits enfants prennent l'habitude de se bercer en cadence à 4 pattes dans leur berceau, de rouler la tête d'un côté à l'autre ou de se frapper la tête au cadre du lit. D'ordinaire, ils font cela avant de s'endormir ou en s'éveillant; d'ordinaire aussi, les mouvements sont suffisamment saccadés pour que le berceau se déplace sur le plancher. Même si c'est inquiétant à observer et à entendre, il ne faut pas vous en faire. Les bébés et les bambins qui le font se blessent rarement – malgré les grincements des meubles. Ce comportement a presque toujours disparu quand l'enfant a atteint 3 ou 4 ans.

Certains enfants développent l'habitude tout aussi inquiétante de se frapper la tête sur une surface dure pendant la journée, d'ordinaire pour exprimer leur frustration ou leur ennui. Encore une fois, l'enfant ne se causera pas de blessure plus grave qu'une petite contusion. Il vaut mieux ne pas y porter attention, mais vous pouvez lui offrir un oreiller pour adoucir l'impact. Si vous ne prêtez pas attention à cette habitude, elle finira par disparaître.

Il faut prendre plus au sérieux l'enfant qui se frappe la tête ou qui entreprend de se balancer passé 4 ans. Parlez-en au médecin; cela pourrait signaler un problème d'ordre émotif.

Arrêter de respirer

Quelques bambins font face à la douleur et à la frustration en retenant leur souffle. Ils peuvent le faire pendant une demi-minute et parfois peuvent même en perdre conscience. Aussitôt que cela se produit, l'enfant recommence à respirer; il n'y a pas de mal. Par contre, l'enfant découvre bien vite que c'est un excellent moyen d'attirer l'attention. Ignorez les crises autant que possible; elles auront sans doute disparu quand votre enfant aura atteint 4 ans.

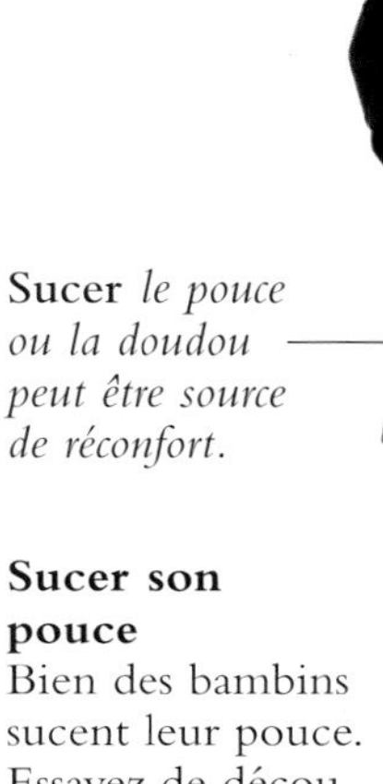

Sucer *le pouce ou la doudou peut être source de réconfort.*

Sucer son pouce
Bien des bambins sucent leur pouce. Essayez de décourager cette habitude une fois que les dents permanentes ont fait leur apparition.

MAUVAIS RÊVES ET TERREURS NOCTURNES

Même s'il ne comprend pas ce qu'est le rêve et est encore incapable d'en parler, un enfant de 1 an à peine peut faire des cauchemars à propos de quelque chose qui l'a effrayé durant la journée. Lorsqu'un tout-petit s'éveille d'un cauchemar, enlacez-le et réconfortez-le jusqu'à ce qu'il ait retrouvé son calme.

Lorsqu'il aura 2 ans, il essayera peut-être de vous en parler et vous pourrez le rassurer et lui dire que ce n'était qu'un rêve, même s'il n'en comprend pas encore vraiment le sens. À 3 ou 4 ans, il aura une bien meilleure idée de ce qui est réel et de ce qui ne l'est pas. Mais il aura besoin que vous apaisiez ses craintes et que vous l'assuriez que vous ne laisserez rien de mauvais lui arriver. Une veilleuse ou l'ouverture de la porte pourrait le rassurer.

Il arrive cependant que certains enfants connaissent des terreurs nocturnes, très différentes des cauchemars. Ces derniers surviennent en général dans la deuxième partie de la nuit, alors que l'enfant dort légèrement et que les rêves sont les plus nombreux. La terreur nocturne commence beaucoup plus tôt, d'ordinaire entre 1 et 4 heures après que l'enfant ait été couché, alors qu'il dort très profondément. Vous entendrez votre enfant hurler ou geindre comme s'il était terrorisé. Quand vous vous précipiterez, il ne semblera pas vous reconnaître, vous repoussera et hurlera encore davantage si vous tentez de le prendre dans vos bras. C'est qu'il n'est pas tout à fait réveillé. Si vous le laissez tranquille, il retombera probablement très vite endormi. Ne tentez pas de l'éveiller ou de le prendre. Contentez-vous d'attendre à ses côtés pour être là s'il s'éveille. Au matin, il n'en gardera aucun souvenir.

SANTÉ DE L'ENFANT

Guide méthodique des problèmes, des affections et des maladies infantiles, la façon d'y faire face

TROIS PREMIERS MOIS

Il est difficile de savoir si un bébé est malade. S'il a l'air heureux et se nourrit normalement, sans doute se porte-t-il bien. Mais un bébé tombe vite malade et, comme toutes les infections peuvent mettre sa vie en danger, vous ne devez prendre aucun risque pendant ses 3 premiers mois. Consultez le service Info-Santé de votre CLSC ou le médecin à la moindre inquiétude. Si vous remarquez un signe anormal, consultez la liste ci-dessous et celle de la page ci-contre : elles décrivent les problèmes de santé plus ou moins graves pouvant affecter les bébés de moins de 3 mois. Les symptômes vous renvoient aux sections correspondantes (p. 182-185) mais n'ont pas pour but de vous permettre d'établir un diagnostic : ne vous substituez pas au médecin. La présence de plus d'un symptôme peut être signe d'un problème plus grave. Si vous ne trouvez pas le symptôme que présente votre bébé, voyez la liste des maladies (p. 186-187) qui peuvent frapper les enfants à tout âge. À la naissance, les bébés sont immunisés contre certaines infections, car leur mère leur a transmis des anticorps par voie sanguine. Les bébés nourris au sein continuent à recevoir ces anticorps dans le lait maternel. Comme l'immunité conférée dure environ 6 mois, votre bébé n'attrapera sans doute pas avant cet âge les maladies fréquentes de l'enfance.

SIGNES D'URGENCE

Allez immédiatement à l'urgence si votre bébé :

- ⋆ vomit des matières verdâtres ;
- ⋆ a une température de plus de 38,5 °C rectale pendant plus d'une demi-heure (voir p. 186) ;
- ⋆ vomit ET crie sans arrêt comme s'il souffrait beaucoup ;
- ⋆ respire bruyamment et rapidement ;
- ⋆ a une fontanelle bombée même quand il ne crie pas ;

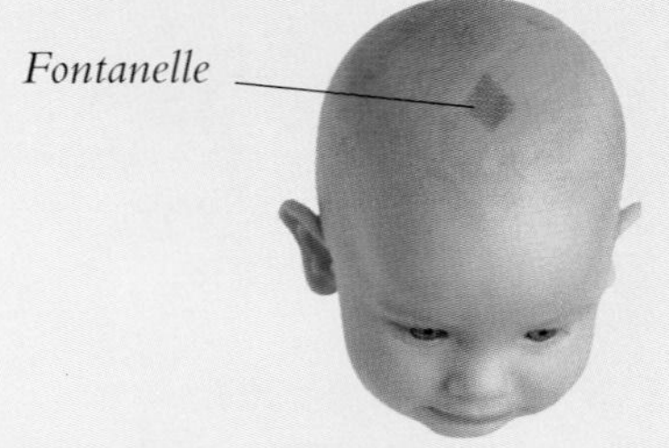

- ⋆ hurle de douleur et devient pâle quand il crie ;
- ⋆ a des selles contenant du mucus et du sang, qui ont l'aspect de la gelée de groseilles rouges.

CONSULTEZ LE MÉDECIN

Appelez le service Info-Santé de votre CLSC ou consultez le médecin tout de suite si le bébé :

- ⋆ pleure plus que d'habitude ou si ses cris paraissent différents des cris habituels pendant au moins une heure ;
- ⋆ paraît anormalement tranquille, somnolent ou indifférent ;
- ⋆ refuse 2 tétées de suite ou ne demande pas à téter pendant 6 heures ;
- ⋆ semble particulièrement irritable ou agité.

BÉBÉ PRÉMATURÉ

Les bébés de faible poids à la naissance, ou nés avant la date prévue, sont très sensibles aux infections pendant les premières semaines. Tant que votre nouveau-né n'a pas pris de poids, éloignez-le des enrhumés et des personnes qui toussent, et ne l'emmenez pas dans les lieux publics où il peut attraper des infections.

Mains et pieds *froids : voir Refroidissement (p. 184).*

Peau sèche et desquamée *Appliquez sur les zones desséchées une huile ou une lotion hydratante pour bébé afin d'humidifier la peau.*

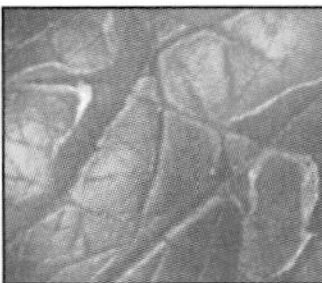

Manque d'appétit

Si le bébé ne veut pas boire mais paraît heureux et bien portant, ne vous inquiétez pas. S'il refuse 2 tétées de suite, ou ne demande pas à téter pendant 6 heures, **appelez le service Info-Santé pour des conseils.**

Pleurs

Si aucune de vos méthodes habituelles ne parvient à calmer votre bébé au bout d'une heure ou si ses cris vous paraissent inhabituels, appelez Info-Santé. Si le bébé pleure sans pouvoir être consolé pendant 2 ou 3 heures tous les jours à peu près à la même heure, il peut souffrir de coliques (voir p. 118). Elles débutent souvent vers 2 à 3 semaines et disparaissent vers le 3e ou 4e mois.

Une prise de poids lente

Si votre bébé ne paraît pas grossir normalement (voir les courbes des pages 254-257), parlez-en au médecin.

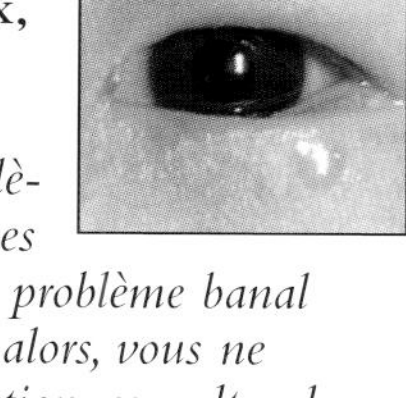

Larmes coulant d'un œil ou des deux yeux, *même quand le bébé ne pleure pas. Le canal lacrymal n'est pas complètement formé et les larmes ne peuvent s'écouler. Ce problème banal se résorbe vers 1 an. Si, alors, vous ne constatez pas d'amélioration, consultez le médecin.*

Plaques jaunâtres et écailleuses sur le cuir chevelu : *voir Croûtes du cuir chevelu (chapeau) (p. 183).*

Vomissements : *voir p. 185.*

Pus *dans le coin interne de l'œil ou* **paupières collées** *au réveil : voir Paupières collées (p. 183).*

Peau moite, chaude, luisante, *surtout au niveau du cou ou de la poitrine : voir Coup de chaleur (p. 184).*

Petits boutons blancs *sur le nez ou sur les joues : leur nom savant est milium (pluriel milia). De nombreux bébés en sont affectés durant les premières semaines. Ils persistent quelques semaines et disparaissent sans traitement.*

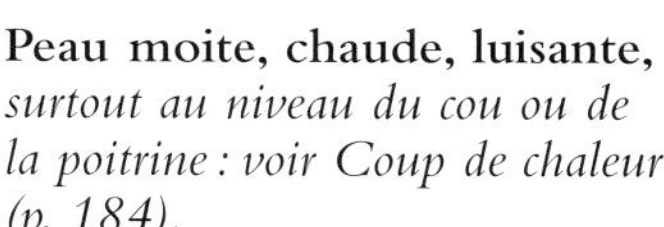

Peau moite, chaude, luisante, *surtout au niveau du cou ou de la poitrine : voir Coup de chaleur (p. 184).*

Hoquet, *surtout après les tétées : ce n'est pas grave et cela disparaîtra sans traitement.*

Saillie non douloureuse au voisinage du nombril, *qui bombe quand le bébé tousse, éternue ou pleure : c'est une hernie due à la faiblesse de la paroi abdominale. Elle disparaîtra probablement sans traitement dans le courant de la première année.*

Diarrhées : *voir p. 185.*

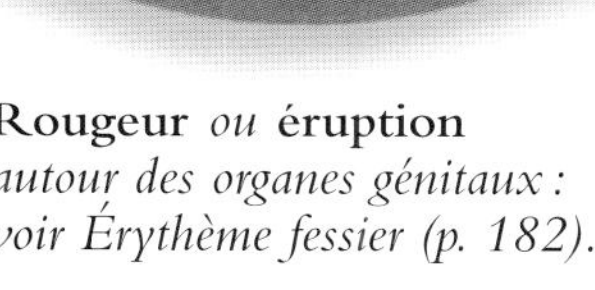

Rougeur *ou* **éruption** *autour des organes génitaux : voir Érythème fessier (p. 182).*

TACHES ET ÉRUPTIONS

Qu'est-ce que c'est ?

La plupart des nouveau-nés traversent une période « tachetée ». Ne vous inquiétez pas si quelques taches apparaissent : le bébé n'est pas malade. Une des éruptions les plus fréquentes est l'urticaire néonatale ; elle apparaît au cours des premières semaines et s'efface sans traitement.

Que puis-je faire ?

Si votre bébé présente une urticaire néonatale (voir les symptômes dans l'encadré), elle disparaîtra seule en 2 ou 3 jours. Ne mettez dessus ni lotion ni crème. Ne modifiez pas les tétées. Ces taches n'ont rien à voir avec une intolérance au lait. Lavez avec un savon doux, rincez bien à l'eau claire tous les jours.

SYMPTÔMES

★ Taches rouges avec un point rouge au centre ; elles apparaissent et disparaissent après quelques heures d'un point à l'autre du corps.

CONSULTEZ LE MÉDECIN

Consultez le médecin immédiatement si les taches sont très étendues et rouge sombre ou cramoisies (éruption pétéchiale).

Consultez le médecin dès que possible si :

★ un centre rempli de pus se forme sur une tache ;
★ vous pensez qu'une tache est infectée.

ÉRYTHÈME FESSIER

Qu'est-ce que c'est ?

L'érythème fessier est une inflammation de la région fessière. Il apparaît lorsque le bébé a gardé une couche sale trop longtemps, car la décomposition des selles et de l'urine dégage de l'ammoniac qui brûle et irrite la peau. L'érythème peut aussi être causé par une allergie au savon en poudre ou aux produits de rinçage utilisés pour les couches en tissu. Une éruption d'aspect analogue est due à une candidose (qui commence en général dans la bouche, voir Muguet, p. 213) mais peut se propager à d'autres régions du corps, comme la peau avoisinant l'anus.

SYMPTÔMES

★ Peau rouge, tachetée, sensible, dans la région fessière.
★ Odeur ammoniacale dégagée par les couches.

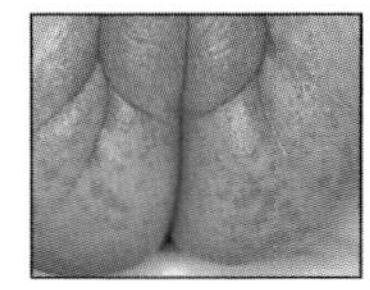

Que puis-je faire ?

1 Achetez une pommade à base de zinc et enduisez-en la région fessière lors du change.

2 Changez souvent votre bébé, lavez et asséchez son derrière avec soin (voir p. 150-151). Vous pouvez ajouter une goutte d'huile d'olive ou d'amande à votre eau. Dans ses couches en tissu, placez une garniture super-absorbante. Ne pas utiliser de serviettes humides commerciales.

3 Dans la mesure du possible, laissez votre bébé le derrière nu, installé sur une couche propre. Tant que l'érythème fessier persiste, ne mettez pas de culotte en caoutchouc par-dessus ses couches en tissu, celle-ci empêche l'air de circuler.

Étendez la crème *sur toute la surface infectée.*

4 Utilisez ni détergent irritant ni produit de rinçage pour les couches, car ils peuvent causer une allergie. Rincez les couches avec soin.

5 Utilisez une crème apaisante et appliquez-la chaque fois que vous changez la couche du bébé.

CONSULTEZ LE MÉDECIN

Consultez le médecin dès que possible :

★ si l'érythème dure plusieurs jours et s'aggrave;
★ si le bébé présente un muguet.

Que pourra faire le médecin ?

Le médecin pourra prescrire une pommade antibiotique si l'érythème est infecté ou une pommade antifongique si le bébé a une candidose.

CROÛTES AU CUIR CHEVELU OU CHAPEAU

Qu'est-ce que c'est?

Les croûtes au cuir chevelu (chapeau, dermatose séborrhéique) sont des croûtes jaunâtres qui parsèment la tête du bébé. Elles peuvent se propager au visage, au corps, aux fesses, où elles entraînent une éruption rouge et squameuse. Elles ont un vilain aspect mais ne semblent pas importuner le bébé.

SYMPTÔMES

* Plaques écailleuses, jaunâtres, sur le cuir chevelu.

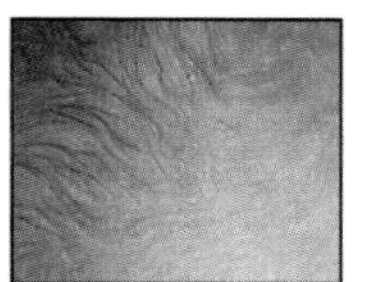

CONSULTEZ LE MÉDECIN

Consultez le médecin dès que possible si l'éruption s'étend et:

* semble importuner le bébé;
* paraît s'infecter ou commence à suinter;
* ne guérit pas au bout de 5 jours.

Que puis-je faire?

1 Massez le crâne du bébé avec de l'huile pour ramollir les croûtes. Attendez de 12 à 24 heures, puis brossez doucement ses cheveux pour détacher les croûtes. Lavez-lui la tête ensuite, ce qui devrait supprimer la plupart des croûtes.

2 Si l'éruption s'étend sur d'autres parties du corps, nettoyez bien les zones atteintes.

Que pourra faire le médecin?

Si les croûtes persistent ou si l'éruption paraît s'infecter ou suinter, le médecin prescrira une crème ou un shampooing spécial.

PAUPIÈRES COLLÉES

Qu'est-ce que c'est?

C'est une irritation bénigne des yeux contractée pendant l'accouchement par la pénétration dans les yeux de sang ou d'un liquide quelconque. Si vous observez un des symptômes suivants, le bébé a probablement une conjonctivite (voir p. 209).

SYMPTÔMES

* Cils collés au réveil.
* Pus dans le coin interne de l'œil.

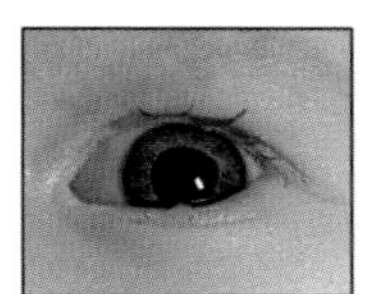

CONSULTEZ LE MÉDECIN

Consultez le médecin tout de suite si un pus jaune s'écoule des yeux. Consultez dès que possible si:

* 2 jours après la naissance, le bébé manifeste les symptômes décrits;
* son état ne s'améliore pas au bout de 3 jours.

Que puis-je faire?

Nettoyez les yeux du bébé (du coin interne vers le coin externe) 2 fois par jour avec un morceau de coton imbibé d'eau tiède bouillie. Utilisez un coton différent pour chaque œil. Lavez-vous les mains avant et après.

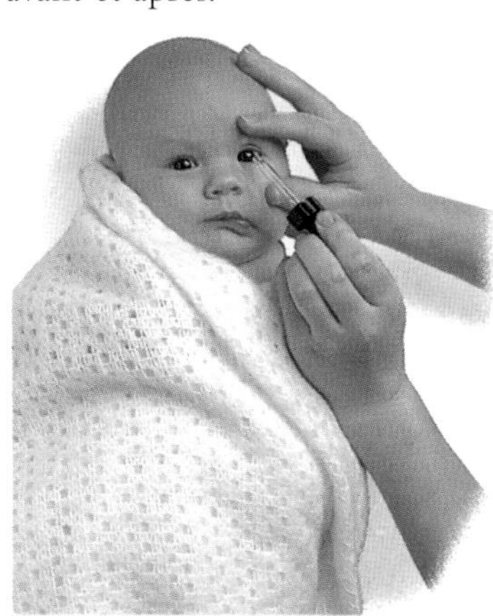

Que pourra faire le médecin?

Si le médecin pense que le bébé a une conjonctivite, il prescrira probablement des gouttes oculaires antibiotiques (voir p. 209).

Pour mettre les gouttes, enveloppez votre bébé dans une couverture et tenez-lui les yeux ouverts, puis laissez tomber les gouttes avec un compte-gouttes.

REFROIDISSEMENTS

Pourquoi les bébés sont-ils sensibles aux refroidissements ?

Un bébé ne peut contrôler sa température avec efficacité. S'il a froid, sa température baisse, et il peut souffrir d'hypothermie, ce qui met sa vie en danger. Les prématurés y sont tout particulièrement sensibles.

SYMPTÔMES

Premiers signes
- ⋆ Cris et agitation.
- ⋆ Mains et pieds froids.

Signes d'hypothermie grave
- ⋆ Bébé de plus en plus silencieux et indifférent.
- ⋆ Peau de la poitrine et du ventre froide au toucher.
- ⋆ Visage, mains et pieds congestionnés, rosés.

CONSULTEZ LE MÉDECIN

Consultez le médecin immédiatement si le bébé :
- ⋆ montre des signes de refroidissement graves ;
- ⋆ a une température inférieure à 35 °C.

Que puis-je faire ?

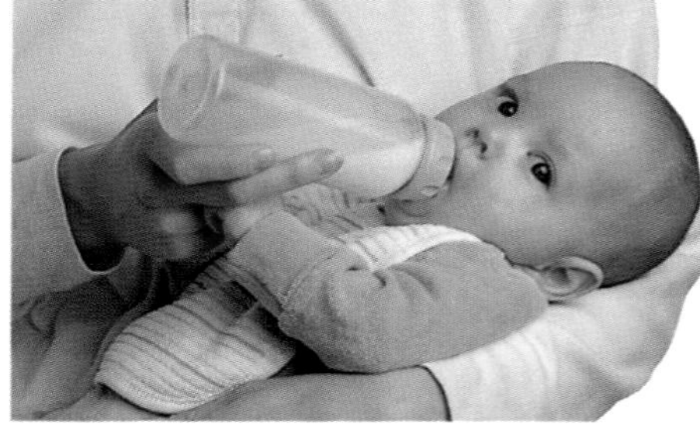

1 Réchauffez le bébé en le transportant dans une pièce bien chauffée et donnez-lui un biberon. Enveloppez-le dans des couvertures chaudes et maintenez-le collé sur vous.

2 Prenez sa température (voir p. 193). Si celle-ci est au-dessous de 35 °C, **consultez immédiatement le médecin.** Reprenez-la toutes les 15 minutes.

Comment éviter l'hypothermie ?

Maintenez la température de la chambre où dort le bébé à 20 °C environ, mais déshabillez-le et baignez-le dans une pièce plus chaude. Si vous le sortez par temps froid, couvrez-le bien et ne restez pas longtemps dehors. Surveillez le moindre signe de refroidissement. Évitez de l'exposer au vent.

Avec un bonnet *sous sa capuche, sa tête reste chaude.*

Par temps froid, enfilez au bébé une combinaison chaude ou enveloppez-le tout habillé dans un châle et mettez-lui des mitaines et des bottillons.

COUP DE CHALEUR

Pourquoi les bébés sont-ils exposés aux coups de chaleur ?

Les nouveau-nés ne contrôlent pas leur température corporelle. Ils peuvent souffrir aussi bien de la chaleur que du froid.

SYMPTÔMES

- ⋆ Agitation.
- ⋆ Peau chaude et trempée de sueur.
- ⋆ Température élevée.

CONSULTEZ LE MÉDECIN

Consultez aussitôt le médecin si la température rectale d'un nouveau-né dépasse 38,5 °C.

Que puis-je faire ?

1 Transportez le bébé dans une chambre plus fraîche et enlevez-lui une épaisseur de vêtements.

2 Prenez sa température (voir p. 193) et, si elle a augmenté, mais est inférieure à 38,5 °C, surveillez-le en le laissant dévêtu ; recontrôlez dans 30 minutes. Si la température continue à augmenter, consultez immédiatement le médecin (voir aussi p. 194).

Comment prévenir un coup de chaleur ?

Habillez le bébé en fonction du temps. Par temps très chaud, il peut dormir en couche et en camisole, mais n'oubliez pas le risque de refroidissement. Ne laissez jamais un bébé dormir au soleil, car sa peau brûle facilement. Mettez-le à l'ombre ; surveillez-le, car l'ombre se déplace tout au long de la journée.

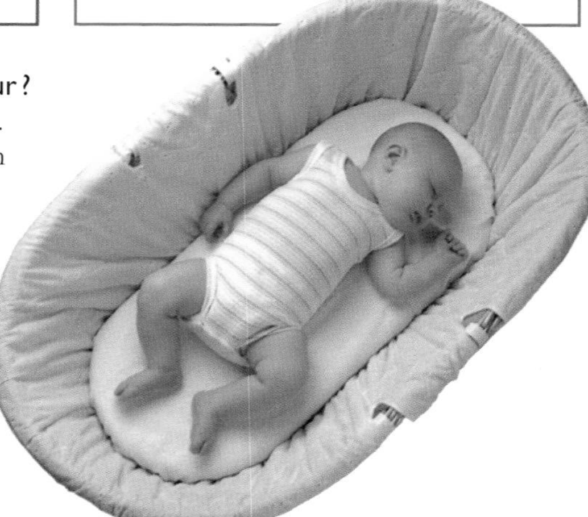

VOMISSEMENTS

Pourquoi les bébés vomissent-ils?

Tous les bébés rejettent un peu de lait pendant ou juste après la tétée. C'est tout à fait normal et ce sont plutôt des régurgitations. Lorsqu'un nourrisson vomit, il rejette presque toute sa tétée. Un bébé nourri au sein vomit rarement.

Des vomissements fréquents chez un bébé, surtout s'ils sont accompagnés de diarrhée, peuvent être causés par une gastro-entérite (voir p. 222). Il faut prendre la situation au sérieux parce que la déshydratation peut être rapide.

VOMISSEMENTS EN JET

Un bébé peut vomir avec une telle force que la vomissure traverse la pièce. Si cela se produit lors de tétées successives, **consultez un médecin le plus vite possible.**

Le plus souvent, c'est un énorme rot qui lui fait rejeter une partie de sa tétée. Si cela se reproduit à chaque tétée, surtout si le bébé paraît affamé, il peut souffrir d'une sténose du pylore, un blocage de l'orifice de la sortie de l'estomac. C'est un trouble parfois héréditaire qui apparaît entre 2 et 8 semaines et qui nécessite une opération sans gravité. Consultez le médecin le plus vite possible.

Que puis-je faire?

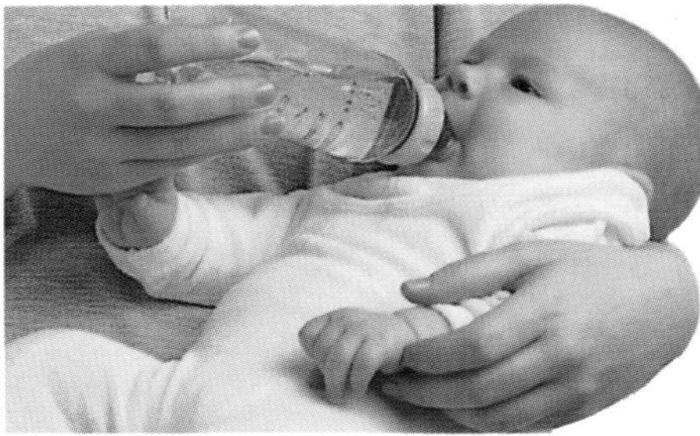

Si vous allaitez: continuez en allaitant plus souvent, moins longtemps. Donnez-lui, entre les tétées, de petites quantités de solution d'hydratation. Demandez conseil à votre pharmacien à ce sujet. Si votre bébé refuse le biberon, utilisez un compte-gouttes ou une petite cuiller.

Au biberon: cessez l'alimentation. Donnez-lui 15 ml de solution d'hydratation (Pédialyte ou Gastrolyte) toutes les 15 minutes, tant que les vomissements persistent. Lorsque les vomissements disparaissent, donnez-lui de 30 à 90 ml de solution d'hydratation toutes les heures. Lorsque les vomissements ont cessé et que les diarrhées sont moins fréquentes, reprenez son alimentation habituelle.

Ne donnez jamais d'autres liquides que ceux recommandés ci-dessus.

Demandez conseil à votre médecin, si l'état de votre bébé ne s'améliore pas dans les 24 heures.

SIGNES D'URGENCE

Consultez le médecin immédiatement si le bébé:

* ne mouille pas ses couches pendant plus de 6 heures;
* vomit toutes ses tétées pendant une période de 4 à 6 heures en dépit d'un traitement;
* a la bouche sèche;
* a les yeux enfoncés;
* a une fontanelle déprimée.

APPELEZ INFO-SANTÉ

Appelez Info-Santé si le bébé:

* vomit et manifeste d'autres signes de maladie;
* vomit la totalité de 2 tétées successives.

Que pourra faire le médecin?

Le médecin pourrait prescrire une poudre à mélanger à l'eau du bébé. S'il a perdu beaucoup de fluides, le médecin pourrait hospitaliser le bébé pour le réhydrater.

Embarras gastriques?

Le lavage des mains est très important avant l'allaitement ou la manipulation des biberons. Les bébés nourris au sein n'ont pas souvent d'embarras gastriques. Si vous nourrissez votre enfant au biberon, stérilisez le matériel et jetez tous les fonds de biberon. Quand vous préparez les biberons à l'avance, refroidissez-les sous l'eau froide avant de les réfrigérer. Ne gardez jamais plus d'une heure un biberon réchauffé.

DIARRHÉE

Qu'est-ce que c'est?

Tant que les bébés ne prennent pas d'aliments solides, ils ont plusieurs fois par jour des selles assez liquides. Si les selles de votre enfant sont très aqueuses, verdâtres et plus fréquentes que d'habitude, il a la diarrhée. C'est un symptôme à prendre au sérieux.

Que puis-je faire?

Donnez-lui des solutions d'hydratation pour qu'il ne se déshydrate pas. Suivez les conseils ci-dessus donnés pour les vomissements. Vérifiez que votre bébé mouille ses couches et a un bon état général. Bien se laver les mains après chaque changement de couche.

APPELEZ INFO-SANTÉ

Appelez Info-Santé si vous pensez que votre bébé de moins de 6 mois a la diarrhée.

GUIDE DES DIAGNOSTICS

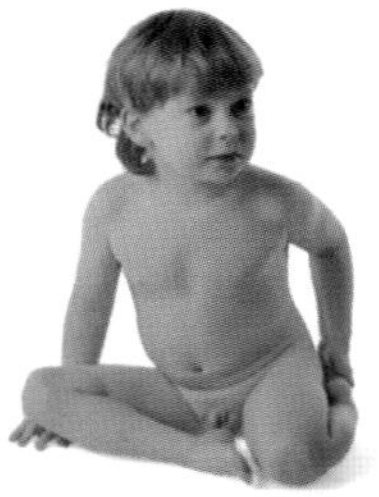

Si votre enfant vous paraît malade, cherchez les symptômes qu'il présente parmi ceux énumérés ci-après. S'il montre plus d'un symptôme, intéressez-vous surtout à celui qui vous paraît le plus sérieux. Il vous permet d'envisager un diagnostic et vous renvoie à une partie du livre traitant des affections dont peut souffrir un enfant. Cette partie vous donne une liste détaillée des symptômes des maladies, une explication sur la nature de la maladie, des informations qui vous permettent de porter assistance à l'enfant et des conseils concernant le degré d'urgence ou la nécessité d'une consultation médicale. Ce guide n'a pas pour but de vous permettre de poser un diagnostic – seul un médecin peut le faire – d'autant plus qu'un enfant ne présente pas toujours tous les symptômes caractéristiques d'une maladie. Si votre bébé n'a pas 3 mois, consultez les pages 180 et 181 ; elles sont spécialement consacrées aux tout jeunes bébés.

Fièvre

Comme l'élévation de la température (fièvre) peut signifier que le bébé a une infection, vous devez chercher d'autres signes de maladie. Cependant, un enfant en parfaite santé peut avoir une légère montée de fièvre pendant des jeux physiques ou par temps très chaud. Reprenez sa température après une demi-heure de repos. Si, rectale, elle dépasse 38,5 °C, il a peut-être une infection.

Modification du comportement

Si l'enfant est moins gai que d'habitude, plus grognon, irritable, triste, peut-être est-il malade.

Pâleur anormale

Un enfant plus pâle que de coutume est parfois malade.

Rougeur du visage

Elle peut être un signe de fièvre, mais toujours confirmer avec un thermomètre.

Perte d'appétit

L'appétit d'un enfant varie d'un repas à l'autre, mais un brusque manque d'appétit peut être un signe de maladie. Si votre bébé a moins de 6 mois et refuse 2 tétées de suite, ou s'il n'a rien réclamé depuis plus de 8 heures, **appelez Info-Santé.** Si votre enfant boude ses repas plus de 24 heures, cherchez d'autres signes de maladie (voir p. 189).

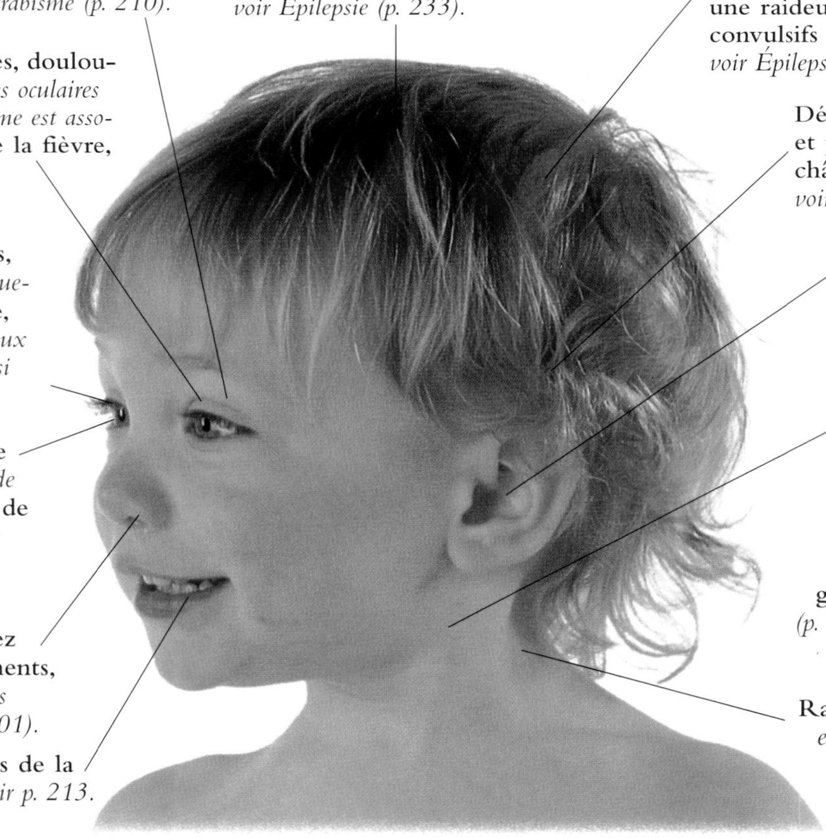

Yeux dirigés dans des directions différentes, *voir Strabisme (p. 210).*

Paupières ou yeux rouges, douloureux, collés, *voir Problèmes oculaires (p. 209-210) ; si le symptôme est associé à une* **éruption et à de la fièvre,** *voir Rougeole (p. 204).*

Démangeaisons oculaires, *surtout associées à des éternuements, à un* **nez qui coule,** *voir Rhumes et états grippaux (p. 200-201). Ce peut aussi être un rhume des foins.*

Aversion pour la lumière vive, *surtout accompagnée de* **fièvre, de maux de tête, de raideur de la nuque,** *voir Méningite (p. 208).*

Nez qui coule, nez bouché, éternuements, *voir Rhumes et états grippaux (p. 200-201).*

Ulcérations de la bouche, *voir p. 213.*

Manques momentanés d'attention, *voir Épilepsie (p. 233).*

Perte de connaissance associée à une raideur et à des mouvements convulsifs des membres, *voir Épilepsie (p. 233).*

Démangeaisons de la tête et petites granulations blanchâtres dans les cheveux, *voir Poux et Lentes (p. 232).*

Maux d'oreille, surdité partielle, oreilles qui piquent ou coulent, *voir Problèmes auriculaires (p. 211-212).*

Bouffissure du visage, glandes enflées *à l'angle des mâchoires et sur les côtés du cou, voir Oreillons (p. 206) ;* **gonflement ganglionnaire** *et* **mal de gorge,** *voir Amygdalite (p. 214) et Rubéole (p. 203).*

Raideur de la nuque, *si elle est accompagnée de* **fièvre et de maux de tête,** *voir Méningite (p. 208).*

Grosseur rouge avec, parfois, un centre rempli de pus, *sur n'importe quelle partie du corps, voir Boutons et furoncles (p. 226).*

Peau rouge et rugueuse, *voir Gerçures (p. 229).*

Mal de gorge, *voir Infections de la gorge (p. 214) ; associé à de la* **fièvre** et à **un malaise général,** *voir Rhumes et états grippaux (p. 200-201) ; associé aussi à une* **éruption,** *voir Rubéole (p. 203) ; associé à une* **bouffissure du visage,** *voir Oreillons (p. 206).*

Boutons ou éruption *en tout endroit du corps, s'ils sont associés à* **un mal de gorge** *ou à de la* **fièvre,** *voir Maladies infectieuses (p. 203-208); sans autre signe, voir Problèmes de peau (p. 226-232) et Petites morsures et piqûres d'insectes (p. 252).*

Mal de ventre *(p. 220) associé à des nausées, des vomissements ou de la diarrhée, voir Gastro-entérite (p. 222-223).*

Selles d'aspect anormal *(p. 223).*

Diarrhée *(p. 223).*

Constipation *(p. 221).*

Fortes démangeaisons anales, *voir Oxyures (p. 232).*

Douleur en urinant, *urine de couleur anormale, mictions fréquentes, voir Infections de l'appareil urinaire (p. 224).*

Extrémité du pénis *douloureuse, voir Affections génitales (garçon) (p. 225).*

Grosseur indolore *de l'aine ou du scrotum, voir Affections génitales (garçon) (p. 225).*

Vomissements violents *chez un bébé, voir Vomissements en jet (p. 185).*

Vomissements ou nausées *(p. 222).*

Ulcérations autour de la bouche, *voir Herpès buccal (p. 230) et Impétigo (p. 231).*

Petite éruption rouge *sur le visage ou dans les plis cutanés, voir Boutons de chaleur (p. 227).*

Toux, *voir Toux et infections respiratoires (p. 215-219) et Coqueluche (p. 207) ; associée à une éruption, voir Rougeole (p. 204).*

Difficultés respiratoires, souffle accéléré ou bruyant, *voir Toux et infections respiratoires (p. 215-219).*

Zones de peau sèche, rouge, écailleuse, *sièges de démangeaisons, en tout endroit du corps, voir Eczéma (p. 228).*

Peau rouge et douloureuse *en tout endroit du corps, voir Coups de soleil (p. 229) ou Brûlures (p. 245).*

Excroissance coriace de peau sèche, *voir Verrues (p. 230).*

Douleur, rougeur, démangeaison autour de la vulve, *écoulement vaginal, voir Affections génitales (fille) (p. 225).*

Démangeaisons intenses dans la région vaginale, *voir Oxyures (p. 232).*

Tumeur blanchâtre ou brunâtre à la plante du pied, *voir Verrue plantaire (p. 230).*

PREMIERS SIGNES DE MALADIE

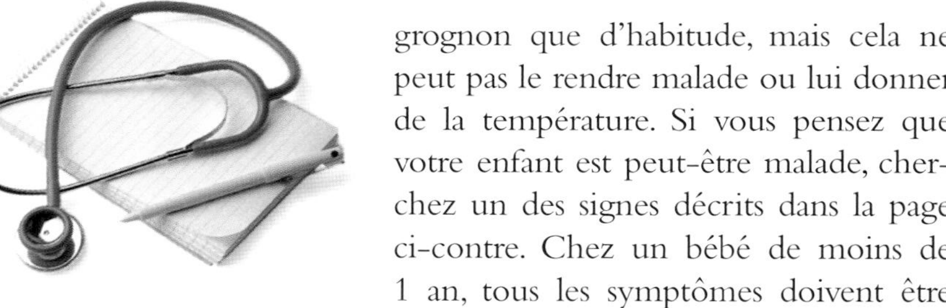

Même si votre enfant ne présente aucun symptôme précis, vous vous rendrez sans doute compte qu'il couve quelque chose. Il peut être pâle et s'accrocher à vous plus que d'habitude. Il peut refuser de s'alimenter, pleurer, pleurnicher, être irritable. Quand les dents de votre bébé percent, ne mettez pas tous les symptômes sur le compte de la percée dentaire. Certes, il peut avoir les gencives douloureuses, baver, être plus grognon que d'habitude, mais cela ne peut pas le rendre malade ou lui donner de la température. Si vous pensez que votre enfant est peut-être malade, cherchez un des signes décrits dans la page ci-contre. Chez un bébé de moins de 1 an, tous les symptômes doivent être pris au sérieux, car une maladie s'installe très vite. Si votre enfant a plus de 1 an, surveillez-le pendant quelques heures pour voir comment évoluent les symptômes.

L'enfant mal en point
Un enfant qui ne se sent pas bien peut ne pas vouloir quitter vos bras et quémander plus d'attention.

QUAND APPELER LE MÉDECIN ?

Si vous pensez avoir trouvé ce qui ne va pas chez l'enfant, reportez-vous aux chapitres correspondant aux troubles observés (p. 200 à 233). Vous saurez ainsi s'il faut voir le médecin et quand. En règle générale, plus l'enfant est jeune, plus vite il doit être examiné par le médecin. Si vous ne savez que faire, téléphonez au médecin ou au service Info-Santé de votre CLSC et décrivez-lui les signes que présente l'enfant, en précisant bien son âge. Le médecin ou l'infirmière vous dira ce qu'il faut faire et saura si l'enfant a besoin de soins médicaux.

Estimation du degré d'urgence

Aux symptômes décrits dans ce livre correspond chaque fois qu'il est nécessaire le recours à une autorité médicale. Voici comment interpréter nos indications :

* **Appelez les secours d'urgence** : la vie de l'enfant est en jeu. Appelez le 911 ou une ambulance ou emmenez-le à l'hôpital le plus proche.
* **Consultez le médecin immédiatement** : votre enfant doit être soigné tout de suite. Appelez le 911 ou emmenez-le à l'hôpital le plus proche.
* **Consultez le médecin** : l'enfant doit être examiné dans les 24 heures ou les prochains jours.
* **Appelez le service Info-Santé** : vous pouvez joindre une infirmière au CLSC de votre secteur. Celle-ci peut faire une évaluation téléphonique.

SYMPTÔMES

Les symptômes de maladie les plus précoces chez l'enfant :
* l'élévation de la température (38 °C ou davantage) ;
* les pleurs et l'irritabilité ;
* les vomissements ou la diarrhée ;
* le refus de boire ou de s'alimenter ;
* le mal de gorge, une rougeur de la gorge ;
* une éruption ;
* une enflure des ganglions du cou ou des glandes situées derrière l'angle de la mâchoire.

SIGNES D'URGENCE

Appelez les secours d'urgence si l'enfant :
* respire bruyamment, vite, ou avec difficulté ;
* a une crise convulsive ;
* perd connaissance après une chute ;
* souffre beaucoup en permanence ;
* a de la fièvre, est anormalement agité ou au contraire somnolent ;
* présente une éruption de taches rouge sombre ou ne s'effaçant pas à la pression du doigt (pétéchies).

RECHERCHE DES SYMPTÔMES

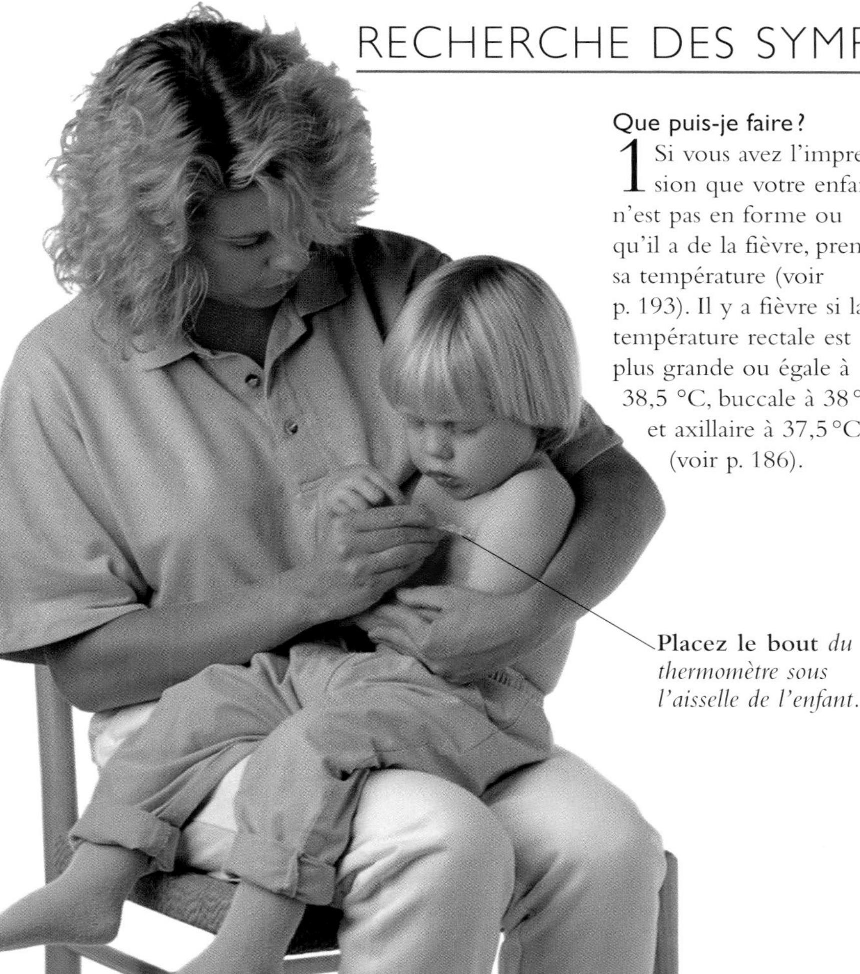

Que puis-je faire ?

1 Si vous avez l'impression que votre enfant n'est pas en forme ou qu'il a de la fièvre, prenez sa température (voir p. 193). Il y a fièvre si la température rectale est plus grande ou égale à 38,5 °C, buccale à 38 °C et axillaire à 37,5 °C (voir p. 186).

Placez le bout *du thermomètre sous l'aisselle de l'enfant.*

2 Examinez la gorge de l'enfant pour voir si elle est enflammée ou infectée, mais n'essayez pas d'examiner la gorge d'un bébé de moins de 1 an. Placez l'enfant en pleine lumière et faites-lui ouvrir la bouche. S'il est assez grand pour comprendre, dites-lui de faire « Aah » pour dégager le fond de sa gorge. Si la gorge vous paraît rouge ou si vous voyez des taches blanchâtres, il a une amygdalite (voir Infections de la gorge, p. 214).

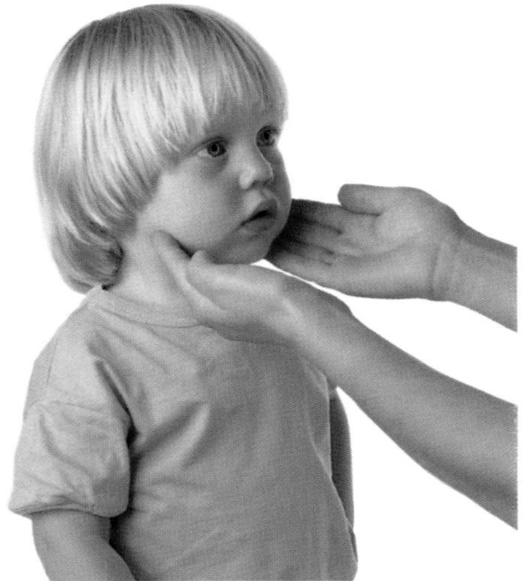

3 Palpez doucement le long des mâchoires et des deux côtés de la nuque. Si vous sentez de petites grosseurs sous la peau ou si ces régions sont enflées et sensibles, votre enfant a une inflammation ganglionnaire, signe fréquent de maladie.

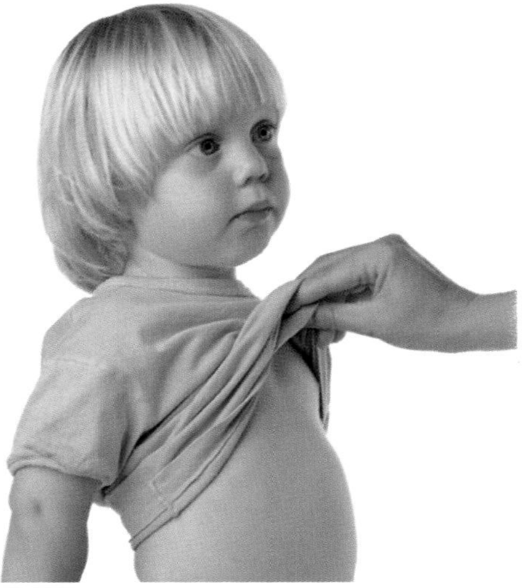

4 Cherchez une éruption, surtout sur le thorax ou derrière les oreilles ; c'est souvent là qu'elles apparaissent. Si l'éruption s'accompagne de fièvre, l'enfant a peut-être une maladie infectieuse banale de l'enfance (voir p. 203-205).

Q&R

« Mon enfant souffre-t-il ? »

Quand un bébé ou un petit enfant pleure ou se plaint d'avoir mal, il peut être difficile de localiser la douleur et son intensité réelle. Comme une douleur intense modifie son comportement, en surveillant votre enfant vous pourrez estimer son degré de souffrance. La douleur le fait-elle crier ? L'empêche-t-elle de dormir, de s'alimenter, de jouer ? Ses traits sont-ils tirés ? Son teint change-t-il ? Souffre-t-il même s'il ne vous le dit pas ? Dans le cas contraire, la douleur n'est pas très grave. Sauf pour les maux d'oreille (voir p. 211-212), ne lui administrez aucun médicament analgésique sans demander conseil au médecin, car la douleur est un signe diagnostique important.

EXAMEN CLINIQUE

Le médecin vous demandera quels symptômes présente l'enfant, et depuis combien de temps, puis il l'examinera. Si l'enfant est assez grand pour comprendre, expliquez-lui ce qui va se passer chez le médecin. Si ce dernier soupçonne certaines maladies, il désirera peut-être effectuer certains examens en plus ou à la place de ceux qui sont décrits ci-après.

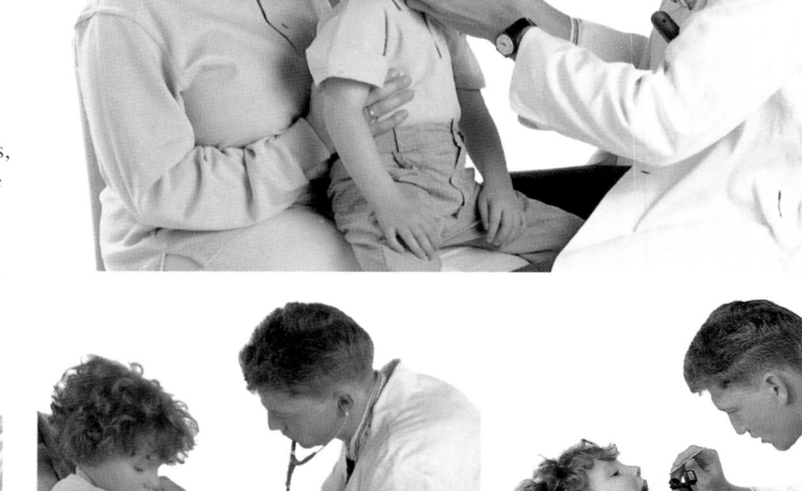

1 Le médecin palpe les ganglions du cou et de la nuque de l'enfant, des aisselles, des aines. Durant une maladie infectieuse, ils peuvent être enflés.

2 Il prend le pouls de l'enfant pour savoir si son cœur bat plus vite que d'habitude : c'est souvent un signe de fièvre. Il peut prendre sa température.

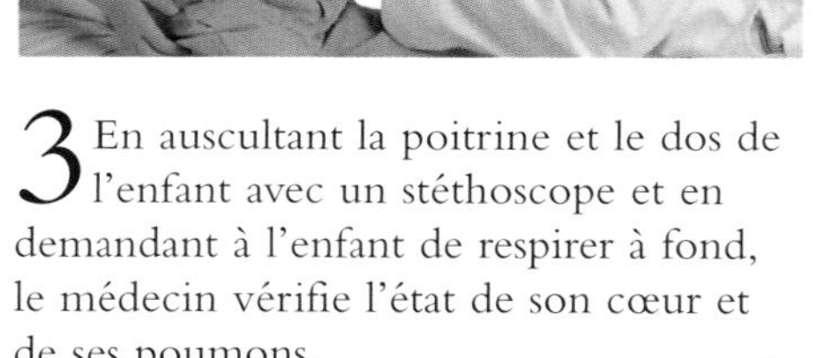

3 En auscultant la poitrine et le dos de l'enfant avec un stéthoscope et en demandant à l'enfant de respirer à fond, le médecin vérifie l'état de son cœur et de ses poumons.

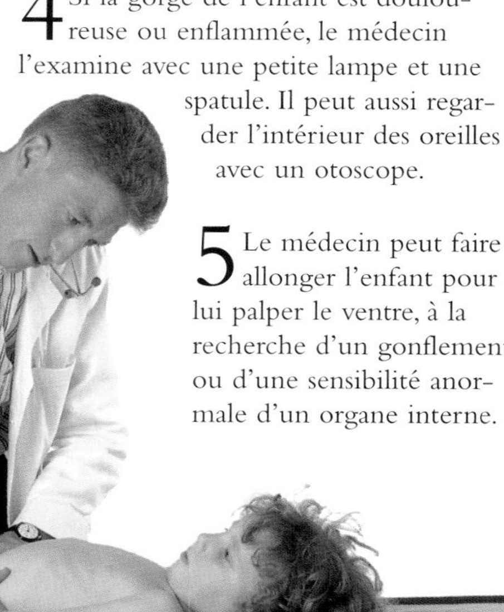

4 Si la gorge de l'enfant est douloureuse ou enflammée, le médecin l'examine avec une petite lampe et une spatule. Il peut aussi regarder l'intérieur des oreilles avec un otoscope.

5 Le médecin peut faire allonger l'enfant pour lui palper le ventre, à la recherche d'un gonflement ou d'une sensibilité anormale d'un organe interne.

QUESTIONS À POSER AU MÉDECIN

N'hésitez pas à interroger le médecin sur tout ce qui vous inquiète :

* la durée éventuelle de la maladie et les symptômes ultérieurs ;
* la contagiosité de l'enfant. Demandez au médecin si vous devez l'isoler, notamment l'éloigner des jeunes bébés ou des femmes enceintes ;
* la façon d'organiser plus confortablement la vie de l'enfant pendant sa maladie.

SÉJOUR À L'HÔPITAL

Un séjour à l'hôpital est toujours source d'angoisse. Si l'enfant est trop jeune pour comprendre pourquoi il est là ou s'il sortira un jour, cela peut être terrifiant pour lui, surtout quand il est, par la même occasion, séparé de ses parents. Lorsqu'on peut expliquer à l'enfant ce qui se passe, c'est plus facile, mais, si votre bébé a moins de 2 ans, il n'y a pas grand-chose à faire : il a avant tout besoin, à cet âge, de votre présence.

S'il a plus de 2 ans, vous pouvez faire de ses jouets préférés vos partenaires : expliquez-lui que son nounours doit aller à l'hôpital pour qu'on lui arrange quelque chose qui ne va pas, que ce n'est pas une punition, que maman et papa resteront avec lui ou viendront le voir le plus souvent possible et que bientôt son nounours rentrera à la maison. Que vos explications soient simples, mais qu'elles restent toujours proches de la vérité.

VISITES

Le personnel hospitalier, qui sait bien à quel point il est important que les parents soient près d'un enfant pour le réconforter et le rassurer, doit faciliter vos visites à n'importe quelle heure. Certains services offrent aux familles une possibilité d'hébergement : renseignez-vous à ce sujet avant l'admission de l'enfant. L'hôpital lui paraîtra moins terrifiant si vous continuez à prendre soin de lui comme à la maison. Demandez aux infirmières si vous pouvez lui donner son bain, ses repas.

Si vous ne pouvez demeurer près de lui, venez le voir le plus souvent possible, avec ses frères et sœurs. Même s'il pleure quand vous le quittez, ne vous imaginez pas qu'il s'adapterait mieux sans vos visites. Il n'en serait que plus anxieux, malheureux et abandonné. Efforcez-vous de rester avec lui, surtout les premiers jours et lorsqu'il doit subir des examens ou des traitements désagréables (piqûres, ablation de points de suture).

VALISE

Pendant son séjour à l'hôpital, votre enfant aura besoin de diverses choses. Marquez tout à son nom, en particulier les jouets.

Biberons et bavoirs

Affaires de toilette

Éponge, débarbouillette, brosse à dents et dentifrice, brosse à cheveux et peigne, serviette.

Robe de chambre

3 pyjamas ou chemises de nuit

Pantoufles

Jouets préférés

INTERVENTION CHIRURGICALE

Si l'enfant est assez grand pour comprendre, vous pouvez lui expliquer à l'avance ce qui va se produire le jour de l'opération. Demandez au chirurgien comment l'anesthésique sera administré et si vous serez autorisée à rester à côté de votre enfant pendant qu'on l'endormira. Essayez d'être là aussi quand il se réveillera après l'opération parce qu'il aura peut-être peur.

1 Prévenez l'enfant qu'il ne pourra ni manger ni boire le jour de l'opération.

2 Dites-lui que pour l'opération il sera vêtu d'une chemise de l'hôpital sur laquelle son nom sera inscrit.

3 Avant de quitter sa chambre, l'enfant recevra une injection qui le rendra somnolent.

4 L'enfant sera transporté en salle d'opération, où il sera très vite endormi.

5 Prévenez votre enfant qu'il vomira peut-être quand il se réveillera.

6 S'il a des points de suture, empêchez-le de se gratter. Les points ne lui feront mal qu'un bref instant quand on les lui enlèvera.

ENFANT FIÉVREUX

La température normale rectale est de 37,5 °C, buccale, de 37 °C, et axillaire, de 36,5 °C. Il y a fièvre si la température rectale est plus grande ou égale à 38,5 °C, buccale à 38 °C et axillaire à 37,5 °C. Quand un enfant est malade, sa température peut grimper très vite, mais une légère élévation de température ne constitue pas un repère fiable de son état de santé, car les bébés et les enfants peuvent être malades tout en présentant une température normale ou inférieure à la normale. De même, certains enfants peuvent être un peu fiévreux sans être malades. Par ailleurs, la température d'un enfant peut monter momentanément au cours d'un jeu physique intense, surtout quand il fait chaud.

Mais si, après une demi-heure de repos, il a toujours plus de 38 °C de température par la méthode rectale, il est possible qu'il soit souffrant et vous devez chercher s'il présente d'autres signes de maladie.

Tâtez le front de l'enfant avec votre joue si vous pensez qu'il a de la fièvre. Si son front vous semble chaud, prenez sa température.

LECTURE DE LA TEMPÉRATURE

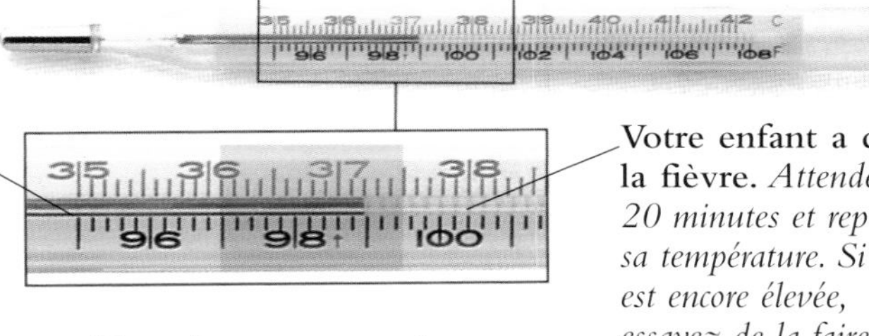

Consultez votre médecin immédiatement : *l'enfant est en danger, sa température est trop basse.*

Température normale

Votre enfant a de la fièvre. *Attendez 20 minutes et reprenez sa température. Si elle est encore élevée, essayez de la faire baisser (voir p. 194).*

SIGNES DE FIÈVRE

L'enfant a peut-être de la fièvre s'il :
- ⋆ se plaint de ne pas se sentir bien ;
- ⋆ est pâle, a froid, frissonne ;
- ⋆ est rouge, si son front paraît brûlant.

CONSULTEZ LE MÉDECIN

- ⋆ Si l'enfant a plus de 38,5 °C rectale, s'il a moins de 3 mois ;
- ⋆ S'il a plus de 40,5 °C rectale, s'il a plus de 3 mois et que la fièvre ne baisse pas ;
- ⋆ S'il a de la fièvre depuis 24 heures s'il a moins de 2 ans.

CHOIX D'UN THERMOMÈTRE

Le choix d'un thermomètre dépend de l'âge de votre enfant, de votre budget et de vos préférences personnelles. Le thermomètre rectal est le plus précis pour les enfants de moins de 2 ans, mais la plupart des parents hésitent à l'utiliser. Demandez conseil à votre médecin. De la naissance à 2 ans, on utilise un thermomètre à mercure pour prendre la température sous l'aisselle. De 2 à 5 ans, on peut aussi prendre la température dans l'oreille, méthode plus précise que l'aisselle. Au-delà de 5 ans, on peut utiliser ces 2 méthodes ou un thermomètre numérique dans la bouche. L'indicateur frontal n'est pas très précis.

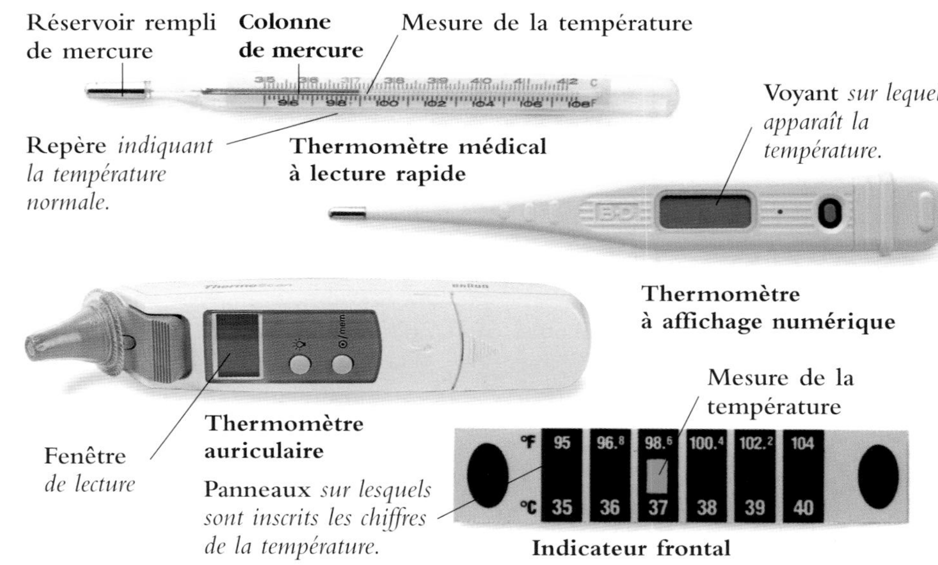

PRENDRE LA TEMPÉRATURE D'UN ENFANT

Quand un enfant est souffrant, il faut prendre sa température au moins 2 fois par jour, matin et soir. La méthode la plus précise et recommandée jusqu'à l'âge de 5 ans consiste à placer le réservoir du thermomètre dans le rectum de l'enfant. Ne glissez jamais un thermomètre à mercure dans la bouche d'un jeune enfant, qui pourrait le mordre et le casser. Le thermomètre à affichage numérique étant incassable, il peut être placé dans la bouche, mais si l'enfant ne le tient pas correctement sous la langue, il vaut mieux le placer dans le rectum. L'indicateur frontal est plus facile à utiliser que le thermomètre à mercure, surtout pour prendre la température d'un jeune enfant, mais le résultat indiqué par la bandelette est moins précis.

TECHNIQUE AXILLAIRE

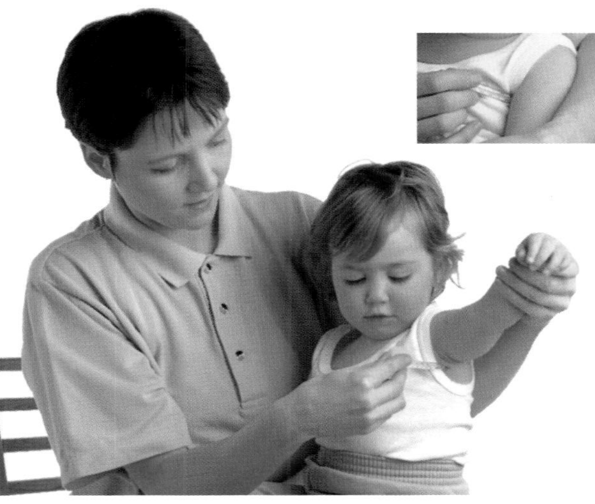

1 Prenez le thermomètre et secouez-le plusieurs fois d'un mouvement sec du poignet pour faire descendre la colonne de mercure. Puis asseyez l'enfant sur vos genoux et soulevez-lui un bras. Placez le bout du thermomètre contre son aisselle.

2 Ramenez le bras de l'enfant sur le thermomètre et croisez-le sur sa poitrine. Attendez le temps recommandé, généralement 7 minutes.

Le chiffre *atteint par le sommet de la colonne de mercure indique la température de l'enfant.*

3 Retirez le thermomètre et tournez-le pour lire la colonne de chiffres. Toute température dépassant 37,5 °C est anormale (la température axillaire étant plus basse que la température rectale).

UTILISER LE THERMOMÈTRE AURICULAIRE

Tenez fermement *le thermomètre en place.*

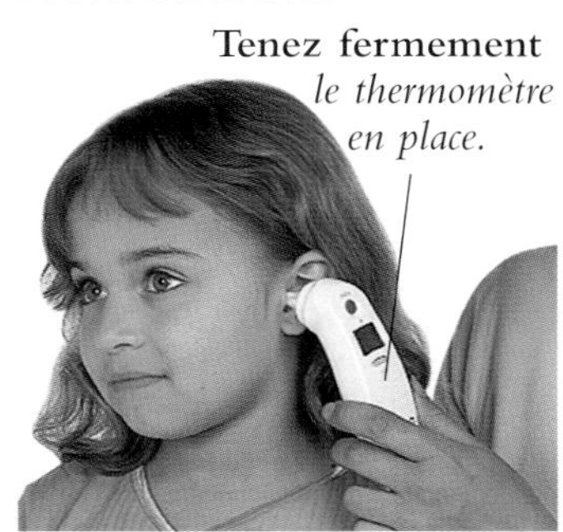

Assurez-vous que l'embout est en place et que le filtre est propre. Introduisez et calez bien le thermomètre dans l'oreille en tirant celle-ci doucement vers l'arrière. Appuyez sur le bouton supérieur du thermomètre pendant une seconde, puis retirez-le et lisez la température.

TECHNIQUE BUCCALE AVEC UN THERMOMÈTRE NUMÉRIQUE

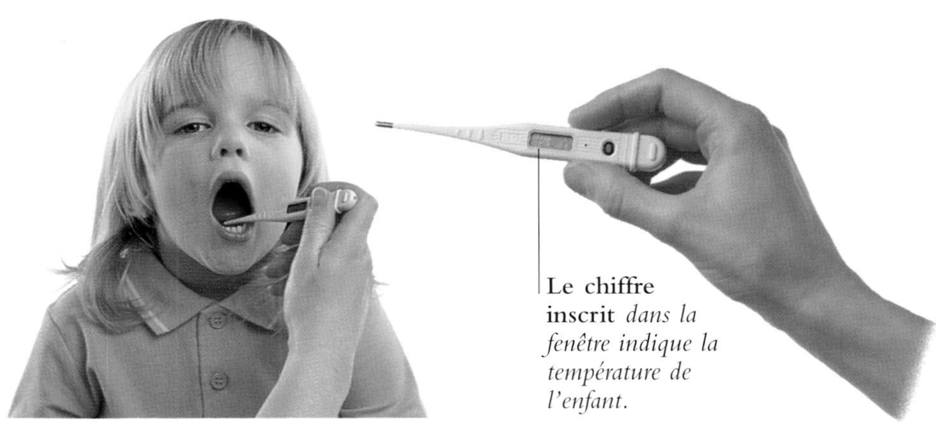

Le chiffre inscrit *dans la fenêtre indique la température de l'enfant.*

1 Mettez le thermomètre en marche et demandez à l'enfant d'ouvrir la bouche. Placez le thermomètre sous sa langue puis dites à l'enfant de refermer la bouche. Attendez 4 minutes.

2 Retirez le thermomètre et lisez le résultat. Tout chiffre dépassant 38 °C indique de la fièvre. Arrêtez le thermomètre, lavez-le à l'eau froide, essuyez-le.

UTILISER UNE BANDE INDICATRICE

Tenez la bande indicatrice sur le front de votre enfant pendant 15 secondes. Le rectangle le plus clair indique la température de votre enfant. Toute mesure supérieure à 37,5 °C indique la fièvre.

COMMENT FAIRE BAISSER LA FIÈVRE

ASSUREZ SON CONFORT

Si votre enfant fait de la fièvre, enlevez les couvertures et les vêtements superflus et assurez-vous qu'il prend beaucoup de liquide.

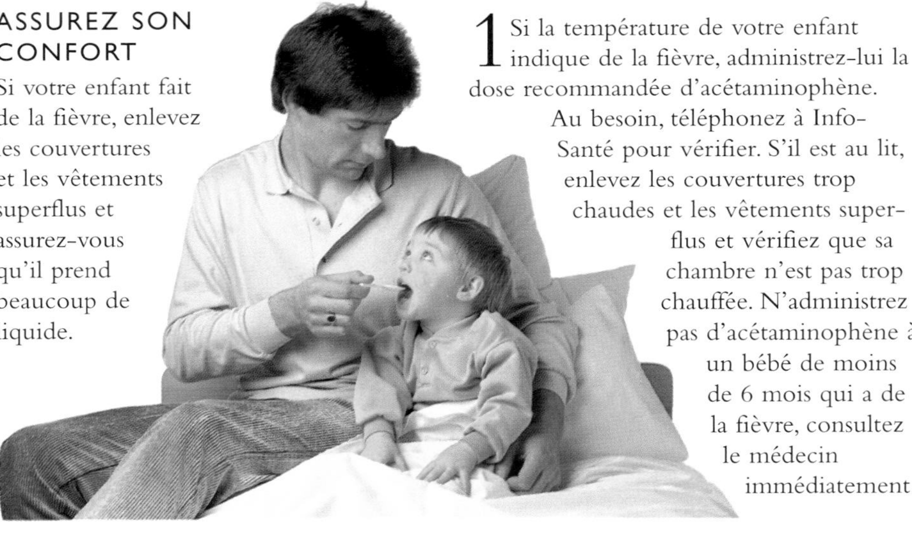

1 Si la température de votre enfant indique de la fièvre, administrez-lui la dose recommandée d'acétaminophène. Au besoin, téléphonez à Info-Santé pour vérifier. S'il est au lit, enlevez les couvertures trop chaudes et les vêtements superflus et vérifiez que sa chambre n'est pas trop chauffée. N'administrez pas d'acétaminophène à un bébé de moins de 6 mois qui a de la fièvre, consultez le médecin immédiatement.

2 Votre enfant transpirera quand sa fièvre tombera : donnez-lui à boire pour le réhydrater. Changez sa literie et son pyjama dès que la fièvre est tombée pour qu'il se sente plus à l'aise.

POUR SON CONFORT

Changez les draps et le pyjama de votre enfant lorsque sa température aura baissé pour améliorer son confort.

1 Retirez les couvertures du lit et le haut du pyjama de l'enfant. Pour qu'il ne tremble pas, couvrez-le d'une serviette, moins lourde qu'un drap.

2 Épongez délicatement le visage, le cou et les bras de votre enfant. Laissez la peau sécher à l'air. Continuez pendant environ une demi-heure, puis reprenez sa température. Si elle est toujours supérieure à 39 °C, **téléphonez sans délai à Info-Santé.**

CONVULSIONS FÉBRILES

Une brusque élévation de température peut, chez certains enfants, déclencher des convulsions fébriles. Ils perdent connaissance, se raidissent, puis tout leur corps s'agite de façon incontrôlable.

Que puis-je faire ?

Allongez l'enfant par terre et restez-là sans essayer de l'immobiliser. Consultez le médecin dès la fin de la crise convulsive ou téléphonez au 911.

Puis-je prévenir les convulsions fébriles ?

S'il y a des antécédents de convulsions dans votre famille, efforcez-vous d'abaisser le plus possible la température de l'enfant quand il est malade. Employez la méthode de refroidissement expliquée ci-dessus. Le médecin peut vous recommander de donner de l'acétaminophène à l'enfant au début de toute maladie fébrile pour empêcher la fièvre de grimper.

DÉLIRES FIÉVREUX

Certains enfants délirent dès qu'ils présentent une grosse fièvre. Un enfant qui délire est agité. Il peut même avoir des hallucinations et paraître effrayé. C'est impressionnant à voir, mais l'enfant n'est pas en danger. Restez à côté de lui, réconfortez-le. Quand sa fièvre baissera, il deviendra plus calme et aura l'air d'aller mieux.

MÉDICAMENTS

La plupart des maladies bénignes guérissent avec ou sans traitement. Votre médecin ne prescrira pas forcément un médicament. Toutefois, si un médicament est nécessaire, le médecin vous dira combien de fois par jour et pendant combien de temps votre enfant devra le prendre. Suivez bien les instructions. Consultez votre pharmacien au besoin. Agitez la bouteille avant de verser un médicament liquide et respectez la dose en utilisant la mesurette ou un compte-gouttes. Ne mélangez jamais un médicament à un biberon de lait ou à la boisson du bébé, car il pourrait ne pas les finir. Si votre enfant se débat quand vous voulez lui administrer un médicament ou lui mettre des gouttes dans le nez, les oreilles ou les yeux, demandez à un autre adulte de le tenir pendant que vous le soignez. On peut empêcher un bébé de gigoter en l'enveloppant étroitement dans un châle ou dans une couverture. Si le médecin prescrit des antibiotiques, votre enfant doit suivre le traitement jusqu'au bout, même s'il paraît aller mieux avant que le médicament soit terminé ; sinon, l'infection peut récidiver. Les antibiotiques n'agissent pas sur toutes les maladies : les maladies infectieuses sont causées par des bactéries ou des virus, or les antibiotiques détruisent les bactéries mais pas les virus. Il n'existe donc pas de véritable traitement contre les rhumes, la rougeole, les oreillons, la varicelle, et ces maladies doivent simplement suivre leur cours.

ADMINISTRATION DES MÉDICAMENTS AUX BÉBÉS

Pour donner un médicament à votre bébé, mettez-lui un bavoir et gardez des serviettes en papier à portée de la main. Lavez bien vos mains et tout le matériel que vous utiliserez. S'il ne tient pas encore assis, installez-le comme si vous lui donniez une tétée. S'il se tient assis, installez-le sur vos genoux, un de ses bras coincé dans votre dos et tenez l'autre pour l'empêcher de bouger.

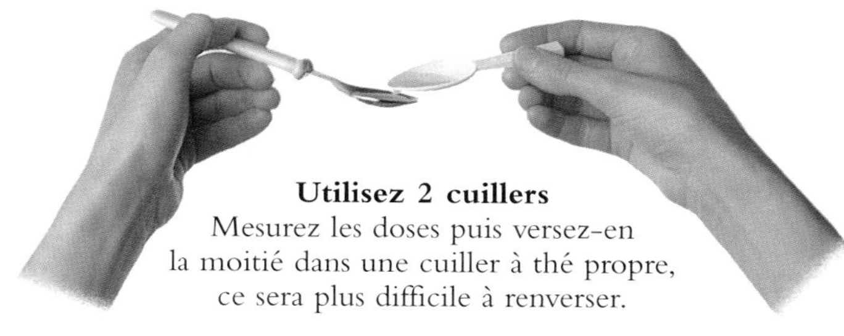

Utilisez 2 cuillers
Mesurez les doses puis versez-en la moitié dans une cuiller à thé propre, ce sera plus difficile à renverser.

À LA CUILLER

Mesurez la dose exacte puis versez-en la moitié dans une seconde cuiller (voir ci-dessus). Posez les cuillers à portée de main. Prenez le bébé. Tenez-le de façon qu'il ne puisse pas se débattre. Prenez une cuiller, placez-la sur la lèvre inférieure du bébé et laissez-le sucer le médicament. Faites de même avec l'autre demi-cuillerée.

AU COMPTE-GOUTTES

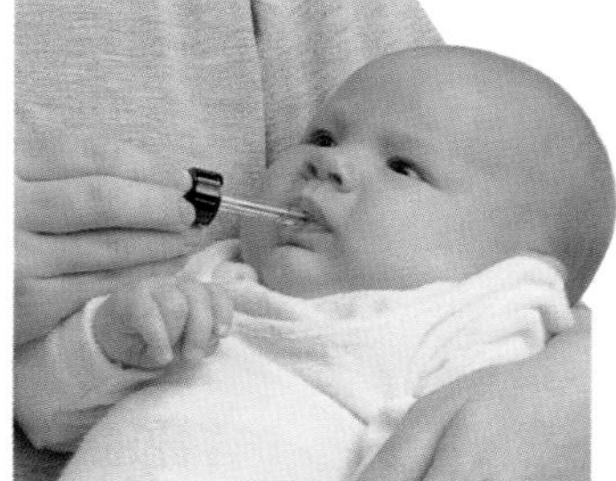

Mesurez la dose puis aspirez-en un peu dans le compte-gouttes. Mettez l'embout dans la bouche du bébé et appuyez sur la poire pour vider le compte-gouttes dans sa bouche en direction de la joue jusqu'à ce qu'il ait pris toute la dose. N'utilisez pas de compte-gouttes en verre si le bébé a des dents.

À LA PIPETTE VERSEUSE

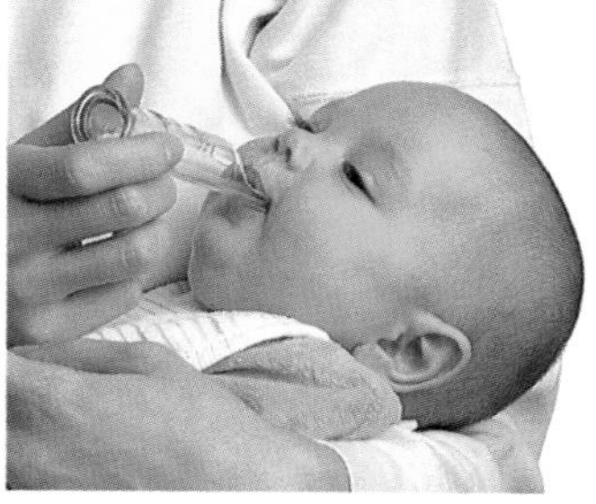

Mesurez la dose voulue, et versez-la dans la pipette verseuse, puis prenez le bébé et placez l'embout buccal sur sa lèvre inférieure. Inclinez légèrement le tube pour faire couler le médicament dans sa bouche, mais agissez délicatement, sinon le médicament s'écoulerait trop rapidement.

DU BOUT DU DOIGT

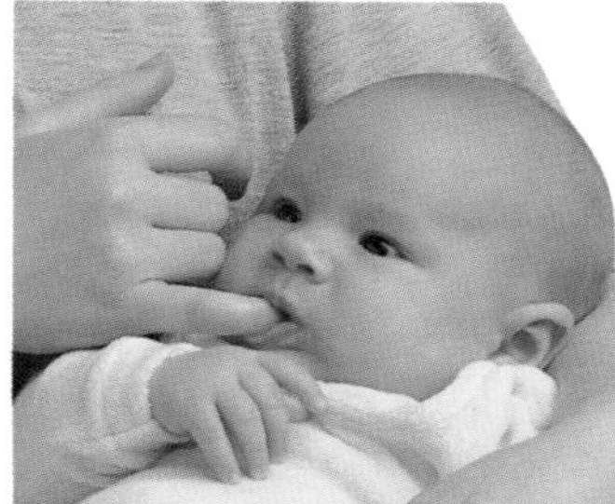

Si votre bébé refuse de prendre son médicament, faites-le-lui sucer sur votre doigt. Mesurez la dose avec une mesurette, puis prenez le bébé en laissant la mesurette à portée de main. Plongez dedans l'extrémité du doigt et faites-le sucer par le bébé. Continuez jusqu'à ce que la mesurette soit vide.

ADMINISTRATION DES MÉDICAMENTS

La plupart des médicaments infantiles ont un goût agréable, mais si votre enfant en déteste le goût, voici quelques moyens de vous faciliter les choses.

★ Préparez la boisson préférée de l'enfant pour faire passer le goût et marchandez : promettez une petite récompense.

★ Dites à l'enfant de se pincer le nez pour ne pas sentir le goût, mais ne le faites pas de force à sa place.

★ Si l'enfant est assez grand pour comprendre, expliquez-lui pourquoi il faut se soigner. S'il sait que c'est pour son bien, il prendra son médicament d'autant plus volontiers.

★ Si vous ne réussissez pas à le lui administrer, demandez à votre médecin si le même produit existe sous une autre forme, ou avec un goût différent.

Donner un médicament
Si l'enfant déteste le goût du médicament, placez-le sur l'arrière de la langue où les bourgeons du goût sont moins nombreux.

MÉDICAMENTS ET SÉCURITÉ

Gardez tous les médicaments conditionnés dans leurs emballages, hors d'atteinte et dans une armoire fermée.

★ Achetez des médicaments qui ont des bouchons de sécurité.

★ Ne racontez pas à votre enfant que son médicament liquide est une boisson sucrée ou que ses comprimés sont des bonbons.

Médicaments et carie dentaire

Lavez les dents de l'enfant après lui avoir donné son médicament, car beaucoup de produits infantiles contiennent du sucre. Si le traitement est de longue durée, demandez à votre médecin s'il existe un produit analogue non sucré.

ATTENTION

Ne donnez pas d'aspirine (AAS) à votre enfant. Donnez-lui plutôt de l'acétaminophène. Une maladie rare mais très grave, appelée le syndrome de Reye, a été observée chez des enfants qui avaient pris de l'aspirine. Si, en cours de convalescence, votre enfant vomit brusquement et manifeste une forte fièvre, **appelez Info-Santé.**

METTRE DES GOUTTES DANS LE NEZ

D'UN ENFANT

1 Allongez l'enfant sur un lit, les épaules soutenues par un oreiller ou un coussin et la tête basculée en arrière. Si votre enfant s'agite quand vous commencez à mettre les gouttes, demandez à un autre adulte de lui immobiliser la tête.

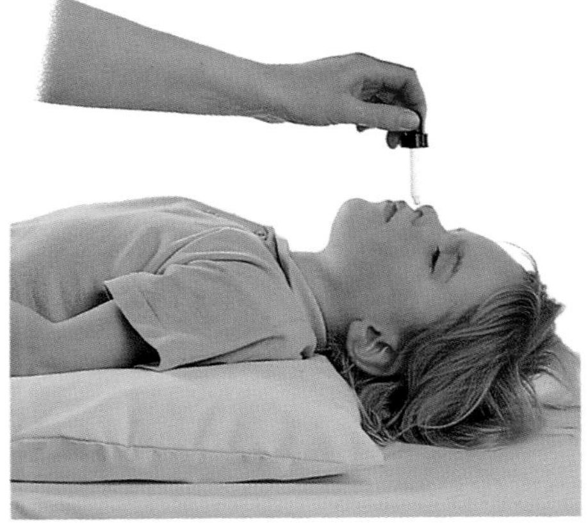

2 Tenez l'extrémité du compte-gouttes au-dessus d'une narine et laissez tomber le nombre de gouttes prescrit. Ne touchez pas le nez avec le compte-gouttes ; sinon, lavez l'instrument avant de vous en servir de nouveau. Ensuite, laissez l'enfant allongé quelques minutes.

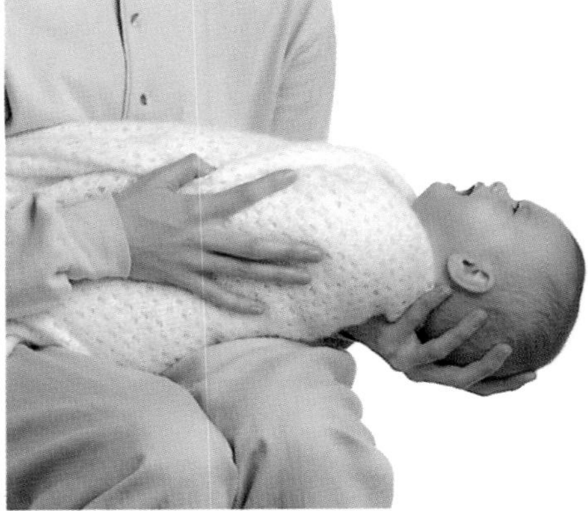

D'UN BÉBÉ

Enveloppez le bébé dans une couverture, et couchez-le sur le dos en travers de vos genoux pour que sa tête bascule en arrière sur votre cuisse. Soutenez sa tête et mettez les gouttes en suivant la même méthode que pour un enfant.

METTRE DES GOUTTES DANS L'OREILLE

D'UN ENFANT

1 Comme la plupart des enfants trouvent les gouttes trop froides, demandez au pharmacien si vous pouvez les tiédir (certains médicaments ne supportent pas d'être réchauffés). Placez le flacon dans un bol d'eau chaude (mais pas brûlante) pendant quelques minutes puis contrôlez la température sur l'intérieur de votre poignet.

2 Demandez à l'enfant de se coucher sur l'oreille saine (au besoin, immobilisez-lui la tête en l'entourant de votre bras) et laissez tomber le nombre prescrit de gouttes dans l'oreille malade. Laissez ensuite l'enfant allongé un moment.

D'UN BÉBÉ

Couchez le bébé sur le côté en travers de vos genoux, l'oreille malade vers le haut. D'une main, soutenez sa tête et mettez-lui les gouttes en suivant la même méthode que pour un enfant plus âgé.

METTRE DES GOUTTES DANS L'ŒIL

D'UN ENFANT

Tenez la tête *de l'enfant et tirez doucement la paupière inférieure avec le pouce.*

1 Lavez l'œil malade (paupière fermée) avec un morceau de coton imbibé d'eau bouillie tiède du coin intérieur vers l'extérieur, puis demandez à l'enfant de se coucher sur le dos en travers de vos genoux. Immobilisez-lui la tête en l'entourant de votre bras, la paume appliquée sur sa joue, et inclinez-lui légèrement la tête pour que l'œil malade soit plus bas que l'autre. Avec le pouce, tirez la paupière inférieure vers le bas.

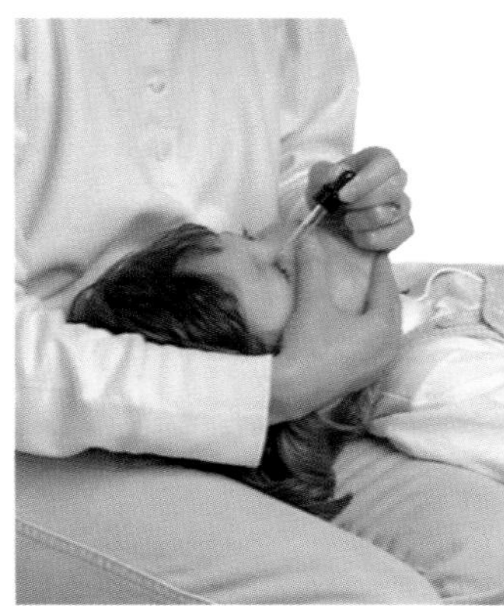

2 Tenez le compte-gouttes au-dessus du creux formé entre la paupière et le globe oculaire en l'inclinant de façon qu'il se trouve hors du champ visuel de l'enfant. Si nécessaire, demandez à quelqu'un de lui maintenir la tête. Laissez tomber le nombre de gouttes prescrit en ne touchant ni la paupière ni l'œil.

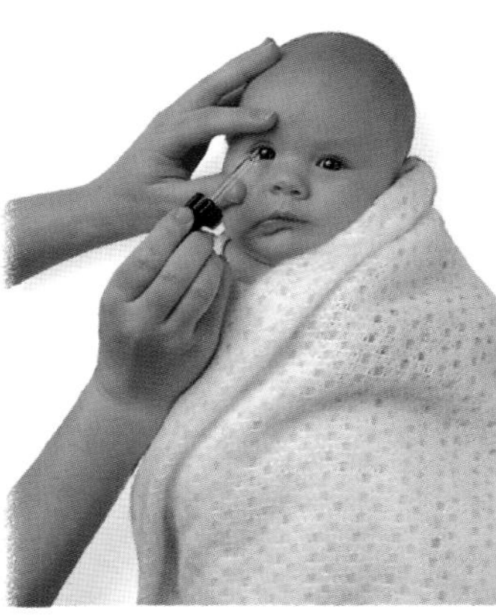

D'UN BÉBÉ

Choisissez un moment où le bébé est détendu. Couchez-le sur une surface dure ou en travers de vos genoux. Tenez-lui les yeux ouverts. Puis mettez les gouttes.

POMMADES OCULAIRES

Après vous être lavé les mains, mettez sur un doigt un peu de pommade et déposez-la dans le coin externe de l'œil.

SOINS À L'ENFANT MALADE

Un enfant malade est souvent grognon. Il s'ennuie, il exige beaucoup d'attention. La plupart des enfants, quand ils sont malades, se conduisent comme des bébés, et tous ont besoin d'être rassurés et câlinés plus que de coutume. Gardez votre bébé près de vous pendant la journée, dans son landau ou son panier pour pouvoir le surveiller. Faites un lit à un enfant plus grand dans la salle de séjour, près de vous. La nuit, si l'enfant est très malade, dormez dans sa chambre de façon à être là en cas de besoin. Si possible, laissez votre conjoint vous remplacer de temps en temps, et prenez quelques nuits de repos complet. Les enfants malades vomissent facilement; gardez une cuvette à portée de la main. Un vomissement isolé est rarement un symptôme sérieux; bien qu'il soit un signe fréquent de maladie, il arrive qu'il ne soit dû qu'à l'excitation ou à une perturbation émotionnelle. Des vomissements répétés ou continuels peuvent être graves et provoquer une déshydratation; voyez à la page 222 les cas où il faut consulter le médecin et les moyens d'éviter la déshydratation.

HYDRATATION ET ALIMENTATION

Malade, votre enfant va sans doute manquer d'appétit. Comme il remue moins, il dépense moins d'énergie. Ne vous inquiétez pas s'il ne mange pas beaucoup pendant quelques jours.

Permettez-lui de choisir ce qu'il préfère et proposez-lui sa nourriture en petites portions et sous une forme tentante. Laissez-le libre de manger la quantité qu'il veut: quand il ira mieux, son appétit reviendra.

Il faut nourrir les bébés plus souvent que d'habitude, mais ils prennent très peu à chaque tétée. Soyez patiente: votre bébé a besoin de se sentir blotti tout contre vous en tétant.

Quand un enfant est malade, il est plus important de le faire boire que de l'alimenter. Il est important de surveiller les signes de déshydratation suivants: mictions peu fréquentes et plus foncées, sécheresse de la bouche, somnolence, yeux cernés et fontanelle du nourrisson déprimée, surtout s'il a vomi, a de la fièvre ou de la diarrhée.

Comment donner à boire à un jeune enfant?
Laissez-le choisir ce qu'il veut boire: peu importe que ce soit un jus de fruits, du lait ou de l'eau.

ENCOURAGEZ L'ENFANT À BOIRE

Si vous avez du mal à convaincre votre enfant de boire suffisamment, préparez-lui des boissons tentantes. Par contre, un enfant qui n'est pas déshydraté peut refuser de boire.

Petits récipients
Proposez des petites quantités à la fois, dans une dînette de poupée, dans un coquetier.

Pailles
Une boisson est plus attirante quand l'enfant peut la boire avec une paille.

Tasses inversables
Proposez la boisson dans une tasse inversable ou, selon l'âge de l'enfant, dans un biberon.

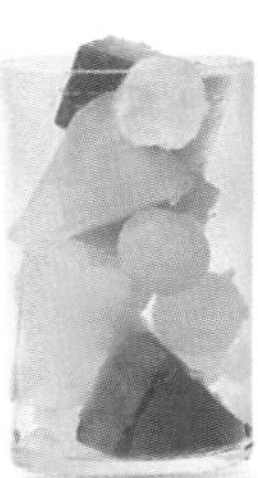

Glaçons
À partir de 3 ans, congelez les jus de fruits dans des moules à glaçons pour lui donner à sucer.

Bâtonnets glacés
Les sorbets à l'eau sont souvent très appréciés. Évitez les colorants artificiels.

NAUSÉES ET VOMISSEMENTS

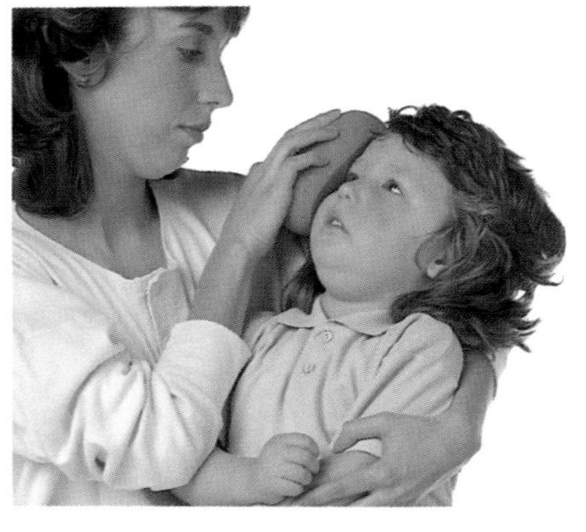

1 Soutenez l'enfant pendant qu'il vomit. N'hésitez pas à lui parler ; rassurez-le, réconfortez-le. Préparez une cuvette à côté de lui. Soutenez-lui le front d'une main et placez l'autre main sur son estomac, sous sa cage thoracique.

2 Quand il a fini de vomir, parlez-lui encore pour le rassurer. Essuyez-lui le visage et nettoyez le tour de sa bouche. Donnez-lui ensuite quelques gorgées d'eau pour se rincer la bouche ou aidez-le à se laver les dents pour se débarrasser du mauvais goût.

3 Laissez-le se reposer au calme. Videz, rincez la cuvette et remettez-la près de lui. S'il vomit 1 ou 2 fois, donnez-lui de l'eau tiède bouillie 5 minutes. Si c'est bien toléré, poursuivez son alimentation selon son appétit. S'il vomit souvent, il souffre peut-être d'une gastro-entérite (voir p. 222).

CONFORT ET DISTRACTIONS

ENFANT ALITÉ

Vous n'avez pas besoin de forcer un enfant à garder le lit : s'il se sent malade, il voudra rester couché. Mais s'il veut se lever, il faut qu'il ait chaud et qu'il n'y ait pas de courant d'air dans la pièce dans laquelle il joue. Cependant, un enfant malade peut avoir envie de s'allonger et de dormir dans la journée, même si ce n'est pas l'heure de sa sieste. S'il ne veut pas rester seul, laissez-le se pelotonner sous une couette sur le canapé de la salle de séjour, ou installez-lui un lit dans la pièce où vous vous trouvez (un lit de camp est idéal) pour qu'il se sente en famille et ne souffre pas d'être isolé.

DISTRACTIONS

Essayez d'occuper l'enfant pour qu'il ne s'ennuie pas, mais n'oubliez pas qu'il va se comporter comme un enfant plus jeune. Il ne peut pas se concentrer longtemps et n'a pas envie de faire quelque chose de trop difficile. Apportez-lui un vieux jouet avec lequel il n'a pas joué depuis longtemps. Si vous lui offrez des jeux pour le distraire, ne vous laissez pas tenter par les jouets avancés pour son âge. Les bébés apprécieront un mobile ou un nouveau hochet. Les enfants malades aiment les activités calmes : jeux de construction, livres en tissu, casse-tête simples, dessins aux crayons de couleurs ou feutres, kaléidoscope, pâte à modeler… Protégez le lit avec une serviette si l'enfant s'amuse avec un jeu salissant.

Jeux au lit
Si l'enfant se sent mieux dans son lit mais veut s'asseoir, adossez-le à plusieurs oreillers. Faites-lui une table de malade en plaçant un grand plateau ou une planche sur deux piles de livres.

RHUMES ET ÉTATS GRIPPAUX

Tous les enfants attrapent des rhumes et présentent des épisodes grippaux. Dès qu'un enfant fréquente ses petits camarades, il risque d'attraper un rhume après l'autre. Ces affections sont causées par des virus ; plus l'enfant grandit, plus sa résistance à de nombreux virus se multiplie.

SIGNES D'URGENCE

Appelez les secours d'urgence si vous remarquez une éruption de taches rouge sombre ou ne s'effaçant pas à la pression du doigt (pétéchies), ou si l'enfant semble avoir beaucoup de difficultés à respirer.

Moucher un enfant
Si son nez coule constamment, c'est presque impossible d'empêcher la peau au-dessous de s'irriter. Utilisez des mouchoirs de papier très doux, tapotez la région et étendez de la crème pendant qu'il dort.

CONSULTEZ LE MÉDECIN

Consultez le médecin dès que possible si votre enfant paraît mal en point ou mal à l'aise, ou présente un des signes suivants :

- ★ température rectale au-dessus de 38,5 °C (voir p. 192) ;
- ★ respiration sifflante, rapide ou difficile ;
- ★ mal d'oreille ;
- ★ mal de gorge avec déglutition douloureuse ;
- ★ toux intense ;
- ★ aucune amélioration au bout de 3 jours ;
- ★ écoulement nasal jaune verdâtre.

RHUMES

Qu'est-ce que c'est ?

Le rhume est peut-être la plus fréquente de toutes les maladies. C'est une infection qui cause une irritation du nez et de la gorge. Un enfant n'a pas un rhume parce qu'il a « attrapé froid » en sortant sans anorak ou en ayant les pieds mouillés. Bien que ce ne soit pas une maladie grave, un rhume doit être pris plus au sérieux chez le bébé et l'enfant que chez l'adulte à cause des surinfections possibles de l'appareil respiratoire ou des oreilles. Si une éruption est associée à ces signes de rhume, consultez votre médecin pour en déterminer la cause.

SYMPTÔMES

- ★ Nez qui coule ou nez bouché et éternuements.
- ★ Légère élévation de la température.
- ★ Mal à la gorge.
- ★ Toux légère à modérée.

Que puis-je faire ?

1 Prenez la température de l'enfant (voir p. 193) et, au besoin, faites baisser la fièvre (voir p. 194). Donnez-lui beaucoup à boire, mais ne le forcez pas à manger. Un boire avant le coucher peut soulager la congestion nasale pour la nuit.

GOUTTES NASALES

Ne les utilisez que si le médecin les a prescrites. Ne les donnez pas plus de 3 jours d'affilée. L'usage abusif de ces médicaments peut entraîner l'augmentation de la production de mucus, qui bloquera encore davantage le nez de votre enfant.

Que pourra faire le médecin ?

Si votre bébé a du mal à téter à cause de son nez bouché, le médecin peut prescrire des gouttes nasales (Salinex) à lui administrer juste avant la tétée. (Recette maison : 1/2 cuiller à thé de sel dans 250 ml d'eau bouillie refroidie.)

SINUSITE

Les sinus sont des cavités remplies d'air dans les os du visage. Parce qu'ils sont situés à l'extrémité de la paroi nasale, ils s'infectent plus facilement après un rhume. Cette infection, appelée sinusite, ressemble à un rhume persistant accompagné de congestion nasale, de toux et de mauvaise haleine. Les enfants de moins de 3 ans ne peuvent souffrir de sinusite.

GRIPPES

Qu'est-ce que c'est?

La grippe (ou influenza) est une maladie très contagieuse causée par des centaines de virus différents. Elle survient par épidémies tous les 2 ou 3 ans, quand apparaît une nouvelle souche de virus contre laquelle les gens n'ont pas développé d'immunité. Si votre enfant a attrapé la grippe, les symptômes vont apparaître 1 à 3 jours plus tard, et il sera malade pendant plus de 7 jours. Il peut se sentir assez malade pour vouloir rester au lit la plupart du temps et, une fois la fièvre tombée, il peut se sentir faible pendant plusieurs jours. Certains enfants, après une grippe, ont une surinfection de l'appareil respiratoire, comme une bronchite ou une pneumonie (voir p. 218-219).

SYMPTÔMES

- ★ Température élevée.
- ★ Mal de tête important.
- ★ Douleur dans tout le corps.
- ★ Sensation de froid.
- ★ Nez qui coule parfois ou bouché.
- ★ Toux forte, mal de gorge.
- ★ Fatigue, faiblesse.

Que puis-je faire?

Prenez la température de l'enfant (voir p. 193) et faites baisser la fièvre (voir p. 194). Donnez-lui beaucoup à boire, surtout s'il a de la fièvre.

Q&R

«Dois-je faire vacciner mon bébé contre la grippe?»

Il est conseillé de faire vacciner votre enfant, même en bonne santé; parlez-en à votre médecin. Le vaccin protège de la maladie pendant environ un an. Le vaccin contre la grippe est particulièrement recommandé pour les enfants ayant des problèmes de santé tels que cardiopathie, insuffisance rénale ou pulmonaire. Les souches de virus se modifiant, le vaccin doit être renouvelé tous les 2 à 3 ans.

2 Mettez une crème de protection, un gel hydratant à base d'eau ou de gelée de pétrole (vaseline) sous le nez de l'enfant et autour des narines afin de prévenir l'assèchement et les fissures, ou si la région est rouge et irritée par le mucus ou les essuyages fréquents.

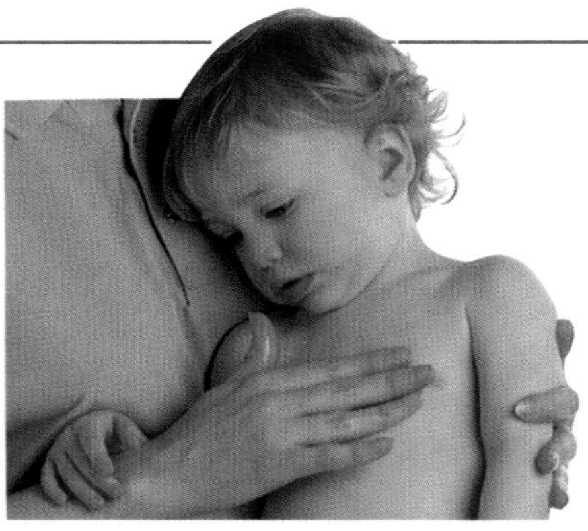

3 Si votre enfant a un rhume, assoyez-le sur vos genoux pour soulager sa toux et l'apaiser avant de le mettre au lit.

4 Si votre bébé a un rhume, il respirera plus facilement si vous rehaussez la tête de son matelas. Pour ce faire, glissez un petit oreiller ou une serviette pliée sous le matelas pour que sa tête et son thorax soient légèrement surélevés.

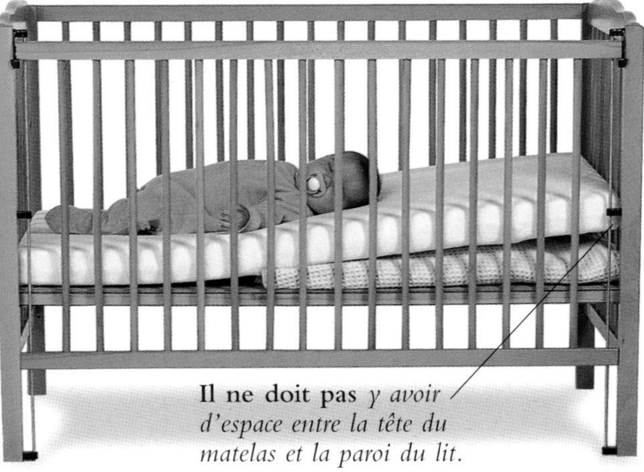

Il ne doit pas *y avoir d'espace entre la tête du matelas et la paroi du lit.*

5 Assurez-vous que l'atmosphère n'est pas desséchée, car la respiration d'un air sec peut être désagréable. Installez un humidificateur pour accroître l'humidité de l'air.

VACCINATIONS

Quand le bébé atteint 2 mois, vous pouvez commencer à le faire immuniser contre la plupart des maladies infectieuses graves. Les vaccins déclenchent dans l'organisme la formation d'anticorps, cellules dont la particularité est d'assurer la protection de l'enfant contre la maladie en question. Voici donc, ci-dessous, le calendrier de vaccinations recommandé pour que votre enfant ait une protection efficace.

Pourquoi vacciner mon bébé ?

La vaccination protège les enfants contre les maladies graves : polio, rougeole, oreillons, rubéole, coqueluche, diphtérie, tétanos, influenza de type B et hépatite B. Il existe aussi des vaccins contre la varicelle, la pneumonie à streptocoques (avec infection de l'oreille et méningite) et les méningocoques. En vaccinant votre enfant, vous le protégez et vous contribuez à l'éradication de la maladie. Demandez conseil à votre médecin.

CALENDRIER DES VACCINATIONS		
Âge	**Maladies**	**Vaccin**
2, 4, 6 mois	Diphtérie Tétanos Coqueluche Poliomyélite Haemophilus influenza	PENTACEL
12 mois	Rougeole Rubéole Oreillons	RRO
18 mois	Diphtérie Tétanos Coqueluche Poliomyélite Haemophilus influenza	PENTACEL
18 mois	Rougeole Rubéole Oreillons	RRO
4 à 6 ans	Diphtérie Coqueluche Tétanos Poliomyélite	QUADRACEL
4e année du primaire	Hépatite B	HÉPATITE B
14 à 16 ans	Diphtérie Tétanos	D_2T_6-POLIO

Quels sont les risques ?

La vaccination est sans danger, mais elle peut donner quelques effets secondaires : discutez-en avec votre médecin. Il est important de ne pas administrer de médicament contre la fièvre avant la vaccination.

Quels sont les effets secondaires ?

Un bébé peut avoir un peu de fièvre ; surveillez sa température pendant 48 heures et, si elle monte, donnez à l'enfant de l'acétaminophène (voir p. 194).

À l'endroit de la piqûre, une rougeur et une petite induration douloureuse peuvent se produire. Elles se résorberont en quelques jours et n'ont rien d'inquiétant. Le vaccin contre la rougeole peut déclencher une éruption et de la fièvre entre le 5e et le 12e jour après la vaccination, et le vaccin contre les oreillons peut, 3 semaines plus tard, provoquer un léger gonflement du visage. Il est important de suivre les conseils de l'infirmière ou du médecin. Des recommandations vous seront données pour prévenir la fièvre et diminuer la réaction locale. Au besoin, n'hésitez pas à communiquer avec l'infirmière d'Info-Santé de votre CLSC.

Si le bébé pleure de façon inhabituelle, fait plus de 40 °C de température ou a des symptômes inquiétants, **appelez immédiatement le médecin.**

Injection

Tenez bien le bébé pendant la piqûre pour le réconforter et pour qu'il ne bouge pas. Le médecin fait l'injection dans le haut du bras, dans la fesse ou la cuisse.

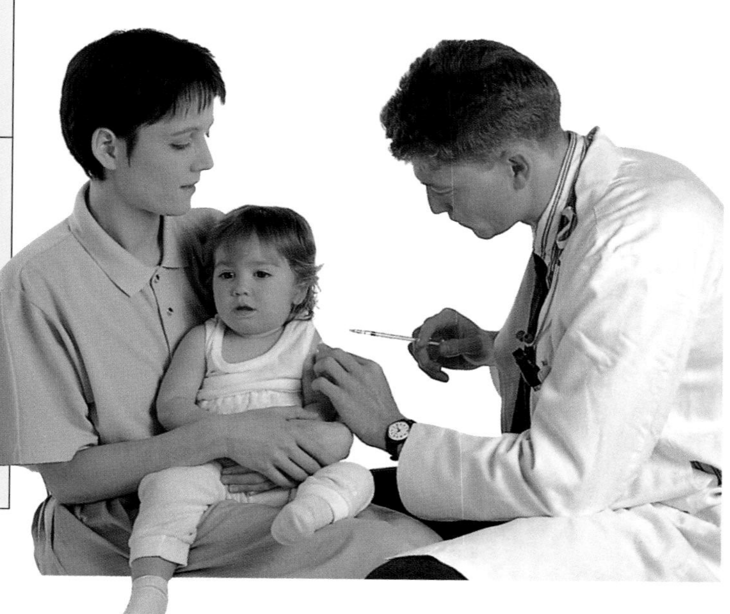

MALADIES INFECTIEUSES

Maintenant que la plupart des enfants sont vaccinés, un grand nombre de maladies infectieuses ont pratiquement disparu. Si votre enfant attrape une maladie infectieuse, il sera probablement immunisé à vie. Comme la plupart de ces maladies sont causées par des virus, il n'existe pas de médicament pour les traiter (voir p. 195), mais la plupart des enfants s'en remettent vite et sans complications s'ils attrapent la maladie malgré la vaccination qui ne protège pas à 100%. Il est recommandé de prévenir les parents des enfants avec lesquels il a été récemment en contact et, dans le cas de la rubéole, il faut le tenir éloigné de toute femme enceinte. Au besoin, communiquez avec l'infirmière d'Info-Santé de votre CLSC.

ATTENTION

Si votre enfant présente une fièvre élevée au cours d'une de ces maladies, **ne lui donnez pas de l'aspirine (AAS),** mais donnez-lui de l'acétaminophène pour enfants ou nourrissons, en suspension orale par exemple.

SIGNES D'URGENCE

Demandez les secours d'urgence si votre enfant, au cours d'une maladie infectieuse, présente les signes suivants :
* somnolence inhabituelle de plus en plus profonde ;
* mal de tête, raideur de la nuque ;
* convulsions ;
* éruption de taches sous-cutanées rouge sombre.

RUBÉOLE

Qu'est-ce que c'est ?

La rubéole est une maladie contagieuse bénigne au cours de laquelle l'enfant peut se sentir tout à fait bien et ne pas vouloir garder le lit. Les signes apparaissent 2 ou 3 semaines après la contamination.

Que puis-je faire ?

1 Prenez la température de l'enfant 2 fois par jour au moins (voir p. 193) et, si nécessaire, faites tomber la fièvre (voir p. 194).

2 Donnez beaucoup à boire à l'enfant, surtout s'il a de la fièvre.

SYMPTÔMES

1er et 2e jours
* Signes de rhume bénin.
* Léger mal de gorge.
* Tuméfaction des ganglions derrière les oreilles, sur les côtés du cou et sur la nuque.

2e ou 3e jour
* Éruption de taches rosées d'abord sur le visage puis s'étendant à tout le corps.
* Légère fièvre.

4e ou 5e jour
* Disparition de l'éruption, amélioration de l'état général.

6e jour
* L'enfant est normal.

La période de contagion est de 7 jours avant et après le début de l'éruption.

CONSULTEZ LE MÉDECIN

Appelez les secours d'urgence si vous observez les signes d'urgence énumérés dans l'encadré ci-dessus. Consultez le médecin dès que possible si vous pensez que l'enfant a la rubéole. Évitez qu'il n'entre en contact avec une femme enceinte.

Que pourra faire le médecin ?

Le médecin confirmera que l'enfant a la rubéole et qu'il n'existe pas de traitement.

Rubéole et grossesse

Tant que l'enfant est contagieux, éloignez-le de toute femme qui n'a pas eu la maladie ou n'a pas été vaccinée et qui pourrait être enceinte. La rubéole est une maladie bénigne, mais elle cause des malformations au fœtus si la mère l'attrape.

ROUGEOLE

Qu'est-ce que c'est ?

La rougeole, une maladie très contagieuse, peut être très grave et entraîne une éruption, de la fièvre et de la toux. Les signes apparaissent 1 ou 2 semaines après la contamination. L'enfant se sent vraiment malade, et il aura sans doute envie de garder le lit tant que sa température sera élevée.

Que puis-je faire ?

1 Efforcez-vous de le soulager. Essayez de faire baisser la température (voir p. 194). Donnez-lui à boire abondamment, surtout s'il a de la fièvre.

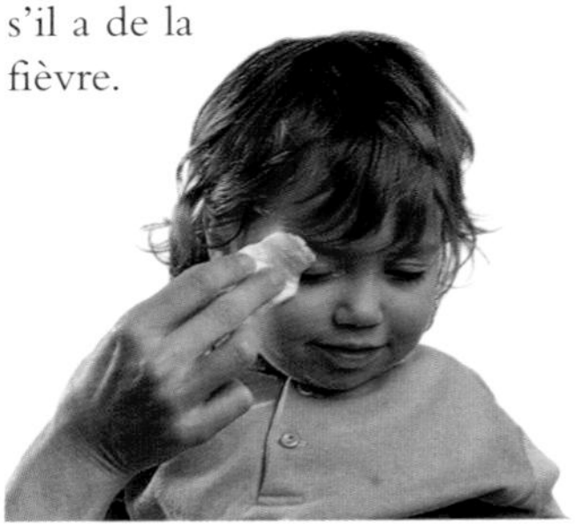

2 Si ses yeux lui font mal, lavez-les avec un morceau de coton trempé dans l'eau froide. La lumière n'est pas nocive, mais laissez sa chambre dans la pénombre s'il le souhaite.

Que pourra faire le médecin ?

Il n'y a aucun traitement médical pour la rougeole, mais le médecin confirmera le diagnostic et surveillera l'enfant jusqu'à ce qu'il soit complètement guéri. Il traitera les éventuelles complications.

SYMPTÔMES

1er et 2e jours

* Écoulement nasal.
* Toux sèche.
* Yeux rougis et douloureux, larmoiement.
* La température grimpe et reste élevée.

3e jour

* Petites taches blanches sur la face interne de la joue.

4e et 5e jours

* Élévation de la température jusqu'à 40 °C.
* Éruption de taches rouge sombre légèrement surélevées, d'abord sur le front et derrière les oreilles, et gagnant peu à peu le reste du visage et du tronc. Après 2 ou 3 jours, les éruptions et les autres symptômes disparaissent.

CONSULTEZ LE MÉDECIN

Appelez les secours d'urgence si l'enfant présente un des signes décrits à la page 203. Consultez le médecin dès que possible si vous pensez que votre enfant a la rougeole. N'hésitez pas à le rappeler si :

* l'enfant ne va pas mieux 3 jours après le début de l'éruption ;
* la température grimpe brusquement ;
* l'état de l'enfant empire après avoir paru s'améliorer ;
* l'enfant a mal à une oreille ;
* la respiration de l'enfant est bruyante ou difficile.

ROSÉOLE

Qu'est-ce que c'est ?

La roséole est une maladie bénigne très fréquente durant la petite enfance. Elle est caractérisée par une fièvre élevée qui dure environ 3 jours, suivie d'une éruption de taches rosées. La plupart des enfants l'ont eue avant d'avoir 2 ans.

SYMPTÔMES

Les symptômes apparaissent de 5 à 15 jours après la contamination.

1er à 4e jour

* Fièvre.
* Rhume léger ou toux.

4e à 8e jour

* Retour à la normale de la température.
* Éruption de taches rosées légèrement enflées sur la tête et le tronc.
* Disparition des rougeurs et des autres symptômes.

Que puis-je faire ?

1 Téléphonez à Info-Santé si la fièvre de votre enfant atteint 39 °C ou plus.

2 Essayez d'abaisser la fièvre pour assurer le confort de votre enfant (voir p. 194). L'acétaminophène pourrait abaisser temporairement sa température.

3 Assurez-vous que votre enfant a beaucoup à boire.

CONSULTEZ LE MÉDECIN

Téléphonez à Info-Santé sans délai si votre enfant développe l'un des signes d'urgence médicale décrits à la page 203.

VARICELLE (PICOTTE)

Qu'est-ce que c'est?

Cette maladie très contagieuse provoque une éruption de vésicules qui démangent intensément. L'enfant peut ne pas se sentir très malade, mais, s'il a beaucoup de boutons, tout son corps peut le démanger. Les symptômes apparaissent 2 ou 3 semaines après la contamination. Le virus de la varicelle peut entraîner le zona chez l'adulte, surtout chez les personnes âgées. On peut attraper la varicelle d'une personne atteinte d'un zona mais par l'inverse.

SYMPTÔMES

1er au 4e jour

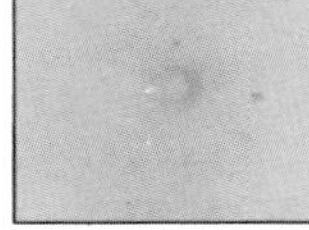

* Floraison de petites vésicules rouges très prurigineuses avec un centre rempli de liquide clair apparaissant par poussées, d'abord sur la poitrine, le ventre, le dos, et, ensuite, sur tout le corps.
* Le liquide des vésicules devient blanchâtre et trouble.
* Légère fièvre.

5e au 9e jour

* Les vésicules éclatent, laissant de petits cratères.
* Des croûtes se forment sur les cratères : elles tomberont en quelques jours.

6e jour

* 6 jours après l'apparition des premières vésicules, l'enfant n'est plus contagieux.

10e jour ou plus tôt

* La peau de l'enfant est redevenue normale.

CONSULTEZ LE MÉDECIN

Appelez le médecin si l'enfant présente un des signes décrits à la page 203. Consultez un médecin le plus tôt possible si vous pensez que votre enfant a la varicelle et n'hésitez pas à le rappeler si :

* des démangeaisons intenses apparaissent ;
* une zone rouge et gonflée se forme autour de certaines vésicules ou si une suppuration se produit ; cela signifie qu'elles sont infectées ;
* l'enfant tousse beaucoup ;
* il est confus ou a de la difficulté à marcher.

Que puis-je faire?

1 Prenez la température de l'enfant (voir p. 193) et, si elle est élevée, faites-la baisser (voir p. 194). Donnez-lui beaucoup à boire, surtout s'il a de la fièvre.

2 Essayez de le dissuader de se gratter, car il risque d'infecter les boutons qui, dans ce cas, laisseront des cicatrices. Coupez-lui les ongles ras et tenez-les très propres pour que les vésicules risquent moins de s'infecter s'il se gratte. Mettez-lui des mitaines.

3 Calmez les démangeaisons. Tamponnez les lésions avec un morceau de coton imbibé d'une lotion à la calamine.

4 Pour soulager la démangeaison, donnez à l'enfant des bains tièdes dans lesquels vous dissoudrez 250 ml de bicarbonate de soude ou moins chez le jeune enfant (3 à 4 c. à soupe).

5 Si les démangeaisons sont intenses, les pyjamas flottants en coton sont les plus agréables à porter.

Que pourra faire le médecin?

Le médecin confirmera le diagnostic. Il peut prescrire une crème ou un médicament antihistaminiques pour soulager les démangeaisons si elles sont intenses, et prescrire une pommade antibiotique à appliquer sur les vésicules infectées.

OREILLONS

Qu'est-ce que c'est ?

Les oreillons sont une maladie contagieuse, devenue rare depuis la vaccination massive, qui provoque un gonflement des glandes salivaires et, en particulier, des glandes situées en avant des oreilles, ce qui donne au visage du malade un aspect bouffi. Il arrive que les oreillons causent une inflammation des testicules, mais c'est un fait très rare avant la puberté.

SYMPTÔMES

Les symptômes apparaissent de 14 à 24 jours après l'infection.

★ Température élevée.

★ Un ou deux jours plus tard, chez l'enfant, se développe une enflure douloureuse sur un côté du visage (ou les deux) qui persiste de 4 à 8 jours.

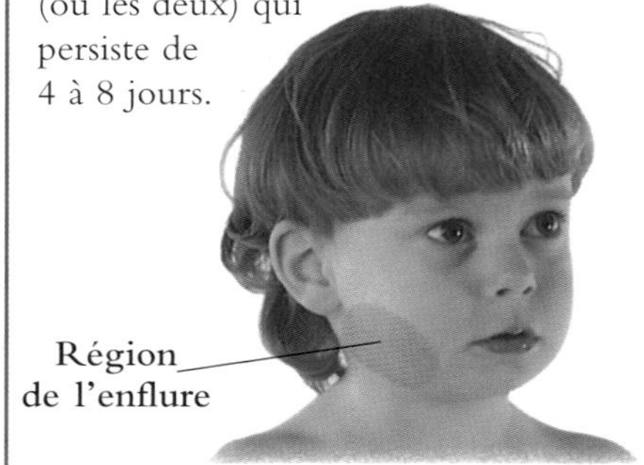

Que puis-je faire ?

1 Encouragez l'enfant à boire beaucoup.

2 S'il souffre quand il ouvre la bouche, donnez-lui une paille pour boire.

3 Prenez sa température (voir p. 193). S'il a de la fièvre, donnez-lui de l'acétaminophène pour la faire baisser.

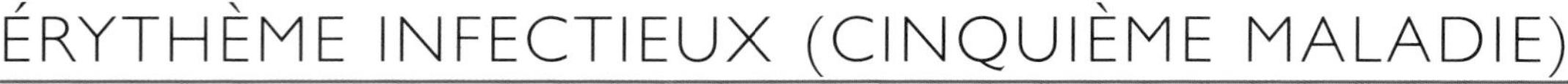

CONSULTEZ LE MÉDECIN

Appelez les secours d'urgence si l'enfant présente des signes d'urgence décrits à la page 203. Consultez le médecin dès que possible si vous pensez que l'enfant a les oreillons, et n'hésitez pas à le rappeler s'il a un mal de ventre ou une inflammation d'un testicule.

Que pourra faire le médecin ?

Votre médecin vous donnera des conseils pour soulager votre enfant.

ÉRYTHÈME INFECTIEUX (CINQUIÈME MALADIE)

Qu'est-ce que c'est ?

L'érythème infectieux est une maladie infectieuse bénigne qui survient d'ordinaire par petites poussées au printemps et touche surtout les enfants de plus de 2 ans. Elle se caractérise par une éruption rouge vif sur les deux joues – d'où son nom de « maladie de la gifle » en anglais.

Que puis-je faire ?

Donnez à votre enfant de l'acétaminophène pour réduire sa fièvre. Assurez-vous qu'il boit beaucoup de liquide. Si votre enfant souffre d'une maladie du sang (comme l'anémie à cellules falciformes ou la thalassémie), consultez votre médecin. L'érythème infectieux peut rendre ces enfants très malades. Si votre enfant souffre d'érythème infectieux, tenez-le éloigné des femmes enceintes. Si vous êtes enceinte et que votre enfant souffre de cette maladie, consultez votre médecin.

SYMPTÔMES

Les symptômes font leur apparition de 4 à 14 jours après l'infection.

1er jour

★ Joues rouge vif, avec une région pâle contrastée autour de la bouche.

★ Fièvre bénigne.

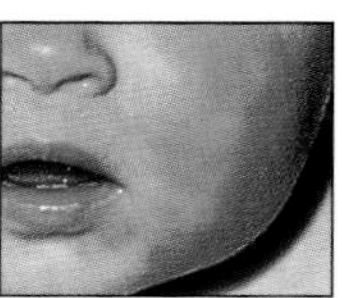

2e au 5e jour

★ Éruption formant des marbrures semblables à de la dentelle s'étendant au tronc et aux membres.

7e au 10e jour

★ L'éruption diminue. L'éruption peut resurgir au cours des prochaines semaines ou des prochains mois, surtout si votre enfant a chaud ou s'il s'expose au soleil.

COQUELUCHE

Qu'est-ce que c'est ?

La coqueluche, une maladie infantile sérieuse et très contagieuse, est caractérisée par une toux intense et persistante. Éloignez votre enfant des enfants non vaccinés. Quelques enfants ont des complications (bronchite ou pneumonie, voir p. 218-219). La période de contagion va des quelques jours qui précèdent la fièvre et jusqu'à 5 jours après le début du traitement aux antibiotiques. Les enfants vaccinés peuvent présenter une forme bénigne de la maladie.

SYMPTÔMES

1re semaine

* Toux, signes de rhume.
* Légère élévation de la température.

2e semaine

* Aggravation de la toux, avec des accès durant jusqu'à une minute, après lesquels l'enfant lutte pour reprendre son souffle.
* Si l'enfant a plus de 18 mois, il apprend à reprendre son souffle à la fin de la quinte en forçant l'air à passer : c'est le « chant du coq ».
* Vomissements après l'accès.

3e à 10e semaine

* La toux s'améliore mais peut toutefois empirer si l'enfant attrape un rhume.
* En général l'enfant n'est plus contagieux après la 3e semaine.

Que puis-je faire ?

1 Restez avec l'enfant pendant les quintes, car il peut être affolé. Asseyez-le sur vos genoux et tenez-le un peu penché en avant. Gardez une cuvette près de lui, pour qu'il crache le mucus ramené par la toux et pour ses vomissures, s'il vomit après l'accès. Lavez la cuvette à l'eau bouillante pour être sûre de ne pas propager l'infection.

2 Si l'enfant tousse et vomit souvent après les repas, proposez-lui de petits repas, très fréquents, si possible tout de suite après une quinte.

3 Autant que possible, distrayez l'enfant – il toussera moins si son attention est occupée – mais empêchez-le de s'énerver ou de se fatiguer, car cela pourrait déclencher une nouvelle quinte de toux.

4 Dormez dans la même chambre que l'enfant pour l'aider s'il a un accès de toux pendant la nuit. Assurez-vous d'un bon taux d'humidité : de 40 à 50 %.

5 Interdisez qu'on fume en sa présence et ne lui donnez aucun médicament contre la toux sans ordonnance.

SIGNES D'URGENCE

Appelez les secours d'urgence si l'enfant devient bleuâtre pendant une quinte.

CONSULTEZ LE MÉDECIN

Consultez le médecin dès que possible si vous pensez que votre enfant a la coqueluche.

Que pourra faire le médecin ?

Il pourra prescrire un médicament contre la toux de même qu'un antibiotique. L'antibiotique ne guérira pas la toux, mais il l'atténuera. L'enfant sera moins infectieux, moins contagieux. C'est particulièrement important si vous avez à la maison un bébé risquant d'attraper la maladie d'un aîné. Toutefois, un antibiotique n'est efficace que s'il est administré au tout début de la coqueluche.

SOINS AU BÉBÉ MALADE

La coqueluche est grave chez un bébé qui peut être incapable de reprendre son souffle après la quinte. Votre bébé a besoin de soins spécialisés, et il est possible qu'il soit hospitalisé. S'il vomit souvent, l'alimentation peut devenir difficile, et il faut abandonner toute idée d'horaire ou d'organisation pour lui donner une tétée dès la fin d'une quinte ou d'un vomissement.

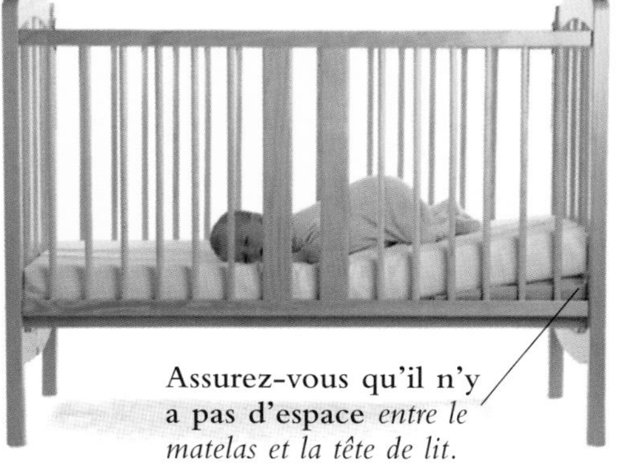

Assurez-vous qu'il n'y a pas d'espace *entre le matelas et la tête de lit.*

Quintes de la coqueluche

Quand votre bébé a une quinte, couchez-le sur le ventre dans son lit dont vous aurez légèrement surélevé le matelas sous ses pieds, ou sur vos genoux, le visage tourné vers le sol. Restez avec lui jusqu'à ce qu'il ait repris son souffle et respire normalement. Câlinez-le pour le réconforter et posez-le sur le dos pour dormir.

MÉNINGITE

Qu'est-ce que c'est ?

La méningite est une inflammation des tissus enveloppant le cerveau. Elle est causée soit par une infection bactérienne, soit par un virus. La méningite peut survenir à tout moment. Au Canada, la vaccination a éradiqué l'une des formes de la méningite bactérienne. Malheureusement, il en existe d'autres, dont la plus répandue est la pneumonie à streptocoque et méningocoque. Des vaccins sont maintenant disponibles contre ces 2 maladies. Malgré que la méningite bactérienne puisse survenir à tout âge, on la rencontre plus fréquemment chez les enfants de moins de 5 ans.

Les premiers symptômes des formes virale et bactérienne de la méningite se ressemblent beaucoup et peuvent souvent être considérés comme des symptômes de grippe. Cependant, les symptômes de la méningite bactérienne sont d'ordinaire plus graves. Ce qui la rend si dangereuse, c'est qu'elle se développe très rapidement. Chez l'enfant, la maladie peut s'installer en quelques heures, avec somnolence croissante et, parfois, perte de conscience ou convulsions.

Méninges
Trois couches protectrices, appelées méninges, enveloppent le cerveau et la moelle épinière. La méningite survient quand les méninges sont infectées par un virus ou une bactérie.

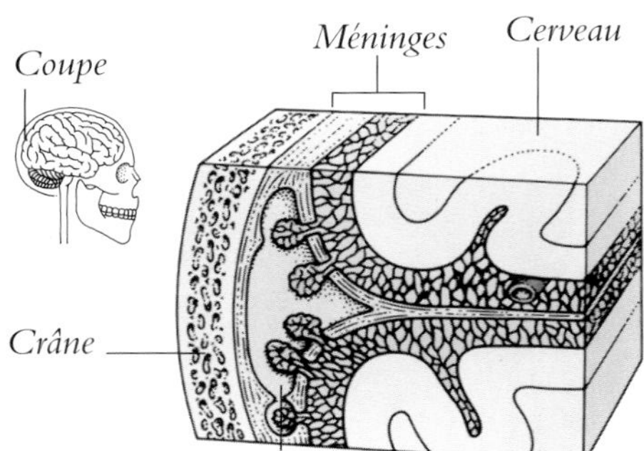

L'éruption de la méningite

Chez certains enfants, la méningite cause une éruption caractéristique faite de minuscules taches de sang sous la peau qui peuvent apparaître n'importe où sur le corps. Les taches sont planes, ressemblent à des piqûres d'aiguille puis à des hématomes.

Que puis-je faire ?

Appelez Info-Santé ou allez immédiatement à l'urgence si votre enfant est anormalement somnolent ou s'il présente 2 des signes d'urgence énumérés dans l'encadré ci-dessous.

Que fera le médecin ?

Il pourra envoyer votre enfant à l'hôpital pour confirmer le diagnostic. S'il s'agit d'une méningite virale, aucun traitement ne sera nécessaire, à part la prise d'analgésiques. Votre enfant devrait se rétablir en une semaine ou deux. La méningite bactérienne sera traitée aux antibiotiques et, en présence de convulsions, aux anticonvulsivants. Lorsque le diagnostic est précoce et le traitement rapide, l'enfant se remet complètement. La maladie est rarement fatale. Même avec un diagnostic et un traitement précoce, la méningite peut avoir des conséquences graves. La vaccination est la meilleure des préventions.

SIGNES D'URGENCE

Purpura sur peau claire

Si votre enfant présente au moins deux des symptômes suivants, allez immédiatement à l'urgence :

* somnolence anormale ;
* fièvre accompagnée d'extrémités froides ;
* vomissements ;
* raideur du cou ;
* refus de s'alimenter ;
* agitation et irritabilité ;
* fontanelle tendue ou gonflée ;
* éruption rouge pourpre qui ne disparaît pas au toucher.

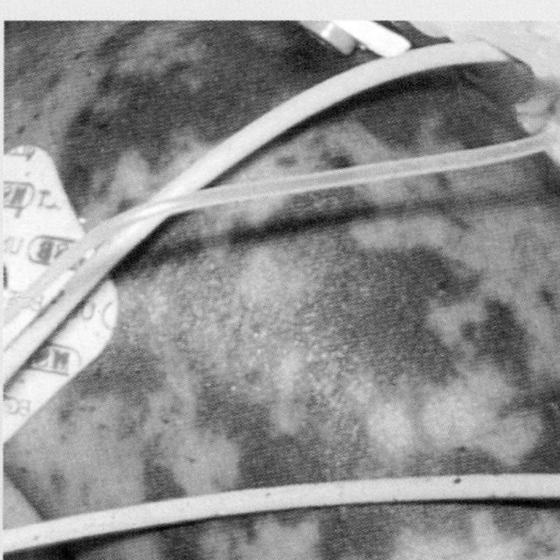

Purpura sur peau foncée

Les enfants plus âgés pourront aussi souffrir de :

* maux de tête intenses ;
* crainte de la lumière et des bruits forts.

Si votre enfant présente une éruption foncée, pourprée, appuyez sur la région pour savoir si elle diminue au toucher. Pour ce faire, appuyez le côté d'un verre sur l'éruption. Si vous la voyez à travers le verre, il peut s'agir de purpura, ce qui exige une attention médicale immédiate. Emmenez votre enfant à l'urgence.

PROBLÈMES OCULAIRES

Bien que la plupart des affections oculaires guérissent rapidement quand elles sont convenablement soignées, tous les problèmes concernant les yeux doivent être pris au sérieux. Comme les infections oculaires sont très contagieuses, il faut réserver à l'enfant malade des serviettes personnelles et les changer souvent. Lavez fréquemment les mains de l'enfant, empêchez-le de se frotter les yeux pour prévenir l'infection, mais aussi pour empêcher la propagation de l'infection.

SIGNES D'URGENCE

Appelez les secours d'urgence si l'enfant s'est blessé à l'œil, ou s'il ne voit plus nettement après avoir été blessé ou après avoir reçu un coup.

BLÉPHARITE

Qu'est-ce que c'est ?

La blépharite est une inflammation des bords des paupières qui affecte en général les 2 yeux. Les enfants qui ont des pellicules présentent souvent une blépharite.

SYMPTÔMES

⋆ Paupières rougies et écailleuses.

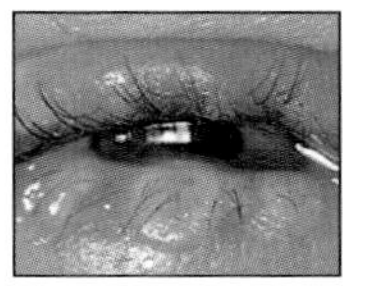

Que puis-je faire ?

1 Avec de l'eau bouillie tiède, lavez les paupières de l'enfant du coin intérieur au coin extérieur. Lavez-vous les mains avant et après les soins et utilisez un morceau de coton différent pour chaque œil. Effectuez ce lavage 2 fois par jour.

2 Si votre enfant a des pellicules, lavez-lui la tête avec un shampooing antipelliculaire. Pour un bébé, utilisez un shampooing spécial contre les croûtes du cuir chevelu.

CONSULTEZ LE MÉDECIN

Consultez le médecin dès que possible si :

⋆ les paupières de l'enfant sont collées ;

⋆ aucune amélioration ne se produit après une semaine de soins à la maison.

Que pourrra faire le médecin ?

Le médecin pourra prescrire une crème adoucissante ou une pommade antibiotique.

CONJONCTIVITE

Qu'est-ce que c'est ?

C'est l'« œil rouge », l'inflammation atteignant parfois le blanc de l'œil (la conjonctive) en même temps que les paupières. Sa forme la plus bénigne est causée par un virus, mais elle peut aussi être causée par des bactéries. Lorsqu'au réveil un enfant a les paupières collées par du pus, il est probable qu'il a une conjonctivite bactérienne. Si votre bébé présente un de ces symptômes alors qu'il n'a que 1 ou 2 jours, voir Paupières collées (p. 183).

SYMPTÔMES

⋆ Œil injecté de sang.

⋆ Sensation de sable dans les yeux.

⋆ Pus.

⋆ Paupières collées au réveil.

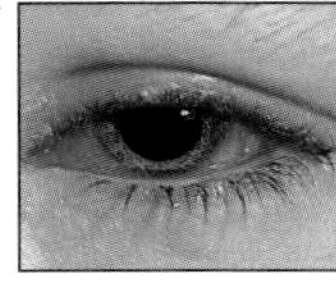

Que puis-je faire ?

1 Essayez de découvrir si les symptômes présentés par l'enfant ont une autre cause qu'une conjonctivite, une allergie par exemple (rhume des foins), ou la présence d'un corps étranger dans l'œil (poussière ou cil). Si c'est une allergie, des démangeaisons et un larmoiement peuvent accompagner la rougeur et la douleur.

2 S'il a les paupières collées au réveil ou s'il y a présence d'un écoulement jaunâtre, nettoyez ses paupières avec de l'eau bouillie 5 minutes en utilisant un morceau de gaze différent pour chaque œil. Commencez par l'œil non infecté et lavez-le en vous dirigeant du coin interne vers le coin externe. Lavez-vous les mains avant et après les soins.

CONSULTEZ LE MÉDECIN

Consultez le médecin dès que possible si vous pensez que votre enfant a une conjonctivite, si ses yeux lui font mal, s'ils sont infectés.

Que pourra faire le médecin ?

S'il y a une infection bactérienne, le médecin pourra prescrire des gouttes ou une pommade antibiotique. Une conjonctivite virale ne nécessite pas de traitement mais peut durer plusieurs jours.

ORGELET

Qu'est-ce que c'est?

Un orgelet est une petite tuméfaction remplie de pus située au bord de la paupière supérieure ou inférieure. Il est causé par l'infection de la racine d'un cil. Certains orgelets se dessèchent spontanément, mais la plupart mûrissent et percent en moins de 1 semaine, ce qui apaise la douleur.

SYMPTÔMES

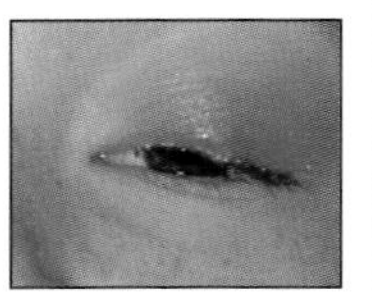

★ Gonflement rouge et douloureux de la paupière.
★ Point blanc sur le bord de la paupière.
★ Sensation d'un corps étranger.

CONSULTEZ LE MÉDECIN

Consultez le médecin dès que possible si :
★ l'orgelet ne s'améliore pas après 48 heures;
★ la peau de toute la région devient rouge, tuméfiée;
★ votre enfant a aussi une blépharite;
★ il y a présence d'un écoulement verdâtre sous les paupières.

Que puis-je faire?

1 Ne pas frotter l'œil, ne pas tenter de crever l'orgelet. Appliquez doucement sur l'orgelet, pour accélérer sa maturation, une compresse trempée dans de l'eau chaude. Recommencez 3 fois par jour pendant 10 à 15 minutes, jusqu'à ce que l'orgelet se vide. Bien se laver les mains.

2 Quand l'orgelet perce, la douleur disparaît. Essuyez le pus avec un morceau de compresse trempé dans de l'eau bouillie tiède.

STRABISME

Qu'est-ce que c'est?

Normalement, les deux yeux se dirigent dans la même direction et en même temps. Lorsqu'il y a un strabisme, un œil se fixe sur un objet, mais l'autre œil ne le suit pas correctement.

Chez le nouveau-né, les yeux ne travaillent pas toujours parallèlement, et le nourrisson peut présenter un strabisme intermittent. Cela n'a rien d'inquiétant: l'enfant est simplement en train d'apprendre à se servir de ses yeux. Mais si cette imperfection persiste après 6 mois, il peut s'agir d'un véritable strabisme.

Le strabisme constant est toujours anormal, et ce, dès la naissance. Comme un strabisme vrai ne se corrige jamais seul, il faut le traiter. Plus l'enfant est soigné jeune, plus le traitement est efficace.

SYMPTÔMES

★ Les yeux regardent dans des directions différentes.

CONSULTEZ LE MÉDECIN

Si vous soupçonnez que votre enfant a un strabisme constant ou intermittent qui persiste après l'âge de 6 mois.

Comment savoir si mon bébé est affligé de strabisme?

Quand votre bébé atteint 6 mois, approchez un jouet à 20 cm de son visage et déplacez-le lentement d'un côté à l'autre. Regardez si ses yeux suivent bien parallèlement le déplacement de l'objet.

Que pourra faire le médecin?

Le médecin examinera la vision de votre bébé et prescrira un cache à porter devant son «bon» œil plusieurs heures par jour pour forcer l'œil paresseux à travailler. Un petit enfant devra peut-être porter des lunettes. Si votre enfant a moins de 2 ans, ce traitement guérira sans doute son strabisme en quelques mois. Si le strabisme est causé par une faiblesse musculaire, une opération portant sur un des muscles de l'œil atteint peut corriger le défaut et rétablir le parallélisme des deux yeux.

PROBLÈMES AURICULAIRES

La plupart des problèmes auriculaires chez les petits enfants sont causés par une infection de l'oreille externe ou de l'oreille moyenne, ou par l'obstruction du conduit qui relie l'oreille et la gorge. Les infections de l'oreille ne présentent un danger que si elles ne sont pas soignées rapidement. Le risque est que du pus s'accumule derrière le tympan et finisse par le perforer, ou que l'infection cause une mastoïdite.

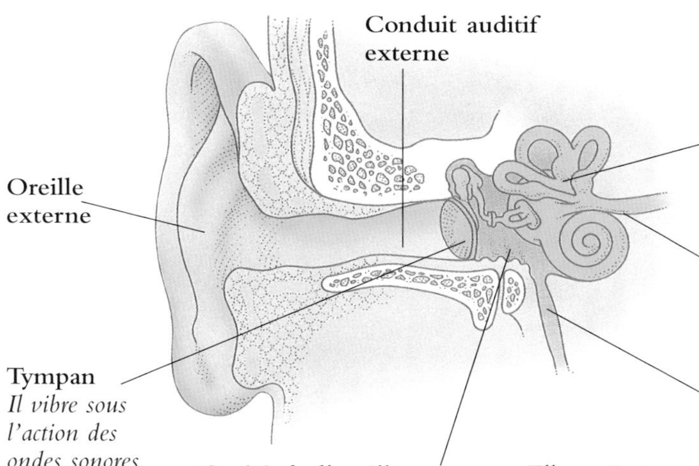

Anatomie de l'oreille
Chaque oreille est formée de 3 parties. Un canal un peu incurvé conduit de l'oreille externe (seule partie visible) au tympan. Derrière celui-ci se trouve une cavité, l'oreille moyenne, dans laquelle 3 osselets articulés transmettent les sons à l'oreille interne, partie de l'oreille qui contient les structures de l'audition et de l'équilibre.

Oreille externe

Tympan *Il vibre sous l'action des ondes sonores.*

Conduit auditif externe

Cavité de l'oreille moyenne *Elle contient de minuscules osselets qui transmettent les signaux sonores à l'oreille interne.*

Oreille interne *Elle contient les mécanismes de l'audition et de l'équilibre.*

Nerf auditif *Il envoie les signaux sonores au cerveau.*

Trompe d'Eustache *Elle relie l'oreille moyenne à la gorge. Plus courte chez l'enfant que chez l'adulte, elle s'infecte plus facilement.*

INFECTIONS DE L'OREILLE EXTERNE

Qu'est-ce que c'est ?
La peau tapissant le conduit auditif externe est enflammée si l'enfant souffre d'une infection du conduit (otite externe). Celle-ci peut être causée par la natation en piscine dans une eau chlorée ou par une égratignure du conduit. Les enfants qui souffrent d'eczéma sont tout spécialement exposés à ce genre d'infection quand ils se mettent de l'eau dans les oreilles.

SYMPTÔMES
- Douleur de l'oreille qui empire quand l'enfant touche son oreille ou se couche dessus.
- Rougeur du conduit auditif.
- Écoulement.
- Démangeaisons du conduit.

CONSULTEZ LE MÉDECIN
Consultez le médecin dès que possible si vous pensez que votre enfant a une infection de l'oreille externe.

Que puis-je faire ?
1 Donnez à l'enfant la dose prescrite d'acétaminophène (pour enfant) pour calmer la douleur.

2 Veillez à ce que l'eau ne pénètre pas dans son oreille pendant le bain et lavez-lui les cheveux avec une débarbouillette. Asséchez bien l'oreille externe après le bain. Supprimez la natation tant que l'infection n'est pas guérie.

Que pourra faire le médecin ?
Le médecin prescrira sans doute des gouttes auriculaires contenant un antibiotique ou un anti-inflammatoire.

BOUCHON DE CÉRUMEN

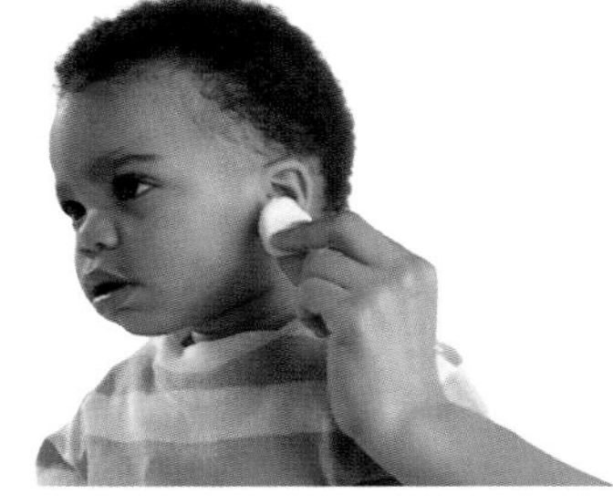

Le cérumen s'accumule parfois dans le conduit auditif externe, provoquant une gêne ou une surdité partielle. Si votre enfant a beaucoup de cérumen, essuyez ce qui apparaît à l'extérieur avec un morceau de coton mais ne l'enfoncez pas dans le conduit. (Ne jamais utiliser de coton-tiges.)

Mettre des gouttes
Dites à l'enfant de s'allonger sur le côté et de ne pas bouger pendant que vous mettez les gouttes. Maintenez sa tête pour éviter un mouvement brusque.

INFECTIONS DE L'OREILLE MOYENNE

Qu'est-ce que c'est?

Si votre enfant a une infection de l'oreille moyenne (otite moyenne), la cavité située derrière le tympan est infectée ou enflammée, souvent à cause d'une infection provenant de la gorge. Chez l'enfant, la trompe d'Eustache, qui relie la gorge à la caisse du tympan, est courte et étroite, ce qui favorise la propagation des infections. En général, l'otite n'atteint qu'une oreille. S'il a été atteint d'une otite moyenne, surtout avant deux ans, il restera prédisposé aux infections dès qu'il aura un rhume ou une infection de la gorge.

SYMPTÔMES

- ★ Douleur vive de l'oreille, qui peut réveiller l'enfant.
- ★ Pleurs. L'enfant se frotte l'oreille et la tripote, s'il ne s'exprime pas encore assez bien pour dire qu'il souffre.
- ★ Pleurs, manque d'appétit, signes de maladie chez le bébé, surtout après un rhume.
- ★ Élévation de la température, mais pas toujours.
- ★ Surdité partielle.

Que puis-je faire?

1 Essayez d'apaiser la douleur. Appliquez de la chaleur sèche ou un sac de glace enveloppé dans une serviette et dites à l'enfant de coller dessus son oreille malade. Ne donnez pas une bouillotte à un enfant trop petit pour l'enlever si elle est trop chaude: chauffez plutôt une serviette et maintenez-la près de son oreille.

2 Si l'enfant souffre beaucoup, administrez-lui la dose prescrite d'acétaminophène (pour enfants).

3 Si vous remarquez un écoulement, ne nettoyez pas l'oreille; appliquez dessus un mouchoir propre et dites à l'enfant de se coucher sur l'oreille malade pour évacuer l'écoulement.

CONSULTEZ LE MÉDECIN

Consultez le médecin dès que possible si l'oreille de l'enfant est infectée ou si vous remarquez un écoulement.

Que pourra faire le médecin?

Le médecin examinera les oreilles de l'enfant. Il prescrira peut-être un antibiotique ou il pourra éliminer l'infection au moyen d'un petit geste chirurgical.

OTITE SÉRO-MUQUEUSE

Qu'est-ce que c'est?

Des otites à répétition peuvent provoquer l'accumulation d'un liquide poisseux dans l'oreille moyenne.

SYMPTÔMES

- ★ Surdité partielle après des infections répétées de l'oreille moyenne.

CONSULTEZ LE MÉDECIN

Consultez le médecin dès que possible si vous soupçonnez la présence d'une otite séro-muqueuse.

Que pourra faire le médecin?

Il pourra prescrire un antibiotique, mais la majorité des otites séro-muqueuses guérissent seules, sans traitement, en 6 à 12 semaines. Une petite opération est parfois nécessaire. Sous anesthésie, le médecin perce le tympan et pose un petit tube (un drain). Ce drain aérateur ne cause aucune douleur et ne gêne pas l'audition, mais il ne faut pas que l'enfant aille nager tant qu'il est en place. Au bout de quelques mois, le drain tombera tout seul, le trou se cicatrisera et l'enfant aura retrouvé une audition normale.

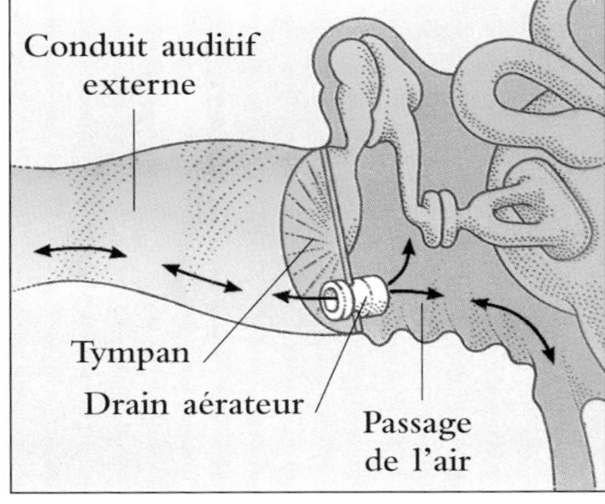

Le drain égalise la pression de l'air de part et d'autre du tympan et permet à l'oreille de s'assécher. Il s'élimine seul après quelques mois.

INFECTIONS BUCCALES

Un bébé ou un enfant qui a une infection de la bouche peut avoir des ulcérations qui le font souffrir, surtout quand il s'alimente. Le muguet est l'infection buccale la plus fréquente chez le bébé. Les enfants de plus de 1 an présentent souvent un herpès buccal (voir p. 230).

Comment soigner un enfant qui a des ulcérations buccales ?

Rendez son alimentation aussi peu douloureuse que possible. Laissez refroidir les aliments avant de les offrir à l'enfant parce que la chaleur le fait plus souffrir que le froid. Faites-le boire frais. S'il refuse de boire ou de manger, essayez les idées suivantes.

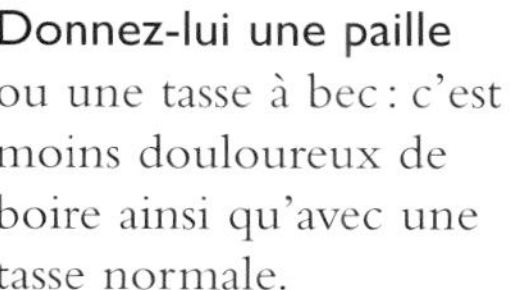

Donnez-lui une paille ou une tasse à bec : c'est moins douloureux de boire ainsi qu'avec une tasse normale.

Soupe
C'est un plat nourrissant et facile à avaler qui peut se manger froid. Vous pouvez aussi liquéfier ses aliments ou les réduire en tout petits morceaux.

Boissons froides
Servez les boissons très fraîches, ne donnez pas de jus de fruits : ils sont trop acides.

Crème glacée
L'enfant peut trouver les glaces faciles à avaler.

Eau

Fromage
L'enfant pourra terminer ses repas par un morceau de fromage et un verre d'eau, qui lui nettoient les dents sans qu'il soit forcé de les brosser.

MUGUET

Qu'est-ce que c'est ?

Le muguet est une infection causée par un champignon (*Candida*) qui vit dans la bouche et dans l'intestin. Sa multiplication est jugulée par les bactéries normalement présentes, mais elle échappe parfois à tout contrôle, produisant une éruption douloureuse, la candidose, qui, dans la bouche, prend le nom de muguet. Mais, parfois, elle se propage par les intestins et cause une éruption au voisinage de l'anus. Ce n'est pas une affection grave, mais elle nécessite un traitement médicamenteux (Nystatine) ou autre.

SYMPTÔMES

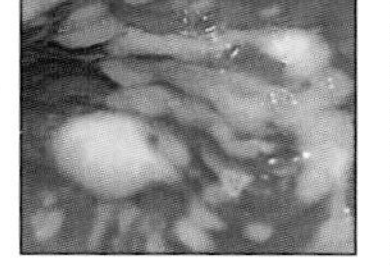

- ⋆ Refus de s'alimenter à cause de la douleur dans la bouche.
- ⋆ Taches blanchâtres ou pultacées, un peu en relief, à l'intérieur des joues, des lèvres, sur la langue et le palais, qui ne se décollent pas facilement quand vous essayez de les racler.
- ⋆ Chez les bébés, éruption autour de l'anus qui ressemble à de l'érythème fessier.

CONSULTEZ LE MÉDECIN

Consultez le médecin si vous pensez que votre bébé a un muguet.

Que puis-je faire ?

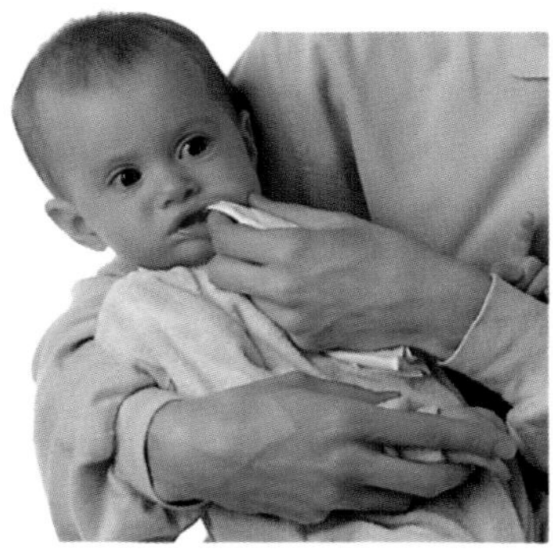

1 Après chaque boire, essuyez les taches avec une compresse d'eau bicarbonatée (diluez 2,5 ml de bicarbonate de soude dans 250 ml d'eau bouillie 5 minutes et refroidie). Si elles ne se décollent pas facilement, c'est sans doute un muguet. N'arrachez pas la pellicule blanche : vous découvririez une zone à vif.

2 Donnez à l'enfant des aliments faciles à manger (voir ci-dessus) ou utilisez une tétine très molle.

3 Si vous allaitez, badigeonnez aussi vos aréoles et vos mamelons de Nystatine. Jetez les compresses d'allaitement ou lavez à l'eau chaude celles qui sont lavables. Ne congelez pas le lait extrait pendant cette période.

Que pourra faire le médecin ?

Le médecin pourra prescrire des gouttes à badigeonner dans la bouche du bébé juste après les tétées. Si vous nourrissez l'enfant au sein, le médecin pourra examiner vos mamelons à la recherche de signes d'infection.

INFECTIONS DE LA GORGE

Les maux de gorge sont fréquents à tout âge chez l'enfant. Ils accompagnent souvent une autre maladie, comme le rhume ou la grippe. La plupart des maux de gorge bénins guérissent en quelques jours, mais une infection plus sévère, surtout si les amygdales sont atteintes, peut donner de la fièvre à l'enfant et le faire souffrir au point de rendre la déglutition difficile.

CONSULTEZ LE MÉDECIN

Consultez le médecin le plus tôt possible si l'enfant:
- ⋆ a très mal à la gorge quand il avale;
- ⋆ n'est pas bien, a de la fièvre ou une éruption;
- ⋆ a une infection des amygdales;
- ⋆ n'est pas vacciné contre la diphtérie.

MAL DE GORGE (PHARYNGITE)

Qu'est-ce que c'est?

La pharyngite se traduit par une rougeur et une douleur de la gorge. Elle accompagne souvent les rhumes ou la grippe (voir p. 200-201), mais elle peut être causée par un streptocoque. Elle peut être un des premiers signes de la rubéole ou des oreillons (voir p. 203 et 206). Un enfant qui a une infection de la gorge a souvent aussi mal aux oreilles (voir p. 212).

SYMPTÔMES

- ⋆ Refus de s'alimenter parce que la déglutition est douloureuse.
- ⋆ Gorge rouge, paraissant à vif.
- ⋆ Ganglions enflés.
- ⋆ Mal de ventre (chez les jeunes enfants).
- ⋆ Mal d'oreille (voir p. 212).
- ⋆ Légère hausse de la température.

Que puis-je faire?

1 Placez l'enfant en pleine lumière et dites-lui d'ouvrir la bouche. Examinez le fond de sa gorge (voir p. 189). Elle vous apparaît rouge et à vif et parfois parsemée de taches blanchâtres.

2 Palpez avec douceur les deux côtés du cou, juste au-dessous de l'angle de la mâchoire, pour dépister un éventuel gonflement ganglionnaire (voir p. 189).

3 Donnez à l'enfant des liquides frais et liquéfiez ses aliments s'il a du mal à avaler. Il se peut qu'il avale plus facilement les crèmes glacées que les aliments chauds. Évitez les aliments acides, épicés, croustillants ou durs.

4 Prenez la température de l'enfant (voir p. 193) et, si elle n'est pas normale, faites-la baisser (voir p. 194).

Que pourra faire le médecin?

La plupart des cas sont bénins et ne nécessitent pas de traitement. Dans le cas d'une infection bactérienne, le médecin prescrira des antibiotiques après avoir fait un prélèvement des sécrétions de la gorge.

AMYGDALITE

SYMPTÔMES

- ⋆ Mal de gorge intense.
- ⋆ Amygdales gonflées et rouges, parfois parsemées de taches blanchâtres.
- ⋆ Température dépassant 38 °C.
- ⋆ Ganglions du cou enflés.

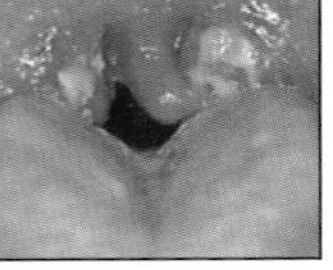

Qu'est-ce que c'est?

C'est une inflammation des amygdales. Elle cause, entre autres symptômes, un fort mal de gorge. Les amygdales sont des glandes situées de chaque côté du fond de la gorge: elles se trouvent sur le trajet des infections et les empêchent de se propager.

Que puis-je faire? (voir «Mal de gorge»)

1 Examinez les amygdales de l'enfant. Infectées, les amygdales sont gonflées, rouges et parfois parsemées de taches blanchâtres.

2 Prenez sa température (voir p. 193) et faites-la baisser, si nécessaire (voir p. 194).

3 Donnez beaucoup à boire à l'enfant, surtout s'il est fiévreux. Offrez-lui des liquides frais et des aliments liquides ou semi-liquides.

Que pourra faire le médecin?

Il examinera la gorge de l'enfant et fera peut-être un prélèvement avec un coton-tige. Il prescrira un antibiotique s'il y a présence d'une bactérie. Si la fréquence des amygdalites de votre enfant est telle que son état général en souffre, le médecin pourra conseiller l'ablation des amygdales. Cette opération est cependant rarement effectuée avant 4 ans.

TOUX ET INFECTIONS RESPIRATOIRES

Dans la majorité des cas, la toux chez le petit enfant est un symptôme de rhume ou d'état grippal (voir p. 200-201), qui cause une toux sèche et des chatouillements de la gorge. Une toux peut être aussi le signe d'une infection de l'appareil respiratoire (voir p. 216-219) ou un signe précoce de rougeole (voir p. 204). Une toux persistante peut traduire une coqueluche (voir p. 207).

Votre enfant peut attraper une infection respiratoire à la suite d'un rhume ou d'une grippe, si l'infection s'est propagée à ses poumons. Une infection respiratoire provoque d'autres signes: une respiration difficile, une expectoration. Toutefois, une respiration un peu sifflante est normale chez un jeune enfant qui a un rhume ou un état grippal parce que ses voies respiratoires sont très étroites et se rétrécissent encore si leur muqueuse est gonflée par la maladie.

SIGNES D'URGENCE

Appelez les secours d'urgence si votre enfant:

* a le visage, les lèvres, la langue bleuâtres;
* halète ou semble étouffer ou respire si bruyamment qu'on l'entend dans toute la pièce;
* semble aller brusquement plus mal au cours d'un rhume ou d'un état grippal;
* est incapable de parler ou d'émettre ses bruits vocaux habituels;
* est anormalement somnolent.

INFECTIONS RESPIRATOIRES FRÉQUENTES

Les bébés de moins de 1 an et les enfants qui ont une affection chronique de l'arbre respiratoire (un asthme, par exemple, voir p. 218) sont sujets aux infections respiratoires. Si vous fumez, vos enfants seront plus susceptibles de présenter des infections respiratoires que les enfants de parents non fumeurs. Si votre enfant a souvent des infections respiratoires, votre médecin lui fera subir divers examens.

Respiration
Quand l'enfant inspire, l'air, par les voies respiratoires et les bronches, parvient dans les poumons où l'oxygène passe dans son sang. Le sang distribue ensuite l'oxygène à tout l'organisme.

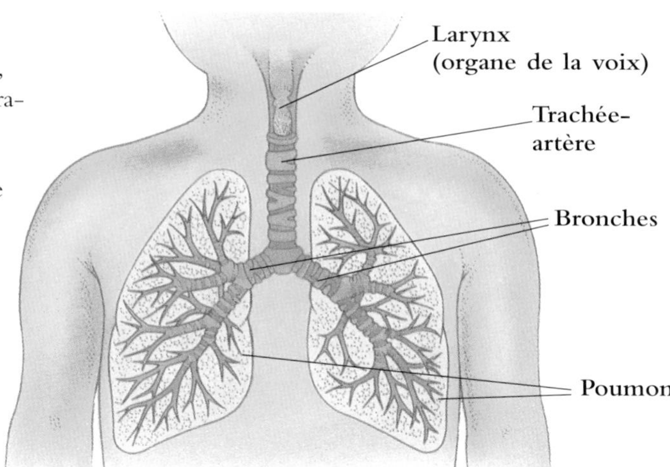

FAUX CROUP

Qu'est-ce que c'est?
Le faux croup, ou laryngite striduleuse, est une inflammation du larynx qui cause son gonflement, donc des difficultés respiratoires. Comme elle peut s'aggraver, surveillez les symptômes de l'enfant de près.

SYMPTÔMES

* Respiration difficile.
* Bruit inspiratoire fort et rauque.
* Toux forte.

Que puis-je faire?

1 Gardez votre calme, rassurez l'enfant. Il a sans doute très peur et un accès de panique peut rendre sa respiration encore plus difficile.

2 Humidifiez l'atmosphère en faisant bouillir une casserole d'eau dans la pièce, ou emmenez l'enfant dans la salle de bains, et ouvrez tous les robinets d'eau chaude. L'air humide va assouplir la paroi des voies respiratoires et faciliter la respiration.

3 Adossez l'enfant à des oreillers ou asseyez-le sur vos genoux, il respirera mieux.

CONSULTEZ LE MÉDECIN

Consultez le médecin immédiatement si votre enfant respire mal, s'il semble avoir un accès de faux croup et a les lèvres bleutées.

Que pourra faire le médecin?
Le médecin pourra vous rassurer et vous indiquer les mesures à suivre en cas de rechute de faux croup. Il pourra prescrire une inhalation médicamenteuse pour soulager la respiration de votre enfant en cas de crise. Lors d'une crise grave, le médecin pourra l'hospitaliser pendant plusieurs jours, au besoin.

TOUX

Qu'est-ce que c'est ?

La toux est un réflexe de protection qui aide à débarrasser les voies respiratoires des irritants ou des particules qui les bloquent. Elle peut être une réaction à l'irritation de la gorge ou de la trachée, ou le résultat d'une infection de l'appareil respiratoire. Il se peut aussi que les voies respiratoires soient encombrées. Une toux cesse généralement d'elle-même. Une toux sèche d'irritation est rarement grave. Elle traduit, pendant un rhume, l'irritation de la gorge ou de la trachée par un excès de mucus. La gorge d'un enfant peut être irritée par la fumée si les adultes auprès desquels il vit sont fumeurs. Une infection de l'oreille peut aussi provoquer une toux sèche.

Si l'enfant a une toux grasse, et surtout s'il crache, il a probablement une infection respiratoire. En général, cette toux n'est pas grave, mais elle peut aussi être un symptôme de bronchite ou de pneumonie (voir p. 218-219).

Que pourra faire le médecin ?

Le médecin examinera l'enfant et l'auscultera. Si l'enfant a une toux sèche, le médecin pourra prescrire un antitussif pour calmer la gêne de sa gorge. Si c'est une toux « bronchitique », des examens complémentaires peuvent aider son diagnostic. Des virus sont à l'origine de la plupart des toux et des rhumes ; des antibiotiques ne sont pas nécessaires.

CONSULTEZ LE MÉDECIN

Consultez sans tarder le médecin :
- ★ si l'enfant respire plus vite que d'habitude pendant 30 minutes ;
- ★ si sa respiration est difficile ou très bruyante ;
- ★ s'il a moins de 6 mois ;
- ★ s'il ne parvient pas à dormir ;
- ★ si les quintes sont récurrentes ;
- ★ si la toux dure plus de 3 jours.

Que puis-je faire ?

1 Si votre enfant a un accès de toux brutal, cherchez s'il a avalé de travers un petit objet (bonbon, bouton). Si c'est le cas, essayez de l'en délivrer (voir Étouffement, p. 242), mais ne lui enfoncez pas les doigts dans la gorge pour essayer de le déloger.

Gardez la tête *de l'enfant un peu basse.*

2 Si votre enfant a une toux grasse, aidez-le à rejeter le mucus qui encombre ses voies respiratoires. Tousser peut être angoissant pour un jeune enfant ; rassurez-le en le prenant sur vos genoux pendant une quinte.

3 Préparez un seau ou une cuvette et encouragez-le à cracher le mucus que fait remonter la toux.

4 Si l'enfant a une toux sèche ou grasse, donnez-lui un liquide chaud au coucher pour lui adoucir la gorge. Pour un enfant de plus de 18 mois, vous pouvez dissoudre une cuillerée de miel dans une tasse d'eau chaude ou de lait chaud.

5 Redressez l'enfant la nuit sur des oreillers.

6 La toux empire dans une atmosphère enfumée ; ne laissez personne fumer en présence de l'enfant.

7 Assurez-vous d'un bon taux d'humidité dans la maison (de 40 à 50 %) et d'une température ambiante à 20-21 °C.

Des oreillers supplémentaires *éviteront que le mucus descende dans sa gorge durant la nuit.*

BRONCHIOLITE

Qu'est-ce que c'est ?

La bronchiolite est une maladie virale commune caractérisée par une inflammation des bronchioles. Elle survient l'hiver et affecte surtout les bébés de moins de 1 an. Les risques de bronchiolite augmentent si les parents fument ou si l'enfant vit dans un milieu surpeuplé, favorable à la propagation virale.

Après 1 ou 2 jours de sécrétions nasales, l'état de votre enfant semble s'aggraver soudainement avec de la fièvre, une toux sèche et rauque, ou des difficultés respiratoires. L'état de l'enfant atteint de bronchiolite bénigne s'améliore après environ une semaine.

SYMPTÔMES

- ⋆ Sécrétions nasales.
- ⋆ Fièvre.
- ⋆ Toux sèche et rauque.
- ⋆ Difficultés respiratoires.
- ⋆ Sifflements.
- ⋆ Difficulté à manger.

Que puis-je faire ?

1 Donnez beaucoup à boire à votre enfant.

2 Aucun médicament n'agira sur la maladie, mais l'acétaminophène pour enfant peut faire baisser la fièvre.

3 Augmentez l'humidité dans la chambre de votre enfant avec un atomiseur à air frais pour faciliter sa respiration.

4 Surveillez attentivement l'état de votre enfant. N'hésitez pas à demander un conseil médical si sa respiration vous inquiète.

Que pourra faire le médecin ?

Les antibiotiques sont inutiles contre cette infection virale. Dans les cas graves, votre enfant peut être hospitalisé pour recevoir de l'oxygène, et être nourri par intubation ou par intraveineuse.

La plupart des enfants rentrent à la maison au bout de 3 à 10 jours, dès qu'ils peuvent se nourrir normalement. La toux peut persister quelques semaines de plus. Bien qu'il n'y ait pas de conséquences graves à long terme, les enfants qui ont souffert de bronchiolite ont tendance à avoir une respiration sifflante pendant quelques années lorsqu'ils attrapent un rhume.

CONSULTEZ UN MÉDECIN

Consultez un médecin immédiatement si votre enfant a :

- ⋆ des difficultés respiratoires (respiration plus rapide ou sifflante) ;
- ⋆ du mal à se nourrir ;
- ⋆ le tour des lèvres bleu.

BRONCHITE

Qu'est-ce que c'est?

La bronchite est une inflammation de la paroi des bronches, les conduits amenant l'air aux poumons. Elle peut être causée par une infection virale ou faire suite à un rhume, à une grippe, à un mal de gorge, l'infection s'étant propagée plus bas.

L'enfant ne se sent pas très malade, mais il peut avoir des troubles du sommeil et sa toux augmente la nuit.

SYMPTÔMES

* Toux crépitante.
* Respiration un peu sifflante.
* Légère élévation de la température.
* Nez qui coule.

Que puis-je faire?

1 Pour soulager la gêne respiratoire et faciliter l'expectoration durant les accès de toux, assoyez l'enfant en travers de vos genoux et frictionnez-lui le dos (voir p. 216).

2 Si sa température est élevée, administrez-lui la dose prescrite d'acétaminophène (pour enfants) et offrez-lui beaucoup à boire.

3 Si l'enfant est plus grand, ajoutez des oreillers pour le redresser dans son lit (voir p. 216).

4 Jusqu'à ce qu'il aille mieux, gardez-le à la maison dans une pièce avec une température ambiante à 20-21 °C, bien humidifiée (de 40 à 50 %) et bien aérée.

CONSULTEZ LE MÉDECIN

Appelez les secours d'urgence si l'enfant présente un des signes d'urgence décrits à la page 215. Consultez votre médecin dès que possible si vous pensez que votre enfant a une bronchite, et n'hésitez pas à le rappeler si l'enfant:

* ne va pas mieux après 48 heures;
* expectore un mucus jaune verdâtre;
* a de la fièvre.

Que pourra faire le médecin?

Le médecin pourra prescrire un antitussif pour aider l'enfant à dormir et vous recommander d'humidifier sa chambre.

ASTHME

Qu'est-ce que c'est?

L'asthme est caractérisé par des crises récurrentes d'inflammation des petits conduits d'air (bronchioles) qui mènent au poumon. L'enfant a du mal à expirer. L'asthme peut être causé par une allergie, mais beaucoup d'asthmatiques n'ont pas d'allergies. L'asthme bénin est fréquent et peut disparaître de lui-même.

SYMPTÔMES

* Toux, surtout la nuit, ou pendant l'activité physique.
* Gêne respiratoire légère, respiration sifflante, surtout pendant un rhume.
* Crises de gêne respiratoire intense, avec souffle difficile et superficiel.
* Impression de suffocation durant la crise d'asthme.
* Pâleur, sueur pendant la crise.
* Tour des lèvres bleuâtre durant les fortes crises.

Que puis-je faire?

1 Restez calme et rassurez l'enfant. S'il a déjà eu des crises, donnez-lui les médicaments prescrits par le médecin. Si son état ne s'améliore pas, **allez à l'urgence.**

2 Asseyez l'enfant sur vos genoux, assis ou demi-assis, cela l'aidera à respirer. Ne le tenez pas trop serré. Laissez-le prendre la position qui lui paraît la plus confortable.

Mettez un petit coussin *sur ses genoux pour qu'il s'y appuie.*

3 Surveillez toute détérioration de la respiration; appelez les secours d'urgence s'il y a une augmentation des symptômes.

PNEUMONIE

Qu'est-ce que c'est ?

La pneumonie est une inflammation des poumons qui entraîne des difficultés respiratoires. Chez les jeunes enfants, elle est presque toujours due à la propagation d'une infection (rhume ou état grippal), et elle est le plus souvent causée par des virus et non des bactéries. Parfois la pneumonie est le résultat de particules d'aliments inhalées dans les poumons qui entraînent une inflammation ou une infection localisées.

La pneumonie est une maladie grave, mais la plupart des bébés en bonne santé, même ceux de moins de 1 an, s'en remettent complètement en une semaine avec un traitement.

SYMPTÔMES

- ⋆ Aggravation de l'état général chez un enfant déjà souffrant.
- ⋆ Température élevée.
- ⋆ Toux sèche.
- ⋆ Accélération de la respiration.
- ⋆ Respiration difficile ou bruyante.

CONSULTEZ LE MÉDECIN

Appelez les secours d'urgence si votre enfant présente un des signes d'urgence énumérés à la page 215. Consultez le médecin immédiatement si vous pensez que l'enfant a une pneumonie.

Que puis-je faire ?

1 Redressez l'enfant dans son lit en ajoutant des oreillers pour faciliter sa respiration.

2 Si la fièvre est élevée, faites-la tomber en donnant à l'enfant de l'acétaminophène (voir aussi p. 194).

3 Veillez à ce que l'enfant boive beaucoup, de préférence de l'eau fraîche, surtout s'il a de la fièvre. Favorisez le repos.

Que pourra faire le médecin ?

Il vous expliquera comment soigner l'enfant et, si l'infection est bactérienne, il prescrira un antibiotique. Si l'enfant est très malade, il pourra le faire hospitaliser.

PRÉVENTION DES CRISES D'ASTHME

Maintenez un taux d'humidité entre 40 et 50 %. Essayez de découvrir ce qui déclenche les crises. Une activité physique intense et la surexcitation peuvent provoquer une crise. Des facteurs allergisants sont énumérés ci-après.

Poussière
Réduisez au minimum la poussière dans la maison en passant l'aspirateur et en dépoussiérant avec une éponge humide au lieu de balayer et d'utiliser un chiffon à poussière. Enveloppez le matelas de l'enfant d'une housse en plastique.

Poils d'animaux
Si vous avez des animaux familiers, éloignez-les pendant quelque temps et voyez si l'enfant a moins de crises.

Coussins, oreillers, couettes
Préférez les garnitures synthétiques à la plume ou au duvet.

Pollen, surtout d'arbres et de graminées
Empêchez l'enfant de jouer dans l'herbe haute, et gardez-le à la maison quand les grains de pollen sont abondants.

Fumée de cigarette
Ne laissez personne fumer près de votre enfant ou dans votre maison.

SIGNES D'URGENCE

Appelez les secours d'urgence si l'enfant :
- ⋆ a la langue ou le tour de la bouche bleuâtre ;
- ⋆ respire avec difficulté ;
- ⋆ ne respire pas plus facilement 10 minutes après avoir pris son médicament ;
- ⋆ ne réagit plus.

CONSULTEZ LE MÉDECIN

Consultez le médecin immédiatement si c'est la première fois que votre enfant a une crise d'asthme. Consultez-le dès que possible si vous pensez qu'il a de l'asthme.

Que pourra faire le médecin ?

Le médecin pourra prescrire un médicament (inhalateur) pour soulager l'inflammation et prévenir la respiration sifflante. Si la crise est grave, il pourra faire hospitaliser l'enfant.

MAL DE VENTRE

Toute douleur localisée entre le bas de la cage thoracique et l'aine peut être un signe de nombreuses maladies, dont la gastro-entérite (voir p. 222) et les infections de l'appareil urinaire (voir p. 224). Elle peut aussi être causée par des vomissements, accompagner une amygdalite ou une rougeole. Votre enfant peut se plaindre d'avoir mal au ventre quand il ne se sent pas bien ou quand il a envie de vomir, ou encore quand il a mal quelque part sans pouvoir vous expliquer où.

QUE FAIRE DEVANT LE MAL DE VENTRE

Quelles sont ses causes ?

De nombreux enfants ont mal au ventre quand ils se sentent anxieux ou éprouvent un sentiment d'insécurité pour une raison quelconque. Si la douleur n'est pas intense et ne dure que 1 heure ou 2, ne vous inquiétez pas ; essayez de découvrir ce qui le perturbe et rassurez-le. Cependant, si votre enfant souffre beaucoup pendant plusieurs heures, vous devez prendre le fait au sérieux. Il peut avoir une appendicite (inflammation de l'appendice, petit tube en cul-de-sac appendu à l'intestin), bien qu'elle soit rare chez un enfant de moins de 3 ans.

Une douleur abdominale intense survenant à intervalles de 10 à 20 minutes chez un bébé ou un petit enfant peut traduire une obstruction intestinale (invagination).

Que puis-je faire ?

1 Prenez la température de l'enfant. Si elle est élevée, il peut avoir une appendicite, surtout si la douleur est forte ou paraît localisée dans la région de l'ombilic. Ne lui donnez aucun médicament pour calmer sa douleur ou pour faire tomber la fièvre et consultez le médecin immédiatement.

2 Desserrez ses vêtements et installez-le dans une position confortable, assis ou couché.

3 Appliquez un sac de glace enveloppé dans une serviette au site de la douleur. Ne jamais appliquer de chaleur si on ne connaît pas l'origine de la douleur.

4 Surveillez l'état général de l'enfant et l'apparition de nouveaux symptômes.

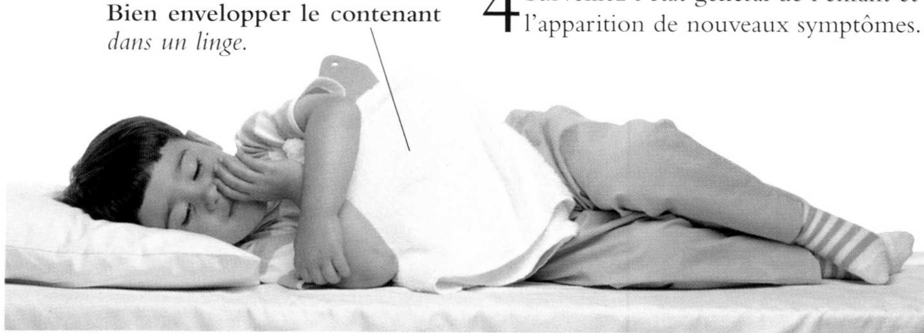

Bien envelopper le contenant *dans un linge.*

SIGNES D'URGENCE

Appelez les secours d'urgence si votre bébé ou l'enfant :
* hurle de douleur à des intervalles de 15 à 20 minutes et devient pâle quand il crie ;
* a une selle rouge foncé ou des selles noires ;
* a mal au ventre pendant plus de 3 heures ;
* a très mal au ventre et a de la fièvre.

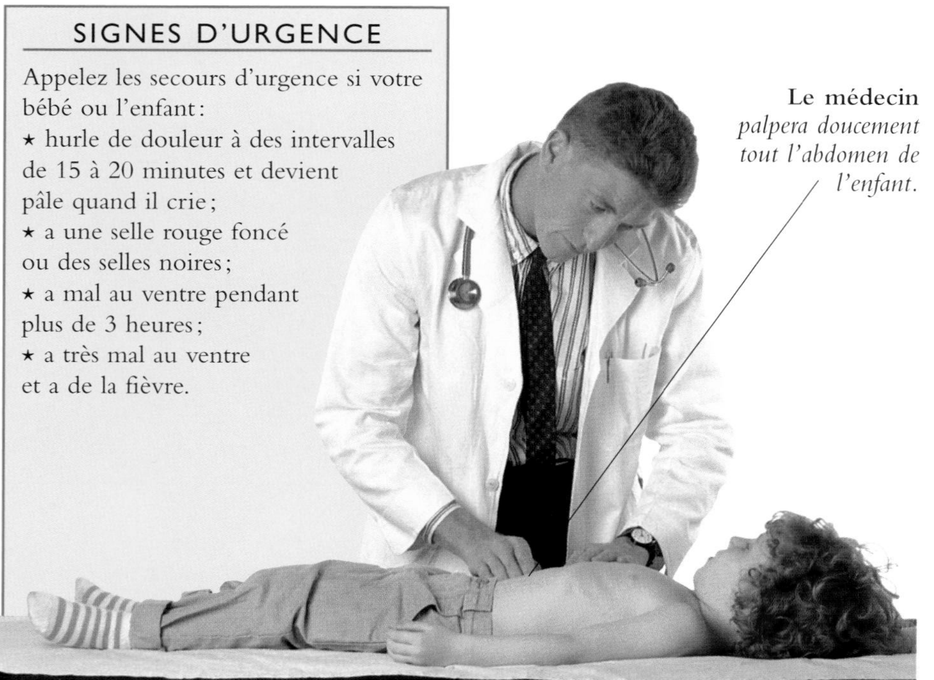

Le médecin *palpera doucement tout l'abdomen de l'enfant.*

APPELEZ INFO-SANTÉ

Appelez Info-Santé immédiatement si l'enfant :
* manifeste un nouveau symptôme ;
* a mal au ventre pendant plus de 3 heures.

Consultez le médecin si votre enfant a souvent mal au ventre.

Que pourra faire le médecin ?

Le médecin examinera l'enfant pour chercher l'origine de la douleur. Le traitement dépendra de la cause, mais, souvent, les maux de ventre ne nécessitent aucun traitement. Si le médecin soupçonne une appendicite ou une obstruction intestinale, il fera admettre l'enfant à l'hôpital.

CONSTIPATION, VOMISSEMENTS ET DIARRHÉE

Une modification minime du régime alimentaire peut causer une constipation ou une diarrhée temporaires. Les vomissements ou la diarrhée peuvent accompagner presque toutes les maladies et peuvent aussi être causés par l'anxiété ou la surexcitation. Si votre enfant vomit ou a une diarrhée légère, cherchez d'autres signes de maladie (voir p. 188). Des vomissements répétés ou une diarrhée profuse déshydratent rapidement un bébé ou un jeune enfant. Cette perte de liquide doit être prise très au sérieux et soignée sans tarder (voir p. 222).

CONSTIPATION

Qu'est-ce que c'est?

Si votre enfant est constipé, il va moins souvent à la selle que d'habitude et ses matières sont plus dures. Chaque enfant a son propre rythme d'évacuation intestinale: certains vont à la selle 2 fois par jour, d'autres tous les 2 ou 3 jours. Quel que soit le rythme de votre enfant, s'il est régulier, il est normal; ne cherchez pas à le modifier. Il arrive souvent que les bébés soient un peu constipés quand on introduit les aliments solides.

CONSULTEZ LE MÉDECIN

Consultez le médecin dès que possible si l'enfant:

* pleure et se plaint de douleurs quand il va à la selle;
* a des selles striées de sang ou des traînées de sang sur sa culotte ou ses couches;
* souffre de constipation depuis 3 à 5 jours.

Que puis-je faire?

1 Ne lui administrez pas de laxatif. N'ajoutez pas de sucre dans ses biberons.

2 Donnez beaucoup à boire à votre enfant, surtout s'il fait chaud, pour ramollir ses selles. Les jus de fruits pourront soulager sa constipation.

3 Ne pressez pas l'enfant quand il est sur le pot. S'il paraît constipé, mettez-lui un peu de vaseline autour de l'anus pour faciliter l'expulsion des selles. Ne jamais stimuler avec un thermomètre ou le doigt.

4 Ajoutez des aliments riches en fibres à son alimentation. Celles-ci facilitent le transit intestinal.

Que pourra faire le médecin?

Il pourra prescrire un laxatif léger et vous donner des conseils concernant l'alimentation. Si votre enfant a des traînées de sang dans ses selles, il a peut-être une petite fissure de l'anus et le médecin pourra prescrire une crème appropriée.

SOURCES DE FIBRES

Donnez des aliments riches en fibres, de préférence frais. Lavez légumes et fruits, ôtez pépins et filaments, épluchez les fruits pour les enfants de moins de 1 an. Réduisez les aliments en purée ou écrasez-les pour un bébé de moins de 8 mois (voir p. 110-111).

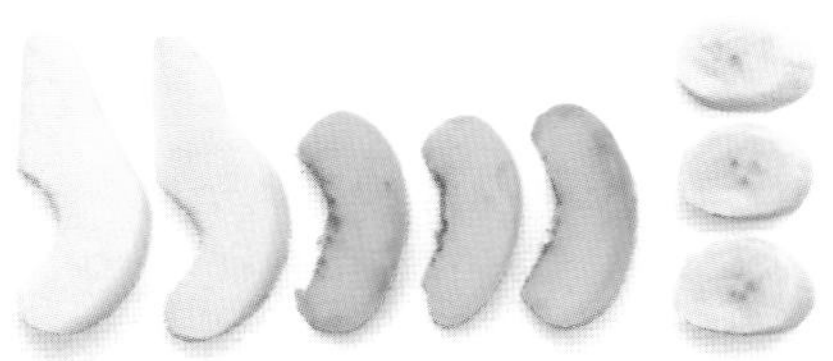

Fruits frais. Proposez à votre enfant des tranches de poire, de pêche, de banane, préalablement épluchées.

Pain complet

Céréales complètes

Fruits secs. Pruneaux et abricots sont parfaits pour les jeunes enfants.

Légumes frais. La purée, les brocolis peu cuits sont riches en fibres. Céleri et carottes doivent être cuits pour les moins de 3 ans.

VOMISSEMENTS

Qu'est-ce que c'est ?

Quand votre enfant vomit, il rejette presque tout le contenu de son estomac. Les bébés de moins de 1 an régurgitent souvent une petite partie de leur tétée : c'est normal, ce n'est pas un vomissement.

CONSULTEZ LE MÉDECIN

Ne tardez pas si votre enfant :

- ⋆ vomit et paraît anormalement somnolent ;
- ⋆ rejette des vomissures jaune verdâtre ou avec du sang ;
- ⋆ vomit depuis plus de 2 à 4 heures ;
- ⋆ manifeste de la déshydratation.

Que puis-je faire ?

1 Soutenez l'enfant au-dessus d'une cuvette et réconfortez-le pendant qu'il vomit (voir p. 199). S'il vomit plus de 2 fois, veillez à la déshydratation (voir encadré ci-dessous).

2 Lorsque les vomissements s'apaisent, augmentez la quantité de solution d'hydratation, mais espacez les doses. Reprenez par la suite l'alimentation selon l'appétit et les recommandations en fonction de l'âge de l'enfant. Si l'enfant est nourri à la bouteille ou si vous allaitez, voir page 185.

L'ENFANT DÉSHYDRATÉ : SYMPTÔMES ET TRAITEMENT

Surveillez ces symptômes :

- ⋆ bouche et lèvres sèches ;
- ⋆ urine foncée, concentrée ;
- ⋆ absence de miction depuis 6 heures ;
- ⋆ yeux enfoncés et cernés ;
- ⋆ fontanelle déprimée ;
- ⋆ somnolence anormale ou léthargie.

Si l'enfant présente l'un de ces symptômes, cessez toute alimentation pour environ 4 heures et donnez-lui de 10 à 30 ml, toutes les 10 à 15 minutes, d'une solution d'hydratation (Pédialyte ou Gastrolyte) tant que les vomissements persistent. Si vous n'avez pas de solution d'hydratation, appelez Info-Santé.

Que pourra faire le médecin ?

Le médecin examinera l'enfant pour trouver la cause des vomissements et le traitera en fonction de son diagnostic.

S'il est très déshydraté, le médecin pourra l'hospitaliser pour qu'il reçoive une perfusion intraveineuse.

GASTRO-ENTÉRITE

Qu'est-ce que c'est ?

C'est une inflammation de l'estomac et des intestins, qui peut être causée par des aliments contaminés. Elle est grave chez les bébés, car ils se déshydratent rapidement, mais rare chez les bébés nourris au sein.

SYMPTÔMES

- ⋆ Vomissements, nausées.
- ⋆ Diarrhée.
- ⋆ Crampes d'estomac.
- ⋆ Manque d'appétit.
- ⋆ Fièvre.

Que puis-je faire ?

1 Appelez Info-Santé pour obtenir une évaluation téléphonique par une infirmière et suivez les recommandations données.

2 Consultez la section Vomissements (voir p. 185) et Diarrhée (voir p. 223). Les deux situations s'appliquent.

3 Si la température est élevée, donnez-lui la dose prescrite d'acétaminophène (pour enfants).

4 Remettez des couches à l'enfant s'il est propre depuis peu de temps.

5 Faites-lui se laver les mains après avoir utilisé son pot et avant de manger. Lavez-vous les mains après avoir changé ses couches et avant de préparer ses repas. Stérilisez tout le matériel pour les tétées.

DIARRHÉE

Qu'est-ce que c'est ?

Si votre enfant a la diarrhée, ses selles sont liquides et fréquentes. Il a pu manger une nourriture trop riche, ou qui contenait plus de fibres que ses aliments habituels. Elle peut aussi être d'origine virale ou parasitaire.

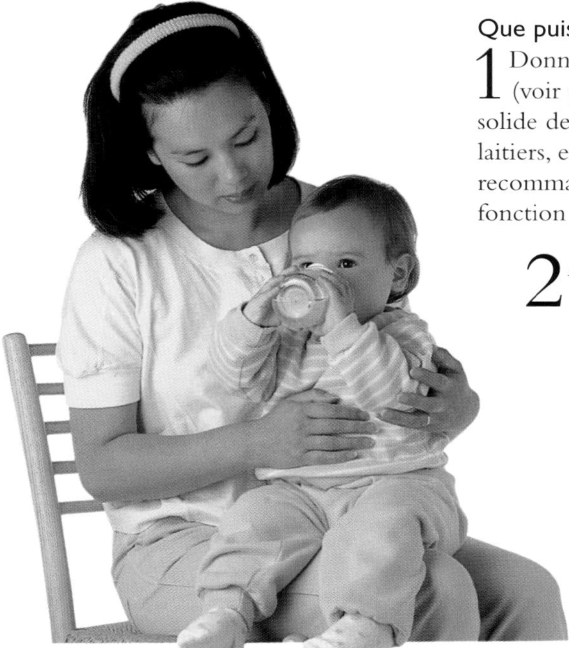

CONSULTEZ LE MÉDECIN

Ne tardez pas si votre enfant :
* a une diarrhée depuis plus de 6 heures ;
* a du sang dans les selles ;
* présente des signes de déshydratation (voir p. 222) ;
* fait de la fièvre.

Que puis-je faire ?

1 Donnez-lui une solution d'hydratation (voir p. 222). Poursuivez l'alimentation solide de l'enfant, incluant les produits laitiers, en respectant son appétit et les recommandations alimentaires en fonction de son âge.

2 Appelez Info-Santé.

3 Bébé nourri au sein : poursuivez l'allaitement et donnez la solution d'hydratation à volonté, entre les tétées.

Bébé nourri au biberon : diluez le lait en parties égales avec du Pédialyte ou du Gastrolyte (voir p. 185) ou faites alterner le lait et la solution.

SELLES D'ASPECT ANORMAL

Un changement dans la couleur des selles dépend souvent d'un changement d'alimentation. Néanmoins, une maladie peut aussi être à l'origine des modifications de l'aspect des selles.

* **Des selles très claires, abondantes et répétées** à odeur forte, qui flottent à la surface quand vous tirez la chasse d'eau des toilettes, peuvent traduire une intolérance au gluten (maladie cœliaque) caractérisée par l'incapacité qu'a l'enfant de digérer une certaine protéine. Consultez le médecin.
* **Des selles acides et mousseuses** peuvent traduire une incapacité à digérer le lait. Consultez le médecin.

Que pourra faire le médecin ?

Le médecin examinera l'enfant pour chercher la cause de sa diarrhée et le soignera en fonction du diagnostic qu'il posera.

Au besoin, il peut demander un échantillon de selles pour faire une recherche de parasites.

CONSULTEZ LE MÉDECIN

Consultez le médecin immédiatement si votre enfant :
* a moins de 2 ans et a des raisons de souffrir d'une intoxication alimentaire ;
* a plus de 2 ans et présente des signes de gastro-entérite depuis plus de 2 jours.

Que pourra faire le médecin ?

Le médecin traitera la déshydratation et vous conseillera de ne donner à l'enfant que des liquides pendant quelques jours. Il peut demander un échantillon de ses selles.

Q&R

« Quelles mesures puis-je prendre pour prévenir les gastro-entérites ? »

Stérilisez tout le matériel servant à préparer les biberons (voir p. 100). Conservez les biberons préparés dans le réfrigérateur. Ne gardez jamais de lait tiédi pour les biberons plus d'une heure.

Respectez scrupuleusement les règles d'hygiène quand vous préparez les aliments. Bien vous laver les mains avant la préparation des aliments.

Faites attention à la conservation des aliments, ne gardez jamais à la température de la pièce des plats cuisinés. Toujours bien vous laver les mains après avoir été aux toilettes.

Si vous partez en voyage avec un bébé ou un jeune enfant, demandez à votre médecin les précautions à prendre, en particulier en ce qui concerne l'eau, les fruits et les salades.

PROBLÈMES RÉNAUX, URINAIRES ET GÉNITAUX

La plupart des affections de l'appareil urinaire sont causées par la présence de bactéries dans l'urètre (voir le schéma ci-dessous), puis dans la vessie. Assez fréquentes chez les jeunes enfants, elles sont en général bénignes. Certains enfants présentent des anomalies congénitales de l'appareil urinaire qui les prédisposent aux infections. Les infections bénignes des organes génitaux sont, elles aussi, fréquentes. Chez les bébés et les jeunes enfants, elles vont souvent de pair avec un érythème fessier (voir p. 182).

Appareil urinaire

Votre enfant a deux reins qui ont pour fonction de filtrer le sang. Débarrassé de ses déchets, le sang rejoint le flux circulatoire, tandis que les produits de déchet (l'urine) vont s'accumuler dans la vessie, d'où ils seront éliminés lors des mictions.

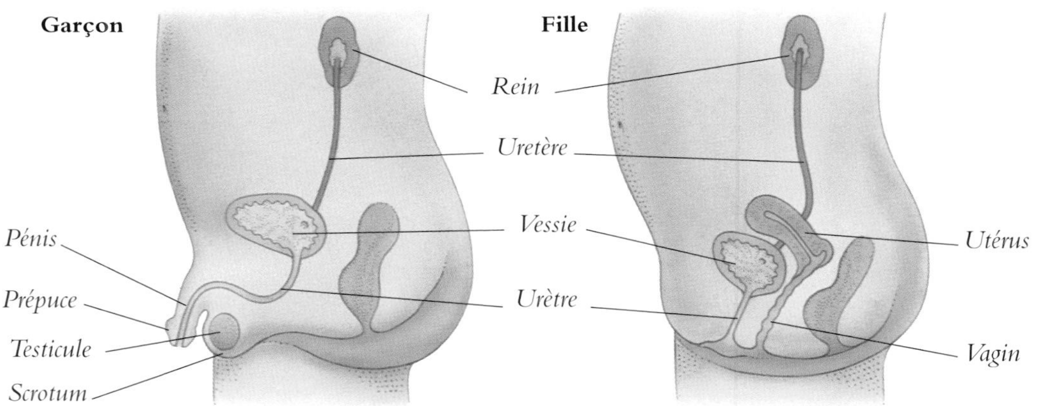

INFECTIONS DE L'APPAREIL URINAIRE

Qu'est-ce que c'est ?

Tous les organes de l'appareil urinaire peuvent être infectés par des bactéries. Les filles sont plus sujettes aux infections urinaires que les garçons. En effet, chez la fille, l'urètre (le canal reliant la vessie à l'extérieur) est plus court que chez le garçon et son orifice est plus proche de l'anus, donc plus accessible aux germes.

Que puis-je faire ?

1 Si votre enfant paraît malade, examinez ses urines pour voir si elles sont claires ou troubles, roses ou rouge foncé. Voyez aussi si l'enfant urine plus souvent que d'habitude, et s'il paraît souffrir en urinant. Si votre bébé porte encore des couches, vous ne pourrez sans doute pas savoir si ses mictions sont plus fréquentes et si elles sont douloureuses, mais vous pourrez noter une modification de l'odeur.

2 Donnez abondamment à boire à l'enfant pour drainer ses reins.

3 Prenez sa température. Si elle est élevée, administrez-lui la dose d'acétaminophène correspondant à son âge et à son poids.

SYMPTÔMES

- ★ Mictions plus fréquentes.
- ★ Douleur en urinant.
- ★ Urine rose ou rouge, claire ou trouble.
- ★ Modification de l'odeur de l'urine.
- ★ Élévation de la température.
- ★ Apathie.
- ★ Perte d'appétit.
- ★ Douleur abdominale.

CONSULTEZ LE MÉDECIN

Consultez le médecin dès que possible si vous pensez que l'enfant souffre d'une infection urinaire.

Que pourra faire le médecin ?

Il examinera votre enfant et pourra vous demander un échantillon d'urine (il vous expliquera comment procéder). Si votre enfant a une infection, le médecin prescrira peut-être un antibiotique. Il pourra aussi demander des examens spécifiques pour vérifier l'état des reins et des voies urinaires.

AFFECTIONS GÉNITALES (FILLE)

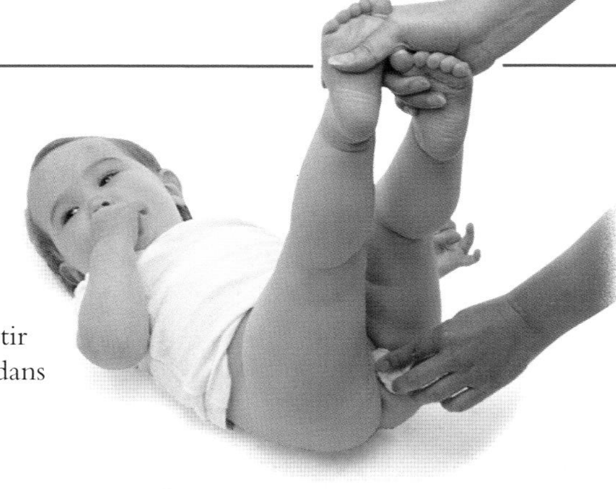

Que peut-il se passer ?

Le vagin d'une petite fille peut être irrité par un érythème fessier (voir p. 182), une candidose (voir p. 213) ou des oxyures (voir p. 232). Si vous remarquez des pertes vaginales malodorantes ou teintées de sang, votre fille peut s'être enfoncé quelque chose dans le vagin. Les nouveau-nées ont parfois des pertes blanches, qui sont tout à fait banales. Plus tard, et jusqu'à la puberté, toute perte vaginale doit être considérée comme anormale.

Que puis-je faire ?

1 Si les fesses sont rouges et irritées, n'utilisez que de l'eau pour la toilette. Séchez avec soin. Procédez toujours de l'avant vers l'arrière pour que les germes ne se propagent pas à partir de l'anus. Ne pas mettre d'huile dans l'eau du bain.

2 Évitez la culotte en plastique, elle empêcherait l'air de circuler. Si l'enfant ne porte plus de couches, utilisez des culottes en coton.

3 Si votre fille a des pertes vaginales, essayez de voir si elle s'est enfoncé un corps étranger dans le vagin. Si c'est le cas, **consultez le médecin dès que possible.**

SYMPTÔMES

* Brûlures, démangeaisons dans le vagin ou à son voisinage.
* Rougeur de la région vaginale.
* Écoulement vaginal.

CONSULTEZ LE MÉDECIN

Consultez le médecin dès que possible si votre fille :

* a des pertes vaginales ;
* présente des symptômes malgré vos soins ;
* s'est enfoncé un objet dans le vagin.

Que pourra faire le médecin ?

Le médecin examinera votre fille et prélèvera un échantillon de l'écoulement. Si elle a un objet dans le vagin, il le retirera. Si c'est une infection, il prescrira, selon la cause, des antibiotiques à prendre par voie orale ou une pommade à appliquer localement.

AFFECTIONS GÉNITALES (GARÇON)

Que peut-il se passer ?

Le prépuce, qui recouvre l'extrémité du pénis, peut être le siège d'une inflammation ou d'une infection (balanite), souvent à la suite d'un érythème fessier (voir p. 182).

Si vous remarquez une grosseur dans l'aine ou le scrotum, votre petit garçon a peut-être une hernie.

Que puis-je faire ?

En cas d'inflammation du prépuce, nettoyez à chaque change, ou au moins une fois par jour, les organes génitaux sans savon et séchez avec soin. Pour laver les couches et les culottes, employez un savon doux et rincez bien.

Comment prévenir l'inflammation ?

Ne forcez pas la dilatation du prépuce. Une dilatation forcée du prépuce pourrait provoquer une inflammation. La dilatation se fera progressivement avec les années.

SYMPTÔMES

Inflammation du prépuce

* Prépuce rouge et gonflé.
* Écoulement de pus par le méat urinaire.

Hernie

* Grosseur molle et indolore de l'aine ou du scrotum, qui peut disparaître quand l'enfant se couche et enfler quand il tousse, éternue ou pleure.

Que pourra faire le médecin ?

En cas d'inflammation du prépuce, le médecin pourra prescrire une pommade antibiotique. Cependant, si votre enfant a une hernie, le médecin recommandera une intervention chirurgicale. En effet, il vaut mieux opérer afin d'éviter un étranglement qui pourrait avoir des conséquences sérieuses.

CONSULTEZ LE MÉDECIN

Consultez le médecin dès que possible si :

* le prépuce de l'enfant est rouge ou gonfle, ou si vous remarquez un écoulement ;
* la hernie de l'enfant devient douloureuse ou se modifie d'une façon ou d'une autre.

Consultez le médecin si vous pensez que votre fils a une hernie.

CIRCONCISION

De nos jours, la circoncision n'est plus recommandée, car elle comporte un risque. C'est pourquoi elle n'est pratiquée en général que pour des raisons religieuses ou médicales.

PROBLÈMES DE PEAU

Les troubles cutanés mineurs sont fréquents chez les enfants. La plupart d'entre eux guérissent vite, mais certaines affections très contagieuses doivent être soignées rapidement. Si votre enfant présente une éruption associée à d'autres symptômes, il peut avoir une maladie infectieuse (voir p. 203-208).

GUIDE DE DIAGNOSTIC RAPIDE

Une ou plusieurs taches rouges, ou une éruption, voir Boutons et furoncles, Urticaire, Boutons de chaleur (ci-dessous et page ci-contre), Piqûres d'insectes (p. 252). Si la peau est sèche et écailleuse, voir Eczéma (p. 228).
Zones à vif ou petites fentes autour des lèvres, sur les joues ou les mains, voir Gerçures (p. 229).
Petites cloques ou pustules croûteuses autour de la bouche, voir Herpès buccal ou Impétigo (p. 230-231).
Petites excroissances cutanées sur la peau des mains ou des pieds, voir Verrues (p. 230).
Démangeaisons du cuir chevelu, voir Poux et lentes (p. 232).
Démangeaisons autour de l'anus, voir Oxyures (p. 232).

DÉMANGEAISONS

De nombreuses maladies de peau causent des démangeaisons. Il est important d'apaiser le grattage.
* Faites porter à l'enfant des vêtements en coton, matière moins irritante que la laine ou d'autres tissus.
* Massez doucement la région avec un coton imbibé d'une solution aqueuse (lotion à la calamine, par exemple) qui calme les irritations et les inflammations.
* Faites dissoudre une poignée de bicarbonate de soude dans le bain d'eau tiède du nourrisson et 250 ml dans celui de l'enfant, 2 à 3 fois par jour.

BOUTONS ET FURONCLES

Qu'est-ce que c'est?

Un « bouton » (ou papule) est une petite éminence rouge qui se forme le plus souvent sur le visage. Un furoncle est une inflammation de la peau se traduisant par un gonflement qui, en mûrissant, laisse apparaître une pointe remplie de pus. Les furoncles surviennent fréquemment sur le visage ou au niveau des zones de pression (fesses, par exemple), mais ils peuvent se former sur tout le corps. Des crises de furonculose à répétition peuvent être un signe de maladie.

SYMPTÔMES

Bouton
* Petite saillie rouge et indolore.

Furoncle
* Saillie rouge et douloureuse, qui grossit progressivement.
* Centre blanc ou jaune de pus après 1 ou 2 jours.

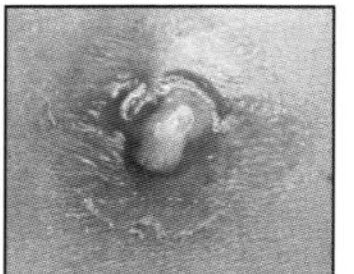

CONSULTEZ LE MÉDECIN

Consultez le médecin le plus vite possible si :
* l'enfant a un bouton qui paraît infecté ;
* l'enfant a un furoncle mal placé ou très douloureux ;
* le pus ne se forme pas 3 jours après l'apparition du furoncle ;
* des traînées rouges marquent la peau en partant du furoncle ;
* l'enfant souffre fréquemment de furoncles.

Que puis-je faire ?

1 Si votre enfant a des boutons de temps en temps, ignorez-les tout simplement. Ils vont disparaître d'eux-mêmes en quelques jours. Si l'enfant bave et qu'un bouton se forme près de sa bouche, appliquez une crème protectrice.

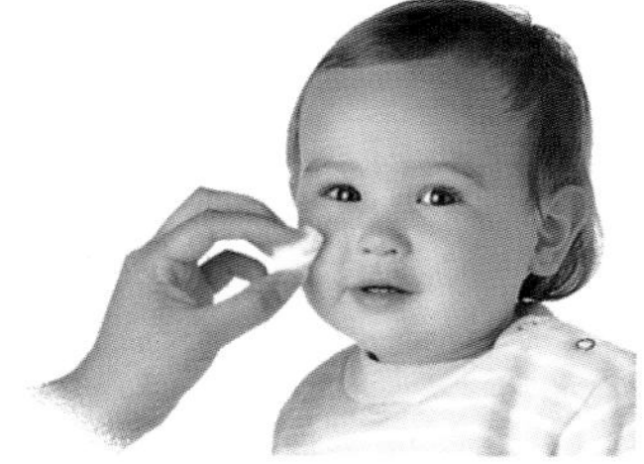

2 Ne pincez pas le furoncle. Appliquez des compresses tièdes chaudes et humides 15 à 20 minutes 4 fois par jour. Nettoyez la peau autour avec de l'eau savonneuse ; bien rincer.

3 S'il y a présence d'un écoulement, recouvrez d'un pansement sec stérile et changez-le au besoin après avoir nettoyé avec de l'eau tiède chaude.

4 Lavez-vous bien les mains après les soins pour diminuer les risques de contamination.

Que pourra faire le médecin ?

Il pourra percer le furoncle et évacuer le pus pour calmer la douleur et résorber le gonflement. Il prescrira éventuellement une pommade. Il pourra aussi opter pour un traitement antibiotique.

URTICAIRE

Qu'est-ce que c'est ?

L'urticaire est une éruption cutanée qui se présente sous forme de taches rouges prurigineuses. Les taches s'effacent en quelques heures, mais sont remplacées par d'autres. Elle peut aussi bien être due au soleil qu'à une allergie à certains aliments ou médicaments.

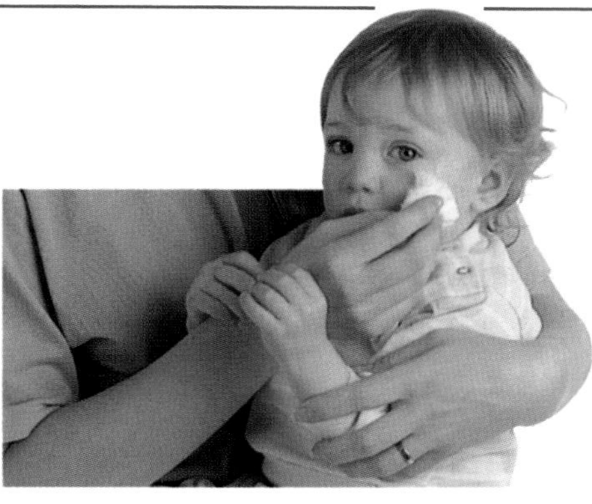

CONSULTEZ LE MÉDECIN

Appelez les secours d'urgence si le visage ou la langue de l'enfant sont enflés, si sa respiration est sifflante, s'il a de la difficulté à avaler ou une réaction cutanée généralisée. Consultez le médecin dès que possible si :

* l'éruption locale augmente ;
* l'enfant a des poussées d'urticaire fréquentes.

SYMPTÔMES

* Éruption de plaques rouges, parfois à centre clair, qui démangent.
* La dimension des plaques varie de 1 mm à 1,5 cm.
* Les grandes plaques ont tendance à se rapprocher.

Que puis-je faire ?

1 S'il a des démangeaisons, voir p. 226.

2 Si l'éruption est causée par une allergie, tentez de découvrir l'allergène pour éviter à l'avenir tout contact de l'enfant avec cette substance. L'éruption apparaît en général quelques heures après le contact avec l'allergène ; essayez de vous rappeler, par exemple, si l'enfant a récemment consommé un nouvel aliment.

Que pourra faire le médecin ?

Le médecin pourra prescrire un antihistaminique. Il pourra aussi faire effectuer des tests pour déceler la cause d'une allergie. Si le visage, la langue ou la gorge de l'enfant sont enflés, le médecin pourra lui faire une piqûre pour faire céder le gonflement.

BOUTONS DE CHALEUR

Qu'est-ce que c'est ?

Les boutons de chaleur sont une éruption légère, et sans gravité, causée par la chaleur. Ils sont plus fréquents chez les bébés que chez les enfants plus grands et apparaissent en général sur le visage ou dans les plis de la peau où la sueur s'accumule.

SYMPTÔMES

* Éruption sur le visage ou dans les plis cutanés.

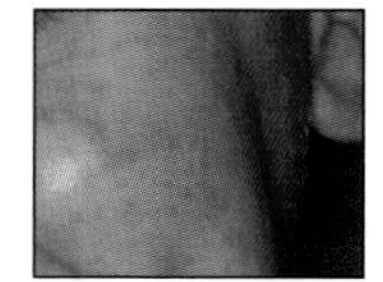

CONSULTEZ LE MÉDECIN

Consultez votre médecin dès que possible si l'éruption persiste ou s'il y a des signes d'infection.

Que puis-je faire ?

1 Enlevez les dessus-de-lit pesants, ôtez une épaisseur de vêtement à l'enfant, laissez-le en chemise et en couche.

2 Donnez-lui un bain tiède. Asséchez en douceur. Évitez d'appliquer de l'huile ou tout autre crème.

3 Prenez la température du bébé ; si elle est élevée, donnez-lui la dose recommandée d'acétaminophène.

Prévenir les boutons de chaleur

Habillez légèrement votre bébé quand il fait chaud, avec des sous-vêtements en coton (et non en laine ou en fibres synthétiques). Assurez-vous qu'il est bien protégé du soleil. Évitez les culottes de plastique qui gardent l'humidité.

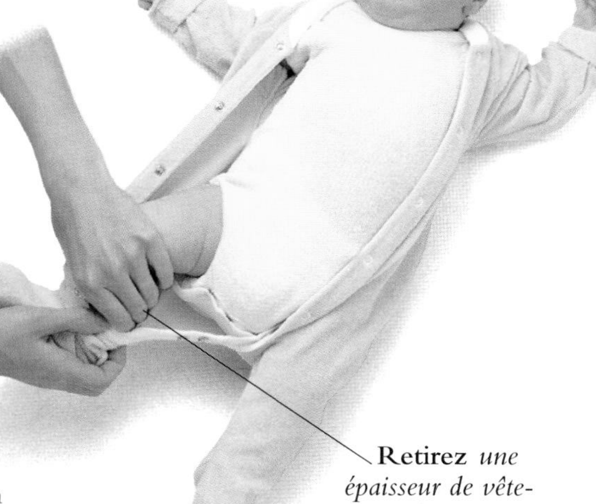

Retirez *une épaisseur de vêtement au bébé qui a trop chaud.*

Que pourra faire le médecin ?

Il s'assurera que l'éruption est bien causée par la chaleur. Si c'est le cas, le bébé n'a pas besoin de traitement. Si l'éruption a une autre cause, le médecin la soignera.

ECZÉMA

Qu'est-ce que c'est ?

L'eczéma est une affection d'origine allergique caractérisée par l'apparition de zones rouges prurigineuses, écailleuses et sèches. Il affecte le plus souvent le visage et les plis cutanés comme le creux du coude ou du genou, mais il peut s'étendre davantage.

Il peut apparaître dès la naissance, puis s'améliore au fur et à mesure que l'enfant grandit. Quelque 50 % des enfants eczémateux sont guéris vers 3 à 4 ans, et la plupart à la puberté. Votre enfant court plus de risques d'avoir de l'eczéma si quelqu'un de la famille est déjà affligé d'eczéma, d'asthme, ou de rhume des foins.

SYMPTÔMES

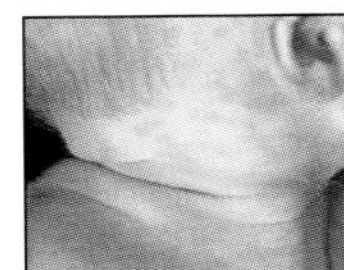

* Plaques sèches, rouges, écailleuses, sur le visage ou dans les plis cutanés.
* Liquide clair suintant des zones atteintes.
* Démangeaisons.

Que puis-je faire ?

1 Lorsque vous donnez un bain à votre enfant, nettoyez les régions affectées avec de l'huile pour bébé ; évitez le savon. Rincez ensuite avec beaucoup d'eau.

2 Après le bain de l'enfant, appliquez sur la zone atteinte une crème émolliente ou hydratante.

Nettoyez la zone *à l'huile pour bébé avec un coton.*

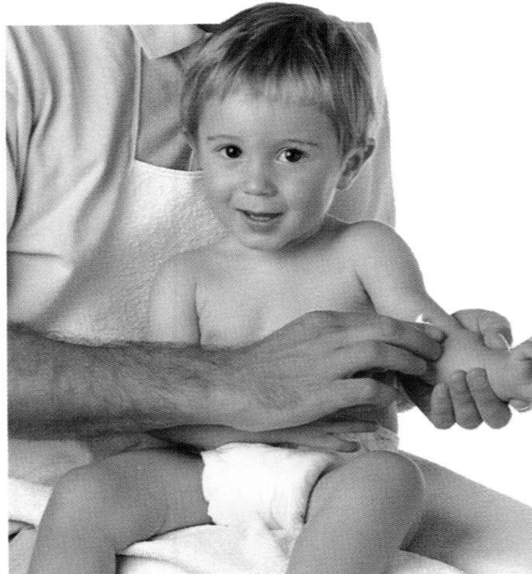

3 Mettez à l'enfant des sous-vêtements en coton et non en laine. Par temps froid, ajoutez des épaisseurs de laine.

4 Essayez d'empêcher l'enfant de se gratter. Gardez ses ongles ras et mettez-lui des chaussettes en coton sur les mains la nuit.

5 Cherchez la cause d'une allergie, alimentaire (produits laitiers, céréales). Mais l'allergie peut aussi être provoquée par des poils d'animaux, des vêtements de laine, de la poudre à laver. L'anxiété peut aussi déclencher une poussée d'eczéma.

6 Quand la poussée d'eczéma est intense, tenez votre enfant éloigné de toute personne atteinte de varicelle ou d'herpès buccal.

CONSULTEZ LE MÉDECIN

Consultez le médecin dès que possible si :

* l'eczéma est très étendu ou très prurigineux ;
* du liquide suinte des plaques.
* vous pensez que votre enfant a de l'eczéma.

Que pourra faire le médecin ?

Le médecin pourra prescrire une pommade et, si la zone est surinfectée, un antibiotique. Si l'enfant est allergique à un aliment, le médecin vous expliquera comment équilibrer son régime alimentaire en éliminant l'aliment responsable.

COUPS DE SOLEIL

Qu'est-ce que c'est?

Un coup de soleil est une rougeur douloureuse de la peau causée par l'exposition au soleil. C'est une brûlure, à laquelle sont particulièrement sensibles les bébés à la peau claire et aux yeux bleus. Et attention aux risques de cancer de la peau plus tard, parce que les effets néfastes du soleil sont cumulatifs.

SYMPTÔMES

* Zones de peau rouge et sensible.
* Apparition de cloques sur les zones les plus brûlées.
* 1 ou 2 jours plus tard, desquamation (la peau pèle).

Que puis-je faire?

1 Installez l'enfant à l'ombre ou à l'intérieur dès que sa peau rosit. N'oubliez pas que les effets les plus nocifs d'un coup de soleil n'apparaissent qu'après quelques heures.

2 Rafraîchissez les zones de peau rougie avec de l'eau froide. Appliquez une lotion hydratante non parfumée à base d'aloès.

PRÉVENTION DES COUPS DE SOLEIL

Jusqu'à ce que votre enfant ait 1 an, couvrez-le toujours au soleil. Essayez de limiter le temps d'exposition au soleil de votre enfant. Avant sa sortie et à toutes les heures, appliquez une crème (indice de protection 15 ou plus). Mettez à l'enfant un tee-shirt et un chapeau de soleil. Qu'il garde son tee-shirt quand il nage ou joue au bord de l'eau pour que ses épaules soient protégées. Appliquez de la crème après la baignade. Rappelez-vous que les rayons du soleil passent à travers les vêtements. Il n'est pas recommandé que les enfants portent des lunettes soleil.

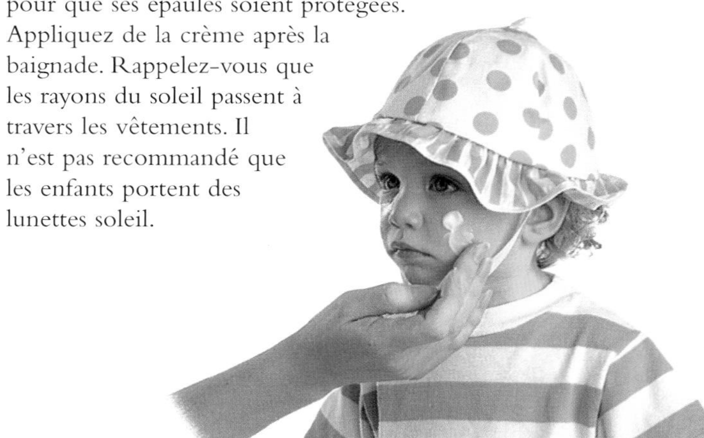

CONSULTEZ LE MÉDECIN

Consultez le médecin dès que possible si :
* l'enfant a de la fièvre et paraît mal en point;
* des cloques se forment sur une région très étendue.

Que pourra faire le médecin?

Le médecin prescrira une pommade adoucissante et cicatrisante.

GERÇURES

Qu'est-ce que c'est?

Les gerçures sont de petites fentes qui apparaissent sur une peau desséchée après une exposition à l'air sec et froid, ou à l'air chaud. Ce n'est pas grave, mais parfois très douloureux.

Que puis-je faire?

1 Utilisez une crème pour les lèvres, et, pour la peau, une crème hydratante ou de la vaseline.

2 Appliquez une huile ou une lotion pour bébé. Gardez ses mains chaudes et sèches.

3 Si les gerçures saignent, couvrez-les d'un pansement adhésif.

SYMPTÔMES

* Fentes de la peau, au niveau des lèvres ou de leur pourtour, des joues, des mains.
* Saignement si la gerçure est profonde.

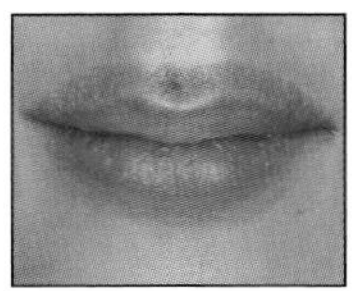

CONSULTEZ LE MÉDECIN

Consultez le médecin dès que possible si :
* la gerçure ne guérit pas après 3 jours;
* la gerçure devient rouge et douloureuse, ou s'infecte.

Que pourra faire le médecin?

Si la région gercée s'infecte, le médecin prescrira un antibiotique. Sinon, il n'y a pas de traitement.

HERPÈS BUCCAL

Qu'est-ce que c'est?

L'herpès buccal (feux sauvages) se traduit par de petites vésicules, souvent situées sur les lèvres, mais peut se propager aux organes génitaux, aux doigts, aux yeux et aux téguments. Il est causé par un virus qui, une fois qu'il a infecté un enfant, reste l'hôte de sa peau et se réactive de temps à autre. Si votre enfant a eu une poussée d'herpès, il en aura probablement d'autres à l'avenir. Le soleil peut déclencher une récidive, ainsi qu'une maladie bénigne, un rhume par exemple, qui cause un peu de fièvre.

SYMPTÔMES

- ⋆ Petit bouton rouge qui picote ou démange, en général autour de la bouche.
- ⋆ Le lendemain, éruption de vésicules jaunâtres douloureuses.
- ⋆ Vésicules formant une croûte après 1 jour ou 2.
- ⋆ Fièvre et malaise général lors de la première poussée.

Que puis-je faire?

1 Appliquez des glaçons sur la zone atteinte s'il y a présence d'enflure. Nettoyez à l'eau et au savon et bien assécher.

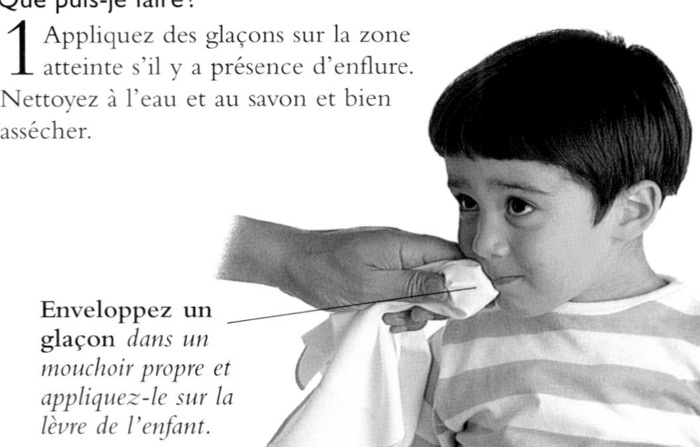

Enveloppez un glaçon *dans un mouchoir propre et appliquez-le sur la lèvre de l'enfant.*

2 Assurez-vous que l'enfant garde les mains propres. Empêchez-le de toucher son herpès, car il pourrait étendre l'infection.

3 Les feux sauvages sont très contagieux. Ne laissez pas votre enfant embrasser d'autres personnes. S'il porte des jouets à sa bouche, qu'il ne les partage pas avec d'autres enfants tant que son herpès n'est pas guéri.

4 Si votre enfant a déjà eu un feu sauvage, protégez ses lèvres avec une pommade écran solaire s'il s'expose au soleil, parce que celui-ci peut déclencher une nouvelle poussée d'herpès.

CONSULTEZ LE MÉDECIN

Consultez le médecin dès que possible si:

- ⋆ l'enfant a une première poussée d'herpès buccal;
- ⋆ le bouton suinte ou se propage;
- ⋆ le feu sauvage est placé près des yeux.

Que pourra faire le médecin?

Le médecin prescrira une pommade à appliquer plusieurs fois par jour sur les zones herpétiques pour accélérer leur guérison.

VERRUES

Qu'est-ce que c'est?

Une verrue est une excroissance cutanée sèche et dure; située sous la plante des pieds, elle prend le nom de verrue plantaire. Les verrues sont causées par un virus. Presque tous les enfants en ont de temps à autre.

Elles ne sont pas douloureuses et disparaissent spontanément en quelques mois. Les verrues plantaires sont contagieuses et douloureuses à cause de la pression exercée par les chaussures ou par la marche. Il faut donc les traiter sans attendre.

SYMPTÔMES

Verrue

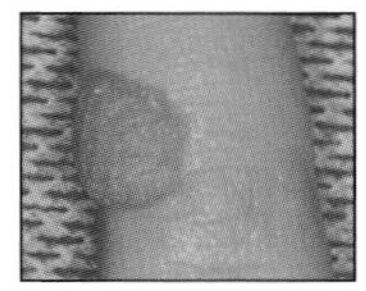

- ⋆ Excroissance coriace de peau sèche.

Verrue plantaire

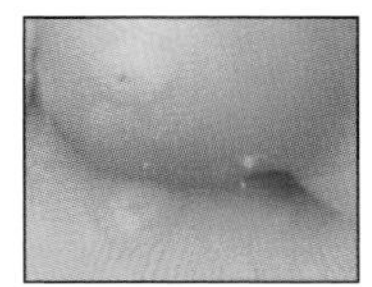

- ⋆ Zone douloureuse et dure sous la plante du pied, avec, parfois, un point noir au centre.

Que puis-je faire?

1 Si votre enfant a une verrue, ne vous en souciez pas, sauf si elle est située sur les organes génitaux, près de l'anus ou sous le pied. Elle disparaîtra d'elle-même après quelques mois, 1 an, ou davantage.

IMPÉTIGO

Qu'est-ce que c'est ?

L'impétigo est une affection de la peau causée par une bactérie. Il peut résulter d'un eczéma ou d'un herpès buccal infecté, bien qu'une peau saine puisse parfois présenter un impétigo. Il siège souvent autour de la bouche et du nez, mais peut affecter n'importe quelle région du corps. S'il est plus fréquent chez les enfants de 0 à 6 ans, un impétigo très étendu peut rendre un bébé très malade. L'impétigo est contagieux, il faut le traiter rapidement. La période de contagion s'étend jusqu'à la cicatrisation des lésions. Si l'enfant est traité avec des antibiotiques par voie orale, la contagion cesse en 24 heures. Isolez l'enfant pendant cette période.

SYMPTÔMES

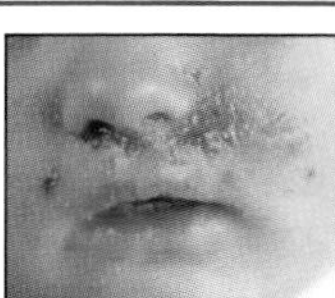

* Éruption de petites taches rouges.
* Formation de bulles sur les taches.
* Rupture des bulles, formation de croûtes brun jaunâtre.
* Fièvre et malaise général chez le bébé.

Que puis-je faire ?

1 Séparez le linge de toilette de l'enfant de celui du reste de la famille. Lavez-le à l'eau chaude souvent pour que l'infection ne se propage pas.

2 Empêchez l'enfant de tripoter ses boutons, de sucer son pouce, de mettre les doigts dans son nez, afin qu'il ne propage pas l'infection.

3 Lavez les lésions à l'eau savonneuse.

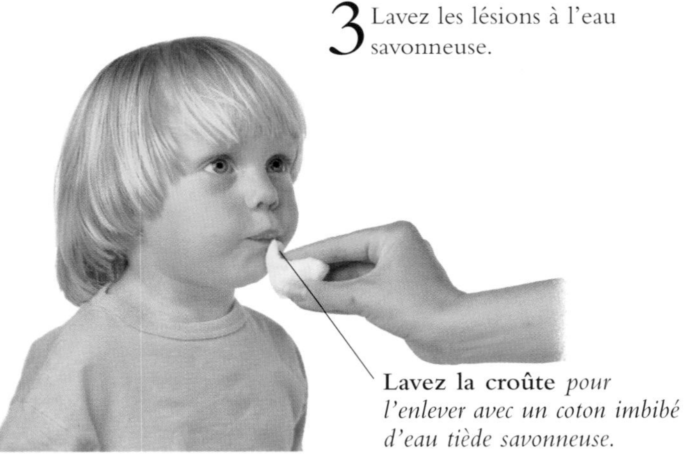

Lavez la croûte *pour l'enlever avec un coton imbibé d'eau tiède savonneuse.*

4 Enlevez les croûtes tous les jours en les ramollissant avec un coton humide pendant 20 minutes. Ne frottez pas trop fort.

5 Laissez sécher à l'air libre. Couvrez les lésions s'il y a présence d'un écoulement.

CONSULTEZ LE MÉDECIN

Consultez le médecin sans tarder si votre bébé a moins de 3 mois et présente une poussée d'impétigo importante. Consultez le médecin dès que possible si vous pensez que votre enfant a un impétigo.

Que pourra faire le médecin ?

Le médecin pourra prescrire une pommade et vous expliquer comment enlever les croûtes avant de l'appliquer. Si l'infection est étendue, il pourra prescrire un antibiotique.

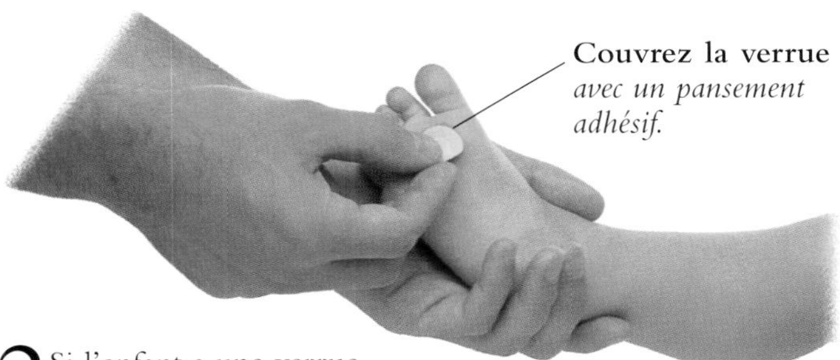

Couvrez la verrue *avec un pansement adhésif.*

2 Si l'enfant a une verrue plantaire, recouvrez-la d'un pansement adhésif et ne le laissez pas marcher pieds nus tant que la verrue n'est pas guérie. Elle peut disparaître spontanément. Mettez tout le linge de toilette de l'enfant à part.

CONSULTEZ LE MÉDECIN

Consultez le médecin s'il y a présence :
* d'une verrue sur les organes génitaux près de l'anus ;
* d'une verrue plantaire ;
* d'un écoulement.

Que pourra faire le médecin ?

Le médecin pourra prescrire une lotion à mettre sur la verrue jusqu'à ce qu'elle disparaisse. Éventuellement, il dirigera l'enfant vers un dermatologue.

POUX ET LENTES

Qu'est-ce que c'est ?

Les poux sont de petits insectes qui parasitent les cheveux et causent des démangeaisons du cuir chevelu. Leurs œufs minuscules (les lentes) se collent à la base des cheveux. Les poux passant aisément d'une personne à l'autre et pouvant survivre 24 heures à l'écart de l'être humain, traitez toute la famille.

Appliquez *le shampooing.*

SYMPTÔMES

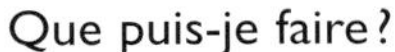

- Démangeaisons du cuir chevelu.
- Petits grains blancs collés aux cheveux près des racines.
- Marques rouges de morsures sur le cuir chevelu.

Que puis-je faire ?

1 Demandez un shampooing contre les poux à votre pharmacien. Appliquez-le sur toute la tête de l'enfant, laissez-le agir le temps voulu. Sur les cils et les sourcils, appliquez de la vaseline et enlevez insectes et lentes au peigne.

2 Lavez et rincez les cheveux, puis peignez-les au peigne fin trempé dans un vinaigre chaud pour enlever les poux morts et les lentes. Il faut souvent recommencer 2 ou 3 fois.

3 Nettoyez la brosse à cheveux, le peigne et les bonnets de l'enfant avec la lotion. Enfermez les chapeaux dans un sac en plastique pendant 14 jours : poux et lentes seront détruits.

4 Prévenez la garderie ou l'école que votre enfant a des poux ; gardez-le à la maison tant que les parasites et leurs œufs ne sont pas détruits.

OXYURES

Qu'est-ce que c'est ?

Les oxyures sont de petits vers blancs, d'environ 1 cm de long. Ils pénètrent dans l'organisme par des aliments contaminés et vivent dans l'intestin, sortant la nuit pour pondre leurs œufs sur la marge de l'anus, causant ainsi des démangeaisons intenses. Ils sont fréquents chez l'enfant et sans danger, bien que les démangeaisons puissent être très désagréables. Chez la fille, les oxyures peuvent se diriger vers le vagin. Il n'est pas nécessaire d'isoler l'enfant.

SYMPTÔMES

- Démangeaisons autour de l'anus, empirant la nuit.
- Démangeaisons autour du vagin.
- Petits vers blancs dans les selles.

Que puis-je faire ?

1 Essayez d'empêcher l'enfant de se gratter parce qu'il peut créer une inflammation périanale ou périvaginale.

2 Coupez ses ongles ras de façon qu'en se grattant il ne puisse pas récolter sous les ongles des œufs qui pourraient le réinfecter ou infecter d'autres personnes.

3 Dites à toute la famille de se laver les mains avec soin après être allé aux toilettes et avant de manger. Utilisez une brosse à ongles. Bien nettoyer le siège de toilette.

CONSULTEZ LE MÉDECIN

Consultez le médecin dès que possible si vous pensez que votre enfant a des oxyures.

4 Si l'enfant ne porte plus de couches, mettez-lui une culotte ou un pantalon de pyjama. Changez ses vêtements et sa literie tous les jours ; stérilisez-les à l'eau bouillante pour détruire vers et œufs. Nettoyez les tapis et les planchers.

5 Si votre enfant se gratte, couchez-le en travers de vos genoux et examinez son anus à la recherche de petits vers blancs. Enlevez ceux que vous voyez avec un papier hygiénique et jetez le tout dans les toilettes.

Que pourra faire le médecin ?

Il prescrira sans doute un vermifuge à toute la famille. Il peut également prescrire à l'enfant une crème pour apaiser l'inflammation autour de l'anus ou du vagin. Il est recommandé de répéter le traitement après 2 semaines.

ÉPILEPSIE

Cause de convulsions récurrentes, l'épilepsie touche beaucoup de gens, y compris des enfants. La crise est causée par une activité électrique excessive des cellules cérébrales. Chez les enfants, la cause de convulsions la plus fréquente reste l'hyperthermie (voir p. 194) ; il ne s'agit pas d'une forme d'épilepsie. Une seule crise ne signifie pas que votre enfant souffre d'épilepsie.

ÉPILEPSIE

Qu'est-ce que c'est ?

L'épilepsie est la tendance à faire des crises (appelées aussi épisodes ou convulsions), qui sont des sursauts d'activité électrique anormale dans le cerveau. Traitées, elles disparaissent souvent à l'adolescence. Il existe plusieurs types d'épilepsie. Les deux formes communes durant l'enfance sont les crises d'absence (petit mal) et les crises de convulsion importantes (grand mal).

Que puis-je faire ?

1 Sur le plancher, couchez l'enfant sur le côté durant la crise. Restez avec lui pour vous assurer qu'il ne se blesse pas, mais n'essayez pas de le contraindre physiquement.

2 Après une crise majeure, mettez votre enfant en position latérale de sécurité (voir p. 241). Ne le réveillez pas s'il s'endort ; assurez-vous cependant qu'il respire bien (voir p. 238).

3 Efforcez-vous d'empêcher votre enfant de se mettre en situation dangereuse en cas de crise. Par exemple, installez une barrière en haut de l'escalier, et ne le laissez pas seul dans le bain. Mais ne le surprotégez pas – il ne devrait jamais avoir l'impression que l'épilepsie en fait un être anormal.

Que pourra faire le médecin ?

Il pourra envoyer votre enfant subir des tests à l'hôpital. Il pourra aussi prescrire un médicament pour aider à contrôler les crises. Si tel est le cas, rapportez au médecin tout changement dans le comportement de votre enfant, mais n'arrêtez pas le médicament de votre propre chef.

SYMPTÔMES

Crises d'absence (petit mal)

* Immobilité soudaine.
* Expression hébétée.
* Récupération complète en quelques secondes.

Crises majeures (grand mal)

* Inconscience subite : votre enfant tombe par terre.
* Bras et jambes raides.
* Mouvements saccadés ou désordonnés.
* Miction.
* Sommeil ou retour graduel à la conscience lorsque les mouvements saccadés cessent.

CONSULTEZ VOTRE MÉDECIN

Consultez votre médecin si vous croyez que votre enfant a :

* une crise pour la première fois ;
* une crise qui dure plus de 3 minutes ;
* une série de crises, en succession rapide.

Demandez conseil à votre médecin si vous pensez qu'il s'agit d'une crise majeure.

En roulant l'enfant, *gardez sa main contre sa joue.*

Pliez le genou *extérieur à angle droit.*

La position latérale de sécurité
Si votre enfant fait une convulsion, placez-le en position latérale de sécurité et assurez-vous qu'il respire bien. Laissez-le dans cette position jusqu'à ce qu'il reprenne conscience. S'il s'endort, laissez-le se réveiller de lui-même.

SÉCURITÉ DE VOTRE ENFANT

Un quart des accidents domestiques concerne les enfants de moins de 4 ans, mais il existe de nombreux moyens pour accroître la sécurité dans votre maison. La première précaution est de garder toujours l'enfant sous surveillance. Lorsque vous achetez des objets pour l'enfant, choisissez du matériel correspondant aux normes de sécurité ainsi qu'à l'âge et au poids de l'enfant. Le matériel acheté d'occasion doit être robuste, et toutes ses pièces, y compris les harnais de sécurité et les freins, doivent être en parfait état. Rappelez-vous que les risques d'accident sont plus grands quand l'enfant est fatigué, malade ou qu'il a faim. Assurez-vous d'avoir toujours près du téléphone les numéros utiles en cas d'urgence : centre anti-poison, ambulance, police, pompiers. En votre absence, prévoyez un numéro où la gardienne peut vous joindre.

SÉCURITÉ À LA MAISON

Tous les enfants courent le risque d'avoir des accidents parce que leur désir d'explorer la maison et de faire de nouvelles expériences dépasse de beaucoup leur bon sens et leur capacité de prévision. De nombreux accidents sont évitables, et c'est à vous d'assurer la sécurité de votre enfant. Cela ne veut pas dire restreindre ses activités, mais vous assurer que le monde dans lequel il joue et évolue est sécuritaire.

Conservez *hors de portée les sacs en plastique.*

Gardez les produits *d'entretien et la poubelle dans un placard bien fermé.*

Équipez vos appareils *de fils en ressort à boudin.*

Posez les récipients chauds *à l'arrière du plan de travail.*

Conservez *les ustensiles coupants dans un tiroir pourvu d'une fermeture de sécurité.*

Gardez l'enfant *loin de la cuisinière quand elle est en marche. Tournez vers le fond les manches des casseroles.*

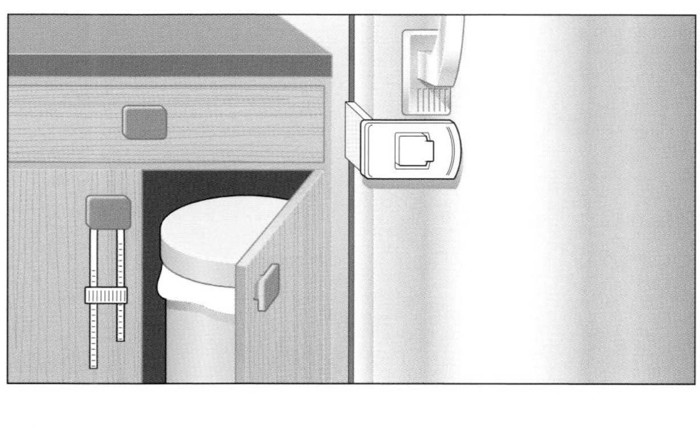

Ne laissez pas *l'enfant toucher la porte du four.*

CUISINE

Votre cuisine recèle nombre de dangers potentiels pour l'enfant, surtout lorsque vous êtes préoccupée et soucieuse. Éloignez votre enfant de l'aire de cuisson quand vous faites la cuisine : installez-le dans sa chaise portative, bien attaché, ou dans son parc. Rappelez-vous que les plaques de cuisson, la bouilloire, le fer à repasser restent longtemps chauds une fois débranchés. Aux repas, gardez les boissons et les plats chauds au centre de la table, hors de portée de l'enfant (ne mettez pas de nappe).

PROTÉGEZ VOTRE BÉBÉ

Chaque fois que votre enfant fait des progrès, il s'expose à de nouveaux dangers. Il vous faut donc les prévoir. Tout jeune, il va apprendre à rouler sur lui-même ; donc, si vous devez absolument le laisser seul hors de son lit, posez-le par terre. Vers 2 mois, il sera capable de tenir un objet et, à 3 mois, il pourra l'attraper. Assurez-vous que tout ce qu'il peut saisir est inoffensif et assez volumineux pour qu'il ne puisse l'avaler et s'étouffer. Quand votre bébé est dans vos bras, ne mangez pas, ne buvez pas, ne fumez pas, ne transportez rien de chaud. Ne laissez jamais votre bébé seul, un biberon à la bouche : il pourrait s'étouffer. Équipez de harnais de sécurité son landau, sa chaise haute, sa chaise portative. Ne posez jamais sa chaise portative sur une table.

Ne laissez jamais sans surveillance un jeune enfant avec votre bébé : il pourrait le prendre et le laisser tomber, ou lui donner des objets dangereux.

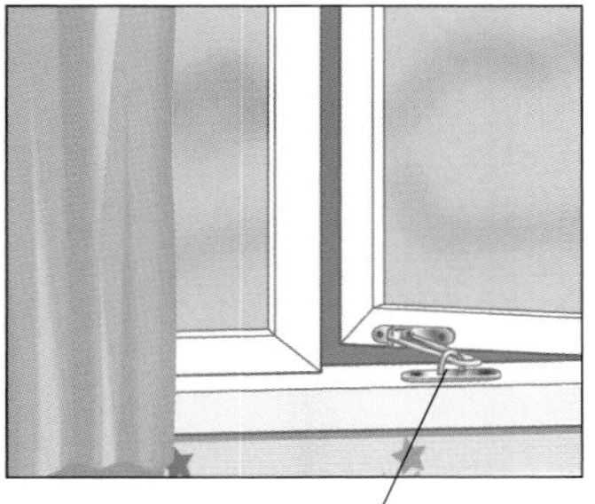

Installez un entrebâilleur *de fenêtre qui empêche l'ouverture en grand. Ouvrez plutôt la partie supérieure des fenêtres à guillotine.*

CHAMBRE

Votre enfant va passer dans sa chambre un temps considérable. Il faut donc qu'il y soit en sécurité. Ne mettez pas d'oreiller dans son lit jusqu'à 2 ans au moins. N'attachez pas ses jouets au lit avec des ficelles, qui pourraient s'entortiller autour de son cou. Laissez les jouets volumineux et les coussins hors du berceau : le bébé pourrait s'en servir pour escalader les côtés. Ne suspendez plus de jouet en travers du lit dès que votre bébé sait se redresser. Ses jouets doivent être en matières non toxiques et ininflammables ; ils doivent respecter l'âge de l'enfant. Assurez-vous qu'aucune pièce que l'enfant pourrait avaler ne se détache.

Rangez les jouets *dans un placard ou dans un tiroir bas pour que l'enfant les atteigne sans avoir à grimper.*

Vérifiez *la robustesse du mobilier et l'absence d'angles vifs.*

Gardez *le nécessaire pour le change dans une boîte fermée.*

Installez-vous *sur le plancher pour changer votre bébé.*

Utilisez une literie *ininflammable.*

Placez le sommier *dans sa position la plus basse.*

SALLE DE BAINS

Ne laissez jamais votre enfant seul dans la baignoire pour aucune raison, et garnissez le fond d'un tapis antidérapant. Les sièges de bain munis de ventouses ne remplacent pas la surveillance constante d'un adulte. Réglez la température de l'eau chaude du robinet à moins de 55 °C et faites toujours couler l'eau froide d'abord. Vérifiez la température avant de plonger l'enfant dans le bain. D'autres accidents peuvent être évités :

* conservez les médicaments hors de portée de l'enfant dans une armoire fermée à clé. Demandez au pharmacien de vous donner des bouteilles de médicament munies d'un bouchon de sécurité. Gardez toujours les médicaments dans leur contenant original ;
* gardez les rasoirs et les produits de maquillage hors de sa portée ;
* entreposez les produits de nettoyage et la brosse des toilettes dans un placard fermé à clé ;
* équipez votre douche d'un rideau ou d'un panneau de verre de sécurité ;
* n'utilisez aucun appareil électrique dans la salle de bains ni à proximité du bébé.

JARDIN

Surveillez votre enfant quand il joue dans le jardin et, si vous le laissez dormir dehors, installez sur son landau un filet de protection contre les chats ou une moustiquaire. Assurez-vous qu'il n'est pas exposé au soleil, au froid et au grand vent. Ne le laissez jamais jouer dans un bassin ou à côté sans la surveillance d'un adulte et videz le bassin après le jeu. Assurez-vous que rien ne lui permet de grimper sur la piscine hors terre. Gardez vos allées en bon état : arrachez la mousse et les mauvaises herbes. Éloignez l'enfant des zones traitées à l'insecticide, à l'engrais ou à l'herbicide.

Enfermez *tous vos outils, les herbicides, les engrais et les insecticides.*

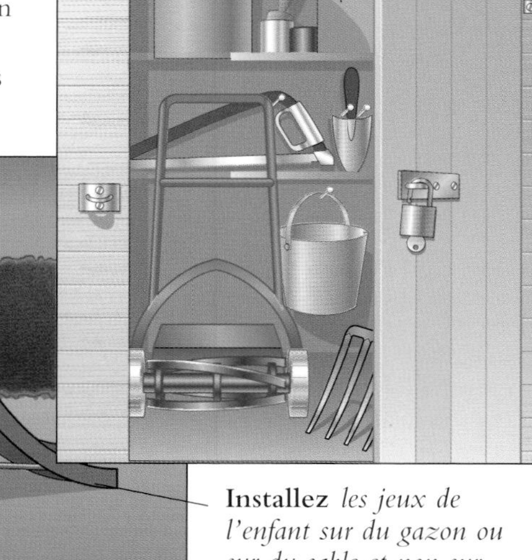

Protégez *tout plan d'eau d'un grillage ou d'une barrière solide. Il suffit de quelques centimètres d'eau pour qu'un enfant se noie.*

Vérifiez *que la couche de sable du bac à sable n'est pas assez profonde pour qu'il s'enterre et apprenez-lui à ne jamais lancer de sable. Couvrez le bac lorsqu'il ne s'en sert pas.*

Installez *les jeux de l'enfant sur du gazon ou sur du sable et non sur une surface dure.*

SALLE DE SÉJOUR

Quand vous achetez des pièces de mobilier capitonné, assurez-vous que le rembourrage ne dégagera pas de fumées toxiques en cas d'incendie. Mettez des garde-feu autour du foyer et du poêle à combustion ; n'utilisez pas de radiateurs électriques à rayonnement non grillagés. L'arrière du téléviseur doit lui être inaccessible. Ne laissez traîner ni cigarettes, ni allumettes, ni alcool, ni matériel de couture, ni pièces de monnaie. Placez les plantes d'intérieur hors d'atteinte.

Si vous avez des portes-fenêtres vitrées, utilisez des vitres armées ou protégez-les par un grillage, ou encore collez des papillons de couleur pour que l'enfant localise la glace.

ENTRÉES ET ESCALIERS

Placez des barrières de sécurité en haut et en bas des escaliers. Assurez-vous qu'elles soient bien fixées. Entrées, escaliers, paliers doivent être bien éclairés. Les barreaux doivent avoir un écartement assez étroit pour que l'enfant ne puisse s'y glisser. Ne laissez pas, en attendant de les monter, des jouets, des piles de linge, ou quoi que ce soit d'autre sur une marche d'escalier. Le loquet de la porte d'entrée doit être hors d'atteinte de l'enfant. Recollez les carreaux disjoints, raccommodez les carpettes déchirées et fixez un tapis antidérapant sous les carpettes mobiles. Vérifiez que votre enfant ne peut pas s'enfoncer d'échardes dans les pieds s'il marche pieds nus.

ÉLECTRICITÉ

Les chocs causés par le courant électrique peuvent être graves. Protégez votre enfant :

- en débranchant les appareils électriques ;
- en coiffant vos prises de courant de cache-prises ;
- en inspectant régulièrement les fils des appareils et en remplaçant ceux qui sont endommagés ;
- en ne laissant jamais un enfant de moins de 4 ans jouer avec des jouets électriques alimentés par une prise de courant.

VOITURE

Un enfant doit toujours voyager installé à l'arrière de la voiture dans un siège homologué convenant à son poids et à son âge. Bloquez les portières ; ne le laissez pas se pencher par la fenêtre ni sortir un bras à l'extérieur. À l'arrêt, bloquez le frein à main, enclenchez une vitesse, coupez le contact et emportez la clé. Ne laissez jamais un enfant seul dans une voiture. Regardez où se trouve votre enfant avant de claquer une portière ou de faire marche arrière : s'il est juste derrière le véhicule, vous ne le verrez pas dans le rétroviseur.

PREMIERS SOINS

Si votre enfant est blessé, commencez toujours par traiter la blessure la plus grave. S'il est inconscient, assurez-vous qu'il respire normalement, sinon réanimez-le (voir p. 238-239) avant de soigner ses blessures. S'il respire, occupez-vous d'abord des problèmes qui pourraient être à l'origine d'une gêne respiratoire, comme l'étouffement, la suffocation ou la noyade (voir p. 242-243), puis soignez les saignements (voir p. 246). Si votre enfant est gravement blessé ou en état de choc, vous devez lui dispenser les premiers soins avant d'appeler les secours. Vous trouverez ici des conseils à suivre en cas de besoin et les informations vous permettant de demander les secours au bon moment. Si l'enfant a besoin d'être hospitalisé d'urgence, le transport en ambulance est parfois indispensable. Les secours d'urgence, souvent accompagnés d'un médecin, peuvent entreprendre des soins d'urgence avancés.

TRANSPORT D'UN ENFANT À L'HÔPITAL

Appelez une ambulance ou faites-en appeler une par un témoin si :
* vous pensez que l'enfant a une lésion de la colonne vertébrale ;
* vous estimez qu'il a besoin d'un traitement continu pendant le transport.

Si vous emmenez vous-même l'enfant à l'hôpital, essayez de trouver un conducteur tandis que vous vous installerez à l'arrière avec l'enfant et continuerez à lui prodiguer des soins.
Si vous avez besoin d'une ambulance et que votre enfant a perdu connaissance, continuez de le surveiller pendant que vous appelez les secours. S'il ne respire, pas, pratiquez la respiration artificielle avant d'appeler l'ambulance. Ne cessez pas la réanimation tant qu'il n'a pas recommencé à respirer, mais, entre les insufflations du bouche-à-bouche, criez pour donner l'alerte.

ATTENTION

Si votre enfant semble avoir une lésion de la colonne vertébrale au niveau du cou ou du dos, ne le déplacez pas, sauf si c'est absolument indispensable. Laissez-le dans la position dans laquelle vous l'avez trouvé tandis que vous vous assurerez qu'il respire normalement. Si vous avez besoin de pratiquer la respiration artificielle, essayez de vous faire aider. Installez l'enfant sur le dos très doucement, sans mobiliser sa colonne vertébrale, en lui maintenant la tête, les épaules et les hanches pour que son corps se déplace d'un seul bloc.

TROUSSE D'URGENCE

Placez votre matériel de premiers soins dans une boîte propre et sèche, et remplacez au fur et à mesure les produits utilisés. Pour une longue promenade, emportez de quoi nettoyer les écorchures.

Adhésif chirurgical
Pratique pour fixer les pansements et rapprocher les bords des longues coupures.

Lotion à la calamine
Elle calme la brûlure causée par les piqûres d'insectes.

Compresses stériles et absorbantes
Elles n'adhèrent pas aux écorchures.

Bande de crêpe

Ciseaux

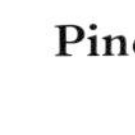

Pince

Bandage triangulaire
Pour poser une écharpe ou consolider un pansement.

Bandes de gaze

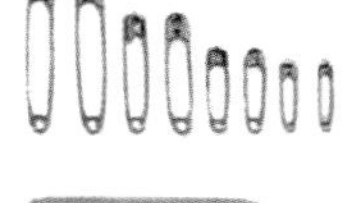

Épingles de sûreté

Pansement et sa bande, prêts à poser
Ces pansements sont chers et ne se trouvent que dans les magasins spécialisés, pas en pharmacie.

Pansements adhésifs
de dimensions variées pour les égratignures et les coupures.

GUIDE DU SAUVETAGE

Familiarisez-vous avec les gestes décrits ici pour les effectuer rapidement en cas d'urgence. Chaque seconde compte. Si l'enfant paraît inconscient, réanimez-le avant d'essayer de traiter une blessure éventuelle. S'il ne respire plus, il faut lui insuffler de l'air dans les poumons, pour préserver son cerveau. En lui insufflant votre propre air, vous pouvez empêcher des lésions cérébrales irréversibles et lui sauver la vie. Si son cœur a cessé de battre, vous pouvez le faire fonctionner manuellement pour que le sang continue de circuler, demandez à un témoin d'appeler immédiatement les secours d'urgence ; si vous êtes seul, commencez les manœuvres de réanimation, puis appelez les secours.

URGENCE

✚ Cette section ne vise pas à remplacer un cours de RCR-réanimation. Si possible, suivez un tel cours ; vous pourriez sauver la vie de votre enfant.

CONSCIENT OU INCONSCIENT ?

Tapotez les épaules de l'enfant, appelez-le par son nom. Voyez s'il réagit. **Ne le secouez pas :** cela pourrait aggraver d'éventuelles lésions. Vérifiez toujours s'il ne semble pas y avoir de lésion de la colonne vertébrale.

✚ **S'il ne réagit pas,** il est inconscient, appelez une ambulance et assurez-vous qu'il respire normalement.

✚ **S'il réagit,** cherchez une blessure éventuelle et soignez-la (voir p. 244-253).

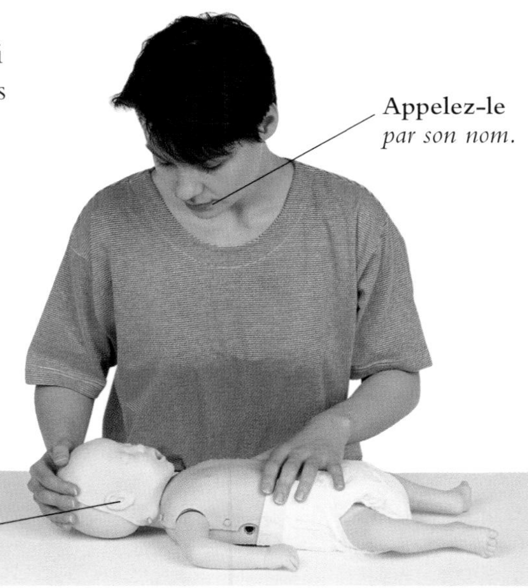

Appelez-le *par son nom.*

Tapotez-lui *les épaules doucement.*

EXAMEN DE LA RESPIRATION

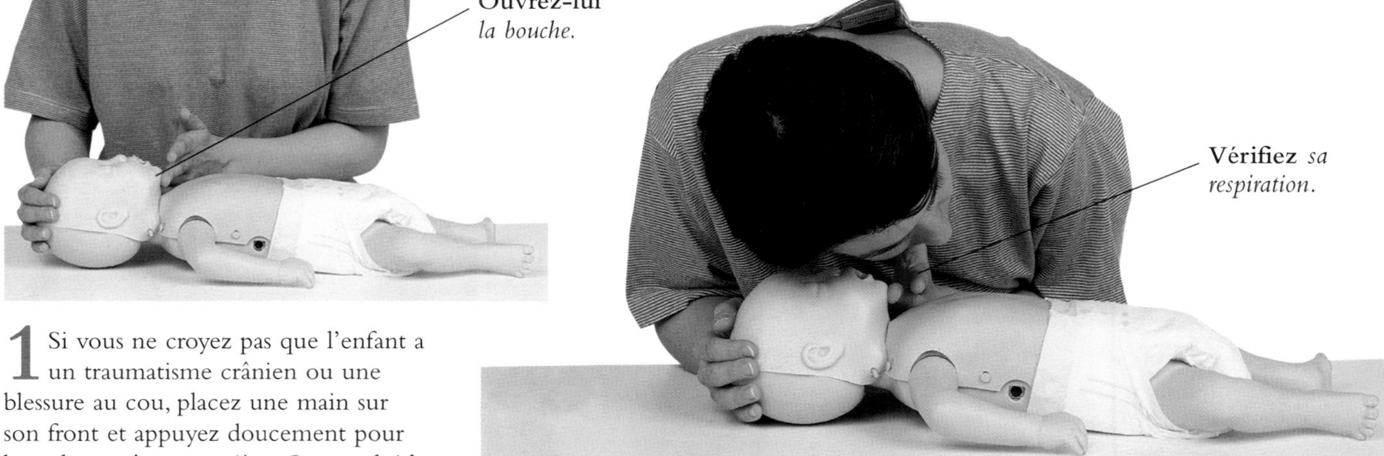

Ouvrez-lui *la bouche.*

Vérifiez *sa respiration.*

1 Si vous ne croyez pas que l'enfant a un traumatisme crânien ou une blessure au cou, placez une main sur son front et appuyez doucement pour basculer sa tête en arrière. Ouvrez-lui la bouche.

2 Approchez votre oreille de sa bouche et de son nez, votre visage tourné vers ses pieds. Surveillez le bruit de son souffle, vérifiez si vous sentez le souffle contre votre oreille et observez sa poitrine pour voir si elle se soulève et s'affaisse quand il respire.

✚ **S'il n'y a aucun mouvement respiratoire,** vérifiez que l'enfant n'a pas quelque chose dans la bouche qui bloque la respiration, en veillant à ne pas l'enfoncer davantage. Vérifiez de nouveau sa respiration.

✚ **S'il n'y a aucun mouvement respiratoire,** commencez immédiatement la respiration artificielle (voir page ci-contre).

✚ **Si l'enfant respire,** couchez-le sur le côté en position latérale de sécurité (voir p. 241) et appelez les secours d'urgence.

TECHNIQUE DE LA RESPIRATION ARTIFICIELLE POUR UN BÉBÉ

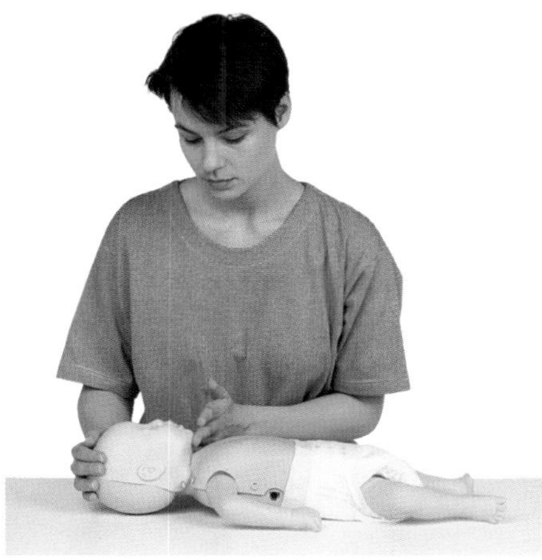

1 Soulevez le menton du bébé pour avancer sa mâchoire. Placez la main sur son front pour maintenir la tête et la garder basculée en arrière.

2 Prenez une inspiration naturelle, puis placez votre bouche sur sa bouche et sur son nez le plus hermétiquement possible et soufflez doucement. Répétez une seconde fois.

3 Observez sa poitrine pour voir si elle se soulève quand vous soufflez.

✚ **Si la poitrine ne se soulève pas,** traitez-le comme pour un étouffement (voir p. 242).

✚ **Si sa poitrine se soulève,** vous devez évaluer s'il y a présence des signes vitaux (voir p. 240).

TECHNIQUE DE LA RESPIRATION ARTIFICIELLE POUR UN ENFANT

1 Levez le menton de l'enfant pour faire avancer sa mâchoire. De l'autre main, appuyez sur sa tête de façon à la maintenir en arrière et pincez-lui les narines.

2 Prenez une inspiration profonde et collez vos lèvres autour de la bouche de l'enfant. S'il est encore très jeune, collez vos lèvres sur sa bouche et son nez comme dans le cas du bébé (voir ci-dessus). Soufflez-lui doucement dans la bouche. Répétez une seconde fois.

3 Regardez sa poitrine pour voir si elle se soulève.

✚ **Si sa poitrine ne se soulève pas,** un obstacle obstrue sans doute sa trachée. Traitez-le comme pour un étouffement (voir p. 242) puis reprenez la respiration artificielle si nécessaire.

✚ **Si sa poitrine se soulève,** vérifiez s'il y a présence des signes vitaux (voir p. 240).

GUIDE DU SAUVETAGE

REPÉRER LES SIGNES VITAUX

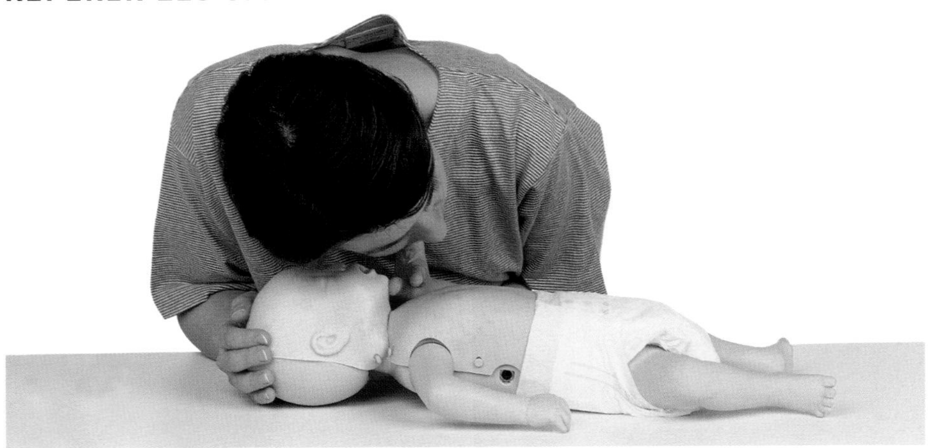

Chez le bébé ou l'enfant, repérez les signes vitaux tels que la respiration (p. 238), le mouvement, la coloration de la peau, la déglutition ou la toux. Le pouls peut être difficile à sentir.

POUR LE BÉBÉ OU L'ENFANT

+ **Si vous ne percevez aucun signe vital,** son cœur s'est peut-être arrêté. Commencez immédiatement le massage cardiaque externe (voir ci-dessous).

+ **S'il y a des signes vitaux,** continuez à pratiquer le bouche-à-bouche au rythme d'environ une insufflation toutes les 3 secondes jusqu'à ce qu'il recommence à respirer ou que l'aide arrive. Dès qu'il recommence à respirer, tournez-le sur le côté en position latérale de sécurité (voir page ci-contre).

MASSAGE CARDIAQUE EXTERNE

POUR UN BÉBÉ

1 Gardez une main sur le front du bébé. Placez le majeur et l'annulaire à la base du sternum.

2 Appuyez sur le sternum pour l'enfoncer d'environ 1,5 à 2,5 cm. Répétez 5 fois au rythme de 2 pressions par seconde.

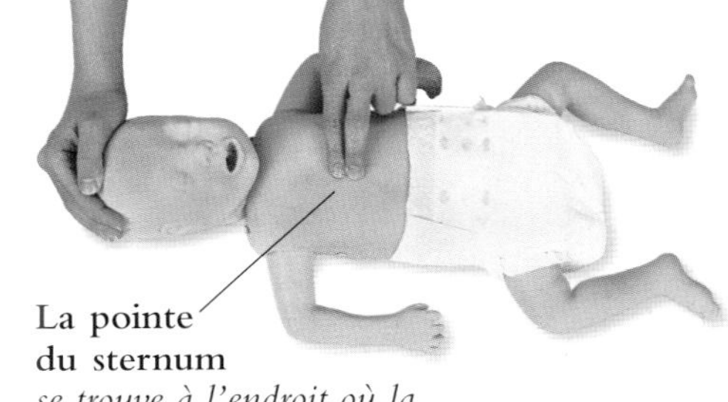

La pointe du sternum *se trouve à l'endroit où la cage thoracique dessine un V inversé : trouvez-la en palpant.*

3 Pratiquez une insufflation complète en alternance avec 5 compressions de la poitrine pendant environ 1 minute en vérifiant les signes vitaux entre chaque cycle.

4 Au bout d'une minute de cycles, appelez une ambulance et continuez à pratiquer le massage cardiaque externe jusqu'à ce que l'aide arrive.

POUR UN ENFANT DE PLUS DE 1 AN

1 Couchez l'enfant sur le dos sur une surface ferme. Penchez légèrement sa tête vers l'arrière.

2 Cherchez la base du sternum avec votre majeur. Repérez cet endroit de l'index.

3 Placez la paume de la main sur l'endroit que vous venez de repérer. Appuyez sur 2,5 à 4 cm de profondeur, puis relâchez. Répétez au rythme de 2 pressions à la seconde environ.

4 Pratiquez une insufflation complète. Répétez les cycles de 5 pressions de la poitrine pour une insufflation en examinant les signes vitaux régulièrement. Assurez-vous qu'une ambulance a été appelée. Continuez à pratiquer le massage cardiaque externe jusqu'à ce que l'enfant récupère ou que les secours puissent prendre la relève.

Repérez *l'emplacement adéquat de votre main en recherchant la base du sternum.*

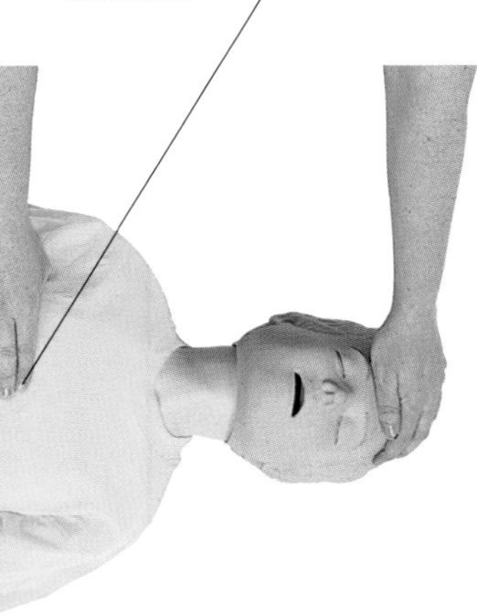

POSITION LATÉRALE DE SÉCURITÉ

Placez votre bébé ou votre enfant dans cette position s'il est inconscient mais respire. C'est la position la plus sûre parce qu'elle empêche sa langue de basculer en arrière vers sa gorge et d'obstruer ses voies respiratoires et prévient le risque d'étouffement s'il vomit.

ATTENTION

Ne placez pas un enfant dans la position latérale de sécurité si vous soupçonnez une lésion du cou ou du dos, comme en cas d'accident.

POSITION LATÉRALE DE SÉCURITÉ (BÉBÉ)

Lorsque vous prenez un bébé ou un enfant de moins de deux ans dans vos bras, veillez à ce que sa tête soit légèrement penchée pour que sa respiration ne soit pas obstruée.

POUR UN ENFANT DE PLUS DE DEUX ANS

1 Agenouillez-vous à côté de l'enfant. Penchez sa tête légèrement vers l'arrière en soulevant son menton pour ne pas bloquer sa respiration pendant que vous le placez en position latérale de sécurité.

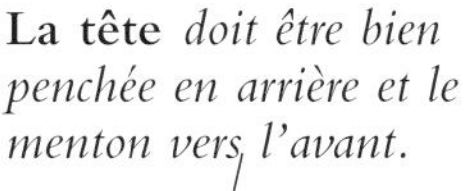

La tête *doit être bien penchée en arrière et le menton vers l'avant.*

3 Croisez son autre bras sur sa poitrine en maintenant sa main contre sa joue opposée.

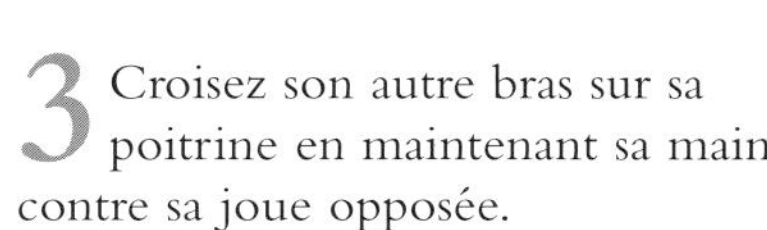

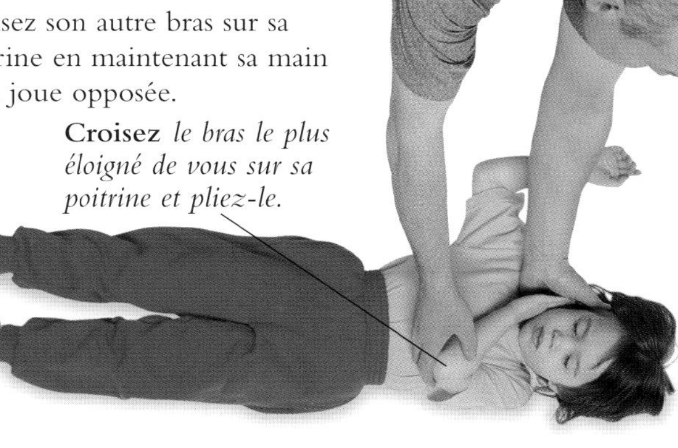

Croisez *le bras le plus éloigné de vous sur sa poitrine et pliez-le.*

2 Allongez ses jambes si nécessaire. Pliez le bras le plus proche de vous à angle droit à plat sur le sol, paume vers le haut.

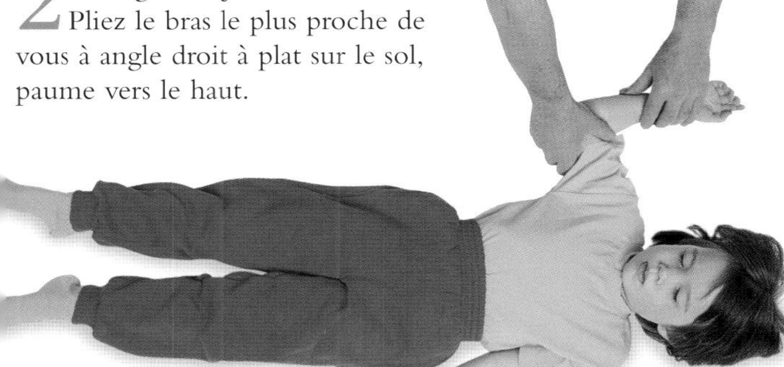

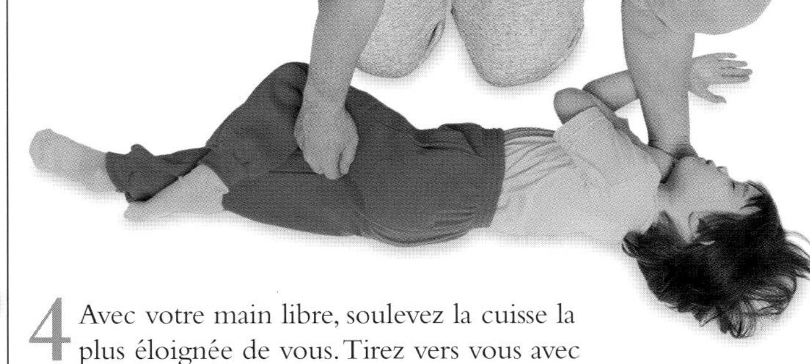

4 Avec votre main libre, soulevez la cuisse la plus éloignée de vous. Tirez vers vous avec précaution le genou plié tout en laissant le pied au sol. En maintenant la main de votre enfant contre sa joue pour soutenir sa tête, tirez la cuisse de la jambe pliée vers vous pour faire rouler l'enfant sur le côté.

Pliez *sa jambe supérieure à angle droit pour l'empêcher de rouler vers l'avant.*

5 Placez son bras et sa jambe en contrepoids et redressez sa tête. Appelez une ambulance.

ÉTOUFFEMENT

L'étouffement se produit quand un petit objet ou un débris alimentaire se coince dans la trachée, déclenchant un accès de toux. Il est important de déloger rapidement le corps étranger pour que l'enfant puisse respirer normalement. Si l'enfant ne peut plus crier ni parler, ou qu'il présente des difficultés respiratoires graves ou que la couleur de sa peau est bleutée, suivez les étapes suivantes :

URGENCE

✚ Appelez les secours d'urgence immédiatement si :
- ⋆ votre enfant cesse de respirer ;
- ⋆ vous ne pouvez dégager l'objet qui l'empêche de respirer ;
- ⋆ votre enfant continue à étouffer même quand vous avez ôté cet objet.

SECOURIR UN BÉBÉ (MOINS DE 1 AN)

1 Couchez votre bébé sur votre avant-bras, la tête un peu plus basse que le tronc en soutenant sa tête sous le menton, dans votre main. Donnez-lui 5 tapes rapides entre les omoplates avec la paume de l'autre main.

Maintenez *sa tête en bas et donnez 5 tapes entre les omoplates.*

2 Si le bébé étouffe toujours, placez votre bras libre sur son dos et, toujours en lui soutenant la tête, retournez-le. Donnez-lui alors 5 compressions rapides sur le sternum en suivant la même position

Allongez-le *sur le dos sur votre bras libre.*

3 Si votre bébé ne se remet pas à respirer normalement quand le blocage a cédé, poursuivez immédiatement la respiration artificielle (voir p. 238-239).

4 Si le corps étranger n'est pas dégagé, appelez une ambulance et répétez les étapes 1 à 3 jusqu'à ce que l'aide arrive ou que le bébé recommence à respirer.

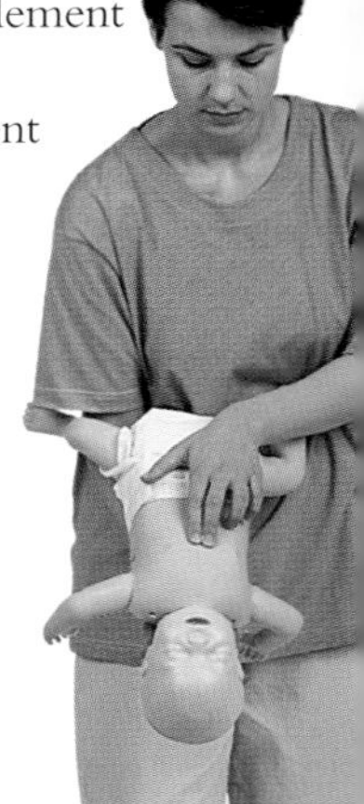

SECOURIR UN ENFANT

1 Encouragez l'enfant à continuer à tousser pour déloger l'obstruction. N'intervenez pas à moins que sa toux ne devienne faible ou qu'il émette un sifflement en respirant. Dites-lui alors que vous allez l'aider.

2 Placez-vous debout ou à genoux derrière l'enfant, selon sa hauteur. Entourez sa taille de vos bras. Refermez un de vos poings, le pouce rentré, et placez-le contre le ventre de l'enfant, au-dessus du nombril (mais au-dessous du sternum). En utilisant l'autre main pour faire pression, appuyez très fort en poussant vers le haut.

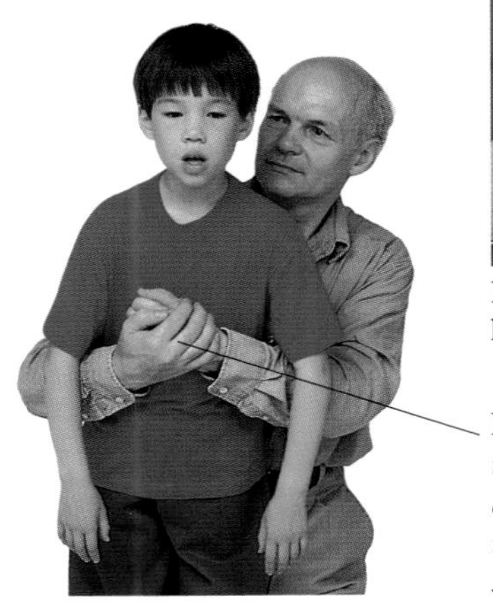

Placez *un poing au-dessus du nombril sous le sternum.*

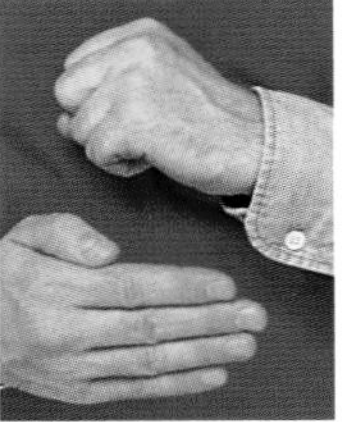

Pression sur le thorax

3 Si l'enfant ne retrouve pas une respiration normale après que le corps étranger ait été délogé, pratiquez la respiration artificielle (voir p. 239).

4 Si la pression abdominale échoue, appelez une ambulance et répétez les étapes ci-dessus en l'attendant.

SUFFOCATION

Tout objet recouvrant le visage d'un enfant peut lui obstruer les narines et la bouche, et l'empêcher de respirer.

Que puis-je faire ?

1 Prenez l'enfant et ôtez ce qui couvre son visage.

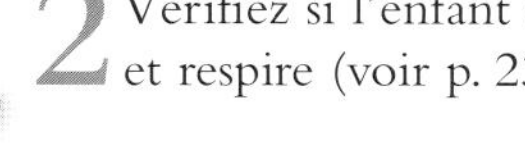

2 Vérifiez si l'enfant est conscient et respire (voir p. 238).

URGENCE

✚ Appelez les secours d'urgence immédiatement si votre enfant :
* perd conscience ;
* cesse de respirer, même pendant quelques secondes ;
* manifeste tout symptôme inquiétant.

✚ **S'il ne respire pas,** commencez la respiration artificielle immédiatement (voir p. 239) et demandez à quelqu'un d'appeler les secours d'urgence.

✚ **S'il respire, mais qu'il est inconscient,** placez-le en position latérale de sécurité (voir p. 241), puis appelez les secours d'urgence.

✚ **S'il est conscient,** rassurez-le, réconfortez-le. Téléphonez à l'infirmière d'Info-Santé pour une évaluation téléphonique.

NOYADE

Un enfant peut se noyer dans très peu d'eau. Ne le laissez jamais sans surveillance. Le visage sous l'eau, un jeune enfant ouvre la bouche et laisse l'eau entrer dans ses voies aériennes. Il se produit alors un spasme de l'épiglotte, qui referme les voies respiratoires.

Que puis-je faire ?

Assurez-vous que votre enfant est conscient et qu'il respire (voir p. 238). S'il tousse, étouffe ou vomit, c'est qu'il respire. Il peut s'être lésé le cou ou la colonne vertébrale, manipulez-le très doucement sans bouger sa colonne vertébrale.

✚ **S'il ne respire pas,** ne perdez pas de temps à essayer de vider ses poumons de l'eau qui les encombre. Débarrassez-lui la bouche des débris (vase ou herbes aquatiques) qui l'encombrent, et commencez la respiration artificielle (voir p. 239), si possible pendant qu'on le sort de l'eau. **Appelez les secours d'urgence immédiatement.** Continuez la respiration artificielle jusqu'à l'arrivée des secours ou jusqu'à ce que l'enfant recommence à respirer. Quand sa respiration reprend, installez-le en position latérale de sécurité (voir p. 241).

Tenez sa tête en arrière *et pratiquez la respiration artificielle.*

URGENCE

✚ **Appelez les secours** d'urgence si votre enfant vient d'être sauvé de la noyade, même s'il n'a pas perdu connaissance.

✚ **S'il respire, mais qu'il est inconscient,** installez-le en position latérale de sécurité (voir p. 241) pour que l'eau puisse s'écouler de sa bouche et de ses poumons, et **appelez les secours d'urgence immédiatement.** Enlevez ses vêtements mouillés. Recouvrez-le avec une couverture ou un manteau pour qu'il ait chaud. Transportez-le dans une pièce chauffée dès que possible, parce qu'il peut souffrir de refroidissement, même après un très bref moment dans l'eau froide. Les jeunes enfants perdent leur chaleur corporelle beaucoup plus rapidement que les adultes.

Surveillez sa respiration avec attention. S'il vomit, il est important qu'il soit couché sur le côté, pas sur le dos.

✚ **S'il est conscient,** réconfortez-le, rassurez-le, réchauffez-le. Enlevez ses vêtements mouillés.

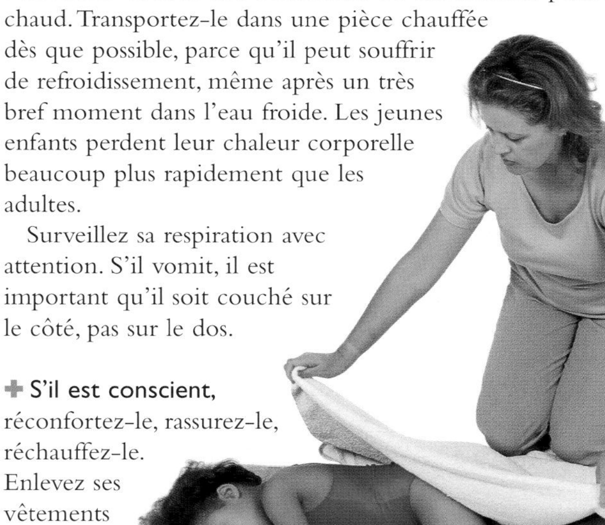

CHOC

Le choc est un état de collapsus impliquant un danger de mort, caractérisé par un effondrement de la pression sanguine. C'est une réaction de l'organisme à toute lésion importante, par exemple une brûlure ou une hémorragie graves.

SYMPTÔMES

- ⋆ Peau froide, humide, pâle.
- ⋆ Coloration bleuâtre ou grisâtre de l'intérieur des lèvres ou des ongles.
- ⋆ Respiration rapide et superficielle.
- ⋆ Agitation.
- ⋆ Somnolence ou confusion.
- ⋆ Inconscience.

URGENCE

✚ Appelez les secours immédiatement si votre enfant est en état de choc.

Que puis-je faire ?

1 Allongez votre enfant sur le dos, si possible sur une couverture ou un manteau. Tournez-lui la tête d'un côté, puis surélevez ses pieds d'environ 30 cm. **Ne lui soulevez pas** les jambes s'il a une fracture.

2 Couvrez-le avec une couverture ou un manteau ou tenez-le dans vos bras pour qu'il ait chaud. **N'essayez pas** de le réchauffer en lui mettant une bouillotte ou en le couvrant d'une couverture chauffante – qui ne feraient que drainer le sang des organes vitaux vers la peau.

3 S'il se plaint d'avoir soif, humidifiez ses lèvres avec un mouchoir mouillé. **Ne lui donnez rien** à manger ou à boire. Il n'y a qu'une exception à cette règle : vous pouvez donner à boire quelques gorgées d'eau à un enfant grièvement brûlé.

4 S'il perd connaissance, surveillez sa respiration (voir p. 238).

✚ **S'il ne respire pas,** commencez la respiration artificielle (voir p. 239).

✚ **S'il respire,** placez-le dans la position latérale de sécurité (voir p. 241).

INTOXICATION

Les intoxications sont l'une des urgences les plus fréquentes chez le jeune enfant. Gardez les substances toxiques hors de leur portée dans un placard fermé à clé.

SYMPTÔMES

Les symptômes diffèrent selon le poison avalé. Vous pouvez noter :

- ⋆ un mal à l'estomac ;
- ⋆ des vomissements ;
- ⋆ des signes de choc (voir ci-dessus) ;
- ⋆ des convulsions ;
- ⋆ une somnolence ;
- ⋆ une inconscience ;
- ⋆ des brûlures ou des taches autour de la bouche si l'enfant a avalé une substance corrosive ;
- ⋆ la présence d'une substance toxique ou d'un récipient vide.

Que puis-je faire ?

1 Si l'enfant est inconscient, vérifiez sa respiration (voir p. 238).

✚ **S'il ne respire pas,** commencez immédiatement la respiration artificielle (voir p. 239), mais, auparavant, essuyez son visage ou placez un tissu fin sur sa bouche, et soufflez à travers, pour éviter d'avaler vous-même le poison.

✚ **S'il respire,** installez-le en position latérale de sécurité (voir p. 241).

URGENCE

✚ Appelez les secours d'urgence et contactez le Centre anti-poison du Québec (1-800-463-5060).

2 Si vous voyez des marques de brûlures autour de la bouche de l'enfant, ou si vous avez quelque raison de soupçonner qu'il a avalé un produit chimique, lavez-lui la peau et les lèvres à l'eau courante en évitant d'envoyer le produit sur la peau saine. Essayez de découvrir ce qu'il a avalé, quelle quantité et quand.

3 N'induisez l'enfant à vomir ni ne lui donnez du sirop d'ipecac que sur recommandation du médecin ou du Centre anti-poison. Vomir peut aggraver certaines situations ou retarder le traitement à l'hôpital. Si l'enfant vomit, gardez un échantillon des vomissures et donnez-le au médecin ou aux ambulanciers. Trouvez et emmenez avec vous à l'urgence tout contenant où se trouvait le poison.

BRÛLURES

Une brûlure superficielle, petite, causant le rougissement de la peau sur une surface de 2 à 3 cm est une brûlure mineure et peut être soignée à la maison. Une brûlure plus étendue est grave et dangereuse à cause de la fuite liquidienne au niveau de la zone lésée et du risque d'infection. Pour les coups de soleil, voir p. 229.

URGENCE

✚ Appelez les secours d'urgence pendant que vous prodiguez les premiers soins à votre enfant si :

- ⋆ la brûlure est grave ;
- ⋆ la brûlure a été causée par un choc électrique (voir p. 251).

BRÛLURES MINEURES

Que puis-je faire ?

1 Refroidissez la brûlure immédiatement en la baignant à l'eau froide jusqu'à ce que la douleur diminue. Cela va empêcher la formation de phlyctènes et réduire l'enflure.

2 Si une phlyctène se forme, pansez-la avec une compresse propre que vous fixerez avec du sparadrap.

Ne percez pas la phlyctène, elle protège la zone brûlée pendant que la nouvelle peau pousse au-dessous.

Ne mettez ni crème ni onguent sur la brûlure. Vous pouvez appliquer une lotion hydratante.

VÊTEMENTS EN FEU

Que puis-je faire ?

1 Couchez l'enfant par terre, la zone en flammes sur le dessus. Si possible, ne touchez pas cette zone avec les mains nues ou vos vêtements.

2 Éteignez le feu en l'aspergeant d'eau ou en étouffant les flammes avec un tapis ou un double rideau épais. Essayez de préserver la tête de l'enfant.

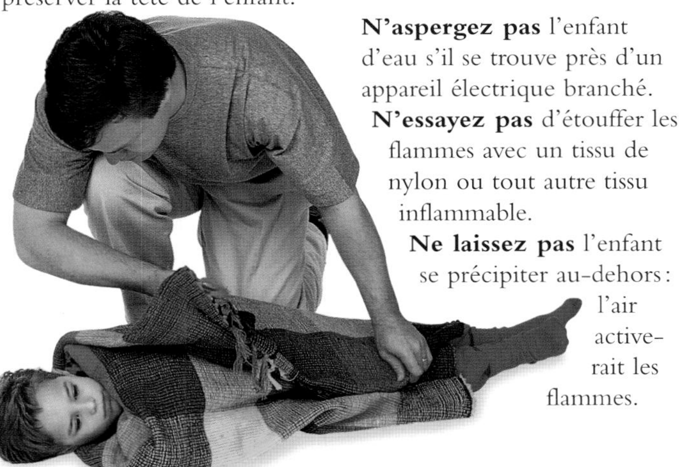

N'aspergez pas l'enfant d'eau s'il se trouve près d'un appareil électrique branché.

N'essayez pas d'étouffer les flammes avec un tissu de nylon ou tout autre tissu inflammable.

Ne laissez pas l'enfant se précipiter au-dehors : l'air activerait les flammes.

3 Quand les flammes sont éteintes, traitez l'enfant pour une brûlure grave (voir ci-contre, à droite).

BRÛLURES GRAVES

Que puis-je faire ?

1 Refroidissez la brûlure immédiatement en l'aspergeant d'eau froide : plongez l'enfant dans un bain froid ou trempez une serviette dans l'eau froide et couvrez la brûlure.
Ne frottez pas la peau. Si les brûlures sont étendues, ne le laissez que quelques minutes dans l'eau, pour éviter l'hypothermie. Si la brûlure est causée par un produit chimique, rincez-la abondamment pendant 20 minutes à l'eau froide, mais ne laissez pas d'eau couler sur les autres parties du corps.

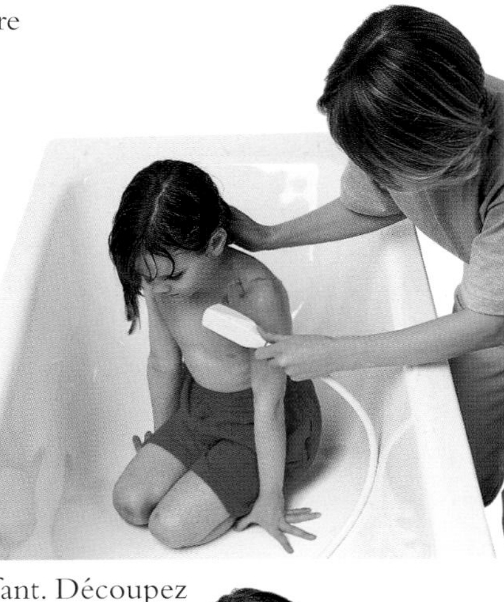

2 Enlevez tout vêtement trempé d'eau bouillante, de graisse ou de produit chimique corrosif, en prenant soin de ne pas toucher davantage la peau de l'enfant. Découpez ses vêtements : ne les passez pas devant son visage. N'enlevez pas les vêtements collés à la brûlure.

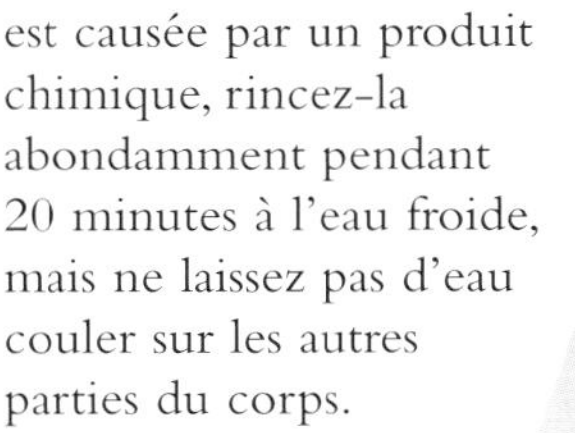

3 Couvrez la région brûlée avec une compresse stérile ou un linge propre et sec.

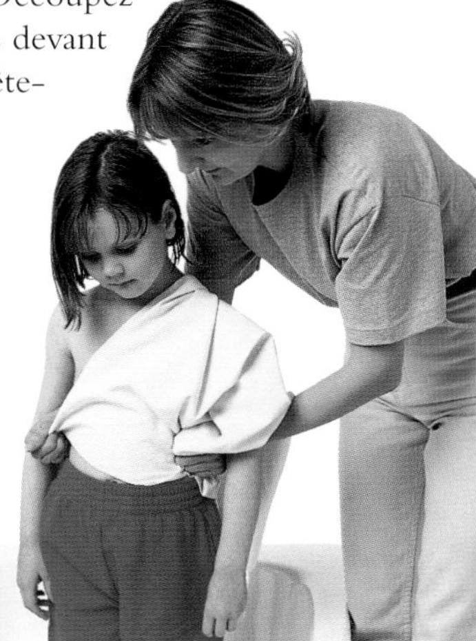

4 Cherchez des signes de choc et traitez l'enfant si nécessaire (voir page ci-contre). S'il a soif, humectez-lui les lèvres avec un tissu humide.

SAIGNEMENTS GRAVES

Quand du sang jaillit avec force d'une blessure ou qu'une hémorragie dure en dépit d'une pression directe sur la blessure, essayez d'arrêter le flot de sang à l'aide de ces mesures.

URGENCE

+ Emmenez l'enfant à l'hôpital dès que vous lui avez dispensé les premiers soins s'il saigne beaucoup.

Que puis-je faire ?

1 Levez la zone blessée plus haut que le cœur de l'enfant, pour réduire la quantité de sang qui l'irrigue. Cherchez un éventuel corps étranger dans la blessure. S'il y en a un, suivez les explications ci-dessous.

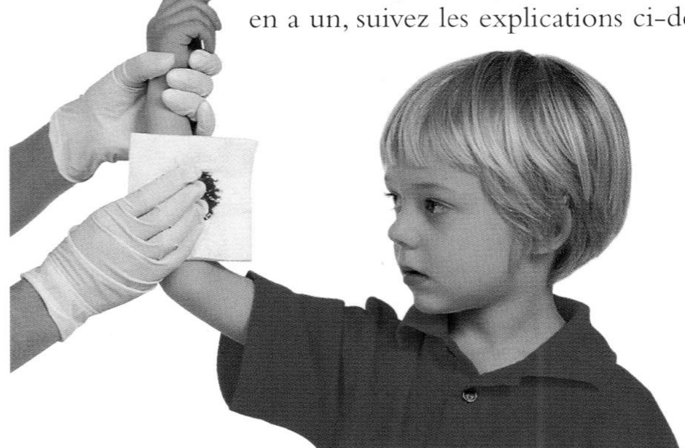

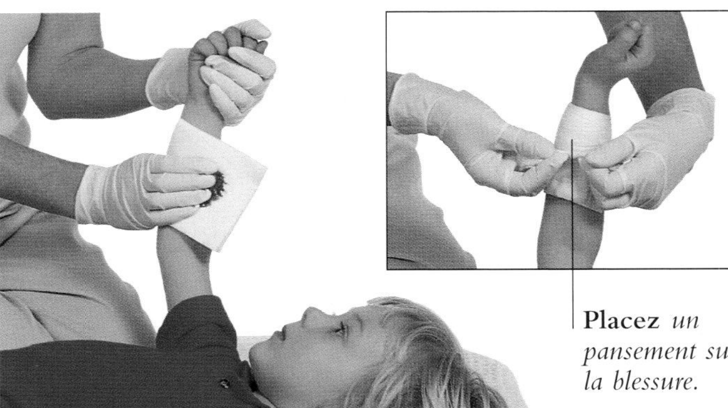

Placez *un pansement sur la blessure.*

2 Faites allonger l'enfant et posez sur la blessure une compresse (un mouchoir ou un torchon propres conviendront parfaitement). Appuyez bien sur la blessure pendant 10 minutes. Si vous n'avez rien de propre, appuyez avec les doigts, en rapprochant les lèvres de la plaie.

3 Ajoutez un autre tampon ou un pansement par-dessus le premier, et bandez solidement pour maintenir la pression. Si le pansement s'imbibe de sang, ne l'enlevez pas, ajoutez un autre tampon et une autre bande par-dessus, sans relâcher la pression.

4 Cherchez les signes de choc (voir p. 244) et traitez l'enfant si nécessaire.

CORPS ÉTRANGERS DANS UNE BLESSURE

Les petites saletés qui peuvent se trouver dans une coupure seront facilement entraînées par le sang qui coule. Cependant, si un objet est enchâssé dans une blessure, ne tentez pas de l'extraire. Essayez d'arrêter le saignement, posez un pansement et emmenez votre enfant à l'hôpital.

URGENCE

+ Après les premiers soins, emmenez l'enfant à l'hôpital si quelque chose est enchâssé dans la blessure.

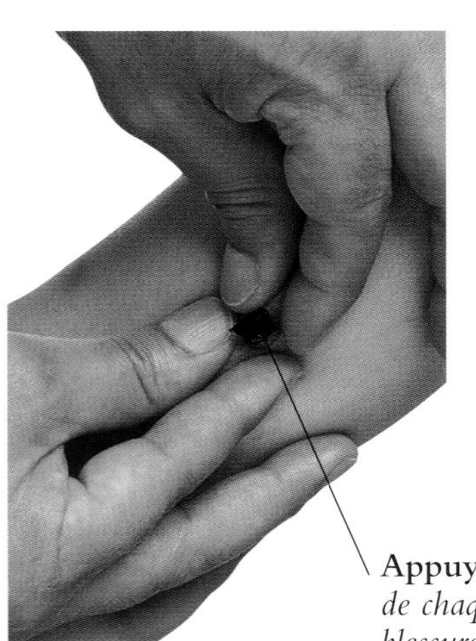

Appuyez *légèrement de chaque côté de la blessure.*

Que puis-je faire ?

1 Si la blessure saigne beaucoup, levez la région blessée au-dessus du niveau du cœur et appuyez autour de l'objet enchâssé, pas directement sur lui. Aidez votre enfant à se reposer. **N'essayez** ni de retirer l'objet ni de sonder ou de nettoyer la blessure.

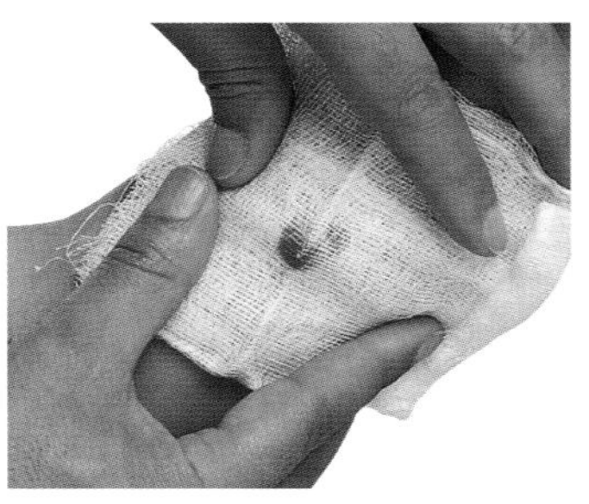

2 Placez un morceau de gaze sur la blessure et l'objet pour éviter l'infection.

3 Posez un anneau de gaze autour de la coupure de l'épaisseur de l'objet enchâssé.

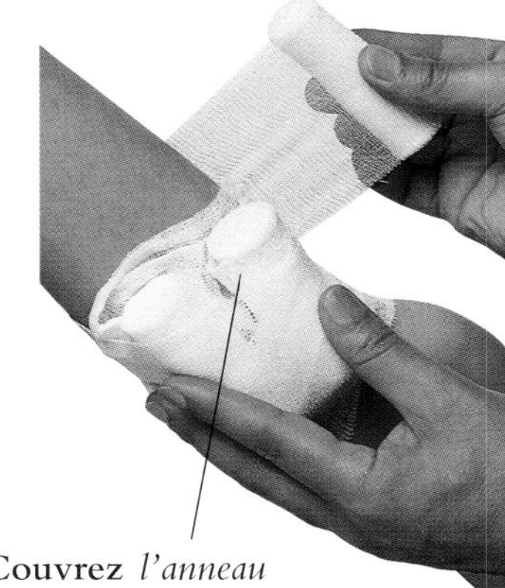

Couvrez *l'anneau de tissu avec une bande de gaze.*

4 Bandez solidement sans serrer en prenant soin de ne pas appuyer sur l'objet enchâssé. Emmenez votre enfant à l'hôpital.

COUPURES ET ÉCORCHURES

Vous pouvez soigner la plupart des coupures et les écorchures vous-même. Veillez à ce que votre enfant reçoive bien tous ses rappels de vaccination contre le tétanos. Au besoin, un rappel peut être donné dans un délai maximum de 24 heures suivant la blessure. Vérifiez le calendrier de vaccination avec l'infirmière d'Info-Santé. Soignez une morsure d'animal comme une coupure.

URGENCE

✚ Emmenez votre enfant à l'hôpital dès que vous lui avez administré les premiers soins si :

* la coupure est longue ou profonde ;
* les lèvres de la plaie sont béantes ou déchiquetées ;
* l'enfant s'est gravement coupé au visage ;
* la coupure est très sale ;
* l'enfant a une plaie peu large, mais profonde, causée par un corps étranger ou par une morsure d'animal.

CONSULTEZ LE MÉDECIN

☎ Consultez votre médecin dès que possible si le pourtour de la blessure devient rouge et douloureux ; il pourrait y avoir infection.

Que puis-je faire ?

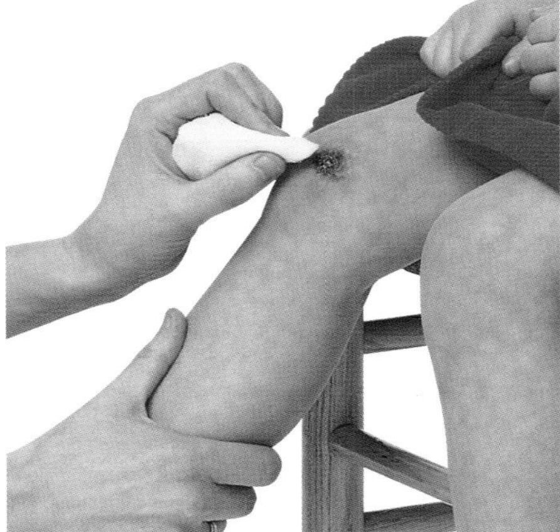

1 Lavez-vous les mains, puis lavez la coupure en la tenant sous l'eau courante pendant 5 à 10 minutes, ou nettoyez doucement tout autour avec un antiseptique ou un coton trempé dans de l'eau tiède. Utilisez un coton propre pour chaque plaie. Bien rincer.
N'enlevez pas de corps étranger profondément enfoncé dans la plaie.

✚ **Si l'enfant a été mordu par un animal** sauvage ou s'il y a un risque de contagion par la rage, appelez Info-Santé.

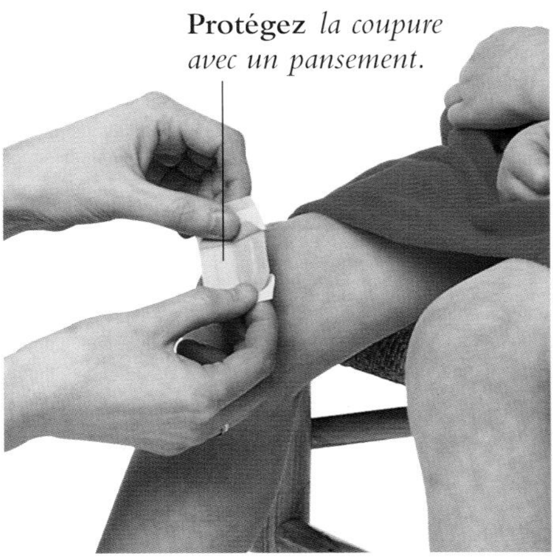

Protégez *la coupure avec un pansement.*

2 Si la coupure saigne encore après 5 minutes, compressez-la à l'aide d'un tampon fait d'un tissu propre pendant quelques minutes.

3 Recouvrez la plaie d'un pansement pour la protéger des saletés. Ne mettez pas d'onguent antiseptique sur la blessure de votre enfant sans l'avis de votre médecin.

4 Protégez la coupure avec un pansement jusqu'à sa cicatrisation : cela la protège des saletés et l'aide à cicatriser plus rapidement. Changez le pansement chaque jour.

SAIGNEMENT DE NEZ

Le saignement de nez (épistaxis) peut suivre un coup sur le nez, un mouchage violent ou un corps étranger. Parfois, il n'a aucune cause apparente. Certains enfants saignent souvent du nez.

CONSULTEZ LE MÉDECIN

☎ Consultez le médecin immédiatement si le saignement abondant de nez de l'enfant dure plus de 30 minutes. Consultez votre médecin si votre enfant saigne souvent abondamment du nez.

Que puis-je faire ?

1 Aidez l'enfant à s'asseoir, légèrement penché vers l'avant et pincez-lui les narines juste en bas de la partie osseuse pendant environ 10 minutes. Essayez de l'empêcher de renifler ou d'avaler le sang, encouragez-le à cracher.

2 Après 10 minutes, relâchez graduellement ses narines. Si le saignement a cessé, installez-le en position assise ; s'il n'a pas cessé, pincez-lui le nez de nouveau pendant 10 minutes.

3 Ne mouchez pas votre enfant dans les 4 heures qui suivent.

Pincez *les narines de l'enfant.*

BLESSURES À LA TÊTE ET AU VISAGE

Les chocs sur la tête sont fréquents chez les jeunes enfants et peuvent entraîner des meurtrissures impressionnantes. Une coupure du cuir chevelu ou du front, même minime, saigne souvent beaucoup.

Si votre enfant a reçu un coup sur la tête, il peut souffrir d'une commotion, ou même d'une hémorragie intracrânienne, qui peut ne pas se manifester avant plusieurs heures. Les signes de ces accidents sont décrits ci-après.

Que puis-je faire ?

1 Si l'enfant a une contusion, appliquez sur la meurtrissure une serviette trempée dans de l'eau glacée ou remplie de glaçons pendant 15 à 20 minutes toutes les 2 heures. Surveillez la peau attentivement et ôtez la glace si une tache rouge avec un centre blanc apparaît. Ne donnez aucun médicament contre la douleur.

2 Si la tête de l'enfant saigne, posez un tissu propre sur la blessure et appuyez dessus, comme sur toute plaie siégeant ailleurs sur le corps (voir p. 246) et consultez immédiatement le médecin.

URGENCE

+ Appelez les secours d'urgence si votre enfant s'est heurté la tête, a un comportement anormal ou manifeste l'un des symptômes suivants immédiatement ou dans les 72 heures :
  * coupure nécessitant des points de suture ;
  * inconscience, même brève ;
  * vomissements ;
  * respiration bruyante ou ronflement ;
  * ecchymose autour d'un œil ou à l'arrière de l'oreille ;
  * difficulté à se réveiller, ou somnolence anormale ;
  * écoulement de liquide clair ou teinté de sang par les oreilles ou le nez ;
  * pleurs anormaux ;
  * mal de tête intense ;
  * intolérance à la lumière ;
  * convulsions.

3 Surveillez votre enfant de 24 à 72 heures pour voir si un des signes du tableau des urgences apparaît. S'il s'est cogné très fort, consultez immédiatement le médecin.

4 Si un liquide clair ou teinté de sang s'écoule par l'oreille ou par le nez de l'enfant et qu'il n'y a pas de risque que sa colonne vertébrale soit atteinte, placez-le en position latérale de sécurité, un tampon de tissu propre sous l'oreille ou le nez. Si le liquide vient de l'oreille, couchez-le sur le côté lésé pour que le liquide puisse s'évacuer. N'essayez pas de l'empêcher de couler et appelez les secours d'urgence.

DENT CASSÉE

Si l'une des dents de votre enfant est cassée ou déchaussée, couvrez-la et allez aussitôt chez le dentiste ou à l'hôpital. Évitez de toucher à la racine. Le succès de réimplantation d'une dent dans l'heure qui suit le traumatisme est grand.

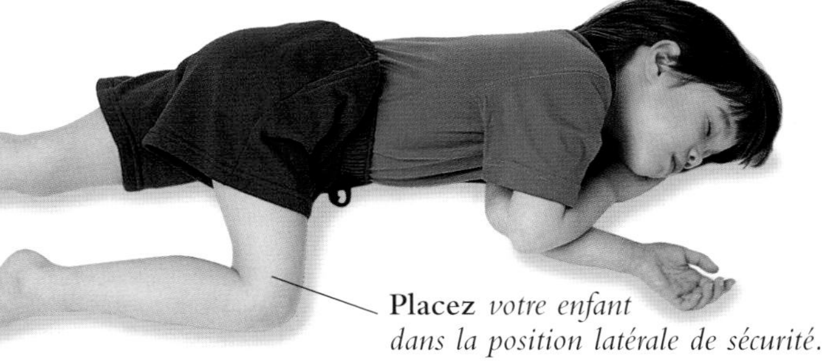

Placez *votre enfant dans la position latérale de sécurité.*

ECCHYMOSES ET ENFLURES

Un bleu (une ecchymose) apparaît quand une chute ou un coup cause un épanchement de sang dans les tissus sous-cutanés, ce qui provoque un œdème (la « bosse ») et une coloration anormale pendant une semaine.

CONTUSIONS DES DOIGTS ET DES ORTEILS

Quand un enfant se prend les doigts dans une porte ou une fenêtre, ou laisse tomber quelque chose de lourd sur son pied, faites couler un filet d'eau sur la contusion pendant quelques minutes. Si celle-ci est très enflée, ou reste très douloureuse, appelez une ambulance.

Que puis-je faire ?

1 Placez sur la contusion pendant 15 à 20 minutes toutes les 2 heures une compresse trempée dans de l'eau très froide ou un gant de toilette rempli de glaçons. Cela doit apaiser la douleur et réduire l'enflure.

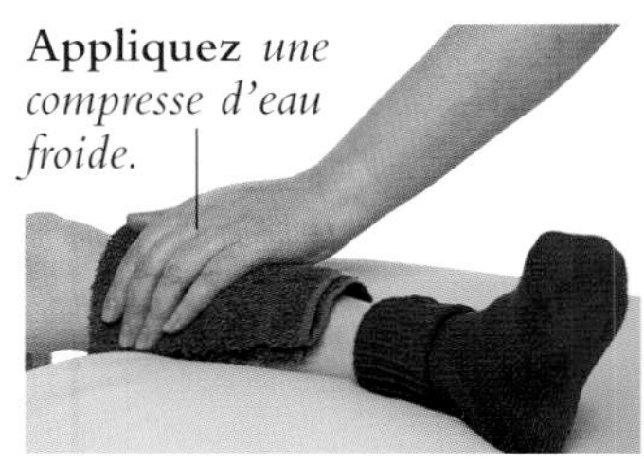

Appliquez *une compresse d'eau froide.*

2 Si l'enfant semble avoir très mal ou s'il souffre en se servant du membre accidenté, surtout si l'enflure est importante, cherchez les signes de fracture ou d'entorse (voir page ci-contre).

ENTORSES

Une entorse est une lésion des ligaments. Les symptômes de l'entorse ressemblent parfois à ceux d'une fracture. Si vous ne savez pas très bien les différencier, traitez l'entorse comme une fracture.

Que puis-je faire ?

1 Déchaussez l'enfant en douceur, enlevez-lui son bas et tout ce qui pourrait comprimer l'articulation.

2 Élevez légèrement le membre atteint. Placez l'articulation atteinte dans une position confortable, puis enveloppez-la d'un linge trempé d'eau glacée ou d'un sac de glace entouré d'une serviette, pour apaiser la douleur et réduire l'enflure, 15 à 20 minutes toutes les 1 ou 2 heures pour les 2 premiers jours.

URGENCE

✚ Emmenez l'enfant à l'hôpital dès que vous lui avez donné les premiers soins.

3 Limitez les mouvements du membre atteint, évitez de marcher. Suivez les recommandations du médecin à la suite de la consultation.

SYMPTÔMES

* Région lésée douloureuse.
* Gonflement, puis bleuissement.
* Difficulté à bouger l'articulation.

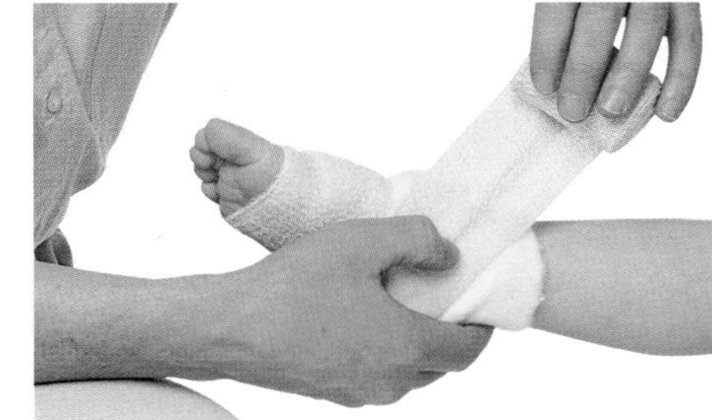

FRACTURES ET LUXATIONS

Les fractures sont rares chez les bébés et les jeunes enfants dont les os sont flexibles et se courbent au lieu de se casser. Ils sont parfois le siège de fractures partielles qui guérissent facilement (souvent appelées fractures « en bois vert »). Une articulation est luxée lorsque l'extrémité d'un ou de plusieurs os est sortie de son logement.

SYMPTÔMES

* Douleur de la région blessée.
* Enflure, pâleur et, plus tard, ecchymose.
* Mobilisation difficile.
* Déformation de la région blessée.

Que puis-je faire ?

1 Si vous craignez une fracture cervicale ou dorsale, ne déplacez pas l'enfant et ne changez pas sa position, sauf s'il y a arrêt respiratoire (voir p. 238-239).

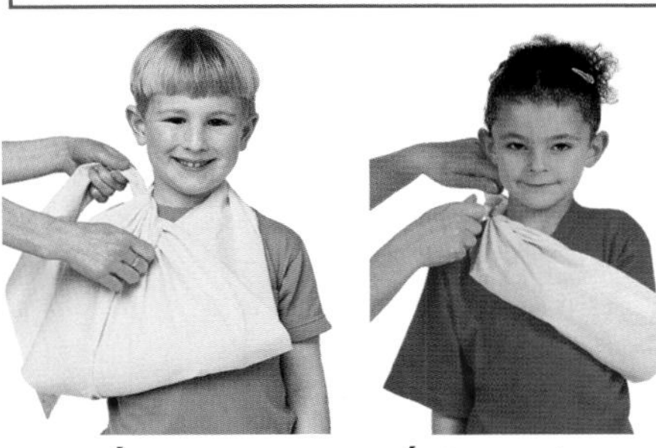

Écharpe **Écharpe haute**

2 Installez le bras de l'enfant dans la position la plus confortable possible. En cas de fracture du poignet, du bras ou de la clavicule, placez des coussins de protection, puis, si votre enfant veut bien, repliez son bras doucement et placez-le en écharpe sur sa poitrine en attachant le tissu avec un nœud plat juste sous l'épaule. Ne forcez pas le bras pour le mettre dans cette position. S'il y a saignement ou enflure exigeant une réduction, attachez l'écharpe plus haute. Le bout des doigts doit être au niveau de l'épaule opposée; l'écharpe, après avoir été enroulée autour du bras, passe du coude vers le dos et revient pour être attachée sur l'épaule.

Attachez *le côté blessé au côté indemne avec des bandes.*

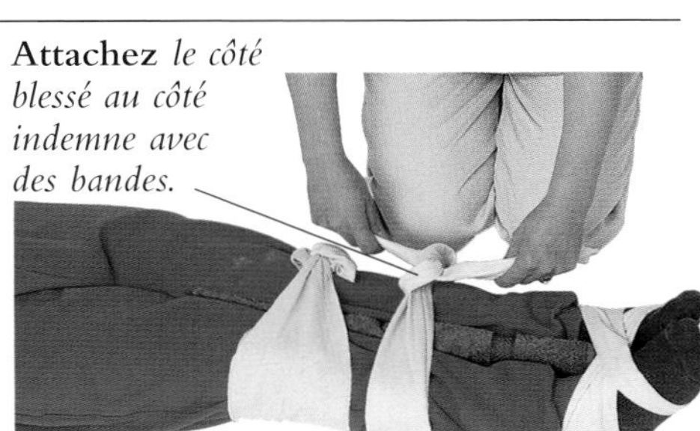

3 En cas de fracture de la jambe ou de la cheville, vous devrez peut-être réduire la fracture si vous n'avez pas accès à des secours. Allongez votre enfant sur le dos et attachez le côté blessé au côté indemne avec des bandes au-dessus et au-dessous de la fracture. Mettez des coussins de protection entre les genoux et les chevilles et sous les nœuds. Cherchez les symptômes de choc et traitez-les si nécessaire (voir p. 244). Si vous pensez que l'enfant a une jambe cassée, ne surélevez pas ses jambes.

URGENCE

✚ Donnez les premiers soins et appelez les secours d'urgence.

CORPS ÉTRANGER DANS L'ŒIL

Des cils ou des poussières pénètrent souvent dans les yeux. Si l'œil de votre enfant paraît irrité mais que vous n'y trouvez aucun corps étranger, il a peut-être une infection oculaire (voir p. 209).

SYMPTÔMES

* Œil douloureux.
* Œil rouge et larmoyant.
* L'enfant se frotte l'œil.

PRODUITS CHIMIQUES DANS LES YEUX

Si votre enfant a reçu des projections d'un liquide chimique ou corrosif, lavez-lui les yeux immédiatement sous l'eau courante tiède en écartant bien ses paupières avec les doigts pendant 15 à 20 minutes. Si un seul œil est atteint, inclinez-lui la tête de façon que l'œil blessé soit plus bas que l'autre et que l'eau de rinçage ne puisse couler dans l'œil sain. Puis recouvrez l'œil et emmenez l'enfant à l'hôpital (et le produit incriminé).

Que puis-je faire ?

1 Attendez quelques minutes pour voir si les larmes entraînent le corps étranger. Essayez d'empêcher l'enfant de se frotter l'œil. Irriguez.

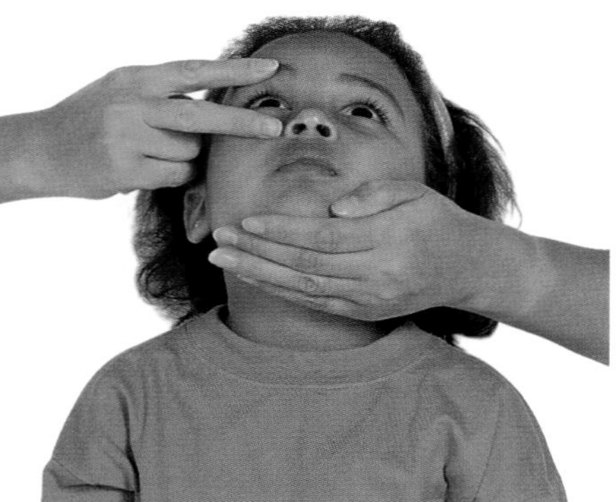

2 Si le corps étranger est toujours là, examinez l'œil sous une forte lumière. Dites à l'enfant de regarder vers le haut tandis que, du pouce, vous tirez vers le bas sa paupière inférieure.

3 Si vous pouvez voir le corps étranger sur la partie blanche de l'œil de l'enfant, lavez l'œil à l'eau propre. Visez le coin interne et procédez avec beaucoup de précaution à l'aide d'un mouchoir humide.

4 Si vous ne voyez rien, prenez la paupière supérieure et tirez-la sur la paupière inférieure. Si le corps étranger est logé sous la paupière supérieure, cette manœuvre peut le déloger. Si la gêne ou la douleur persistent et si le corps étranger n'est pas sur le blanc de l'œil, ou si vous ne parvenez pas à le déloger, couvrez l'œil avec un pansement stérile. Rassurez l'enfant et emmenez-le à l'hôpital.

N'essayez pas d'enlever un objet placé sur la partie centrale, colorée, de l'œil, ou enchâssé dans le blanc de l'œil.

CORPS ÉTRANGER DANS L'OREILLE

Des insectes peuvent pénétrer dans le conduit auditif externe, où les enfants s'enfoncent souvent aussi de petits objets. Ne laissez pas votre enfant jouer avec des perles, des billes ou autres petits objets tant qu'il n'est pas assez grand pour comprendre qu'il ne doit pas se les enfoncer dans les oreilles ni dans la bouche.

SYMPTÔMES

* Chatouillement dans l'oreille.
* Surdité partielle.
* L'enfant se frotte ou se tire l'oreille.

Que puis-je faire ?

1 Enlevez l'objet (papier, morceau de coton) seulement si vous pouvez le voir et le saisir facilement. Évitez d'utiliser un objet pointu qui risquerait d'enfoncer le corps étranger plus au fond.

2 Pour tout autre objet (haricot, pois, arachide, perle), tirez le lobe vers le bas en penchant la tête sur le côté de l'oreille atteinte et secouez-la ou frappez-la doucement.

Ne jamais irriguer *avec de l'eau ou de l'huile, car cela pourrait faire gonfler l'objet, sauf s'il s'agit d'un insecte.*

CORPS ÉTRANGER DANS LE NEZ

Les enfants s'enfoncent parfois des débris d'aliments ou de petits objets (perles, par exemple) dans le nez.

SYMPTÔMES

* Écoulement malodorant et teinté de sang par les narines.
* Difficulté à respirer ; douleur.

Que puis-je faire ?

Dites à l'enfant de respirer par la bouche sans renifler. Faites le souffler par le nez sans boucher ses narines sauf s'il y a lésion, enflure ou saignement Si cela ne déloge pas l'objet, emmenez l'enfant à l'hôpital.

ÉLECTROCUTION

Un choc électrique d'intensité légère ne produit qu'une sensation brève de fourmillement. Un choc grave peut jeter l'enfant à terre et lui faire perdre connaissance, interrompre sa respiration et ses battements cardiaques. Le courant électrique peut aussi causer des brûlures.

Si votre enfant touche un appareil électrique défectueux avec les mains mouillées, le choc sera d'autant plus important.

BRÛLURES ÉLECTRIQUES

L'électricité brûle à ses points de pénétration et de sortie du corps, et l'enfant peut avoir des brûlures là où il a touché la source de courant électrique et en tout point qui était en contact avec le sol. Ces brûlures paraissent petites, mais elles sont souvent très profondes.

URGENCE

+ Appelez les secours d'urgence et donnez les premiers soins à l'enfant s'il :
  * a perdu conscience, ne serait-ce que quelques secondes ;
  * présente des brûlures électriques.

Que puis-je faire ?

1 Couper l'électricité à la source si possible.

+ **Si c'est impossible,** placez-vous sur un matériau isolant (tapis de caoutchouc, pile de journaux très secs) et séparez l'enfant de la source de courant électrique au moyen d'un objet sec et non conducteur, comme un manche à balai ou une chaise en bois.

+ **Si vous ne trouvez aucun instrument,** écartez l'enfant de la source électrique en enveloppant vos mains d'un vêtement sec ou d'un journal. Agrippez l'enfant par ses vêtements. Ne touchez pas à sa peau.

2 Assurez-vous que l'enfant est conscient (voir p. 238).

+ **S'il est inconscient,** assurez-vous qu'il respire, sinon commencez la respiration artificielle (voir p. 239). S'il respire, installez-le en position latérale de sécurité (voir p. 241).

+ **S'il est conscient,** réconfortez-le, rassurez-le. Cherchez les signes de choc (voir p. 244).

3 Les brûlures affectent les zones qui ont été en contact avec la source de courant et celles qui ont touché le sol. Elles paraissent rouges ou roussies, et peuvent enfler. Soignez-les comme des brûlures graves (voir p. 245).

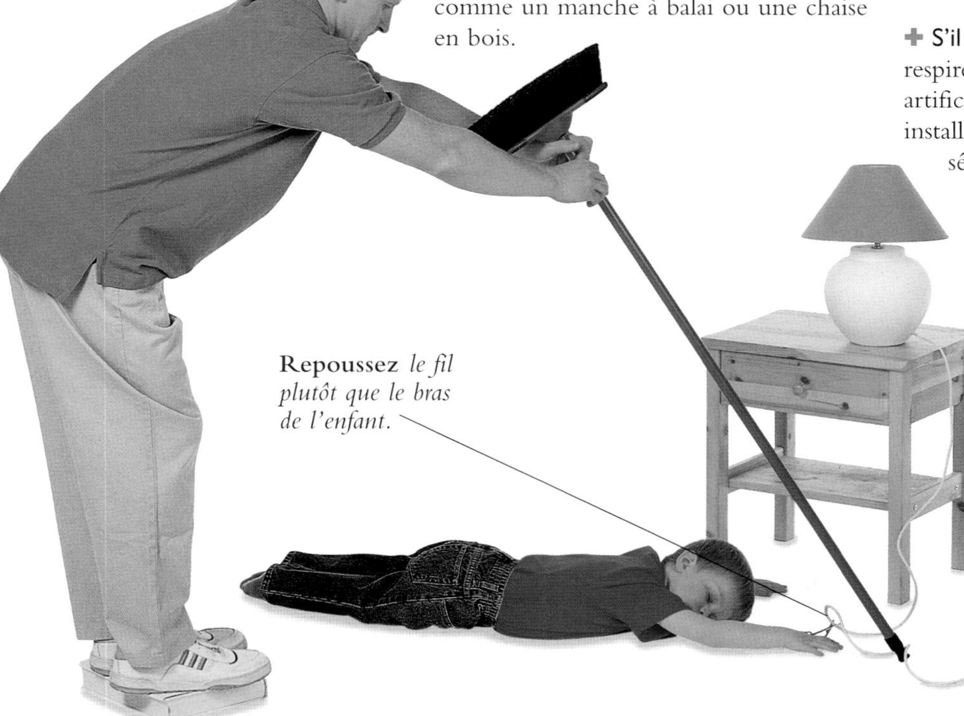

Repoussez *le fil plutôt que le bras de l'enfant.*

PETITES MORSURES ET PIQÛRES D'INSECTES

La plupart des insectes et les méduses infligent des piqûres bénignes qui, bien que parfois très douloureuses, ne présentent aucun danger. Cependant, certains sujets ont des réactions allergiques aux piqûres et ont donc besoin d'un traitement urgent.

URGENCE

✚ Appelez les secours d'urgence ou transportez l'enfant à l'hôpital s'il :
- ⋆ a du mal à respirer, de la difficulté à avaler ;
- ⋆ présente une éruption très étendue avec des cloques ;
- ⋆ a des vertiges ou s'évanouit ;
- ⋆ a des signes de choc (voir p. 244) ;
- ⋆ a une piqûre dans la bouche.

SYMPTÔMES

- ⋆ Douleur aiguë.
- ⋆ Rougeur.
- ⋆ Léger gonflement.
- ⋆ Démangeaisons.

Que puis-je faire ?

1 Si l'enfant a été piqué par une abeille, cherchez le dard et ôtez-le en le grattant avec votre ongle ou une carte de crédit. Évitez de percer le petit sac de poison s'il est encore visible et intacte.

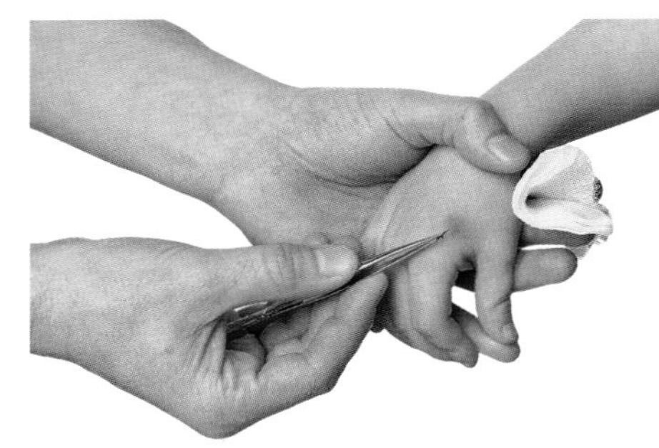

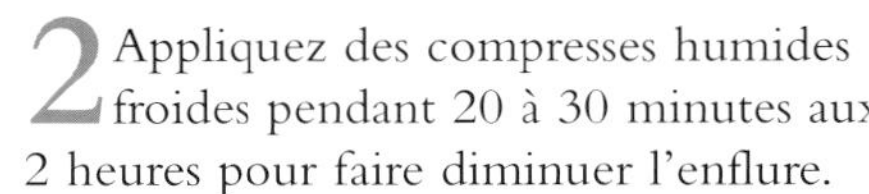

2 Appliquez des compresses humides froides pendant 20 à 30 minutes aux 2 heures pour faire diminuer l'enflure.

3 S'il y a présence de démangeaison, appliquez des compresses imbibées d'une pâte de bicarbonate de soude : 1,25 ml de soda + 1,25 ml de sel + 10 ml d'eau. N'utilisez pas de lotion antihistaminique ni de calamine. **S'il a été piqué dans la bouche,** faites-lui boire de l'eau froide ou, s'il a plus de 2 ans, donnez-lui un glaçon à sucer et appelez les secours.

MORSURES DE SERPENTS ET D'ARAIGNÉES

Les morsures de serpents et d'araignées venimeuses sont toujours dangereuses pour les jeunes enfants. Les morsures de serpents comportent un risque de tétanos, mais, normalement, votre enfant doit être vacciné. Au Canada, les seuls serpents venimeux sont les crotales, mais il n'y en a pas au Québec.

SYMPTÔMES

Les symptômes dépendent de l'animal responsable de la morsure ou de la piqûre. Certains symptômes apparaissent après quelques heures.

- ⋆ Douleur intense.
- ⋆ Une ou deux marques de trous.
- ⋆ Nausées ou vomissements.
- ⋆ Difficultés respiratoires.
- ⋆ État de choc (voir p. 244).
- ⋆ Convulsions.
- ⋆ Somnolence.
- ⋆ Inconscience.

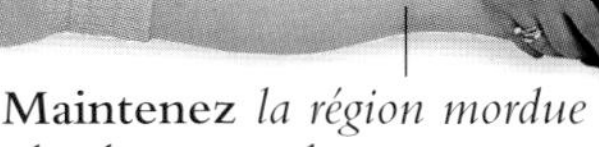

Maintenez *la région mordue plus basse que le cœur.*

URGENCE

✚ Emmenez votre enfant à l'hôpital dès que vous lui avez donné les premiers soins s'il a été mordu par un serpent ou par une araignée.

Que puis-je faire ?

1 Calmez l'enfant, aidez-le à s'asseoir. Gardez la région mordue ou piquée immobile et au-dessous du niveau de son cœur.

2 Lavez avec soin la région avoisinante, mais ne sucez pas la morsure ou la piqûre.

3 Cherchez les signes de choc (voir p. 244). S'il a été mordu ou piqué à la jambe ou au pied, ne surélevez pas ses jambes.

4 S'il perd connaissance, surveillez sa respiration (voir p. 238). S'il ne respire pas, commencez la respiration artificielle (voir p. 239). S'il respire, installez-le en position latérale de sécurité (voir p. 241).

5 Essayez d'identifier l'animal ; gardez-le pour le montrer au médecin.

ENGELURES

Les engelures sont causées par l'exposition prolongée au froid de la peau. Elles affectent généralement les doigts, les orteils, les oreilles et les joues.

URGENCE

✚ Dans le cas d'une brûlure de méduse, si elle est intense, emmenez votre enfant à l'hôpital dès que vous lui aurez prodigué les premiers soins.

Que puis-je faire ?

1 Mettez l'enfant au chaud et faites-lui prendre des liquides chauds.

2 Si l'engelure est grave et que vous n'avez pas accès aux secours, plongez la partie atteinte dans l'eau tiède.

3 Ne pas masser la région atteinte.

SYMPTÔMES

* Peau froide, dure et blanche.
* Doigts, orteils, oreilles, joues : rouges et douloureux au réchauffement.

ÉPINES ET ÉCHARDES

Les épines et les échardes s'enfoncent sous la peau des mains ou des pieds. Au pied, elles ne font pas mal, mais au bout des doigts, elles sont douloureuses.

CONSULTEZ LE MÉDECIN

☎ Consultez le médecin dès que possible si :
* la zone environnant une écharde devient rouge, enflée, sensible dans les 48 heures ;
* vous ne pouvez pas retirer une grosse écharde douloureuse ;
* l'écharde est un éclat de verre ou de métal.

Que puis-je faire ?

1 Si l'extrémité de l'écharde sort de la peau, prenez une pince à épiler propre pour ôter doucement l'écharde. Lavez la zone affectée à l'eau et au savon.

2 Si vous ne pouvez attraper son extrémité, mais que vous voyez nettement l'écharde, elle est sans doute logée juste sous la peau. Stérilisez une aiguille à la flamme et laissez-la refroidir sans toucher la pointe. Puis, en passant par l'orifice d'entrée de l'écharde, fendez délicatement la surface de la peau le long de l'écharde. Soulevez l'extrémité de l'écharde avec la pointe de l'aiguille et saisissez-la avec la pince, puis lavez toute la région à l'eau et au savon.

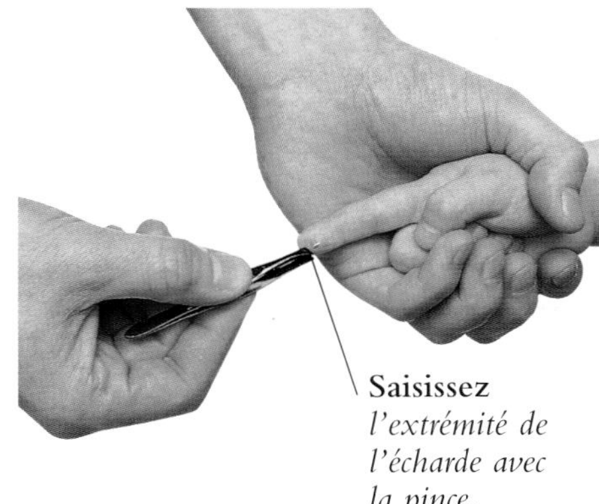

Saisissez *l'extrémité de l'écharde avec la pince.*

3 Si l'écharde s'est enfoncée sous la peau mais sans causer de douleur, mieux vaut la laisser se résorber.

AMPOULES

Une ampoule se forme quand une brûlure, un échauffement ou une friction ont lésé la peau. L'ampoule, remplie de liquide, protège la nouvelle peau qui se forme en dessous.

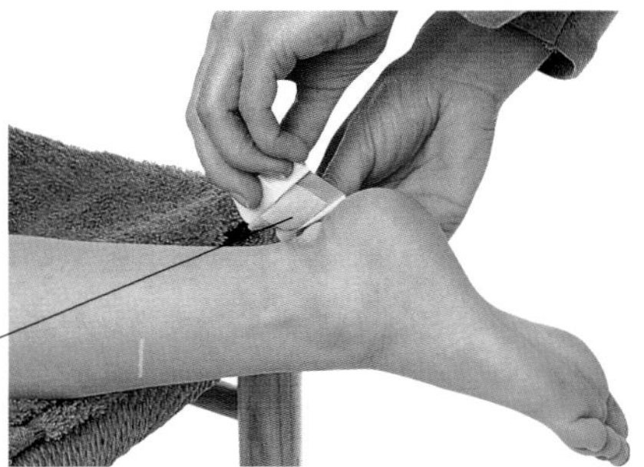

Couvrez l'ampoule *avec un pansement adhésif pour éviter les frottements de la chaussure.*

Que puis-je faire ?

1 Ne percez pas l'ampoule. Elle se résorbera seule en quelques jours. Évitez le frottement des vêtements.

2 Si une ampoule de friction perce, nettoyez bien avec de l'eau et du savon et rincez 4 fois par jour en protégeant la peau d'un pansement sec.

COURBES DE CROISSANCE : FILLES

Les courbes et les chiffres ci-dessous indiquent la croissance moyenne des enfants (trait plein). On surveille le développement du bébé en le pesant et en le mesurant régulièrement et en notant ses courbes sur des graphiques comparables à ceux-ci ; la bande colorée indique la fourchette de croissance normale.

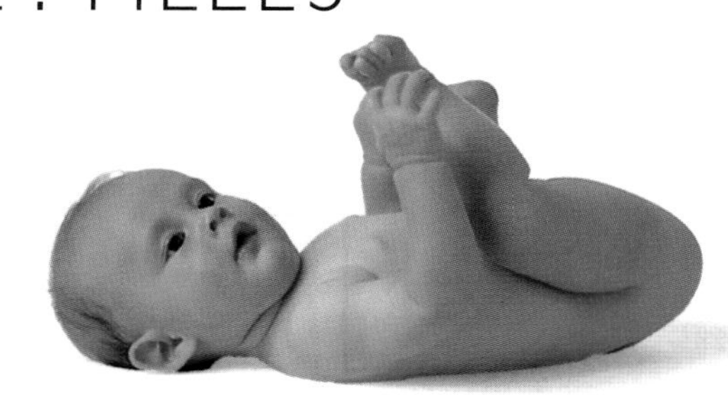

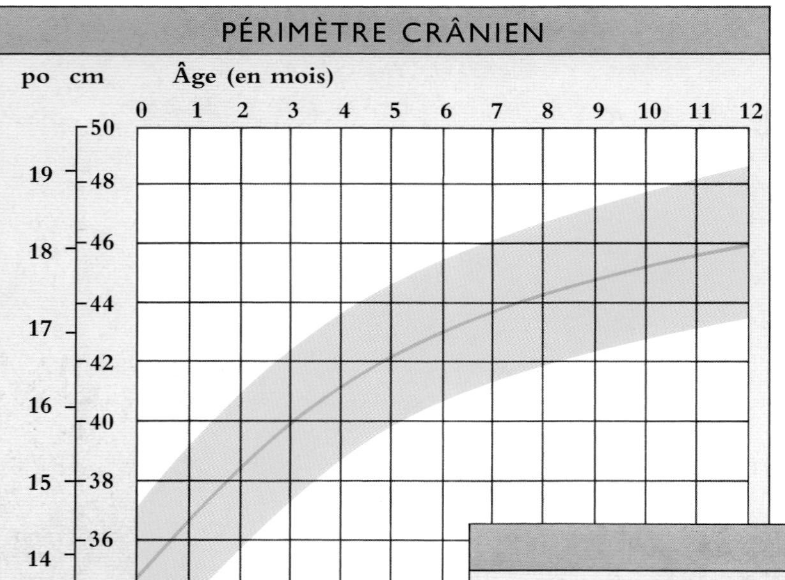

PÉRIMÈTRE CRÂNIEN D'UN BÉBÉ DE SEXE FÉMININ

L'infirmière ou le médecin mesurera le tour de tête de votre bébé avec un ruban à mesurer, juste au-dessus des sourcils et des oreilles (voir p. 81). Pendant la première année, la mesure du périmètre crânien est un meilleur indicatif de croissance que la taille.

GUIDE POUR L'ACHAT DES VÊTEMENTS

Taille	Poids
0-3 mois	jusqu'à 5 kg
3-6 mois	jusqu'à 6-8 kg
6-12 mois	jusqu'à 8-10 kg

Achetez autant que possible les vêtements en fonction du poids indiqué sur l'étiquette plutôt que de l'âge.

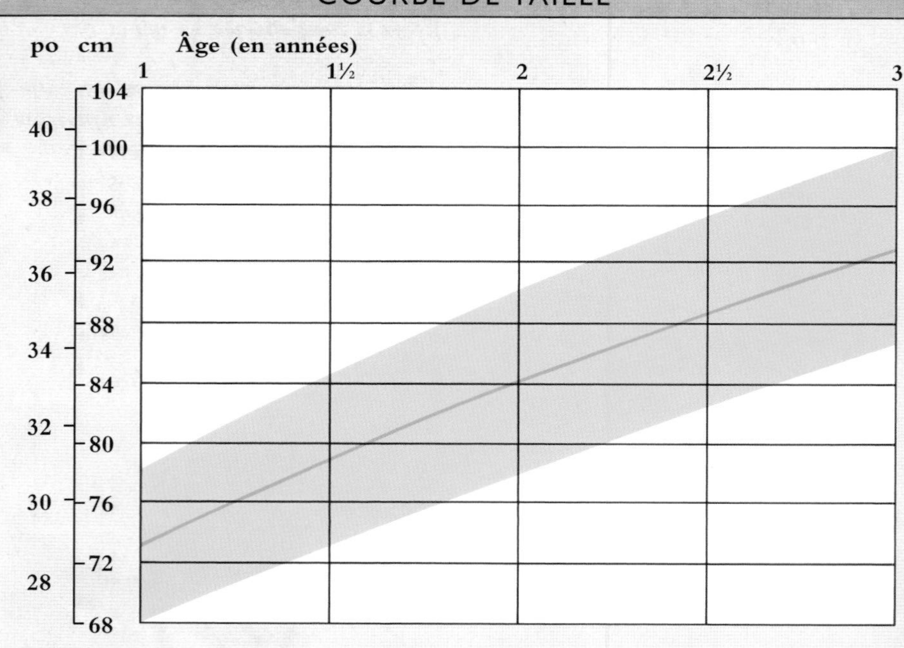

moyenne

mesures d'une enfant qui reflètent des taux de croissance normaux

TAILLE DE VOTRE FILLE

Tous les 6 mois, mesurez votre fille contre le même mur. Elle doit se tenir droite, adossée au mur, sans chaussures, pieds joints. Placez une règle perpendiculairement au mur pour marquer sa taille, puis mesurez la hauteur entre la marque et le sol. Ne vous inquiétez pas si des périodes de croissance lente alternent avec des poussées ; mais si deux résultats consécutifs vous paraissent insuffisants, consultez le médecin.

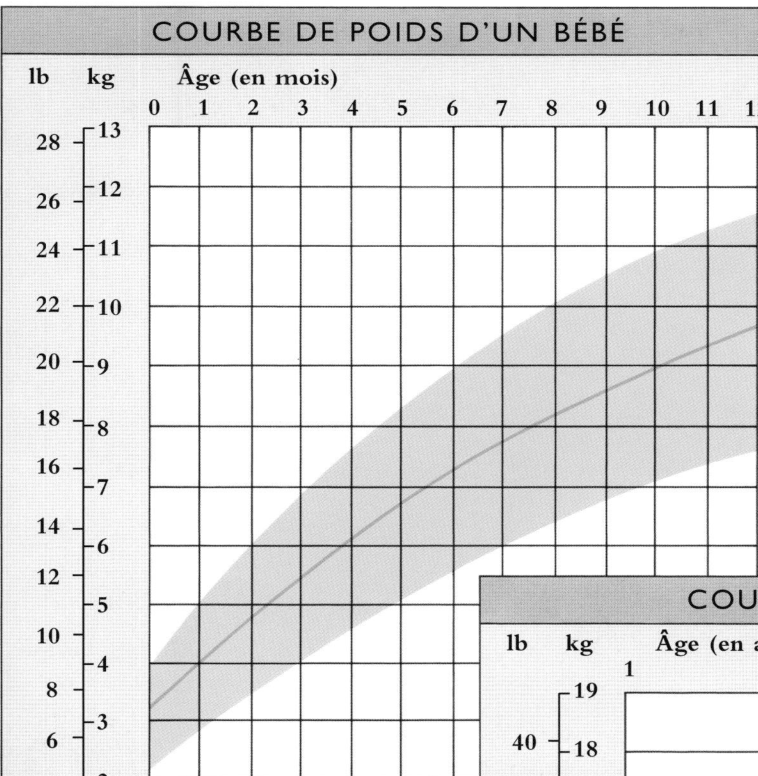

POIDS DE VOTRE BÉBÉ

La prise de poids de votre petite fille est un bon indicateur de son état de santé durant la première année. L'infirmière ou le médecin la pèsera régulièrement, vêtue simplement d'une couche propre, et plus souvent si vous craignez qu'elle ne grossisse pas normalement.

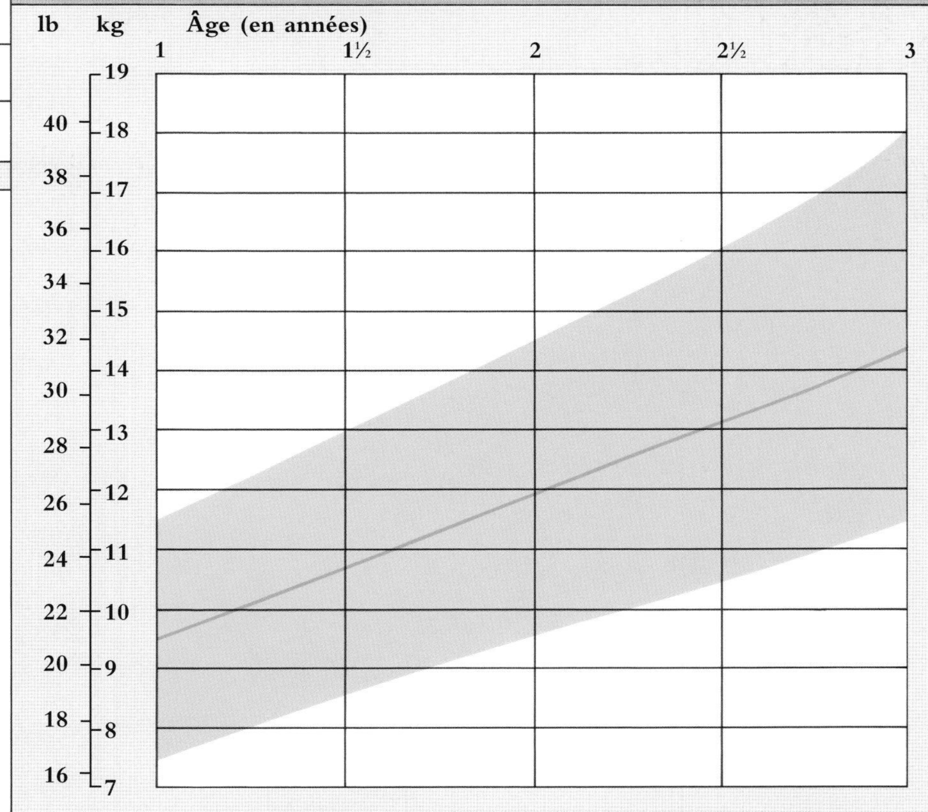

POIDS DE VOTRE FILLE

Après son premier anniversaire, elle ne prendra pas régulièrement du poids, mais les périodes de croissance rapide et lente s'équilibreront. Elle ne doit pas perdre de poids : même si elle vous paraît grosse, sa croissance en taille rattrapera celle de son poids. Consultez votre médecin si elle maigrit ou si sa croissance entre deux mesures consécutives vous semble insuffisante.

COURBES DE CROISSANCE : GARÇONS

Les courbes et les chiffres ci-dessous indiquent la croissance moyenne des enfants (trait plein). On surveille le développement du bébé en le pesant et en le mesurant régulièrement et en notant ses courbes sur des graphiques comparables à ceux-ci ; la bande colorée indique la fourchette de croissance normale.

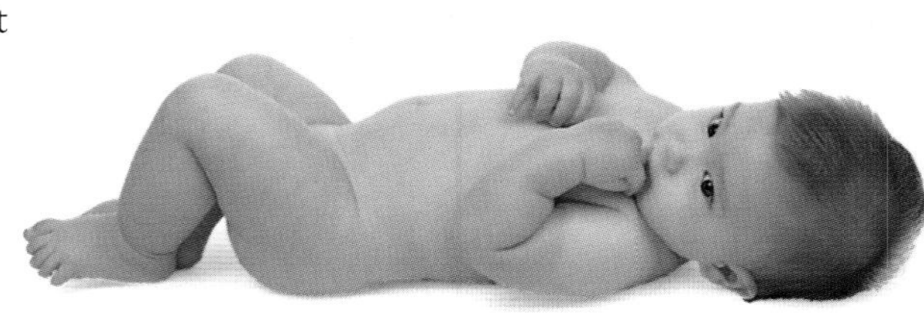

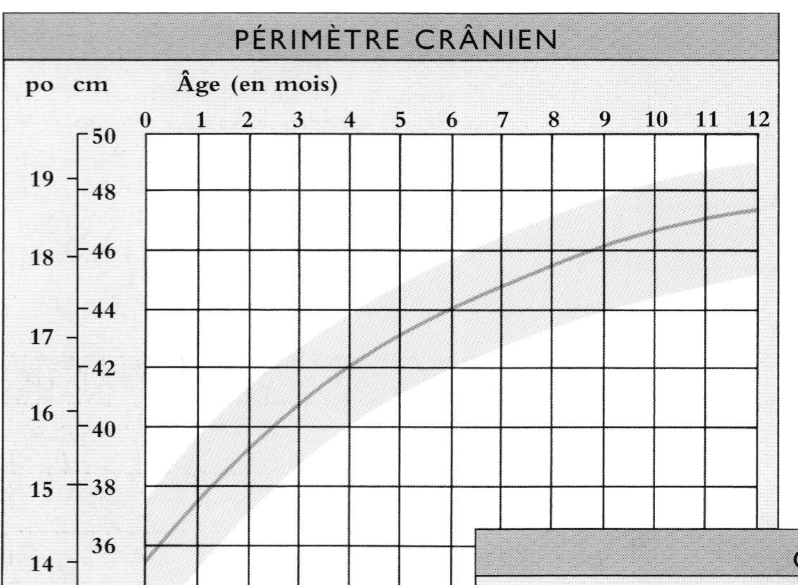

PÉRIMÈTRE CRÂNIEN D'UN BÉBÉ DE SEXE MASCULIN

L'infirmière ou le médecin mesurera le tour de tête de votre bébé avec un ruban à mesurer (voir p. 81). Pendant la première année, la mesure du périmètre crânien est un meilleur indicatif de croissance que la taille.

GUIDE POUR L'ACHAT DES VÊTEMENTS

Taille	Poids
0-3 mois	jusqu'à 5 kg
3-6 mois	jusqu'à 6-8 kg
6-12 mois	jusqu'à 8-10 kg

Achetez autant que possible les vêtements en fonction du poids indiqué sur l'étiquette plutôt que de l'âge.

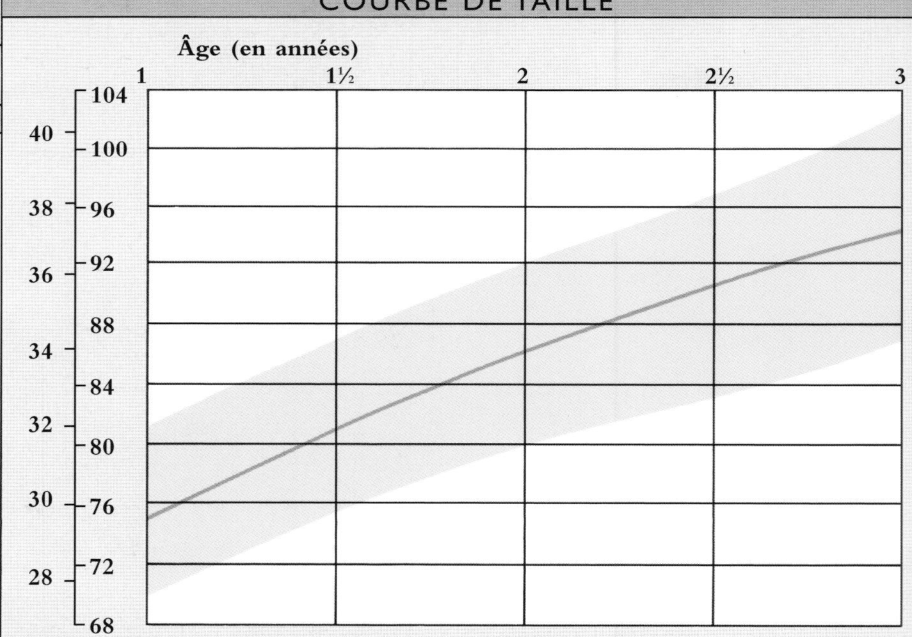

moyenne

mesures d'un enfant qui reflètent des taux de croissance normaux

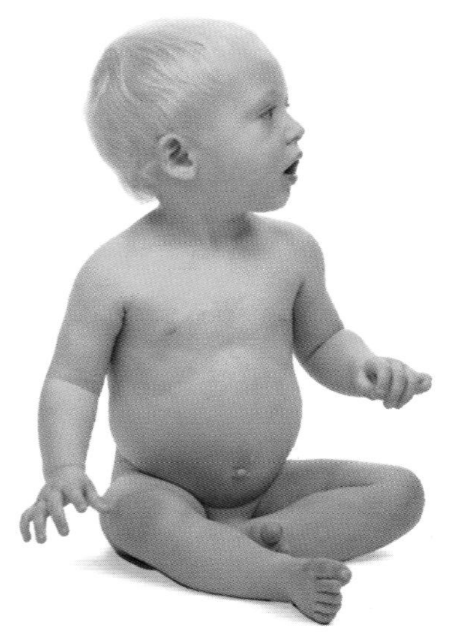

TAILLE DE VOTRE GARÇON

Tous les 6 mois environ, mesurez votre fils contre le même mur. Il doit se tenir droit, adossé au mur, sans chaussures et pieds joints. Placez une règle perpendiculairement au mur pour marquer sa taille, puis mesurez la hauteur entre la marque et le sol. Ne vous inquiétez pas si des périodes de croissance lente alternent avec des poussées ; mais si deux résultats consécutifs vous paraissent insuffisants, consultez le médecin.

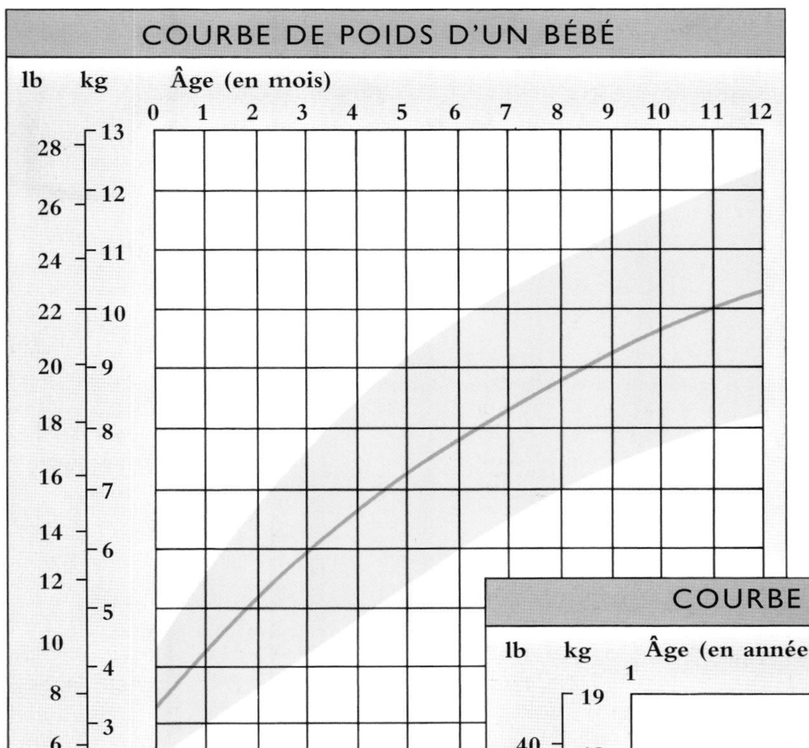

POIDS DE VOTRE BÉBÉ

Le poids de votre bébé est un bon indicateur de son état de santé durant la première année. Demandez à l'infirmière ou au médecin de le peser tous les mois, vêtu seulement d'une couche propre, plus souvent si vous craignez qu'il ne grossisse pas normalement.

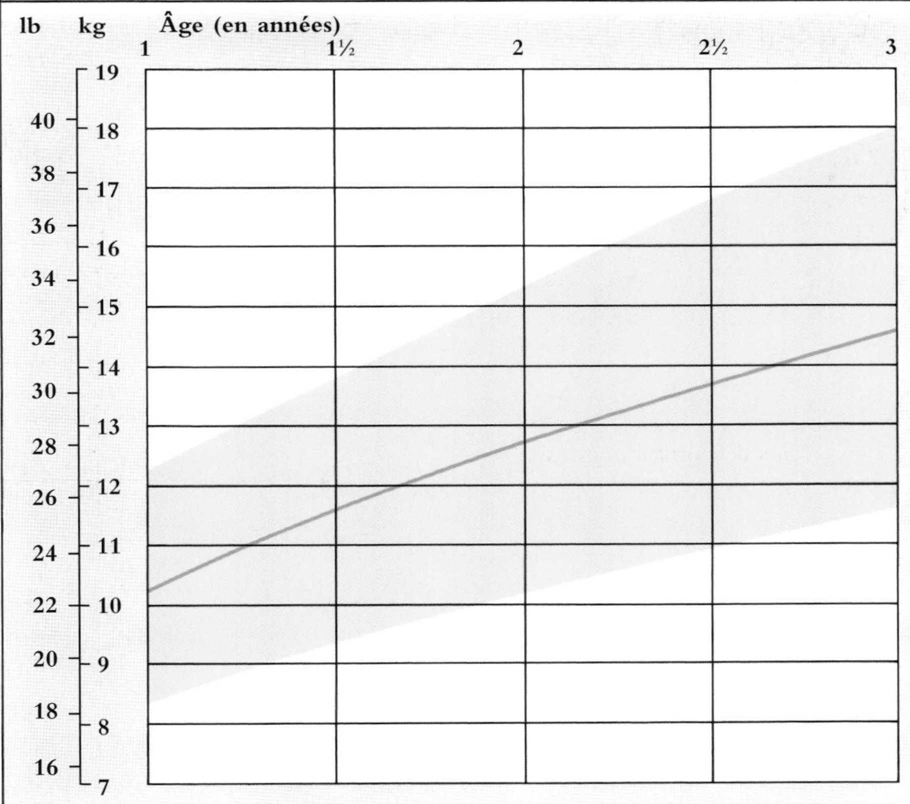

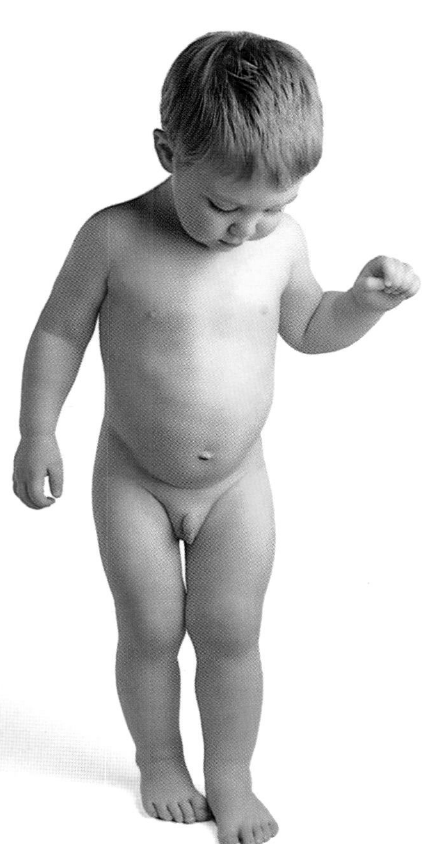

POIDS DE VOTRE FILS

Après son premier anniversaire, il ne prendra pas du poids régulièrement, mais les périodes de croissance rapide et lente s'équilibreront. Il ne doit pas perdre de poids ; même s'il vous paraît gros, il suffit d'attendre que sa croissance en taille rattrape celle de son poids. Consultez le médecin s'il maigrit ou si sa croissance entre deux mesures consécutives vous semble insuffisante.

RESSOURCES UTILES

GROSSESSE ET NAISSANCE

Association des CLSC et des CHSLD du Québec
(514) 931-1448
Demandez les coordonnées du service Info-Santé de votre région
www.clsc-chsld.qc.ca/default.htm

Centre de santé Grossesse Sunnybrook and Women's College Health Sciences Centre
www.femmesensante.ca/centres/index.html

Drogue : aide et référence
(514) 527-2626 ou 1-800-265-2626
dar@info-reference.qc.ca
www.info-reference.qc.ca/drogue.html

Grossesse et naissance Société des obstétriciens et des gynécologues du Canada
1-800-561-2416
www.sogc.org/SOGCnet/sogc_docs/common/pub_ed/topic_preg_f.shtml

Grossesse-secours
79, rue Beaubien E.
Montréal (QC) H2S 1R1
(514) 271-0418

La grossesse et les bébés Société canadienne de pédiatrie
www.soinsdenosenfants.cps.ca/index.htm

Ligue La Lèche
1-866-Allaiter
www.allaitement.ca

Ministère de la Santé et des Services sociaux
www.msss.gouv.qc.ca/f/reseau/index/htm

Nutrition pour une grossesse en santé Santé Canada
www.hc-sc.gc.ca/hppb/la-nutrition/pubf/enceinte/f_index.html

Réseau canadien de la santé
Drogue et alcool 1-877-327-4636
Nausées et vomissements 1-800-436-8477
Sida et traitements 1-888-246-5840
www.hc-sc.gc.ca/hppb/enfance-jeunesse/cyfh/index_f.html

Ordre des hygiénistes dentaires
Conseils pour futures mamans, nourrissons et enfants
www.ohdq.com/technique.asp

SANTÉ DE L'ENFANT

Alimentation, maladies et santé générale de l'enfant Société canadienne de pédiatrie
www.soinsdenosenfants.cps.ca/index.htm

Association québécoise des allergies alimentaires
(514) 990-2575
aqaa@francomedia.qc.ca
www.aqaa.qc.ca/

Centre d'information sur la santé de l'enfant
www.hsj.qc.ca/General/Public/CISE/index.htm

Institut canadien de la santé infantile
384, rue Bank, bureau 300
Ottawa (ON) K2P 1Y4
(613) 230-8838
www.cich.ca/French/projects-f.htm

Programme canadien de la vaccination Association canadienne de santé publique
1565, avenue Carling, bureau 400
Ottawa (ON) K1Z 8R1
(613) 725-3769
www.immunize.cpha.ca

PREMIERS SOINS ET SÉCURITÉ

Des enfants en sécurité Société canadienne de pédiatrie
www.soinsdenosenfants.cps.ca/index.htm

Croix-Rouge canadienne Programme de sécurité des enfants Secouristes et gardiens avertis
6, place du Commerce
Île-des-Sœurs (QC) H3E 1P4
(514) 362-2930
www.redcross.ca/index_french.htm

SOINS SPÉCIAUX

Asthme au Canada
www.asthmaincanada.com/

Association de paralysie cérébrale du Québec
C.P. 1781
Sherbrooke (QC) J1H 5N8
(819) 829-1144 ou 1-800-311-3770
apcqi.sher@sympatico.ca

Association canadienne de dystrophie musculaire
1425, boul. René-Lévesque, bureau 506
Montréal (QC) H3G 1T7
(514) 393-3522 ou 1-800-567-2236
www.mdac.ca/french/

Association des jeunes bègues du Québec
230, boul. Henri-Bourassa E.
Montréal (QC) H3L 1B8
(514) 388-8455 ou 1-800-661-2348
www.ajbq.qc.ca/

Association du Québec pour enfants avec problèmes auditifs (AQEPA)
3700, rue Berri, bureau 443
Montréal (QC) H2L 4G9
(514) 842-3926
www.surdite.org/aqepa

En cœur : fondation québécoise pour les enfants malades du cœur
5718, rue Northmount
Montréal (QC) H3S 2H5
(514) 737-0804 ou 1-800-en cœur
www.petitmonde.qc.ca/Donateur

Épilepsie Canada
1470, rue Peel, bureau 745
Montréal (QC) H3A 1T1
(514) 845-7855 ou 1-877-734-0873
www.epilepsy.ca/

Fédération québécoise de l'autisme et des autres troubles envahissants du développement
65, rue de Castelnau O., bureau 104
Montréal (QC) H2R 2W3
(514) 270-7386
www.autisme.qc.ca/

Fondation canadienne pour l'étude de la mortalité infantile
586, rue Eglinton E. bureau 308
Toronto (ON) M4P 1P2
1-800-363-7437
www.sidscanada.org/

Fondation québécoise du cancer
2075, rue de Champlain
Montréal (QC) H2L 2T1
(514) 527-2194 ou 1-877-336-4443
www.fqc.qc.ca/

Réseau québécois pour l'enseignement sur l'asthme
1105, rue Louis H. Latour
Boucherville (QC) J4B 5G5
(450) 449-5826 ou 1-877-335-9595
www.rqea.com/

GROUPES DE SOUTIEN

Association des parents de jumeaux et de triplés du grand Montréal
C. P. 552, succursale R
Montréal (QC) H2S 3M3
(514) 990-6165
apjtm@cam.org
www.jumeaux-infos.com

Association des parents d'enfants prématurés du Québec
4837, rue Boyer, bureau 238
Montréal (QC) H2J 3E6
(514) 523-3974
www.colba.net/~apep/

Association québécoise des parents d'enfants handicapés visuels
10, boul. Churchill, bureau 203
Greenfield Park (Québec) J4V 2L7
(450) 465-7225 ou 1-888-849-8729
www.cam.org/~aqpehv/

Entraide pères-enfants séparés (ENPES)
(819) 920-0352 (boîte vocale)
pater@travel-net.com
www.travel-net.com/~pater/

Grands frères et grandes sœurs de Montréal
3740, rue Berri, bureau 300
Montréal (QC) H2L 4G9
(514) 842-9715
www.cam.org/~gfgsmtl

www.jumeaux-infos.com

Guide pour parents d'enfants hyperactifs
Site québécois créé par une mère d'enfant hyperactif
www.planete.qc.ca/sante/elaine

Institut de formation d'aide communautaire à l'enfant et à la famille (IFACEF)
1020, boul. Henri Bourassa E.
Montréal (QC) H2C 1G2
(514) 388-7216
ifacef@ifacef.org
www.ifacef.org/

Jeunesse, j'écoute et Bell en direct
1-800-668-6868

Tel-jeunes
C.P. 186, succ. Place d'Armes
Montréal (QC) H2Y 3G7
(514) 288-2266 ou 1-800-263-2266
www.teljeunes.com

INDEX

A

B

C

REMERCIEMENTS

Nous remercions tous ceux qui ont contribué à la réalisation de l'édition originale du présent ouvrage :

Abréviations
b : bas, h : haut, c : centre, g : gauche, d : droite.

Direction artistique
Rowena Alsey, Carole Ash, Tina Hill, Tanya Hines, Claire Le Bas, Sarah Pearce et Daphne Razazan

Direction éditoriale
Sarah Pearce, Tanya Hines, Claire Le Bas, Daphne Razazan

Illustrations
Cora Mula (toutes les illustrations sauf 14h) ; Nick Hall (14h) ; Kevin Jones Associates (234,235, 236) ; Richard Tibbitts (14,16, 18, 20, 22, 24, 28, 30) ; Anna Grapes (recherche) ; Melanie Simmonds et Marcus Scott (archives).

Consultants
Professeur R.W. Taylor, chef du service de gynécologie, faculté de médecine des hôpitaux Guy et St. Thomas, Londres ;
professeur Jon Scopes, Service de pédiatrie, hôpital St. Thomas, Londres ; Christine Williams, assistante sociale et infirmière ; Janice Leighton, sage-femme ; Alan McLaughlin, service de neurologie clinique, hôpital St. Thomas, Londres.

CRÉDITS PHOTOGRAPHIES ET ILLUSTRATIONS

Sue Ford, Western Ophthalmic Hospital : 181hd, 183bg, 209d ; **Genesis Film Productions Ltd/Neil Bromhall :** 23 ; Getty Images : 1 (Dennis O'Clair), 11 (Neil Harding) ; **Lesley Howling** : 43b ; **Meningitis Research Foundation :** 208 ; **Mother and Baby Picture Library/Emap Esprit :** 31, 74-75 illustration principale, 89, 178-179 illustration principale (Ian Hooton), 2-3 illustration principale, 8-9 illustration principale (Paul Mitchell), 12-13, 12h, 16, 18, 20, 22, 24, 26, 28, 30 (Steve Shott) ; **National Medical Slide Bank :** 181bd, 204hd, 209hg, 213bg, 226g, 227cg, 232g ; **St. John's Institute of Dermatology :** 228hg, 231hd ; **St. Mary's Hospital :** 183hg, 205hg et bg ; **Science Photo Library :** 70 (Hank Morgan), 206bd (D^r^. H. C. Robinson) ; **Tony Stone :** 1 (Dennis O'Clair), 11 (Neil Harding) ; **Ron Sutherland :** 67c ; **Dr I. Williams :** 180bd, 181cd, 182h et cd, 203d, 210g, 214b, 227bg, 229bd, 230h, bc et b.

Andy Crawford assisté par Gary Ombler 192bc, 197hg.

Antonia Deutsch assistée de Pamela Cowan : 6cg, 17, 19h, 21, 27b, 29b, 37-42, 43h, 44-49, 56h et bd, 57-61, 64, 67, 71h, 72-73, 90hd et bd, 91hg, hc et cd, 92bg et bd, 94, 95hd, hg et cd, 97.

Trish Gant : 55c et b, 82b, 86cg, 95bd, 100cd et c, 121bd, 123, 160h, 161b, 191cd, 201b, 216h, 243b, 246cg et hd, 247b, 249b, 250c et cg, 251.

Steve Gordon : 145cd.

Image Band/Sandy King : couverture.

Dave King : 4 : 1re colonne photos 2-4, 2e colonne photos 1-4 ; 6 : 2e colonne h et c en bas, 7 : 1re colonne, 2e colonne tout sauf bg, 50-52, 53b, 54hd et c, 55hg, hd et c, 76-81, 88hg, 95bg, 98, 99h, g et hc, 100bg, 101, 104, 105 tout sauf bg, 108 tout sauf h, bd, dg et cd, 109, bd, 110-111, 112hg, 114-116, 117h, 2e rangée d, 121 tout sauf h et hg, 124bg, 125hd et b, 128-133, 134h, 138-141, 145h et cg, 146h, 149cg, bg et bc, 154, 159, 162-163, 166-171, 171-173, 175, 180h et g, 182b, 183hd, cd et bd, 182-202 tout sauf 197 hg, 204d, cd et b, 205hd et bd, 206-207, 209bd, 210hd et b, 211-212, 213hg, hd et cd, 214h, 216b, 218-223, 225, 226c et d, 227h et bg, 228cg, cd et b, 229hg, hd et bg, 230hg et cd, 231hg, cd et b, 232c et d, 234h, 237, 254b, 255b, 256-257.

Ray Moller : 6 : 2^e^ colonne en haut cd, 99b, 100h et b, 106cg, cd, bg et bd, 107, 136h, cd et bd, 137 tout sauf bd, 142bg et bd, 143, 146bg, 175c.

Stephen Oliver : 4 : 1re colonne photos 1 et 5 ; 10, 15, 54g et b, 55hd, 56bg, 99bc et bd, 103, 105bg, 108h, 120bd, 121h et hg, 125hg, 134 tout sauf h, 135, 148, 149hd, encadré hd, cg et cd, 153, 155, 156.

Susanna Price : 6 : 2e colonne en haut cg et b ; 7 : 2e colonne bg, 68-69, 84, 86 tout sauf cg, 87, 88 bg et bd, 90hg et c, 91hd et bg, 92hg et hd, 93, 112hd, c et bd, 117 2e rangée g, 3e rangée g et d, 4e rangée g, c et d, 120h, 124 tout sauf bg, 125c, 127, 136bg et bc, 137bd, 142hg, 144bc et bd, 150-152, 158h, 174, 254h, 255h.

Steve Shott : 2 : 2e colonne photo 5 ; 157, 158h, 159.